Dennis und Barbara Rainey

Stille Zeit mit dir

365 neue Andachten für Ehepaare

Über die Autoren

Dennis Rainey ist Vorsitzender der Organisation *FamilyLife*. Er ist häufig als Redner auf Familien-Konferenzen weltweit unterwegs. Zusammen mit seiner Frau hat er bereits mehrere Bücher geschrieben, unter anderem den Bestseller „Stille Zeit zu zweit", von dem bisher mehr als 35.000 Exemplare verkauft wurden.

Barbara Rainey begleitet ihren Mann regelmäßig auf den Familien-Konferenzen. Außerdem hält sie Seminare rund um die Themen Ehe und Familie und ist als Autorin tätig. Sie lebt mit ihrem Mann und sechs Kindern in Arkansas in den USA.

Dennis und Barbara Rainey

Stille Zeit mit dir

365 neue Andachten für Ehepaare

Übersetzt von Eva-Maria Nietzke

GerthMedien

FSC
Mix
Produktgruppe aus vorbildlich bewirtschafteten Wäldern und anderen kontrollierten Herkünften

Zert.-Nr. SGS-COC-1940
www.fsc.org
© 1996 Forest Stewardship Council

Verlagsgruppe Random House FSC-DEU-0100
Das für dieses Buch verwendete FSC-zertifizierte Papier *Munken Premium*
liefert Arctic Paper Munkedals AB, Schweden.

Die amerikanische Originalausgabe
erschien im Verlag Gospel Light, Ventura, California, USA
unter dem Titel „Moments with You –
Daily Connections for Couples".

Lektorat: Antje Balters

1. Auflage 2008
Bestell-Nr. 816 350
ISBN 978-3-86591-350-0
Umschlaggestaltung: Hanni Plato
Umschlagfoto 816350: Getty Images, Peter Cade
Satz: Die Feder GmbH, Wetzlar
Druck und Verarbeitung: GGP Media GmbH, Pößneck
Printed in Germany

Vorwort

Damit wir vom Vorbild anderer Menschen profitieren, sollten sie uns in der Regel nahe stehen. Nicht so bei Dennis und Barbara Rainey! Sie wohnen tausende Kilometer entfernt von Europa in Little Rock, Arkansas. Und ich habe sie noch nie persönlich getroffen. Trotzdem haben sie in der Ehe von Helen und mir bleibende Spuren hinterlassen.

Das erste Andachtsbuch von Raineys „Stille Zeit zu zweit" kam uns 1997, einige Wochen vor der Geburt unseres dritten Kindes, in die Hände. Ein Geschenk von Freunden mit dem Hinweis, hier werde nun endlich einmal der Alltag von Ehepaaren berührt: Stoff für 365 Tage gemeinsamen Lebens unter einem Dach. Wir waren in dieser Zeit Pastorenfamilie und niemand ausser unseren Freunden ahnte, wie hauchdünn das Eis unserer Partnerschaft geworden war. Das gemeinsame Gebet war gänzlich eingeschlafen. Und die Überzeugung, dass Gott es gut mit uns meinte und wir den Anforderungen von Ehe, Familie und Dienst gewachsen wären, schlich sich zusehends aus unserem Leben. Wie an einem Rettungsanker hielten wir uns da an die kurzen und praktischen Andachten der Raineys. Fünf Minuten pro Tag waren nicht viel, aber immerhin ein erster Anfang für den Aufbau eines gemeinsamen Glaubenslebens. Hier war eine Oase, von der aus zuerst dürftig, dann immer sprudelnder, sich neues Lebenswasser in unsere Beziehung ergoss.

Heute ist Dennis Rainey international gesehen unser oberster Chef. Wir leiten die gleichnamige Arbeit in der Schweiz: FamilyLife. Dieses eine Andachtsbuch gab uns damals die Gewissheit, dass Veränderung bei uns und anderen Paaren möglich war. Im Jahr 2003 schickten wir eine simple E-Mail-Nachricht an die Adresse der Autoren in den USA mit der Frage, ob wir die Arbeit von FamilyLife in den Staaten kennen lernen könnten. Innerhalb einer Woche erhielten wir als Antwort den Vorschlag zurück, uns der nationalen Leitung von Campus für Christus in der Schweiz vorzustellen. Nun unterstützen wir andere Paare, nachdem uns zuvor selber gedient worden ist. Achtung, die Lektüre des neuen Andachtsbuches „Stille Zeit mit dir" könnte auch in Ihrer Ehe Folgen haben, davor möchten wir Sie als Leser deutlich warnen.

Bei der Durchsicht des vorliegenden Bandes sind wir wiederum begeistert von der praktischen Ausrichtung der täglichen Andachten. Hier kommt kein verstaubter Ratgeber in Ihr Wohnzimmer, sondern eine täglich frische Erinnerung daran, dass Ihre Ehe mit Gottes Hilfe zu mehr als einem erfolgreichen Projekt werden kann. Es geht um spürbaren Segen für Sie, Ihre Familie und darüber hinaus. Wichtig ist das gemeinsame Gespräch. Dazu finden Sie an jedem Tag eine konkrete Anregung. Und ebenso wichtig ist das gemeinsame Gebet. Hier hilft ein einfacher Impuls, sich als Partner gemeinsam auf Gott auszurichten.

Dennis und Barbara Rainey haben seit 1976 unzählige Paare für die Ehe und in der Ehe ermutigt. Wenige davon werden sie selber zu Gesicht bekommen. Aber in ihren täglichen Besinnungen wird eine Zuversicht spürbar, die Kreise zieht. Ehe ist weder Honigschlecken noch ausschliesslich Kampfplatz. Ehe ist Schauplatz für Gottes tägliche Wunder, die sich denen eröffnen, die sich danach ausstrecken. Seien Sie nicht verwundert, wenn „Stille Zeit mit dir“ in Ihrem Leben Altes zutage fördert, das schon längst angegangen werden sollte. Und lassen Sie es zu, dass Neues in Ihre Ehe einzieht, von dem Sie beide niemals zu träumen gewagt hätten. Wir persönlich haben die Wirkung unterschätzt.

Hansjörg und Helen Forster
FamilyLife, Schweiz

Einleitung

Je länger man verheiratet ist, desto stärker wird den Ehepartnern bewusst, dass eine Ehe ständig Nahrung und Pflege braucht – beide Partner müssen sich Zeit für Gemeinsamkeit nehmen und an ihrer Beziehung arbeiten. Das ist der Grund, weshalb wir das vorliegende Buch mit Andachten zusammengestellt haben. Wir möchten Sie damit ermutigen, noch näher zueinander hin zu wachsen. Wir versprechen Ihnen, dass Ihre Beziehung zu Gott und zueinander gestärkt wird, wenn Sie sich gemeinsam die Zeit nehmen, still zu werden, zu lesen, nachzudenken, miteinander ins Gespräch zu kommen und miteinander zu beten.

Rechnen Sie damit, dass *Stille Zeit mit dir* Auslöser für viele Gespräche zwischen Ihnen und Ihrem Mann/Ihrer Frau sein wird – Gespräche über das, was *wirklich* wichtig ist; über die wesentlichen Themen des Lebens, der Ehe und der Familie.

Sie könnten dabei so vorgehen, dass einer von Ihnen den Bibelvers vorliest und dann der andere den jeweiligen Haupttext. Die Fragen am Ende des Textes sollen als Impuls dienen, über die biblischen Grundaussagen jeder Andacht intensiv nachzudenken, dann ins Gespräch zu kommen und sich auszutauschen. Die Fragen sind so gestellt, dass sie nicht mit Ja oder Nein oder einem Knurren zu beantworten sind, sondern Sie müssen wirklich miteinander ins Gespräch kommen, nur dann entsteht eine innere Verbundenheit.

Als Abschluss jeder Andacht steht dann ein Gebetstipp. Wir hoffen, dass diese einfache geistliche Übung zu einem regelmäßigen Bestandteil Ihrer Ehe wird. Wir glauben, dass das Risiko einer Scheidung bei Paaren, die täglich treu miteinander beten, um 99,9 Prozent geringer ist als bei Paaren, die das nicht tun.

Warum das so ist? Weil Gott die Ehe als eine geistliche Beziehung *zu dritt* gedacht hat – eine Beziehung, an der nicht nur die beiden Ehepartner beteiligt sind, sondern in der die beiden auch in einer geistlichen Beziehung zu Gott stehen, in der sie sich gegenseitig und auch beide zusammen Gott ein Leben lang treu bleiben. Es ist doch ganz klar, dass Gott, der die Ehe gestiftet hat, sich wünscht, dass die Eheleute ihre Sorgen, Nöte und ihren Dank täglich vor ihn bringen.

Wir empfehlen Ihnen, für die tägliche Andacht eine Zeit festzusetzen, in der Sie beide Ruhe haben und möglichst nicht durch Telefon, Fernsehen oder die Bedürfnisse oder Anliegen von Familie oder Freunden unterbrochen oder abgelenkt werden. Das kann früh am Morgen sein ... oder auch abends vor dem Schlafengehen. Wenn Sie sich auf diese Weise konsequent Zeit für diese Andacht nehmen, werden Sie schon bald merken, dass sich das positiv auf Ihre Ehe auswirkt.

Wie wir bereits in unserem ersten Andachtsbuch *Stille Zeit zu zweit* erwähnt haben, ist eine solche gemeinsame stille Zeit „eine optimale Investition“ für Ihre Ehe und die Familie, das versprechen wir Ihnen!

Dennis und Barbara Rainey

1. Januar

Familie

So schuf Gott die Menschen nach seinem Bild, als Gottes Ebenbild schuf er sie und schuf sie als Mann und als Frau. Genesis 1,27

Ich glaube, dass es auf der Welt keine stärkere Kraft gibt als die Familie. Sie hat bei Weitem den größten Einfluss auf das Leben von Menschen – und zwar zum Guten wie zum Schlechten. Von Geburt an werden wir von unserer Familie geprägt. Sie formt unsere Seele und unser Gewissen. In der Familie lernen wir die Lektionen des Lebens und üben uns Schritt für Schritt in der Kunst, das Gelernte in die Praxis umzusetzen. Hier lernen wir, zu lieben und das Richtige zu tun, indem wir die richtigen Entscheidungen treffen. Unser Zuhause und unsere Familie sind mehr als eine Adresse – sie prägen unsere geistliche und auch unsere geschlechtliche Identität, die wir durch unsere Eltern mitbekommen haben. Diese enge Verflechtung mit der schützenden Struktur der Familie gibt uns eine unvergleichliche Geborgenheit. Die Familie ist unsere Identität, zu ihr gehören wir.

Im besten Fall, also wenn alles so verläuft, wie es sein sollte, sind wir in die Familie eingebettet und in ihr geborgen, wenn wir unseren Lebensweg beginnen, wenn wir vor den schwierigen Aufgaben und Herausforderungen des Lebens stehen, wenn wir Tiefen und Krisen durchzustehen haben und wenn wir sterben. Es sind in erster Linie Familienangehörige, die für uns da sind, sich um uns kümmern und die um uns trauern, wenn wir sterben.

Das alles ist nicht weiter verwunderlich; denn die Familie ist Gottes Idee. Er hat sie geschaffen. Am Anfang „schuf Gott die Menschen nach seinem Bild, ... und schuf sie als Mann und als Frau". Von allen Möglichkeiten, die sich Gott hätte aussuchen können, um seine Schöpfung sozusagen einzuweihen, entschied er sich, mit der Familie anzufangen. Die Bibel beginnt mit einer Hochzeit im Buch Genesis und endet mit einer Hochzeit im Buch der Offenbarung. Ehe und Familie stehen immer im Mittelpunkt des Handelns Gottes mit der Erde.

Ich glaube, dass Familie unserem himmlischen Vater auch heute noch ganz besonders wichtig ist. Sie ist der Schlüssel zu unserer Gesundheit, dazu, dass wir als Gesellschaft bestehen können, und zu unserer Zukunft. Familien zu hegen und zu pflegen, sie zu ermutigen und zu unterstützen, ist unseren ganzen Einsatz wert.

Wie wäre es, wenn wir heute einmal die Gelegenheit nutzen und die Familie feiern, die Gott uns geschenkt hat?

Gesprächsimpuls

Auf welche Weise hat Gott Sie früher und auch jetzt durch Ihre Familie gesegnet?

Gebet

Danken Sie Gott für das Geschenk Ihrer Familie, so unzulänglich und mangelbehaftet sie manchmal auch sein mag.

2. Januar

Ich brauche dich

Das Auge kann nicht zur Hand sagen: „Ich brauche dich nicht!“
Und der Kopf kann nicht zu den Füßen sagen: „Ich brauche euch nicht!“
1. Korinther 12,21

Ich erinnere mich noch ganz genau, wie ich zum ersten Mal zu meiner Mutter sagte: „Ich hab dich lieb.“ Ich war ein typischer in mich gekehrter Teenager, der sich unglaublich schwer tat, seine Gefühle zu äußern, und entsprechend qualvoll war es für mich, diese Worte meinen Eltern gegenüber auszusprechen.

Ich erinnere mich auch noch genau, wie ich Barbara zum ersten Mal gesagt habe, dass ich sie liebe. Mein Herz schlug wie wild. Nur das Adrenalin in meinem Körper floss schneller als der Schweiß von meiner Stirn, und ich war mir ganz und gar nicht sicher, ob wir diese Situation beide lebend überstehen würden.

Es ist schwer, diese Worte zum ersten Mal auszusprechen, nicht wahr? Es ist riskant, zu jemandem zu sagen „Ich liebe dich“; denn man macht sich dadurch sehr verletzlich. Es gibt jedoch drei andere Worte, die sogar noch schwerer auszusprechen sind. Sie heißen: „Ich brauche dich.“

„Ich *brauche* dich.“

Wie leicht es uns früher gefallen ist, diese Worte auszusprechen. Erinnern Sie sich nur an die Zeit Ihrer ersten rasenden Verliebtheit, in der Sie so unglaublich fasziniert waren voneinander. Sie hat Sie zum Lachen gebracht. Er hat Ihnen Sicherheit und Stärke vermittelt. Sie hat den Raum mit Wärme erfüllt. Durch seine Sensibilität haben Sie sich geliebt und wertgeschätzt gefühlt.

Ja, am Anfang unserer Beziehung fällt es noch ziemlich leicht, „Ich brauche dich“ zu sagen. Aber nach der Hochzeit kommt einem dann oft zunehmend dieses Gefühl der Vertrautheit abhanden, in dem man sich traut, den anderen zu brauchen. Man geht seinen eigenen Weg. Man glaubt, es selbst am besten zu wissen und auch ganz gut allein zurechtzukommen.

Interessant, dass Gott Adam in Genesis 2,18–25 *sagen* muss, dass er ein Bedürfnis hat. Gott sagt: „Es ist nicht gut, dass der Mensch so allein ist“ (Vers 18). Und selbst nach dieser grundsätzlichen Aussage von höchster Stelle muss Adam erst noch ein paar Millionen Geschöpfe mit Namen versehen, bis ihm klar wird, dass keines dabei ist, das er braucht, das ihm entspricht. Er braucht nämlich *jemanden*. Er braucht *sie*.

Warten Sie nicht darauf, dass Ihnen gesagt werden muss, was Sie ohnehin schon wissen. Sie brauchen sie. Sie brauchen ihn. Sagen Sie das häufig und konkret.

Gesprächsimpuls

Was hindert Sie daran, Ihrem Mann/Ihrer Frau einfach und offen zu sagen, dass Sie ihn/sie brauchen? Gehen Sie auf Ihren Partner zu und sagen Sie: „Ich brauche dich.“ Und dann erklären Sie, warum und wie Sie ihn/sie brauchen.

Gebet

Bitten Sie Gott, Ihnen Ihre Grenzen zu zeigen – dass Sie angewiesen sind auf Ihn und auch aufeinander.

3. Januar

Warum wir unseren Ehepartner brauchen – Beispiele

Zwei sind allemal besser dran als einer allein. Wenn zwei zusammenarbeiten, bringen sie es eher zu etwas. Prediger 4,9

Gestern haben wir uns mit den drei kleinen Worten beschäftigt, die einem nicht ganz so leicht über die Lippen kommen: „Ich brauche dich.“ Vielleicht fallen uns diese Worte ja leichter, wenn wir uns bewusst machen, wie sehr wir aufeinander angewiesen sind.

Sie brauchen Ihren Mann/Ihre Frau besonders, wenn es um Folgendes geht:

- Ehrlichkeit – wer sonst kennt Sie so gut und kann Ihnen ehrlich seine Sicht darlegen, wenn Sie eine andere Perspektive brauchen?

- Vielfalt – wäre Ihr Leben nicht viel eintöniger und weniger facettenreich, wenn nicht der andere da wäre, der Ihrem Leben zusätzlich Farbe und Struktur gibt?
- Ermutigung – wer glaubt an Sie, wenn das sonst niemand mehr tut, nicht einmal Sie selbst? Wer erinnert Sie daran, dass Sie einzigartig und wichtig sind?
- Gemeinsamkeit – wer sonst kann Ihre Freude vervielfachen und Ihre Sorgen durch Teilen halbieren und Ihr Leben mit Gott bereichern, indem er Sie an seinen Erfahrungen mit ihm teilhaben lässt?
- Ausgleich – wenn Sie zu schnell sind, wer bremst Sie? Wenn Sie eher zögerlich und nicht besonders risikobereit sind, wer ermutigt Sie dann, auch mal etwas zu wagen?
- Verständnis – wer kann Sie aus der Reserve locken, wenn Sie in sich gekehrt sind und nicht reden wollen? Wer sonst kann Sie dazu bringen, echt und ehrlich mit Ihren Gefühlen umzugehen?
- Erziehung – wie würden Sie denn Ihre Kinder großziehen ohne den anderen, der Ihnen den Rücken stärkt und Ihre Schwächen und „Macken" ausgleicht?
- Romantik – mit wem sonst können Sie auch Ihre tiefsten Geheimnisse teilen? Wem können Sie sich auch verletzlich und schwach zeigen, ohne sich dafür zu schämen? Oder umgekehrt, mit wem zusammen können Sie sich völlig hemmungslos freuen?
- Gemeinschaft – wer macht den Unterschied aus, wenn es darum geht, etwas allein oder gemeinsam als Paar zu bewältigen?

Sie brauchen einander wirklich. Gott wusste, was er tat, als er Sie einander geschenkt hat.

Gesprächsimpuls

Erstellen Sie Ihre eigene Liste oder wählen Sie aus der Liste oben die fünf wichtigsten Punkte aus. Tauschen Sie sich mit Ihrem Partner/der Partnerin über die Punkte aus, die Sie herausgesucht haben.

Gebet

Danken Sie Gott dafür, dass er Ihnen jemanden geschenkt hat, mit dem Sie durchs Leben gehen können – jemanden, den Sie wahrscheinlich mehr brauchen, als Sie es selbst wissen.

4. Januar

Den Drachen zähmen

Macht also einander Mut und helft euch gegenseitig weiter, wie ihr es ja schon tut. 1. Thessalonicher 5,11

Sie kann lügen. Sie kann tratschen. Sie kann nörgeln und meckern. Sie kann manipulieren und schmeicheln. Sie kann heruntermachen. Sie kann sich selbst in den schönsten Farben malen, während sie gleichzeitig jemanden in Stücke zerreißt.

Mein Freund Joe Stowell nennt sie „den Drachen in unserem Mund". Unsere Zunge. Sie kann wirklich tödlich sein.

Wenn jedoch dieser „Drachen" unter der Herrschaft des Heiligen Geistes steht, wenn wir sie täglich der Kontrolle von Jesus unterstellen und sie für seine Zwecke zur Verfügung stellen, dann kann er ein Werkzeug daraus machen, durch das andere aufgebaut und ermutigt werden.

Ich erinnere mich noch gut an einen bestimmten Sonntagmorgen in der Gemeinde. Nach dem Gottesdienst sah ich einen bekannten Onkologen aus dem Ort an mir vorbeigehen, von dem ich gehört hatte, dass er seine Krebspatienten auf ganz besondere Weise behandelte – offenbar wirkte Gott durch diesen Arzt bei der Ausübung seines Berufes. Ich ging auf ihn zu und sagte: „Hallo, ich wollte Ihnen einmal persönlich sagen, wie dankbar ich bin für das, was Sie tun, und wie sehr ich Ihre Arbeit schätze. Ist Ihnen eigentlich klar, was für einen wunderbaren Dienst Sie für Jesus tun? Sie sind wirklich sehr wichtig für unsere Gemeinde."

Er war absolut verblüfft und sah mich ziemlich irritiert an. Nach einer Weile sagte er dann: „Wirklich?"

Ich musste fast lachen über seine Reaktion und antwortete: „Ja. Was ich über Sie und Ihre Arbeit gehört habe, berührt mich sehr. Wir könnten viel mehr Menschen gebrauchen, die ihre Nachfolge so leben wie Sie."

Lächelnd drückte er mir die Hand und sagte: „Sie können sich gar nicht vorstellen, wie sehr ich das heute gebraucht habe. Vielen Dank."

Diese Begebenheit hat mir einmal mehr gezeigt, wie sehr Menschen darauf angewiesen sind, hin und wieder eine kleine Ermutigung zu bekommen, egal, wie selbstbewusst sie nach außen wirken.

Wann haben Sie das letzte Mal jemandem etwas Gutes mit auf den Weg gegeben?

Gesprächsimpuls

Überlegen Sie einmal, für was Sie anderen einmal ein Lob aussprechen könnten. Was ist Ihnen bei Leuten positiv aufgefallen, das Sie ruhig einmal erwähnen könnten? Töten Sie den Drachen und machen Sie anderen Mut.

Gebet

Bitten Sie Gott dafür zu sorgen, dass Sie und das, was Sie sagen, nicht niedermachen, sondern aufbauen.

5. Januar

Stehen bleiben und zuhören

Denkt daran, liebe Brüder und Schwestern: Jeder soll stets bereit sein zu hören, aber sich Zeit lassen, bevor er redet, und noch mehr, bevor er zornig wird. Hiob 38,3

Eine Gruppe von Zimmerleuten, die im Norden von Kanada ein Eishaus bauten, machte gerade Mittagspause. Ein Junge kam vorbei und hörte ihr Gespräch mit an, in dem einer der Männer den Verlust seiner Armbanduhr beklagte. Es musste am Vormittag bei der Arbeit passiert sein. Stundenlang habe er schon danach gesucht, aber ohne Erfolg.

„Haben Sie was dagegen, wenn ich mal in das Eishaus gehe und danach suche?", fragte der Junge. „Nein, natürlich nicht. Geh ruhig", lachte der Mann, der absolut sicher war, dass der Junge in einem stockdunklen Raum ohne Strom nichts finden würde. Schon nach einer halben Minute kam der Junge mit der Uhr in der Hand wieder zurück. Die Zimmerleute staunten nicht schlecht. „Wie hast du die Uhr denn gefunden?"

„Ganz einfach", sagte der Junge. „Ich habe mich einfach in die Mitte des Raumes gestellt und dann auf das Ticken gelauscht."

Man wirft vielen Menschen (besonders uns Männern) zu Recht vor, dass wir nicht gut zuhören können. Wir halten fast nie wirklich inne und konzentrieren uns ganz und gar aufs Zuhören, auf das, was uns unsere Frau/unser Mann sagen will, sondern sagen ganz schnell Sachen wie: „Ach, Schatz, das ist doch Unsinn. Wieso musst du immer gleich so übertreiben?" So reden wir, wenn wir eigentlich gar nicht richtig zuhören und verstehen wollen, was uns unser Mann/unsere Frau sagen will und wie er/sie dazu kommt.

Bei ernsthaften Gesprächen oder Konflikten müssen wir wirklich innehalten und zuhören, Fragen stellen oder das, was unser Ehepartner gesagt hat, noch einmal mit anderen Worten wiederholen, um wirklich zu verstehen, was er oder sie meint. Mit einer guten Frage kann man manchmal die Tür zu den wirklichen Gefühlen des anderen öffnen und zu ihm/ihr durchdringen.

Zuhören ist eine andere Art zu sagen: „Du bist wichtig für mich. Ich liebe dich."

Gesprächsimpuls

Derjenige, der sagt: „Du hörst mir ja gar nicht zu!", hat in der Regel recht. Wie oft fallen diese Worte zwischen Ihnen? Nennen Sie etwas, das Sie ändern können, um ein besserer Zuhörer bzw. eine bessere Zuhörerin zu werden.

Gebet

Danken Sie Gott dafür, dass er uns immer zuhört, so unlogisch oder stur wir manchmal auch sind. Bitten Sie ihn um Rat, wie Sie ihm ähnlicher werden können. Bitten Sie ihn, ein besserer Zuhörer für Ihren Mann/Ihre Frau zu werden.

6. Januar

Die Macht der Worte

Lasst ja kein giftiges Wort über eure Lippen kommen! Seht lieber zu, dass ihr für die anderen, wo es nötig ist, ein gutes Wort habt, das weiterhilft und denen wohltut, die es hören. Epheser 4,29

Heutzutage schreibt man auf Computertastaturen, aber als ich noch jung war, lernte man das Zehnfingerschreiben noch auf echten Schreibmaschinen. Auf der Highschool war ein Maschinenschreibkurs eine unglaubliche Quälerei für mich, aber dann machte ich eine großartige Entdeckung: Wenn ich pro Minute 60 Wörter tippen konnte, dann bekam ich eine Eins in Schnelligkeit, auch wenn in dem Text 15 Fehler waren. Ich bekam dann zwar eine Fünf für die Textrichtigkeit, aber da die beiden Noten zusammengerechnet wurden, kam am Ende immer noch eine Drei heraus, und damit konnte ich gut leben.

Meiner schon etwas älteren Lehrerin, Mrs Whittington, gefiel meine Logik – oder vielleicht auch mein Benehmen – allerdings ganz und gar nicht. Und so zeigte sie eines Tages, als ich wieder einmal etwas angestellt hatte, worüber sie sich aufregte, vor der versammelten Klasse mit dem Finger auf mich und sagte: „Dennis Rainey, aus dir wird nie was!"

Ich bin ziemlich sicher, dass sie am Abend schon wieder vergessen hatte, dass sie das zu mir gesagt hatte, aber ich habe es nie vergessen. Als ich meinen Collegeabschluss in der Tasche hatte, fuhr ich noch am selben Abend zu ihr nach Hause und klingelte an ihrer Tür. Sie öffnete mir und ich sagte (freundlich): „Hallo, Mrs Whittington, ich bin Dennis Rainey. Ich wollte Ihnen nur sagen, dass ich gerade meinen Collegeabschluss gemacht habe und jetzt vollzeitlich im christlichen Dienst arbeiten werde. Aus mir ist also doch etwas geworden, obwohl Sie das Gegenteil vorausgesagt haben." Sie hat sich bestimmt gefragt, wieso um alles in der Welt ich deshalb extra zu ihr nach Hause kam, um ihr das zu erzählen!

Ob es richtig war, das zu tun? Wahrscheinlich nicht. Aber Worte können verletzen. Sie gehen tief und hinterlassen Spuren – positive oder negative.

Deshalb fordert Paulus uns auf, mit unseren Worten aufzubauen und zu stärken, dem anderen seine Last leichter zu machen und ihm das zu geben, was er gerade braucht. Er spricht nicht von Schmeichelei oder Lobhudelei, sondern er meint damit Worte der Unterstützung und Ermutigung.

Gesprächsimpuls

Tauschen Sie sich darüber aus, welchen ermutigenden Satz Ihr Ehemann/Ehefrau Ihnen einmal gesagt hat, den Sie nie vergessen haben. Sprechen Sie darüber, was Sie dabei empfunden haben.

Gebet

Bitten Sie Gott Sie mit Gnade zu erfüllen, damit das, was Sie sagen, dann von dieser Gnade geprägt ist.

7. Januar

Erwartungen zurückschrauben?

Langes Warten macht das Herz krank; aber ein erfüllter Wunsch gibt ihm neues Leben. Sprüche 13,12

Wir gehen alle mit einer ganzen Reihe von Erwartungen in die Ehe: mit einer Erwartung, wie Liebe aussieht, welche Rollen wir jeweils spielen, wie wir die Wochenenden verbringen werden, wo wir Weihnachten feiern. Im Laufe der Jahre stellen wir dann fest, dass sich unsere Erwartungen nicht immer ganz erfüllen und dass wir Abstriche machen müssen.

Ich bezeichne das als „Syndrom der unerfüllten Erwartungen". Die natürliche Reaktion darauf ist Enttäuschung, die dann Verletztheit und Wut bewirkt, was wiederum den Wunsch nach Bestrafung in uns weckt – unser Mann/unsere Frau muss dann dafür bezahlen, dass er/sie Ihre Erwartungen nicht erfüllt hat.

Ich schlage Ihnen vier bessere Möglichkeiten zum Umgang mit unerfüllten Erwartungen vor:

1. *Lieben und Verzeihen.* Sie haben sich bei der Hochzeit vor Gott versprochen, einander treu zu bleiben – geben Sie beide Ihre Fehler zu und stehen Sie zu Ihrer Verantwortung. Es wird in Ihrer Ehe so bleiben, dass Sie sich immer wieder gegenseitig vergeben müssen.
2. *Bleiben Sie im Gespräch und bemühen Sie sich um Verständnis füreinander.* Sie müssen mit vorhandenen Erwartungen irgendwie umgehen, und das gelingt am besten, wenn die Kommunikation stimmt. Formulieren Sie so klar wie möglich Ihre Bedürfnisse und Erwartungen und lassen Sie den anderen darüber nicht im Unklaren.
3. *Schauen Sie auf Gott.* Ihr Mann/Ihre Frau wird niemals in der Lage sein, die Bedürfnisse zu erfüllen, die nur Gott erfüllen kann. Er soll Ihr Gegenüber sein.
4. *Geben Sie Ihre Erwartungen nicht auf.* Halten Sie an Ihren Träumen fest. Auch wenn die Wirklichkeit manchmal so ganz und gar anders aussieht – Gott will nicht, dass Sie resignieren. Halten Sie an Ihren Wünschen und Hoffnungen für Ihre Ehe fest und arbeiten Sie auf gute und konstruktive Weise an deren Erfüllung. Und danken Sie Gott dafür, dass er Ihre wahren, tiefsten Bedürfnisse erfüllt, und zwar sowohl ganz direkt als auch durch Ihren Partner.

Gesprächsimpuls

Tauschen Sie sich mit Hilfe von ein paar Beispielen darüber aus, mit welchen Erwartungen Sie in die Ehe gegangen sind. Inwieweit sind Ihre Erwartungen vom anderen erfüllt worden?

Gebet

Beten Sie darum, dass Sie die echten Wünsche und Bedürfnisse Ihres Partners erkennen, und bitten Sie Gott um die Bereitschaft, gern und ohne inneren Widerstand darauf einzugehen – sofern das im Rahmen Ihrer Möglichkeiten liegt.

8. Januar

Warum Gott zuerst kommt

Ich mühte mich ab, das alles zu verstehen, aber es schien mir ganz unmöglich. Doch dann kam ich in dein Heiligtum. Psalm 73,16–17

Wenn man Sie auffordern würde, drei Dinge zu nennen, durch die Ehen heutzutage – und Ihre Ehe speziell – am stärksten bedroht sind, was würden Sie dann nennen? Diese Frage wurde Barbara und mir kürzlich gestellt, und unsere Antwort lautet folgendermaßen:

Die erste Gefahr besteht darin, nicht wirklich zu wissen, wer Gott ist. In seinem Buch *Das Wesen Gottes* schreibt A. W. Tozer: „Die Geringschätzung Gottes, die fast überall unter Christen herrscht, ist der Grund für Hunderte eher geringfügiger Übel unter uns Menschen." Wenn wir nicht anerkennen, dass Gott hoch erhaben ist über uns und alle Geschöpfe, dann weichen wir damit die Notwendigkeit auf, unser Verhalten und unsere innere Einstellung zueinander und ihm gegenüber zu rechtfertigen. Außerdem schwächen wir dadurch unser gesundes Selbstwertgefühl, das wir ja letztlich daraus beziehen, dass wir unseren Wert durch seine Liebe und Gnade bekommen. Tozer fasst es so zusammen: „Das Wichtigste, was man denken kann, ist das, was man über Gott denkt."

Die zweite Gefahr ist der Egoismus. Er zeigt sich in unterschiedlicher Intensität und reicht von unserer Weigerung beim Wäschelegen zu helfen ... über die Tatsache, dass es uns egal ist, was unser Terminkalender in der Familie anrichtet ... bis hin zum Ehebruch. Doch in Wirklichkeit entsteht diese zweite Bedrohung für die Ehe erst durch die erste. Wenn ein Mensch sich wirklich stetig an dem orientiert und von dem geprägt ist, was Gott will, dann ergeben sich daraus eher Demut und Verzicht als ein Lebensstil, der ausschließlich auf die Befriedigung eigener Bedürfnisse ausgerichtet ist.

Die dritte Gefahr ist fehlendes biblisches Handwerkszeug zum Lösen von Konflikten. In jeder Ehe treten immer wieder Konflikte auf. Das lässt sich gar nicht vermeiden. Viele Menschen haben aber absolut keine Ahnung, welchen Reichtum die Bibel gerade zu diesem Thema bereithält. Angenommen, man würde nur einmal damit anfangen, sich an folgende Ermahnung aus einem Vers wie Epheser 4,32 zu halten – „Seid freundlich und hilfsbereit zueinander und vergebt euch gegenseitig, was ihr einander angetan habt, so wie Gott euch durch Christus vergeben hat" –, dann wird das Ihr Leben verändern.

Gesprächsimpuls

Welche dieser drei Gefahren ist für Sie derzeit am akutesten? Was können Sie beide dagegen tun?

Gebet

Bitten Sie Gott, dass Sie seine Größe und Herrlichkeit jeden Tag besser verstehen und dass das daraus resultierende Licht Ihre Ehe erleuchtet und belebt.

9. Januar

Löcher in der Mauer

Lass dich von der richtigen Entscheidung nicht abbringen, damit deine Füße nicht auf Abwege geraten. Sprüche 4,26

Die Chinesische Mauer gehört zu den Weltwundern. Sie ist ein Meisterwerk der Baukunst und das einzige von Menschen errichtete Bauwerk, das vom Weltall aus zu erkennen ist. Die Mauer ist so breit, dass fünf bis sechs Pferde nebeneinander darauf traben können. Ich bin selbst schon darauf entlanggegangen, und es ist fantastisch, von dort oben zu sehen, wie sich die Mauer durch das Gebirge schlängelt.

Natürlich wurde die Mauer gebaut, um China vor Eindringlingen zu schützen. In Abständen sind Wachtürme und Brustwehren mit Zinnen in die Mauer integriert. Trotzdem ist es in den ersten Hundert Jahren nach Vollendung der Mauer feindlichen Truppen drei Mal gelungen, in das Land einzudringen, indem sie die Absicherung durch diese gewaltige steinerne Verteidigungsanlage überwanden. Wie war das möglich?

Sie gelangten weder über die Mauer noch durch sie hindurch ins Land, und sie brauchten sie auch nicht niederzureißen. Das alles war gar nicht nötig. Während die Chinesen diese unüberwindbare Verteidigungsanlage errichteten, hatten sie es versäumt, ihren Kindern Normen und Werte mitzugeben, die für deren Charakterbildung grundlegend waren.

Die Eindringlinge brauchten deshalb nichts weiter zu tun, als die Wachtposten an den Toren zu bestechen.

An diese Geschichte muss ich immer denken, wenn ich Eltern von ihren Träumen und Zielen für ihre Kinder reden höre. Viele Eltern legen heute großen Wert auf eine gute Ausbildung und eine möglichst frühe und möglichst gute Förderung der Fähigkeiten ihrer Kinder. Sie investieren viel Kraft, Zeit und Geld, um den Nachwuchs zu diversen außerschulischen Aktivitäten zu kutschieren, und sie freuen sich schon darauf, wenn die Kinder ihre Ausbildung endlich beendet haben werden und ins Berufsleben eintreten werden. Doch alle Schul- und Berufsbildung nützt nichts, wenn sie nicht auf einem starken Charakter aufbaut.

Der „Charakter-Quotient", nicht der Intelligenz-Quotient, ist wesentlich für die Zukunft unserer Kinder und wird ihnen Stabilität im Leben geben.

Gesprächsimpuls

Denken Sie einmal an eine Gelegenheit, bei der Sie bewusst den Charakter Ihres Kindes geprägt haben und Ihre Botschaft auch bei dem Kind angekommen ist! Sprechen Sie darüber, was Sie beide zur Charakterstärke und zur Bildung eines hohen „CQ" beitragen können.

Gebet

Bitten Sie um Kraft, selbst integer zu bleiben und Ihren Kindern dadurch ein Vorbild an Integrität zu sein.

10. Januar

Haben und sein

Gewiss bringt es großen Gewinn, Gott zu dienen, wenn jemand nur sein Herz nicht an irdischen Besitz hängt. 1. Timotheus 6,6

Wohl jede Ehe läuft irgendwann Gefahr, dem Syndrom des American Dream zu erliegen – also der Vorstellung, dass man alles haben kann und dass einem das auch *zusteht*. Man glaubt, dass es einem besser geht, je mehr man besitzt. Die Werbeslogans sind genau wie die Wunschliste praktisch endlos.

Doch auch wenn die verführerische Melodie des American Dream etwas anderes behauptet: Genug ist nie genug. Wer immer mehr bekommt, will immer noch mehr haben. Wie kann man mit dieser Tatsache leben, ohne ständig das Gefühl zu haben, dass man den gängigen Maßstäben nicht genügt?

Indem man sich dafür entscheidet, Zufriedenheit zu praktizieren.

Zufriedenheit entsteht aus einer inneren Haltung der Dankbarkeit, und sie ist der mutige Entschluss, Gott für das zu danken, was man hat, *und* aber auch für das, was man nicht hat. Selbst wenn man nicht weiß, woher man das Geld für den nächsten Wocheneinkauf nehmen soll, auch wenn die Waschmaschine kaputt ist und die Kinder Zahnspangen brauchen, und sogar dann, wenn der Nachbar gerade einen nagelneuen Wagen bekommen hat und dann auch noch Urlaub in der Karibik machen kann.

Der Apostel Paulus, der den Bibelvers oben geschrieben hat, hatte Folter, Schiffbruch und Gefängnishaft erlebt. Er wusste, wie es ist, wenn man gesteinigt und dann für tot gehalten liegen gelassen wird. Aber er wusste auch, dass man Gott vertrauen kann. Er wusste, dass sein Leben von der allmächtigen Weisheit seines liebenden himmlischen Vaters gelenkt wurde.

Wir sollten uns hin und wieder vor Augen führen, dass materieller Besitz niemals unseren inneren Hunger stillen kann. Ehepartner, denen das nicht klar ist, können ihr ganzes Leben damit zubringen, materiellen Werten nachzujagen, nur um dann gegen Ende ihres Lebens festzustellen, dass sie einer Fata Morgana nachgejagt sind, die sie nie erreichen können.

Gesprächsimpuls

Welche drei Dinge besäßen Sie gern? Welche drei Lebensumstände wünschten Sie sich anders?

Gebet

Bringen Sie Ihre Bedürfnisse und Ihren Mangel vor Gott und lassen Sie sie bei ihm. Danken Sie ihm für Ihre Lebenssituation, und lassen Sie sich ganz darauf ein, Zufriedenheit zu praktizieren.

11. Januar

Tag für Tag kräftiger

Ihr habt Jesus Christus als den Herrn angenommen; darum lebt nun auch in der Gemeinschaft mit ihm und nach seiner Art! Seid in ihm verwurzelt und baut euer Leben ganz auf ihn. Bleibt im Glauben fest und lasst euch nicht von dem abbringen, was euch gelehrt worden ist. Hört nicht auf zu danken für das, was Gott euch geschenkt hat.
Kolosser 2,6–7

Zu meiner Geburt 1948 bekam meine Mutter einen blauen Keramikblumentopf in Form von Babyschuhen geschenkt mit einem kleinen Philodendron darin. Das ist an sich ja noch nichts Besonderes.

Vor ein paar Jahren habe ich diesen Blumentopf aus dem Haus meiner Mutter mitgenommen. An dem Topf hatte sich durch das jahrelange Gießen ein Kalkrand abgesetzt – eine ringförmige Kruste aus Mineralien –, aber es befand sich immer noch die ursprüngliche Pflanze darin, und die war immer noch lebendig. Immer noch wuchs sie. Wir gaben ihr ein bisschen frische Erde und Dünger und danach wurde die kleine Pflanze sogar noch kräftiger.

Fast 60 Jahre alt ist sie inzwischen und wächst und gedeiht immer noch.

Mich erinnert diese kleine Pflanze immer wieder daran, was passiert, wenn wir uns regelmäßig vom Wort Gottes bewässern lassen und uns aus der Beziehung zu unserem Schöpfer Nahrung holen. Die besagte Pflanze steht dort in ihrem Topf – fast auf den Tag genauso alt wie ich – und sie ist noch immer gesund und kräftig und wächst sogar.

In Gottes Berufung für uns ist Leben – Leben im Gehorsam, im Dienst und im Zeugnisgeben. Leben in der Nachfolge Christi, in der Freude, ihn täglich zu suchen, um von ihm Führung und ein Ziel zu bekommen.

Geistliches Wachstum ist ein Gebot der Bibel. Unser heutiger Vers drückt das so aus: „Ihr habt Jesus Christus als den Herrn angenommen; darum lebt nun auch in der Gemeinschaft mit ihm und nach seiner Art! Seid in ihm verwurzelt und baut euer Leben ganz auf ihn. Bleibt im Glauben fest, und lasst euch nicht von dem abbringen, was euch gelehrt worden ist. Hört nicht auf zu danken für das, was Gott euch geschenkt hat." Aber eigentlich handelt es sich bei dieser Aussage weniger um einen Befehl als um eine Einladung Gottes zum erfüllten Leben, eine Einladung, ein Mensch zu werden, der sich immer noch weiterentwickelt und wächst, egal, wie alt er ist.

Gesprächsimpuls

Überlegen Sie sich zwei oder drei Bereiche, in denen Sie in letzter Zeit geistliches Wachstum erlebt haben. Nennen Sie zwei oder drei andere Bereiche, in denen Sie noch etwas mehr Bewässerung und Nahrung gebrauchen könnten.

Gebet

Danken Sie Gott dafür, dass er uns einsetzt, um sein Leben und seine Herrlichkeit widerzuspiegeln. Danken Sie ihm dafür, dass er in uns wirkt und das überhaupt möglich macht.

12. Januar

Kleine Wunder

Wir sind Diener, weiter nichts; wir haben nur getan, was uns aufgetragen war. Lukas 17,10

Wenn man überlegt, welche humanitären Leistungen im Laufe der Zeit durch den Vormarsch des Christentums erbracht worden sind, dann denkt man zunächst vielleicht an Krankenhäuser und unterschiedliche Hilfsprojekte, beispielsweise gegen den Hunger auf der Welt. Aber vielleicht wird die Kraft des christlichen Glaubens am besten im Alltag unserer Ehen und Familien unter Beweis gestellt – wenn Menschen, die eigentlich von Natur aus egoistisch sind, die Bedürfnisse ihres Ehepartners vor ihre eigenen stellen. Das ist etwas, das Gott nur dann in uns bewirken kann, wenn wir Folgendes tun:

1. *Christus in allem an die erste Stelle setzen.* Als Barbara und ich als junges Ehepaar unser Leben Jesus übergaben, da überließen wir offiziell alles, was wir hatten, ihm – das Recht auf unser Leben, unsere Träume und unseren Besitz. Natürlich ist es auch immer wieder vorgekommen, dass wir den Einen vergessen haben, dem unsere Hoffnungen, Träume und Besitztümer eigentlich gehören, doch jedes Mal, wenn wir Gefahr liefen, unser Leben wieder für uns selbst zu leben, haben wir einander in die Augen gesehen und uns gegenseitig daran erinnert, dass wir Gott einmal alles ausgeliefert haben.
2. *Alle Rechte und Ansprüche aufgeben.* Paulus sagte: „Obwohl ich also frei und von niemandem abhängig bin, habe ich mich zum Sklaven aller gemacht ...“ (1. Korinther 9,19). Nicht zum Sklaven einiger, steht da, sondern *aller*. So wie ein Sklave alle Rechte auf persönliche Zeit und Wünsche aufgibt, so sind wir als Nachfolger Christi aufgefordert, andere über uns selbst zu stellen. Nur so können wir der Ehepartner sein, als den uns Gott gedacht hat.
3. *In den kleinen Dingen selbstlos sein.* Manchmal habe ich keine Lust, aus meinem Lieblingssessel aufzustehen, um Barbara zu helfen, die Einkäufe hereinzutragen, die Küche zu wischen oder eine Toilette zu putzen. Doch gerade in diesen kleinen Alltagsdingen können wir unserem egoistischen Selbst zeigen, wer hier der Chef ist. Unter anderem das ist gemeint, wenn die Bibel uns auffordert: „Lernt Gutes zu tun“ (Jesaja 1,17) – ständig dem eigenen Ich mehr zu sterben und uns für opferbereite Liebe zu entscheiden, bis sie unsere erste spontane Reaktion ist.

Gesprächsimpuls

Wem gehört Ihr Leben? Ihre Träume? Ihr Besitz? Überlegen Sie, eine „Schenkungsurkunde" zu unterzeichnen, durch die Ihr Leben zu 100 Prozent an Gott übergeht. Eine große innere Freiheit wird die Folge sein.

Gebet

Beten Sie dafür, dass es Ihr echter Wunsch wird, sich dem Willen Gottes und den Bedürfnissen anderer unterzuordnen.

13. Januar

Teile des Schnittmusters

von Barbara Rainey

Ich zeige dir jetzt das Modell meiner Wohnung und der dazugehörigen Geräte, damit ihr es genau nach diesem Muster herstellen könnt.
2. Mose 25,9

Früher habe ich viel mehr genäht als heute, und deshalb habe ich früher auch gern Nähzeitschriften mit Schnittmusterbögen angeschaut. Es machte mir immer Spaß, einen Schnitt auszusuchen und dann die einzelnen kleinen Teile aus Seidenpapier auszuschneiden und so zusammenzusetzen, dass am Ende ein Kleidungsstück daraus entstand.

Das ist das Entscheidende – all die kleinen Teile, die einmal Ärmel, Oberteil, Vorder- und Rückseite ergeben sollen, ergeben allein absolut keinen Sinn, sondern erst wenn sie zusammengenäht sind und dann ein Kleidungsstück ergeben. Erst wenn die Einzelteile im Gesamtwerk ihren Platz bekommen, erfüllen sie den Zweck, den ihnen der Modedesigner zugedacht hat.

Auch in der Ehe können wir oft nur Einzelteile sehen – die Romantik ist ein Teil. Konflikte sind ein anderer. Dann sehen wir den Haushalt – auch ein Teil – und die Finanzen, noch einer, und unsere Aufgabe als Eltern – ein weiterer Teil. Weil wir aber oft so sehr mit den Einzelteilen beschäftigt sind, verlieren wir das große Ganze aus dem Blick, das der Schöpfer mit uns und unserer Familie im Sinn hat.

Trotzdem ist das Muster da, und es ist in Gottes Wort enthalten.

Ich möchte Ihnen Mut machen – denn nicht Sie sind verantwortlich für den Entwurf des Schnittmusters Ihrer Ehe. Sie beruht nicht auf Gefühlen, die heute stark und morgen schon wieder ganz anders sein können. Das biblische Schnittmuster für Ihre Ehe wurde vom allmächtigen Gott geschaffen, dessen Weisheit unvergleichlich und dessen Liebe zu Ihnen grenzenlos ist.

Wenn Sie weiterhin die Einzelteile dort einfügen, wo sie hingehören, dann wird sein Muster erkennbar werden. Sein Entwurf wird in Form Ihrer Ehe wunderschön Gestalt annehmen.

Gesprächsimpuls

Wie könnte eines Ihrer derzeitigen Eheprobleme in das Muster passen, das Gott für Sie entworfen hat? Was versucht er Ihnen gerade deutlich zu machen?

Gebet

Mit welchem Teil des Ganzen Sie auch heute zu tun haben – bitten Sie Gott, dass Sie es treu und in Übereinstimmung mit seinem Wort bearbeiten. Danken Sie gemeinsam als Ehepaar dafür, dass Gott einen großen Plan hat, der Ihr Bestes will und ihn verherrlicht.

14. Januar

Gewicht verlieren

... dass sie sich müde tragen an dem, was eure Last war. Jesaja 46,1

Vor ein paar Jahren habe ich zum ersten Mal eine echte Diät gemacht. Mein Arzt hatte mir damals gesagt, dass ich zwar kein starkes Übergewicht hätte, dass aber in meinem Alter und bei meiner Familiengeschichte die Gefahr bestünde, an Diabetes Typ-2 zu erkranken. Ich nahm ihn ernst.

Also verzichtete ich von jetzt an auf den Nachtisch, aß weniger Kohlehydrate, bewegte mich mehr und nahm in etwa vier Monaten etwas über zehn Kilo ab. Ich fühlte mich großartig.

Eines Tages wurde mir dann klar, dass es ja kein Wunder war, wenn ich früher nach dem Erklimmen der beiden popeligen Treppen zu einem Büro völlig außer Atem gewesen war. Wenn man sich einen zehn Kilo schweren Mehlsack um den Bauch bindet, dann zieht einen das den ganzen Tag herunter und kostet unglaublich viel Kraft.

Es geht in diesem Text aber gar nicht in erster Linie um Diät, sondern um die Lasten, die wir mit uns herumschleppen: sexuelle Verfehlungen aus der Vergangenheit, erlebter Missbrauch, eine Affäre, irrationale Ängste, alte Geheimnisse oder verborgene Sünde.

Das sind Rucksäcke und Taschen, die wir nicht gern auspacken möchten, weil die Dinge, die darin sind, zu finster sind, um sie aufzudecken und zuzugeben. Das Problem dabei ist jedoch, dass solche Lasten immer schwerer werden, je länger wir sie mit uns herumschleppen.

Ich kenne jemanden, der sein Geheimnis über zehn Jahre lang mit sich herumgetragen hat. Als er es mir gestand, wurde klar, dass er von der Last seines unmoralischen Verhaltens befreit werden musste.

Eine Frau war unglaublich verbittert über ihre Mutter. Als sie ihr schließlich vergab, erlebte sie die beste Art spontanen Gewichtsverlustes.

Wollen Sie Ihre Last weiter mit sich herumschleppen oder wollen Sie sie loswerden, indem Sie sich damit auseinandersetzen, darüber sprechen und sie gemeinsam bearbeiten? Trauen Sie sich, diese Last gemeinsam vor Jesus zu bringen und als Ehepartner seine Hilfe und Heilung in Anspruch zu nehmen.

Einen besseren Gewichtsverlust kann es gar nicht geben.

Gesprächsimpuls

Ich weiß, das ist jetzt hart, aber schleppen Sie die Last von Sünden oder Erlebnissen aus der Vergangenheit mit sich herum, die Ihre Freiheit als Einzelperson und als Ehepaar einschränken? Sprechen Sie mit Gott und mit Ihrem Partner darüber.

Gebet

Beten Sie um Offenheit und Verständnis. Bitten Sie Gott um Vergebung und Frieden.

15. Januar

Frauen machen Frauen Mut

von Barbara Rainey

... müssen sie die jüngeren Frauen dazu anleiten, dass sie ihre Männer und Kinder lieben, besonnen und zuchtvoll leben, ihren Haushalt ordentlich führen ... Titus 2,4–5

Als unsere Kinder noch alle sechs zu Hause waren, war ich mit all der Arbeit oft überfordert. Manchmal kam es mir vor, als ob all meine Bemühungen im Umgang mit den Kindern wie ein Kartenhaus in sich zusammenfielen. Mitten in dieser anstrengenden Zeit wurde ich von ein paar jungen Müttern gefragt, ob ich bereit wäre, mich einmal im Monat mit ihnen zu treffen, um mit ihnen über Erziehung zu sprechen und ihnen in ihrer Rolle als Mütter Mut zu machen. Ich weiß noch, dass ich damals dachte: *Warum haben sie dazu ausgerechnet mich ausgeguckt, wo ich doch so viele Fehler gemacht habe? Was habe ich ihnen denn schon zu geben?*

Doch durch diese Erfahrung habe ich gelernt, was die Verse oben bedeuten. Die älteren Frauen sollen auf das Leben der jüngeren Frauen Einfluss nehmen, indem sie ihre Weisheit und ihre Erfahrungen an sie weitergeben. Junge Ehefrauen und Mütter brauchen Beratung und Ermutigung von älteren Frauen, die schon den gleichen Weg gegangen sind – auch wenn sie unterwegs ab und zu gestolpert sind.

Wie können Sie eine ältere Frau finden, die diese Rolle übernehmen könnte? Ich würde damit beginnen, in Ihrer örtlichen Gemeinde zu suchen. Bitten Sie Gott, Ihnen eine Frau zu zeigen, die ein wenig älter ist als Sie und Ihnen anhand eigener Erfahrungen Rat geben kann. Achten Sie darauf, eine reife Frau zu finden, die auf einen Weg mit Gott zurückblicken kann. Fragen Sie die Frauen, die Sie am besten kennen, ob sie dazu bereit wären.

Ergreifen Sie die Initiative und fragen Sie die betreffende Frau, ob Sie sie anrufen oder sich mit ihr zum Kaffee oder Mittagessen verabreden können. Sagen Sie ihr auch, dass Sie Fragen haben, die Sir ihr gern stellen würden, und dass Sie dankbar wären für ein offenes Ohr und eventuell auch einen Rat. Versichern Sie ihr, dass Sie gar nicht auf alles eine Antwort erwarten, damit Sie beide bei einer ersten Begegnung möglichst entspannt sein können.

Übrigens gibt es vermutlich auch Frauen, die jünger sind als Sie, die wiederum von Ihrem Rat und Ihrer Ermutigung profitieren könnten. Vielleicht können Sie auch eine Ratgeberin sein.

Gesprächsimpuls

Inwiefern haben Sie das Bedürfnis, jetzt – in dieser Phase Ihres Lebens – beraten zu werden?

Gebet

Bitten Sie Gott, Ihnen jemanden zu zeigen, der Ihnen in Ihrer gegenwärtigen Lebensphase helfen kann, und bitten Sie ihn auch, Ihnen zu zeigen, wem *Sie* helfen können.

16. Januar

Tägliches Brot

Ich habe dein Gesetz unendlich lieb! Den ganzen Tag beschäftigt es mein Denken. Psalm 119,97

Wir kennen alle die Nährwertangaben auf Lebensmittel- und Getränkeverpackungen. Meistens interessieren wir uns ja in erster Linie für die Kalorien, besonders dafür, ob sie aus gesättigten oder ungesättigten Fettsäuren stammen, aber auch die Angaben über Kohlenhydrate, Zucker und Natrium sind uns wichtig. Diese gesetzlich vorgeschriebenen Angaben geben Aufschluss darüber, welche Nahrung für unseren Körper gut und welche weniger gut ist. Wie wäre es wohl, wenn es ähnliche Angaben auch für geistige „Produkte" gäbe, die wir konsumieren?

Was wäre, wenn jedes Fernsehprogramm, jede Zeitschrift, jedes Buch, jede DVD oder CD auch Angaben über die „empfohlene Tagesmenge" einzelner Bestandteile für unseren inneren Menschen enthielte? – Dinge wie Heiligkeit, Wahrheit, Vergebung, Beharrlichkeit, Gnade, Gerechtigkeit und Buße? Bei wie vielen Produkten würde sich wohl herausstellen, dass sie nicht nur keine gesunden Bestandteile enthalten, sondern sogar gesundheitsschädlich sind für unseren Geist?

Es gibt ein Produkt – die Bibel –, das garantiert jedem in Ihrer Familie die optimale geistliche Nahrung bietet. Egal, ob im billigen Papier- oder im teuren Ledereinband – die Bibel enthält alles, „was zum Leben und zur Frömmigkeit dient" (2. Petrus 1,3).

Obwohl die meisten Christen behaupten, dass die Bibel ihnen wichtig ist und sie das Wort Gottes lieb haben, beschäftigen sich die wenigsten regelmäßig und ausführlich damit. Der Meinungsforscher George Barna hat herausgefunden, dass nicht einmal vier von zehn wiedergeborenen Christen auch nur einmal pro Woche für sich persönlich in der Bibel lesen. Eine ähnliche Umfrage, die von FamilyLife in Gemeinden und Kirchen in den gesamten USA durchgeführt wurde, ergab, dass zwei Drittel der Ehepaare zwar gemeinsam in der Bibel lesen und über biblische Inhalte ins Gespräch kommen, allerdings nur gelegentlich.

Wenn Sie sich eine geistlich intakte Familie wünschen, dann sorgen Sie dafür, dass jedes Familienmitglied regelmäßig angemessene Mengen des ewigen Wortes Gottes zu sich nimmt. Das kann den Unterschied zwischen einem gesunden geistlichen Leben und geistlicher Leblosigkeit ausmachen.

Gesprächsimpuls

Durch was ist die zentrale Bedeutung der Bibel in Ihrem Familienleben bedroht? Welche Aussage steckt eigentlich dahinter, wenn wir zulassen, dass diese Dinge wichtiger sind als die Bibel?

Gebet

Beten Sie darum, dass Sie täglich das Wort Gottes aufnehmen und das Gelesene auch umsetzen.

17. Januar

Wie stehen Sie zueinander?

Dann kommen Güte und Treue zusammen, Recht und Frieden küssen einander. Psalm 85,11

Wenn Ihre Beziehung so ist wie die der meisten Ehepaare, dann nehmen Sie höchstwahrscheinlich als Paar eine der folgenden Positionen zueinander ein:

1. *Sie stehen sich gegenüber und sehen einander an.* Diese Position nehmen oft frisch verheiratete Paare ein, die lässig im offenen Cabrio auf ihrem Lebensweg unterwegs sind. Im Autoradio spielen ihre Lieblingsliebeslieder, während sie Händchen haltend – sie ihren Kopf auf seiner Schulter, er ihr hin und wieder einen Kuss auf die Wange drückend – unterwegs sind.
2. *Seite an Seite.* Solche Ehepaare haben ihr Cabrio gegen einen Kombi als Familienkutsche eingetauscht. Auf allen freien Plätzen befinden sich Kindersitze mit angeschnallten Kleinkindern. Im Wagen fliegen Trinkflaschen, Kekskrümel und Kaugummipapierchen herum und auf den Sitzpolstern sind deutlich Saft- und Schokoladenflecken erkennbar. Die Ehepartner wirken gestresst und angespannt und entsprechend ist auch ihre Beziehung. Manchmal müssen sie wirklich ihre letzten Kraftreserven zusammenkratzen, um nebeneinander den Tag durchzustehen.
3. *Mit dem Rücken zueinander.* Die beiden lenken jetzt jeder seinen eigenen Wagen und fahren wie Schiffe in der Nacht aneinander vorbei. Ihr Haus ist eher eine Art Hotel als ein wirkliches Zuhause. Reibung, harsche Worte, verbale Schlagwechsel und Beklommenheit haben jegliche Vertrautheit und Intimität verdrängt, die früher einmal zwischen ihnen herrschten.

Wahrscheinlich haben Sie alles drei schon erlebt – vielleicht sogar alles in ein und derselben Woche! Barbara und ich haben festgestellt, dass es am besten für die Stabilität einer Ehe ist, die ja schließlich das ganze Leben halten soll, wenn wir *Arm in Arm* in dieselbe Richtung gehen.

Das bedeutet, dass beide gemeinsam den einzigartigen Rhythmus ihrer Ehe erspüren müssen und auch etwas einsetzen, um sich so gut kennenzulernen, dass sie im Gleichschritt gehen können, ohne sich permanent darauf konzentrieren zu müssen.

Wenn Sie *einander gegenüberstehen,* dann genießen Sie das und lassen Sie sich Zeit. Wenn Sie *Seite an Seite* gehen, arbeiten Sie weiter daran. Und selbst wenn Sie *mit dem Rücken zueinander* stehen, besteht noch Hoffnung. Gott ist Spezialist darin, alles neu zu machen ... und dabei zu helfen, dass Ehepaare wieder Arm in Arm gehen können.

Gesprächsimpuls

Welche der vier Positionen beschreibt Ihre derzeitige Ehesituation am besten? Warum ist das so? Was können Sie tun, um unangestrengter Arm in Arm zu gehen und als Paar zusammenzuwachsen?

Gebet

Bitten Sie Gott, Sie vor allem zu warnen und zu beschützen, was Sie auseinanderdriften lässt. Bitten Sie Gott, Ihnen zu zeigen, wie Sie besser Arm in Arm miteinander gehen können.

18. Januar

Einen schönen Tag!

Deshalb soll jeder, der dir die Treue hält, zu dir beten zur rechten Zeit.
Psalm 32,6

Als unsere Kinder noch klein waren, habe ich morgens immer mit ihnen gebetet und Gott gebeten, ihnen einen „schönen Tag“ zu schenken. Dieses sehr einfache Gebet passte zu dem, was sie in ihrem Alltag erwarteten.

Doch wenn Barbara und ich als Ehepaar für unsere Kinder beteten, waren unsere Bitten oft komplizierter – besonders, als sie älter wurden. Uns war klar – genau wie Ihnen sicher auch klar ist –, dass es im Leben um sehr viel mehr geht als darum, einen schönen Tag zu haben.

Ehrlich gesagt haben wir manchmal sogar um besondere Herausforderungen für unsere Kinder gebetet. Wenn wir ganz bestimmte Charaktereigenschaften im Blick hatten oder irgendwelche Probleme in ihrem Leben – wenn wir uns wünschten, dass sie innerlich weicher würden und empfänglicher für das, was wir ihnen vermitteln wollten –, dann beteten wir nicht immer um „schöne Tage". Wir wussten, dass manche Lektionen nur gelernt werden, wenn man einen „schrecklichen, unangenehmen, richtig miesen" Tag erlebt.

Anne Arkins, Mitautorin des Buches von *While They Were Sleeping* (Während sie schliefen), betet für ihre Kinder oft Folgendes: „Herr, lass in ihrem Leben geschehen, was nötig ist, damit sie erkennen, wie sehr sie dich brauchen und was du mit ihrem Leben bewirken willst." Dieses Gebet erinnert uns daran, dass Gott der Herr des Lebens und der eigentliche Vater unserer Kinder ist. Er hat uns zwar für eine Weile die Verantwortung für sie übertragen, aber eigentlich ist das Wichtigste, dass sie von ihm unterrichtet und unterwiesen werden und sich in ihrer Beziehung zu Jesus weiterentwickeln.

Es ist ein großes Vorrecht, unseren Kindern dabei helfen zu dürfen, gute Gewohnheiten zu entwickeln, die richtigen Entscheidungen zu treffen und mit Jesus zu leben. Das bedeutet allerdings auch manchmal, es Gott zu überlassen, ihnen etwas Bestimmtes beizubringen – auch wenn das bedeutet, dass sie dadurch keinen besonders schönen Tag haben.

Gesprächsimpuls

Mit welchen Problemen werden Ihre Kinder zurzeit konfrontiert? Welche Entscheidungen lernen sie zu treffen? Welche Art von Gebet brauchen sie?

Gebet

Beten Sie gemeinsam für jedes Ihrer Kinder mit Namen und seinen jeweiligen Bedürfnissen. Und vertrauen Sie darauf, dass Gott sie jeden Tag durch die jeweiligen konkreten Umstände ein Stück näher zu sich zieht.

19. Januar

Gottesfurcht

... und ich werde die Ehrfurcht vor mir in ihr Herz legen, sodass sie sich nicht mehr von mir abwenden. Jeremia 32,40

Vor vielen Jahren wurde ich einmal von einem Paar gebeten es zu trauen. Allerdings sollte die Hochzeit in einem anderen Bundesstaat stattfinden, für den ich keine Traugenehmigung hatte. Das war jedoch eigentlich auch kein großes Problem, weil ich bereits am Freitag dort ankommen würde und es dann noch leicht schaffen konnte, zum zuständigen Standesamt zu gehen, den Papierkram zu erledigen und die Traugenehmigung zu bekommen. Die Hochzeit sollte dann am Samstag stattfinden.

Als ich an dem betreffenden Freitagnachmittag in der Stadt ankam, war ich schrecklich müde, weil ich eine sehr anstrengende Woche hinter mir hatte und dann auch noch die Anreise zu der Hochzeit, und so beschloss ich, mich erst ein Viertelstündchen aufs Ohr zu legen und dann zum Standesamt zu gehen, um die bürokratischen Angelegenheiten zu regeln. Aber ich schlief so fest ein, dass ich erst zweieinhalb Stunden später wieder aufwachte, und da war es zu spät fürs Standesamt und für eine Traugenehmigung.

Nun hatte ich die Wahl: Ich konnte entweder meinen Freund anrufen, um in Erfahrung zu bringen, ob er vielleicht einen anderen Pastor kannte, der eine gültige Traugenehmigung für den Bundesstaat hatte, oder die Sache einfach laufen lassen. *Es würde doch wahrscheinlich sowieso nie jemand herausfinden.* Ich entschied mich für Plan B. Am Abend fragte mich der Bräutigam: „Hat heute im Standesamt alles geklappt? Hast du die Genehmigung?“ Ich blinzelte zweimal kurz und antwortete dann: „Ja, klar.“

Was hatte ich bei der gesamten Trauung und auch noch monatelang danach für Gewissensbisse! Es war so schlimm, dass ich es irgendwann einfach beichten musste. Ich nahm all meinen Mut zusammen und rief meinen Freund an, um mich mit ihm zu verabreden, und dann sagte ich ihm: „Du wirst bestimmt nicht besonders erbaut darüber sein, aber ... also ich muss mich bei dir entschuldigen. Du bist gar nicht rechtmäßig verheiratet. Deine Ehe ist ungültig.“

Er hat mir vergeben und wir haben die ganze Angelegenheit in Ordnung gebracht, aber durch diese Sache habe ich eine wichtige Lektion über den Zustand meines Herzens bekommen und darüber, wie dringend ich Gottesfurcht nötig habe. Gottesfurcht hilft uns, unsere Versprechen zu halten, die Wahrheit zu sagen und entsprechend zu handeln. Sie sorgt dafür, dass auf unser Wort Verlass ist und dass in unserem Leben Treue überhaupt möglich ist. Wenn wir den Herrn fürchten, bewirkt das, dass wir Gott, anderen Menschen und auch uns selbst gegenüber wahrhaftig und aufrichtig sein können.

Gesprächsimpuls

Wann haben Sie schon einmal darunter gelitten, dass Sie keine Haltung der Gottesfurcht hatten? Gibt es auch im Augenblick etwas, das Ihnen Sorge macht und Sie beunruhigt?

Gebet

Danken Sie Gott dafür, dass ihm Ihre Treulosigkeit nicht gefällt und er so viel Interesse an Ihnen hat, dass er Ihnen nachgeht und Sie zum Gehorsam auffordert.

20. Januar

Was auch geschieht ...

von Barbara Rainey

Die Liebe erträgt alles, sie glaubt alles, sie hofft alles, sie erduldet alles.
1. Korinther 13,7

Ich brauchte nicht lange, um festzustellen, dass Dennis ganz anders war als mein Vater.

Mein Vater war ein typischer Heimwerker. Er liebte es, im Haus und im Garten herumzuwerkeln, Dinge zu reparieren, zu renovieren und am Auto herumzubasteln.

Dennis dagegen erklärte von Anfang an klipp und klar: „Wenn sich etwas nicht mit Draht oder Klebeband reparieren lässt, dann sollte man es wegwerfen und neu kaufen." Heimwerken ist schlicht und einfach nicht sein Ding.

Ich erinnere mich noch gut an unsere ersten Ehejahre. Dennis saß oft in seinem Sessel vor dem Fernseher, und ich umkreiste ihn wie ein Geier und versuchte so freundlich wie möglich anzudeuten, wie er seine Zeit besser nutzen könne.

Seitdem sind wir einen langen gemeinsamen Weg gegangen. Er ist nach wie vor kein begeisterter und versierter Heimwerker, aber er gibt sich Mühe. Und irgendwie hat er im Laufe der Jahre entdeckt, dass Gartenarbeit Spaß macht, weil wir auf diese Weise etwas zusammen tun können.

Ich habe inzwischen gelernt, wie wichtig es ist, *meinen Mann bedingungslos zu lieben*. Ich soll Dennis als Geschenk von Gott annehmen und mir immer wieder klarmachen, dass Gott in seinem Leben wirkt.

Schon im ersten Monat nach unserer Hochzeit investierte Dennis eine kleine Geldsumme und wir verloren dabei Geld. Ich musste an diesem

Punkt eine Entscheidung treffen: Sollte ich ihn so akzeptieren, wie er war, oder sollte ich ihm das Gefühl geben, ein Versager zu sein.

Mir wurde klar, dass Gott Dennis' Fehlinvestition nutzen wollte, um ihm zu zeigen, wie er sich mehr auf Jesus verlassen und ein besserer Ehemann werden konnte. Ich musste zulassen, dass Gott im Leben meines Mannes wirkte.

In solchen Situationen kann man als Ehefrau lernen, dass es in der Liebe nicht nur um Gefühle geht. Gerade in solchen Momenten sollen wir an unser Eheversprechen denken und sagen: „Du bist der Mann, den Gott mir geschenkt hat, und ich bleibe dir treu, was auch geschieht ..."

Gesprächsimpuls

Wie ergänzen Sie sich in Ihrer Ehe gegenseitig? Wie viele Punkte können Sie da aufzählen?

Gebet

Bitten Sie Gott, Ihnen echte, bedingungslose Liebe füreinander zu schenken – Liebe, wie sie in 1. Korinther 13 beschrieben wird.

21. Januar

Hegen und pflegen

Denn niemand hasst doch seinen Körper; im Gegenteil, er ernährt und pflegt ihn. So tut es auch Christus mit der Gemeinde.
Epheser 5,29

Der Bibelvers von heute enthält in zwei Worten an den Mann eine konkrete Anweisung, wie er seine Frau lieben soll: Er soll sie „ernähren" und „pflegen".

Mit dem Ernähren ist hier nicht nur die Versorgung mit Essen gemeint, sondern auch im übertragenen Sinne dafür zu sorgen, dass sie sich entfalten und die Frau sein und werden kann, als die Gott sie gedacht hat. Als Ehemänner sollen wir unserer Frau dabei helfen, sich weiterzuentwickeln. Anders ausgedrückt, ich bin verantwortlich für Barbaras geistliche Entwicklung, ich soll dafür sorgen, dass sie geistlich wächst.

Ganz praktisch heißt das, dass ich mit ihr und für sie bete. Als unsere Kinder noch klein waren, bedeutete diese Aufgabe konkret, dass ich dafür zu sorgen hatte, dass sie ungestörte Zeit für die Stille, zum Beten und Bibellesen hatte. Es bedeutet, immer im Gespräch darüber zu bleiben, welche geistlichen Erfahrungen man macht, was man gerade lernt. Es bedeutet für mich als Mann, mir darüber Gedanken zu machen, welche Art geistlicher Nahrung sie gerade brauchen könnte, um immer mehr die Frau zu werden, als die Gott sie gedacht hat.

Der Begriff „pflegen“ ist ebenfalls sehr umfassend. Er bedeutet, sie im Blick zu haben, ihr mit Wärme und Verständnis zu begegnen, dafür zu sorgen, dass das, was sie mitbringt an Stärken und Gaben, erhalten und gefördert wird, indem wir sie als Mann darin bestätigen, damit sie sich sicher und geborgen fühlt in ihrem Sosein.

Jede Frau, egal in welcher Lebensphase sie gerade ist, braucht von ihrem Mann Worte und Gesten, die ihre Seele erwärmen – Worte der Begeisterung, der Ermutigung, der Bestätigung und des Verstehens. Sie braucht die Wärme der Beziehung zu Ihnen als ihrem Mann, um mit der Kälte fertig zu werden, von der sie vielleicht auch hin und wieder umgeben ist. Sie sehnt sich danach, dass Sie in ihre Welt kommen und sagen: „Ich bin mit niemandem auf der Welt lieber zusammen als mit dir.“

Wenn ich auf meine eigene Ehe zurückblicke, gibt es fast nichts, was ich bereue, aber ich wünschte, ich hätte mich mehr um Barbaras geistliche Entwicklung gekümmert. Wir haben innerhalb von zehn Jahren sechs Kinder bekommen und in dieser Zeit eine Organisation geleitet, die jedes Jahr um dreißig bis vierzig Prozent gewachsen ist. Das war für uns beide eine heftige Herausforderung.

Kaufen Sie als Ehemänner Ihre Zeit aus und überlegen Sie sich jetzt und heute, wie Sie Ihre Frau „ernähren und pflegen“ können.

Gesprächsimpuls

Bitten Sie Ihre Frau, Ihnen ein paar Dinge zu nennen, die Sie konkret tun können, um sie zu ernähren und zu pflegen und ihr zu helfen, sich weiterzuentwickeln und zu entfalten.

Gebet

Nutzen Sie diese Zeit der gemeinsamen Stille, um für Ihre Frau und ihre zwei wichtigsten Anliegen zu beten. Beten Sie auch dafür, dass sie sich weiterentwickelt und immer mehr die Frau wird, als die Gott sie gedacht hat.

22. Januar

Eine angenehme Täuschung

Ich aber bin gekommen, um ihnen das Leben zu geben, Leben im Überfluss. Johannes 10,10

Bill Bright erzählte immer gern die Geschichte von dem Mann, der lange eisern gespart hatte, bis er sich eine Kreuzfahrt auf einem Luxuskreuzfahrtschiff leisten konnte. Er hatte gerade genug Geld zusammenbekommen, um die Fahrkarte bezahlen zu können, und da er der Meinung war, dass er sich das Essen in den Restaurants an Bord nun nicht mehr leisten könne, nahm er Käse und Knäckebrot als Proviant mit.

Mehrere Tage lang saß er in seiner Kabine und musste mitansehen, wie die Stewards Servierwagen mit köstlichem Hummer, Entrecôte, frischem Obst und Gemüse vorbeischoben. Irgendwann hielt er es dann nicht mehr aus. Er packte einen der Stewards am Arm und bat ihn um einen der Teller mit leckerem Essen. „Bitte, helfen Sie mir. Ich bin auch gern bereit, für mein Essen zu arbeiten. Ich schrubbe das Deck, ich mache alles, was Sie wollen, wenn ich etwas zu essen bekomme. Mein Käse und meine Cracker werden langsam fad und ich habe einen Bärenhunger."

„Aber das Essen ist doch inklusive, mein Herr", sagte der Steward erstaunt. „Wussten Sie das denn nicht?"

Viele Christen verhalten sich genau wie dieser Passagier auf dem Kreuzfahrtschiff. Sie sind eine Art „Käse-und-Knäckebrot-Christen", die sich mit dürftigen Rationen begnügen, wo sie doch eigentlich Steak und Kroketten essen könnten. Sie überlassen nicht dem Heiligen Geist die Kontrolle über ihr Leben, damit er seine köstlichen Früchte hervorbringen kann – Liebe, Freude, Frieden, Geduld, Freundlichkeit, Güte, Treue, Sanftmut und Selbstbeherrschung –, sondern leben lieber weiter in geistlicher Armut.

Ich selbst bin auch schon mehr als einmal ins „Käse-und-Knäckebrot-Christsein" zurückgefallen. Ich habe mich auch mit den abgenagten Knochen des Heils begnügt, weil ich glaubte, dass ich mehr nicht zu erwarten hätte. Aber mein geistlicher Hunger war schließlich doch stärker und ich übergab mein Leben Jesus Christus. Nichts und niemand kann uns sättigen wie er.

Gesprächsimpuls

Inwieweit haben Sie Anteil an dem Leben in der Fülle, das Jesus Ihnen schenken will?

Gebet

Beten Sie und überlassen Sie Ihr ganzes Leben Jesus Christus als Ihrem Herrn und Retter.

23. Januar

Geldsorgen

Der Reiche hat die Armen in seiner Gewalt; wer Geld leihen muss, wird zum Sklaven seines Gläubigers. Sprüche 22,7

Larry Burkett hat mir einmal erzählt, dass bei 85 bis 90 Prozent aller in Scheidung lebenden Paare das Geld als eines der Hauptprobleme in der gescheiterten Ehe angegeben wird. Die Ehepartner konnten sich nicht darüber einigen, wie sie mit Geld umgehen, es sparen, ausgeben, spenden, einteilen, darüber Buch führen sollten, und sie konnten einfach nicht aufhören, über Geld und den Umgang damit zu streiten. Oft sind es hohe Schulden und der Druck, mitansehen zu müssen, wie sie sich immer weiterhäufen – ohne eine Aussicht auf eine einfach Lösung des Problems –, die zum Scheitern von Ehen führen.

Vor ein paar Jahren habe ich einen jungverheirateten Mann beraten, der zugab, dass sein Kreditkartenkonto um 350.000 Dollar überzogen war und er die ganze Zeit die hohen Überziehungszinsen bezahlen musste. Er fragte mich, was er tun solle. Ich antwortete: „Gehen Sie so vor, wie Sie einen Elefanten verspeisen würden – immer einen Bissen nach dem anderen. Damit der Elefant aber nicht immer größer wird, würde ich Ihnen dringend raten, alle Ihre Kreditkarten auf ein Backblech zu legen, sie in den Ofen zu schieben und fünfzehn Minuten lang bei hoher Temperatur zu überbacken."

Einfache Kredite sind nicht nur Monsterelefanten, sondern sie zerstören auch Ehen.

In den ersten Ehejahren sollten Sie möglichst oft und möglichst offen über den Umgang mit Geld sprechen und besonders auch darüber, welche Einstellung Sie als Ehepaar zu Schulden haben. Lernen Sie es, Wünsche so lange zurückzustellen, bis Sie sich ihre Erfüllung wirklich leisten können. Ja, besser noch lernen Sie, dem Drang zu widerstehen, Besitz um des Besitzes willen anzuhäufen, selbst wenn Sie es sich leisten *könnten*.

Sprechen Sie darüber, auf welchen Gebieten Sie besonders kaufanfällig sind. Vermeiden Sie als Ehepaar auf jeden Fall Kreditkäufe. Stellen Sie einen Haushaltsplan auf und geben Sie einander Rechenschaft, wie Sie das Geld ausgeben, das Gott Ihnen anvertraut (siehe Psalm 24,1).

Fazit: Schulden sind Ehekiller. Ihr Umgang mit Geld hat Auswirkungen auf Ihre Ehe, Ihre Familie und auf Ihr Erbe.

Gesprächsimpuls

Mit was für Vorbildern in Sachen Finanzen sind Sie aufgewachsen? Wie hat sich das auf Ihre Einstellung zum Geld ausgewirkt? Inwiefern sind Sie sich als Ehepartner im Umgang mit Geld ähnlich?

Gebet

Halten Sie Gott Ihre gesamten Finanzen hin; bitten Sie ihn darum, diszipliniert mit Geld umzugehen und es so zu nutzen, wie er will.

24. Januar

Der schlimmste Tag des Jahres

Aber ich will mich freuen des Herrn und fröhlich sein in Gott, meinem Heil. Habakuk 3,18

Wenn Sie heute Morgen mit einem ganz besonderen „Bäh-Gefühl" aufgewacht sind, dann sind Sie damit nicht allein. Der 24. Januar gilt offiziell als der „deprimierendste Tag des Jahres".

Das hat der englische Psychologe Cliff Arnall, Spezialist für jahreszeitlich bedingte Störungen an der Universität von Cardiff/Wales herausgefunden. Zur Untersuchung solcher Phänomene arbeitet er unter anderem mit sieben Variablen, von denen Glücksgefühle des Menschen mitbestimmt sind, und zwar: das Wetter, persönliche Schulden, das Gehalt und sogar wie viel Zeit seit Weihnachten vergangen ist. Und noch ein paar mehr.

Er nimmt an, dass am 24. Januar zum Beispiel die Kreditkartenabrechnungen ins Haus flattern, durch die wir daran erinnert werden, dass wir wieder einmal unser selbst festgesetztes Feiertagslimit weit überschritten haben. Außerdem haben zu diesem Zeitpunkt viele Leute auch schon längst wieder ihre guten Vorsätze fürs neue Jahr gebrochen oder sind dabei zumindest Kompromisse eingegangen.

Vielleicht hat der Mann recht. Vielleicht ist heute ein Tag, an dem uns das alles besonders bewusst ist und herunterzieht. Aber vielleicht weiß Arnall auch nicht, dass wir uns unsere Freude und Zufriedenheit nicht durch graue Wintertage oder die lange Zeit bis zum nächsten Urlaub vermiesen zu lassen brauchen. Als Menschen, die zu Jesus gehören und ihm nachfolgen, können wir ständig Wohlbefinden und Geborgenheit haben, und zwar unabhängig von den äußeren Umständen.

Hier noch einmal die Worte eines Mannes, der wusste, wie man mit einem 24.-Januar-Gefühl umgeht: „Da wird der Feigenbaum nicht grünen, und es wird kein Gewächs sein an den Weinstöcken. Der Ertrag des Ölbaums bleibt aus, und die Äcker bringen keine Nahrung; Schafe werden aus den Hürden gerissen, und in den Ställen werden keine Rinder sein. Aber ich will mich freuen des Herrn und fröhlich sein in Gott, meinem Heil. Denn der Herr ist meine Kraft, er wird meine Füße machen wie Hirschfüße und wird mich über die Höhen führen" (Habakuk 3,17–19; Lutherübersetzung).

Gott ist *jeden Tag* des Jahres bei Ihnen.

Gesprächsimpuls

Vielleicht ist dies ein guter Zeitpunkt, um das Danken zu üben: Sprechen Sie über alles, worüber Sie sich freuen können, erstellen Sie eine Liste der Dinge, für die Sie auch an einem „Bäh-Tag" dankbar sind.

Gebet

Danken Sie Gott immer abwechselnd. Lobpreis ist eines der wichtigsten Elemente der Anbetung und Voraussetzung, Gott in unserem Leben zu erfahren.

25. Januar

Wie durch dunkles Glas

Er sieht sich, wie er ist, und betrachtet sich kurz. Aber dann geht er weg – und schon hat er vergessen, wie er aussah. Jakobus 1,24

Ich schreibe diesen Brief, um Ihnen etwas über jemanden zu erzählen, den ich einmal gekannt habe."

In dem Brief beschrieb die Frau dann einen Mann, den sie als Kind und Jugendliche sehr bewundert hatte. Sie hatte als Babysitter die drei Söhne dieses Mannes betreut und war dabei wie ein Familienmitglied behandelt worden. Oft hatte sie die Familie sogar in die Ferien oder auf Reisen begleitet.

So wie dieser Ehemann und Vater sollte auch der Mann sein, den sie einmal heiraten wollte. „In meiner College-Zeit habe ich davon geträumt, jemanden wie ihn kennenzulernen und mich in ihn zu verlieben – einen klugen, großzügigen Mann, mit dem man Spaß haben konnte, der hilfsbereit war und ein wirklich frommer Mann im besten Sinne. Wie durch ein Wunder hat Gott mir genau so einen Mann geschenkt."

Jetzt war sie jedoch sehr betroffen, weil der Mann, den sie so bewundert hatte, seine Frau und die Kinder verlassen wollte. „Ich versuche herauszubekommen, was mit dem Mann passiert ist, den ich einmal gekannt habe", schrieb sie. „Ich kann nur hoffen, ihm ist klar, dass er gerade dabei ist, den größten Fehler seines Lebens zu machen."

Wie Sie vielleicht schon vermuten, hat sie diesen Brief an den Mann geschickt, den sie beschrieb, aber es nützte nichts. Er verließ seine Familie trotzdem und heiratete eine andere Frau. Erst auf der Hochzeitsreise wurde ihm klar, was er angerichtet hatte. Er weinte, als er merkte, was aus dem Mann geworden war, der einmal einen so positiven Einfluss auf das Leben eines jungen Mädchens gehabt hatte.

Manchmal kommen wir vom Weg ab und verlaufen uns. Wir vergessen, wer wir wirklich sind. Gott sei Dank bringt er selbst immer wieder Menschen dazu, uns einen Spiegel vorzuhalten, um uns zu zeigen, was aus uns geworden ist.

Wenn das in Ihrem Leben einmal der Fall sein sollte, dann versprechen Sie, sehr genau hinzuhören. Es könnte Ihnen das Leben retten.

Gesprächsimpuls

Was kann uns daran hindern, in das Leben von Menschen hinein, die wir lieb haben, die Wahrheit zu sagen? Will Gott Sie vielleicht gebrauchen, um jemandem, der Ihnen wichtig ist, einen Spiegel vorzuhalten?

Gebet

Beten Sie um den Mut, die Wahrheit in Liebe auszusprechen, dabei aber selbst so demütig zu bleiben, dass Sie die Wahrheit über sich selbst anhören und auch anschauen können.

26. Januar

Väter sind wichtig

... und er wird das Herz der Kinder zu ihren Vätern wenden.
Maleachi 3,24

Wenn ich mir die Familienfotos auf meinem Schreibtisch anschaue, dann bekomme ich ganz leicht einen Kloß im Hals. Wo sind die kleinen, strahlenden Jungen, die stolz eine Angelrute halten? Seit wann sind sie erwachsen genug, um selbst Väter kleiner Jungen zu werden? Wo sind die kleinen Mädchen mit ihren Zöpfen? Wann haben sie sich in bezaubernde Bräute verwandelt?

Die Zeit bleibt nicht stehen, und auch das Leben einer Familie nicht.

Eines jedoch verändert sich nicht, nämlich dass Väter wichtig sind. Jungen brauchen das Herz ihres Vaters und die Gemeinschaft mit Männern. Sie brauchen mindestens einen Mann, von dem sie Aufmerksamkeit bekommen und der sich Zeit für sie nimmt, der sie bewundert und ihnen beibringt, wie sie selbst zum Mann werden. Jungen brauchen Vorbilder. Aus eigener Erfahrung weiß ich, wie leicht Väter egoistisch sein können. Als unsere Kinder noch klein waren, fiel es mir sehr schwer, ihre Bedürfnisse über meine eigenen Wünsche zu stellen. Mir wurde klar, dass ich jeden Tag wieder neu eine Entscheidung treffen musste. Wenn ich nach der Arbeit nach Hause gekommen wäre und mich in meine eigene Welt zurückgezogen hätte, wäre ich meiner Verantwortung den Kindern gegenüber nicht gerecht geworden.

Es erfordert Durchhaltevermögen, nicht Perfektion, der Vater zu sein, den Ihre Kinder brauchen. Sie sind ganz sicher nicht fehlerlos, aber Sie können lernen, Ihre Kraft so einzuteilen, dass Sie nach der Arbeit nicht völlig erschöpft nach Hause kommen und keine Kraft mehr für Ihre Kinder haben. Sie können die Entscheidung treffen, nicht egoistisch zu sein, sondern aktiv in die nächste Generation zu investieren.

Als unsere Kinder noch klein waren, wurde mir eines Tages bewusst, dass ich Kräfte für zu Hause aufsparen musste. Deshalb schrieb ich auf eine Karte: „Spare Kräfte für zu Hause." Die Karte habe ich mir dann mit einer Büroklammer an meine Schreibtischlampe geklemmt. Über zehn Jahre lang hat mich die Karte daran erinnert, dass meine Kinder einen Papa brauchen.

Väter – habt ihr eine Büroklammer übrig?

Gesprächsimpuls

Bewerten Sie sich selbst als Vater auf einer Skala zwischen 1 und 10. 1 steht für sehr schlecht und 10 für super. Wie intensiv sind Sie emotional, geistlich und beziehungsmäßig am Leben Ihrer Kinder beteiligt und wirklich darin eingebunden?

Gebet

Beten Sie darum, dass Sie für Ihre Kinder da sind.

27. Januar

Es selbst besser machen

So spricht der Gott Israels, der Herrscher der Welt:
Ändert euer Leben und Tun! Dann dürft ihr hier wohnen bleiben.
Jeremia 7,3

Ich stelle immer wieder folgende Fragen:

- Warum ist die Scheidungsrate unter Christen fast genauso hoch wie bei Nichtchristen?
- Warum sind so viele Christen am Arbeitsplatz engagiert, offensiv und leistungsfähig, zu Hause aber desinteressiert und passiv?
- Warum *sagen* so viele Christen, dass sie in ihrem Beruf ihren Dienst sehen, aber ihre Bemühungen bringen so wenig Frucht?
- Warum reden so viele Christen über die Werte der Familie, aber ihr Lebensstil unterscheidet sich praktisch in gar nichts von dem der Nichtchristen?
- Warum beziehen nur so wenige Christen Selbstsicherheit aus der Tatsache, dass sie einen Auftrag von Gott haben?
- Warum erzählen nur 10 Prozent aller Christen anderen von der Vergebung Gottes durch Jesus Christus?
- Wenn Jesus wirklich Leben verändert, warum haben dann 50 Millionen Amerikaner, die von sich behaupten wiedergeboren zu sein, so wenig Einfluss auf die Gesellschaft und den Zeitgeist?

Der Prophet Jeremia stellt ganz ähnliche Fragen in Bezug auf die Gemeinde seiner Zeit. Er beobachtet, dass viele Menschen aus dem „Starrsinn ihres bösen Herzens“ heraus (Jeremia 3,17) „der Nichtigkeit nachgehen“ (Jeremia 2,5), ohne sich dafür zu „schämen“ (Jeremia 3,3). Und schlimmer noch: „Sie wollen sich nicht schämen und wissen nichts von Scham“ (Jeremia 6,15). Diese betrogenen, verirrten „Gläubigen“ saßen bequem im Haus Gottes – genau so, wie es auch heute Woche für Woche geschieht –, hörten die Lehre der Heiligen Schrift, ließen diese Wahrheit aber nicht in ihrem Leben in Form von Gehorsam zum Zug kommen.

Mit welcher der Fragen sollten Sie sich befassen?

Gesprächsimpuls

Suchen Sie sich eine der Fragen – oder eine selbst formulierte – heraus und überlegen Sie, was Sie in Ihrer Gemeinde dazu beitragen können, hier einen Richtungswechsel mit in Gang zu bringen.

Gebet

Beten Sie dafür, dass Sie bei sich selbst anfangen mit der Veränderung.

28. Januar

Bedrängt, aber nicht erdrückt

Ich bin von allen Seiten bedrängt, aber ich werde nicht erdrückt.
Ich weiß oft nicht mehr weiter, aber ich verzweifle nicht.
2. Korinther 4,8

Haben Sie auch schon einmal eine Phase erlebt, in der Ihnen alles nur düster vorkam und in der Sie das Gefühl hatten, alles um Sie her bräche zusammen? Eine Phase, in der Sie das Telefonklingeln fürchteten, weil Sie dann nur mit noch mehr schlechten Nachrichten rechneten?

In solchen Phasen muss ich oft an folgende Geschichte denken:

Ein norwegischer Fischer namens Karl hatte seine beiden halbwüchsigen Söhne zum Fischen mitgenommen. Es war ein wunderschöner Morgen gewesen, aber nachmittags gab es dann plötzlich einen Wetterwechsel, und ein schwerer Sturm zog auf, als sie noch auf See und weit vom Ufer entfernt waren. Die Wellen wurden immer höher, bis Karl und seine Söhne um ihr Leben kämpfen mussten. Bei Einbruch der Dunkelheit erlosch dann auch noch das Feuer im Leuchtturm durch einen Blitzeinschlag. Es schien keine Hoffnung mehr zu geben.

Doch es war alles noch schlimmer, als Karl glaubte. Auch in sein Haus hatte nämlich der Blitz eingeschlagen und das Gebäude war blitzschnell in Flammen aufgegangen. Als Karl und seine Söhne schließlich völlig erschöpft das Ufer erreichten, empfing Karls Frau sie mit der schlechten Nachricht.

Ihn schien das jedoch seltsam kaltzulassen, sehr zur Verwunderung seiner Frau. Er streichelte ihr tränennasses Gesicht mit seinen rauen Fischerhänden und sagte: „Verstehst du denn nicht, mein Schatz? Als der Leuchtturm ausging, hat uns unser brennendes Haus am Horizont den Weg gezeigt. Das Feuer, durch das unser Haus zerstört worden ist, hat uns das Leben gerettet und uns heil nach Hause gebracht."

Barbara und ich und unsere Familie haben auch solche Zeiten hinter uns, in denen „Feuer“ brannte, aber wir haben auch erlebt, dass uns in solchen Zeiten „die Krisen“ wieder nach Hause gebracht haben, denn durch sie waren wir gezwungen, uns ganz und gar an Gott zu klammern, uns völlig auf ihn zu verlassen und im Vertrauen zu schreien: „Herr, du weißt, was du tust! Wir wissen nicht, was du vorhast, aber wir vertrauen dir.“

Gesprächsimpuls

Welche schwere Prüfung haben Sie erlebt, die dann aus der Ewigkeitsperspektive positive Folgen hatte?

Gebet

Beten Sie darum, dass Sie sich gemeinsam den Feuern stellen können und dass Ihr Glaube an Jesus in diesen Feuern gestärkt wird.

29. Januar

Wie man den Geschirrspüler richtig einräumt

Dann wandte sich Jesus an alle und sagte: „Wer mir folgen will, muss sich und seine Wünsche aufgeben, muss Tag für Tag sein Kreuz auf sich nehmen und auf meinem Weg hinter mir hergehen.“ Lukas 9,23

Wussten Sie, dass es für Männer vier Möglichkeiten gibt, einen Geschirrspüler einzuräumen?

1. So, wie sie es von ihrer Mutter gelernt haben.
2. So, wie ihre Frau es möchte.
3. So, wie sie es immer bei ihrer Schwiegermutter machen.
4. So, wie sie es machen, wenn keiner hinschaut.

Ist nun eine dieser Methoden richtig und alle anderen sind falsch? Kann ein Mann nicht einfach so viele Töpfe und Pfannen und Teller und Becher wie möglich hineinstopfen – egal wie, Hauptsache, die Tür geht noch zu?

Kann mir irgendeine Frau mit absoluter Sicherheit das Gegenteil beweisen?

Zugegeben, wie man den Geschirrspüler richtig einräumt, ist nicht das wichtigste Thema einer Ehe, aber es ist ein Beispiel für all die kleinen Geschmacksfragen und Vorlieben, die wir haben – diese eher unwesentlichen Meinungsverschiedenheiten, die leicht zu handfestem Streit ausarten können.

Wenn Sie verhindern wollen, dass solche kleinen Marotten Ihrer Frau zu echten Ärgernissen und Hindernissen in Ihrer Beziehung werden, dann müssen Sie sich selbst verleugnen, genauso wie Jesus es in dem Vers für den heutigen Tag tut. Statt darauf zu bestehen, dass Ihre Handhabung kleiner unwesentlicher Dinge die einzig richtige ist, geben Sie lieber einfach nach. Statt Erbsen zu zählen und herumzunörgeln – was für alle Beteiligten letztlich nur nervtötend ist –, sollten Sie Ihr Missfallen so zum Ausdruck bringen, dass es den anderen nicht wurmt oder bedrohlich klingt und so vielleicht nicht zu einem handfesten Krach führt.

Im Laufe Ihrer Ehe wird es Hunderte, ja wahrscheinlich eher Tausende solcher Gelegenheiten geben, bei denen Sie entweder nachgeben und auf Ihre Methode verzichten oder aber sich erheben und zur Wehr setzen. Denken Sie daran, dass es sehr viel Schlimmeres im Leben gibt, als vielleicht die Müslischalen noch einmal spülen zu müssen. Und bevor Sie jetzt fragen – ja, ich weiß inzwischen, wie man einen Geschirrspüler einräumt – schließlich werde ich darin seit 1972 von Barbara geschult!

Gesprächsimpuls

Macht irgendetwas, das Ihre Frau tut, Sie so richtig rasend? Können Sie großmütig darüber hinwegsehen?

Gebet

Danken Sie Jesus dafür, dass er uns durch seinen Umgang uns tagtäglich ein Vorbild in Geduld ist.

30. Januar

Was Gott am Herzen liegt

Verteidigt die Armen und die Waisenkinder,
verschafft Wehrlosen und Unterdrückten ihr Recht. Psalm 82,3

In seinem Buch *Fields of the Fatherless* schreibt C. Thomas Davis: „Wenn man die Bibel von vorne bis hinten durchliest, findet man viele Themen, die Gott besonders am Herzen liegen. Gleichzeitig trifft man auf drei Gruppen von Menschen, die immer wieder auftauchen. Sie kommen so oft vor, dass man daraus nur einen Schluss ziehen kann: Gott erwähnt sie so oft, damit wir sie ebenfalls ganz oben auf unsere Prioritätenliste setzen."

Es sind die *Waisen*, *Witwen* und *Fremden*.

Gott bringt seine Fürsorge für diese drei Menschengruppen in seinen Anweisungen für die israelitischen Bauern in 5. Mose 24,19 zum Ausdruck: „Wenn ihr bei der Ernte eine Garbe auf dem Feld vergessen habt, dann geht nicht zurück, um sie zu holen. Sie soll den Fremden, den Waisen und Witwen gehören. Dafür wird der Herr euch segnen bei allem, was ihr tut."

Wenn wir unseren christlichen Glauben so klar und unverfälscht wie möglich praktizieren wollen, dann müssen auch wir uns aktiv um die verlassenen und am Rande lebenden Menschen kümmern: „Ihr ehrt Gott, den Vater, auf die rechte Weise, wenn ihr den Waisen und Witwen in ihrer Not beisteht und euch nicht an dem ungerechten Treiben dieser Welt beteiligt" (Jakobus 1,27).

Sich um Waisen zu kümmern, ist nicht nur ein Akt des Mitleids. Adoption ist nicht nur eine Möglichkeit, unsere Familien auf die gewünschte Größe zu bringen. Die Fürsorge für Waisen hat mit Gehorsam zu tun und veranschaulicht, wie Gott ist.

Vielleicht möchte Gott Ihnen die Aufgabe geben, ein Kind zu adoptieren, so wie er es bei Barbara und mir getan hat. Wenn nicht, so kann man doch jene Menschen unterstützen, die über eine Adoption nachdenken oder mitten in einem Adoptionsprozess stehen. Man kann für sie beten und ihnen Mut machen und dadurch etwas tun und unterstützen, was Gott am Herzen liegt.

Gesprächsimpuls

Sprechen Sie darüber, wie Sie das, was Gott am Herzen liegt, unterstützen können, indem Sie sich um Waisen kümmern. Gibt es einen Grund, weshalb es für Sie nicht infrage kommt, ein Kind zu adoptieren?

Gebet

Versprechen Sie, das Herzensanliegen Ihres himmlischen Vaters auch zu Ihrem zu machen, indem Sie sich um Waisen kümmern, wie auch immer er Sie dabei führt – sei es als Adoptiv- oder Pflegeeltern, in der Missionsarbeit oder in einer anderen Form der Arbeit mit Waisenkindern.

31. Januar

Überschäumen

Denkt daran, liebe Brüder und Schwestern: Jeder soll stets bereit sein zu hören, aber sich Zeit lassen, bevor er redet, und noch mehr, bevor er zornig wird. Denn im Zorn tut niemand, was vor Gott recht ist.
Jakobus 1,19–20

Ich glaube, Wut ist eine der gefährlichsten Empfindungen, gleichzeitig aber auch das Gefühl, über das am wenigsten gesprochen wird. Wut kann Ehen und ganze Familien zerstören. Sie kann junge Menschen kaputt machen, die zu Hause respektlos und abwertend behandelt werden.

Es gibt sehr viele Menschen, die in der Öffentlichkeit offenbar keine Probleme mit Jähzorn oder Wut haben, die aber zu Hause und in der Familie so aufbrausend und launisch sind, dass man es nie für möglich gehalten hätte.

Mein Freund Dan Allender hat schon vielen Menschen durch Beratung oder durch Bücher und Vorträge geholfen, sich mit Problemen im Zusammenhang mit Selbstwert, Vergebung und Missbrauch auseinanderzusetzen. Er ist wirklich ein guter, gläubiger Mann, aber er würde auch sofort zugeben, dass Wut eine für ihn besonders schwer zu knackende Nuss gewesen ist.

Einmal hatten sich Dan und seine Frau Becky in der Innenstadt von Denver total verfahren, und er schäumte vor Wut darüber, dass Becky ihn seiner Meinung nach so schlecht gelotst hatte. Der Streit eskalierte dermaßen, dass Becky an einer roten Ampel ausstieg und zu Fuß wegging.

„Wohin willst du denn eigentlich?“, brüllte Dan sie durch die heruntergekurbelte Scheibe an und Becky antwortete wie aus der Pistole geschossen: „Ich bin nicht bereit, weiter neben dir im Auto zu sitzen und mir gefallen zu lassen, dass du weiter gegen mich sündigst.“ Dann holte sie ihr Handy aus der Tasche und rief Dans besten Freund an, um ihn zu bitten, sie doch bitte abzuholen und nach Hause zu fahren.

Was für eine Demütigung in diesem Moment! Wahrscheinlich können Sie auch die eine oder andere ganz ähnliche Geschichte erzählen. Wir jedenfalls können es.

Schauen Sie sich jetzt noch einmal den Bibelvers von heute an. Wenn in Ihrer Ehe Wut ein echtes Problem ist, dann würde ich Ihnen vorschlagen, ihn auswendig zu lernen. Und wenn Sie zugelassen haben, dass Ihre Wut auf Ihren Ehepartner auf die ganze Familie übergeschwappt ist, dann bitten Sie Ihren Ehepartner und Ihre Kinder um Vergebung.

Gesprächsimpuls

Wie oft wird in Ihrer Ehe und Familie Wut zum Ausdruck gebracht? Wie wirkt sich das auf Ihre Familie aus? Reden Sie über einen konkreten, praktischen Schritt, wie Sie sich mit dieser Emotion in Ihrem Leben, Ihrer Ehe und Ihrer Familie auseinandersetzen können.

Gebet

Beten, beten, beten Sie, dass Sie nicht so schnell wütend werden – langsam zum Zorn.

1. Februar

Glauben Sie an Magie?

von Barbara Rainey

Durchs Fenster an der Tür greift seine Hand; ich höre,
wie sie nach dem Riegel sucht.
Mein Herz klopft laut und wild. Er ist so nah. Hohelied 5,4

Die meisten Liebesbeziehungen fangen mit einer Phase an, die wir als „frisch verliebt" bezeichnen. In dieser Phase konzentriert man sich fast ausschließlich aufeinander und auf die Beziehung und empfindet eine starke gegenseitige Anziehung. Begeistert plant man das gemeinsame Leben und empfindet große Freiheit, sich auch körperlich näherzukommen (was dann hoffentlich erst nach der Hochzeit passiert).

Frisch verliebte Paare sind gern bereit Zeit und Geld zu opfern, um diese neue Erfahrung voranzutreiben. Durch das Gefühl der Liebe werden die Ängste verringert und man redet stundenlang über das Leben, über Träume und Hoffnungen. Eine neue Liebe ist leicht, köstlich und intensiv. Sie ist berauschend und irgendwie magisch.

Nun denken Sie wahrscheinlich: *Ja, ja, ich erinnere mich dunkel ...* Aber warum sollte es in Ihrer Ehe nicht immer wieder diese erwartungsvolle Vorfreude oder andere Gefühle geben, von denen Sie weiche Knie bekommen? Warum sollte es nicht auch weiterhin Zeiten geben, in denen Sie sich wie Kinder fühlen und Sie kaum die Finger voneinander lassen können? Warum sollten Sie nicht Zeit, Geld und all Ihre Möglichkeiten einsetzen, um hin und wieder kleine Fluchten aus dem Alltag zu arrangieren?

Was würde passieren, wenn Sie zu Ihrer Frau sagen würden: „Ich habe für nächsten Dienstag zum Mittagessen eine Überraschung für dich"? Sie würde sich natürlich die ganze Woche den Kopf darüber zerbrechen, was Sie wohl vorhaben.

Oder wie wäre es, wenn Sie Ihrem Mann eine E-Mail ins Büro schicken mit der Ankündigung, dass Sie heute Abend etwas ganz Besonderes mit ihm vorhaben und ob er nicht vielleicht ein bisschen früher nach Hause kommen könnte?

Oswald Chambers, der bekannte Verfasser von Andachten im frühen 19. Jahrhundert, hat gesagt: „Das menschliche Wesen verlangt nach Spannung, wenn es intakt ist; und wenn es diese Spannung und Erregung nicht auf die richtige Weise bekommt, sucht es sie sich auf die falsche. Gott hat uns nicht als blutleere Stoiker geschaffen, sondern als leidenschaftliche Heilige."

Was haben Sie zuletzt getan, um den Zauber wieder zu entfachen?

Gesprächsimpuls

Sprechen Sie darüber, wie Ihrer Ehe die Romantik abhandenkommen kann.

Gebet

Gott hat Leidenschaft, Erregung und Romantik geschaffen. Bitten Sie ihn, Sie der Liebe Ihres Lebens immer näher zu bringen.

2. Februar

Zeit für Romantik

von Barbara Rainey

Ich gehöre meinem Geliebten, und nach mir ist sein Verlangen.
Hohelied 7,10

Männer glauben oft, dass Romantik entsteht, wenn sie ihrer Frau ein bestimmtes Geschenk kaufen oder etwas Bestimmtes tun oder für eine bestimmte Atmosphäre sorgen. Ja, es stimmt, all diese Dinge können eine Frau in romantische Stimmung versetzen. Aber im Grunde geht es für uns Frauen bei Romantik um Beziehung und Zeit; darum, sich geborgen und angenommen zu fühlen – einfach zusammen zu sein.

Wenn ich an eine echt romantische Erinnerung denke, dann fällt mir der September ein, in dem Dennis sich einen ganzen Tag freinahm – nicht um die Garage aufzuräumen oder angeln zu gehen oder liegen gebliebenen Schreibkram zu erledigen, sondern einfach um den Tag mit mir zu verbringen und einfach mal zu tun, wozu wir gerade Lust hatten.

Als Erstes frühstückten wir ausgiebig, dann arbeiteten wir eine Weile im Garten und spürten, wie die erste Herbstkühle unsere Flanellhemden durchdrang. Dann gingen wir wieder ins Haus und räumten ein bisschen auf und dann stiegen wir ins Auto und fuhren einfach los. Wir fuhren ein paar Stunden einfach so dahin, hielten an, wo wir wollten, und machten, was wir wollten.

Für mich war es fast so wie auf unserer Hochzeitsreise. Für diese paar Stunden brauchten wir uns um nichts und niemanden zu kümmern und uns keine Gedanken zu machen. Wir waren einfach nur zusammen unterwegs und hatten Spaß. Einen Herbsttag lang hatte ich Dennis ganz für mich und nichts zu tun mit den Anforderungen des Alltags und Elternseins. Einmal einen Tag lang kein Druck. Wir redeten und lachten zusammen und es war einfach ganz wunderbar.

Nein, es war nicht so ein einzelner Augenblick, der einen umhaut. Ich fühlte mich nicht so, als würde ich vom Prinzen auf sein Schloss gebracht, um dort glücklich bis an mein seliges Ende zu leben. Es war viel reicher und schöner und tiefer als all das. Es war pure Romantik, erwählt zu sein, meinem Mann Freude zu bereiten, zu erleben, wie sehr er mich liebt, und die Freude zu erleben, die er daran hatte, einen Tag zu verbringen ... nur mit mir.

Gesprächsimpuls

Tauschen Sie sich darüber aus, was Romantik für Sie bedeutet. Überlegen Sie, wie Ihre Vorstellungen zusammengebracht werden können.

Gebet

Bitten Sie Gott, Ihnen ganz neu die Sehnsucht nach der Gesellschaft Ihres Partners zu schenken und Freude daran, Zeit miteinander zu verbringen.

3. Februar

„Das mag ich am liebsten"

Freue dich an der Frau, die du jung geheiratet hast. Sprüche 5,18

Wir vergessen oft, dass Romantik weit mehr ist als eine gemeinsame Aktivität im Schlafzimmer nach getaner Arbeit. Zur Romantik im Ehealltag gehört nicht nur sexuelle Nähe, sondern dazu gehört auch, die gegenseitige Zuneigung im Alltag zum Ausdruck zu bringen. Dadurch bekommen unsere Kinder das Gefühl, dass in ihrer Welt alles in Ordnung ist, und das wiederum gibt ihnen die Sicherheit, die sie brauchen, um sich gut zu entwickeln.

Ich finde es einfach wundervoll, wie ein elfjähriger Junge dieses Gefühl in einem Aufsatz mit der Überschrift „Das mag ich zu Hause am liebsten" zum Ausdruck bringt:

Meine Mutter hat in der Küche eine Schüssel mit Keksen stehen, von der wir uns bedienen dürfen, wenn es noch nicht sofort Essen gibt. Nur mein Papa darf sich immer Kekse nehmen. Wenn er vom Büro nach Hause kommt, bedient er sich, auch wenn wir dann gleich essen. Dann gibt er meiner Mutter einen Klaps auf den Po und prahlt, wie toll sie ist und wie gut sie kochen kann. Sie dreht sich dann um, und die beiden umarmen sich, als wären sie frisch verheiratet oder so. Dann habe ich ein ganz tolles Gefühl. Das gefällt mir am besten an meinem Zuhause.

Ich glaube, dass unsere Kinder es auch mochten, wenn wir uns unsere Zuneigung gezeigt haben. Wenn ich nach der Arbeit nach Hause kam und Barbara nur ein bisschen mehr als flüchtig auf die Lippen küsste, dann stöhnten unsere Kinder auf und sagten: „Igitt! Nehmt euch doch ein Hotelzimmer!“ Aber das sagten sie immer mit einem verlegenen Grinsen.

Wie ist das bei Ihnen? Halten Sie noch Händchen? Helfen Sie ihr in den Mantel? Geben Sie ihr einen Kuss auf den Hals? Schlingen Sie von hinten die Arme um ihn? Sehen Sie auf dem Sofa zusammengekuschelt fern? Lassen Sie sich von Ihren Kindern auch mal bei einem alles andere als flüchtigen Kuss erwischen?

Und noch etwas: Sagen Sie immer wieder: „Ich liebe dich.“ Sagen Sie es laut. Gleich hier in der Küche.

Es ist die beste Methode, Geborgenheit zu vermitteln.

Gesprächsimpuls

Erzählen Sie sich gegenseitig drei kleine Gesten oder Gewohnheiten Ihres Partners, die Ihnen guttun und Ihnen das Gefühl geben, geliebt zu sein. Welchen Zuneigungsbeweis haben Sie am liebsten?

Gebet

Danken Sie Gott für all die Gelegenheiten, die Sie haben, Ihren Kindern zu vermitteln, wie wahre Liebe und Romantik aussehen.

4. Februar

Gleich, aber anders

von Barbara Rainey

... und schuf sie als Mann und als Frau. 1. Mose 1,27

Dennis und ich haben einmal eine niedliche E-Mail bekommen, durch die deutlich wird, wie unterschiedlich Romantik für Männer und Frauen ist.

Die Mail begann mit der Frage: „Wie vermitteln Sie einer Frau Romantik?“

Antwort: „Führen Sie sie zum Essen aus, rufen Sie sie an, kuscheln Sie mit ihr, überraschen Sie sie, machen Sie ihr Komplimente über ihr Haar, gehen Sie mit ihr einkaufen, hören Sie ihr zu, kaufen Sie Blumen, halten Sie Händchen mit ihr, schreiben Sie Liebesbriefe, und seien Sie bereit, für Sie bis ans Ende der Welt und wieder zurück zu gehen.“ Das konnte ich auch so sehen.

Doch dann wurde die Frage andersherum gestellt: „Wie vermitteln Sie einem Mann Romantik?“ Die Antwort fiel wesentlich kürzer und prägnanter aus:

„Kommen Sie nackt und bringen Sie was zu essen mit.“

Tsss ... Männer.

Irgendwie ist die Mischung unserer unterschiedlichen Auffassungen in Sachen Romantik mit der Herstellung eines guten Salatdressings vergleichbar. Unterschiedlicher als Essig und Öl können zwei Zutaten eigentlich gar nicht sein.

Die einzige Gemeinsamkeit der beiden Zutaten besteht darin, dass sie flüssig sind. Ansonsten sind sie so verschieden wie Tag und Nacht. Öl ist mild, Essig scharf. Öl ist dick-, Essig dünnflüssig. Wenn man sie zusammen in eine Flasche füllt, trennen sich die beiden Flüssigkeiten. Die eine setzt sich am Boden ab, die andere schwimmt darüber, und das bleibt auch so, es sei denn, man schüttelt die Flasche kräftig.

Interessant dabei ist, dass die beiden Zutaten ihre ganz eigene, einzigartige Identität behalten. Und trotzdem ergänzen sie sich gegenseitig zu einer wohlschmeckenden Einheit. Gemeinsam geben sie einer ansonsten eher faden Mischung unterschiedlicher Salate einen pikanten Pfiff.

Mit der Ehe ist es ebenso. Wie oft ein Mann und eine Frau auch zusammenkommen, sie bleiben einzigartig. Er wird immer wie ein Mann denken und fühlen und sie wie eine Frau. Und obwohl ihre angeborene Art sich niemals ändert, können sie einander besser verstehen und sich immer mehr und besser lieben, wenn sie wissen, dass sie dadurch eine pikante Mischung romantischer Faszination schaffen können.

Gesprächsimpuls

Was gefällt Ihnen an der unterschiedlichen Art von Romantik? Was daran macht Sie wahnsinnig?

Gebet

Bitten Sie um Geduld und Verständnis und um neue Möglichkeiten, sich auf diesen Menschen, mit dem Sie verheiratet sind, einzulassen und ihn zu lieben.

5. Februar

Bedürfnis-Maschinen

von Barbara Rainey

Vor unserer Tür ist köstlich süßes Obst, die allerbesten Früchte, alt und neu, für dich, mein Liebster, sind sie aufbewahrt!
Hohelied 7,14

Der größte Romantikkiller für Mütter sind Kinder, keine Frage. Diese süßen, wunderbaren, unschuldigen kleinen Wesen, die Gott uns geschenkt hat, sind auch egoistische, ungezogene „Bedürfnis-Maschinen", die unseren Ehen auch das letzte bisschen Leben aussaugen können. Sie fühlen sich manchmal wirklich so wie die Mutter, die einmal gesagt hat: „Es ist wirklich die reine Ironie: Durch Romantik haben wir unsere Kinder bekommen, und dann sind sie es, die auch noch dem letzten Rest von Romantik in unserer Ehe den Garaus geben."

Unsere Aufgaben als Mutter können aber auch zur Ausrede dafür werden, dass wir keinen Sex wollen. Wenn Mütter dermaßen von ihren Alltagspflichten mit Beschlag belegt sind, dann kann es schon passieren, dass sich die oberste Priorität ein ganz klein wenig vom Mann weg und hin zu den Kindern verschiebt. Sie glauben, dass die Bedürfnisse ihrer Kinder, die ja noch auf Hilfe angewiesen und unselbstständig sind, wichtiger sind als die des Mannes. Der ist ja schließlich schon erwachsen.

Das stimmt zwar, aber diese Argumentation ist unter anderem deshalb fehlerhaft – und ein Grund, weshalb wir oft wenig Verständnis für die sexuellen Bedürfnisse unserer Männer haben –, weil wir Frauen unser Frausein schon allein dadurch intensiv erleben können, dass wir unsere Kinder versorgen. Wir fühlen uns ganz und gar als Frau, wenn wir uns um die Kinder kümmern (es sei denn, wir sind völlig erschöpft!). Wir fühlen uns dabei zutiefst wohl und erleben Erfüllung; es ist ein unbeschreibliches Vorrecht, das uns tiefe Befriedigung bereitet. Dazu sind wir als Frauen geschaffen.

Doch das macht nur einen Teil unseres Frauseins aus. Gott hat uns mit dieser Fähigkeit, zu nähren und zu versorgen, nicht nur der Kinder wegen geschaffen, sondern nach seinem Plan sollen wir auch für *unseren Mann diese nährende und versorgende Rolle ausfüllen*. Es ist eine der größten Herausforderungen in einer Ehe, in der Zeit, in der wir Kinder im Haus haben, hier ein Gleichgewicht zu erhalten. Unsere Kinder müssen die Eltern auch als Liebespaar erleben.

Vielleicht nähren und versorgen Sie Ihren Mann nicht so automatisch, wie Sie es bei Ihren Kindern tun, aber es ist ganz genauso wichtig. Gott wird Ihnen dabei helfen, eine Ausgewogenheit herzustellen zwischen der Fürsorge für Ihren Mann und der für die Kinder, wenn Sie ihn darum bitten.

Gesprächsimpuls

Was können Sie ganz praktisch tun und welche kreativen Möglichkeiten gibt es, um die Romantik auch in einer Familie mit kleinen Kindern lebendig zu halten?

Gebet

Bitten Sie Gott um Ausgewogenheit zwischen den unterschiedlichen Anforderungen, die das Leben an Sie stellt.

6. Februar

Basketball-Götter

Du sollst keine anderen Götter neben mir haben. 2. Mose 20,3

Es gab Leute, die Karen für die beste Basketballspielerin aller Zeiten in ihrem Bundesstaat hielten. Sie hatte ihr Highschoolteam mehrmals hintereinander ins Finale gebracht – einmal auch gewonnen –, sie bekam ein Vollstipendium für ein renommiertes College und krönte ihre Karriere mit einer Folge von beeindruckenden Leistungen in der höchsten amerikanischen Collegeliga.

Dann bekam sie einen Vertrag bei einem Profi-Team mit einem unglaublichen Anfangsgehalt und hatte so die Chance, das zu leben, wovon sie als Kind immer geträumt hatte. Solange sie denken konnte, war Basketball der Mittelpunkt ihres Lebens gewesen, und das zahlte sich jetzt aus. Super!

Seltsam war allerdings, dass sie jetzt, da sie den Höhepunkt ihres sportlichen Erfolgs erreicht und einen Profi-Vertrag in der Tasche hatte, plötzlich unerklärlichen Bammel bekam. Sie fühlte sich seltsam leer und ziellos. Nach all den Opfern, die sie für dieses Ziel gebracht hatte, und trotz all ihrer unglaublichen Leistungen konnte sie offenbar das, was sie so bedrückte, nicht abschütteln.

Es vergingen Monate, ohne dass sie auch nur einmal genügend Kraft hatte, um ein bisschen für sich zu trainieren und sich zu bewegen. Sie schlang Fast Food in sich hinein und nahm enorm zu. Der Tag, an dem sie bei dem Profi-Team antreten sollte, kam und ging. Sie war buchstäblich verloren.

Eines Nachmittags raffte Karen all ihre Kraft zusammen, nahm einen Basketball und warf in der Sporthalle ein paar Körbe, aber schon nach wenigen Augenblicken war sie so mutlos durch ein paar Fehlwürfe, dass sie den Sport endgültig an den Nagel hängte. Genau das, was sie für den Schlüssel zum Erfolg gehalten hatte, hatte sie bei lebendigem Leibe aufgefressen.

So etwas können Götzen anrichten. Es ist absolut nichts daran auszusetzen, Basketball zu spielen – oder erfolgreich im Beruf zu sein oder sich für Musik zu interessieren, zu schreiben oder zu dekorieren –, aber wenn etwas zum Mittelpunkt all unserer Träume, unserer Aufmerksamkeit und Energie wird, dann wird diese Sache zu einem Götzen in unserem Leben. Man fängt an, diesen Götzen zu verehren, statt Gott allein die Ehre zu geben. Nichts und niemand kann uns so zufrieden machen wie Gott. Und wir sollten unsere Zuneigung zu ihm durch nichts und niemanden austauschen.

Gesprächsimpuls

Wie viele falsche Götter in Ihrem Leben können Sie benennen? Was erhoffen Sie sich von ihnen?

Gebet

Bitten Sie Gott, Sie davor zu bewahren, sich täuschen zu lassen, und Ihnen großes Verlangen danach zu schenken, nur ihn allein anzubeten und zu verehren.

7. Februar

Ich wünschte ...

Der Herr erlöst die Seele seiner Knechte; und alle, die sich bei ihm bergen, müssen nicht büßen. Psalm 34,22

Vor ungefähr zehn Jahren haben Barbara und ich vor unserem Schlafzimmerfenster einen Ahornbaum gepflanzt. Ich habe keine Ahnung, welche Wasserreserven er anzapft, aber der Baum ist in dieser Zeit gewachsen wie verrückt. Er ist wirklich eine Pracht! Jedes Jahr im Oktober verfärben sich seine Blätter knallgelb und orange und leuchten so, als hätte man ihn an Strom angeschlossen.

Als ich eines Nachmittags im Herbst draußen im Garten war, fragte ich mich: *Wieso haben wir eigentlich damals nicht mehr von diesen Bäumen gepflanzt? Wie prächtig unser Garten jetzt wäre, wenn ein paar davon in unserem Garten verteilt stünden.* Aber das haben wir damals nun mal nicht gemacht, und ich kann jetzt auch nicht die Zeit zehn Jahre zurückdrehen und es anders machen.

Natürlich ist es traurig, wenn man bereuen muss, dass man nicht mehr schöne Bäume gepflanzt hat. Viel schwerwiegender ist es jedoch, wenn man etwas bereuen muss, das man im eigenen Leben getan oder unterlassen hat.

Es ist sicher überflüssig zu fragen, ob Sie so etwas auch schon einmal erlebt haben. Vielleicht blicken Sie auf Ihr Leben zurück und fragen sich: *Warum habe ich mit dem Sex nicht bis zur Ehe gewartet? Warum war ich nicht konsequenter in der Kindererziehung? Warum war ich ständig beschäftigt und habe mich dadurch von Wichtigerem ablenken lassen? Warum habe ich mit dieser konkreten Sünde nicht schon vor Jahren Schluss gemacht, sondern habe immer weitergemacht damit, sodass letztlich mein ganzes Leben dadurch in Mitleidenschaft gezogen worden ist? Warum habe ich nicht auf Gott gehört, als er mir so deutlich gezeigt hat, was er von mir wollte? Warum habe ich mein Leben nicht schon viel früher Jesus übergeben?*

Tatsache ist, dass wir alle wünschten, wir hätten das eine oder andere anders gemacht. Wir leben alle mit einem gewissen Maß an Reue und Enttäuschung. Entscheidend ist jedoch, ob wir dabei stehen bleiben, die Vergangenheit zu bedauern, oder ob wir dankbar für das sind, was heute ist und wo wir sind ... und heute beschließen, nur noch Entscheidungen zu treffen, die wir nicht unser ganzes Leben lang bereuen werden.

Gesprächsimpuls

Denken Sie an ein paar Dinge in Ihrem Leben, die Sie am meisten bereuen. Was von dem, was Sie daraus gelernt haben, können Sie heute anwenden?

Gebet

Danken Sie Gott dafür, dass er uns auch das vergibt, was wir selbst am meisten bereuen, und dass er uns Glaube, Hoffnung und den Mut für die Zukunft gibt.

Einmalig

Wir sind ganz und gar Gottes Werk. Durch Jesus Christus hat er uns so geschaffen, dass wir nun Gutes tun können. Er hat sogar unsere guten Taten im Voraus geschaffen, damit sie nun in unserem Leben Wirklichkeit werden. Epheser 2,10

Im Opryland Hotel in Nashville bekommt man beim Einchecken an der Rezeption einen Plan, damit man sich im Haus zurechtfindet und auch wirklich in dem Zimmer landet, das man reserviert hat – und glauben Sie mir, den braucht man auch! Das Gebäude ist so riesig, dass das Glasdach des Innenhofes die Größe von sechs Fußballfeldern hat.

Das Hotel ist bekannt für seine Sammlung exotischer Pflanzen, die so groß ist, dass zwanzig Vollzeitgärtner nötig sind, um sie zu pflegen. Unter anderem gibt es einen asiatischen Bananenbaum ... und das mitten in Tennessee! Dieser ungewöhnliche Baum trägt nur ein einziges Mal in seiner gesamten Lebenszeit Früchte. Ist das geschehen, hacken die Gärtner ihn ab und pflanzen einen neuen.

Es ist doch interessant, dass Gott in seiner Weisheit einen Baum geschaffen hat, der nur ganz kurzfristig einen Zweck erfüllt. Im Unterschied zu anderen Bäumen, die jedes Jahr wieder Früchte tragen, hat der asiatische Bananenbaum eine einmalige Berufung.

Auch unsere Familie hat eine einmalige Berufung. Sie ist von Gott ausgesondert worden, um ihren ganz eigenen Zweck zu erfüllen. Bestimmte Werte und Prioritäten definieren, wer Sie sind – bestimmte Ziele, die Sie erreichen sollen – dazu sind Sie geschaffen worden. Durch diese Ziele wird auch mitentschieden, wie Sie Ihre Zeit, Ihr Geld und Ihre Kraft einsetzen.

Können Sie klar formulieren, welchen Zweck Gott mit Ihrer Ehe und Ihrer Familie verfolgt? Eines der Ziele, die er für Barbara und mich hatte, bestand darin, Menschen deutlich zu machen, worin sein Plan mit Ehen und Familien besteht, wozu er sie gedacht hat und wie sie nach seinem Plan funktionieren sollen. Dabei haben Barbara und ich festgestellt, dass einiges von dem, was Gott mit uns vorhat und mit unserem Leben bezweckt, sich im Laufe der unterschiedlichen Lebens- und Familienphasen verändert. Als unsere Kinder noch klein waren und alle noch bei uns lebten, war ganz klar, dass ein Zweck, zu dem wir da waren, darin bestand, dafür zu sorgen, dass sie Gott kennenlernten, und ihnen das zu vermitteln, was sie brauchten, um auf ihn zu hören.

Gott hat wirklich für jeden einzelnen Menschen und auch für jedes

Ehepaar einen ganz individuellen Zweck und auch ein Ziel. Ich möchte Ihnen Mut machen, über diesen Zweck und das Ziel miteinander zu reden und zu beten.

Gesprächsimpuls

Wenn Sie einmal rückblickend betrachten, welche Richtung Ihr Leben genommen hat, und dabei besonders auf Ihre Überzeugungen achten und das, was Sie wirklich mit Leidenschaft erfüllt, welche Ziele und Zwecke verfolgt Gott dann Ihrer Meinung nach mit Ihrem Leben?

Gebet

Bitten Sie Gott um Weisheit, Einigkeit und die Hartnäckigkeit, Ihrer Berufung treu zu bleiben, egal, was andere Familien tun oder erwarten.

9. Februar

Mann sein

Ihr Väter, behandelt eure Kinder nicht so, dass sie widerspenstig werden! Erzieht sie mit Wort und Tat so, wie es dem Herrn gemäß ist.
Epheser 6,4

Nachdem ich bei einer Veranstaltung der *Promise Keepers* (eine Vereinigung christlicher Männer, Anm. d. Übers.) in Houston gesprochen hatte, erwartete mich ein Fernsehteam zu einem Interview. Der Interviewer versuchte mich aus der Reserve zu locken, indem er erwähnte, dass eine Gruppe von Frauen am Rande der Veranstaltung demonstriert hätten, weil der Eindruck entstehe, dass die Männer hier ermutigt würden, Frauen auszunutzen.

In Wirklichkeit handelte es sich um eine sehr kleine Schar von Demonstrantinnen – vielleicht ein Dutzend Frauen – vor dem Astrodome, in dem 40.000 Männer zusammengekommen waren, um Gott die Ehre zu geben.

Trotzdem sah ich in die Kamera und sagte: „Wissen Sie, es irritiert mich schon ein wenig, wenn Frauen eine Organisation kritisieren, deren erklärtes Ziel es ist, Männer dazu zu motivieren, wieder stärker ihre Verantwortung als Ehemänner und Väter wahrzunehmen.“

Und dann fügte ich als Beispiel hinzu: „Da vorne, links von der Stelle, von der aus ich vorhin gesprochen habe, sitzen über 30 Gefängnisinsassen, die ganz in Weiß gekleidet sind. Sie haben heute Freigang, um an dieser Veranstaltung teilnehmen zu können. Wenn Sie diese Männer interviewen würden, dann würden Sie erfahren, dass die meisten von ihnen nie einen Vater gehabt haben."

So langsam kam ich in Fahrt. „Als sie noch Kinder waren, gab es bei ihnen zu Hause keinen Mann, der sich um sie kümmerte, der ihren Charakter mitformte, der sie einfach lieb hatte, mit ihnen weinte und einfach da war. Viele von ihnen haben ihren Vater nie überhaupt kennengelernt. Und das ist der Hauptgrund, weshalb sie irgendwann kriminell geworden und im Gefängnis gelandet sind."

Und dann sagte ich – und davon bin ich bis heute überzeugt –, dass ich nicht verstehen könne, was jemand daran auszusetzen haben könne, wenn Männer aufgefordert würden, sich ihrer Verantwortung ihren Frauen und Kindern gegenüber zu stellen. Tatsache ist, dass wir gar nicht genug Ermutigung bekommen können, um die Männer zu werden, die unsere Frauen und Kinder brauchen.

Gesprächsimpuls

Sprechen Sie mit Ihrer Frau darüber, vor welche Herausforderungen Sie als Ehemann und Vater gestellt sind. Sprechen Sie über einen einfachen konkreten Schritt, den Sie tun können, um Ihre Ehe und Familie geistlich zu leiten.

Gebet

Beten Sie für Ihren Mann, dass Gott ihm Glauben, Kraft und Mut gibt, Ihre Familie geistlich zu leiten und der Mann zu sein, als den Gott ihn gedacht hat.

10. Februar

Immer weitergehen

Wer nicht sein Kreuz trägt und mir auf meinem Weg folgt, kann nicht mein Jünger sein. Lukas 14,27

Wir reden nicht viel über das Kreuztragen. Das gehört eher zum Kleingedruckten in der Nachfolge – zu dem Teil, über den wir nicht gerade als Erstes reden, wenn wir mit Menschen über den christlichen Glauben ins Gespräch kommen. Doch so wie ich die Worte Jesu in Lukas 14,27 verstehe, können wir ihm nur dann wirklich nachfolgen, wenn wir ein Kreuz tragen.

Das Kreuz ist nicht nur als Modeschmuck beliebt, sondern es ist auch das einzigartige christliche Symbol für Leiden und Opfer. Und dasselbe gilt auch für das Kreuz, das Jesus uns zu tragen auffordert. Unser Kreuz bringt zweifellos auch Schmerz mit sich und es hat seinen Preis.

Es ist keine einmalige Entscheidung, sein Kreuz zu tragen, sondern wir müssen jeden Tag wieder neu das Kreuz auf uns nehmen und Jesus nachfolgen. *Wir sollen es nämlich eine sehr lange Strecke tragen.*

Wissen Sie, welches Ihr Kreuz ist? Überlegen Sie einmal kurz Folgendes: Wenn der Erlöser Sie dazu auffordert: „Nimm dein Kreuz und folge mir nach", was konkret meint er dann damit? Was sollen Sie tragen?

Ist Ihr Kreuz:

- eine chronische Krankheit – körperlich oder psychisch;
- Verzicht auf Berühmtheit, Prestige und Beliebtheit;
- Verzicht auf materiellen Wohlstand, finanzielle Sicherheit und Ihren gewohnten Lebensstil;
- das Aufgeben eines Traums – Unfruchtbarkeit, eine Scheidung, Untreue oder Verrat durch einen Freund?

Fazit: Das Kreuztragen steht für den Tod. Es bedeutet, es sich nicht einfach zu machen und sich nicht auf die Art der Welt einzulassen. Es bedeutet, den eigenen Sehnsüchten und dem eigenen Selbst zu sterben.

Das Kreuz auf sich zu nehmen und es zu tragen erfordert, sich ganz auf Jesus zu konzentrieren (siehe Hebräer 12,1–3), Jesus im Glauben nachzufolgen (siehe Hebräer 11,6), und es bedeutet, Ausdauer zu haben.

Tragen Sie weiter Ihr Kreuz – die Arbeitswoche hindurch, auch durch eine monatelange familiäre Krise und auch in schweren Zeiten moralischer Kämpfe.

Tragen Sie weiter Ihr Kreuz.

Gesprächsimpuls

Was bedeutet es zurzeit für Sie, Ihr Kreuz zu tragen? Welches Kreuz erlegt Gott Ihnen zurzeit auf?

Gebet

Beten Sie darum, dass Sie nicht gegen das rebellieren, wozu Gott Sie auffordert, sondern sich bereitwillig dem unterordnen, was er mit Ihrem Leben vorhat. Bitten Sie ihn, dass Sie Ihr Kreuz auf sich nehmen und Jesus nachfolgen können.

11. Februar

Loslassen lernen

Wenn Glück oder Unglück über uns kommt,
hat nicht der Höchste es angeordnet? Klagelieder 3,38

Die allerwenigsten Menschen gehen entspannt mit dem Tod um. Das ist verständlich. Ursprünglich war es nämlich von Gott nicht so gedacht, dass die Menschen sterben. Der Tod ist das unnatürliche Auseinanderreißen von Seele und Körper.

Doch im Laufe unseres Lebens werden wir alle früher oder später damit konfrontiert, dass ein Mensch, den wir lieben, stirbt. Schon allein bei dem Gedanken daran sträubt sich alles in uns. Wer glaubt, dass in die Beziehung zu Gott nur Schönes und Einfaches gehört, dem fällt es bestimmt schwer zu akzeptieren, dass ein Vers wie der oben wirklich in die Bibel gehört.

Doch Gott lässt in seiner Weisheit paradoxerweise zu, dass der Tod ein Teil des Lebens ist. Wenn wir den Tod leugnen und sterbenskranke Menschen, die uns nahestehen, nur immer wieder auffordern positiv zu denken, dann sind wir ihnen irgendwann keine Hilfe mehr, sondern verweigern ihnen auf ihrer letzten Wegstrecke – dann, wenn sie uns am dringendsten brauchen – unsere Begleitung.

So zu tun, als hätte Gott absolut nichts mit Tod und Sterben zu tun, bringt sterbenskranke Menschen in ein echtes Dilemma. Anzudeuten, dass angesichts des Todes Gott nicht mehr zuständig ist, führt dazu, dass Menschen am Ende ihres Lebens vielleicht nicht mehr seinen Frieden und Trost erleben. Wer nie versteht, dass „in ein Trauerhaus zu gehen mehr Gewinn bringt, als in ein Hochzeitshaus zu gehen" (Prediger 7,2), der zeigt damit, wie wenig er von den Verheißungen begriffen hat, die sich für den Christen nach dem Tod erfüllen.

Als meine Mutter im Sterben lag, fragte sie mich ständig: „Was muss ich denn tun?" Ich sagte ihr immer wieder: „Mama, du brauchst gar nichts mehr zu tun. Du darfst einfach nach Hause gehen, in den Himmel. Es ist alles gut." Ich gab ihr die Erlaubnis, ihrem Erlöser entgegen in die Arme zu laufen, und das gab ihr die Freiheit, sich auf den Tod einzulassen.

Ob das schwer ist? Auf jeden Fall! Aber Gott behält die Kontrolle. Selbst im Tod noch ist Gott gut ... immer.

Gesprächsimpuls

Sprechen Sie über Ihre Gedanken, Ängste und Fragen im Zusammenhang mit dem Tod.

Gebet

Bitten Sie Gott, Ihnen seine Sicht vom Tod zu schenken. Eines Tages werden Sie sie brauchen.

12. Februar

Aus der Praxis ...

Die Ehe soll von allen geachtet werden. Hebräer 13,4

Ein Restaurant bot zum Valentinstag für Ehepaare, die länger als 50 Jahren verheiratet waren, ein kostenloses Mittagessen an, und es kamen mehr als 300 Gäste. Bei einer solchen Veranstaltung bekommt man sehr viel mehr als gutes Essen, nämlich jede Menge Tipps für eine lange Ehe:

- „Wenn ich etwas Teures kaufen möchte, dann bespreche ich das vorher mit ihm, und er macht es umgekehrt auch so."
- „Wenn wir ins Bett gehen, geben wir uns immer einen Gute-Nacht-Kuss. Und wir geben uns auch immer einen Kuss, wenn wir uns voneinander verabschieden."
- „Ich bin der Chef. Ich sorge dafür, dass alles erledigt wird, was sie getan haben möchte."
- „Es ist wichtig, freundlich, liebevoll und respektvoll miteinander umzugehen und miteinander zu reden, um Dinge zu klären. Es lohnt sich nicht, aus allem ein Riesending zu machen. Wir sind dann auch mal zwei Stunden richtig sauer aufeinander, aber das war's dann auch ... und es macht dann richtig Spaß, sich wieder zu vertragen."
- „Es ist gut, die Dinge aus unterschiedlichen Perspektiven zu betrachten und sich dann auf das in der Beziehung zu konzentrieren, was gut ist. Ich sage immer: ‚Auch das geht vorbei ...' Und normalerweise ist es auch so."
- „Oft bis 10 zählen ... oder bis 20."
- „Wir haben gelernt ‚bis dass der Tod euch scheidet'. Scheidung ist in unserer Ehe nie ein Thema gewesen."
- „Als wir noch jung waren, war mein Mann ziemlich aufbrausend, und deshalb habe ich nie viel gesagt. Wenn man nicht so viel sagt, braucht man hinterher auch nicht so viel zurückzunehmen."
- „Als wir ‚Ja' gesagt haben, galt das nicht nur für den nächsten Tag. Man muss sich schon ganz und für immer aufeinander einlassen."

Das ist Rat von echten Profis.

Gesprächsimpuls

Egal, wie lange Sie schon verheiratet sind, was ist Ihrer Meinung nach das Geheimnis Ihres verbindlichen Miteinanders?

Gebet

Bitten Sie Gott um viele gemeinsame Jahre ... und um alles, was für den Alltag einer Ehe nötig ist, die ein Leben lang halten soll.

13. Februar

Vor Augen führen

Ihr Männer, liebt eure Frauen so, wie Christus die Gemeinde geliebt hat! Er hat sein Leben für sie gegeben. Epheser 5,25

Am Valentinstag 2005 kamen in der Little Rock's Alltel Arena Mike Huckabee, der Gouverneur von Arkansas, und seine Frau Janet sowie 4000 weitere Ehepaare zusammen, um gemeinsam ihr Eheversprechen zu erneuern. Ich durfte die Zeremonie leiten.

Eine der rührendsten Geschichten des Abends fand jedoch nicht in der überfüllten Arena, sondern in einem Haus ganz in der Nähe statt, wo ein Ehepaar sich die Radioübertragung der Veranstaltung anhörte.

An einer Stelle war der Mann so gerührt von der großen Bedeutung dieses Augenblicks, dass ihm die Tränen kamen und er anfing zu weinen. Sein kleiner Sohn war überrascht, den Vater weinen zu sehen, kletterte auf Papas Schoß und fragte: „Was hast du denn, Papa? Warum weinst du?" Aber keine der Erklärungen, die er bekam, stellte ihn zufrieden und er fragte immer wieder: „Warum weinst du, Papa?"

Irgendwann flüsterte der Mann seinem Sohn etwas ins Ohr, woraufhin der Kleine vom Schoß des Vaters sprang, zur Mutter rannte, ihre Hand nahm und sagte: „Papa hat gesagt, er weint, weil er dich so lieb hat."

Die Kinder von heute brauchen es so dringend, Mama und Papa in die Augen zu sehen und dort zwei Menschen zu sehen, die durch eine tiefe Liebe zueinander verbunden sind, die sich ganz aufeinander einlassen und in ihrer Beziehung Gott die Ehre geben. Wenn Gott Ihnen Kinder geschenkt hat, dann sorgen Sie dafür, dass sie mitbekommen, wie sehr Sie sich als Ehepaar lieben. Leben Sie Ihre Beziehung so, dass Ihre Kinder sich ihre eigene Ehe später auch so wünschen.

Gesprächsimpuls

Wenn man Ihre Kinder bitten würde, Ihre Beziehung zu beschreiben, was würden sie dann sagen? Fragen Sie sie doch mal.

Gebet

Bitten Sie Gott, dass Ihre Kinder bei Ihnen echte lebenslange Liebe zwischen echten Menschen zu sehen bekommen.

14. Februar

Katastrophe am Valentinstag

Weil du nicht gedacht hast an die Zeit deiner Jugend, sondern mich mit alldem zum Zorn gereizt hast ... Hesekiel 16,43

Er folgt Thanksgiving und Weihnachten auf dem Fuße, wenn man sich gerade erst an die neue Jahreszahl im Datum gewöhnt hat. Aus rein praktischem Zweck ist es ein ganz normaler Werktag zwischen dem 13. Februar und dem 15. Februar.

Aber es ist kein Tag für praktische Zwecke.

Es ist Valentinstag. Und Sam hat es vergessen.

Sams' Frau hat eine an ihn adressierte Karte in der obersten Kommodenschublade versteckt. Ihr Geschenk für ihn ist unter ihren Kleidern im Schrank. Sie wartet darauf, dass er den ersten Schritt macht und endlich aufhört, so zu tun, als wäre nichts, und er hätte gaaanz vergessen, was für ein Tag heute ist. Es ist halb acht, er sitzt vor dem Fernseher, und es sieht wirklich ganz so aus, als würde sich daran bis zum Insbettgehen auch nichts mehr ändern ... wirklich so, als hätte er vergessen, was für ein Tag heute ist.

Als Sam gegen zehn endlich nach oben kommt, um sich die Zähne zu putzen, sitzt seine Frau aufrecht im Bett. Irgendwie kommt ihm das Schlafzimmer kühler vor als der Rest des Hauses.

„Was ist los? Was habe ich gemacht?" Er geht in Gedanken rasch seine üblichen Verfehlungen durch, aber es fällt ihm nichts ein.

„Morgen früh", zischt sie zwischen zusammengebissenen Zähnen hindurch, „möchte ich auf der Auffahrt ein Geschenk vorfinden, das in weniger als sechs Sekunden von null auf hundert kommt – *und wehe nicht*!"

Mit diesen Worten schnappt sie sich ihr Bettzeug und verlässt das Zimmer, wahrscheinlich, um unten auf dem Sofa zu nächtigen – und lässt Sam wie den letzten Trottel einfach stehen – bloßgestellt als Valentinstagvergesser. Aber so leicht lässt der nicht an seinem Stolz kratzen.

Am nächsten Tag findet seine Frau ein hübsch verpacktes Geschenkpaket auf der Auffahrt. Sie packt es aus und schaute es sich an und es ist ... eine Personenwaage.

Seit Freitag wird Sam vermisst.

Gesprächsimpuls

Welche Art von Valentinstag-Geschenk wünschen Sie sich?

Gebet

Beten Sie darum, dass Sie auch an den anderen 364 Tagen beide sensibel bleiben für das Bedürfnis des anderen nach Nähe und Romantik.

15. Februar

Valentinsjahr

In ihren Armen kannst du dich selbst vergessen. Sprüche 5,19

Ich habe eigentlich immer gedacht, Romantik wäre etwas für besondere Gelegenheiten wie beispielsweise den Hochzeitstag oder den Valentinstag, aber irgendwie werde ich das Gefühl nicht los, dass meine Frau sich häufiger Romantik wünscht."

Ach wirklich?

Gestern war Valentinstag. Im ganzen Land sind wunderschöne Kartengrüße geöffnet worden, Konfektschachteln haben ihren Besitzer gewechselt und auf Tischen und Nachttischen sind Blumenvasen mit prächtigen Sträußen wie Pilze aus dem Boden geschossen. Letzte Nacht wurden besonders schöne Dessous getragen und sind auf dem Fußboden gelandet, wo sie auch hingehörten. Und vielleicht haben Sie sich insgeheim im Geiste auf die Schulter geklopft, weil Sie wieder einen Batzen auf Ihrem Ehekonto verbucht haben. – „Okay, dann hätten wir das auch wieder erledigt."

Doch eigentlich ist der Valentinstag nur als eine Art Erinnerung an die Art von Romantik gedacht, die wir 365 Tage im Jahr pflegen sollten. Der Tag soll uns dadurch, dass er im Kalender steht, daran erinnern, dass es wichtig ist, sich regelmäßig (und zwar nicht nur regelmäßig ein Mal im Jahr) die Mühe zu machen, zu überlegen, wie wir unsere Liebe zum anderen zum Ausdruck bringen können. Dass es wichtig ist, Zeit und Ideen und Geld und Kraft zu investieren, um dem anderen eine Freunde zu machen.

Wäre es nicht schön, immer wieder einmal zu überlegen, wie Sie Ihre Frau zum Lächeln bringen können? Wäre öfter mal ein romantischer Abend zu zweit auch ohne konkreten Anlass, egal ob zu Hause oder in einem netten Restaurant, nicht auch mal ganz schön?

Würde es Ihre Beziehung nicht bereichern und beleben, wenn Sie sich gegenseitig immer wieder überraschen würden mit liebevoll ausgedachten Aktionen oder Geschenken?

Ich hoffe, Sie hatten einen schönen Valentinstag. Aber vielleicht wäre ja ein Valentinsjahr noch viel schöner ...

Gesprächsimpuls

Wie wäre es, wenn Sie im nächsten Monat immer abwechselnd für etwas Romantisches in Ihrer Beziehung sorgen würden? Tauschen Sie sich darüber aus, was für Sie romantisch ist und was Sie schön fänden. Setzen Sie ein Minimum von drei bis fünf solcher Romantik-Aktionen für den kommenden Monat fest.

Gebet

Danken Sie Gott für sein Geschenk an Sie und für die Liebe Ihrer Frau – und dafür, dass er Ihre Liebe zueinander lebendig hält.

16. Februar

Aus nächster Nähe

Jeder von euch muss seine Frau so lieben wie sich selbst. Epheser 5,33

Jemand hat einmal gesagt: „Die Liebe ist blind, aber die Ehe öffnet einem die Augen."

Wie wahr! Am Anfang kennt man sich noch nicht so gut. Man hat meistens noch nicht den Alltag miteinander gelebt. Unser Flitterwochenblick ist der durch die rosarote Brille und wir sehen nur das Positive und Faszinierende am anderen. Aber je näher man sich dann im Laufe der Zeit kommt, desto kritischer wird der Blick und desto mehr Fehler und Macken entdeckt man.

Wenn Sie mich vom gegenüberliegenden Ende des Raums aus betrachten würden, dann würden Sie einige Dinge gar nicht wahrnehmen können aus der Entfernung. Zum Beispiel die Windpockennarben auf meiner Stirn und die kleine Kerbe über meiner einen Augenbraue, die ich mir geholt habe, als ich als Kind einmal gegen einen Zaun gelaufen bin.

Mit der Ehe ist es doch ganz ähnlich, oder? Je länger man zusammen ist, desto mehr erfährt man über den anderen, und darunter sind eben auch Dinge, die nicht gerade schön sind und einem deshalb auch nicht besonders gefallen. Die Ehe ist wirklich ein Prozess, im Laufe dessen sich zwei egoistische Individuen in all ihrer Unvollkommenheit lieben lernen.

Bei einigen kommt es dann an diesem Punkt, an dem man erkennt, wie der andere wirklich ist ... irgendwann zur Scheidung. Wenn nicht zur offiziellen, gerichtlichen Scheidung, so doch zu einer inneren, gefühlsmäßigen. Aber für Sie kann das der Punkt sein, an dem die gegenseitige Liebe noch stärker wird und man sich noch mehr auf den anderen einlässt, indem man sich immer näherkommt, ohne den anderen abzulehnen oder Angst zu haben, von ihm abgelehnt zu werden.

Genau das hat auch Jesus getan, als er Sie gesehen hat. Es war die Liebe, die ihn dazu brachte, auf Menschen zuzugehen, die an sich nicht besonders liebenswert waren. In Ihrer Ehe gibt er Ihnen Gelegenheit, jeden Tag wieder seine Art der Liebe zu praktizieren: zueinander hinzuwachsen, zu vergeben, zu bleiben und sich in Jesus weiterzuentwickeln, indem Sie sich weigern, sich auseinanderbringen zu lassen. In der Ehe lebt man ein Leben in großer Nähe. Sie brauchen Jesus, um Ihren Partner/Ihre Partnerin zu lieben, trotz aller Fehler, Enttäuschungen und Schwächen.

Gesprächsimpuls

Nennen Sie zwei Ihrer nicht besonders liebenswerten Wesenszüge. Dann danken Sie Ihrer Frau/Ihrem Mann dafür, dass sie/er Sie trotzdem liebt, während Sie sich Mühe geben, diese Züge zu überwinden.

Gebet

Bekennen Sie dem Herrn jetzt das, was es zu bekennen gibt. Danken Sie ihm für seine Geduld und dafür, dass er Ihnen jemanden geschenkt hat, der Ihnen ganz direkt ein Beispiel dafür ist, was Liebe ist.

17. Februar

Eine Portion Wahrheit

Lasst uns aber die Wahrheit reden in Liebe und in allem hinwachsen zu ihm, der das Haupt ist, Christus. Epheser 4,15

Ich erinnere mich noch gut an eine Phase, in der Barbara und ich uns große Sorgen darüber machten, wie unser Teenagersohn mit Geld umging. Jedes Mal, wenn wir das Thema zur Sprache brachten, wurde er wütend.

Eines Abends fragte ich meinen Sohn, ob er Lust hätte, mit mir joggen zu gehen, und unterwegs sprach ich mit ihm über seinen Umgang mit Geld. Als er gerade wieder in Wut geriet, blieben wir stehen, ich legte ihm den Arm um die Schultern und sagte: „Weißt du was? Solange ich dein Vater bin, habe ich von Gott den Auftrag, so auf deinen Charakter Einfluss zu nehmen, dass du zu einem Menschen wirst, der Gott und Jesus immer ähnlicher wird. Und jetzt fordert Gott mich gerade auf, dir im Umgang mit Geld zurechtzuhelfen. Deine Mutter und ich sind uns darin auch völlig einig. Wir haben darüber gesprochen und sind uns darüber einig, dass du ein Problem mit dem Umgang mit Geld hast."

Ich drückte ihn noch einmal und sagte: „Ich will dir damit gar keine Kopfnuss verpassen, sondern nur an dich und den Heiligen Geist, den Gott in dein Herz gegeben hat, appellieren, dich Gott anzuvertrauen und zu erfahren, was in deinem Leben passieren muss, damit du Jesus immer ähnlicher wirst."

Dann liefen wir weiter. Als wir wieder zu Hause angekommen waren, schlug ich ihm vor, zusammen etwas zu trinken und unser Gespräch fortzusetzen. Zu meiner Überraschung lächelte mein Sohn und sagte: „Ja, Papa, ich glaube, ich würde gern mit dir was trinken."

Es ist wichtig, unseren Kindern die Wahrheit zu sagen, aber wir sollen es einfühlsam und liebevoll tun. So können wir an sie appellieren, damit sie letztlich lernen, ihren Willen dem von Jesus Christus unterzuordnen.

Gesprächsimpuls

In welchen Fragen brauchen Ihre Kinder gerade eine Portion Wahrheit in Liebe?

Gebet

Bitten Sie Gott, Ihnen die richtige Mischung aus Liebe und Konsequenz zu zeigen, um das Herz Ihrer Kinder zu erreichen.

18. Februar

Altlasten

Seht nicht auf mich herunter, weil ich dunkler bin als ihr. Draußen muss ich alle Tage meiner Brüder Weinberg hüten.
Hohelied 1,6

Das Hohelied von Salomo steckt voller wunderbarer Erkenntnisse über die Liebe und die Ehe. Immer wieder werden in Predigten und Seminaren Texte daraus behandelt, aber einige der tiefgreifendsten Lektionen dieses biblischen Buches sind zwischen den Zeilen zu finden. Es sind Stellen, an denen deutlich wird, was wirklich in dieser alten und dennoch zeitlosen Beziehung zwischen Salomo und seiner Braut vorging.

Die junge Braut Salomos kam nicht als gebildete, kultivierte Frau an den Hof – also vorbereitet auf ihre Stellung als Frau des Königs. Aus dem biblischen Text geht vielmehr hervor, dass sie eher aus bescheidenen, ja fast ärmlichen Verhältnissen stammte. Sie hatte nicht die helle Haut der vornehmen Damen, sondern war gebräunt durch die schwere Feldarbeit (das geht aus dem Vers für heute deutlich hervor).

Sie brachte also gewisse Defizite mit in ihre neue Beziehung zu Salomo. Und, liebe Männer, dasselbe gilt höchstwahrscheinlich auch für Ihre Frau.

Statt sie jedoch wegen ihrer Probleme in der Vergangenheit und wegen ihrer Herkunft abzulehnen, schenkte Salomo ihr eine Liebe, die all ihre Ängste vertrieb. Er schenkte ihr die Gewissheit, dass sie so angenommen war, wie sie war. Wenn er seine Braut in Kapitel 1, Vers 15 als „meine Freundin" bezeichnet, so benutzt er ein Wort, das auf einen Hirten hinweist – eine Person, die sich wild entschlossen um das kümmert, was ihm anvertraut ist, der es hegt und pflegt und beschützt.

Wir Männer brauchen diese Art salomonischer Leidenschaft, unsere Frau zu schützen und die Probleme, die sie aus ihrer Vergangenheit und ihrer Herkunft mit sich herumträgt, zu akzeptieren. Geben Sie Ihrer Frau die Freiheit, sich mit ihrer Vergangenheit auseinanderzusetzen, ohne dass sie sich dadurch abgewertet oder unter Druck gesetzt fühlt. Eine solche Freiheit entsteht, wenn sie Ihre beständige, unbeirrbare und hingebungsvolle Liebe erlebt.

Gesprächsimpuls

Sprechen Sie über ein paar der Probleme, die Ihre Frau aus ihrer Ursprungsfamilie mit in die Ehe gebracht hat und die immer noch manchmal hochkommen. Was sollte Ihr Ehepartner über die Probleme wissen und darüber, wie sie sich auswirken?

Gebet

Bitten Sie Gott, Ihnen zu helfen, dass Sie sich gegenseitig Ihr mangelndes Verständnis für die Probleme aus der Vergangenheit vergeben können. Bitten Sie Gott, Ihnen zu helfen, Ihre Frau mit einer Liebe zu lieben, die alle Ängste beseitigt.

19. Februar

Ein Köcher voller Pfeile

Wie Pfeile in der Hand eines Starken, so sind die Söhne der Jugendzeit.
Psalm 127,4

Die drei letzten Verse von Psalm 127 gehören zu den kostbarsten Versen der Bibel über Kinder. Barbara und ich hatten ja wirklich einen vollen „Köcher“ mit unseren sechsen (siehe Vers 5). Doch ein Teil des Lohns, von dem Gott in diesem Abschnitt spricht, ist mit Verantwortung verbunden, und zwar der Verantwortung, unseren Kindern zum richtigen Zeitpunkt den Start ins Erwachsenwerden zu ermöglichen.

Wer schon einmal mit einem Bogen geschossen hat, weiß, dass im Augenblick des Abschusses zwei Dinge passieren: Erstens schnellt der Pfeil vom Bogen weg und zweitens spürt man den Rückstoß der Bogensehne gegen den Vorderarm. Das kann richtig wehtun – genau so, wie es uns richtig wehtun kann, wenn unsere Kinder flügge werden.

Aber dieser Schmerz hat auch einen Zweck, er hat einen Grund.

Ich muss daran denken, was Jim Elliot seinen Eltern schrieb, nachdem er ihnen mitgeteilt hatte, dass Gott ihn in den Dienst als Missionar im Dschungel von Ecuador berufen hatte. Wie alle Eltern wünschten sich auch Jims Eltern Schutz und Sicherheit für ihn, ein sicheres Einkommen und ein Dach über dem Kopf. Doch er schrieb ihnen:

Wisst ihr noch, wie der Psalmist Kinder beschreibt? Er sagt, dass sie ein Geschenk Gottes sind und dass jeder Mann, der seinen Köcher mit ihnen gefüllt hat, glücklich zu schätzen ist. Doch womit ist ein Köcher gefüllt, wenn nicht mit Pfeilen? Und wozu sind Pfeile da, wenn nicht zum Schießen? Also spannt mit den starken Armen des Gebets die Bogen-

sehne und lasst die Pfeile fliegen – und zwar alle, mitten ins Getümmel der Feinde hinein!

Das ist ganz sicher nicht einfach. Man wünscht sich, dass es bis dahin noch lange dauert. Aber indem Sie Ihre Kinder ganz bewusst ins Erwachsensein entlassen – und zwar im biblischen Sinne eines Auftrags –, überlassen Sie sie der Fürsorge des Heiligen Geistes. Sie helfen ihnen, zu lernen, ganz von Gott abhängig zu sein und die jungen Frauen und Männer zu werden, als die Gott sie gedacht hat.

Gesprächsimpuls

Was, glauben Sie, ist das Ziel und der Zweck Ihrer Kinder? Worauf bereiten Sie sie vor?

Gebet

Vertrauen Sie Gott, dass er Ihnen alles gibt, was Sie brauchen – und zwar dann, wenn Sie es brauchen.

20. Februar

Leben in der Fast-Food-Schlange

von Barbara Rainey

Halte den Ruhetag in Ehren, den siebten Tag der Woche! Er ist ein heiliger Tag, der dem Herrn gehört. 2. Mose 20,8

Als Truett Cathy 1946 in einem Vorort von Atlanta, Georgia sein *Dwarf House Restaurant* eröffnete, beschloss er, dass er am Tag des Herrn nichts mit Geld zu tun haben wollte, und deshalb war *Dwarf House* sonntags geschlossen.

Nun war dieser Grundsatz in der Zeit nach dem Zweiten Weltkrieg eigentlich nichts Außergewöhnliches für Inhaber von Lokalen, aber das betreffende Lokal war die erste Filiale des Franchise-Unternehmens Chick-fil-A® – das an seinem sechzigsten Jahrestag bereits über 1200 Filialen hatte. Die Kette wächst weiter, und es ist nach wie vor ein Firmengrundsatz, dass sonntags geschlossen ist, obwohl in dieser Branche gerade der Sonntag ein Tag ist, der hohe Umsätze garantiert.

Damit, dass sonntags geschlossen ist, will Truett einen Grundsatz seiner Firmenpolitik deutlich machen. Der freie Sonntag ist eine Investition ins geistliche Leben seiner Angestellten und dient als Zeugnis für die Welt ebenso wie für die Konkurrenzunternehmen aus der Branche. Er bezeichnet seinen Entschluss immer noch als „beste Geschäftsentscheidung, die ich je getroffen habe“. Und die Restaurants seiner Kette erzielen in sechs Tagen oft mehr Umsatz als andere Restaurants in sieben.

Dass sonntags geschlossen ist, spiegelt auch einen *meiner* zentralen Werte wider, den der Sonntagsruhe. Ich glaube, wenn wir unser Leben wirklich ganz unserem himmlischen Vater überlassen – wenn wir unsere Sonntage nutzen, um zur Ruhe zu kommen und uns auf ihn zu konzentrieren –, dann bekommen wir die Kraft für unseren Alltag in der Woche und leben unter dem Segen Gottes.

Der Sabbat ist Gottes Einladung, seine Nähe zu suchen und in ihm und bei ihm auszuruhen. Dadurch erleben wir eine Art Entgiftung vom Stress und der Hektik des Alltags und so stellt er unsere Seele wieder her.

Vielleicht sorgt er auf diese Weise sogar dafür, dass die Chick-fil-A-Sandwiches montags so gut schmecken.

Gesprächsimpuls

Wie praktiziert Ihre Familie die Sonntagsruhe? Wie können Sie bewusster Gott ehren, indem Sie sich entspannen?

Gebet

Bitten Sie Gott, Ihnen zu zeigen, wie kostbar die Sabbatruhe ist.

21. Februar

Sind Sie nachahmenswert?

Wie glücklich ist ein Mensch, der Freude findet an den Weisungen des Herrn, der Tag und Nacht in seinem Gesetz liest und darüber nachdenkt. Psalm 1,2

Ich habe mich kürzlich mit einem Geschäftsmann unterhalten, der mit sechs anderen Männern zusammen in einem Bibelkreis ist. Diese Männer stehen finanziell alle gut da, aber als ich hörte, wie er diese Männer beschrieb, fragte ich mich, was für eine Art von Christsein sie ihren Kindern vorleben.

Als Eltern müssen wir uns gut überlegen, welche Prioritäten wir unseren Kindern durch unser Reden und Handeln vermitteln. Stellen Sie sich folgende Fragen: Wenn ich meine Beziehung zu Gott an meine Kinder weitergeben könnte, wären sie damit glücklich und zufrieden? Wenn meine Kinder auf geistlicher Ebene niemals mehr erleben würden, als ich bis heute erlebt habe, wären sie dann gut genug ausgerüstet, um erfolgreich durchs Leben zu kommen? Würden sie Gott erleben? Würden sie genug von Jesus kennen und wissen, um mehr zu wollen – eine immer tiefere Gemeinschaft mit ihm?

Wir sagen auf unseren Konferenzen und in unseren Radiosendungen oft, dass Ihre Kinder hören, was Sie sagen, und auch tun, was Sie sagen, aber dass sie auch so *werden*, wie Sie sind. Wenn das, was Sie in Ihrem Alltag mit Jesus erleben, weniger ist als das, was Sie Ihren Kindern wünschen, dann wird das bei Ihren Kindern wahrscheinlich auch nicht anders werden.

Ihr Vorbild sollte der Mann aus Psalm 1 sein, dessen Freude es ist, Zeit mit Gott und seinem Wort zu verbringen (Vers 2); der den ganzen Tag über Gottes Gedanken „nachsinnt"; der „an Wasserbächen gepflanzt ist" (Vers 3).

Nur dann werden Sie das Vorbild sein, das Ihre Kinder brauchen.

Gesprächsimpuls

Tauschen Sie sich ehrlich aus über das, was Sie zurzeit von der Beziehung zu Christus ablenkt. Auf welche Weise zeigen Sie Ihren Kindern, wie es ist, Jesus wirklich nachzufolgen?

Gebet

Vielleicht ist es gut, wenn Sie jetzt jeder für sich beten und Ihren Willen seinem Willen ganz unterstellen. Bitten Sie ihn, dass Sie nachahmenswert werden.

22. Februar

Gleichaltrige

Wer sich zu Klugen gesellt, wird klug;
wer sich mit Dummköpfen befreundet,
ist am Ende selbst der Dumme. Sprüche 13,20

Barbara und ich haben früher oft dafür gebetet, dass Gott unseren Kindern gute Freunde schenken möge, die mit ihnen zusammen in die Schule und auch in die Gemeinde gehen – Freunde, die auch langfristig einen guten Einfluss auf sie haben. Aber wir haben auch vier ganz klare entscheidende Beobachtungen im Zusammenhang mit Gleichaltrigen gemacht:

1. *Gehen Sie nicht automatisch davon aus, dass die Freunde Ihrer Kinder die gleichen Werte haben wie Ihre Familie* – auch wenn sie in dieselbe Gemeinde oder sogar dieselbe Jugendgruppe gehen. Selbst wenn sie scheinbar genauso sind wie Ihre Kinder, gehen Sie nicht automatisch davon aus, dass sie für Ihre Kinder ein guter Umgang sind. Unterscheiden Sie.
2. *Gehen Sie nicht automatisch davon aus, dass die gleichaltrigen Freunde Ihrer Kinder in der Lage sind, sich gute Freunde auszusuchen.* Selbst wenn ein Junge oder Mädchen aus gutem Haus kommt, wissen Sie noch lange nicht, was für Freunde er/sie hat. Sie wissen doch gar nicht, wer sich noch dort aufhält, wenn Ihre Kinder dort sind.
3. *Glauben Sie nicht alles, was die Freunde Ihrer Kinder sagen.* Glauben Sie mir, selbst anständige Teenager können unehrlich sein. Unsere Kinder haben auch ein paar Freunde gehabt, die uns sowohl dreist ins Gesicht gelogen als auch hinter unserem Rücken Unwahrheiten gesagt haben. Es waren in vieler Hinsicht „anständige" Kinder, aber man musste nachprüfen, was sie sagten.
4. *Gehen Sie nicht automatisch davon aus, dass die Freunde Ihrer Kinder Ihren Kindern die Wahrheit sagen.* Das hat uns mehr als die anderen drei Punkte zu schaffen gemacht. Unsere Töchter hatten ein paar Freundinnen, die aus ganz tollen Familien kamen, aber buchstäblich versuchten, zu untergraben, was Barbara und ich unseren Kindern beizubringen versuchten.

Es erfordert Energie, Weitblick und ein dickes Fell, die Freundschaften der eigenen Kinder im Blick zu behalten. Aber wie hoch der Preis auch sein mag in Form von Spannungen, peinlichen Situationen und Einmischung, es ist immer noch ein Schnäppchen, verglichen mit der Rechnung, die Ihren Kindern im Leben durch falsche Freunde präsentiert werden kann.

Ich möchte Ihnen absolut keineswegs Angst machen oder schuld daran sein, dass Ihre Kinder einsame Einzelgänger werden. Und ich will auch nicht sagen, dass Ihre Kinder zu gut dazu sind, mit anderen zusammen zu sein. Ich sage nur, dass man Freunde im Auge behalten muss. Es lohnt sich, sich die Zeit zu nehmen, sie besser kennenzulernen.

Gesprächsimpuls

Was wissen Sie wirklich über die Freunde Ihrer Kinder? Wie könnten Sie mehr erfahren?

Gebet

Bitten Sie Gott inständig um gute Freunde für Ihre Kinder.

23. Februar

Wir sind die Sieger

Ein Weiser redet mit Verstand; deshalb überzeugen seine Worte.
Sprüche 16,23

Ich habe ja schon von der Lehrerin erzählt, die mich als Kind nachhaltig geprägt hat. Worte haben die Macht zu verletzten und prägen sich tief ein, besonders wenn sie im Zorn oder unter Druck gesagt werden.

Ich erinnere mich aber auch an Worte eines anderen Lehrers – er war in der sechsten Klasse mein Basketball-Trainer –, die viel Positives in meinem Leben bewirkt haben. Ich kann mich gar nicht mehr an seinen Namen erinnern, aber ich vergesse nie, wie er das tägliche Training begann. Er kam in die Sporthalle und rief: „Wie lautet die Parole, Jungs?" Und wir unterbrachen das Aufwärmtraining und sagten wie aus einem Munde: „Bundesstaat-Sieger 1966!"

Wir waren damals erst zwölf Jahre alt, aber er stellte uns schon auf unser letztes Highschooljahr ein, wenn wir versuchen würden, die Basketball-Meisterschaft zu gewinnen. Sogar in den Trainingspausen, wenn wir auf neue Anweisungen warteten, rief er: „Parole, Jungs?"

„Bundesstaat-Sieger 1966!"

Ich wünschte, ich könnte hier vermelden, dass es 1966 dann auch wirklich mit dem Titel geklappt hat, aber wir schieden damals leider schon in der ersten Runde aus. Allerdings wurden sehr viel bessere Spieler aus uns, als eigentlich zu erwarten gewesen war – und zwar wegen dieses Trainers in der sechsten Klasse, der eine Vision hatte und ein paar Jungen, die leidenschaftlich, aber gar nicht sonderlich talentiert waren, ein Ziel gesetzt hatte.

Auch Worte, die Sie zu Ihrem Ehepartner und Ihren Kindern sagen, können nachhaltige Wirkung haben. Das, was Sie sagen, kann wie ein verbaler Eispickel sein, der jedes Selbstwertgefühl zerstört, oder aber wie ein Pinsel, der durch Bestätigung und Ermutigung kraftvolle Farbtupfer auf das Selbstwertgefühl Ihrer Kinder oder Ihres Partners setzt. Wie ist es bei Ihnen?

Gesprächsimpuls

Wann sind Sie besonders gefährdet, verletzende oder zerstörerische Dinge zu sagen? Wie könnten Sie das vermeiden? Was können Sie stattdessen sagen?

Gebet

Beten Sie, dass der Heilige Geist Ihr Reden lenkt und Ihnen hilft, andere zu ermutigen.

---

24. Februar

Radikales Elternsein

Jede Unterweisung muss zur Liebe hinführen, die aus einem reinen Herzen, einem guten Gewissen und einem aufrichtigen Glauben kommt.
1. Timotheus 1,5

Ich bin vermutlich hoffnungslos mit der Zeit verbunden, in der ich groß geworden bin, das waren die Sechziger- und Siebzigerjahre. Es war eine Zeit, in der es viele radikale Bewegungen gab. Heute rufe ich Eltern dazu auf, ihr Elternsein radikal zu leben, radikale Überzeugungen zu vertreten und radikale Ziele zu verfolgen, indem sie engagiert eine radikale Generation großziehen, die Jesus von ganzem Herzen nachfolgt.

Ich möchte Eltern herausfordern, sich ganz auf Folgendes einzulassen:

- *Radikale Selbstlosigkeit.* Es wird Zeit, dass Väter und Mütter, die Christen sind, im Gebet fragen: Sterbe ich meinem Selbst, damit ich die Mutter/der Vater sein kann, als den/die Gott mich zur Erziehung der kommenden Generation braucht?
- *Radikale Ziele.* Es machen sich viel zu viele Eltern zu viele Sorgen um den IQ ihrer Kinder und zu wenig Sorgen um den CQ (Charakter-Quotient). Ich bin davon überzeugt, dass so viele Kinder nichts mehr mit dem Glauben ihrer Eltern zu tun haben wollen, weil es gar nicht mehr das Ziel vieler Väter und Mütter ist, Kinder dahin zu erziehen, dass sie den Wunsch haben, andere zu lieben und ein heiliges Leben zu führen.
- *Radikale Vorbilder sein.* Kinder sind wie kleine Radareinheiten. Sie richten ihre Antennen nach uns aus. Sie beobachten und imitieren uns. Man kann nicht selbst lügen und von seinen Kindern verlangen, dass sie die Wahrheit sagen. Man kann nicht selbst mogeln und andere dafür bestrafen, wenn sie es tun.
- *Radikales Beteiligtsein.* Das bedeutet, mit ihnen auf dem Fußboden zu spielen, sie in die Arme zu nehmen, ihnen vorzulesen und sie zu bestätigen. Es bedeutet auch, mit ihnen über wichtige und schwierige Themen zu reden – Sexualität, Anstand, Versuchungen, Beziehungen zum anderen Geschlecht.

- *Radikale Erwartungen*. Beten Sie dafür, dass Ihre Kinder im Glauben wachsen, damit sie mündige Christen werden – Männer und Frauen nach Gottes Herzen, die am Bau des Reiches Gottes mitwirken. Erklären Sie ihnen das Liebesgebot (Matthäus 22,36–39) und den Missionsbefehl (Matthäus 28,19–20).

Wenn Sie Ihre Kinder so erziehen wollen, dass sie radikal für Christus leben, dann müssen Sie selbst radikal denken, leben und glauben.

Gesprächsimpuls

Bewerten Sie sich als Eltern bei jedem der oben genannten Punkte auf einer Skala von 1 bis 10 (1 für ganz schlecht und 10 für außergewöhnlich gut). Sprechen Sie darüber, wo Sie schon Erfolg haben und was noch nötig ist.

Gebet

Bitten Sie Gott, Sie zu radikalen Eltern und radikalen Nachfolgern Jesu zu machen.

25. Februar

Neue Hoffnung

Sobald er euer Schreien vernimmt, gibt er euch Antwort. Jesaja 30,19

Meine Mutter, Dalcie Rainey, starb an einem Sonntagmorgen kurz vor Sonnenaufgang nach einem tapferen, zweijährigen Kampf gegen die Alzheimer-Krankheit. Am darauffolgenden Dienstag wurde sie beerdigt. Barbara und ich blieben noch einen Tag dort, bevor wir am Donnerstag nach Nashville aufbrachen, noch gerade rechtzeitig zur Geburt unseres dritten Enkelkindes.

Die Situation vor dem Kreißsaal war dramatisch – Barbara und die andere Großmutter lauschten schamlos an der Tür, um nur ja mitzubekommen, was dort drinnen vor sich ging. „Ist es ein Junge? Ein Mädchen?" Krankenschwestern gingen hinein und kamen wieder heraus, während die beiden Omas wie Reporter vor dem Weißen Haus versuchten, Informationen zu ergattern.

Schließlich erklang um 16 Uhr 43 das schönste Geräusch der Welt – der Schrei eines Neugeborenen. Kurz darauf kam unser Sohn Samuel zu uns auf den Flur heraus und strahlte übers ganze Gesicht. Die beiden

Omas stürzten sich sofort auf ihn und wollten wissen, ob es ein Junge oder ein Mädchen sei. Erst tat er sehr geheimnisvoll, „Stephanie hat ihn noch nicht mal im Arm gehabt ...“ – man beachte den klassischen Schnitzer. Beide Omas seufzten angesichts dieser Information überglücklich, und Samuel Peterson Rainey II. wurde dort auf dem Gang mit lautem Jubel begrüßt.

Als ich noch am selben Abend E-Mails an die Familie und Freunde schickte, versuchte ich, meine Gefühle in Worte zu fassen: „Was für ein Gegensatz – vom Grab zur Wiege. Ich bin Gott dankbar dafür, wie diese Woche zu Ende gegangen ist. Es hat mich noch einmal wieder daran erinnert, dass es nach dem Tod wieder Leben gibt.“

Wir erleben diese beiden Extreme nicht immer zeitlich so nah beieinander, aber Tatsache bleibt, dass nach der Ordnung Gottes auf den Tod das Leben folgt. Auf Verlust neue Hoffnung. Was auch immer Sie durchgemacht haben, Gott hört Ihr Schreien. Sie dürfen mit neuem Leben rechnen.

Gesprächsimpuls

Welche Wahrheit über Gott könnte Sie fähig machen, Ihre Einstellung zu ändern und wieder ganz neu zu glauben, damit ein Traum wieder zum Leben kommt, damit Schmerz durch Verheißung ersetzt wird?

Gebet

Bitten Sie Gott darum, dass Sie diese Wahrheit über Gott glauben und dadurch Hoffnung erleben können, selbst wenn Sie sie noch nicht erkennen können.

26. Februar

Echt werden

Und wenn ihr betet, sollt ihr nicht viel plappern wie die Heiden.
Matthäus 6,7

Tommy war Reservist bei der Nationalgarde und musste während des Golfkrieges einrücken. Am Sonntag vor seiner Abreise wurde in seiner Gemeinde speziell für ihn gebetet, und man entließ ihn mit dem Versprechen, ihn zu unterstützen.

Sie können sich wahrscheinlich vorstellen, dass die Gebete für Tommy mit schönen, frommen Worten gespickt waren und sich wirklich gut anhörten (das ist ja oft so, wenn öffentlich in der Gemeinde gebetet wird). Ungefähr so: „Allmächtiger Gott, wir vertrauen dir, dass du diesen jungen Mann während seines Einsatzes bewahrst und dass er unter dem Schatten deiner Flügel sicher und geborgen ist." Wirklich aufrichtige Gebete, da bin ich sicher, aber auch ziemlich blumig und ein bisschen abgedroschen.

Dann betete ganz hinten ein kleiner Junge, der vielleicht acht Jahre alt war: „Lieber Jesus, bitte pass auf, dass Tommy nicht umgebracht wird, okay? Das war's schon. Okay. Amen." In der Gemeinde war es mucksmäuschenstill, und plötzlich wurde allen klar, dass sie in beschönigenden, erwachsenen und fromm klingenden Worten eigentlich auch alle versucht hatten, genau das zu sagen. „Pass auf, dass Tommy nicht umgebracht wird." Es war ein Kind nötig, um das zu sagen, was die Erwachsenen nicht herausbrachten.

Als Robbie Castleman, Autor von *Parenting in the Pew* (einem Buch über christliche Erziehung), mir diese Geschichte erzählte, musste ich daran denken, was mein Freund Andre Kole, einer der besten Illusionskünstler der Welt, einmal gesagt hat: „Am allerschwierigsten sind Kinder von den Tricks zu überzeugen." Das liegt daran, dass Kinder nicht so kompliziert denken, wenn sie versuchen, etwas herauszufinden. Sie sehen die Dinge einfach so, wie sie sind. Sie ziehen nicht so viele Erklärungsmöglichkeiten in Betracht, um auf eine mögliche Lösung zu kommen.

Wenn Sie beim nächsten Mal mit Ihrer Frau/Ihrem Mann oder mit einem Kind beten, dann seien Sie einfach echt. Beten Sie schlicht und einfach. Und seien Sie ganz ehrlich. Seien Sie echt vor Gott und sagen Sie ihm das, was Sie eigentlich sagen wollen.

Ich glaube, dass Gott richtig strahlt, wenn wir ihm gegenüber echt werden.

Gesprächsimpuls

Sind Ihre Gebete manchmal ein Abklatsch von Gebeten, die Sie von anderen gehört haben? Fühlen Sie sich in Gottes Gegenwart so wohl, dass Sie ihm gegenüber ganz echt und Sie selbst sein können? Gibt es etwas, worüber Sie ganz echt und ehrlich mit Gott ins Gespräch kommen möchten?

Gebet

Wofür auch immer Sie heute beten, halten Sie es schlicht und einfach. Reden Sie einfach Klartext mit Gott.

27. Februar

Ob du es glaubst oder nicht

von Barbara Rainey

Jesus antwortete: „Ich habe es euch schon gesagt, aber ihr wollt mir nicht glauben." Johannes 10,25

Wir Frauen geben ja immer schrecklich gern zu, dass wir Bestätigung von unseren Männern brauchen und wie wichtig es uns ist, dass sie ihre Liebe und Wertschätzung durch Worte und Taten zum Ausdruck bringen. Es ist wichtig für uns zu wissen, dass wir schön und begehrenswert für sie sind – besonders auch, wenn Geburten und das Alter ihre körperlichen Spuren bei uns hinterlassen.

Wenn wir uns aber in der Liebe unseres Mannes sicher sein und in ihr ruhen möchten, dann müssen wir auch selbst unseren Teil dazu beitragen.

Ich erinnere mich genau an den Tag, die Uhrzeit, den Ort und an alle Einzelheiten einer Situation, in der Dennis mir mitten an einem Samstagnachmittag zu Hause sagte: „Ich liebe dich, Barbara. Ich finde dich wunderbar."

Ich hörte zwar, was er sagte, aber mein erster Gedanke war: *Das kann er gar nicht wirklich meinen. Ich bin völlig ausgelaugt durch die Anforderungen kleiner Kinder. Der Haushalt ist ein einziges Chaos. Ich habe keinen Hauch von Schminke an mir, und zurzeit ist es meistens nicht besonders witzig, mit mir zusammen zu sein.* Deshalb reagierte ich auf sein Kompliment mit den Worten: „Ich weiß nicht, ob ich das glauben soll."

„Du musst mir auch gar nicht glauben, wenn du nicht willst", antwortete er mir. „Aber es stimmt."

Es war, als ob das Licht anging. Ich weiß auch nicht, warum ich es ihm gerade in diesem Moment so abnehmen konnte, aber mir wurde klar, dass er recht hatte. Es lag ganz bei mir, ob ich ihm glaubte oder nicht. Er konnte mir die Liebe und Bestätigung, die ich brauchte, gar nicht geben, wenn ich nicht auch bereit war, beides anzunehmen! Ich konnte nicht von ihm erwarten, mir Bestätigung und Wertschätzung zu geben, wenn ich seine Komplimente als falsch abwertete.

Ich hörte deshalb nicht auf das, was ich empfand, sondern traf ganz bewusst die Entscheidung, zu glauben, dass er mich liebte, und ich beschloss, meinen Teil dazu beizutragen, indem ich diese Liebe auch annahm.

Gesprächsimpuls

Sprechen Sie als Frau über Ihr Bedürfnis, Bestätigung von ihm wirklich in Worten zu hören und nicht nur signalisiert zu bekommen. Glauben Sie Ihrem Mann, wenn er Ihnen Bestätigung gibt in Form von Komplimenten? Warum bzw. warum nicht?

Gebet

Bitten Sie Gott, Ihnen dabei zu helfen, die Liebe Ihres Mannes anzunehmen.

28. Februar

Spiel, Spaß, Heiterkeit

Fröhlichkeit ist gut für die Gesundheit. Sprüche 17,22

Jeder weiß, wie bedeutend der Nobelpreis ist. Er wird Menschen verliehen, die auf dem Gebiet von Politik, Naturwissenschaft und Literatur entscheidend zu Frieden und menschlichem Miteinander beitragen. (Der Preis wurde ironischerweise nach dem Erfinder des Dynamits benannt. Er wollte für etwas Konstruktives, nicht für etwas Destruktives in Erinnerung bleiben.)

Doch vielleicht haben Sie noch nie etwas vom *Ig-Nobelpreis* gehört. Dieser Preis, auch Anti-Nobelpreis genannt, wird für „unnütze, unwichtige oder skurrile wissenschaftliche Arbeiten verliehen, die einen zuerst zum Lachen, dann zum Nachdenken bringen".

Zu den jüngst Ausgezeichneten gehören Leute, die sich unter anderem mit folgenden Themen beschäftigt hatten:

- Wie man einen Schluckauf beenden kann.
- Warum Spechte keine Kopfschmerzen bekommen.
- Warum man das Geräusch von Fingernägeln, die über eine Tafel kratzen, als unangenehm empfindet.
- Warum ungekochte Spaghetti oft in mehr als zwei Teile zerbrechen, wenn man sie biegt.
- Wie viele Fotos man machen muss, um sicherzugehen, dass auf einem Gruppenfoto niemand die Augen geschlossen hat.

Einer meiner Lieblingspreisträger war der Sieger in der Kategorie „Frieden" im Jahr 2006. Er bekam seinen *Ig-Nobelpreis* für die Erfindung eines elektromechanischen Teenager-Abwehrsystems – einer Vorrichtung, die ein unangenehmes Geräusch macht, das zwar von Teenagern, aber nicht von Erwachsenen wahrgenommen wird. (Im Interesse des Fair Play nutzte der Erfinder die gleiche Technologie, um Handy-Klingeltöne zu kreieren, die von Teenagern, aber nicht von ihren Lehrern gehört werden können.)

Was ich damit sagen will: Gehen Sie lieber nicht davon aus, dass Sie Ihre Kinder ausschließlich durch ernsthafte Gespräche erreichen. Sprechen Sie beim Abendessen auch mal ein witziges Thema an, und warten Sie ab, was sich daraus ergibt. Bringen Sie Ihre Kinder bei einer Runde Kickern zum Nachdenken. Kommen Sie darüber ins Gespräch, wie kreativ Gott ist, indem Sie versuchen, immer abwechselnd so viele unterschiedliche Grimassen wie möglich zu schneiden.

Einer der wichtigsten und gleichzeitig befriedigendsten Aspekte des Elternseins ist das Erlernen, wie man Spaß und Humor einsetzen kann. Lachen ist Gottes Schmiermittel für die Seele. Spaß baut Spannung ab, wenn Eltern ihrem Kind etwas besonders Wichtiges vermitteln wollen. Lernen Sie zu lachen, und zwar möglichst viel!

Gesprächsimpuls

Zu welchen Zeiten und bei welchen Gelegenheiten kann man in Ihrer Familie auf lustige Weise Dinge vermitteln? Überlegen Sie sich etwas Lustiges, das Sie mit Ihren Kindern an einem Familienabend tun könnten.

Gebet

Beten Sie um ein fröhliches Herz, das gerne Spaß hat. Es gibt so viel im Leben, was uns herunterzieht.

1. März

Fünf Prioritäten für Eltern

Wer Gott gehorcht, führt ein Leben ohne Tadel; seine Kinder können von Glück reden. Sprüche 20,7

Barbara und ich sind ganz sicher keine perfekten Eltern, aber wenn man so viele Kinder hat wie wir, dann erteilt Gott einem dadurch Hunderte von Lektionen. Aus unseren jahrelangen Erfahrungen hat sich für uns eine Liste von fünf Punkten herauskristallisiert, denen alle Eltern hohe Priorität geben sollten, wenn sie ihre Kinder so erziehen wollen, wie Gott es sich vorstellt.

1. *Machen Sie sich klar, in was für einer Zeit wir leben.* Früher war es ja so, dass die jeweilige Kultur den Eltern bei der Durchsetzung der Werte und Normen half, die sie ihren Kindern vermitteln wollten. Das ist heute nicht mehr so. Deshalb ist es wichtig, sich mit anderen Eltern zusammenzutun, die ähnliche Überzeugungen und Vorstellungen und Werte vertreten, um sich gegenseitig zu unterstützen, zu ermutigen und zu beraten. Solche Leute findet man oft in einer guten Gemeinde.
2. *Leben Sie verbindlich miteinander und lassen Sie sich wirklich ganz aufeinander ein.* Für Ihre Kinder ist es wichtig mitzuerleben, dass Sie Ihr Eheversprechen ernst nehmen und dazu stehen, und zwar sowohl in harmonischen Zeiten als auch in Krisen. Machen Sie es zu einer Priorität, Konflikte mit dem Partner zu lösen, einander zu vergeben und einander treu zu bleiben. Diese Eigenschaften der Liebe geben Ihren Kindern eine tiefe Sicherheit.
3. *Es ist wichtig, dass Sie wissen, was Sie glauben.* Sie sind für Ihre Kinder wie ein Buch, in dem sie lesen. Ihre Werte beeinflussen, wie Sie und Ihre Kinder miteinander umgehen. Als Eltern müssen Sie wissen, welche nicht verhandelbaren Überzeugungen Sie vertreten.
4. *Denken Sie immer daran, wie Gott Kinder sieht.* Vergessen Sie nie, dass Kinder ein Geschenk Gottes sind. Ihre Kinder zu erziehen, ist ein Vorrecht und eine Verantwortung, die er Ihnen und niemand anderem anvertraut hat. Sie sollten Ihre Kinder so erziehen, dass sie Gott kennenlernen und ihm nachfolgen.
5. *Verfolgen Sie das richtige Ziel.* Das Wichtigste ist, dass Ihre Kinder eine Beziehung zu Gott bekommen und ihn lieben. Das ist noch wichtiger als eine gute Ausbildung oder dass sie lernen, wie man in der Gesellschaft und Kultur von heute Erfolg hat. Grundlage für ein gelingendes Leben ist eine vertrauensvolle Beziehung zu Gott, in der wir ihn lieben und ehren.

Gesprächsimpuls

Welcher dieser Punkte berührt Sie am meisten? An welchem müssen Sie noch am meisten arbeiten?

Gebet

Beten Sie, dass Sie Ihre Prioritäten nach dem Willen Gottes setzen und Ihre Entscheidungen für Sie und für Ihre Familie davon bestimmt sind.

---

2. März

Sünder vor

Wenn wir behaupten: „Wir sind ohne Schuld“, betrügen wir uns selbst, und die Wahrheit lebt nicht in uns. 1. Johannes 1,8

Zu unseren Aufgaben als Eltern gehört es unter anderem, mit den Sünden unserer Kinder umzugehen. Ein Großteil unseres Elternseins ist bestimmt von der Aufgabe, sie zu ermahnen, wenn sie Situationen falsch beurteilen und falsche Entscheidungen treffen, und dafür zu sorgen, dass sie die Folgen dieser Fehler selbst ausbaden müssen.

Ich glaube aber, dass es ebenso wichtig ist, unseren Kindern nie den Eindruck zu vermitteln, sie wären die Einzigen, die Fehler machen und Untugenden haben. Sie müssen wissen, dass die beiden Erwachsenen, die sie am allerbesten kennen, ebenso ihre Sünden bekennen und Vergebung brauchen.

Es gibt kaum eine Aufgabe im Leben, bei der unser wahres Wesen so offen zutage tritt wie in der Erziehung von Kindern. Die geistliche Übung des Sündenbekenntnisses gehört zu dem, was unser Elternsein echt und authentisch macht.

Ich habe unzählige Fehler gemacht, für die ich meine Kinder hinterher um Vergebung bitten musste. Zum Beispiel damals, als eines meiner Kinder auf meine Lieblingsangel getreten war und sie zerbrochen hatte. Ich wurde so wütend, dass ich die Einzelteile meiner Angel nahm und sie über meinem Knie zerbrach.

Barbara war wie vom Donner gerührt und die Kinder rannten völlig aufgescheucht nach oben in ihre Zimmer. Eine halbe Stunde später rief ich die Familie zusammen und entschuldigte mich für mein Verhalten.

Und es geht nicht nur um Sünden, die Sie im Umgang mit Ihren Kindern begehen, sondern Ihre Kinder müssen auch erleben, wie Sie mit Dingen wie Habsucht, Stolz oder Rachsucht umgehen. Wenn Sie Ihre eigenen Sünden ehrlich eingestehen, finden es Ihre Kinder auch nicht merkwürdig, Fehler zuzugeben, darüber zu sprechen und damit umzugehen.

Ihre Kinder müssen wissen, dass sie mit Menschen zusammenleben, die ganz und gar auf die Gnade von Jesus angewiesen sind. Sie brauchen Eltern, die keine Angst davor haben, Fehler und Versagen einzugestehen, und die genauso sehr auf die Vergebung von Jesus angewiesen sind wie sie selbst.

Gesprächsimpuls

Gibt es eine konkrete Sünde, von der Sie wissen, dass Sie sie Ihren Kindern bekennen sollten?

Gebet

Bitten Sie Gott, Ihnen dabei zu helfen, Ihren Kindern echte Nachfolge vorzuleben.

3. März

In Berührung

von Barbara Rainey

Einige Leute wollten ihre Kinder zu Jesus bringen, damit er sie berühre ... Markus 10,13

Zu den tiefsten Bedürfnissen unserer Kinder, egal wie alt sie sind, gehört ihr Bedürfnis nach Körperkontakt. Wenn wir sie umarmen, mit ihnen kuscheln, sie streicheln und Küsschen geben, dann gibt ihnen das das Gefühl, geliebt zu sein.

Wenn Ihre Kinder noch klein sind, dann achten Sie darauf, viel mit ihnen zu kuscheln. Drücken Sie sie auch ohne besonderen Anlass einmal und sorgen Sie für Rituale, bei denen Sie auch körperlich zum Ausdruck bringen, wie lieb Sie Ihr Kind haben, zum Beispiel indem Sie ihm einen Gute-Nacht-Kuss geben oder es am Morgen, wenn es wach wird, umarmen. Geben Sie ihm eine Abschiedsumarmung oder einen Kuss, wenn es morgens aus dem Haus geht und auch wenn es nach der Schule oder dem Kindergarten wieder nach Hause kommt.

Auch wenn Sie selbst abends von der Arbeit kommen oder Sie Ihre Kinder sonst eine Weile nicht gesehen haben, ist das immer ein Anlass und eine Gelegenheit, sich liebevoll zu berühren. Als unsere Kinder noch klein waren, haben wir dann immer „Bären-Umarmungen“ praktiziert. Dennis ging dann zum Beispiel auf Deborah zu und fragte: „Willst du eine Baby-Bär-Umarmung, eine Papa-Bär-Umarmung oder eine Mama-Bär-Umarmung?“ Meistens wollten unsere Kinder alle drei Varianten durchprobieren, was dann fast immer von begeistertem Quietschen und lautem Freudengeschrei begleitet war. Selbst heute lächeln sie noch, wenn wir sie fragen, ob sie oder ihre Kinder eine Bären-Umarmung wollen. Dieses Ritual, sich gegenseitig seine Zuneigung zu zeigen, kann also auch zu einer ganz eigenen Familientradition werden und dann an die nächste Generation weitergegeben werden.

Auch Teenager und sogar erwachsene Kinder brauchen noch unsere liebevollen Berührungen. Ich habe einmal unseren damals halbwüchsigen Sohn Benjamin in den Arm genommen, der mich schon fast um Haupteslänge überragte. Ich drückte ihn kurz und ließ ihn auch gleich wieder los, war aber sehr erstaunt, als er sich an mich lehnte und in der Umarmung blieb. Es war, als ob er sagen wollte: „Ich sehe zwar schon ziemlich erwachsen aus, und du denkst vielleicht, ich brauche das nicht mehr, aber mach doch bitte einfach weiter. Es ist schön, wenn du mich in den Arm nimmst.“

Haben Sie mit Ihren Kindern in dieser Hinsicht vielleicht auch Nachholbedarf?

Gesprächsimpuls

Stammen Sie aus einer Familie, in der es viel Körperkontakt gab? Was hat das bei Ihnen bewirkt? Wie wirkt es sich auf Ihr Elternsein aus? Welche Familienmitglieder haben heute eine Umarmung nötig?

Gebet

Beten Sie, dass Sie niemals einem Kind Ihre Zuneigung vorenthalten, wenn es sie braucht.

4. März

Tauziehen (Teil 1)

Wir wollen nicht müde werden zu tun, was gut und recht ist.
Denn wenn die Zeit da ist, werden wir auch die Ernte einbringen.
Galater 6,9

Haben Sie als Kind irgendwann einmal bei einem echten Tauziehen mitgemacht? Sie wissen schon, zwei Mannschaften ziehen jeweils am

Ende eines dicken, rauen Seiles, in dessen Mitte sich eine Matschpfütze von der Größe des Bodensees befindet.

Heute findet Tauziehen an anderen Stellen statt, und zwar zwischen Eltern und unendlich vielen weltlichen Einflüssen.

Sie kennen dieses Ziehen bestimmt. Sie wollen morgens aus dem Haus gehen und bemerken plötzlich, in welchem Aufzug eines Ihrer Kinder zur Schule gehen will. Sie holen tief Luft, schicken ein Stoßgebet zum Himmel und sagen: „Also *so* gehst du auf gar keinen Fall in die Schule."

Und dann beginnt das Tauziehen. Ihr Kind wirft Ihnen einen Blick zu, der Stahl zum Schmelzen bringen könnte, und sagt: „Aber alle meine christlichen Freundinnen sind in der Schule so angezogen."

Wenn Sie zögern (und Ihr Kind wird das innerhalb einer millionstel Sekunde spüren, denn Kinder sind mit Antennen ausgerüstet, die ihnen sofort melden, wenn Mama oder Papa unsicher werden), dann denken Sie vielleicht: *Ich habe keine Lust, das jetzt auszufechten. Und wer weiß, wie mein Kind reagiert und was es erst anstellt, wenn ich zu streng bin ... vielleicht läuft es weg oder es hasst mich für alle Zeiten!*

Also geben Sie nach.

Wie sehr viele Eltern leiden auch Sie in diesem Fall wahrscheinlich unter einer neuen Krankheit des einundzwanzigsten Jahrhunderts, die durch dieses endlose Tauziehen entstanden ist: *moralische Erschöpfung*. Viele Eltern haben kaum noch die Kraft, an ihren moralischen Grundsätzen, Grenzen und Verpflichtungen festzuhalten, und geben immer weiter nach.

Deshalb nehme ich heute und morgen mein Megafon zur Hand und mache Ihnen Mut, indem ich Sie an die Wahrheit erinnere: „Lassen Sie das Seil nicht los!"

Lesen Sie in der Bibel und sorgen Sie auf diese Weise dafür, dass Sie durch das Erkennen der Wahrheit und durch Gebet wieder fester zupacken können.

Halten Sie durch! Bohren Sie Ihre Fersen in den Boden! Lassen Sie nicht los!

Gesprächsimpuls

Tauschen Sie sich aus über Kindererziehung in der Gesellschaft von heute und darüber, ob Sie das Gefühl haben, moralisch erschöpft zu sein. Was macht Sie als Eltern müde? Seien Sie ehrlich.

Gebet

Bitten Sie Gott, Sie und Ihrem Ehepartner die Entschlossenheit, die Kraft und den Mut zu geben, die nächste Generation zu erziehen.

5. März

Tauziehen (Teil 2)

Was bleibt zu alldem noch zu sagen? Gott selbst ist für uns, wer will sich dann gegen uns stellen? Römer 8,31

Vier unserer Kinder waren schon aus dem Haus, und es waren nur noch die beiden letzten da. Nun glauben Sie vielleicht, dass wir uns in Sachen Erziehung ja auskannten und automatisch die Oberhand hatten, aber weit gefehlt. Als wir irgendwann über die Spannungen innerhalb unserer Familie und das ständige Tauziehen zwischen uns und den Einflüssen der Gesellschaft sprachen, sah ich Barbara an und sagte: „Ich glaube, wir werden im Kampf um unsere Familie immer müder und erschöpfter."

Wie schon in dem Text von gestern erwähnt, empfinden die meisten Eltern eine moralische Erschöpfung im Kampf gegen die gesellschaftlichen Einflüsse, die ihnen entgegenwirken. Darf ich Ihnen einen Schnellkurs für effektives „elterliches Tauziehen" anbieten?

Erstens: *Machen Sie sich bewusst, dass Sie das Seil nicht allein halten*. Schauen Sie sich noch einmal den Vers oben an, Römer 8,31. Gott ist für Sie. Wer will sich da gegen Sie stellen? Spüren Sie, wie Sie durch diese Zusage wieder mehr Kraft bekommen und Sie sich wieder stärker fühlen? Gott hilft Ihnen, das Seil zu halten und daran in seine Richtung zu ziehen. Er hat versprochen, den Müden Kraft zu geben (siehe Jesaja 41,10).

Zweitens: *Machen Sie sich klar, warum Sie manchmal so erschöpft sin*d. Erstellen Sie einmal eine Liste all der Faktoren, gegen die Sie anziehen müssen: Kleidung, Sprache, Verabredungen, Gleichaltrige, Zeitschriften, Musik, Medien, Telefon und andere schwergewichtige Aspekte des Zeitgeistes. Sie können zwar nicht alle Gegner ausschalten, gegen die Sie ziehen, aber Sie können auf jeden Fall deren Anzahl verringern.

Drittens: *Suchen Sie sich andere Eltern, mit denen Sie sich bei dem Tauziehen zusammentun und verbünden können.* Anders ausgedrückt, achten Sie auch auf andere Kinder und nicht nur auf Ihre eigenen. Das kann bedeuten, sich mit anderen Eltern zusammenzutun und sich gegenseitig zu informieren, wenn Sie bei einem von deren Kindern irgendwelche Auffälligkeiten bemerken. Das kann auch bedeuten, beispielsweise einer alleinerziehenden Mutter zu helfen, die mit ihrem rebellischen Kind überfordert ist.

Als Christen sind wir alle an diesem Tauziehen beteiligt! Und jetzt packen Sie das Seil und halten Sie fest!

Gesprächsimpuls

Was können Sie als Eltern tun, um beim Zeitgeist-Tauziehen ein wenig Entlastung zu erfahren? Füreinander beten? Sich mit anderen Eltern zusammentun?

Gebet

Lesen Sie Römer 8,28–39. Danken Sie Gott dafür, dass er Sie liebt, egal, wie gut Sie als Eltern sind.

6. März

Gib mir dein Leben

Denn ich verkünde nicht mich selbst, sondern Jesus Christus als den Herrn. 2. Korinther 4,5

Es ist immer gefährlich, Vermutungen anzustellen. Ich denke dabei an eine Frau, die am Flughafen eine Stunde Wartezeit herumbringen musste. Sie kaufte sich eine Zeitschrift, einen Kaffee und eine kleine Tüte Kekse, um sich die Wartezeit in dem überfüllten Wartebereich so angenehm wie möglich zu machen.

Beim Lesen griff sie in die Kekstüte, nahm einen Keks heraus und war doch etwas verwundert, als ein völlig Fremder, der zwei Plätze neben ihr saß, ebenfalls in die Tüte griff und sich einen Keks herausnahm. Sie versuchte es zu ignorieren und griff erst 20 Minuten später wieder nach einem Keks. Und wieder nahm sich auch der Mann einen. Er aß ihn, nahm dann die inzwischen fast leere Tüte und fragte mit ironischem Unterton: „Möchten Sie vielleicht auch noch den letzten?“ Empört stand sie auf und eilte vor Wut schäumend zu ihrem Abflugsteig, wo sie in ihre Tasche griff, um ihr Ticket herauszuholen ... und fand dort die noch ungeöffnete Kekstüte. Ihre gesamte Empörung und ihr Ärger hatten auf einer falschen Annahme beruht.

Es gibt allerdings Annahmen, die sehr viel gefährlicher sind als diese. Ich denke dabei beispielsweise daran, dass einer von Ihnen beiden sein Leben vielleicht noch nie an Jesus Christus übergeben hat und von der falschen Annahme ausgeht, dass Ihre guten Taten Sie schon irgendwie in den Himmel bringen werden.

Daran können Sie jetzt sofort etwas ändern. Jesus Christus, der ein vollkommenes Leben ohne Sünde geführt hat, der am Kreuz gestorben ist, um Gottes Strafe für die Sünde, die Sie begangen haben und begehen, auf sich zu nehmen, und der vom Tod auferweckt worden ist zum ewigen Leben, dieser Jesus ist Ihnen so nah wie Ihr nächster Atemzug. Er bietet Ihnen ewiges Leben an.

Wenn Sie sich nicht sicher sind, ob Sie wirklich Jesus nachfolgen, wenn Sie das Geschenk seiner Erlösung noch nie bewusst angenommen haben, würden Sie ihm dann hier jetzt sofort Ihre Sünden bekennen, im Glauben an ihn seine Vergebung annehmen und ihn bitten, Ihr Herr und Meister zu werden?

Gesprächsimpuls

Tauschen Sie sich darüber aus, wie Sie zum Glauben an Jesus gekommen sind. Kennen Sie Menschen – und wenn ja, welche –, die das Geschenk der Erlösung, das Jesus anbietet, unbedingt brauchen?

Gebet

Wenn Sie nicht sicher sind, wo Sie die Ewigkeit verbringen werden, dann beten Sie doch jetzt im Glauben und nehmen Sie Christus als Ihren Herrn und Erlöser an.

7. März

Süchtig

Ich sage also: Ob ihr esst oder trinkt oder sonst etwas tut, so tut alles zur Ehre Gottes. 1. Korinther 10,31

Ich glaube, die Menschheit hat ein Suchtproblem. Die bekannten Süchte nach Drogen, Alkohol, Sex und Pornografie zerstören das Leben einzelner Menschen und ganzer Familien schon seit Generationen. Aber es gibt auch noch andere Süchte, auch bei Christen, die zwar vielleicht nicht ganz so schlimm und bösartig sind, aber nichtsdestotrotz Süchte.

Wie beispielsweise Essen.

Ich möchte das an einem persönlichen Beispiel veranschaulichen. Barbara und ich habe eine völlig unterschiedliche Einstellung zum Essen. Sie isst, um zu leben, und ich, weil ich so gern esse. Für Barbara ist Essen der nötige Brennstoff, um aktiv sein zu können. In meinem Leben dagegen gibt es immer wieder Zeiten, in denen Essen fast zu einem Götzen wird.

Besonders was Eiscreme angeht.

Für mich war jahrelang ein Tag kein richtiger Tag, wenn ich nicht eine Riesenschüssel Stracciatellaeis mit Schokosoße verputzt hatte. Um der

Wahrheit die Ehre zu geben, muss ich einfach sagen, dass ich süchtig danach war. Und man sah es mir an.

Die Folgen meiner Sucht zwangen mich, der Wahrheit ins Auge zu sehen, und ich kam zu dem Schluss, dass Eiscreme in meinem Leben einen zu hohen Stellenwert einnahm.

Ich beschloss also in der Fastenzeit – das ist die Zeit zwischen Aschermittwoch und Ostersonntag und steht für die vierzig Tage, die Jesus in der Wüste gefastet hat – an der Aktion „40 Tage ohne ...“ völlig auf Süßigkeiten zu verzichten. Es war faszinierend zu erleben, wie Gott diese 40 Tage nutzte, um mir eine bessere Einstellung zum Essen zu schenken. Für mich persönlich war diese Erfahrung so eindringlich, dass ich in den vergangenen drei Jahren wieder in dieser Zeit auf Süßigkeiten verzichtet habe.

Und jetzt meine Frage an Sie: Gibt es in Ihrem Leben etwas, das Sie beherrscht?

Etwas, das zur Sucht geworden ist und in Ihrem Leben und Denken immer mehr Raum einnimmt, manchmal sogar mehr als Ihre Verbindung zu Gott? Vielleicht ist es Zeit, als Paar darüber zu reden und reinen Tisch zu machen. Vielleicht ist es wichtig, dass Sie sich gegenseitig Rechenschaft über Ihren Lebensstil ablegen und dadurch eine wirkliche Veränderung in Ihrem Leben erreichen, damit Gott wieder die Ehre bekommt.

Gesprächsimpuls

Sprechen Sie über Süchte in Ihrer Familie. Wie könnten Sie die Fastenzeit so nutzen, dass die Macht dieser Süchte gebrochen wird?

Gebet

Bitten Sie Gott, Ihnen dabei zu helfen, ihn allein in den Mittelpunkt Ihrer täglichen Anbetung zu stellen und Ihnen den Mut zu geben, all das sein zu lassen, was Sie verführen könnte.

8. März

Aus dem Haus gehen

Deshalb verlässt ein Mann Vater und Mutter, um mit seiner Frau zu leben. 1. Mose 2,24

Am Morgen der Hochzeit unserer ältesten Tochter saß ich an einem Gartentisch neben unserem Grill auf der Terrasse und weinte. An dieser Stelle hatten wir als Familie im Laufe der Jahre so viel Zeit und unvergessliche gemeinsame Augenblicke erlebt. Von jetzt an würde sich meine Beziehung zu Ashley, „meiner kleinen Prinzessin", wie ich sie nannte, verändern, und zwar für immer.

In 1. Mose 2,24 werden frisch verheiratete Menschen angewiesen, ihre Eltern zu „verlassen". Das bedeutet nicht, die Beziehung zu ihnen abzubrechen, sondern sich innerlich aus der Rolle des Kindes den Eltern gegenüber zu lösen und den Ehepartner künftig in Sachen Priorität und Loyalität über die Eltern zu stellen. Und Ashley war im Begriff, genau das zu tun.

Im Zusammenhang mit Ihren Eltern hier ein paar Tipps für eine gesunde Abgrenzung von ihnen, durch die es einfacher wird, die Eltern zu verlassen, bei Ihrem Ehepartner zu sein und dadurch Ihre Ehe zu schützen.

1. *Reden Sie mit Ihren Eltern nie respektlos über Ihren Ehepartner.* Am Anfang unserer Ehe habe ich einmal mit meiner Mutter über eine Schwäche gesprochen, die ich bei Barbara festgestellt hatte. Ich war erstaunt, wie schnell meine Mutter auf meiner Seite war – wie eine Glucke, die ihr verletztes Küken unter ihre Fittiche nimmt. Sie hat diese Schwäche nie vergessen. Ich habe Barbara daraufhin versprochen, mit meiner Mutter nie wieder über irgendwelche Schwächen oder Macken von ihr zu reden.
2. *Überlegen Sie genau, wie Sie Ihre Feiertage gestalten und verbringen wollen.* Irgendwann ist der Zeitpunkt gekommen, an dem Sie Ihre eigenen Familientraditionen entwickeln müssen. Und selbst wenn es zu diesen Traditionen gehört, Eltern oder Schwiegereltern zu besuchen, dann lassen Sie es kurze Aufenthalte sein.
3. *Es ist wichtig, dass Sie finanziell unabhängig sind von Ihren Eltern.* Es gibt sicher Fälle, in denen finanzielle Unterstützung durch die Eltern notwendig ist, aber das kann immer nur ein vorübergehender Zustand sein. Wird es zum Dauerzustand, besteht die Gefahr, dass aus dieser Abhängigkeit von Eltern Forderungen und Ansprüche abgeleitet werden – quasi emotionale Schuldscheine.

Sollten Sie in diesem Szenario Eltern oder Schwiegereltern sein und Ihr Kind hat diese Abgrenzungsarbeit in Bezug auf die eigene Ehe nicht geleistet, dann seien Sie so reif und liebevoll, diese Abgrenzungsarbeit von sich aus zu übernehmen und sich gegen Ihre Kinder abzugrenzen. Machen Sie Ihren Kindern Mut, Sie zu verlassen, aneinander zu hängen und ihrer eigenen Beziehung oberste Priorität zu geben.

Gesprächsimpuls

Wie gut ist Ihnen das Verlassen und aneinander Hängen gelungen? Woran muss dabei noch gearbeitet werden?

Gebet

Bitten Sie Gott um Weisheit für die Beziehung zu Ihren Eltern und zu Ihren Kindern, wenn der Zeitpunkt kommt, dass sie aus dem Haus gehen.

---

9. März

(Un)berechenbar

Handelt nicht aus Selbstsucht oder Eitelkeit! Seid bescheiden und achtet den Bruder oder die Schwester mehr als euch selbst. Philipper 2,3

Als Mann liebe ich Gleichungen und Formeln. Ihre Logik leuchtet ein: 2 + 2 = 4. Darauf kann man sich verlassen.

Nun funktionieren Formeln und Gleichungen zwar, wenn man ausrechnen will, wie viel Farbe man im Baumarkt kaufen muss, um zu Hause die Decken zu streichen, aber wenn es um Romantik geht, sind sie nicht ganz so brauchbar.

Dieselbe Menge Blumen und liebevollen Worte, die meine Frau vor einem Monat noch sehr berührt und völlig zufriedengestellt haben, reichen heute Abend vielleicht nicht mehr aus oder haben eine ganz andere, im Extremfall die entgegengesetzte Wirkung.

Davon kann ich wirklich ein Lied singen. Ich habe diesen Fehler nämlich *sehr oft* gemacht.

Zwei plus zwei ist nicht immer gleich vier, auch wenn ich mir manchmal wünschte, es wäre so.

Das sei auch gut so, sagt mir Barbara immer. Ihre Frau möchte, dass Sie sie studieren, sie beobachten, sich mit ihr beschäftigen. Ein Teil der Faszination und des Geheimnisses einer Ehe liegt doch darin zu wissen, wodurch Sie Ihrer Frau in den unterschiedlichen Lebenssituationen Ihre Liebe vermitteln können.

Braucht sie mal ein freies Wochenende für einen Tapetenwechsel oder genügt eine Stunde Shoppen in der Stadt? Braucht Sie eine Ganzkörpermassage oder nur eine Fußmassage? Würde ein Frühstück im Bett für sie den perfekten Tag bedeuten – oder wäre ein gemeinsames Mittagessen in der Stadt da besser geeignet?

Manchmal gefällt ihr eine geplante Überraschung – vielleicht dass Sie ihr am Wochenende etwas Besonderes kochen. Dann wieder mag sie Sie spontan – sie ist begeistert darüber, dass Sie gerade an sie denken. Manchmal ist ihr nach einem ausgiebigen Bad und dann wieder nach einem Mondscheinspaziergang.

Achten Sie darauf, was *ihr* Spaß macht. Sorgen Sie dafür, dass sie das Gefühl hat, etwas ganz Besonderes zu sein. Machen Sie sich klar, dass sie kein physikalisches Gesetz ist, sondern eher so etwas wie ein Puzzle, aber eines, das sich dagegen wehrt, zusammengesetzt, aufgeklebt und an die Wand gehängt zu werden. Hüten Sie sich davor zu denken, dass Leidenschaft und Romantik so berechenbar sind wie 2 + 2 + 2 = 6.

Es geht hier um eine Beziehung, nicht um eine Rechenaufgabe.

Gesprächsimpuls

Fragen Sie Ihre Frau: „Wie kann ich dir heute zeigen, dass ich dich liebe?“

Gebet

Bitten Sie Gott darum, dass Sie den anderen nicht als Selbstverständlichkeit betrachten, und darum, dass Sie die Vertrautheit genießen können, ohne dass vorhersehbare Einförmigkeit daraus wird.

10. März

Nicht mit Reizen geizen

von Barbara Rainey

Darum bin ich ausgegangen, dir entgegen, um nach dir zu suchen, und habe dich gefunden. Ich habe mein Bett schön geschmückt mit bunten Decken aus Ägypten. Sprüche 7,15–16

Ich finde kaum etwas abstoßender als Frauen, die sich an verheiratete Männer heranmachen, und zwar egal, ob ich es im Fernsehen oder im wirklichen Leben mitbekomme. Vor so einem Verhalten sollte man auf jeden Fall zurückschrecken. Aber die Tatsache, dass Flirten oft nicht in Ordnung ist, heißt ja nicht automatisch, dass etwas daran auszusetzen ist, *einen* verheirateten Mann anzumachen und zu verführen, den nämlich, mit dem man selbst schon verheiratet ist.

Ich glaube, wir können von der Frau lernen, die in Sprüche 5–7 beschrieben wird. Obwohl sie eine Ehebrecherin ist und damit nicht unbedingt ein Vorbild, gibt es vielleicht doch eine akzeptable Anwendung einer solchen weiblichen Macht, dann nämlich, wenn die angewendeten Praktiken an den eigenen Ehemann gerichtet sind.

Zum Beispiel:

- *Ihre Lippen sind „süß wie Honigseim" und „ihre Kehle ist glatter als Öl"* (Sprüche 5,3). Wenn man erst kurz zusammen ist, fällt es nicht schwer, sanft und freundlich zu sprechen. Aber ist man erst einmal verheiratet, passiert es ganz leicht, dass man nörgelt und meckert. Worte haben Macht. Setzten Sie Ihre Worte klug ein und Sie werden Ihren Mann wie Butter zum Schmelzen bringen.
- *Sie ergreift und küsst ihn* (Sprüche 7,13). Wie würde Ihr Mann wohl schauen, wenn Sie ihn in dem Augenblick, wenn er von der Arbeit nach Hause kommt, beim Betreten der Wohnung umarmen und innig küssen würden? Wohl ziemlich jeder Mann würde sich fragen, was Sie wohl zu Mittag gegessen haben – und wohl jeder würde sich wünschen, dass Sie morgen wieder das Gleiche essen.
- *Sie fängt ihn „mit ihren Augenlidern"* (Sprüche 6,25). Wenn wir als Frauen zu Hause sind und Haushalt und Kinder versorgen, schleicht sich leicht eine Vernachlässigung unseres Äußeren ein. Wir lassen uns gehen. Das ist zwar verständlich, aber wichtig ist, dass Sie immer wieder auch auf Ihr Äußeres achten und schön aussehen, wenn er von der Arbeit kommt. Und ich meine wirklich *schön*. Setzen Sie Blicke ein, um ihn zu fesseln, und dann fangen Sie ihn mit Ihrer körperlichen Attraktivität.

Eine Frau, die um ihre weibliche Anziehungskraft weiß, schützt ihren Mann vor Versuchungen. Sie ist wie ein Magnet, der ihn von den Verlockungen seines Tages weg nach Hause zieht.

Sie hat Macht. Und sie weiß sie zu nutzen.

Gesprächsimpuls

Frauen, finden Sie heraus, was Ihrem Mann wirklich gefällt und womit Sie ihn beglücken können.

Gebet

Bitten Sie Gott, nicht zuzulassen, dass der Feind – der weiß, wie er Sie auseinanderbringen kann – Ihnen die Freude der sexuellen Anziehungskraft und Romantik raubt.

11. März

Das ist Gemeinde

Sie ließen sich von den Aposteln unterweisen, sie hielten in gegenseitiger Liebe zusammen, sie feierten das Mahl des Herrn, und sie beteten gemeinsam. Apostelgeschichte 2,42

Ich hoffe, dass Sie schon zu einer Gemeinde-Familie gehören, und zwar nicht als Zuschauer, sondern als aktiv Beteiligte an einer Gemeinschaft von Menschen, die Jesus Christus nachfolgen. Wenn das nicht der Fall ist, dann sollten Sie bei der Suche nach einer passenden Gemeinde auf fünf Dinge achten. Wenn Sie schon aktiv in einer Gemeinde mitarbeiten und feststellen, dass es bei einem dieser fünf Punkte hapert, dann überlegen Sie, was zu tun ist und wie Sie beten können, damit diese Eigenschaften dort zur Entfaltung kommen:

1. *Ist die Gemeinde fest im Wort Gottes verankert?* Wird klar und eindeutig die Bibel als autorisiertes Wort Gottes gelehrt? Ist das Evangelium von Jesus Christus der Anker, der Sie motiviert, in jedem Lebensbereich die verändernde Gnade Gottes zu leben und zu verkünden?
2. *Gibt es in der Gemeinde ein Gemeinschaftsgefühl?* Gibt es auch abgesehen vom Sonntagsgottesdienst Kontakt unter den Gemeindegliedern? Hat man das Gefühl, dass es echte, ehrliche Beziehungen gibt?
3. *Ist in der Gemeinde Anbetung wichtig?* Der heutige Zeitgeist ist von einem unglaublichen Egoismus gekennzeichnet. Man braucht im Laufe der Woche eine bewusste Unterbrechung, in der deutlich wird: Hier ist etwas Größeres als ich am Werk. Im Leben geht es nicht in erster Linie um mich, sondern es geht darum, wer Gott ist und was er tut.
4. *Gibt es die Möglichkeit, aktiv mitzumachen?* Werden Sie in der Gemeinde zur Mitarbeit ermuntert? Mit zum Schönsten im Leben gehört doch, vom allmächtigen Gott im Leben anderer Menschen eingesetzt zu werden.
5. *Werden dort Männer aufgebaut?* Ich will damit keineswegs die Frauen- und Kinderarbeit herunterspielen (abwerten), aber vieles von dem, womit wir uns in unseren Familien und in der Gesellschaft abmühen, könnte sich positiv verändern, wenn Männer eine Vision für ihr Mannsein bekämen und dann diese Vision umsetzen würden.

Gesprächsimpuls

Geben Sie jeder für sich Ihrer Gemeinde – oder der Gemeinde, die Sie für sich in Betracht ziehen – für jeden dieser Punkte eine Note. Vergleichen

Sie Ihre Bewertung und sprechen Sie darüber, was Sie dazu beitragen könnten, dass Ihre Gemeinde wirkungsvoller wird.

Gebet

Bitten Sie Gott, Ihnen ein Gemeindeleben zu schenken, das vom Segen der Möglichkeit mitzuarbeiten und von Gemeinschaft geprägt ist.

12. März

Dankbar für Veränderung

Ihr wart wie Schafe, die sich verlaufen haben; jetzt aber seid ihr auf den rechten Weg zurückgekehrt und folgt dem Hirten, der euch leitet und schützt. 1. Petrus 2,25

Es ist fast so, als ob unsere Familie aus diesem Haus aus- und eine andere eingezogen ist", so beschrieb ein Ehepaar die Veränderungen, die Gott durch ein Wochenend-Eheseminar von FamilyLife in ihrer Ehe bewirkt hatte.

Eine andere Frau erzählte, wie sie ihrem Mann, der sie misshandelte, angedroht hatte, ihre Ehe zu beenden, wenn er nicht mit ihr an diesem Seminar teilnähme. Die Scheidungspapiere, auf denen nur noch ihre Unterschrift fehlte, hatte sie in der Handtasche dabei. „Ich bin so dankbar, dass er sich entschlossen hat mitzukommen. Er hat fast das ganze Wochenende geweint, während wir eine Mauer, die wir im Laufe von 20 Jahren errichtet hatten, eingerissen haben. Seine gesamte Einstellung und seine Perspektive haben sich um hundertachtzig Grad gedreht."

Wir bieten jedes Jahr über 150 solcher Seminare im ganzen Land an, bei denen wir Tausenden von Ehepaaren helfen, wiederzuentdecken, was sie aneinander ursprünglich einmal so anziehend gefunden haben ... und vieles mehr. Aber das passiert nicht nur, weil *wir* da, sondern weil Gott da ist. Und weil er an den Paaren wirkt.

Ein Ehepaar gab zu, dass in den Wochen vor dem Seminar das Streiten und die gegenseitige Bitterkeit immer schlimmer geworden wären, und es berichtete dann am Samstagabend – dem Dating-Abend des Wochenendes –: „Wir haben über Themen und Probleme miteinander geredet, über die zu reden uns früher nicht einmal im Traum eingefallen wäre. Wir haben gelacht und wir haben geweint. Ja, wir waren so ins Gespräch vertieft, dass es schon neun Uhr abends war, als wir wieder auf die Uhr geschaut und gemerkt haben, dass wir das Abendessen verpasst hatten. Wir haben noch nie so offen und ehrlich miteinander geredet."

Vielleicht sind Sie keine Seminar-Typen. Vielleicht möchten Sie lieber in einem fortlaufenden Prozess an Ihrer Ehe arbeiten. Aber glauben Sie mir, Sie wären überrascht, was Gott an einem einzigen Wochenende bewirken kann, das ausschließlich dem Zweck gewidmet ist, ihn und das Beste für Ihre Ehe zu suchen.

Gesprächsimpuls

Wann haben Sie das letzte Mal ein ganzes Wochenende in Ihre Ehe investiert? Was könnte in *Ihrer* Ehe besser sein?

Gebet

Bitten Sie Gott, Ihnen zu zeigen, wie Sie nachhaltig ineinander und in Ihre Ehe investieren können.

13. März

Spielraum lassen

Menschen haben den Kopf voller Pläne,
doch nur Gottes Beschluss wird ausgeführt. Sprüche 19,21

Als ein bestimmtes Quartal näher rückte, wussten Barbara und ich bereits im Voraus, dass wir in dieser Zeit sehr viel zu tun haben würden – mehr als sonst jedenfalls. Wir neigen beide dazu, unsere Kräfte zu über- und das Ausmaß unserer Verpflichtungen zu unterschätzen. Alles musste ganz genau nach Plan laufen, wenn wir es schaffen wollten, ohne dass jemand darunter zu leiden hatte.

Wie hätte ich wissen sollen, dass unserer Familie in den Monaten, die diesen intensiven Arbeitsmonaten vorangingen, eine der größten persönlichen Herausforderungen bevorstand, die wir je erleben sollten? Wie hätte ich ahnen können, dass Bill Bright, mein geliebter Freund, Mentor und Chef, mich an sein Sterbebett nach Orlando rufen würde, um mich ein letztes Mal zu sehen? Wie hätte ich ahnen sollen, dass meine Mutter schwer erkranken und sterben würde – und dass vier Tage später das erste Kind unseres Sohnes Samuel zur Welt kommen würde?

All das konnte ich wirklich nicht ahnen. So ist das Leben. C.S. Lewis drückt das so aus: „Wir müssen aufhören, unangenehme oder unerwartete Dinge als Unterbrechung des eigentlichen Lebens zu betrachten. Tatsache ist: Diese Unterbrechungen *sind* das eigentliche Leben."

Deshalb ist es so wichtig bei der Planung, auf genügend Spielraum zu achten, um noch Raum für unerwartete Notwendigkeiten und überraschende Anforderungen und Unterbrechungen zu haben.

Das bedeutet, für die jeweiligen Einzelaufgaben mehr Zeit einzuplanen, als eigentlich nötig wäre, nur für den Fall, dass es einen Stau auf der Autobahn gibt oder man morgens durch irgendetwas zu Hause aufgehalten worden ist. Es bedeutet, sich darüber zu einigen, wie viele Abende in der Woche man nicht zu Hause ist, es heißt, über mögliche Aufgaben und Termine zu sprechen, bevor man sie zusagt, damit man nicht immer am Rande ist und ständig unter Druck steht.

Auf manche Dinge kann man sich nicht vorbereiten, so gut man auch alles plant. Aber das größte Terminchaos kann man verhindern, indem man Pufferzeiten für Unvorhergesehenes einplant.

Gesprächsimpuls

Tauschen Sie sich darüber aus, inwiefern Ihnen größere Zeitspielräume bei der wöchentlichen Terminplanung Entlastung bringen könnten. Überlegen Sie, wie Sie sich gegenseitig bei der Terminplanung vor Überforderung schützen können.

Gebet

Bitten Sie Gott um Weisheit, mutige Entscheidungen zu treffen, um Ihr Leben in den Griff zu bekommen – und zu behalten.

14. März

In guten wie in schlechten Zeiten

Und ein jeder sehe nicht auf das Seine, sondern auch auf das, was dem andern dient. Philipper 2,4

Seit 1992 mache ich täglich eine Radiosendung, und soweit ich mich erinnere, habe ich in dieser gesamten Zeit dabei nur ein einziges Mal so geweint, dass ich nicht weitersprechen konnte. Das war der Tag, an dem ich ein Interview mit Charlie und Lucy Wedemeyr gemacht habe.

Im Alter von nur dreißig Jahren hatte Charlie, der damals sehr erfolgreich als Footballtrainer an einer Highschool arbeitete, die ersten Symptome von ALS (Amytrophe Lateralsklerose). Die Ärzte sagten ihm bei der

Diagnose seiner Krankheit, dass er noch ungefähr drei Jahre zu leben hätte.

Auch jetzt noch berührt es mich sehr, wenn ich an die Situation damals in dem Rundfunkstudio denke. Lucy las ihm von den Lippen ab, was er sagte, und übersetzte es dann. Sie erinnerten sich an einen Tag, als Charlie, dessen Pflege für seine Frau und seine Kinder immer schwieriger geworden war, Lucy zugeflüstert hatte: „Vielleicht wäre es besser, wenn ich einfach sterben würde."

Lucy hatte damals tief durchgeatmet, Gott um die richtigen Worte gebeten und gesagt: „Wir haben dich lieber so als gar nicht."

„So" bedeutet in diesem Fall über zwei Jahrzehnte schwerster Pflege. Lucy braucht jeden Tag etwa drei Stunden, um Charlie zu waschen, anzuziehen usw.

Lucy ist ein Vorbild für das, was wir uns bei unserer kirchlichen Trauung versprochen haben. In Gesundheit und Krankheit. In guten wie in schlechten Tagen. Im Ehebund zu bleiben bedeutet mehr, als sich nicht scheiden zu lassen – es bedeutet, da zu sein und unsere Liebe zu leben, egal, was passiert.

Warten Sie mit Ihrem Versprechen, in jeder nur denkbaren Situation füreinander zu sorgen und da zu sein, nicht, bis es auch für Sie vielleicht so dramatisch wird wie für Charlie und Lucy. Wenn Sie sich darauf nicht vorbereiten, indem Sie Ihr Leben der Herrschaft Jesu Christi unterstellen und sich an den Plan und die Ordnung Gottes halten, dann werden Sie nicht vorbereitet sein, wenn – nicht falls – Ihre Krise eintritt.

Gesprächsimpuls

Sehen Sie einander jetzt und hier in die Augen und erneuern Sie Ihr Versprechen, einander „in guten wie in schlechten Tagen" treu zu bleiben. Beantworten Sie die Frage: Wenn mir so etwas passieren würde wie Charlie, könnte ich dann mit dir rechnen?

Gebet

Danken Sie Gott, dass er Ihnen eine(n) Partner(in) fürs Leben geschenkt hat. Bitten Sie Gott, Ihnen die Augen zu öffnen dafür, wie der andere Ihnen zum Segen wird – selbst an Tagen, an denen es nicht leicht ist mit ihm/ihr.

15. März

Unangenehme Folgen

von Barbara Rainey

Und er schickte den Menschen aus dem Garten Eden weg, damit er den Ackerboden bearbeite, aus dem er gemacht war. 1. Mose 3,23

Wir werden oft gefragt, wie wir es mit Strafen für unsere Kinder halten. Wir haben auf diesem Gebiet ganz sicher unsere Fehler gemacht, aber Gott hat uns da ein biblisches Vorbild an die Hand gegeben, das sich, zumindest in unserer Familie, gut bewährt hat.

Ich wurde einmal von einer Freundin gefragt, was sie meiner Meinung nach mit ihrem Kleinkind machen sollte, das ständig Essen auf den Boden warf, wenn es bei der Mahlzeit in seinem Hochstühlchen saß. Meine Antwort: „Sorge dafür, dass es für dein Kind unangenehme Folgen hat, wenn es dieses Verhalten fortsetzt." Genau das hat Gott nämlich auch bei Adam und Eva getan – er ließ sie die unangenehmen Folgen ihres Ungehorsams spüren.

Als ich weiter darüber nachdachte, wie Gott damals auf Adams und Evas Ungehorsam reagiert hat, wurde mir bewusst, dass Gott Adam und Eva sogar auf zwei Ebenen diese unangenehmen Folgen spüren ließ, nämlich *körperlich* und *emotional*.

Wir wissen ja, dass Eva danach bei der Geburt ihrer Kinder Schmerzen hatte. Auf das Kindererziehungsbeispiel übertragen, kann das möglicherweise bedeuten, dem Kind im Hochstühlchen das Essen wegzunehmen und es seinen Hunger spüren zu lassen. Und auch Adam musste mit körperlichen Folgen für seinen Ungehorsam leben – denn von jetzt an war es mit viel Schweiß, Mühe und Widrigkeiten verbunden, das Land zu bebauen und eine Ernte einzubringen.

Wir haben als Eltern für unsere Erziehung daraus den Schluss gezogen, auf den Ungehorsam unserer Kinder zu reagieren, indem wir ihnen schwierige Aufgaben geben.

Und Gott sorgte auch dafür, dass Adams und Evas Ungehorsam auf emotionalem Gebiet Folgen für sie hatte. Er nahm ihnen seine unmittelbare Gegenwart und alles Angenehme, das mit diesem unmittelbaren Kontakt verbunden war. Auf unsere Familie übertragen kann dieses Vorgehen beispielsweise bedeuten, dass wir ein kleineres Kind auf sein Zimmer schicken, wenn es ungehorsam ist, oder dass es eine Zeit lang auf sein Lieblingsspielzeug verzichten muss. Ein älteres Kind erhält vielleicht ein begrenztes Ausgangsverbot (es ist schmerzlich, nicht mit Freunden zusammen zu sein) oder irgendeine andere Einschränkung von Annehmlichkeiten.

Wenn wir solche Maßnahmen in einer Haltung durchführen, aus der deutlich hervorgeht, dass wir unsere Kinder lieben, dann werden sie dadurch zum Gehorsam und zur Wiederherstellung einer Beziehung hingelenkt. Und genau so macht es Gott auch mit uns.

Gesprächsimpuls

Wenn Strafe nur eine impulsive Reaktion auf ein Fehlverhalten ist, verfehlt sie ihren Zweck. Nennen Sie ein paar langfristigere Ziele, die Sie für das Verhalten Ihrer Kinder haben.

Gebet

Bitten Sie Gott um den Mut, Ihren Kinder die Folgen ihres Ungehorsams zuzumuten.

16. März

Der 20-Prozent-Unterschied

Die Frau aber soll ihren Mann achten. Epheser 5,33

Ich habe Elisabeth Elliot, einer sehr prominenten und geachteten Christin, einmal eine sehr konkrete Frage gestellt: „Wenn Sie eine Gruppe von Frauen vor sich haben, die alle seit zehn bis fünfzehn Jahren verheiratet sind – die also in dieser schwierigen Phase sind, in der die Flitterwochen schon ziemlich lange zurückliegen, sie viel Verantwortung haben und die Kinder oft anstrengend und chaotisch sind –, welchen Rat würden Sie solchen Frauen für ihre Ehe geben?“

Ihre Antwort war, wie immer, eindrucksvoll:

Respektieren Sie Ihren Mann, und streiten Sie nicht. In dieser Phase der Ehe wird Frauen oft klar, dass er doch nicht so ganz der Mann ist, den sie sich vor der Hochzeit vorgestellt haben. Dieser Mensch, den sie für einen Hauptgewinn gehalten haben, erweist sich nämlich im Augenblick eher als Wundertüte. Aber je mehr man die Persönlichkeitsunterschiede ausgleicht, desto mehr kann man lernen, diesen Mann wirklich zu genießen.

Mein Mann hat einmal gesagt: „Wenn eine Frau zugeben würde, dass ihr Mann ihre Erwartungen zu 80 Prozent erfüllt, dann kann sie sich sehr glücklich schätzen.“ Aber was ist mit den restlichen zwanzig Prozent?

Sie können auf diesen zwanzig Prozent den Rest Ihres Lebens herumhacken und sie benörgeln, aber das wird kaum etwas ändern. Eines der Geheimnisse einer glücklichen Ehe besteht darin, sich über die 80 Prozent zu freuen, die man hat.

Barbara und ich erleben immer wieder, dass es selbst in den besten Ehen ganz unterschiedliche Meinungen und Erwartungen gibt und jede Menge Konfliktstoff. Wenn wir nur noch auf die Fehler und Macken des anderen schauen, kann das irgendwann dazu führen, dass wir all das Gute und die Stärken des anderen gar nicht mehr sehen. Elisabeth hat recht: In der Ehe geht es weniger darum, die Fehler des anderen zu beseitigen, als vielmehr darum, sich über den Wert des anderen zu freuen und dankbar dafür zu sein.

Gesprächsimpuls

Nennen Sie abwechselnd drei oder vier Dinge, die Sie an Ihrem Partner wirklich schätzen – die Dinge, die ausschlaggebend dafür waren, ihn/sie zu heiraten.

Gebet

Danken Sie Gott abwechselnd dafür, wie Ihr Partner Sie ergänzt. Nennen Sie konkrete Punkte. Bitten Sie Gott, dass Sie im Umgang mit Ihrem Partner so geduldig und verständnisvoll sein können, wie er es mit Ihnen ist.

---

17. März

Lohnt sich die Familienandacht?

Einige haben sich angewöhnt, den Gemeindeversammlungen fernzubleiben. Das ist nicht gut; vielmehr sollt ihr einander Mut machen. Hebräer 10,25

Haben Sie bei sich zu Hause schon mal Folgendes erlebt? Tief beeindruckt von der Predigt des Pastors mit dem Titel „Familienandacht – Rettung für Familien“ nimmt der Familienvater seinen ganzen Mut zusammen und verkündet: „Heute Abend nach dem Essen halten wir mal wirklich eine Familienandacht.“ Als er mit dem Essen fertig ist, schiebt er seinen Teller zur Seite, greift zur fünf Kilo schweren Familienbibel und sagt: „So, jetzt setzt euch ordentlich hin und hört gut zu. Jetzt kommt die Familienandacht.“

Mit einem flehenden Blick in Richtung seiner Frau sagte er: „Kannst du uns mit einem Chorus ein bisschen einstimmen, Schatz?“ Nach einem eher mageren Gesangsversuch – währenddessen der siebenjährige Tom laut und vorwurfsvoll kräht: „Von diesem Krach krieg ich ja Kopfschmerzen!“ – sitzt der Vater sehr aufrecht und sehr angespannt da.

„Okay, wir lesen jetzt ein paar Verse aus der Bibel. Was wäre ein besserer Anfang als die ersten drei Kapitel in 1. Mose?“ Und dann verliest er den langen Abschnitt.

„Will jemand etwas dazu sagen?“, fragt der Vater. Schweigen. Tom taucht sein Gesicht in sein Wasserglas und versucht, durch die Nase zu trinken, worauf die fünfjährige Chrissy anfängt zu kichern. „Hört auf, ihr beiden!“, ruft die Mutter. „Merkt ihr denn nicht, dass Papa gerade fromm ist?“

„Ich muss noch ganz viele Hausaufgaben machen, Papa“, sagt Chuck, der Teenager. „Können wir langsam Schluss machen?“

„Ja, was ist denn nun mit dem Bibeltext? Nun kommt schon. Was habt ihr dazu zu sagen?“, fragt der Vater, und er ist jetzt schon ein bisschen ungehalten, das merkt man genau an seiner Stimme. Verzweifelt sieht er seine Frau an, aber die guckt schnell weg. Schließlich versucht Chuck ein Gespräch in Gang zu bringen. „Was Gott wohl getan hat, bevor die Bibel anfängt?“

„Keine Ahnung“, sagt der Vater. „Lasst uns beten.“

Ich werde Ihnen morgen ein paar Tipps für Familienandachten geben, die erfolgversprechender sind, aber lassen Sie mich schon heute Folgendes sagen: *Diese Familie hat es wenigstens versucht.* Ich weiß, dass Familienandachten viel Stress und Selbstzweifel auslösen können. Aber lassen Sie sich von solchen unbeholfenen oder gar peinlichen Momenten nicht daran hindern, als Familie zusammenzukommen.

Gesprächsimpuls

Halten Sie zu Hause Familienandachten? Warum bzw. warum nicht?

Gebet

Bitten Sie Gott, Ihnen zu zeigen, wie Sie eine Familienandacht sowohl für Sie als Erwachsene als auch für die Kinder interessant und ansprechend gestalten können.

18. März

Einfach anfangen

Genauso ist es mit dem Wort, das ich spreche: Es kehrt nicht unverrichteter Dinge zu mir zurück ... Jesaja 55,11

Das erfundene Szenario einer extrem frustrierenden Familienandacht, das wir uns gestern angeschaut haben, deckt sich vielleicht ziemlich exakt mit Ihren eigenen Erfahrungen. Wahrscheinlich haben alle, für die die Bibel der Mittelpunkt des Familienlebens ist, schon Ähnliches erlebt.

Der beste Rat, den ich Ihnen geben kann, wenn Sie mit Familienandachten beginnen möchten, lautet: *Kein Druck!* Machen Sie die Sache nicht komplizierter, als sie ist. Handhaben Sie es so, wie es in Ihrer Familie am besten funktioniert.

Wir sind dabei in unterschiedlichen Familienphasen unterschiedlich vorgegangen.

- Als unsere jüngsten Töchter noch klein waren, hat Barbara irgendwann vormittags mit ihnen eine Bibellese für Kinder durchgenommen. Sie haben sich zusammen Bilder angeschaut, die Geschichten gelesen und die Fragen besprochen, die dort gestellt wurden.
- Mit den schulpflichtigen Kindern bin ich ab und zu in ein Café oder Bistro gegangen. Dort haben wir dann ein paar Verse aus dem Buch der Sprüche gelesen und einfach darüber geredet. Wenn jemand eine Frage hatte, haben wir darüber gesprochen und versucht, sie zu beantworten.
- Als die vier jüngsten Kinder Teenager waren, haben wir jeden Morgen vor dem Frühstück in einem Buch mit Andachten gelesen. Es waren Lebensgeschichten von bekannten Christen.
- Nach dem Abendessen habe ich hin und wieder irgendwelche ethischen und moralischen Fragen angesprochen, um die Kinder zum Nachdenken darüber zu bringen, wie sie selbst mit solchen Fragen und Problemen umgehen würden. Danach habe ich dann oft noch einen Bibeltext zu dem betreffenden Thema vorgelesen.

Es gibt kein Patentrezept. Keine „richtige“ Methode. Entscheidend ist, dass Sie *etwas tun, um Ihre Familie zum Bibellesen zu bringen* – auch wenn Sie dabei anfangs einfach nur Unbehagen empfinden –, und planen, worüber Sie sprechen wollen. Ihre Kinder und auch Sie selbst brauchen das Wort Gottes einfach regelmäßig, und deshalb ist es wichtig, dass Sie es jeden Tag hören und darüber ins Gespräch kommen. Wenn Sie dafür sorgen, dann verspreche ich Ihnen, dass Gott selbst sich um alles andere schon kümmert.

Gesprächsimpuls

Überlegen Sie sich ein Thema, über das Sie bei einer gemeinsamen Mahlzeit reden müssen. Setzen Sie dafür einen festen Termin an.

Gebet

Bitten Sie Gott um gutes Material, das Ihnen hilft, einen Anfang zu machen.

19. März

Schon Ostern?

Ich möchte nichts anderes mehr kennen als Christus: Ich möchte die Kraft seiner Auferstehung erfahren ... Philipper 3,10

Fragen Sie sich auch manchmal, wenn das Osterfest näher rückt, wieso um Weihnachten so viel Aufhebens gemacht wird und das Osterfest eher stiefmütterlich behandelt wird? Schließlich soll es doch an die denkwürdigste und tollste Nachricht erinnern, die jemals in der Weltgeschichte verkündet worden ist: *Christus lebt und uns ist vergeben!* Ostern kommt eher auf leisen Sohlen daher, sodass wir oft gar nicht so richtig daran denken.

Ich glaube, es gibt drei wesentliche Gründe, warum sogar Christen die Bedeutung von Ostern vernachlässigen:

1. *Für Leute, die mit dem Glauben nichts am Hut haben, ist es nicht interessant.* Während sich in unserer Gesellschaft alle auf Weihnachten konzentrieren mit den Geschenken und gutem Essen, passt Ostern nicht so gut in die von Materialismus geprägte Gesellschaft.
2. *Es gibt im Zusammenhang mit Ostern nicht so starke und fest etablierte Familientraditionen.* Abgesehen vom Kirchgang und einem leckeren Osterfrühstück haben nur wenige Familientraditionen, die von Generation zu Generation weitergegeben werden, außer vielleicht dem Eiersuchen.
3. *Wir lieben den Advent, aber die Fastenzeit finden wir eher ein bisschen abschreckend.* Viele Protestanten sind vielleicht der Meinung, die Fastenzeit sei etwas Katholisches. Katholiken verzichten in der Fastenzeit oft auf lieb gewordene Dinge und Gewohnheiten (Fernsehen, Süßig-

keiten, Alkohol), um sich selbst an das Opfer zu erinnern, das Jesus für die Menschen gebracht hat. Es gibt aber auch in der protestantischen Welt wieder die Tendenz, die Fastenzeit bewusst zu gestalten, unter anderem mit der Aktion „Sieben Wochen ohne …". Es ist eine großartige Idee, uns innerlich auf das für unser Leben wichtigste Ereignis der Weltgeschichte vorzubereiten, damit wir es ganz bewusst und von ganzem Herzen feiern und uns darüber freuen können.

Ostern ist der krönende Höhepunkt im Leben von Christen – der Tod und die Auferstehung unseres Herrn und Erlösers. Ostern ist der einzige Grund unserer Hoffnung und Freude. Nehmen Sie sich vor, Ostern dieses Jahr zu planen und bewusst zu gestalten.

Gesprächsimpuls

Möchten Sie Ostern in Ihrer Familie anders feiern? Wenn ja, was würden Sie gern anders machen?

Gebet

Bitten Sie Gott, Sie fähig zu machen, Ihrer Familie die wahre Liebe, Vergebung und Hoffnung zu vermitteln, die mit dem Ostereignis verbunden sind.

20. März

Reicht es?

Und er ist ein für alle Mal hineingegangen in das eigentliche, das himmlische Allerheiligste. Das tat er nicht mit dem Blut von Böcken und jungen Stieren, sondern mit seinem eigenen Blut. Und so hat er uns für immer von unserer Schuld befreit. Hebräer 9,12

Was für Martin und Gracia Burnham als eine kleine, eintägige romantische Auszeit begann, wurde zu einem Albtraum, der ein ganzes Jahr dauern sollte, als bewaffnete philippinische Rebellen mit Gewalt in ihre Hütte eindrangen und sie als Geiseln nahmen. Sie waren hart arbeitende Missionare, die sich ganz in ihre Arbeit auf den Philippinen einbrachten, und wurden jetzt zusammen mit einer Handvoll weiterer Geiseln mit Waffengewalt durch die tropischen Dschungel dieser Insel getrieben.

Am Ende war Martin tot – ums Leben gekommen durch einen Querschläger bei der Befreiungsaktion für die Geiseln. Gracia kam zwar mit dem Leben davon, aber sie hatte ihren Mann verloren.

In ihrer Autobiografie *Im Angesicht meiner Feinde* (Gerth Medien, 2003) beschreibt sie, was sie in den zwölf Monaten ihrer Geiselhaft erlebt und empfunden hat. Am beeindruckendsten ist jedoch, was sie einmal in einem Rundfunkinterview gesagt hat.

Als sich in der Zeit ihrer Geiselhaft Ostern näherte, erfuhren Martin und Gracia von ihren Entführern, dass ein beträchtliches Lösegeld eingegangen sei. Gracias Familie hatte dieses Geld in der verzweifelten Hoffnung gesammelt, dass sich die Terroristen vielleicht damit zufriedengeben würden. Doch in der für die Entführer typischen Art nicht nachvollziehbarer Verhandlungsführung riefen die Führer der Gruppe das Ehepaar zu sich und sagten kurz angebunden: „Es wurde ein Lösegeld für euch bezahlt, aber wir haben beschlossen, dass es nicht ausreicht."

Das hat mich wirklich getroffen, weil ja „Ostern" und „Lösegeld" irgendwie zusammengehören. Wie tragisch wäre es, wenn wir mit der Unsicherheit durchs Leben gehen müssten, ob das Opfer Christi – sein Lösegeld für uns – auch wirklich ausreicht. Stellen Sie sich vor, wir würden genauso in der Luft hängen und wären den Launen eines ungerechten, unberechenbaren Gottes ausgeliefert, statt bei ihm, unserem Erlöser, sicher und geborgen zu sein.

Gott sei Dank brauchen wir uns darüber keine Sorgen zu machen, denn er hat das volle Lösegeld bereits für uns alle gezahlt.

Gesprächsimpuls

Erinnern Sie sich einmal kurz daran, wie es war, verloren zu sein und auf ein Lösegeld von unserem Erretter angewiesen zu sein.

Gebet

Danken Sie ihm dafür, dass er das Lösegeld bezahlt hat und Sie wirklich vollständig erlöst sind.

21. März

Die große Liebe

Freue dich an der Frau, die du jung geheiratet hast. Sprüche 5,18

Unter ihm als Trainer wurden die *UCLA Bruins* 10 Mal NCAA-Basketball-Sieger – sieben Mal davon hintereinander. Einmal gewannen sie sogar 88 Spiele hintereinander; das ist fast doppelt so häufig wie die nächste Mannschaft in dieser Rangliste. Vier Spielzeiten ohne Niederlage. Neunzehn Landesmeisterschaften. Eine ungewöhnlich hohe Siegesbilanz und eine über 40 Jahre dauernde Karriere. Nur in einem Jahr, seinem ersten als Trainer, gab es eine Saison als Verlierer, das war 1934 mit den „Green Devils" an der Dayton Highschool in Kentucky.

Und er hatte nur eine Ehefrau, 53 Jahre lang, bis zu ihrem Tod am 21. März 1985.

Doch bei einem Mann vom Format und dem Charakter eines John Wooden gibt es noch weitere nennenswerte Zahlen.

Nach einem Artikel der *Sports Illustrated* setzt Trainer Wooden sich jeden Monat am 21. hin und schreibt seiner Frau Nelly einen kleinen Liebesbrief. Er schreibt ihr, wie sehr er sie vermisst. Er sagt ihr, was ihm das Leben an ihrer Seite und ihre Liebe bedeutet haben. Er sagt ihr, dass er es kaum erwarten kann, sie wiederzusehen. Dann legt er den jeweiligen Zettel zu dem Stapel mit inzwischen Hunderten von Briefen, die mit einem gelben Band zusammengebunden sind, legt sich auf seine Seite des Ehebettes und deckt sich mit derselben Decke zu, unter der er all die Jahre mit seiner Frau zusammen geschlafen hat. Dieser Mann hat begriffen, dass „große Erfolge und Berühmtheit in den Augen des Herrn völlig bedeutungslos sind, weil er weiß, wie und wer wir wirklich sind, und allein darauf kommt es an".

Also stellen wir den Punkt „hingebungsvollen Ehemann" an die erste Stelle der Liste mit Auszeichnungen des größten Basketballtrainers aller Zeiten, denn das ist, was er wirklich war.

Gesprächsimpuls

Wie erleben Sie hingebungsvolle Liebe im Leben von Menschen mit, die seit 40 oder 50 Jahren verheiratet sind? Wie wollen Sie sich nach so langer Ehe später einmal zeigen, wie sehr Sie einander lieben?

Gebet

Bitten Sie Gott, dass Sie Ihren Ehepartner von ganzem Herzen und mit Hingabe lieben können und dass Sie erkennen, wie reich Gott Sie mit Ihrem Ehepartner beschenkt hat.

22. März

Ich bin für dich da

Helft einander, eure Lasten zu tragen. So erfüllt ihr das Gesetz, das Christus uns gibt. Galater 6,2

Barbara und ich haben beide noch nie eine wirklich schwere Depression erlebt. Wir haben zwar Phasen heftiger Mutlosigkeit und Niedergeschlagenheit durchgemacht, und wir haben auch Täler durchschritten, in denen wir Gott um Hilfe angefleht haben. Wir wissen, was es heißt zu leiden, aber es gibt Verwüstungen und Tiefen durch Depressionen, die wir nicht aus persönlicher Erfahrung kennen.

Wenn es bei jemandem von Ihnen typische Anzeichen für eine Depression gibt – geringes Selbstwertgefühl, ständige Müdigkeit, Schlafstörungen, Konzentrationsmangel –, dann wissen wir, dass Sie beide dadurch beeinträchtigt sind. Und der Druck und die Anspannung, die dadurch ausgelöst werden, können dazu führen, dass sich das Gefühl, der andere sei unendlich weit weg, noch verstärkt.

Wir möchten Ihnen deshalb heute Mut machen, Ihren Mann bzw. Ihre Frau echt und authentisch und aufopferungsvoll zu lieben. Statt alles persönlich zu nehmen, was Ihr Partner in seinem Zustand tut und sagt, machen Sie sich klar, dass diese emotionale Dunkelheit, in der sich Ihr Partner befindet, wenig oder gar nichts mit etwas zu tun hat, das Sie getan oder unterlassen haben. Ihre Chance besteht darin, zuzuhören, geduldig zu sein und ihm ohne Vorwürfe oder fromm verbrämte Antworten und Lösungen zu begegnen.

Anstatt Ihren Partner zu drängen, „Nun reiß dich mal ein bisschen zusammen", oder einfach zu tun, als ob nichts wäre, um weitermachen zu können mit Ihrem ganz normalen Leben, könnte jetzt vielleicht angesagt sein, sich im Bett aneinanderzukuscheln, sich einfach gegenseitig festzuhalten. Sie könnten füreinander beten, Trost anbieten oder gemeinsam in der Bibel lesen, um sich gegenseitig an das zu erinnern, was wahr und ewig und dauerhafter ist als unser irdisches Leben und Leiden.

Möchten Sie für Ihre Frau ein Held sein? Möchten Sie die Augen Ihres Mannes zum Leuchten bringen? Dann seien Sie der Mensch, die ihn/sie am treuesten ermutigt. Seien Sie ihm/ihr ein Fels in der Brandung, jemand zum Anlehnen, wenn alles dunkel, kalt und sinnlos scheint. Machen Sie keine Schuldzuweisungen. Werden Sie nicht wütend. Seien Sie nicht hart und fordernd.

Tragen Sie die Last ... „und erfüllen Sie das Gesetz, das Christus uns gibt".

Gesprächsimpuls

Tauschen Sie sich darüber aus, was Sie vom anderen am meisten brauchen, wenn Sie niedergeschlagen oder deprimiert sind.

Gebet

Bitten Sie Christus, seine Liebe, seinen Trost, seine Geduld und seine Kraft durch Sie leuchten zu lassen.

23. März

Tränen-Kinder

In solchem Vertrauen bekamen Frauen ihre Toten als Auferstandene lebendig zurück. Hebräer 11,35

Durch Beobachtung und aus eigener Erfahrung wissen wir, dass es in jeder Familie rebellierende Kinder geben kann. Aber selbst wenn sie vor Gott und uns als Eltern davonlaufen und auch wenn wir darunter leiden und frustriert sind, müssen wir sie weiterhin im Gebet vor Gott bringen und ihm vertrauen, dass er sie wieder nach Hause bringt.

Eines der schönsten Beispiele dafür ist Monica, die Mutter des Heiligen Augustinus. Sie musste miterleben, wie er als Jugendlicher und junger Erwachsener den christlichen Glauben völlig ablehnte und mit seinen Freunden ein Leben führte, das nicht in Gottes Sinne war.

Irgendwann schaffte sie es dann, ihn dazu zu überreden, sich mit einem namentlich nicht bekannten Bischof aus Nordafrika zu treffen, aber der Bischof weigerte sich, mit Augustinus zu sprechen, weil er ihn für unbelehrbar hielt. Trotz des gescheiterten Treffens tröstete der Bischof Monica jedoch in ihrer Verzweiflung und sagte: „Es ist unmöglich, dass der Sohn so vieler Tränen zugrunde geht“ (aus den *Confessiones* des heiligen Augustinus).

Den Rest der Geschichte kennen Sie ja wahrscheinlich: Gott brachte Augustinus in seinem römischen Garten auf dramatische Weise zur Umkehr. Mit den Worten „Nimm und lies“ forderte Gott Augustinus auf, in der Bibel zu lesen, und öffnete ihm dadurch die Augen für das Böse der Sünde und die Verheißungen Christi. Wahrscheinlich kann nur die Mutter eines verlorenen Sohnes nachfühlen, wie groß Monicas Freude war, als sie ihren inzwischen erwachsenen Sohn in den Armen hielt, der durch die Gnade Gottes und die tränenreichen Gebete seiner Mutter gerettet worden war. Neun Tage später starb sie, nachdem der Zweck ihres Lebens erfüllt war. Augustinus wurde eine der einflussreichsten Persönlichkeiten der gesamten Kirchengeschichte.

Wie sehr schmerzt es uns als Eltern, und welchen Kummer bereitet es uns, wenn wir miterleben müssen, dass ein Kind nichts von Gott wissen will! Auch Barbara und ich erleben, wie weh das tut, und es ist ein Schmerz, der anscheinend nicht endet. Wir finden aber auch Trost darin, dass wir unsere Sorge und unsere Tränen im Gebet vor Gott bringen und dass wir wissen dürfen, er hört nicht auf, dem ruhelosen Herzen unserer Kinder nachzugehen.

Gesprächsimpuls

Wenn eines Ihrer Kinder Ihnen großen Kummer macht, dann sprechen Sie miteinander über Ihre Sorge, Ihre Enttäuschung und Ihren Kummer.

Gebet

Bitten Sie Gott, Ihre verirrten Kinder zu retten, egal wie. Und bitten Sie ihn, dass er Ihre Hoffnung am Leben hält.

24. März

Was wir wirklich brauchen (Teil 1)

Ein Tor hat nicht Gefallen an Einsicht, sondern will kundtun, was in seinem Herzen steckt. Sprüche 18,2

Als ich es mir auf meinem Platz in der kleinen Propellermaschine bequem machte, bemerkte ich, dass der Mann neben mir in ein Gespräch an seinem Handy vertieft war. Obwohl er sich Mühe gab, seine Wut unter Kontrolle zu behalten und nicht laut zu werden, bekam ich das Gespräch zwangsläufig mit und außer mir auch alle anderen Passagiere in den nächsten beiden Sitzreihen vor und hinter uns.

Er sprach mit seiner Exfrau. Ihm zuzuhören war so, als schaue man bei einem Schwertkampf zu, bei dem man aber nur einen der Fechter sehen kann. Mit der Klinge seines Schwertes zerstückelte und durchbohrte er die Frau am anderen Ende der Leitung, und das Gespräch endete mit einer verbalen Hinrichtung, indem er sagte: „Und *du* bist *nicht* mehr meine *Frau!*"

Er verlangte, dass sie seine Tochter ans Telefon holte, und als sie schließlich da war, verwandelte sich der Schwertkämpfer vom einen Augenblick zum anderen in ein kleines süßes Hündchen. Mitfühlend stellte er ihr Fragen und sprach einfühlsam mit ihr, aber am Ende des Gespräches zückte er dann doch noch ein letztes Mal sein Schwert, indem er zu ihr sagte, ihre Mutter sei eine „Niete".

Nachdem er das Gespräch beendet hatte, sagte der „edle Krieger" zu mir: „Vater werden kann jeder, aber Vatersein, das erfordert echtes Engagement." Ich fragte mich, ob er das gleiche Wörterbuch benutzte wie ich.

Er erwähnte noch, dass er mit einer Frau zusammenlebe, die gerade ein Kind von ihm erwarte, woraufhin ich ihn fragte, ob er vorhätte, die Frau dann zu heiraten. Seine Antwort: „Warum etwas Gutes durch ein Stück Papier verderben?"

Den Rest des Fluges saß ich da und fragte mich: *Was braucht dieser Mann wirklich?*

Da ich selbst ein Sünder bin, der aus Gnade gerettet worden ist, erkannte ich, dass dieser Mann nichts so sehr brauchte wie die Liebe und Vergebung Gottes. Der Krieger und Kämpfer hatte aus seinem Leben ein einziges Chaos gemacht, aber es gab den Einen, der ihm vergeben und ihm helfen konnte, das Chaos wieder zu lichten und Ordnung in seinem Leben zu schaffen.

Gesprächsimpuls

Wer in Ihrem Umfeld muss unbedingt Jesus Christus als seinen Herrn und Erlöser kennenlernen?

Gebet

Bitten Sie Gott, Sie daran zu erinnern, dass auch Sie ein Sünder sind, der aus Gnade gerettet worden ist, und Ihnen zu helfen, die Hoffnung weiterzugeben, die in der Guten Nachricht enthalten ist.

25. März

Was wir wirklich brauchen (Teil 2)

Alle sind schuldig geworden und haben die Herrlichkeit verloren, in der Gott den Menschen ursprünglich geschaffen hatte. Ganz unverdient, aus reiner Gnade lässt Gott sie vor seinem Urteil als gerecht bestehen – aufgrund der Erlösung, die durch Jesus Christus geschehen ist.
Römer 3,23–24

Als mein Sitznachbar im Flugzeug (siehe gestern) und ich dann ein Gespräch anfingen, fragte ich ihn, ob er eine Beziehung zu Gott habe.

Daraufhin erzählte er mir von einem Unfall, bei dem er um ein Haar ums Leben gekommen sei. An der Unfallstelle war er für tot erklärt worden, aber ein paar Minuten später war es dann gelungen, ihn wiederzubeleben. Er erzählte, dass er in der Zeit, in der er „tot" gewesen sei, eine Hand gesehen hätte, die aus dem Licht gekommen sei und ihn ins Leben zurückgedrängt habe.

Ich fragte ihn, ob er glaube, dass Gott ein Ziel für sein Leben hätte. Er nickte, woraufhin ich ihm das Evangelium erklärte.

Man könnte ja meinen, dass jemand, der eine solche Erfahrung gemacht hat, geistlich offen wäre für das Evangelium, aber das war er nicht. Wie so viele Menschen war er fest entschlossen, zu *seinen* und nicht zu Gottes Bedingungen in den Himmel zu kommen. Für mich möge Jesus Christus ja vielleicht der richtige Weg sein, räumte der Mann ein, aber für ihn nicht.

Durch dieses Gespräch wurde ich noch einmal eindringlich daran erinnert, was Menschen wirklich brauchen: Sie müssen zugeben, dass sie den einen wahren Gott brauchen, sie müssen ihre Sünden bekennen und im Glauben seine Liebe und Vergebung erfahren. Wenn wir nicht begreifen, dass wir Sünder sind und dass diese Tatsache Gericht und Strafe erforderlich macht, erkennen wir auch nicht, dass wir einen Erlöser brauchen.

Jesus Christus ist für unsere Sünden gestorben und wieder auferstanden, damit wir, so verpfuscht unser Leben auch sein mag, Vergebung erfahren können – vorausgesetzt, wir nehmen ihn als unseren Herrn und Erlöser an.

Nein, dieser Mann hat sich nicht für Jesus Christus entschieden. Meine Verantwortung vor Gott bestand darin, ihm weiterzusagen, was Jesus für ihn getan hat und welches Angebot er ihm macht.

Ich hoffe, dass dieser Mann unser Gespräch nicht vergisst. Ich werde es jedenfalls ganz bestimmt nicht vergessen. Ich bete noch immer für ihn.

Gesprächsimpuls

Welches Verständnis haben Sie von Ihrer eigenen Sündigkeit? Warum brauchen Sie einen Erlöser?

Gebet

Nehmen Sie sich Zeit, für Menschen zu beten, die Sie kennen – auch für Ihre Kinder –, damit sie verstehen, warum sie Jesus Christus brauchen.

26. März

Internationales Flair

von Barbara Rainey

Darum geht nun zu allen Völkern der Welt und macht die Menschen zu meinen Jüngern und Jüngerinnen! Tauft sie im Namen des Vaters und des Sohnes und des Heiligen Geistes. Matthäus 28,19

Dennis und ich haben unseren Kindern von Anfang an klargemacht, dass Gott mit ihrem Leben etwas ganz Bestimmtes vorhat, dass sie einen Auftrag haben. Wir haben ihnen erklärt, dass er sie mit Fähigkeiten, einer bestimmten Persönlichkeit und anderen Eigenschaften ausgestattet hat, die ganz genau auf diesen besonderen Auftrag zugeschnitten sind – maßgeschneidert sozusagen. Wir haben ihnen auch beigebracht, dass der Missionsbefehl in Matthäus 28,19–20 nicht nur für Erwachsene, sondern auch für Kinder gilt.

Sicher, es gibt viele Möglichkeiten, diese Grundlagen vor Ort zum Einsatz zu bringen: bei Evangelisationen, in Obdachloseneinrichtungen, bei Besuchen in Altersheimen oder als Pflegefamilien. Aber am besten und am unvergesslichsten und eindringlichsten lässt sich diese Berufung festigen durch missionarische Kurzeinsätze. Dadurch werden unsere Kinder – und wir auch! – aus unserer Wohlfühlzone herausgeholt, und sie erkennen, wie dringend die Menschen Jesus Christus brauchen.

Wir haben einmal unsere drei jüngsten Töchter auf einen zweiwöchigen Missionseinsatz mit nach Russland genommen. Dort stießen wir zu einer Gruppe von 400 Männern, Frauen und Kindern, die sich in Moskau trafen, um sich vor Ort um die geistlichen und auch körperlichen Nöte von Kindern zu kümmern. Wir fuhren mit Bussen zu Schulen, Waisenhäusern und Familienzentren und verteilten Pakete mit Lebensmitteln, Medikamenten, Kleidung und Büchern. Unsere Töchter konnten überall Bibeln und „Gute-Nachricht-Armbänder" verteilen. Zwei von ihnen erklärten mithilfe eines Dolmetschers das Evangelium. Kinder, die in Arkansas geboren und aufgewachsen waren, entwickelten eine Liebe für Menschen in einem weit entfernten Teil der Welt und konnten jetzt Namen und Gesichter mit etwas in Verbindung bringen, was vorher nur als ein Fleck auf der Landkarte gewesen war.

Wie riskant es auch sein mag und wie teuer – das sind bleibende Investitionen in das Leben Ihrer Kinder. Sie bekommen dadurch eine Ahnung sowohl von den Opfern als auch von den Freuden eines missionarischen Lebensstils. Das werden sie nie vergessen.

Gesprächsimpuls

Wenn Sie auch so eine Gelegenheit hätten, was könnte Sie davon abhalten, sie zu nutzen?

Gebet

Bitten Sie Gott darum, dass Sie die Welt mit seinen Augen sehen können und dass er für alles sorgt, wenn Sie sich entscheiden, sich auf den Weg zu machen.

---

27. März

Köder und Gummistiefel

... und ehrt euch gegenseitig in zuvorkommender Weise. Römer 12,10

Seit mehr als fünfzig Jahren angele ich gern, und seit unseren Flitterwochen, in denen wir zusammen geangelt haben, versuchte ich Barbara dafür zu begeistern, mit mir zusammen diesen Sport zu betreiben. Irgendwann willigte sie in einem Urlaub im Westen der USA schließlich ein, es zu versuchen.

Ich kaufte ihr eine Angel und heuerte einen Führer an, der es ihr beibringen sollte. Und so glitten wir nun also den Snake River in der Nähe von Jackson Hole, Wyoming entlang. *Endlich*, dachte ich, *endlich geht sie mit mir angeln, und es wird ihr Spaß machen.* Alles war perfekt!

Irgendwann unterwegs erklärte der Führer, den wir dabeihatten, verschiedene Techniken des Fliegenfischens. Nun ist es so, dass ich nicht viel übers Fliegenfischen weiß, aber eines weiß ich ganz genau, dass man nämlich niemals rechts von einem Angler stehen darf, der mit dieser Technik angelt, wenn er Rechtshänder ist. Die drehende, pendelnde Bewegung, bei der die Angelschnur vor- und zurückschwingt, ist ziemlich ausladend, und dabei kann es leicht passieren, dass man von der Fliege und dem daran befestigten Haken getroffen und verletzt wird. Als ich nun sah, dass der Führer Barbara in dem Boot rechts neben sich gesetzt hatte, dachte ich mir eigentlich nichts dabei. Schließlich war der Mann ein Profi. Der wusste sicher, was er tat.

Diese Vermutung erwies sich jedoch als falsch. Während er die Angel hin- und herschwang, frischte der Wind auf, und ich dachte noch: *Es ist wirklich keine gute Idee, dass Barbara rechts neben ihm sitzt,* und genau in diesem Augenblick traf der Haken Barbara mit voller Wucht mitten auf der Stirn. Ich werde diesen Moment nie vergessen. Es sah furchtbar aus. Eine

Köcherfliegenimitation auf einem Angelhaken der Größe sechs steckte im Gesicht meiner wunderschönen Frau und das Blut tropfte ihr von der Stirn abwärts auf die Nase und lief ihr von da aus weiter übers ganze Gesicht.

Es war nicht ganz so schlimm, wie es sich jetzt vielleicht anhört, und es ist auch nicht einmal eine Narbe zurückgeblieben, aber mir wurde daran noch einmal klar, was für eine großartige Frau Gott mir geschenkt hat, eine die sogar bereit war, ihre eigene Wohlfühlzone zu verlassen, um mit mir zusammen etwas zu unternehmen, was mir Spaß machte.

Wann haben Sie sich zum letzten Mal Ihrem Ehepartner zuliebe aus Ihrer Wohlfühlzone herausbegeben?

Barbara ist seitdem sogar noch öfter mit mir beim Fliegenfischen gewesen, aber dabei steht sie nie rechts von mir.

Gesprächsimpuls

Was würden Sie gern einmal mit Ihrem Ehepartner zusammen tun?

Gebet

Beten Sie um Unternehmungslust und darum, dass Sie zusammen Spaß haben.

28. März

Herausgefordert

Denn euch ist es gegeben um Christi willen, nicht allein an ihn zu glauben, sondern auch um seinetwillen zu leiden. Philipper 1,29

Als mein Mitmoderator beim Radiosender *FamiyLife Today,* Bob Lepine, eines Morgens zur Arbeit aufbrach, legte er vorher noch den Arm um seine Frau und betete: „Herr, bitte gib, dass Mary Ann heute eine echte geistliche Herausforderung erlebt, an der sie im Glauben wachsen und Jesus ähnlicher werden kann."

Als er „Amen" sagte, schaute Mary Ann ihn an und sagte: „Würde es dir etwas ausmachen, einfach nur dafür zu beten, dass ich einen schönen Tag habe und die Kinder sich gut benehmen?"

Obwohl ich Mary Ann gut verstehen kann, ist mir auch klar, wie wichtig es ist, dafür zu beten, dass meine Frau sich geistlich weiterentwickelt – auch wenn das bedeutet, vielleicht dafür zu beten, dass es ein bisschen anstrengend für sie wird. Der Schlüssel dabei liegt darin, sie wirklich zu *kennen* und ihre wahren, tiefsten Bedürfnisse zu erspüren.

Natürlich gibt es auch Zeiten, in denen Sie einfach nur beten sollen, dass Ihre Frau einen schönen Tag hat und Spaß an dem, was sie tut – oder dass Ihr Mann Erfolg hat und den Segen Gottes bei seiner Arbeit spürt. Aber es gibt auch Zeiten, da ist es angesagt, dafür zu beten, dass Gott den Glauben Ihrer Frau stärkt und tiefer werden lässt und ihre Sicht von Gott umfassender. Es gibt Zeiten, da sollen Sie beten, dass Jesus Christus in und durch Ihren Mann wirken möge, damit er eine ganz besondere Herausforderung in seinem Leben bewältigen und dadurch so die Freude über den Sieg Gottes erleben kann.

Gebet ist mehr als ein Wunschzettel. Wenn wir mit Gott über unseren Ehepartner sprechen, muss uns klar sein, dass das, was sich unser Ehepartner wünscht, vielleicht etwas ganz anderes ist als das, was er braucht. Haben Sie den Mut, unerschrocken und weitsichtig zu beten. Und seien Sie auch bereit, so über und für sich selbst beten zu lassen. Das Geheimnis geistlicher Gesundheit ist oft das richtige Maß an geistlicher Herausforderung.

Gesprächsimpuls

Tauschen Sie sich über ein paar Dinge aus, für die Sie Gebet brauchen könnten – für Herausforderungen, vor denen Sie stehen.

Gebet

Bitten Sie Gott darum, dass der Glaube Ihres Ehepartners wächst und er/sie sich immer mehr auf ihn verlässt.

29. März

Menschen für Jesus gewinnen

Trotzdem wartet der Herr sehnlich auf den Augenblick, an dem er sich euch wieder zuwenden kann. Er will seine Macht zeigen und sich über euch erbarmen ... Jesaja 30,18

Sie sollten Ihre Kinder als Ihre wichtigsten „Schüler" betrachten – als diejenigen, bei denen Sie am ehesten dafür verantwortlich sind, dass sie zum Glauben an Christus kommen. Sie sollen ihnen biblische Wahrheiten vermitteln und sie geistlich anleiten. Das kann allerdings anstrengend sein, besonders in der Pubertät, wo es schon eine echte Herausforderung sein kann, ein ganz normales Gespräch zu führen. Viele Teenager – besonders Jungen – haben dann nämlich offenbar absolut keine Lust zu reden.

Geben Sie nicht auf. Gehen Sie ihnen nach. Seien Sie bereit für den Augenblick, in dem ein Stimmungswechsel stattfindet und endlich Worte aus ihrem Mund kommen und sich Ihnen plötzlich wieder die Chance bietet, mit ihnen in Kontakt zu treten.

Wir werden nie vergessen, wie mühsam es mit einem unserer Söhne war, der als Teenager einfach nicht reden wollte. Es war eine ständige Herausforderung, ihn immer wieder anzusprechen, damit wir in Kontakt blieben. Immer wieder erinnerten Barbara und ich uns gegenseitig daran, dass wir die Erwachsenen waren und er das Kind und dass er von uns eine reife, erwachsene Liebe brauchte und nicht unreife Ablehnung und Zurückweisung.

In einer solchen Situation fühlt man sich ja doch leicht verletzt und man zieht sich zurück, statt für das zu sorgen, was das Kind nach Gottes Willen lernen soll.

Und dabei brauchen unsere Kinder gerade jetzt das genaue Gegenteil. Wir haben uns jedenfalls weiterbemüht, mit unserem Sohn in Kontakt zu bleiben, und mit der Zeit ist deutlich geworden, wie wichtig es für ihn war, Eltern zu haben, die nicht aufhörten ihn lieb zu haben und an ihn zu glauben. Mit zu den tiefsten Bedürfnissen Ihres Kindes gehört es, dass Sie an es glauben.

Im Umgang mit unseren Kindern und unseren Bemühungen, mit ihnen in Kontakt zu bleiben, ist Jesus selbst unser größtes Vorbild: „Gebt acht, ich stehe vor der Tür und klopfe an! Wenn jemand meine Stimme hört und die Tür öffnet, werde ich bei ihm einkehren. Ich werde mit ihm das Mahl halten und er mit mir“ (Offenbarung 3,20). Er weiß besser als irgendjemand sonst, wie viel Mühe und Geduld erforderlich sind, Menschen zu Jüngern zu machen.

Gesprächsimpuls

Welches sind die Hauptgründe für eine mögliche Distanz und Entfremdung zwischen Ihnen und Ihren Kindern? Was davon ist ganz normal und was ist alarmierend und sollte Beachtung finden?

Gebet

Bitten Sie Gott um dauerhafte, aktive Geduld bei der Entwicklung einer Beziehung zu Ihren Kindern.

30. März

Frucht bringen

Wer seinen Feigenbaum pflegt, bekommt dafür die Feigen zu essen; ein Diener, der für seinen Herrn sorgt, wird dafür geehrt.
Sprüche 27,18

Es gibt heutzutage unzählige unterschiedliche Werbeslogans. Firmen sind auf der Suche nach immer neuen, noch griffigeren Methoden, ihre Produkte oder Dienstleistungen an den Mann bzw. die Frau zu bringen. Aber es gibt auch Werbeslogans, die nicht das Produkt von Brainstormings in Werbeagenturen sind: „Wir sind seit mehr als 50 Jahren für Sie da" oder „Feiern Sie 75 Jahre Qualität mit uns".

Solche Aussagen kann man nicht bei einer Werbeagentur kaufen, sondern man muss sie sich im Laufe der Zeit verdienen.

Dasselbe gilt für unser Leben als Christen. Obwohl alle Verheißungen Gottes von dem Moment an für uns gelten, in dem wir Jesus unser Leben übergeben haben, erschließt sich die Erfahrung, als Christ im Leben auch Frucht zu bringen, erst mit der Zeit. Wenn die Zeit nach der Bekehrung wirklich für Jesus eingesetzt wird, anstatt mit törichten Alternativen vertan zu werden, dann ist der Ertrag unermesslich hoch.

Der Vers von heute erinnert uns an diese Wahrheit. Salomo sagt, dass jahrelange Treue belohnt wird. Ein Obstgarten, der jahrelang gepflegt wird, bringt viel mehr Frucht als ein frisch angelegter Garten. Je älter er wird, desto höher sind die Erträge.

Wenn Sie noch jung sind, hoffe ich, dass Ihnen klar ist, dass die Entscheidungen, die Sie *jetzt* treffen, große Tragweite haben. Wenn Sie schon nicht mehr ganz so jung sind, dann ruhen Sie sich nicht auf der Vergangenheit aus, sondern wachsen Sie weiter in einem Leben, dessen Früchte wiederum Samen für die Ewigkeit hervorbringen und das die Größe des Gärtners widerspiegelt. Jedes Jahr in seinem Obstgarten bietet erneut die Chance, sich von ihm einsetzen zu lassen, seine Ziele für diese Generation zu verfolgen.

Vielleicht werden Sie an dem Tag, an dem Sie in der Ewigkeit vor Gott stehen, den „Slogan" hören: „Recht so, du tüchtiger und treuer Knecht ... geh hinein zu deines Herrn Freude!" (Matthäus 25,21; LU).

Gesprächsimpuls

Welche Wesenszüge Christi, die heute in Ihrem Leben sichtbar sind, waren vor 5 oder 10 Jahren noch nicht da?

Gebet

Bitten Sie Gott, dass Sie in dem Rennen, das er für Sie vorgesehen hat, gut laufen, Seite an Seite mit ihm, bis zur Ziellinie. Bitten Sie ihn, gut im Ziel anzukommen!

31. März

Wenn die Liebe Nein sagt

von Barbara Rainey

Ich sage das nicht, um euch zu beschämen. Ich möchte euch nur auf den rechten Weg bringen. Ihr seid doch meine geliebten Kinder!
1. Korinther 4,14

Unter den Geschichten in meinem Buch *A Mother's Legacy* (Das Vermächtnis einer Mutter) sticht eine besonders hervor, und zwar Vonette Brights Geschichte vom „Kuss-Klub", den sie zusammen mit ein paar anderen Mädchen im Teenageralter gründen wollte, in der Hoffnung, von einem Jungen aus der Schule geküsst zu werden. Ob es das Kleinstadtgerede war oder einfach mütterliche Intuition – Vonettes Mutter war zu Hause, bevor mehr als zwei oder drei Küsse gewechselt worden waren. Es überrascht wahrscheinlich nicht weiter, dass sie dieses erste (und einzige) Klubtreffen vorzeitig beendete und noch einmal ganz neu mit ihrer Tochter darüber sprach, wie die Beziehung zum anderen Geschlecht funktioniert.

Vonette erinnert sich daran, dass ihre Mutter damals sagte: „Es gibt nur eine gewisse Menge von Möglichkeiten, Liebe körperlich zum Ausdruck zu bringen, und deshalb ist es wichtig, genau zu überlegen, wem wir unsere Zuneigung körperlich zeigen wollen." Statt ihre Tochter dem verwirrenden Gruppendruck der gleichaltrigen Freundinnen zu überlassen, gab diese Mutter ihrer Tochter aus Liebe Regeln und eine Begründung, weshalb es so wichtig ist, klug mit seinem Herzen und seinem Körper umzugehen.

„Ich bin sehr dankbar, dass meine Mutter mich so lieb hatte, dass sie sehr oft Nein gesagt hat", schreibt Vonette. „Sie hat sich damals die Zeit genommen, eine Beziehung zu mir aufzubauen, in der ich erfahren habe, dass ich mich auf ihr Urteil verlassen und mich ihr anvertrauen kann. Das hat sich ausgezahlt. Ich habe keine Leichen im Keller, und das wiederum hat mit Sicherheit dazu beigetragen, dass ich eine so lange und glückliche Ehe gehabt habe."

Eltern sollen ihre Kinder so sehr lieben, dass sie auch Nein sagen können, wo es nötig ist. Erziehung ist keine politische Kampagne und auch kein Beliebtheitswettbewerb. „Nein“ ist ein sehr machtvolles und wichtiges Wort, wenn Sie Ihr Kind sicher durch die Kindheit und Jugend begleiten wollen.

Gesprächsimpuls

Denken Sie an Situationen zurück, in denen Ihre Mutter Nein gesagt hat und über die Sie heute froh sind. Wo haben Sie in der Erziehung Ihrer Kinder nachgegeben, statt Nein zu sagen?

Gebet

Bitten Sie Gott um Beurteilungsvermögen und eine feine Wahrnehmung für das, was Ihre Kinder brauchen. Beten Sie auch um den Mut, ihnen das zu geben, was sie brauchen, und nicht das, was sie wollen.

1. April

Liebesschuld

Steht ehrerbietig auf, wenn ein Mensch mit grauem Haar zu euch tritt. Begegnet den Alten mit Achtung und fürchtet euren Gott.
3. Mose 19,32

Ich erinnere mich noch, wie mein Vater früher nach dem Abendessen oft noch seine Mutter besuchen ging, die ein paar Straßen weiter wohnte. Ich war damals ein Teenager, und manchmal ging ich mit, obwohl diese Besuche ziemlich langweilig für mich waren. Es passierte dort nicht mehr, als dass die Kuckucksuhr tickte und ab und zu der Kuckuck herauskam und rief und dass meine Großmutter Rainey in ihrem Schaukelstuhl saß, der sich knarrend vor- und zurückbewegte – also jedenfalls nicht gerade Hightechunterhaltung für einen pubertierenden Jungen.

Aber die Treue und Verbindlichkeit, mit der sich mein Vater um seine Mutter und die Beziehung zu ihr bemühte, hat mich schon damals beeindruckt. Ich habe das nie vergessen.

Wenn ich jetzt an die mehr als 26 Jahre denke, die meine eigene Mutter nach dem Tod meines Vaters noch allein gelebt hat, dann wünschte ich, ich hätte mir mehr Mühe gegeben und mich mehr dafür eingesetzt, mit ihr in Verbindung und vor allem im Gespräch zu bleiben. Sicher, wir wohnten vier Autostunden von ihr entfernt, und Tatsache war auch, dass wir in zehn Jahren sechs Kinder bekommen hatten, dass Barbara gesundheitliche Probleme hatte, wir viel zu tun hatten und oft auch einfach nur noch geschafft waren.

Selbst meinem festen Vorsatz, wenigstens einmal in der Woche mit meiner Mutter zu telefonieren, war ich längst nicht immer treu. Wir haben sie zwar immer ein paar Mal im Jahr besucht, aber ich habe mir ganz sicher nicht genügend Gedanken darüber gemacht, wie einsam sie sich mit zunehmendem Alter gefühlt haben muss.

Als ich nach ihrem Tod die Sachen in ihrem Schlafzimmer durchsah, entdeckte ich eine ganze Kommodenschublade voller Zettel und Briefe, die ich im Laufe der Zeit an sie geschrieben hatte. Ich glaube, sie hat jeden einzelnen aufbewahrt, und damals habe ich mich gefragt, wie oft sie wohl jeden gelesen hat.

Und in diesem Augenblick wünschte ich, dass da mehr gewesen wäre, und ich wünschte, ich wäre die ganze Zeit so aufmerksam und fürsorglich gewesen wie in ihren letzten beiden Lebensjahren, nachdem sie krank geworden war – erst da habe ich nämlich angefangen, ihre Hand zu halten, ihr einen Kuss auf die Wange zu geben und den Fernseher auszuschalten, wenn ich sie besuchte, damit wir ungestört miteinander reden konnten.

Wenn Sie noch die Möglichkeit dazu haben, möchte ich Ihnen dringend empfehlen, einzusetzen, was Sie können, um die Beziehung zu Ihren Eltern aufrechtzuerhalten und zu pflegen. Ich möchte Ihnen Mut machen, ihnen Wertschätzung und Dankbarkeit entgegenzubringen und dafür zu sorgen, dass sie wissen, wie viel sie Ihnen bedeuten.

Gesprächsimpuls

Wenn Ihre Eltern noch leben, was könnten Sie tun, um häufiger Kontakt mit ihnen zu haben?

Gebet

Bitten Sie Gott um Schutz und Fürsorge für Ihre Eltern und stellen Sie sich selbst als Teil seiner Antwort auf dieses Gebet zur Verfügung.

2. April

Dankesschuld

Bleibt niemand etwas schuldig – außer der Schuld, die ihr niemals abtragen könnt: der Liebe, die ihr einander erweisen sollt ...
Römer 13,8

Beim Schreiben dieser Andachten hat es mir besonders viel Spaß gemacht und mich sehr gerührt, noch einmal all die Briefe zu lesen, die ich im Laufe der Jahre bekommen habe. Ich finde es einfach schön, noch einmal von Menschen zu hören, die durch meine Arbeit angeregt worden sind, in ihre Familien zu investieren.

Hier ist ein Auszug aus einem meiner Lieblingsbriefe:

Nachdem ich Ihre Sendung gehört hatte, war ich sehr motiviert, meinen Eltern zu schreiben, wie dankbar ich ihnen für alles bin. Wir planten gerade eine große Feier zum achtzigsten Geburtstag meines Vaters im Juni, und ich dachte, dass so ein Brief das perfekte Geschenk für ihn sei.

Als der große Tag kam, hatte ich die Hommage an ihn fertig. Ich wollte sie eigentlich laut vorlesen, aber es waren viele Freunde und Verwandte da, und ich war mir nicht sicher, ob mir nicht vor Rührung die Tränen kommen würden. Ich zögerte also noch, aber meine Tochter sagte: „Mama, du kannst ihm das doch nicht einfach so als Brief geben. Du musst es auf jeden Fall vorlesen. Das wird ihm viel mehr bedeuten." Also las ich lachend und unter Tränen und tief gerührt den ganzen Text vor.

Als ich fertig war, sagte mein Vater: „Das ist das schönste Geschenk, das ich je bekommen habe." Zu dem Zeitpunkt konnte ich noch nicht ahnen, dass ich ihn zum letzten Mal sehen würde, denn er starb am nächsten Tag an einem Aneurysma.

Diese Hommage ist mir eine große Hilfe dabei, mit dem Tod meines Vaters fertig zu werden. Wenn ein geliebter Mensch stirbt, dann bereuen wir oft all das, was wir nicht gesagt oder getan haben. Es machen sich Schuldgefühle in uns breit und überwältigen uns regelrecht. Mich hat es sehr getröstet zu wissen, dass es mir gelungen ist, meine Liebe und Dankbarkeit meinem Vater gegenüber auf auch für mich unvergessliche Weise auszudrücken. Ich danke Ihnen sehr für das, was Sie dazu beigetragen haben, dass die letzten Stunden mit meinem Vater für mich ein bleibender Schatz sein werden.

Dieser Brief erinnert uns daran, dass wir unseren Angehörigen unsere Liebe und Dankbarkeit zeigen und sagen sollen, solange sie noch am Leben sind.

Gesprächsimpuls

Gibt es etwas, was Sie einer anderen Person hätten sagen oder für sie tun sollen, um sie zu ehren? Wie könnten Sie dieses Versäumnis wiedergutmachen?

Gebet

Bitten Sie Gott um das Geschenk der Dankbarkeit ... und um Gelegenheiten, anderen Ihre Dankbarkeit auszudrücken.

3. April

Einen wenig ehrenwerten Vater ehren

Wünscht denen, die euch verfolgen, Gutes. Segnet sie, anstatt sie zu verfluchen. Römer 12,14

Vor ein paar Jahren wurde ich Mentor von Bryan Carter, einem afroamerikanischen Pastor in Dallas. Eine der ersten Herausforderungen, vor die ich ihn stellte, bestand darin, dass ich ihn aufforderte, seinem Vater einen Brief zu schreiben, in dem er ihm für alles danken sollte, was er richtig gemacht hatte.

Eine große Herausforderung war das für Bryan deshalb, weil er und sein Vater eine sehr angespannte Beziehung hatten, seit Bryan erwachsen war. Und genau deshalb stellte ich ihm diese Aufgabe – ich wusste, dass er über diese Brücke des Verstehens und der Vergebung gehen musste, auch zu einem Vater, der ihn wirklich schlecht behandelt und tief verletzt hatte.

Es dauerte fast zwei Jahre, bis Bryan endlich so weit war, aber dann nahm er all seinen Mut zusammen und handelte wie ein Mann, indem er seinem Vater eine Art Hommage schrieb. Und diese Hommage las er seinem Vater nicht nur persönlich vor, sondern er stellte seine Gemeinde vor dieselbe Herausforderung, und auch ihnen gefiel es ganz und gar nicht.

Vier Wochen lang predigte er darüber. Vier Wochen darüber, was die Bibel über Verständnis und Vergebung sagt und dass man Flüche mit Segnen erwidern und die Eltern ehren soll. Viele seiner Gemeindemitglieder kamen aus zerrütteten Familien, in denen die Eltern, wenn sie denn überhaupt da waren, alles andere als unterstützend waren. Die Aussicht, an ihren Eltern Gutes zu finden, Dinge zu entdecken, für die sie ihnen dankbar sein konnten, forderte nämlich von den betroffenen „Kindern", sich durch Berge von Trümmern und Enttäuschung zu arbeiten. Es war viel einfacher, den Eltern die Schuld dafür zu geben, als ihnen für das Gute zu danken.

Aber sie taten es dann trotzdem. Einige berichteten, dass sie ihre Eltern noch auf dem Heimweg vom Gottesdienst angerufen und direkt dort am Telefon erlebt hätten, was Vergebung bewirken kann. Andere schrieben Briefe oder setzten sich wieder mit ihren Eltern in Verbindung, nachdem sie schon lange keinen Kontakt mehr zu ihnen gehabt hatten. Und einige durften sogar miterleben, dass ihre Eltern Jesus Christus als Herrn und Erlöser annahmen.

Das sind die Wunder, die Gott tut, wenn wir unsere Eltern ehren – auch wenn sie sich alles andere als ehrenswert verhalten haben.

Gesprächsimpuls

Ungeachtet Ihrer Kindheitserfahrungen möchte ich Sie vor die Herausforderung stellen, auch Ihren Eltern eine Hommage zu schreiben. Tauschen Sie sich darüber aus, wie es Ihnen mit dieser Aufgabe geht und was Sie Ihren Eltern gegenüber empfinden.

Gebet

Bitten Sie Gott um den Mut und den Gehorsam, das zu tun, was nötig ist.

4. April

Eltern als Menschen sehen

Klugheit ist ein Brunnen des Lebens dem, der sie hat. Sprüche 16,22

Nicht jeder hat liebevolle Erinnerungen an seine Eltern. Vielleicht ist Ihre Beziehung zu Ihren Eltern ja auch zurzeit angespannt und distanziert. Vielleicht gehen Sie ihnen sogar aus dem Weg, weil Sie es leid sind, durch Dinge, die sie tun oder sagen, verletzt zu werden ... oder durch Dinge, die sie nicht tun oder sagen.

Doch eine der großartigen Chancen des Erwachsenseins besteht ja darin, einen Schritt zurückzutreten und die Eltern ganz neu zu betrachten. Indem Sie Ihre Eltern objektiv betrachten – nämlich mit den Augen Jesu –, sind Sie vielleicht in der Lage, sie selbst und Ihre Beziehung zu ihnen zu verstehen. Und vielleicht erleben Sie dann sogar, was passiert, wenn seine Gnade die harten Ecken und Kanten einer angespannten Beziehung in etwas verwandelt, worauf die Fingerabdrücke seiner Erlösung zu erkennen sind.

Überlegen Sie noch heute, ob Sie nicht noch einmal ganz neu und vorsichtig Ihre Eltern ansehen wollen. Was sehen Sie da? Sehen Sie Menschen, die Sorgen, Unsicherheit, Angst, Enttäuschung und Wut erleben – genau wie Sie? Menschen, die im Laufe ihres Lebens falsche und unkluge Entscheidungen getroffen haben – genau wie Sie? Menschen, die sich abmühen – genau wie Sie?

Ich erinnere mich noch gut, wie ich es als junger Erwachsener, dessen Eltern noch am Leben waren, lernen musste, meinen kindlichen Egoismus zu überwinden und auch meinen Wunsch, dass meine Eltern meine Bedürfnisse befriedigen sollten. Als ich dann irgendwann verstand, welche Bedürfnisse *sie* hatten, war ich bereit, auf sie zuzugehen und dazu beizutragen, diese Bedürfnisse zu erfüllen.

Die meisten erwachsenen Kinder kennen ihre Eltern nicht so gut, wie sie glauben. Indem wir versuchen, sie zu verstehen, ehren wir sie und befolgen damit das Gebot Gottes, die Eltern zu ehren (siehe 2. Mose 20,12).

Sie werden merken, wenn das geschieht, denn auch wenn sich das Verhalten Ihrer Eltern *Ihnen* gegenüber nicht verändert, werden Sie anders auf Ihre Eltern reagieren als früher. Es wird Ihnen leichter fallen, großzügig und geduldig zu sein. Sie werden zwar vielleicht nicht immer mit ihnen einer Meinung sein, aber zumindest verstehen Sie sie.

Gesprächsimpuls

Womit müssen Ihre Eltern in ihrer derzeitigen Lebensphase gerade fertig werden und was beschäftigt sie? Was können Sie dazu beitragen, dass Ihre Eltern haben, was sie brauchen?

Gebet

Bitten Sie Gott, Ihnen zu zeigen, wie Ihre Eltern sind, damit Sie sie besser verstehen, sie ehren und ihnen mit Wohlwollen begegnen können.

5. April

Wenn die Realität Illusionen korrigiert

von Barbara Rainey

Die brüderliche Liebe untereinander sei herzlich ... Seid fröhlich in Hoffnung, geduldig in Trübsal. Römer 12,10–12

Viele Menschen haben bei ihrer Hochzeit die Illusion, dass die Erregung und der Zauber der ersten Verliebtheit nie vergehen. Und irgendwann in den ersten paar Ehejahren wachen sie dann auf und merken, dass die Realität doch irgendwie anders ist. Sie treten sozusagen in die Phase der *enttäuschten Liebe* ein.

Ich glaube, das Geheimnis beim Umgang mit dieser unausweichlichen Ent-Täuschung, mit der wir in der Ehe irgendwann konfrontiert sind, lässt sich in ein Wort fassen: *Verbindlichkeit.*

Verbindlich zu leben bedeutet in diesem Zusammenhang, die Hand Ihres Mannes zu nehmen und die Realität zu durchleben, die Gott in Ihrem Leben zulässt in der Überzeugung, dass Sie danach tiefere Liebe und eine bessere Beziehung haben werden als zuvor.

Über enttäuschte Liebe hinauszugehen, kann auch bedeuten, sich noch einmal das Eheversprechen zu geben, wie es einmal ein Ehepaar auf einem unserer Eheseminare getan hat. Die beiden, die gerade in einer extrem schwierigen Situation waren, sagten:

Nachdem wir eine schmerzhafte Trennung hinter uns hatten und jetzt wieder zusammenkamen, hatte die Erneuerung unseres Eheversprechens ganz grundlegende Auswirkungen. Wir weinten dabei beide so sehr, dass die Zeremonie gar kein Ende nahm, weil wir kein Wort herausbrachten. Wir hatten beide seit einem Jahr nicht mehr unsere Eheringe getragen und hatten gedacht, dass es für unsere Ehe keine Hoffnung mehr gäbe. Die Er-

neuerung unseres Eheversprechens brachte uns wieder auf den richtigen Weg zurück. Es war schon seltsam, wie viel mehr uns das Versprechen jetzt bedeutete als neunzehn Jahre zuvor.

Dann wieder kann Verbindlichkeit aber ein innerer Entschluss sein, sich an das zu halten, wovon man überzeugt ist, dass es wahr ist, auch wenn es sich ganz anders anfühlt. Ihr Bund, verbindlich miteinander und mit Gott zu leben, ist das, was bleibt, wenn die Realität Ihre Illusionen über die Ehe korrigiert hat.

Bei Ihrer Hochzeit haben Sie vor Gott gestanden und einander versprochen, sich nicht zu verlassen „in guten wie in schlechten Tagen". Jetzt, da Sie vielleicht gerade „schlecht" erleben, haben Sie eine Wahl. Werden Sie zu Ihrem Versprechen stehen?

Gesprächsimpuls

Inwiefern ist Ihre Beziehung anders, als Sie es erwartet haben? Erneuern Sie bei Kerzenlicht, wenn Ihre Kinder schon im Bett sind, noch einmal Ihr Eheversprechen.

Gebet

Bitten Sie Gott um die feste Entschlossenheit, zusammenzubleiben, egal mit welchen Problemen Sie in Ihrer Ehe zu kämpfen haben.

6. April

Gebetsmauer

Wir aber beteten zu unserm Gott und stellten Tag und Nacht zum Schutz gegen sie Wachen auf. Nehemia 4,3

Nach einer Rundfunksendung, in der ich darüber gesprochen hatte, wie entscheidend das gemeinsame Gebet von Eheleuten ist (ich hoffe, dass Sie diese Botschaft auch in diesem Buch deutlich erkennen, denn das gemeinsame Gebet ist so entscheidend dafür, dass Ihre Ehe gelingt), schrieb mir jemand eine ganz neue Sichtweise darüber. Ich fand seine Aussagen grundlegend und Mut machend.

Als Kind habe ich in einem ganz kleinen Haus mit drei Zimmern gewohnt, und deshalb war es unmöglich, nicht mitzubekommen, dass meine Eltern jeden Abend vor dem Einschlafen miteinander beteten. Ich gewöhnte mich daran mitzuhören, wofür sie für jeden von uns jeden Tag dankten und worum sie für uns baten, wenn sie neben dem Bett knieten.

Vor ein paar Jahren dachte ich über meine eigenen Erziehungsmethoden nach und verglich sie mit denen meiner Eltern, und mir kam folgendes innere Bild: Ich sehe das Elternsein wie eine Mauer, die wir errichten, indem wir unterschiedliche Steine aussuchen. Manche davon sind die gleichen, wie sie auch unsere Eltern verwendet haben, aber einige sind auch ganz anders. Aber egal, welche Steine wir aussuchen, es bleiben immer Lücken zwischen den ungleichmäßig geformten Steinen. Keine unserer Mauern ist perfekt gebaut.

Und an dieser Stelle kommt das Gebet ins Spiel. Diese Gebete – solche, wie sie meine Eltern jahrelang treu gebetet haben – sind wie der Mörtel. Wenn wir beten, füllt Gott damit die Lücken zwischen den Steinen, und die Mauer wird fest und stabil.

Er hat recht, es gibt keine perfekten Eltern. Es gibt keine idiotensicheren Strategien, die immer und überall funktionieren. Aber es gibt das Gebet. Und es gibt Gott. Und wenn wir uns ihm unterordnen, wird eine Kraft freigesetzt, die viel mehr bewirkt, als es jede Erziehungsmethode der Welt kann.

Verfugen Sie beim Bauen Ihre Mauer durch Gebet, und achten Sie darauf, dass Gott Ihre Feinde fernhält.

Gesprächsimpuls

Sprechen Sie über die merklichen Veränderungen in Ihrem Leben, die Gott bewirkt hat, seit Sie gemeinsam beten.

Gebet

Bitten Sie Gott, dass Sie in den kommenden Jahren die Abende an einer Hand abzählen können, an denen Sie nicht miteinander gebetet haben.

7. April

Zielorientierte Erziehung

Nehmt den Herrn, euren Gott, ernst und befolgt stets seine Anweisungen, die ich euch heute sage, ihr und eure Kinder und die Kinder eurer Kinder. Tut es ein Leben lang. 5. Mose 6,2

Viele Eltern übernehmen bei der Kindererziehung weltliche Maßstäbe: Wir glauben, dass wir unsere Verantwortung als Eltern dann erfüllen, wenn wir sie auf die besten Schulen schicken, ihnen die beste Kleidung kaufen und ihnen zahlreiche außerschulische Aktivitäten ermöglichen, damit sie irgendwann erfolgreiche Erwachsene mit gut bezahlten Jobs werden. Natürlich wollen wir auch für die Charakterbildung unserer Kinder sorgen, aber wir wissen nicht so genau, wie das geht. Mit anderen Worten: Uns fehlt eine echte biblische Vision von Erziehung.

In 5. Mose 6 macht Gott klar, warum er Eltern aufträgt, fruchtbar zu sein – damit sie gottesfürchtige Kinder bekommen, die wiederum ein Vermächtnis Gottes weitergeben, indem sie eine Generation mit der nächsten verbinden. Deshalb besteht auch unsere größte Hoffnung auf Erneuerung in einer Gesellschaft, in der Charakter und Moral immer mehr geschwächt werden, in der Wiederherstellung von Familien, in denen Gott der Herr ist und das Sagen hat. *Die Familie ist für ein Kind der beste Ort, um Gott kennenzulernen.*

Ich gebe zu, dass es ernüchternd ist, Kinder in die Gesellschaft wie die heutige zu setzen, aber nach Gottes Zeitplan werden Ihre Kinder seine Beauftragten sein, seinen Plan mit der Welt voranzubringen. Als Eltern sollten wir wieder die biblische Wahrheit für uns in Anspruch nehmen, dass die Erziehung von Kindern eine heilige Berufung ist und dass Kinder unseren ganzen Einsatz wert sind. Gott hat Eltern für eine Aufgabe ausgesucht, um die sie von den Engeln beneidet werden – die Haushalterschaft über die Seele eines Kindes.

Vor mehreren Jahrhunderten schrieb Otto Brunfel: „Wenn man die Welt erneuern und sie christlich machen will, dann muss man bei den Kindern anfangen." Es ist Zeit, dass wir uns über das Chaos erheben und wieder eine Vision für die Erziehung unserer Kinder bekommen – für eine *biblische* Erziehung. Aus Gottes Sicht ist die Erziehung von Kindern eine hohe und heilige Berufung. Sie sind das lebende Vermächtnis, das wir in die Zukunft schicken.

Gesprächsimpuls

Nennen Sie zwei oder drei biblische Ziele, die Sie bei Ihren Kindern erreichen wollen. Dann überlegen Sie sich mindestens einen konkreten Schritt, den Sie tun können, um dieses Ziel zu erreichen.

Gebet

Bitten Sie Gott um die Weisheit, die Sie als Eltern brauchen, um Ihre Kinder zielorientiert zu erziehen. Verpflichten Sie sich innerlich, sich jeden Morgen wieder Ihre Ziele und Prioritäten in der Erziehung vor Augen zu halten. Wenn Ihre Kinder schon erwachsen sind, beten Sie ebenfalls täglich für sie und ihre Kinder.

8. April

Der perfekte Ort

... das neue Leben, das Gott schon jetzt im Himmel für euch bereithält als einen Besitz, der niemals vergeht oder verdirbt oder aufgezehrt wird.
1. Petrus 1,4

Wir sehnen uns alle nach *Perfektion*. Dem perfekten Zuhause, dem perfekten Ehepartner, dem perfekten Körper, dem perfekten Job, der perfekten Gemeinde.

Unsere Familie ist 1976 von Dallas nach Little Rock gezogen, wo wir ein kleines gelbes Holzhaus mit vier Zimmern, weißen Fensterläden und einer Veranda gekauft hatten. Das Haus war alles andere als perfekt, sondern eher dreckig und muffig und staubig. Nachdem wir es aber sechs Monate lang renoviert hatten, war es schließlich genau richtig für unsere kleine vierköpfige Familie. Ich erinnere mich noch genau, wie mein Vater uns zu Ashleys zweitem Geburtstag besuchen kam und mir bei ein paar Spachtelarbeiten in ihrem Zimmer half. Wir lachten bei der Vorstellung, im Baumarkt nach „Spachtelmasse für einen Zentimeter" zu fragen in der Hoffnung, damit die Lücke zwischen der Zierleiste unter der Zimmerdecke zu füllen.

Aber sieben Jahre später, wir hatten mittlerweile drei Kinder mehr –, herrschte in unserem niedlichen kleinen Vierzimmerhaus etwa die gleiche Bevölkerungsdichte wie in Hongkong. Auf der Suche nach Perfektion zogen wir also in die Wälder im Westen – ans Ende der Welt, wie uns schien. Der Zeitpunkt für den Umzug war gut, denn unser jüngstes Kind, Laura, war schon unterwegs, bevor wir die Umzugskisten packten.

Wir brauchten zweieinhalb Lastwagenladungen, um alles zu transportieren – von der Schaukel über Bobby Cars, Stofftiere, Puppen, das Kasperletheater, Barbaras Aquarellfarben und meine Angeln. Und obwohl sich der Umzug für unsere Familie als genau richtig erwies, ist auch dieses Haus nicht perfekt, genauso wie die Kinder, die Nachbarn, Barbara und ich.

Tatsache ist, dass wir nicht mehr nach Perfektion suchen – weder bei Häusern noch beieinander. Stattdessen lernen wir durch Gottes Gnade zu erkennen, dass er allein perfekt ist und dass der einzige perfekte Ort, an dem wir jemals leben werden, der ist, an den wir nach unserem Tod umziehen werden – wenn wir für immer bei ihm im Himmel wohnen.

Gesprächsimpuls

Sprechen Sie darüber, wie Sie sich den Himmel vorstellen.

Gebet

Bitten Sie Gott, dass Sie mit dem zufrieden sind, was er Ihnen schenkt, und dass Sie niemals etwas mehr lieben als ihn.

9. April

Unterwegs

Ihr Lieben, wenn Gott uns so sehr geliebt hat, dann müssen auch wir einander lieben. 1. Johannes 4,11

Barbara und ich haben viel Erfahrung damit, etwas für unsere Ehe zu tun, wenn wir getrennt sind, weil nämlich meistens einer von uns unterwegs ist. Ein paar unserer schlimmsten Meinungsverschiedenheiten hatten nämlich mit dem Reisen zu tun. Wir bewundern inzwischen Ehepaare sehr, die beispielsweise durch Auslandseinsätze beim Militär sehr lange voneinander getrennt sind.

Wenn einer der Ehepartner oder vielleicht sogar beide viel unterwegs sind, dann kann das in der Ehe seinen Tribut fordern. Nach jahrelangen Erfahrungen und immer neuen Anpassungsleistungen in diesem Zusammenhang haben wir ein paar Lektionen gelernt.

1. *Wenn möglich erledigen Sie das Packen und sonstige Reisevorbereitungen nicht erst in den letzten Stunden vor der Abreise.* Wenn Sie gehetzt sind und unter Zeitdruck stehen, steigt die Gefahr, dass es zu Missverständnissen oder Konflikten kommt, rasant.
2. *Wenn es trotzdem vor der Abreise zu einem Konflikt oder Streit kommt, tun Sie alles, um die Spannungen noch vor Ihrer Abreise zu beseitigen.* Ich muss zugeben, dass ich Barbara schon mehrmals vom Flughafen aus anrufen und sie um Verzeihung bitten musste. Lassen Sie nicht die Sonne über Ihrem Zorn untergehen.
3. *Küssen und umarmen Sie sich immer beim Abschied und sagen Sie einander etwas Zärtliches.* Hinterlassen Sie eine Erinnerung, die Ihre Liebe und Hingabe unterstreicht. Küssen Sie Ihren Partner/Ihre Partnerin

beim Abschied auch ab und zu richtig leidenschaftlich als Zeichen, das besagt: „Ich warte auf dich."

4. *Rufen Sie zu Hause an*. Mindestens einmal pro Tag. Wenn ich im Hotel bin, schalte ich den Fernseher aus, wenn ich zu Hause anrufe – ich schalte ihn ganz aus, nicht nur den Ton. Sie weiß *genau*, wann der Fernseher im Hintergrund läuft, auch wenn sie keinen Ton hört!
5. *Schicken Sie kleine „Ich denke an dich"- oder „Ich liebe dich"-E-Mails*.
6. *Beten Sie füreinander und miteinander*. Das ist eine großartige Methode, einen Anruf zu beenden. So sehr das gemeinsame Gebet Sie auch verbindet, wenn Sie zu Hause sind, aber Sie brauchen es noch mehr, wenn Sie getrennt sind.

Überlegen Sie, wie Sie Ihre Beziehung noch besser schützen und pflegen können, wenn Sie getrennt sind.

Gesprächsimpuls

Was erwarten Sie voneinander, wenn Sie unterwegs sind? Wie könnten Sie Ihre Kommunikation verbessern?

Gebet

Bitten Sie Gott um die übernatürliche Fähigkeit, auch in Zeiten der Trennung Ihre Liebe frisch zu erhalten.

10. April

Flexible stille Zeiten

von Barbara Rainey

Der Gott des Friedens aber ... mache euch tüchtig zu allem Guten, zu tun seinen Willen ... Hebräer 13,20–21

Mit Zunahme unserer Kinderzahl und damit auch meiner Mutterpflichten fand ich es immer schwieriger, Zeit zu finden für mein geistliches Leben, für Stille und Gebet, und ich hatte ständig das Gefühl, eine geistliche Versagerin zu sein.

Als ich noch nicht verheiratet war und auch später als verheiratete Frau habe ich immer sehr darauf geachtet, dass ich jeden Tag meine stille Zeit mit Gott hatte. Ich genoss ausführliches Bibellesen, Gebet, Zeit in der Anbetung und ich sonnte mich in Gottes Gegenwart. Aber durch die Kinder gab es so viele neue und unvorhersehbare Unterbrechungen in meinem

Leben, dass es beinahe unmöglich wurde, meine stille Zeit mit Gott zu planen. Wenn ich dabei gerade eine gewisse Regelmäßigkeit erreicht hatte, löste die sich oft schon nach kurzer Zeit wieder auf. Jahrelang mühte ich mich mit diesem Problem ab.

Irgendwann beschloss ich, es gar nicht mehr zu versuchen!

Dass Sie mich nicht missverstehen, es war nicht der Entschluss, mich von jetzt an geistlich nicht mehr weiterzuentwickeln, sondern ich erwartete einfach nicht mehr von mir selbst, meiner Vorstellung vom Leben einer guten, mündigen Christin zu entsprechen. Ich betete immer noch jeden Tag – aber anders, nicht mehr eine bestimmte Zeit lang. Ich nahm mir immer noch Zeit für Anbetung und dachte über Gottes Wort nach – aber nicht nach einem festen Plan oder Schema.

Schon bald fiel das Gefühl, unter Druck zu stehen, völlig von mir ab. Ich machte die Erfahrung, dass es mir nicht meine persönliche Beziehung zu Gott zu rauben brauchte, als Mutter kleiner Kinder stark eingespannt zu sein. Es erforderte nur, dass ich die Dinge anders betrachtete und zuließ, dass sich meine Zeit mit Gott an das Leben, das er mir zugedacht hatte, anpasste und es ganz umhüllte.

Jeder erlebt Zeiten, in denen er viel Verantwortung und wenig Zeit hat. Manche dieser Phasen sind schwerer und länger als andere, aber jede dieser Phasen birgt auch neue Chancen, sich weiterzuentwickeln und Jesus immer näherzukommen. ... vorausgesetzt unsere sogenannte „richtige Art, Dinge zu tun“, wird ersetzt durch eine Beziehung zu Gott, die nicht so streng und starr und unrealistisch ist.

Gesprächsimpuls

Sprechen Sie darüber, wie Sie einander helfen könnten, Gott mehr Raum in Ihrem ausgefüllten Tag zu geben.

Gebet

Bitten Sie Gott um ein Herz, das ihn unaufhörlich zu kennen und lieben sucht, auch wenn scheinbar keine Zeit dafür bleibt.

11. April

Eines Tages ...

Alles, was auf der Erde geschieht, hat seine von Gott bestimmte Zeit:
... einpflanzen und ausreißen ... Prediger 3,1–2

Vor ein paar Jahren, als unser Haus noch voller Teenager war, habe ich einmal überlegt und zu Papier gebracht, wie unser Leben wohl sein wird, wenn alle Kinder aus dem Haus sind. Hier ein Auszug :

Wenn die Kinder eines Tages aus dem Haus sind, wird unsere KFZ-Haftpflichtversicherung endlich wieder weniger kosten als die monatliche Kreditrate für unser Eigenheim. Es wird keine Autofahrten mehr geben, bei denen man die Hände so fest ineinander verkrallt, dass die Knöchel weiß hervortreten und man darüber streitet, wie schnell zu schnell ist und wie nah zu nah ist.

Zu Hause werden bestimmte Geräusche nicht mehr zu hören sein – das Geräusch von Haarspraydosen, die gerade benutzt werden, Freudenjauchzer über den neuen Freund, Türenknallen in einem Wutanfall, balgende Jungen im Obergeschoss oder ohrenbetäubend laute Musik.

Es stapelt sich kein schmutziges Geschirr mehr auf dem Geschirrspüler, und es gibt keine Hilfe mehr bei der Arbeit in Haus und Garten am Samstagvormittag, keine Gesprächsimpulse darüber, ob ein bestimmter Film für Jugendliche (und christliche noch dazu) geeignet ist oder nicht, keine gemeinsamen Andachten über das Buch der Sprüche vor der Schule, kein nächtliches Klopfen an unserer Schlafzimmertür, wenn eines unserer Kinder von einer Sportveranstaltung zurück ist. Und wenn das Telefon klingelt, ist es zur Abwechselung mal für uns.

Bleiben werden die Erinnerungen ... die Erinnerungen an Gespräche am Kamin, gegrillte Hamburger, Papas French Toast, Mamas Eier auf Toast, Angel- und Jagdausflüge, Ferien, Katzen, Termine mit Mama, Termine mit Papa, noch mehr Katzen, Frühstück im Bett an Geburtstagen und Gebete – ja, Tausende von Gebeten, die um ihretwillen zum Himmel geschickt wurden.

Am Ende wird unser Haus also keineswegs leer sein, sondern, um es mit den Worten von Bob Benson auszudrücken, „jeder Raum, jede Ecke des Hauses, jede Kerbe am Frühstückstisch wird mit Erinnerungen erfüllt sein“. Und Barbara und ich werden still am Kamin sitzen und dem Lachen lauschen, das in den Wänden steckt.

Gesprächsimpuls

Wenn dieses Thema für Sie Gegenwart ist, dann tauschen Sie sich über Ihre Lieblingserinnerungen aus. Liegt es noch in der Zukunft, sprechen Sie darüber, was für Erinnerungen an Ihre Kinder Sie gern hätten.

Gebet

Danken Sie Gott für das Geschenk der Ehe, Familie ... und der Erinnerungen.

12. April

Gefährliche Blicke

Mit meinen Augen schloss ich den Vertrag, niemals ein Mädchen lüstern anzusehen. Hiob 31,1

Liebe Männer, vielleicht ist es nicht gerade einfach, das zuzugeben, wenn Ihre Frau dabei neben Ihnen sitzt, aber mal ganz ehrlich – wahrscheinlich erkennen Sie sich auch in folgender Geschichte wieder:

Ich saß mit einem anderen christlichen Leiter, einem guten Freund von mir, im Auto. Wir waren beide weit weg von zu Hause unterwegs, ohne unsere Frauen, und warteten auf einen Kollegen, der kurz in ein Geschäft gegangen war, um etwas zu besorgen. Während wir da also saßen und warteten, kam eine Frau vorbei, die einfach umwerfend aussah. Ich bemerkte sie, als sie gerade den Laden betrat, setzte dann aber das Gespräch mit meinem Freund fort.

Als sie wieder herauskam, brachte ich mit Gottes Hilfe (oder aus Angst, meinen Ruf zu ruinieren) genug Selbstkontrolle auf, nicht hinzusehen. Aber ich merkte genau, wie mein Freund ihr nachsah, als sie zu ihrem Wagen ging. Da ich wusste, dass wir beide an derselben Front kämpften, sagte ich so lässig wie möglich: „Hör mal, du kannst sie einmal ansehen, auch zweimal, aber wenn du ihr so lange nachschaust ..."

Wir lachten, denn wir wussten beide Bescheid.

Jungs, es ist nichts daran auszusetzen, eine Frau schön zu finden. Aber wir wissen alle sofort, wann der Punkt erreicht ist, an dem wir nicht mehr nur bewundern, sondern unsere Fantasie sich auf einer ganz anderen Spielwiese mit ihr tummelt. An diesem Punkt müssen wir – wie Fred Stoeker in *Every Man's Battle* schreibt – Hiob 31,1 beachten. Mit derselben spontanen Geschwindigkeit, mit der wir unsere Hände von einem heißen Ofen zurückziehen, sollten wir auch die Selbstbeherrschung aufbringen, unseren Blick dann abzuwenden.

Das ist wirklich ein Kampf, den jeder Mann kämpft, aber es ist einer, den wir gewinnen können.

Gesprächsimpuls

Helfen Sie als Mann Ihrer Frau zu verstehen, dass dieser Kampf nichts damit zu tun hat, dass sie Sie nicht mehr befriedigen kann. Es ist ein Kampf gegen Versuchung, Lust, Sünde, ein Kampf, den Sie mit sich selbst ausfechten.

Gebet

Beten Sie als Frau für Ihren Mann, dass er auf diesem Gebiet zurechtkommt. Sie sollten Gott beide um Hilfe bitten für die Bereiche, in denen Sie besonders heftig Versuchung erleben, besonders wenn es Dinge sind, die sich trennend zwischen Sie schieben. Vertrauen Sie Gott, dass er Ihnen die Kraft gibt, gehorsam zu sein.

13. April

Auf dem Mittelstreifen

Wie lange hinkt ihr auf beiden Seiten? 1. Könige 18,21

Als Barbara eines Tages unterwegs in die Stadt war und auf dem Weg dorthin einen Hügel hinauffuhr, entdeckte sie dort auf der Kuppe einen etwa zweijährigen Jungen, der nur mit einer Windel bekleidet auf der weißen Mittellinie auf der Fahrbahn stand. Sie hatte nicht mehr genug Zeit, um zu bremsen, also riss sie den Lenker herum und kam mit quietschenden Reifen ein ganzes Stück hinter dem Kind zum Stehen.

Sie riss ihre Autotür auf und rannte zurück, um das Kleine aus der Gefahrenzone herauszuholen, als die Mutter – die das Quietschen der Reifen gehört hatte – auf die Straße gerannt kam. Sie nahm ihr weinendes Kind in die Arme und drückte es vor Schock und Angst daran, was alles hätte passieren können, wenn Barbara nicht so vorsichtig gefahren wäre, an sich.

Nein, der Mittelstreifen einer Fahrbahn ist wirklich kein guter Platz, um sich dort länger aufzuhalten.

Deshalb ist es auch besonders traurig, dass so viele christliche Familien sich genau dort, nämlich auf dem Mittelstreifen, aufhalten. Sie wissen nicht, was sie glauben. Sie wissen nicht, was sie von ihren Kindern erwarten. Sie sind nicht bereit, sich zu ganz bestimmten biblischen Positionen zu stellen und sie zu vertreten. Sie bauen ihr Leben auf „Fast-Überzeugungen" auf.

Ich glaube, dass Gott Familien wie die Ihre heutzutage dazu beruft, eine Gegenkultur aufzubauen, und zwar nicht auf negative oder anstößige Weise, sondern in Form eines Lebensstils, der schon auf den ersten Blick vermittelt: Diese Familie ist anders. Sie sind klar und eindeutig in dem, was sie glauben, und sie stehen zu ihren Überzeugungen. Sie repräsentieren Jesus Christus.

Es gibt keinen Grund, weshalb so viele christliche Ehen mit einer Scheidung enden sollten. Es gibt keinen Grund, weshalb Leute, die sich selbst als evangelikal bezeichnen, für jede sechste Abtreibung in Amerika verantwortlich sein sollten. Es gibt keinen Grund, weshalb sich über die Hälfte unserer christlichen Teenager auf sexuelle Kontakte vor der Ehe einlassen und sich dadurch seelisch schaden und ihre Zukunft aufs Spiel setzen sollten.

Wir haben uns lange genug auf dem Mittelstreifen aufgehalten. Es wird Zeit, den Gang einzulegen und in die richtige Richtung zu fahren – nämlich nach Hause.

Gesprächsimpuls

Wie würde ein Außenstehender den Unterschied zwischen Ihrer Familie und einer anderen beschreiben, die nicht für sich in Anspruch nimmt, christlich zu sein?

Gebet

Beten Sie um den Mut, gemäß Ihren Überzeugungen – biblischen Überzeugungen – zu leben, und zwar um jeden Preis.

14. April

Computerspiele

Niemand kann zwei Herren zugleich dienen.
Er wird den einen vernachlässigen und den anderen bevorzugen.
Er wird dem einen treu sein und den anderen hintergehen.
Matthäus 6,24

In ihrem Buch *Playstation Nation* erzählen Kurt und Olivia Bruner die Geschichte einer Mutter, die irgendwann die Nase voll hatte.

Von Videospielen.

Sie hatte sich bereits hochgradig unbeliebt gemacht, indem sie die Zeit, die ihre Kinder Computerspiele spielen durften, auf eine Stunde pro Tag beschränkt hatte. Als sie eines Abends ins Zimmer ihrer Kinder kam, um zu sagen, dass Bettzeit sei und die Computerzeit abgelaufen, wollten die Jungen unbedingt „nur noch dieses Level zu Ende“ spielen, damit das Spielergebnis gespeichert wurde, und sie trafen deshalb eine folgenschwere Entscheidung: Anstatt den Computer herunterzufahren und das Spiel ganz auszuschalten, stellten sie es nur auf Pause ... und machten dann irgendwann mitten in der Nacht weiter.

Als die Mutter um zwei Uhr morgens aufwachte und das Licht im Erdgeschoss bemerkte, wurde sie zunächst furchtbar wütend. Dann ging sie in ihr Schlafzimmer, kniete vor ihrem Bett nieder und betete um Weisheit, wie und wann sie auf dieses Verhalten ihrer Kinder reagieren solle. Schließlich kam sie zu einem Entschluss. Sie ging in das Zimmer ihrer Kinder und begann, sämtliche Geräte auszustöpseln und die gesamte Computeranlage und Spielkonsole mit sämtlichem Zubehör und allen Computerspielen in Kisten zu verpacken. Dann trug sie alles nach oben in die dritte Etage des Hauses und warf dort – unter den völlig panischen Blicken ihrer Söhne – alles aus dem Fenster nach draußen. Ach welch wundervoller Klang zerberstender Unterhaltungselektronik.

Ob das drastisches Vorgehen ist? Auf jeden Fall. Aber einer der Jungen ging kurz darauf zusammen mit sieben Freunden auf ein auswärtiges College. Schon vor Ende des ersten Semesters gaben vier der sieben das Studium auf und gingen nach Hause zurück, um Teilzeitjobs anzunehmen, damit sie mehr Zeit für Videospiele hatten. Doch für einen jungen Mann war die Sucht vorbei, dank einer Mutter, der die charakterliche Entwicklung ihrer Kinder wichtiger gewesen war, als auf der Beliebtheitsskala an erster Stelle zu stehen.

Wenn Computerspiele bei Ihnen zu Hause alles beherrschen, dann ist es auch für Sie Zeit, Ihre Kinder in die Wirklichkeit zurückzuholen.

Gesprächsimpuls

Sprechen Sie über Computerspiele und deren Auswirkungen auf Ihre Familie. Welche vernünftigen Grenzen können Sie Ihren Kindern setzen?

Gebet

Bitten Sie Gott um Weisheit, wie Sie mit den „Süchten“ umgehen sollen, durch die Einzelne, Ehen und ganze Familien zerstört werden können.

15. April

Prima Klima

Und der Gerechtigkeit Frucht wird Friede sein, und der Ertrag der Gerechtigkeit wird ewige Stille und Sicherheit sein. Jesaja 32,17

Wenn man einen Raum betritt – egal, ob darin eine Sonntagsschulklasse unterrichtet wird, ein Firmenmeeting stattfindet oder ein offizielles Essen –, spürt man normalerweise sofort, wie die Stimmung dort ist. Sie kann herzlich sein oder unterkühlt, gemütlich oder öde.

Jeder kann eine Art Thermometer sein.

Doch Donna Otto, Gründerin von *Homemakers by Choice* (Wahlhausfrauen), erklärte uns eines Tages in unserer Radiosendung, dass wir in unserer Familie nicht Thermometer, sondern Thermostate sein sollen.

Thermostate messen nämlich die Temperatur nicht nur, sondern sie regulieren sie. Ein Thermostat regelt, wie warm oder kalt es in einer Wohnung oder einem Haus ist.

Ganz ähnlich bestimmen Eltern, ob die Atmosphäre bei ihnen zu Hause lustig, friedlich, echt und wohlwollend ist. Ist das Zuhause ein Rückzugsort vom Druck des ganz normalen Lebens? Ist es ein Ort, an dem man Spaß hat, sich wohlfühlt, wo gefeiert wird und man Gemeinschaft erlebt?

Eltern sind heute oft unsicher oder gar ziemlich hilflos, wenn es darum geht, zu Hause das Klima zu bestimmen. Sie haben das Gefühl, den Tagesrhythmus und das Lebenstempo nicht im Griff zu haben. Sie haben keine Lust mehr, einzelne Familienmitglieder entweder mit Engelszungen oder harschen Worten daran zu hindern, sich durch Computerspiele, Fernsehen und Internet immer mehr zu isolieren. Durch diese Müdigkeit verlieren viele Familien dann die Orientierung und ihr Ziel aus den Augen. Sie sind eigentlich nur noch zufälliges Zentrum irgendwelcher Aktivitäten, ohne Erwachsene, die bereit sind, den Ton anzugeben.

Ich möchte Sie dazu ermutigen, dem hektischen Rhythmus des modernen Lebens entgegenzuwirken. Sorgen Sie für ein Umfeld, in dem nicht ständig Lärm, Geschäftigkeit und Unruhe herrschen. Bringen Sie Ihren Kindern bei, auch mal still für sich ein Buch zu lesen, miteinander zu reden, einfach mal nachzudenken oder etwas Kreatives zu tun.

Seien Sie kein Thermometer, sondern bestimmen Sie selbst das Klima.

Gesprächsimpuls

Werfen Sie einen Blick aufs Thermometer – wie ist das Klima bei Ihnen zu Hause? Nennen Sie ein paar der Dinge, die Ihnen bei sich zu Hause besonders gut gefallen. Sprechen Sie darüber, wie Sie zu Hause für ein anderes Klima sorgen können.

Gebet

Bitten Sie Gott, Ihrer Familie ähnliche gemeinsame Überzeugungen zu schenken, durch die Sie miteinander verbunden sind. Bitten Sie um die Entschlossenheit, Ihre Prinzipien auch durchzusetzen, wo Sie auf Widerstand stoßen.

16. April

Es tut mir leid ...

Denn der Schmerz, wie Gott ihn haben will, ruft eine Reue hervor, die niemand je bereut; denn sie führt zur ewigen Rettung.
2. Korinther 7,10

Ein Freund schrieb mir von einem Vorfall in seiner Familie. Es war eine Szene, die vielen von uns leider unangenehm vertraut sein dürfte. Er und seine Frau hatten einen Konflikt miteinander gehabt – nichts Weltbewegendes, aber doch heftig genug, dass die Atmosphäre angespannt war, als das Frühstücksdurcheinander zu Ende und die Kinder auf dem Schulweg waren.

Mein Freund gab zu, er habe „die Kunst perfektioniert, Streitgespräche um jeden Preis zu gewinnen, besonders, wenn ich unrecht habe". Als seine Frau ihm also wegen irgendetwas heftige Vorwürfe gemacht hatte, hatte er zwar mit einem Ohr zugehört, aber innerlich war er schon wieder dabei gewesen, sich eine passende Antwort zu überlegen.

„Als ich Luft holte", schrieb er, „und ich mich innerlich bereit machte, passierte etwas. Genau in diesem Augenblick tat Gott etwas völlig Überraschendes, wie er es ja gern hin und wieder mal macht. Ich brachte einfach kein Wort heraus. Ich sah, wie meine Frau ganz still wurde und sich offenbar innerlich gegen meine Selbstverteidigungsrede wappnete. Doch statt meiner glasklaren Argumentation kamen fünf einfache Worte aus meinem Mund: ‚Es tut mir leid. Ich hatte unrecht.'"

Es ist nie einfach, sich zu entschuldigen und Fehler zuzugeben, das wissen wir ja alle. Manchmal ist es sogar richtig bitter. Aber die Frucht der Reue ist süß: Ehepartner vergeben einander, erleben wieder Freude und Hoffnung und werden in ihrer Beziehung wieder eins. Kinder bekommen ihre liebevollen, fürsorglichen Eltern zurück und wachsen mit dem Eindruck auf, dass es wichtig ist, Gott zu fürchten und seine Gebote zu halten. Die einander entfremdeten Menschen versöhnen sich wieder. Die auf dem hohen Ross werden demütig. Die Schuldigen erleben Entlastung. Es geschieht Erneuerung innerhalb der Familie.

Keith' Brief endete so: „Streiten Sie mit Ihrer Frau nicht aus einer autoritären, herablassenden oder gönnerhaften Position heraus. Gewinnen Sie nicht, nur weil Sie es können. Entschuldigen Sie sich einfach." Und bitten Sie um Verzeihung.

Klingt das nicht großartig?

Gesprächsimpuls

Wie oft bitten Sie Ihren Ehepartner um Verzeihung? In welchen Situationen argumentieren Sie lieber, statt Ihre Fehler einzugestehen, wenn Ihr Ehepartner den Finger auf ein Problem legt?

Gebet

Bitten Sie Gott um eine innere Haltung, in der Sie nicht zu argumentieren brauchen, wenn Sie kritisiert werden. Bitten Sie ihn, dass Sie nicht sofort in Verteidigungshaltung gehen müssen, sondern überlegen können, inwiefern Ihr Handeln (oder Nichthandeln) Ihrem Partner geschadet hat. Bitten Sie Gott darum, Ihnen zu helfen, Fehler einzugestehen und um Vergebung zu bitten.

17. April

Kämpferisch sein

Ich und meine ganze Hausgemeinschaft sind entschlossen, dem Herrn zu dienen. Josua 24,15

In der Schlacht von Gettysburg, *der* Entscheidungsschlacht im Amerikanischen Bürgerkrieg, gab es ein Schlüsselgefecht auf einer Hügelkuppe namens *Little Round Top*. Ein Unionsregiment unter dem Befehl von Oberst Joshua Lawrence Chamberlain hatte den Befehl, diese strategisch wichtige Stellung zu verteidigen. Wenn es den Rebellen gelänge, seiner Einheit in die Flanke zu fallen, wäre die Nachhut der Unionsarmee ungeschützt dem Feind ausgesetzt, und damit wäre die Schlacht verloren gewesen.

„Sie müssen die Stellung um jeden Preis verteidigen", lautete der Befehl an Chamberlain.

Immer wieder griffen Rebellen die Stellung des Regiments an. Immer wieder wehrten Chamberlain und seine Männer die Angriffe ab. Sie erwiderten das Feuer und hielten tapfer und hartnäckig die Stellung.

Auch heute hat unser Land wieder einen *Little Round Top* – die Familie. Und genau wie Oberst Chamberlains heldenhafte Verteidigung im Jahr 1863 erfordert auch unser Kampf heute von allen Beteiligten unerschütterlichen Mut, und zwar den Mut, sich von den verführerischen Stimmen des herrschenden Zeitgeistes abzuwenden und aktiv etwas dafür zu tun, dass ihre Ehen funktionieren. Unser Land braucht den Mut von Müttern und Vätern, die das Gift des Materialismus ablehnen und stattdessen biblische Grundsätze befolgen, um das Gewissen und den Charakter der kommenden Generation zu formen.

Wir leben in einer Zeit und einer Gesellschaft, in der Eltern nicht einmal 15 Minuten pro *Woche* ernsthaft mit ihren Kindern sprechen, in der jede zweite Ehe geschieden wird, in der seit Jahren moralische Grundsätze zur Disposition gestellt werden, sodass viele eher pessimistisch sind in Bezug auf die Frage, ob sie sich in den eigenen vier Wänden an einem funktionierenden Familienleben erfreuen dürfen, und sogar noch pessimistischer in Bezug auf die Frage, ob sie den Kampf gegen einen so zerstörerischen und familienfeindlichen Zeitgeist überhaupt gewinnen können.

Es ist Zeit, dass Sie für Ihre Familie kämpfen. Und mit den Worten der Vorgesetzten von Oberst Chamberlain fordere ich Sie auf: „Sie müssen den Boden um jeden Preis verteidigen!“

Seien Sie entschlossen!

Gesprächsimpuls

Welches sind die Hauptgründe für Ermüdungserscheinungen im Kampf für Ihre Familie? Welchen entscheidenden Schritt müssen Sie tun, um die zu schützen, die Sie am meisten lieben?

Gebet

Bitten Sie Gott um Sorgfalt, beten Sie um Verstärkung und vor allem beten Sie füreinander und für jedes Familienmitglied, damit Sie in diesem Kampf stark bleiben. Beten Sie, dass keines Ihrer Kinder jemals eine Scheidung miterleben muss.

18. April

Mütterliche Intuition

von Barbara Rainey

Dann könnt ihr euch ein sicheres Urteil bilden, welches Verhalten dem Willen Gottes entspricht, und wisst in jedem einzelnen Fall, was gut und gottgefällig und vollkommen ist. Römer 12,2

Einer der schwersten Tage meines Lebens war wohl der, an dem ich zu meiner Tochter fuhr, die damals aufs College ging, und zwar mit dem erklärten Ziel, sie dazu zu bewegen, die Beziehung zu einem jungen Mann zu beenden.

Die Entscheidung zu diesem Besuch war ganz bestimmt nicht spontan, sondern das Ergebnis von sehr viel Gebet. In vielerlei Hinsicht schien der betreffende junge Mann alles zu haben, was wir uns für unsere Tochter nur wünschen konnten, aber beim Nachdenken und Beten über die ganze Sache sagte mir mein Gefühl immer wieder, dass da irgendetwas nicht stimmte. Auch Dennis hatte seine Zweifel, und das verstärkte mein Unbehagen noch.

Es ist sehr wichtig zuzulassen, dass unsere erwachsenen Kinder sich den Problemen des Lebens und auch harten Erfahrungen stellen, aber ich glaube, es gibt auch Situationen, besonders, wenn es um die Liebe und die weitreichenden Folgen der Partnerwahl geht, da müssen wir uns zu Wort melden und klar Stellung beziehen.

An dem besagten Tag lief es nicht besonders gut. Unsere Tochter sagte mir, dass sie zwar meine Sorge zu schätzen wisse, sie aber überzeugt sei, dass ich mich irrte. Auf der Heimfahrt kamen mir immer wieder die Tränen, und irgendwann musste ich sogar anhalten und dann lange weinen, weil ich solche Angst hatte, meine Tochter für immer verloren zu haben.

Doch die Geschichte geht noch weiter. In den darauf folgenden Monaten veränderte Gott unsere Tochter innerlich, ohne dass ich noch einmal mit ihr über das Thema gesprochen hätte. Gott benutzte nicht nur Dennis und mich, sondern einige ihrer Geschwister und sogar einen guten Freund – der dann schließlich ihr Ehemann wurde –, um ihr zu helfen, seinen Willen zu erkennen.

Ich habe gelernt, dass meine mütterliche Intuition sehr wertvoll und zutreffend sein kann, wenn ich nah bei Jesus bin. Und ich habe auch gelernt, dass meine erwachsene Tochter bei dieser lebenswichtigen Entscheidung der Partnerwahl immer noch den Rat und die Zustimmung ihrer Eltern brauchte.

Gesprächsimpuls

In welchen Bereichen brauchen Ihre Kinder zurzeit Rat und Hilfe? Wenn Ihre Kinder erwachsen und noch unverheiratet sind, dann fragen Sie sie, wie Sie ihnen Mut machen können.

Gebet

Bitten Sie Gott um Weisheit im Umgang mit Ihren Kindern – in jeder Lebensphase.

19. April

Geistliche Fragezeichen

Seid immer bereit, Rede und Antwort zu stehen, wenn jemand fragt, warum ihr so von Hoffnung erfüllt seid. 1. Petrus 3,15

Ich bin so dankbar, dass meine Eltern Christus als ihren Retter angenommen hatten und gewiss waren, dass sie nach ihrem Tod die Ewigkeit bei Gott im Himmel verbringen würden. Aber ich weiß auch, dass das nicht bei jedem so ist.

Vielleicht wissen Sie gar nicht so genau, ob Ihre Eltern an Jesus glauben. Wenn das der Fall ist, möchte ich Ihnen Mut machen, über drei Dinge nachzudenken (wenn Sie nicht davon betroffen sind, dann hoffe ich, dass Sie diese Vorschläge an Menschen weitergeben, die betroffen sind).

1. *Beten Sie.* Bitten Sie Gott, Sie oder jemand anders einzusetzen, um Ihren Eltern seine Liebe zu vermitteln. Wenn Sie das Gefühl haben, dass Sie sehr unsicher und befangen sind, wenn Sie über geistliche Themen reden, dann reden Sie eben weniger und beten dafür mehr. Oft ist es ja so, dass wir unsere Eltern zu sehr anpredigen in unserem Wunsch und unserem Eifer, sie zum Glauben zu führen. Dabei kann es viel wichtiger und auch wirkungsvoller sein, für sie zu beten, ihnen Liebe und Respekt entgegenzubringen und ihnen durch Ihr persönliches Leben ganz praktisch zu zeigen, wie Jesus Sie verändert hat. Bitten Sie Gott, dass Ihre Eltern an Ihrem Reden und Handeln, an Ihrer Haltung und auch an Ihrer Fürsorglichkeit und Opferbereitschaft ihnen gegenüber erkennen können, wie viel Jesus an ihnen liegt.
2. *Teilen Sie ihnen mit, dass Sie ihnen dankbar sind und sie wertschätzen.* Ich habe schon öfter gehört, dass Leute aufgeschrieben haben, wofür sie ihren Eltern dankbar sind und weshalb sie sie wertschätzen, und

dann mit dem Aufgeschriebenen zu den Eltern gegangen sind, die keine Christen waren, um es ihnen persönlich vorzulesen. Diese Leute haben oft die Erfahrung gemacht, dass das direkte Mitteilen ihrer Liebe und Wertschätzung die Eltern innerlich weich gemacht hat und es dadurch dann möglich wurde, über den Glauben an Jesus Christus ins Gespräch zu kommen. Ich frage mich, wie viele Eltern wohl nur darauf warten, von ihren Kindern Wertschätzung und Respekt zu erfahren – und dann offen und bereit werden, den Erlöser ihrer Kinder anzunehmen.

3. *Seien Sie bereit, ihnen von Jesus zu erzählen.* Egal ob durch Ihr Zeugnis, ein Buch, das Sie ihnen geben, oder auf einem anderen Weg, achten Sie auf gute Gelegenheiten, um ihnen zu erklären, was Sie glauben.

Es gibt Hoffnung. Vor Kurzem aß ich mit einem Mann zu Mittag, der ganz zappelig vor Begeisterung war, weil er seinen 71 Jahre alten Vater gerade zu Christus geführt hatte. Möge Gott Ihre Gebete ebenso beantworten.

Gesprächsimpuls

Wie könnten Sie Christus ähnlicher werden im Umgang mit Ihren Eltern?

Gebet

Wenn Ihre Eltern oder ein Elternteil noch nicht zu Jesus gehören, dann bitten Sie Gott, dass er ihr Herz erreicht.

20. April

Bei sich selbst anfangen

Aber wie können wir vor dir, unserem Gott, bestehen nach dem, was jetzt vorgefallen ist? Wir haben gegen deine Gebote verstoßen.
Esra 9,10

Vor ein paar Jahren stand ich an einem Frühlingstag vor einer kleinen Gruppe von Männern in unserem *FamilyLife*-Büro in Little Rock. Ich hatte sie eingeladen, mit mir über ein Konzept zur Erneuerung von Familien in Amerika zu diskutieren, die so dringend nötig ist. Gemeinsam wollten wir an der Umsetzung einer solchen Erneuerung mitarbeiten.

Ich schrieb das Wort – „Familienerneuerung" – an die Tafel. Wir sprachen ausführlich darüber, was dieser Begriff eigentlich bedeutet und was er auch für uns bedeutete, die sich für Familien einsetzen. Es ist ja nur allzu bekannt, dass unser Land und die ganze Welt an dieser Stelle kläglich versagen. Die Zeichen stehen gegen die Familie und viele Sünden und Strömungen des Zeitgeistes stehen mit der Familie auf Kriegsfuß.

Als wir ungefähr eine Stunde lang so diskutiert hatten, veränderte sich der Ton unseres Gespräches plötzlich drastisch. Als jeder von uns noch einmal das Wort an der Tafel anschaute, wurden wir einer nach dem anderen ganz still. Statt auf das zu schauen, was „da draußen" in der Gesellschaft alles passieren musste, um eine Erneuerung der Familie herbeizuführen, packte uns eine viel beängstigendere Frage: *Herr, was muss sich in meinem Leben und in meiner Familie verändern, damit Familienerneuerung stattfinden kann?*

Unser Treffen an jenem Tag dauerte nicht sehr lange – nicht, weil wir zu großartigen Ergebnissen gekommen wären, sondern weil uns ganz einfach klar wurde, dass alles, was geistlich von Bedeutung ist, immer zuerst bei uns selbst stattfinden muss – durch ganz individuelle Umkehr. Wir kamen zu dem Schluss, dass die geistliche Erneuerung unserer Familien ein Werk ist, das Gott selbst im Herzen des Einzelnen und in jeder Familie tun muss.

Ich glaube immer noch, dass wir eine Familienerneuerung brauchen. Ich habe sie schon an vielen Orten, in vielen Ehen und auch in Familien miterlebt. Ich habe gesehen, wie Gott Ehen, die so gut wie tot waren, wieder mit Leben erfüllt hat und wie er „das Herz der Väter zu den Söhnen und das Herz der Söhne zu ihren Vätern bekehrt" hat (Maleachi 3,24; LU).

Welchen Preis das hat? Wir müssen unsere Sünden und unseren Egoismus bekennen. Bevor Gott wiederherstellt, wieder aufbaut und erneuert, fordert er uns zur Umkehr auf.

Gesprächsimpuls

Haben Sie den Mut, jetzt zu beginnen. Wofür müssen Sie in diesem Moment Buße tun?

Gebet

In 2. Korinther 7,10 steht: „Denn der Schmerz, wie Gott ihn haben will, ruft eine Reue hervor, die niemand je bereut." Beten Sie in diesem Sinne.

21. April

Leitlichter

Erklärung deines Wortes bringt Erleuchtung, auch Unerfahrene bekommen Einsicht. Psalm 119,130

An einem regnerischen Dezembertag 1925, als der US-Army-Pilot Carl Crane den Sohn eines Kongressabgeordneten nach Washington, D. C., zurückflog, verlor er in einer dichten Wolkendecke die Orientierung. Er befand sich 8000 Fuß über Detroit, er hatte kein Gyroskop an Bord, er wusste nicht, wie hoch seine Drehzahl war, und er hatte keine Ahnung, ob er möglicherweise im freien Fall auf die Erde zusteuerte. Schon bald trudelte er abwärts und hatte die Kontrolle über das Flugzeug verloren.

Jeder Versuch eines Rettungsmanövers konnte das Ende bedeuten und war deshalb wie ein Glücksspiel. Wenn er versuchte, die Tragflächen zu stabilisieren, konnte es genauso gut sein, dass das Flugzeug sich umdrehte und dann auf dem Kopf weiterflog, es konnte aber auch sein, dass er dadurch wieder richtig herum flog. Wenn er versuchte, die Nase des Fliegers nach oben zu bewegen, konnte es auch passieren, dass er die Maschine noch heftiger in den Boden rammte. Als schließlich seine Flughöhe keine 1000 Fuß mehr betrug, sichtete er plötzlich das Leuchtlogo des Statler-Hotels. Er war hauchdünn an dessen Spitze vorbeigeschrammt. Jetzt blieben ihm nur noch Sekunden, die Maschine wieder hochzuziehen, aber die Lichter des Gebäudes boten ihm Orientierung, er konnte sein Flugzeug wieder auf Kurs bringen und fand den Weg zum Detroit River, dem er dann weiter folgte und zu Hause ankam, allerdings „am ganzen Körper zitternd".

Für uns bieten die Worte der Bibel ganz ähnlich Orientierung, wie es die Lichter von Detroit in jener Nacht für Crane taten. Sie sind Richtungszeichen Gottes, an denen wir uns in jeder Situation orientieren können und die uns Halt geben. Sie machen deutlich, warum wir uns so verhalten, wie wir es tun, und in welche Richtung wir uns begeben sollen, wenn wir uns verirrt haben. Wenn wir an Worten der Bibel entlangleben, wie der Pilot an dem Flusslauf entlangflog, dann werden wir sicher landen. Die Fahrt mag zwar vielleicht ein wenig holprig sein, und vielleicht gibt es unterwegs auch hin und wieder Turbulenzen, aber der Weg ist geebnet.

Gottes Wort führt uns nach Hause.

Gesprächsimpuls

Denken Sie an eine Zeit, in der Gott Ihnen klare Anweisung gegeben hat. Was sagt die Bibel zu der Situation, in der Sie zurzeit sind?

Gebet

Bitten Sie Gott, Ihnen und Ihrer Familie *echte* Orientierung und Leitung durch die Bibel zu schenken.

22. April

Nicht im Trüben baden

Er sühnte die Sünden aller ein für alle Mal, als er sich selbst zum Opfer brachte. Hebräer 7,27

Alle zwölf Jahre nehmen Hindus in der nordindischen Stadt Allahabad an einem Ereignis teil, das als die größte religiöse Zusammenkunft der Welt gilt. Fast 70 Millionen Pilger kommen an der Stelle zusammen, wo die Flüsse Ganges, Yamuna und Saraswati zusammenfließen. Der Zeitpunkt wird so gewählt, dass sich Jupiter und die Sonne mit den Sternbildern Wassermann und Schütze auf einer Linie befinden.

Das zwei Monate dauernde Ereignis zieht Hindus und Touristen aus aller Welt an. Riesige Areale werden zu Zeltstädten und Tausende von Polizisten werden zusammengezogen, um die öffentliche Sicherheit und Ordnung zu gewährleisten.

Der Ursprung dieser Pilgerreise – auch bekannt als Kumbha Mela (rituelle Waschung) – liegt in der Hindu-Mythologie. Der Sage nach führten Götter und Dämonen einen himmlischen Krieg um den Nektar der Unsterblichkeit, wobei ein wenig davon an dieser heiligen Stätte verschüttet wurde. Doch der Zweck dieses religiösen Festes ist sehr viel konkreter, wenn auch nicht weniger mystisch: Man taucht in das durch den Winter eiskalte Wasser des heiligen Ganges, um von der Sünde gereinigt zu werden und dem endlosen Kreislauf der Reinkarnation zu entgehen.

Ich versuche mir vorzustellen, wie es wohl sein muss, Hunderte, ja Tausende von Kilometern zurücklegen zu müssen, um Frieden und Vergebung zu erlangen, die aber nie ganz vollständig sind. Ich versuche mir vorzustellen, wie es wohl sein mag, zu hoffen, dass ein Eintauchen in trübes Flusswasser ewiges Leben bewirkt.

Wenn wir versucht sind, das letztgültige Opfer Christi als Selbstverständlichkeit zu betrachten, dann wäre es vielleicht hilfreich, uns vorzustellen, wie wir uns selbst in dem hektischen Gedränge am Ganges befinden und uns fragen, ob der Sprung ins kalte Wasser wirklich genügt.

Ich bin dankbar für den Anspruch Jesu, seine Verheißung und seine vollmächtigen Worte in Johannes 14,6: „Ich bin der Weg und die Wahrheit und das Leben; niemand kommt zum Vater denn durch mich."

Diese Worte haben absolut nichts Trübes an sich – sie sind kristallklar. Und wenn Sie diese Worte glauben, dann werden Sie kristallrein!

Gesprächsimpuls

Nennen Sie ein paar der vergessenen positiven Auswirkungen von Gottes bemerkenswerter Rettung im Glauben aus Gnade. Halten Sie inne und feiern Sie ein paar davon.

Gebet

Danken Sie Gott für das unbeschreibliche Geschenk der Vergebung durch seinen Sohn, der ohne Sünde war und sich selbst zur Sünde machte, damit wir durch ihn Gottes Gerechtigkeit erlangen (siehe 2. Korinther 5,21).

23. April

Vorsicht, Wohlstand!

von Barbara Rainey

Dann hüte dich, dass dein Herz sich nicht überhebt und du den Herrn, deinen Gott, vergisst. 5. Mose 8,14

Vor ein paar Jahren fuhr ich allein mit dem Auto nach Hause und dachte über folgende Frage nach: *Wie bin ich (und alle anderen, die ich kenne) an diesen Punkt gelangt, an dem ich von dem Alltagswettrennen völlig außer Atem bin?*

Ich überlegte mir, wie viel einfacher das Leben doch gewesen sein musste in der Zeit, in der *Unsere kleine Farm* spielt. Wenn ich im neunzehnten Jahrhundert auf einer Farm leben würde, müsste ich mir keine Gedanken über meinen Haarschnitt und meine Haarfarbe machen (ich habe gerade zwei Stunden beim Friseur verbracht!). Wir würden meilenweit von den nächsten Nachbarn entfernt wohnen, und es gäbe deshalb keine ganze Stadt, deren Häuser ich mit meinem vergleichen würde. Besorgungen wären eine simple Angelegenheit bei nur einem Laden, in dem es alles zu kaufen gäbe, was wir bräuchten.

Aber liegt es wirklich nur an dem Umstand, im einundzwanzigsten Jahrhundert zu leben, dass unser Leben so vollgestopft ist mit Lernen, Partys, Aktivitäten, Reisen, Seminaren, Ereignissen und Konferenzen? Nein. Wir leben so, weil wir die Möglichkeit dazu haben – und weil wir uns dafür entscheiden. Weil wir wohlhabend genug dazu sind. Das ist die einzige Erklärung dafür, dass wir unzählige Stunden arbeiten, um Geld zu verdienen, das wir für unzählige Dinge ausgeben, die wir eigentlich nicht brauchen.

Wohlstand ist ein Segen Gottes, das steht eindeutig in seinem Wort. Aber da steht auch, dass Wohlstand uns umbringen kann; denn Überfluss bringt die sehr reale Gefahr mit sich, Gott zu vergessen, der ja die eigentliche Quelle von allem ist. Thomas Carlyle hat gesagt: „Auf einhundert Personen, die mit Widrigkeiten umgehen können, kommt nur eine einzige, die mit Wohlstand umgehen kann." Not reduziert unsere Auswahlmöglichkeiten und kristallisiert unsere Prioritäten heraus. Wohlstand dagegen steigert unsere Auswahlmöglichkeiten und unsere Aktivitäten. Der Stress folgt auf dem Fuße!

Seien Sie auf der Hut, wenn es um Wohlstand geht und um das, was er bei uns anrichten kann.

Gesprächsimpuls

Was ist für Sie wichtiger als Erfolg? Wie viel Zeit pro Woche verwenden Sie durchschnittlich auf diese Prioritäten?

Gebet

Erinnern Sie sich täglich daran, wem Sie gehören und woher alles kommt, was Sie haben.

24. April

Zwanzig Minuten pro Tag

Ich danke meinem Gott jedes Mal, wenn ich beim Beten an euch denke.
Philipper 1,3

Billy Eyster, eines der wichtigsten Mitglieder des Managements von FamilyLife, hat mir neulich von einem Freund erzählt, der eine neue Gitarre geschenkt bekommen hatte. Der Mann hatte sich schon immer eine Gitarre gewünscht und gehofft, irgendwann Gitarrespielen zu lernen. Von seiner Frau und den Kindern ermutigt, begann er also, jeden

Abend zwanzig Minuten Akkorde zu üben und auch einzelne Töne zu zupfen.

Erstaunlich, was zwanzig Minuten jeden Abend bewirken können. Schon bald konnte er ein paar einfache Melodien spielen, und seine Familie fand das so toll, dass alle mitsangen, wenn sie eine davon wiedererkannten. Es machte wirklich Spaß! Eine neu erlernte Fertigkeit brachte Musik (und manchmal auch viel Gelächter) in seine Familie – und ihm selbst brachte sie Freude darüber, etwas geschafft zu haben.

Das alles veranlasste Bill zu folgendem Gedanken: Jeder hat doch im Laufe des Tages oder abends wenigstens ein bisschen freie Zeit übrig. Manche verbringen diese Zeit im Internet, andere schauen fern, wieder andere gehen einkaufen oder lesen oder schreiben Tagebuch. Wie wäre es wohl, wenn wir nur einen Teil dieser freien Zeit – sagen wir 20 Minuten – dazu nutzen würden, sie in unsere wichtigste Beziehung auf dieser Welt, unsere Ehe, zu investieren?

Wie wäre es, wenn wir – statt unsere Freizeit mit Golf, Fotografie oder exotischem Kochen zu verbringen – wenigstens einen Teil davon nutzen würden, um ein Ehemann oder eine Ehefrau nach dem Herzen Gottes zu werden? Wie wäre es, wenn wir einen Teil dieser Zeit für einen gemeinsamen Spaziergang nutzten oder um einfach einmal bewusst darüber nachzudenken, was wir unserem Ehepartner Gutes tun könnten – indem wir überlegen, was wir ihm/ihr schenken können, indem wir einen romantischen Abend zu zweit planen oder indem wir eine bestimmte Arbeit übernehmen, um unseren Partner zu entlasten?

Wenn Ehepartner zueinander hinwachsen wollen, dann müssen sie ihre Beziehung in den Mittelpunkt stellen, und das erfordert einfach Zeit.

Gesprächsimpuls

Sprechen Sie darüber, wie Sie mehrmals wöchentlich 15 bis 20 Minuten bewusst miteinander verbringen können. Womit vergeuden Sie Zeit und wie könnten Sie diese Zeitdiebe ausschalten, um mehr Zeit füreinander zu haben?

Gebet

Bitten Sie Gott, Ihnen dabei zu helfen, Ihre Ehe als tägliches Abenteuer zu verstehen.

25. April

Beistand

Denn ihr wisst, dass wir, wie ein Vater seine Kinder, einen jeden von euch ermahnt und getröstet und beschworen haben ...
1. Thessalonicher 2,11

Maurice „Mo“ Cheeks kann auf eine lange, erfolgreiche Karriere als Spieler und Trainer der *National Basketball Association* zurückblicken. Sein größter Moment hatte allerdings meiner Meinung nach nichts mit einer Aktion auf dem Spielfeld zu tun. An jenem Tag im Jahr 2003 begann die 13-jährige Natalie Gilbert in der ausverkauften Halle der *Portland Trail Blazers* und vor den Fernsehzuschauern der gesamten Nation die amerikanische Nationalhymne zu singen.

Sie hatte gerade erst angefangen, da verhaspelte sie sich im Text und erstarrte dann. Völlig in Panik hielt sie sich das Mikrofon vor die Stirn, als ob sie in ihrem Gehirn nach den richtigen Worten suchte, und dann, genau in dem Augenblick, als sie aufgeben wollte (und nach dem sprichwörtlichen Mauseloch suchte, um sich darin zu verkriechen), trat „Mo“ Cheeks neben sie, half ihr das Mikrofon richtig zu halten und sang mit ihr zusammen die Nationalhymne.

Er forderte die Menge zum Mitsingen auf und sang dann ebenso schräg wie anrührend mit ihr die Hymne im Duett. Es war buchstäblich schrecklich schön, und man konnte sehen (und hören), wie Natalie von Zeile zu Zeile mehr Selbstvertrauen gewann.

„Er hat mich gerettet“, sagte Natalie später einem Journalisten, der sie interviewte. „Als ich nach der Nationalhymne wegtreten wollte, sagte er: ‚Mach dir keine Gedanken, Mädchen – jeder hat mal ’n schlechten Tag.‘“

Unsere Kinder würden dazu sagen: „Cool.“

Diese Episode erinnert mich an die Macht, die wir als Eltern haben, ihnen zur Seite zu stehen und Mut zu machen. Sie brauchen große Träume und hohe Ziele, um sich auf das Leben einlassen zu können, von dem sie ja nicht immer mit Samthandschuhen angefasst werden und das immer auch die Chance des Scheiterns birgt. Und wenn sie mal stolpern – was bestimmt hin und wieder der Fall sein wird –, dann brauchen sie uns. Und dann seien Sie auch da – mit den richtigen Worten, um ihnen da hindurchzuhelfen. Sie sollten nie zu weit von unseren ausgebreiteten Armen entfernt hinfallen.

Gesprächsimpuls

Egal, wie alt Ihre Kinder sind, wo brauchen sie zurzeit gerade aktive Ermutigung?

Gebet

Beten Sie, dass Ihre Bestätigung und Unterstützung sie aufbaut und ihnen Mut macht.

26. April

Stark!

Niemand liebt mehr als einer, der sein Leben für seine Freunde opfert.
Johannes 15,13

Dick hat mit seinem Sohn Rick zusammen schon mehrere Marathonläufe und außerdem einige Triathlons bestritten. Sie sind dabei aber nicht nebeneinandergelaufen, -gefahren oder -geschwommen, sondern *Dick hat seinen Sohn im Rollstuhl geschoben, ihn in einem Schlauchboot gezogen oder ihn auf einem Spezialsitz vorn am Fahrrad mitgenommen.*

Wie, um alles in der Welt, geht das? Und vor allem – wieso macht man so etwas?

Bei seiner Geburt hatte Rick einen Sauerstoffmangel erlitten und dadurch schwere Hirnschädigungen davongetragen. Als Teenager wurde er dann jedoch mithilfe moderner Technik und durch die Liebe seiner Eltern mit einer Vorrichtung ausgestattet, mithilfe derer er sich verständigen konnte, und zwar indem er den Cursor eines Computers mit dem Kopf steuerte. Zu den ersten Aussagen, die er auf diese Weise schrieb, gehörte die Bitte an seinen Vater, mit ihm zusammen an einem Wohltätigkeitslauf über fünf Meilen teilzunehmen.

Bis zu diesem Zeitpunkt war Dick noch nie weiter als eine Meile am Stück gelaufen. Er war Mitte dreißig und alles andere als in Topform. Aber er machte trotzdem mit und schob dabei Ricks Buggy vor sich her. Als sie am Abend nach der Veranstaltung wieder nach Hause kamen, tippte Rick in seinen Computer: „Papa, als wir zusammen gelaufen sind, hat sich das angefühlt, als ob ich nicht mehr behindert wäre."

Und diese Aussage traf bei Dick ins Schwarze. Er begann, für Marathonläufe zu trainieren – mit Leidenschaft. Dick wird immer wieder gefragt, warum er nicht mal allein und nur für sich an einem Marathon teilnimmt, um zu sehen, wie er dabei abschneidet, aber er antwortet dann immer: „Auf keinen Fall. Ich mache das nur, um Ricks Gesichtsausdruck zu erleben."

Vor Kurzem hatte Dick während eines Laufs einen leichten Herzinfarkt, und der Arzt sagte ihm später: „Wenn Sie nicht in so großartiger körperlicher Verfassung wären, würden Sie wahrscheinlich schon seit fünfzehn Jahren nicht mehr leben."

Wirklich, Vater zu sein, kann auch erlösende Wirkung haben. Es kann zwei Leben auf einmal retten.

Gesprächsimpuls

Nennen Sie einige Dinge, die Sie und Ihre Kinder, gemeinsam unternehmen, und zelebrieren Sie sie gemeinsam. Gibt es etwas richtig Tolles, was Sie gemeinsam schaffen könnten?

Gebet

Danken Sie Gott für das Geschenk Ihrer Kinder, und bitten Sie ihn, dass es Ihr Wunsch bleibt, ihnen auch weiterhin Ihre Liebe und Ihre elterliche Sicht anzubieten.

27. April

Küchenkrach

Lass dich nicht aus der Ruhe bringen;
nur Unverständige ärgern sich über alles. Prediger 7,9

Wir hatten zwei von unseren Teenagern gebeten, zusammen die Küche zu putzen. Als ich das erste Mal hinging, um zu sehen, wie sie vorankamen, stritten sie sich gerade darüber, wer schon am meisten getan hatte. Ich forderte sie freundlich auf, bitte weiterzumachen.

Als ich zum zweiten Mal hinkam, zankten sie sich darüber, wer den Boden wischen sollte. Ich griff ein, sorgte für Ruhe und ermunterte sie, die Arbeit zu Ende zu bringen.

Als ich schließlich ein drittes Mal hinging, um ihre ebenso halbherzig wie mittelmäßig ausgeführte Arbeit zu inspizieren, brachten sie als wirklich erbärmliche Entschuldigung vor, sie wüssten nicht so genau, wie eine geputzte Küche auszusehen hätte. Irgendein Außerirdischer von einem anderen Planeten hatte die Herrschaft über meine Teenager übernommen, und zwar einer, der noch nie eine Küche, geschweige denn eine saubere Küche gesehen hatte!

Es reichte! Der Vater der Teenager, der normalerweise nicht so leicht aus der Ruhe zu bringen ist, flippte aus.

Ich begann eine Schimpftirade darüber, wie respektlos und ungehorsam sie seien. In meiner Wut warf ich eine Schachtel mit Papiertüchern nach ihnen, die gerade in Reichweite stand, stürmte dann aus dem Haus und knallte die Haustür hinter mir zu.

Als ich dann da draußen auf der Veranda stand, kamen mir zwei grundlegende Gedanken.

Erstens: *Es ist wirklich kalt hier draußen. Warum sind die beiden im Warmen und ich friere hier draußen? Es ist mein Haus und nicht ihrs!* Der zweite Gedanke setzte mir allerdings erheblich mehr zu als die Kälte: *Ich habe mich von meiner Wut leiten lassen und mich wie ein dummes Kind benommen.*

Ich erinnere mich nicht mehr so genau, mit welchen Worten ich mich bei meinen Kindern entschuldigt habe, aber ich weiß noch sehr genau, dass mir etwas ganz klar wurde: *Wenn ich diesen Kindern helfen will, emotional erwachsen zu werden und ihren Zorn angemessen auszudrücken, dann muss ich erst einmal selbst erwachsen werden und mich entsprechend benehmen.*

Gott hat nie gesagt, dass wir nicht wütend sein dürfen. Aber er hat uns davor gewarnt, in unserer Wut zu sündigen. In Sprüche 14,29 heißt es: „Ein Mensch, der ruhig bleibt, zeigt, dass er Einsicht hat; wer aufbraust, zeigt nur seinen Unverstand“ (siehe auch Jakobus 1,19).

Gesprächsimpuls

Welche konkreten Situationen haben Sie in letzter Zeit dazu gebracht, aus der Haut zu fahren? Versuchen Sie herauszufinden, wer die Hauptübeltäter und die Auslöser waren. Was genau bewirkt, dass Sie die Beherrschung verlieren?

Gebet

Beten Sie, dass Sie innerlich nicht so schnell aufbrausen, sondern eher „langsam zum Zorn“ werden.

28. April

Demontage

Darum zieht nun wie eine neue Bekleidung alles an, was den neuen Menschen ausmacht: herzliches Erbarmen, Freundlichkeit, Bescheidenheit, Milde, Geduld. Kolosser 3,12

In einem Cartoon von Charles M. Schulz, dem Schöpfer der *Peanuts*, isst Linus gerade ein Sandwich, und Lucy ist in der Nähe, als Linus nachzugrübeln beginnt. „Hände sind etwas Faszinierendes", sagt er. „Ich mag meine Hände. Ich glaube, ich habe schöne Hände. Meine Hände haben jede Menge Charakter. Diese Hände werden vielleicht eines Tages große Dinge vollbringen. Vielleicht werden sie wunderbare Werke schaffen. Vielleicht werden sie gewaltige Brücken bauen oder Körbe werfen im Basketball oder ergreifende Romane schreiben. Diese Hände werden vielleicht eines Tages den Lauf der Geschichte verändern!"

Kurzes Schweigen und dann Lucys trockene Bemerkung: „Und sie sind voller Marmelade."

Wir müssen darüber zwar lachen, aber wir wissen, dass dieser Kommentar für Lucys typischen Umgang mit ihren Mitmenschen steht. Und leider ist das auch ein Bild dafür, wie Sie vielleicht mit Ihrem Ehepartner umgehen. Anstatt ihn oder sie zu ermutigen und aufzubauen, entscheiden Sie sich für die Stimme der Kritik und des harschen Realitätssinns.

Der renommierte Sozialwissenschaftler John Gottman hat anhand einer zehn Jahre dauernden Untersuchung herausgefunden, durch welche Arten von Kommunikation – sowohl verbal als auch nonverbal – Ehen am meisten gefährdet sind oder sogar zerstört werden können. Als die vier entscheidenden zerstörerischen Komponenten hat er herausgefunden:

- *Kritik* – nörgeln, aufbrausen, aufeinander herumhacken
- *Geringschätzigkeit* – durch Gestik, Mimik und Worte den anderen abwerten
- *Abwehrhaltung* – Weigerung, sich der Wahrheit zu stellen oder über sich selbst nachzudenken
- *Mauern* – sich zurückziehen, schweigen

Beschreibt eine dieser Strategien und Verhaltensweisen Ihren Umgang mit Ihrem Ehepartner? Um Konflikte in Ihrer Familie so gering wie möglich zu halten, müssen Sie sich durch das, was Sie sagen, und die Art, wie Sie es sagen, gegenseitig unterstützen.

Gesprächsimpuls

Schauen Sie sich einmal etwas genauer an, wie Sie miteinander umgehen; wie können Sie Einstellungen und Worte einsetzen, um einander zu stärken und zu ermutigen? Würden Sie sich allgemein eher als ermutigend oder kritisch Ihrem Partner gegenüber einstufen? Wie würde Ihr Partner diese Frage beantworten?

Gebet

Bitten Sie Gott, jedes Mal auf Ihr Gewissen einzuwirken, wenn Sie das Gefühl haben, Ihren Partner zu demontieren.

29. April

Allein und verlassen

Ich half den Armen, die um Hilfe riefen, den Waisenkindern, denen niemand beistand. Hiob 29,12

Was wir im Zusammenhang mit Adoption leicht vergessen, übersehen oder schlicht und einfach ignorieren, ist die Tatsache, wie unglaublich bedürftig manche Kinder sind. Daran musste ich wieder denken, als ich die Geschichte eines Ehepaares hörte, das ein Kind aus Guatemala in seine sechsköpfige Familie aufnehmen wollte.

Über die kleine Heidy Paola war nicht mehr bekannt, als dass sie in einem Pappkarton am Straßenrand gefunden wurde. Sie war noch kein Jahr alt und eigentlich zum Sterben verurteilt, aber dann kam ein Polizist vorbei, der den Karton sah und entsorgen wollte, dann jedoch das von der Sonne völlig verbrannte und dehydrierte Baby entdeckte, das noch ein ganz klein wenig Leben in sich hatte.

Sein Entschluss, das kleine Mädchen in ein nahe gelegenes Waisenhaus zu bringen, war ganz bestimmt keine Selbstverständlichkeit. In sehr armen Ländern werden unerwünschte Kinder oft ausgesetzt, weil die materielle Not einfach stärker ist als die elterliche Sorge für ein Kind. Und das hier war nur eines von vielen. Aber durch Gottes Eingreifen wuchs dieses eigentlich zum Tode verurteilte kleine Mädchen dann in einem Waisenhaus heran, weil ein Polizist sich die Mühe gemacht hatte, es dort hinzubringen.

Als ihre Adoptiveltern zum ersten Mal in das Heim kamen, wo Heidy lebte, machte sie sich von der Pflegerin los und rannte ihrer neuen Mama in die Arme. Die Bindung zwischen den beiden war spontan und stark, und genau das wollte Gott sicher auch.

Ich bin fest davon überzeugt, dass in der heutigen Zeit Adoption eine der zentralen Bemühungen ist, um zum Ausdruck zu bringen, dass die christliche Gemeinde mit der Welt mitleidet. Wenn sie niemanden haben, der sie beschützt, bedeutet das für Kinder ein unglaubliches Elend. Sie sind so schwach und bedürftig. Möge Gott Familien vorbereiten, die den Hilflosen ein Zuhause bieten – eine Mama und einen Papa, die sie wirklich beschützen.

Gesprächsimpuls

Da ist ein verletztes Kind, ein Kind in Not, ein Kind ohne Hoffnung, das niemanden hat. Was könnten Sie tun, damit so ein Kind Gottes Liebe erfahren kann?

Gebet

Beten Sie, dass Ihre Familie Gottes Mitgefühl und Eintreten für die Elternlosen widerspiegelt.

30. April

Sport

Jesus nahm weiter zu an Jahren wie an Verständnis, und Gott und die Menschen hatten ihre Freude an ihm. Lukas 2,52

Ich würde ganz und gar nicht behaupten, dass alles im Leben so sein sollte, wie es unter der Regierung Eisenhower war, aber ich erinnere mich daran, dass sich in meiner Kindheit die Basketball-, Baseball- und Football-Saison kaum überschnitten. Wenn Sie heute Kinder haben, die Sport treiben, dann wissen Sie, dass schon eine einzige Sportart ein Ganzjahresprojekt sein kann. Der Konkurrenzkampf ist so verbissen und der Ehrgeiz zu siegen so intensiv, dass Ihr Kind jede Menge zusätzliche Zeit braucht für Training und Wettkämpfe. Und Eltern geraten ziemlich leicht mit in diesen Sog hinein.

Wenn sich so ein Druck in Ihrem Familienleben bemerkbar zu machen beginnt, dann ist es vielleicht Zeit, einmal darüber nachzudenken, welche Rolle der Sport eigentlich im Leben Ihrer Kinder spielen sollte:

1. *Charakter*. Der Sport kann ein Bereich sein, in dem man bestimmte Dinge fürs Leben lernt, zum Beispiel, bis zum Ende durchzuhalten, auch mal über die eigenen Müdigkeits- und Erschöpfungsgrenzen zu

gehen und mehr zu erreichen, als man eigentlich gedacht hätte. Auch eine Verlierermannschaft kann wertvolle Lektionen vermittelt bekommen. Habe ich schon erwähnt, dass ich zwei Jahre lang Trainer in der *Little League* war? Unsere Bilanz am Ende: 2 zu 15. In beiden Jahren. So viel zum Thema Charakterbildung!

2. *Beziehungen.* Ihre Kinder werden ihr ganzes Leben lang zu irgendwelchen Teams gehören – bei der Arbeit, in der Gemeinde, ja sogar in der Familie. Eigene Pläne hintenanzustellen zum Wohle des Teams, ist eine Fähigkeit, die sich durch Übung verbessert, und Sport bietet sich dazu hervorragend an.
3. *Spaß.* Trainer und Eltern vergessen das auch gern mal, aber die meisten Kinder treiben Sport tatsächlich aus Spaß. Wenn ihre aktiven Sportkarrieren vorbei sind, dann sollen sie schöne Erinnerungen daran behalten – Erinnerungen, wie ich sie habe, wenn ich mir das Album anschaue, das mir mein Vater zusammengestellt hat als Erinnerung an all die Spiele und Reisen und die Zeit, die ich mit meiner Mannschaft unterwegs war. Ich würde meine Erinnerungen an meine Basketball- und Baseballjahre gegen nichts eintauschen.

Ja, wenn es um Sport geht, bin ich immer noch ein Anhänger von Ike Eisenhower!

Gesprächsimpuls

Nimmt der Sport in Ihrer Familie zu viel Raum ein? Was können Sie tun, um wieder zu einem annehmbaren Maß zu gelangen?

Gebet

Beten Sie, dass Gottes wahre Prioritäten zum Ausdruck kommen in der Art, wie Sie Ihre Kinder erziehen.

1. Mai

Alles, was ich brauche

Alle, die dich kennen, Herr, setzen auf dich ihr Vertrauen. Du lässt niemanden im Stich, der deine Nähe sucht. Psalm 9,11

Genau in dem Augenblick, als Darnly Motter im Kreißsaal ihr drittes Kind zur Welt brachte, lag ihr Mann Larry eine Etage unter ihr im Operationssaal, wo man ihm ein Blutgerinnsel aus seinem Gehirn entfernte.

Zu dieser paradoxen Situation im Leben der Motters kam es an dem Tag, als sie auf einer einsamen Straße in South Dakota einen Unfall hatten, bei dem sich Larry schwere Hirnverletzungen zuzog und ins Koma fiel. Als er wieder zu Bewusstsein kam, war er teilweise gelähmt, und sein Kurzzeitgedächtnis war völlig ausgelöscht. Er war praktisch ein zusätzliches Baby im Haushalt der Motters.

Es gab Leute, die Darnly rieten, für Larry einen Platz in einem guten Pflegeheim zu suchen, damit sie irgendwie weiterleben konnten. Aber Darnly wusste, dass sie das nicht fertigbringen würde. Mit Larry zusammenzuleben – auch dem neuen Larry, der er jetzt war – gehörte nach ihrem Verständnis zur Erfüllung des Eheversprechens, das sie Larry bei der Hochzeit gegeben hatte.

Im Laufe der Jahre hat sie sich abends oft in den Schlaf geweint, und ab und zu versinkt sie auch im Sog von Depressionen. Ihr einsames Leben als einzige „Erwachsene" in ihrer Ehe macht sie manchmal so verzweifelt, dass sie verrückt werden könnte, aber wenn es ganz besonders schlimm ist, klammert sie sich immer an folgende Aussage: „Ich brauche keine Antworten; ich brauche nur Gott."

Das ist wirklich ein Glaubensstatement – und zwar eines, das Leute, die sich nur nach ihren Gefühlen richten, nicht machen können, weil es voraussetzt, dass man Gott gut genug kennt und ihm genügend vertraut, um mit den Herausforderungen fertig zu werden, die er in unserem Leben häufig zulässt. Ein solcher Glaube bringt Freiheit und Frieden, auch mitten in den Stürmen des Lebens – eine Freiheit und einen Frieden, den nur diejenigen kennen, die entschlossen sind, auf die zuverlässigen, zeitlosen Wahrheiten des Wortes Gottes zu vertrauen.

Wenn das Leben ungerecht ist, ist Gott trotzdem da – um dafür zu sorgen, dass Sie alles haben, um durchhalten zu können.

Gesprächsimpuls

Was möchten Sie einander sagen oder versprechen, wenn Sie Geschichten wie diese hören?

Gebet

Wenn das Leben schwer ist, bitten Sie Gott, Sie daran zu erinnern, dass das irdische Leben kurz, aber das Leben mit ihm ewig ist.

---

2. Mai

Eingeschlagene Nägel (Teil 1)

Die Worte der Weisen sind wie Stacheln, und wie eingeschlagene Nägel sind die einzelnen Sprüche. Prediger 12,11

Ich definiere Weisheit auch gern als Alltagstauglichkeit, und genau das ist es eigentlich, was jede Generation am dringendsten braucht. Der Verfasser von Prediger 12 spricht davon, dass die Worte eines weisen Mannes wie „eingeschlagene Nägel" sind – Worte, die Perspektive, Sicherheit und Leben geben. In den kommenden drei Tagen möchte ich drei eingeschlagene Nägel beschreiben.

Nagel Nummer eins: Sich an Gott erinnern

Der russische Literaturnobelpreisträger und Dissident Alexander Solschenizyn hat einmal gesagt: „Ich habe fünfzig Jahre damit verbracht, an der Geschichte der Russischen Revolution zu arbeiten, und habe dabei Hunderte von persönlichen Zeugenaussagen gesammelt, Hunderte von Büchern gelesen und selbst acht Bände verfasst. Doch wenn ich heute aufgefordert würde, so kurz und präzise wie möglich den Hauptgrund für diese ruinöse Revolution zu formulieren, die rund 60 Millionen Menschen das Leben gekostet hat, dann könnte ich nichts Zutreffenderes sagen als das, was ich schon wiederholt gesagt habe: Die Menschen haben Gott vergessen."

Diese eindringlichen Worte bestätigen, was geschieht, wenn die Menschen Gott vergessen und seine Gegenwart und Autorität in ihrem Leben nicht anerkennen: Alles bricht zusammen. Die Menschen entwickeln einen geistlichen Gedächtnisverlust und sind nicht in der Lage, sich an das zu erinnern, was Gott getan hat, um zu zeigen, dass er treu und wahrhaftig ist, und zwar nicht nur in ihrem eigenen Leben, sondern in der gesamten Menschheitsgeschichte. Wenn wir Gott vergessen, dann vergessen wir, ihm zu vertrauen.

Wenn Sie diesen Nagel für sich einschlagen wollen, möchte ich Sie dazu auffordern, an drei Dinge zu denken: Erstens, lernen Sie, Gott wirklich anzubeten. Zweitens, lernen Sie ihn kennen, indem Sie sich Zeit nehmen, um in der Bibel zu lesen. Und drittens, machen Sie sich gemeinsam eine Liste Ihrer persönlichen geistlichen Meilensteine – Erfahrungen, die Sie mit ihm gemacht haben, die deutlich machen, dass er etwas Wichtiges an Ihnen oder in Ihrer Familie getan hat. Wenn wir uns bewusst an das erinnern, was Gott getan hat, dann erinnern wir uns nicht nur an ihn, sondern es fällt uns wahrscheinlich auch leichter, ihm in allem zu vertrauen, was uns widerfährt.

Erinnern Sie sich an Ihren Schöpfer.

Gesprächsimpuls

Erinnern Sie sich gemeinsam an einige geistliche Meilensteine. Schreiben Sie sie auf, erinnern Sie sich immer wieder daran und fügen Sie der Liste auch neue hinzu, die im Laufe der Zeit dazukommen.

Gebet

Danken Sie Gott abwechselnd für das, was er ist und was er in Ihrem Leben und dem Ihrer Familie getan hat.

3. Mai

Eingeschlagene Nägel (Teil 2)

Es ist gut, wenn du dich an das eine hältst und auch jenes nicht aus der Hand lässt; denn wer Gott fürchtet, der entgeht dem allen.
Prediger 7,18

Ich bin im Südwesten von Missouri aufgewachsen, und damals arbeitete dort in der kleinen Gemeinde, zu der wir gehörten, ein Prediger, der beim Predigen immer fast seine Kanzel umkippte. Wenn er predigte, sah man Schwefel und Höllenfeuer praktisch schon in den Kirchbänken qualmen. Er predigte über den allmächtigen Gott, der gerecht ist in seinem Urteil. Es war sicher nicht alles gut, was dieser Mann predigte, aber ich lernte dadurch als Junge, eine angemessene Ehrfurcht vor dem Einen zu haben, der mein Schicksal in seiner Hand hält.

Heute wird kaum noch über Gottesfurcht gepredigt. Ehrfurcht wird weitgehend ersetzt durch weichere, angenehmere Empfindungen. Wir haben die Furcht vor Gott gegen die Liebe zu Gott eingetauscht, und dabei ist uns nicht klar, dass wir beides brauchen, damit wir ausgeglichen und sicher sind.

Nagel Nummer zwei: Gott fürchten

Früher haben gläubige Christen davon gesprochen, „in der Gegenwart Gottes" oder „vor seinem Angesicht" zu leben. Ihr Gottesbild machte deutlich, wie erhaben und majestätisch Gott über allem thront. Dieses Gottesbild trieb die Menschen dazu, ihre Welt zu verändern, denn sie wussten, dass der Allmächtige sie immer beobachtete, und das vergaßen sie auch nie.

Für Gott zu leben heißt nicht, sich zurückzulehnen und es ruhig angehen zu lassen. Es ist eine ernsthafte Angelegenheit. Anstatt Gottes Verheißungen als Möglichkeit zu betrachten, unsere Konten auszugleichen und eigene Bedürfnisse zu befriedigen, fordert uns die Bibel dazu auf: „... so wollen wir uns reinigen von jeder Befleckung des Fleisches und des Geistes und die Heiligkeit vollenden in der Furcht Gottes" (2. Korinther 7,1; ELB). Es geht nicht um Unterhaltung und darum, dass wir uns wohlfühlen, sondern es geht darum, ihn so zu sehen, wie er ist, und uns selbst als solche zu sehen, die ihm für jeden Augenblick ihres Lebens Rechenschaft schuldig sind. Und wirkliches Leben bedeutet außerdem, auch denen gegenüber Rechenschaft über unser Tun abzulegen, die, wie wir, nach Gottes Willen leben möchten.

Gesprächsimpuls

Wie sieht Ihr Gottesbild aus? Wenn Sie an die vergangenen paar Tage zurückdenken, was hätten Sie anders gemacht, wenn Sie gewusst hätten, dass Gott Ihnen dabei zusieht?

Gebet

Bitten Sie Gott, Ihnen Gottesfurcht im positiven Sinne zu schenken und Ihnen dabei zu helfen, sich bei Ihren Entscheidungen, Worten und Beziehungen bewusst zu sein, dass er dabei ist.

---

4. Mai

Eingeschlagene Nägel (Teil 3)

Fassen wir alles zusammen, so kommen wir zu dem Ergebnis: Nimm Gott ernst und befolge seine Gebote! Das ist alles, worauf es für den Menschen ankommt. Prediger 12,13

Das Wort Gottes ist uns nicht geschenkt worden, damit wir intelligente Sünder werden, sondern gehorsame und authentische Heilige", sagte A. W. Tozer. So wichtig es ist, sich an Gott zu *erinnern* – daran, wer er ist und was er für uns getan hat – und Gott zu *fürchten*, indem wir in heiliger Ehrfurcht vor ihm und in seiner Gegenwart leben, so wichtig ist es auch, den letzten der drei Nägel einzuschlagen.

Nagel Nummer drei: Gott gehorchen

Unser Leben besteht aus Entscheidungen – aus schwierigen Gabelungen auf unserem Lebensweg, an denen wir vor der Entscheidung stehen, uns entweder für Gottes Weg zu entscheiden oder für unseren eigenen. Mose hat in diesem Zusammenhang zum Volk Israel gesagt, dass es dabei im Grunde nicht um die Entscheidung zwischen Gut und Böse, sondern zwischen Leben und Tod geht (siehe 5. Mose 30,15–16). Der Prophet Amos sagt kurz und treffend: „Kommt zum Herrn, dann werdet ihr leben!" (Amos 5,6). Der einzig sichere Weg zum Leben ist der Weg des Gehorsams gegenüber Gott und seinem Wort.

Wenn Ihnen also nicht danach ist, Ihren Ehepartner zu lieben – gehorchen Sie Gott.

Wenn Sie die Versuchung spüren, zu stehlen oder Ihre Integrität aufs Spiel zu setzen – gehorchen Sie Gott.

Wenn Ihr Chef Sie auffordert, etwas zu tun, das einfach nicht richtig ist – gehorchen Sie Gott.

Wenn Lust und Leidenschaft Sie zum Nachgeben verführen wollen – gehorchen Sie Gott.

Wenn Sie leiden und am liebsten aufgeben würden – gehorchen Sie Gott.

Wenn es das Einfachste wäre, nichts zu tun – gehorchen Sie Gott.

Wenn Ihnen danach ist, faul zu sein – gehorchen Sie Gott.

Welche Entscheidung auch immer ansteht – gehorchen Sie Gott ... und Sie werden leben!

Thomas Carlisle hat einmal geschrieben: „Eine Überzeugung, und sei sie noch so großartig, ist wertlos, wenn sie nicht in Handeln umgesetzt wird." Es reicht nicht aus, nur zu wissen, was gut und richtig ist. Nägel sitzen nur dann fest und gerade, wenn wir den Mut haben, sie tief einzuschlagen, indem wir Gott gehorchen.

Gesprächsimpuls

Heute ist es wichtig, ehrlich zu sein in der Frage, wo Sie Gott nicht gehorchen. Packen Sie aus. Verändern Sie diese Punkte. Schlagen Sie den Nagel ein!

Gebet

Bitten Sie Gott um Kraft und Überzeugung, nicht nur seine Kinder, sondern seine *gehorsamen* Kinder zu sein.

5. Mai

Zusammen beten

Denn wo zwei oder drei in meinem Namen zusammenkommen, da bin ich selbst in ihrer Mitte. Matthäus 18,20

Wir glauben – und haben aus langer Erfahrung gelernt –, dass das wahre Geheimnis geistlicher Intimität in der Ehe das *gemeinsame Beten* ist. Umfragen während *FamilyLife*-Wochenendseminaren zufolge beten allerdings nicht einmal acht Prozent der Ehepaare regelmäßig miteinander.

Das beunruhigt mich sehr. Es bedeutet nämlich, dass neun von zehn christlichen Paaren heutzutage das Wichtigste nicht tun, was sie geistlich gesehen stärker zusammenbringen würde.

Ich bekomme oft ermutigende E-Mails von Ehepaaren, die verstanden haben, welche Kraft im täglichen gemeinsamen Gebet liegt. Ein Mann schrieb mir zum Beispiel, er habe sich einen Bilderrahmen gekauft, den er jeden Morgen sofort nach dem Aufstehen auf sein Kopfkissen lege. In dem Bilderrahmen sei ein Zettel mit der Aufschrift: „Hast du heute schon mit Janet gebetet? Es ist noch nicht zu spät“, der ihn dann abends an das gemeinsame Gebet erinnere.

Jemand anders schrieb mir, er habe versucht, abends vor dem Schlafengehen mit seiner Frau zu beten, aber „ich fand immer wieder Ausflüchte, um es nicht zu tun. Eines Tages hat Gott mich wirklich davon überzeugt, dass ich als Ehemann die Verantwortung habe, jeden Abend mit meiner Frau zusammen zu beten. Als ich an dem Abend nach Hause kam, erzählte ich ihr von meiner neuen Überzeugung.“

Daraufhin sagte seine Frau unter Tränen: „Ich bete schon seit Monaten dafür, aber ich wollte keinen Druck auf dich ausüben. Ich wollte, dass Gott das in dir bewirkt.“

Ich möchte Sie gern herausfordern, jeden Tag miteinander zusammen zu beten. Ich verspreche Ihnen in der Vollmacht des Wortes Gottes, dass Sie nach zwei Jahren täglichen gemeinsamen Gebets nicht mehr dasselbe Paar sein werden wie jetzt (siehe Matthäus 18,19). Es wird vieles anders werden, wenn Sie den Gott des Universums jeden Tag in Ihre Ehe einladen.

Gesprächsimpuls

Klären Sie das jetzt für sich: Werden Sie beide jeden Tag miteinander beten, egal, was zwischen Ihnen steht oder wichtiger erscheint?

Gebet

Weil hier mit direktem Widerstand des Widersachers zu rechnen ist, bitten Sie Gott um den Mut, gehorsam zu beten. Und danken Sie ihm im Voraus für das, was er in Ihrem Leben tun wird.

6. Mai

Gemeinsam beten – aber wie?

Seid besonnen und nüchtern, damit nichts euch am Beten hindert.
1. Petrus 4,7

Wenn Sie versuchen, als Ehepaar regelmäßig miteinander zu beten, hier ein praktikabler Entwurf für den Ablauf und ein paar Vorschläge, an denen Sie sich orientieren können. Vielleicht haben Sie schon von der ABDB-Methode gehört:

A steht für Anbetung. Loben Sie Gott für seine Liebe, Gnade und Vergebung. Preisen Sie ihn für das, was er in Ihrer Ehe und Familie tut.

B steht für Bekennen. Bekennen Sie alles, was es zu bekennen gibt, bevor Sie mit Ihren Bitten vor ihn kommen. Klären Sie alles, was zu klären ist, und bereinigen Sie alles Nötige, damit Sie innerlich klar sind, wenn Sie Ihre Bitten vorbringen.

D steht für Danken. Danken Sie Gott für Ihren Partner, Ihre Kinder, Ihre Arbeit, Ihr Zuhause – für alles, woran er Sie erinnert.

B steht für Bitten. Bringen Sie alles vor Gott, was Sie auf dem Herzen haben – ein Kind mit Schulproblemen, gesundheitliche und geistliche Not in Ihrer Familie, finanzielle Schwierigkeiten usw. Sie brauchen Gott nicht mit geschliffenen, frommen Formulierungen zu beeindrucken. Vergessen Sie nicht, dass Gebet zwar etwas mit Ehrfurcht zu tun hat, aber auch Ausdruck einer vertrauten Beziehung ist.

Vielleicht möchten Sie auch *abwechselnd* beten – einer von Ihnen heute Abend, der andere morgen – und sich auf diese Weise langsam an das gemeinsame Gebet gewöhnen.

Beten Sie jeden Tag mit einem anderen Schwerpunkt. Am Sonntag können Sie beispielsweise für die Aktivitäten der kommenden Woche beten; am Montag für Ihre Ehe und Ihre Kinder; am Dienstag für die Verwandtschaft; am Mittwoch für Arbeitskollegen und alles, was mit Ihrer Arbeit zu tun hat; am Donnerstag können Sie für die Verantwortlichen in der Gemeinde und für Gemeindeanliegen und am Freitag für nationale und internationale Veranstaltungen beten. Der Samstag dann ist für Lobpreis reserviert.

Halten Sie sich beim Beten an den Händen oder im Arm. Das gemeinsame Beten ist ein gemeinsames, intimes Gespräch mit dem allmächtigen Gott.

Wenn man auf diese Weise immer weiß, was man zu erwarten hat, kann man das gemeinsame Gebet so gestalten, dass es bedeutungsvoll, weniger routinemäßig und mit der Zeit immer natürlicher und selbstverständlicher wird. Es kann Ihnen helfen, die Hürden zu überwinden, die Sie vielleicht zurückwerfen könnten in die Gebetslosigkeit.

Gesprächsimpuls

Sprechen Sie über Ihre gemeinsame Gebetszeit. Was würde in Ihrer konkreten Situation am besten funktionieren? Wie könnten Sie einen Anfang damit machen, täglich miteinander zu beten?

Gebet

Danken Sie Gott dafür, dass er stets da ist, Ihre Gebete immer hört und nur das Beste für Sie will.

---

7. Mai

Land unter?

Durch dein Gesetz mach meine Schritte sicher, damit kein Unrecht mich beherrschen kann. Psalm 119,133

Die Niederländer geben damit an, dass Gott zwar die Welt, die Holländer aber Holland geschaffen hätten. Das liegt daran, dass fast die Hälfte der Fläche des Landes dem Meer abgerungen wurde.

Wir haben das selbst vor ein paar Jahren gesehen, als wir einmal in Amsterdam waren. Wir waren auf dem berühmten Netzwerk von Deichen und Dämmen unterwegs, die das Land vom Meer trennen und es schützen. Wir erfuhren, dass selbst bei den modernsten und sorgfältigsten Deichbaumethoden immer Wasser durch die Deiche und Dämme sickert und dann mithilfe von Pumpen und Kanälen wieder abgeleitet werden muss. Wenn man das eindringende Wasser einfach dort belassen würde –, selbst wenn es noch so langsam und beinahe unmerklich einsickert –, würde das Land irgendwann überflutet werden und versinken.

Das ist sehr viel mehr als eine Geografie- oder Techniklektion. Auch wir werden laufend mit Problemen und Versuchungen bombardiert, von denen etliche fast unbemerkt in unser Leben einsickern: kleine Sünden, die wir für nicht weiter gefährlich halten ... wiederkehrende Zweifel an der Güte Gottes ... unterschwellige Unzufriedenheit, die in unserem Denken widerhallt und uns Dinge zuflüstert.

Daher brauchen wir Barrieren, die uns vor ständiger Überflutung durch Unglauben und moralische Uneindeutigkeit und Zugeständnisse schützen. Solche Schutzdämme sind das tägliche Bibellesen, Gebet, das regelmäßige Rechenschaftgeben sowie schriftlich formulierte und fixierte Ziele und Wertaussagen.

Wir brauchen außerdem auch ein inneres System, das schmutziges Wasser hinauspumpt, welches trotz unserer Bemühungen in unser Inneres einsickert. Wir brauchen eine innere Haltung, die einerseits schnell Buße tut und zur Umkehr bereit ist, andererseits aber auch bereit ist zu vergeben. Wir brauchen Ehen, in denen offene und ehrliche Kommunikation herrscht und wöchentlich Anbetung stattfindet, in der wir durch die Reinheit der Gegenwart Gottes selbst gereinigt werden.

Jeder von uns lässt hin und wieder etwas von außen einsickern. Sorgen Sie also dafür, dass es schnell wieder weggeschöpft oder abgepumpt wird, sonst sind Sie bald überschwemmt und gehen unter.

Gesprächsimpuls

Sprechen Sie über ein paar der „Kleinigkeiten“, die in letzter Zeit durch Ihre geistlichen Barrieren eingesickert sind. Bekennen Sie sie, und nehmen Sie Gottes Verheißung in 1. Johannes 1,9 in Anspruch, dass er uns davon reinigen will. Und dann schaffen Sie die entsprechenden Dinge hinaus.

Gebet

Bitten Sie Gott, Ihnen diese schleichenden Sünden bewusst zu machen, die in Ihr Verhalten und Ihre Gewohnheiten eingesickert sind. Beten Sie darum, der Mann oder die Frau zu werden, als die Gott Sie erschaffen hat: ihm ganz und gar gehorsam.

8. Mai

Kein Heuschreckenleben

Doch die anderen Kundschafter sagten: Wir können es nicht! Das Volk im Land ist viel stärker als wir! 4. Mose 13,31

Ich weiß noch genau, wie ich zum ersten Mal das Büro von Bill Bright, dem Gründer von Campus für Christus, betrat. Ich arbeitete in den Sommersemesterferien vom College bei Campus für Christus mit und bekam dafür 50 Dollar pro Woche. Als ich die Gelegenheit bekam, Bill Bright persönlich kennenzulernen, bemerkte ich auf seinem Schreibtisch ein Schild mit der Aufschrift: „Ich bin keine Heuschrecke."

Als ich ihn fragte, was das zu bedeuten hätte, erklärte er mir, das bezöge sich auf die Kundschafter im 4. Buch Mose, die ausgesandt worden waren, um das Land Kanaan zu erkunden. Gott hatte versprochen, den Israeliten das Land zu geben, doch von den zwölf Kundschaftern meldeten zehn, es sei für die Israeliten unmöglich, das Land zu erobern: „Wir kamen uns ihnen gegenüber vor wie Heuschrecken, und genauso winzig müssen wir ihnen vorgekommen sein" (4. Mose 13,33).

Nur zwei Kundschafter sagten, das Volk Israel solle doch einfach Gott vertrauen. Leider weigerte sich das Volk, sich auf das Wort dieser Minderheit zu verlassen, mit der Folge, dass es 40 Jahre lang ziellos durch die Wüste irrte, ohne das Gelobte Land zu betreten.

„Wenn ich in den Himmel komme", sagte Bill Bright damals, „dann möchte ich kein Heuschreckenleben gelebt haben. Mein Gott ist so groß, dass ich auch Großes von ihm erwarten möchte."

Leben Sie im Lager der Ungläubigen, überfordert von den Kämpfen des Lebens, mit denen Sie es in der Ehe, der Familie und bei der Arbeit zu tun haben? Sind Sie wegen Ihrer Lebensumstände vor Unglauben oder vor Ärger gegen Gott wie gelähmt? Fühlen Sie sich wie eine Heuschrecke? Oder wenden Sie sich im Glauben an Gott, der verspricht, durch Sie zu wirken, um das Unmögliche möglich zu machen?

Egal, wie töricht Sie gewesen sind, egal, wie oft Sie schon versagt haben – Jesus will durch Sie wirken, wenn Sie bereit sind, ein Mann oder eine Frau des Glaubens zu sein.

Gesprächsimpuls

Welches Problem erscheint Ihnen derzeit so groß, dass Sie keine Chance auf einen guten Ausgang sehen?

Gebet

Bekennen Sie Gott, dass es Ihnen an Kraft fehlt, mit den Problemen fertig zu werden, mit denen Sie heute konfrontiert sind. Bitten Sie ihn, dass Sie auf seine Kraft vertrauen können, damit Sie das ändern, was er sich wünscht.

9. Mai

Verändert!

Dieser Liebesdienst soll ja nicht nur die Not der Gemeinde in Jerusalem lindern, sondern darüber hinaus viele Menschen zum Dank gegen Gott bewegen. 2. Korinther 9,12

Der folgende Brief ist mein absoluter Lieblingsbrief. Ich glaube, Sie werden rasch merken, warum.

Sehr geehrte Damen und Herren, ich weiß ja nicht, was Sie mit meiner richtigen Mutter und meinem richtigen Vater gemacht haben, aber auf jeden Fall bin ich begeistert von den beiden, die Sie mir zurückgeschickt haben. Meine Eltern waren eins von den unzähligen Ehepaaren, die letztes Wochenende an Ihrem Eheseminar teilgenommen haben – meine Güte, haben die sich verändert!

1. *Seit sie zurück sind, reden sie jeden Tag über das, was sie gelernt haben, und vergleichen beim Abendessen ihre Aufzeichnungen.*
2. *Man beachte, sie reden miteinander, statt zu streiten.*
3. *Mein Vater nennt Mama jetzt „meine Frau" statt „deine Mutter".*
4. *Sie reden über ihr Vermächtnis an uns, über Kommunikation und Verständnis füreinander.*
5. *Meine Mutter bittet meinen Vater jetzt, Dinge für sie zu tun, statt zu erwarten, dass er von selbst drauf kommt – und er sagt tatsächlich Ja!*
6. *Sie halten sogar Händchen – Wahnsinn!*

Was haben Sie da mit ihnen angestellt?

Die Verfasserin schreibt in dem Brief noch sehr viel mehr darüber, was für ein Wunder diese Veränderung ihrer Eltern für sie ist. Aber vielleicht noch ermutigender ist die Art, wie die Frau sich das, was sie bei den Eltern sieht, abguckt und selbst praktiziert. Gott veränderte ihre gesamte Sicht davon, was sie von ihrer eigenen Zukunft erwarten konnte.

Ich habe einen Mann und eine Frau zu Ihnen geschickt, die seit 27 Jahren verheiratet sind und ihre Hoffnung auf Glück völlig aufgegeben hatten. Und zurückgekommen sind zwei Menschen, die sich dem gemeinsamen Ziel einer befriedigenden Beziehung nach dem Willen Gottes verpflichtet haben. Den Rest ihres Lebens wollen sie Liebe und Hoffnung erleben. Wenn ich mir die beiden jetzt ansehe, muss ich meine eigenen furchtbaren Ängste vor einer Ehe wohl noch einmal überdenken.

In Ihrer Ehe geht es nicht nur um Sie. Es geht auch darum, ein deutlich erkennbares Beispiel für Hoffnung in einer Welt zu sein, die durch Enttäuschung und Scheidung gefühllos geworden ist. Wenn Gott an Ihrer Beziehung arbeitet, dann setzt er das auch ein, um im Leben Ihrer Kinder und anderer Menschen in Ihrem Umfeld etwas in Bewegung zu bringen.

Gesprächsimpuls

Sprechen Sie über Hoffnungszeichen, die Sie in den Ehen von Menschen in Ihrem Umfeld erkennen können.

Gebet

Wenn Sie versucht sind, sich egoistisch zu verhalten, dann bitten Sie Gott, Ihnen zu zeigen, dass Ihr Verhalten Einfluss auf Menschen hat. Beten Sie, dass Ihre Kinder Hoffnung bekommen, indem sie Ihre Ehe miterleben.

---

10. Mai

Mannomann

Da sprach der Mensch: Das ist doch Bein von meinem Bein und Fleisch von meinem Fleisch; man wird sie Männin nennen, weil sie vom Manne genommen ist. 1. Mose 2,23

Ich sage Ihnen – Männer haben es einfach leichter. Hier ein paar Beispiele, die mir jemand zugeschickt hat. *Wenn Sie ein Mann sind ...*

- ... bleibt Ihr Nachname immer derselbe.
- ... gehört die Garage Ihnen ganz allein.
- ... erledigt sich die Hochzeitsplanung von selbst.
- ... können Sie nicht schwanger werden.
- ... geben Ihnen Falten erst das gewisse Etwas.

- ... wird ein gelegentlicher gut ausgeführter Rülpser praktisch von Ihnen erwartet.
- ... ist Ihre Stimmung immer gleich. Normalerweise jedenfalls.
- ... dauern Telefonate pauschal höchstens eine halbe Minute.
- ... brauchen Sie für einen einwöchigen Urlaub nur einen Koffer.
- ... können Sie Gläser, Dosen und Flaschen selbst öffnen.
- ... werden Sie schon für das geringste Anzeichen von Rücksicht überschwänglich gelobt.
- ... kann auch jemand, der vergessen hat, Sie zu irgendetwas einzuladen, Ihr Freund bleiben.
- ... kostet Ihre Unterwäsche 15 Euro – im Dreierpack!
- ... haben Sie jahrelang, vielleicht sogar jahrzehntelang dieselbe Frisur.
- ... brauchen Sie nur Ihr Gesicht und Ihren Nacken zu rasieren.
- ... können Sie Ihr Leben lang mit Spielzeug spielen.
- ... haben Sie eine Jacke und ein Paar Schuhe – in einer Farbe für jede Jahreszeit.
- ... können Sie Shorts tragen, egal, wie Ihre Beine aussehen.
- ... können Sie Ihre „Maniküre“ mit einem Taschenmesser erledigen.

Verstehen Sie, was ich meine?

Wenn Ihre Frau Ihnen das nächste Mal extrem kompliziert vorkommt, dann haben Sie Geduld mit ihr. Sie haben keinen Mann geheiratet, sondern Sie haben sie geheiratet, weil sie anders ist.

Machen Sie sich klar, dass ihr Leben voller Dinge ist, mit denen Sie sich nicht herumzuschlagen brauchen. Nehmen Sie sich Zeit, ihr wirklich zuzuhören und sie zu verstehen, denn Gott hat sie als Geschenk für Sie geschaffen.

Gesprächsimpuls

Wenn Ihre Frau Ihnen in diesem Augenblick nicht allzu fest in die Seite boxt, nehmen Sie sich ein paar Minuten Zeit, um über Ihre Unterschiede zu sprechen. Versprechen Sie, sich mehr Mühe zu geben, diese Unterschiede zu verstehen und wertzuschätzen.

Gebet

Nehmen Sie die Hand Ihrer Frau und danken Sie Gott, dass er sie einzigartig gemacht hat.

11. Mai

Zimmer mit Aussicht

Ich schlief, aber mein Herz war wach.
Da ist die Stimme meines Freundes, der anklopft.
Hohelied 5,2

Wenn wir uns genug Zeit nehmen, die körperliche Liebe im Blick zu behalten, dann kann sich daraus eine ganz positive Spannung, Lust und einfach Freude ergeben. Wenn aber dieses Zelebrieren der körperlichen Liebe wirklich abenteuerlich wird, kann es nötig sein, bewusst mit einem Fuß in der Realität zu bleiben, wie das Beispiel eines Ehepaares zeigt, das an einem meiner Eheseminare teilgenommen hatte. Sie schrieben:

Lieber Dennis, als Sie uns gestern Abend vorgeschlagen haben, doch ruhig ein bisschen kreativer zu sein in unserer Liebesbeziehung, haben Sie uns nicht davor gewarnt, wie gefährlich das unter Umständen sein kann. Regel Nummer eins: Immer auf Nummer sicher gehen – wenigstens mit einem Zweitschlüssel!

Nach dem Abendessen, als es langsam dunkel wurde, beschlossen mein Mann und ich, Ihren Rat zu befolgen und unseren Abend noch mit ein bisschen Romantik zu würzen, ja vielleicht sogar etwas richtig Verwegenes zu wagen. Wir gingen auf den Balkon unseres Hotelzimmers in der vierten Etage hinaus, von wo aus wir einen unglaublich romantischen Blick hatten und wo wir außerdem ungestört waren. Während wir also auf dem Balkon miteinander „beschäftigt" waren, bemerkten wir gar nicht, dass das Zimmermädchen kam, um den unvermeidlichen Minischokoriegel auf unsere Kopfkissen zu legen.

Weil sie nicht wusste, dass wir auf dem Balkon waren, und wir nicht wussten, dass sie im Zimmer war – Sie ahnen, was kommt? Genau! Sie schloss die Balkontür! Zwei Liebende, ein romantischer Himmel ... und sehr viel mehr Ungestörtheit, als wir eigentlich gewollt hatten.

Ich musste leise glucksen, als ich den Brief las, und fragte mich, wie die beiden wohl wieder in ihr Zimmer gelangt waren. Und irgendwie konnte ich mich auch des Gedankens nicht erwehren, dass die Ehe so ihre ganz eigene Art hat, unserer Beziehung nach und nach die Romantik und das Abenteuer zu rauben. Wir werden so schrecklich berechenbar füreinander. Wann haben Sie das letzte Mal zusammen ein romantisches Wochenende zu zweit verbracht? Warum nehmen Sie nicht einfach mal Ihren Terminkalender zur Hand und planen Ihr ganz persönliches gemeinsames Abenteuer? Und dann schreiben Sie mir doch mal, ob etwas Überraschendes passiert ist.

Gesprächsimpuls

Wenn Sie das nächste Mal Zeit haben – selbst wenn Sie sich die *nehmen* müssen –, was könnten Sie dann tun, um in Ihrer Beziehung ein bisschen mehr Spaß, Abenteuer und Lust zu erleben?

Gebet

Bitten Sie Gott, Ihren Wunsch nach mehr Romantik und Erotik in Ihrer Ehe zu segnen und Sie auf diesem Gebiet zu beschenken.

12. Mai

Nicht kampflos

Und es soll geschehen: Ehe sie rufen, will ich antworten; wenn sie noch reden, will ich hören. Jesaja 65,24

Barbara und ich beten jeden Abend zusammen, und es hat in unserer Ehe Zeiten gegeben, da beschränkte sich unser gemeinsames Gebet vor dem Schlafengehen auf zwei, höchstens ab und zu mal drei Sätze: „Danke, Herr, dass du uns durch diesen Tag getragen hast. Wir sind müde. Gute Nacht. Amen." Und dann gab es auch Zeiten, in denen wir einfach großen Kummer hatten. Wir haben 1972 diesen gemeinsamen Weg begonnen und bringen seitdem alles vor Gott – große Probleme, kleine Probleme und auch mittelschwere Probleme.

Als zum Beispiel unsere Söhne 14 und 12 Jahre alt waren, fingen sie an sich gegenseitig zu verletzen wie Profi-Catcher. Und ich spreche hier nicht von lustigen, kleinen Raufereien aus Spaß. Anscheinend führte der geringe Altersunterschied zwischen den beiden bei ihrem Eintritt in die Pubertät zu so starker Rivalität, dass ihre Kämpfe außer Kontrolle zu geraten drohten. Eines Abends traten sie dabei sogar eine Tür ein!

Wahrscheinlich können Sie sich vorstellen, dass wir sie dafür ziemlich streng bestraften. Sie mussten den entstandenen Schaden selbst bezahlen. Aber uns war auch klar, dass dadurch das, was zwischen den beiden so aus dem Lot geraten war, nicht wieder in Ordnung kommen würde. Ich erinnere mich noch ganz genau daran, wie wir unser Verweifelte-Eltern-Gebet gen Himmel schickten. „Herr, wir haben das Gefühl, dass wir diesen Kampf mit unseren Söhnen verlieren. Bitte, zeige du doch einen Weg, dass sie wieder zueinanderfinden."

Ein paar Tage später bat uns unser älterer Sohn Benjamin um ein Gespräch. Er hatte in der Nacht zuvor geträumt, dass sein Bruder Samuel bei einem Autounfall ums Leben gekommen war. Benjamin war schreiend aufgewacht, weil er seinen Bruder so sehr vermisste. Er fühlte sich schuldig, dass er Samuel nicht so wertschätzte, wie er es eigentlich hätte tun sollen. Er wollte ein besserer großer Bruder werden.

Dieses Erlebnis beendete den Geschwisterkrieg zwar nicht vollständig, aber für Barbara und mich war es spannend und faszinierend zugleich mitzuerleben, wie Gott durch eine wundervolle Fügung unsere Gebete erhörte. Und einmal mehr wurden wir daran erinnert, dass Gebete nicht an der Zimmerdecke hängen bleiben. Gebete werden gehört und sie werden erhört.

Gesprächsimpuls

Wenn Sie über Ihre Situation nachdenken, worum müssen Sie beide Gott dann bitten? Welche Bedürfnisse haben Sie, die nur Gott erfüllen kann?

Gebet

Ergänzen Sie selbst dieses Gebet: „Herr, wir bitten dich heute ________."

---

13. Mai

Vergleiche

von Barbara Rainey

Richtet nicht nach dem, was vor Augen ist, sondern richtet gerecht.
Johannes 7,24

Frauen passiert es leicht, dass sie ihren Mann anschauen und dann sagen:

„Er ist wirklich nicht besonders ..."

„Er ist nicht ... oder ... oder ..."

„Ich wünschte, ich wäre mit einem Mann verheiratet, der mehr wie ... ist."

Aber jedes Mal, wenn Sie so etwas sagen oder auch nur denken – jedes Mal, wenn Sie sich auf die unausweichlich vorhandenen Persönlichkeitsmerkmale konzentrieren, die Ihnen negativ erscheinen und von denen Sie enttäuscht sind –, fangen Sie ihn mit der Vergleichsfalle. Sie vergessen dabei, dass Gott einen Plan für Ihren Mann hat, und zwar einen anderen als für den Mann einer anderen Frau. Sie vergessen, dass es Ihre Aufgabe ist, ihn zu respektieren und, so gut Sie können, dazu beizutragen, dass Gott seinen Plan im Leben Ihres Mannes offenbaren kann – wie auch immer dieser Plan konkret aussehen mag.

Als ich Dennis heiratete, hatte ich noch keine Ahnung, dass Dennis und ich einmal das tun würden, wohin Gott uns dann nach und nach geführt hat. Es war nicht immer leicht, mit Dennis Rainey verheiratet zu sein. Manchmal wäre es sicher einfach gewesen, mich zurückzulehnen und zu sagen: „Ich wünschte, er wäre mehr wie dieser oder jener", anstatt mit dem Mann zufrieden zu sein, den Gott mir gegeben hat, und ihm dabei zu helfen, so zu werden, wie Gott ihn sich gedacht hat.

Es gibt so viele Dinge, die Dennis gut macht. Es gibt auch viele, die er nicht so gut macht. Aber wenn ich mich nur auf die Dinge einschieße, die er nicht so gut macht, dann erwarte ich von ihm, jemand zu sein, der er nicht ist. Nein, er ist nicht perfekt, aber ich auch nicht. Niemand ist perfekt.

Ich glaube aber, dass Gott Sie innerlich so verändern kann, wie er es bei mir getan hat, wenn ich mal wieder nur seine Mängel und Macken sehe. Der Schlüssel besteht darin, zu erkennen, auf welche Seiten seines Mannes man sich konzentriert, und bereit zu sein, Gott die eigene Sichtweise positiv verändern zu lassen.

Gesprächsimpuls

Nehmen Sie sich Zeit, sich gegenseitig zu ermutigen. Ich bin sicher, dass Sie beide etwas Aufbauendes gebrauchen können.

Gebet

Bitten Sie Gott, Ihre Sicht von Ihrem Partner so zu verändern, dass Sie dankbarer und positiver sind.

14. Mai

Sommerpläne

von Barbara Rainey

Eine Handvoll Gelassenheit ist besser als beide Hände voll Mühe und Jagd nach Wind. Prediger 4,6

Vor Beginn der Sommerferien hat Dennis früher immer zu mir gesagt: „Schatz, was wollen wir bis Ende August geschafft haben, wenn die Schule wieder anfängt?“ Er wusste, dass ich den Finger am nächsten am Puls der Familie hatte und am besten Bescheid wusste über die Bedürfnisse und Terminkalender der einzelnen Familienmitglieder. Deshalb war wahrscheinlich auch ich es, die am ehesten eine Antwort auf seine Frage wusste.

Es stimmt schon, dass der Druck, in der Familie für eine gute Sommeratmosphäre zu sorgen, größtenteils auf der Mutter lastet. Der Sommer soll eine Zeit zum Ausruhen und Entspannen sein, aber es ist auch wichtig, für eine ausgewogene Mischung aus Ruhe und zielorientiertem Handeln zu sorgen.

Für mich hieß das, unseren Kindern viel Zeit zum Spielen zu lassen – zum Höhlenbauen im Garten (oder bei Regen auch im Wohnzimmer), für gemeinsame Ausflüge und Wanderungen oder zum Schwimmengehen –, damit sie an wundervollen freien Tagen nicht vor dem Fernseher abhingen. Es hieß aber auch, hin und wieder stillere Zeiten zu verordnen, in denen ich mit ihnen las oder sie in ihre Zimmer schickte, damit sie sich dort eine Weile allein beschäftigten. Ich wollte ihnen vermitteln, dass auch Alleinsein schön sein kann und man nach einem langen, anstrengenden und oft hektischen Schuljahr auf diese Weise wunderbar wieder auftanken kann.

Wenn Sie eine Mutter sind, für die Struktur sehr wichtig ist, dann möchte ich Ihnen Mut machen, das, was Sie geplant haben, um etwa die Hälfte herunterzuschrauben, wenn der Sommer naht. Nehmen Sie sich Zeit, ein wenig frischen Wind durch Ihren Zeitplan wehen zu lassen, und widerstehen Sie dem Drang, ständig abzuchecken, ob Sie noch im Soll sind.

Wenn Sie dagegen eher ein spontaner, nicht so organisierter Typ sind und die Zügel lieber etwas locker lassen, dann sollten Sie vielleicht versuchen, den Sommer im Voraus ein bisschen zu strukturieren, indem Sie sich ein paar Gedanken darüber machen, was Sie tun bzw. lassen wollen. Setzen Sie sich ein paar Ziele für Aktivitäten, oder überlegen Sie, welche Beziehungen Sie in dieser Zeit gern etwas vertiefen würden oder welche Fahrten oder Reisen Sie machen möchten.

Sorgen Sie dafür, dass dieser Sommer unvergesslich wird.

Gesprächsimpuls

Sprechen Sie darüber, und beschließen Sie, was Sie bis Ende August erreicht haben wollen.

Gebet

Bitten Sie Gott, Ihnen bei Ihrer Planung und deren Umsetzung zu helfen ... und dabei Spaß zu haben.

15. Mai

Killer auf leisen Sohlen

Ich will schweigen und meinen Mund nicht auftun ... Psalm 39,10

Ein Mann und seine Frau hatten Streit miteinander und straften sich gegenseitig mit Schweigen. Abends erinnerte sich der Mann, dass er am nächsten Morgen schon sehr früh aufstehen musste, weil er einen Geschäftstermin in einer anderen Stadt hatte und deshalb rechtzeitig am Flughafen sein musste. Weil er aber nicht als Erster wieder anfangen wollte zu reden, legte er seiner Frau einen Zettel auf den Nachttisch, auf dem stand: „Weck mich bitte morgen früh um 5 Uhr."

Als er am nächsten Morgen von strahlend hellem Sonnenschein geweckt wurde, war es schon 9 Uhr. Wutentbrannt sprang er aus dem Bett und rief seiner Frau (die allerdings nirgendwo zu sehen war) aufgebracht zu: „Wieso hast du mich denn nicht geweckt? Ich hatte dich doch ausdrücklich darum gebeten!" Als sein Blick dabei auf seinen eigenen Nachttisch fiel, entdeckte er dort einen Zettel, auf dem stand: „Es ist 5 Uhr. Zeit zum Aufstehen."

Es braucht oft gar nicht viel, dass wir sauer werden und dem Partner gegenüber emotional auf Distanz gehen. Es erfordert dagegen viel Mut und Mühe, sich durch das Schweigen hindurchzukämpfen und zu Vergebung und Versöhnung vorzudringen. Im Rückzug findet man Schutz und ein gewisses Maß an Selbsterhaltung. Im Ausweichen und Vermeiden scheint ein gewisser Frieden zu finden zu sein, der uns wesentlich anziehender vorkommt als der Schmerz, sich der Realität zu stellen.

Schweigen fühlt sich ein bisschen wie eine Schmusedecke an, aber in Wirklichkeit ist es eine der schlimmsten Tarnungen des Widersachers. Einander anzuschweigen, ist gefährlich trügerisch und letztlich zerstörerisch.

Wenn Sie versucht sind, sich voneinander abzuschotten, sich jeweils in Ihren Schmollwinkel zurückzuziehen und sich zu weigern nachzugeben, dann überlegen Sie sich doch mal, dass Jesus uns auch die kalte Schulter hätte zeigen können. Er hätte nur einen Blick auf unsere vielen, vielen Sünden und Unzulänglichkeiten werfen brauchen und uns dann unserem

Schicksal überlassen können. Seine ausgestreckte Hand und seine erlösende Liebe sollten uns aber Vorbild und Motivation sein.

Wir dienen einem Gott, der uns sucht und der zu uns spricht. Sorgen Sie dafür, dass Sie ein Ehepartner sind, der das Gleiche tut.

Gesprächsimpuls

Was bringt Sie dazu, sich anzuschweigen? Sprechen Sie darüber, wie sich Ihr Partner verhalten soll, wenn Sie ihn anschweigen.

Gebet

Bitten Sie Gott, Ihnen beiden zu zeigen, was Sie tun sollen, wenn der jeweils andere ins Schweigen verfällt.

16. Mai

Vorübergehende Schwierigkeiten

von Barbara Rainey

Habe ich nicht oft geweint mit Schwergeplagten? Zog ihre Not mir nicht das Herz zusammen? Hiob 30,25

Sie haben früher ganz ähnliche Schwierigkeiten durchgemacht wie Ihre Kinder jetzt – ob als Kindergartenkinder, in der Schule oder als Teenager. Haben Sie vergessen, wie es wirklich war, in ihrem Alter zu sein? Wenn Ihre Kinder Rückschläge erleiden, sind Sie dann da, um ihnen den emotionalen Rückhalt zu geben, den sie dann brauchen – von jemandem, der schon einmal Gleiches durchgemacht hat?

Unsere älteste Tochter Ashley hatte dreimal nacheinander versucht, ins Cheerleader-Team zu kommen, war aber jedes Mal gescheitert. In der Oberstufe beschloss sie dann, es noch ein letztes Mal zu versuchen, und dieses Mal unterstützten wir sie alle.

Ich arrangierte Übungsstunden für sie, nahm ihr Training mit der Videokamera auf, um es hinterher gemeinsam mit ihr anzuschauen und durchzusprechen. Wir beteten immer wieder dafür und waren uns immer sicherer, dass Gott Ashley in dem Cheerleader-Team haben wollte. Es wäre eine wundervolle Möglichkeit für sie gewesen, in der Schule für Jesus zu wirken.

Aber als dann die Ausscheidungswettkämpfe kamen, schaffte sie es wieder nicht. Dieses Mal war ich genauso niedergeschlagen wie sie. Es kam mir so ungerecht vor. Wir weinten stundenlang, weil wir so aufgebracht waren darüber, dass sie jetzt zum vierten Mal eine solche Niederlage hatte einstecken müssen.

Ich hätte sagen können: „Ashley, so wichtig ist Cheerleading ja nun auch wieder nicht, also mach doch nicht so viel Wind um die Sache." Aber für sie war es damals nun mal die wichtigste Sache der Welt, und sie brauchte meine Bestätigung, dass es in Ordnung war, wenn sie weinte und traurig war – und sich fragte, wieso Gott wieder Nein gesagt hatte. Durch überraschende und erstaunliche Umstände kam Ashley eine Woche später dann doch noch ins Team, aber wenn ich jetzt auf diese Erfahrung zurückblicke, dann wird mir klar, dass Gott uns damals als Mutter und Tochter in unserem Kummer zusammengeschweißt hat – und das war wirklich etwas Wunderbares.

Gesprächsimpuls

Nennen Sie die größten Herausforderungen, vor denen Ihre Kinder zurzeit stehen. Wie können Sie mit ihnen zusammen Tiefen bewältigen und ihnen gleichzeitig helfen, einem souveränen und liebenden Gott zu vertrauen?

Gebet

Bitten Sie Gott, Ihnen die richtigen Worte zu schenken ... und Sie vor den falschen Worten zu bewahren.

17. Mai

Der Verlust von Vermächtnissen

Er richtete ein Zeugnis auf in Jakob und gab ein Gesetz in Israel und gebot unsern Vätern, es ihre Kinder zu lehren. Psalm 78,5

Ich erschrecke immer wieder, wenn ich mir Statistiken des amerikanischen Gesundheitsministeriums aus dem Jahr 2000 ansehe, in denen es um die Familiensituation weißer und afroamerikanischer Kinder geht:

- 75,2 Prozent der weißen und 33,3 Prozent der afroamerikanischen Kinder leben in einer Familie mit Vater und Mutter.
- 17,7 Prozent der weißen und 46,2 Prozent der afroamerikanischen Kinder leben in einer Familie mit einem alleinerziehenden Elternteil.
- 3,7 Prozent der weißen und 12 Prozent der afroamerikanischen Kinder leben ohne Eltern.

Beim Lesen dieser Zahlen muss ich an meinen Freund Crawford Loritts denken, der in unserer Rundfunksendung einmal eine Hommage an seinen Vater verlas und ihm dabei besonders für seine Treue dankte:

Danke, dass du dich dagegen entschieden hast, Weihnachten zu arbeiten, auch wenn du den dreifachen Lohn bekommen hättest und obwohl wir das Geld dringend hätten brauchen können, als wir damals in der kleinen Wohnung in Newark gewohnt haben. Aber du wolltest zu Weihnachten lieber mit uns Kindern zusammen sein. Danke, dass du erst einen Neuwagen gekauft hast, als wir erwachsen waren, weil du Geld für die Ferien haben wolltest ... Danke, dass du mir gesagt und gezeigt hast, dass ich ein Mann bin, und dass du mir in schwierigen Zeiten beigestanden hast. Alles, was ich heute bin, verdanke ich dir, Vater. Du hast nie viel Aufhebens gemacht und dich nie selbst gelobt, sondern einfach ganz still das Richtige getan.

Es ist ernüchternd festzustellen, wie leicht das verloren gehen kann, was Eltern eigentlich an ihre Kinder weitergeben sollen, wenn ein Vater nicht für seine Kinder da ist. Es tut in der Seele weh, wenn man daran denkt, wie viele Kinder ohne Kontakt zu ihrer Familie und ohne ein Glaubenserbe leben müssen, das von Generation zu Generation weitergegeben wird – und zwar sowohl in afroamerikanischen als auch in Familien mit anderem ethnischen Hintergrund.

Kinder jeder Herkunft brauchen heute unbedingt Väter, die sich auf das besinnen, wozu sie als Väter berufen sind.

Gesprächsimpuls

Was tun Sie, um Ihrer Familie ein geistliches Erbe zu hinterlassen?

Gebet

Beten Sie um Heilung für alle Familien unseres Landes und der ganzen Welt – und für die Kinder, die sowohl einen irdischen als auch den himmlischen Vater brauchen.

18. Mai

Großzügigkeit statt Prassen

... und ein jeder sehe nicht auf das Seine, sondern auch auf das, was dem andern dient. Philipper 2,4

Graham Kerr wurde international berühmt, weil seine Kochshow *The Gallopping Gourmet* in den Sechziger- und Siebzigerjahren ein internationaler Erfolg war. Mit dem Ruhm kam natürlich auch das Geld, und Graham und seine Frau Treena gönnten sich all die schönen Dinge und den Schnickschnack, die man für viel Geld kaufen kann.

Doch irgendwann wurde den beiden klar, dass Gott sie zu einem viel höheren Zweck dort hingebracht hatte, wo sie waren, und ihnen wurde klar, dass sie einfacher leben sollten. Und als ob diese eigene Erkenntnis noch nicht ausgereicht hätte, bekam Treena eine ganze Reihe ernsthafter gesundheitlicher Probleme – unter anderem einen Herzinfarkt, einen Schlaganfall, beginnende Diabetes und starken Bluthochdruck. Gott wollte sie offenbar dazu bringen, nicht nur ihre Einstellung zum Materiellen, sondern auch den Umgang mit ihrem Körper zu verändern.

Einer der Fakten in Bezug auf Treenas Gesundheitszustand bestand natürlich darin, dass sie ihre Essgewohnheiten umstellen musste, mit der Folge, dass sie und ihr Mann sehr viel weniger aßen und entsprechend wenig Geld für Lebensmittel ausgaben. Und das brachte sie auf eine Idee. *Wie wäre es, wenn wir das gesparte Geld für all die Dinge, die uns nur geschadet haben, anderen zur Verfügung stellen?*

So haben die Kerrs in den vergangenen zwanzig Jahren immer wieder berechnet, wie viel Geld sie eigentlich für Lebensmittel und Luxus ausgegeben hätten, und das gesparte Geld dann für Bedürftige gespendet. Sie haben natürlich auch selbst von diesem neuen Lebensstil profitiert, aber diejenigen, denen durch ihre großzügigen Spenden geholfen wurde und immer noch geholfen wird, verdoppeln diesen Segen.

Anstatt selbst zu prassen, haben Graham und Treena ihren Lebensstil geändert und praktizieren Großzügigkeit.

Gesprächsimpuls

Gibt es in Ihrem Leben einen Bereich, in dem Sie „prassen"? Merken Sie die „aufblähende" Wirkung der Selbstsucht und des Konsums? Wie könnten Sie mit den Mitteln und Möglichkeiten, die Gott Ihnen geschenkt hat, Großzügigkeit praktizieren?

Gebet

Wenn nötig, bekennen Sie Gott, wie sehr Sie an Besitz hängen. Bitten Sie ihn, die Bedürfnisse anderer zu sehen und einen Lebensstil der Großzügigkeit zu entwickeln.

19. Mai

Gut für die ganze Familie

von Barbara Rainey

... vermeidet alles, was einem Bruder oder einer Schwester Anstoß bereiten oder sie zu Fall bringen kann. Römer 14,13

Ein Aspekt bei der Nutzung von Medien in der Familie wird häufig übersehen, dass nämlich manche Sendungen, die für die älteren Kinder unbedenklich sind, für die jüngeren völlig ungeeignet sind. Wenn es in Ihrer Familie ältere Geschwisterkinder gibt, dann versuchen Sie, ihnen zu erklären, dass sie ein gutes Vorbild sein sollen. Wir haben die Erfahrung gemacht, dass z. B. Teenager, die gute Entscheidungen treffen, hier Vorbildfunktion für die jüngeren Geschwister haben können.

Ich erinnere mich noch gut an ein Gespräch mit meinen Kindern über die Musik, die sie damals hörten. Ich sagte zu meinen Söhnen: „Ich will nicht, dass ihr so'n Zeugs hört, denn ihr habt kleine Schwestern, die so was nicht zu hören brauchen."

„Ach, Mama ..."

„Tut mir leid, aber das, was ihr tut, geht nicht nur euch etwas an, sondern es hat Auswirkungen auf die ganze Familie." Sie maulten dann noch ein bisschen herum, aber ich glaube, ihnen war auch klar, dass es einen guten Grund gab, für ihre kleinen Schwestern Vorbilder zu sein.

Obwohl jeder in Bezug auf Medien – egal ob Fernsehen, Filme, Musik oder Computerspiele – seinen eigenen Geschmack hat, haben Eltern hier die Verantwortung und müssen Grenzen setzen, die für die ganze Familie gelten.

Wenn Ihre Kinder älter werden und ausziehen, werden sie natürlich immer mehr ihre ganz eigenen Entscheidungen treffen. Wappnen Sie sich – nicht alle diese Entscheidungen werden im Einklang sein mit Ihren Werten und Überzeugungen. Wenn Ihre Kinder erwachsen werden, müssen sie von Ihnen die Freiheit bekommen, ihre eigenen Fehler zu machen. Genau so, wie es bei Ihnen und mir auch war.

Solange Ihre Kinder aber noch zu Hause sind, haben Sie als Eltern die

Verantwortung, die Grenzen und Regeln für die Familie festzulegen. Manchmal werden Sie dabei sicher das Gefühl haben, gegen den starken Strom des Zeitgeistes anschwimmen zu müssen, aber halten Sie durch!

Gesprächsimpuls

Welche Überzeugungen, Regeln und Grenzen vertreten Sie in Ihrer Familie in Bezug auf Musik, Filme, Internet und Fernsehen?

Gebet

Bitten Sie Gott, Ihnen dabei zu helfen, Ihre Familie vor negativen Medieneinflüssen zu schützen, und Ihnen den Mut und die Kraft zu geben, hier die richtigen Grenzen zu setzen.

---

20. Mai

Schein oder Sein?

Putzt euch nicht äußerlich heraus mit aufwendigen Frisuren, kostbarem Schmuck oder prächtigen Kleidern. Eure Schönheit soll von innen kommen! 1. Petrus 3,3–4

Ich werde nie den Frühlingssonntag vergessen, als in unserer Gemeinde im Gottesdienst die Highschoolabsolventen des Jahrgangs geehrt wurden. Ein paar von ihnen waren gebeten worden, ein paar Worte an die Gemeinde zu richten. Der erste war ein korrekt gekleideter junger Mann, der ein klares Zeugnis von seinem Glauben und seinem Vertrauen in Jesus Christus ablegte. Es folgte eine junge Frau, deren Aussagen ebenfalls gut, wichtig und richtig waren, aber ihr Kleid war so eng und aufreizend geschnitten, dass es für die männlichen Zuhörer bestimmt nicht leicht war, sich auf das zu konzentrieren, was sie sagte.

Natürlich sind wir Männer ganz und gar selbst dafür verantwortlich, wohin wir schauen, wie wir schauen und was wir dabei denken. Aber ich frage mich trotzdem hin und wieder, was in den Köpfen von Christinnen, erwachsenen Frauen und Teenagern gleichermaßen, vor sich geht, wenn sie ihre Garderobe aussuchen.

Und die Väter und Mütter möchte ich fragen, ob sie bereit sind einzuschreiten, wenn ihre Töchter aufreizend gekleidet in die Gemeinde oder zur Schule gehen, und sie aufzufordern, etwas Passenderes anzuziehen.

Es ist wichtig, unseren Töchtern angemessen zu vermitteln, wie Männer „ticken“. Barbara und ich haben vier Töchter. Sie können also ganz sicher sein, dass wir unzählige Gespräche über dieses Thema geführt haben. Wir wissen, was es bedeutet, junge Frauen in einer Gesellschaft und einem Zeitgeist zu erziehen, in der Kleidung zunehmend mehr zeigt als verdeckt und auch zunehmend dem Zweck dient, aufzureizen. Wir wissen, wie es ist, von Geschäft zu Geschäft zu laufen und allmählich die Hoffnung zu verlieren, noch etwas Passendes zum Anziehen zu finden.

Wir müssen unseren Töchtern (und Söhnen) helfen, sich mehr Gedanken um ihr Inneres als um ihr Aussehen zu machen. Ihr Auftreten und ihr Erscheinungsbild sagen schon viel darüber aus, wie sie wirklich sind. Und es sagt viel darüber aus, welche Art von Männern sie auf sich aufmerksam zu machen versuchen. Und ich kann mir nicht vorstellen, dass eine junge Frau wegen ihres tiefen Ausschnittes oder des kurzen Rockes erwählt werden möchte.

Gesprächsimpuls

Welche Kleiderregeln gelten in Ihrer Familie? Wie setzen Sie diese Regeln durch?

Gebet

Bitten Sie Gott um den Mut und die Entschlossenheit, schwierige Themen wie dieses anzugehen. Beten Sie, dass Sie Ihren Kindern ganz praktisch ein gutes Beispiel sind.

21. Mai

Weitermachen!

Diese alle waren stets beieinander einmütig im Gebet ...
Apostelgeschichte 1,14

Ich weiß, wie schwierig es sein kann, regelmäßig stille Zeit zu halten. Ich bin sicher, dass Ihnen im Laufe Ihrer gemeinsamen Lektüre dieses Buches das Leben, und speziell der ganz normale Alltag, immer wieder Ausreden geliefert hat, die Sachen nicht ganz so ernst zu nehmen. Ich hoffe jedoch, dass folgendes Zeugnis Ihnen genauso viel Mut macht wie uns – dass es Sie daran erinnert, wie wichtig Ihr gemeinsames Bibellesen und das gemeinsame Gebet wirklich sind.

Das vergangene Jahr war sehr schwierig für uns als Ehepaar. Wir versuchen Kinder zu bekommen, aber es klappt nicht, und die Folge der Frustration darüber in Verbindung mit einer gewissen Gleichgültigkeit in Bezug auf unsere Ehe hat dazu geführt, dass wir uns beide gefragt haben, ob wir überhaupt zusammenbleiben sollen. (Das wurde am Ende einer gemeinsamen siebentägigen Kreuzfahrt mehr als deutlich.)

Auf dem Rückweg von der Kreuzfahrt fand ich in einer Buchhandlung am Flughafen ein Andachtsbuch für Eheleute und zeigte es meiner Frau. Sie verdrehte nur entnervt die Augen, so als versuchte ich, sie irgendwie zu belehren. Aber als wir wieder zu Hause waren, kaufte ich dann doch „Stille Zeit zu zweit", legte es unter den Weihnachtsbaum und schrieb auf das Päckchen „Für uns". Meine Frau öffnete es am Weihnachtsmorgen, und wir trafen ein Abkommen: Wir würden das Buch im neuen Jahr gemeinsam lesen.

Und es hat Wunder gewirkt! In den vergangenen sieben Wochen haben wir mehr miteinander geredet als während unserer gesamten Ehe. Wir haben Dinge übereinander erfahren, die uns bis dahin völlig unbekannt waren. Wir wollen beide, dass unsere Ehe funktioniert, und langsam merkt man das auch. Inzwischen kann ich es kaum abwarten, von der Arbeit nach Hause zu kommen und meine Frau zu sehen. Das erinnert mich an die Zeit, als wir uns gerade kennengelernt hatten. Ich liebe meine Frau jeden Tag mehr.

Gesprächsimpuls

Sprechen Sie darüber, was es Ihnen bringt, gemeinsam vor Gott zu treten – was möchten Sie nicht mehr missen?

Gebet

Bitten Sie Gott um den zunehmenden Wunsch, mit ihm und miteinander Gemeinschaft zu haben.

22. Mai

Nicht wegschauen

Wer einen Menschen, der sündigt, von seinem Irrweg abbringt, rettet ihn vor dem Tod und macht viele eigene Sünden gut. Jakobus 5,20

Ich bin in den Sechzigerjahren in der Kleinstadt Ozark in Missouri aufgewachsen, und eines war klar: Wenn ich morgens um acht an einem

Stoppschild einen Kavalierstart hinlegte, dann wussten meine Eltern spätestens um halb neun davon. Ich erinnere mich auch an die einzige Schlägerei, an der ich jemals beteiligt war – das war in einer Eisdiele in unserer Kleinstadt. Als ich fünfzehn Minuten später zu Hause zur Tür herein kam, wussten meine Eltern schon Bescheid.

Diese Art von Kommunikationsnetz zwischen Eltern gibt es heutzutage kaum noch. In unserer Zeit „gewährender Toleranz" meinen wir, nicht das Recht zu haben, anderen Eltern mitzuteilen, wenn wir uns Sorgen um eines ihrer Kinder machen. Und die Kinder haben dann darunter zu leiden, dass wir uns nicht trauen, einander zu helfen.

Ich habe schon Eltern angerufen wegen eines bestimmten Verhaltens eines ihrer Kinder und dann (von dessen Eltern) zu hören bekommen: „Ich möchte das gar nicht hören." Aber wir haben auch Freunde – wirkliche Freunde –, die genügend Verantwortungsgefühl und Mut hatten, uns zu sagen, wenn sie sich Sorgen um eines *unserer* Kinder machten, weil es etwas angestellt oder sich völlig danebenbenommen hat.

Es gibt heute so viele Gefahren für Kinder und Jugendliche, dass es meiner Meinung nach nötig ist, unsere Abwehr und Angst in dieser Hinsicht abzubauen und anderen Mut zu machen, es uns zu sagen, wenn ihnen etwas an unserem Kind auffällt. Und werden auch Sie in dieser Hinsicht aktiv, indem Sie den Eltern der Freunde Ihrer Kinder sagen: „Wenn Sie mitbekommen, dass mein Sohn oder meine Tochter etwas Fragwürdiges tut, dann haben Sie bitte die Freiheit, uns das mitzuteilen. Ich möchte so etwas gern erfahren." Sie könnten auch ein Treffen von Eltern in der Gemeinde organisieren – beispielsweise Eltern mit Kindern von der fünften bis zur zwölften Klasse – und dafür sorgen, dass diese Eltern sich mitverantwortlich fühlen für die Klassenkameraden und Freunde ihrer Kinder.

Wir sitzen doch alle im selben Boot, da entspricht es auch der Vorstellung Jesu von Gemeinschaft, wenn wir uns auf diesem Gebiet gegenseitig unterstützen.

Gesprächsimpuls

Würden Sie jemals Eltern eines anderen Kindes darauf ansprechen, dass Sie sich Gedanken über deren Kind machen? Wir würden Sie reagieren, wenn Sie selbst so angesprochen würden?

Gebet

Bitten Sie Gott, dass Ihre Liebe und Fürsorge ein Handeln nach sich zieht, das Gott sich wünscht und das dem Wohl anderer dient.

23. Mai

Lieben lernen

von Barbara Rainey

Das Einzigartige an dieser Liebe ist: Nicht wir haben Gott geliebt, sondern er hat uns geliebt. 1. Johannes 4,10

Ich habe durch unsere Adoptivtochter Deborah mehr über Gottes Liebe gelernt als durch irgendeinen anderen Menschen auf dieser Welt. Auch unsere fünf leiblichen Kinder haben unsere Liebe zu ihnen auf den Prüfstand gestellt – aber Deborah tat das mehr als alle fünf anderen zusammen. Dennis und ich haben unzählige Situationen erlebt, in denen wir auch aussteigen und hätten sagen können: „So, es reicht jetzt. Das ist uns einfach zu viel. Wir können nicht mehr." Aber dann haben wir uns letztlich doch immer wieder entschieden, sie lieb zu haben, denn wir haben sie wirklich lieb. Und wir wussten auch, dass Gott das auch so wollte.

In mein Tagebuch schrieb ich:

Wenn Deborah nicht mein Kind wäre, würde ich sie dann lieben? Wenn ich ihr einfach nur auf der Straße begegnen würde, so wie vielen anderen Menschen jeden Tag, wodurch würde ich mich zu ihr hingezogen fühlen? Warum sollte ich unter all den vielen Menschen ausgerechnet sie lieben? Sie könnte doch auch einfach nur noch ein Mensch auf meinem Weg sein, aber das ist sie nicht. Gott hat sie irgendwie zu unserem Kind gemacht. Und ich habe für Deborah eine Art von Liebe entdeckt, die anders ist als die Liebe zu unseren anderen fünf Kindern. Ich habe einen Hauch von Gottes unergründlicher, unverdienter, unerklärlicher, verschwenderischer überreicher Liebe entdeckt – einer übernatürlichen Liebe, die von seiner Gnade bestimmt und durch diese Gnade definiert ist.

Durch Deborah lerne ich Gott auf eine Weise kennen, wie es ohne sie nicht möglich gewesen wäre. Er hat mich zu einer Tiefe und Ausdauer fähig gemacht in der Liebe zu ihr und auch anderen, die ich bei mir nie für möglich gehalten hätte. Und ich habe erfahren, dass nur er zu solcher Liebe fähig machen kann, weil er die Liebe *ist*. Ich liebe Deborah nicht mehr als unsere anderen fünf Kinder, sondern einfach anders, und ich erlebe mehr Liebe zu meinen anderen Kindern, als das ohne Deborah der Fall gewesen wäre.

Gesprächsimpuls

Gibt es jemanden in Ihrem Leben, den/die zu lieben Ihnen Mühe macht?

Gebet

„Danke, Herr, dass du die Liebe bist, dass du uns fähig machst zu lieben und dass du uns lieben lehrst."

24. Mai

Zerrissen

Denn ich hasse Scheidung, spricht der Herr, der Gott Israels.
Maleachi 2,16

Folgendes Gedicht stammt von Jen Abbas, einem damals 18 Jahre alten Scheidungskind. Die Zeilen sind hier ein wenig anders angeordnet als in ihrem Buch *Generation EX*, damit es vom Druck her in dieses Buch passt, aber ich war der Meinung, die Aussage ist so wichtig, dass die äußere Form sie nicht abschwächen sollte. Also hier ist das Gedicht mit dem Titel *The Eruption* (Der Ausbruch).

Scheidung ist wie ein zitterndes Erdbeben,
die Welt bebt, sie rumort in ihrer Wut,
und all die Wut, Schuld und der ganze Frust,
die so lange unter der Oberfläche geschwärt haben,
werden urplötzlich ausgespien in einem Inferno aus Hass
oder Teilnahmslosigkeit.
Manchmal beruhigt sich die Erde, und man denkt, der Aufruhr sei vorbei,
bereinigt, stabil, doch dann geht es wieder von vorne los,
immer wieder, immer wieder, immer wieder.
Man ist so müde, möchte nur seine Ruhe,
und genau in dem Moment merkt man, das Beben ist vorbei.
Es bleibt jedoch ein unheimliches Gefühl.
Man zögert, überhaupt noch was zu glauben,
man ist so müde nach dem langen Kampf
und ruht sich deshalb aus, auf dem einzig stabilen Fleckchen Erde,
nur um zu erleben, wie es sich spaltet,
in zwei getrennte Teile, die niemals wieder eins werden.
Jedes dieser Fleckchen unterstützt einen Teil von dir,
und du kannst zusehen, wie sie davonziehen.

Gedichte wie dieses brechen mir das Herz, denn sie stehen für die Stimme all der vielen Kinder, die durch eine Scheidung zerrissen werden. Was immer Sie in Ihrer Ehe auch erleben und so schwer es auch sein mag, denken Sie bitte *auch* daran, wie es sich auf Ihre Kinder auswirkt, wenn Sie *zusammenbleiben.*

Gesprächsimpuls

Versprechen Sie einander, dass Ihre Kinder niemals solche Worte sagen müssen. Sprechen Sie darüber, an wen Sie dieses Gedicht weitergeben könnten.

Gebet

Beten Sie heute für die Scheidungskinder, die um Liebe und Geborgenheit kämpfen. Beten Sie für einen Freund/eine Freundin, deren/dessen Ehe vor der Trennung steht.

25. Mai

Felsenfest

Und er hat meine Füße auf Felsen gestellt, meine Schritte fest gemacht.
Psalm 40,3

Das Gedicht von gestern gebe ich gern weiter, wenn ich mit jemandem über Scheidung spreche – besonders über die Auswirkungen auf die Kinder, die sich dadurch wie zerrissen fühlen, wie Jen Abbas es ausdrückt.

Jen hat sogar zwei Scheidungen miterlebt; und zwar die erste mit ungefähr sechs Jahren und dann noch eine, als sie achtzehn war und ihre Mutter und der Stiefvater sich wieder scheiden ließen. Die zweite Scheidung fand in der Zeit statt, als sie gerade von zu Hause auszog, um aufs College zu gehen – also in einer Lebensphase, in der sie sehr auf die Unterstützung ihrer Familie gehofft hatte. Zum einen, um ihr auf den Weg in die Selbstständigkeit zu helfen, und zum anderen, um ihr das „stabile Fleckchen Erde" zu geben, das ja jeder braucht, wenn er sich allein oder unsicher fühlt.

Und wieder möchte ich Ihnen zeigen, wie die Kraft des Evangeliums Menschen erreicht und anspricht, die verloren sind und allein.

Als das besagte „Fleckchen Erde" dann im ersten Semester am College unter Jens Füßen zu zerbröseln begann, sprang sie ab in der Hoffnung, irgendwo sicher zu landen. Sie war für jede Religion offen, für den Islam und den jüdischen Glauben ebenso wie für Taoismus und Buddhismus. Sie beschäftigte sich mit allen und hinterfragte sie auch auf der Suche nach etwas – egal was –, das sich nicht als so wechselhaft und flüchtig erweisen würde wie die Liebe ihrer Eltern zueinander.

Doch auf ihrer Suche nach geistlicher Sicherheit schienen ihr alle Wege verschlossen und unvollkommen. Nur ein einziger Weg war anders, und zwar der, in dem der Aspekt der Gnade eine beherrschende Rolle spielte. Auf diesem Weg ging es nicht darum, was sie tat, sondern darum, was ihr *geschenkt* werden konnte.

Die Tatsache, dass die junge Frau zwei Scheidungen hatte miterleben müssen, hatte sie gelehrt, dass Liebe einfach verschwinden kann, wenn man nicht ständig auf der Hut ist und den Horizont nach verräterischen Anzeichen absucht. Aber in der Person Jesu Christi entdeckte sie, dass sie unabhängig von ihren Leistungen geliebt war. Er veränderte ihr Leben.

Vierzig Prozent aller Erwachsenen in den USA sind heute Scheidungskinder. Es gibt Hoffnung für sie durch Jesus Christus, Hoffnung durch seine Gnade, seine Vergebung und seine Kraft, auch uns dabei zu helfen, zu vergeben.

Gesprächsimpuls

Sprechen Sie darüber, wie die Liebe Christi Ihnen schon geholfen hat, einem anderen Menschen zu vergeben.

Gebet

Danken Sie Gott dafür, dass er die Rettung ist – er ist der einzige Fels, auf dem jeder von uns Halt findet.

26. Mai

Notorische Nörgler?

von Barbara Rainey

Tut das alles ohne Murren und langes Hin- und Herreden!
Philipper 2,14

Eine Sache, für die wir unsere Kinder immer diszipliniert haben, war Meckern, Nörgeln und Jammern. Ich will gar nicht behaupten, dass wir das perfekt gemacht haben. Scheinbar gibt es in unserer Familie eine genetische Veranlagung dazu, undankbar zu sein und zu maulen und zu meckern. Als Eltern ist es unsere Aufgabe, dafür zu sorgen, dass es nicht immer nach der Nase dieser unzufriedenen Tyrannen gehen kann, die sich als unsere Kinder tarnen.

Auch beim Essen.

Wenn sich unsere Kinder wieder einmal darüber beschwerten, was ich gekocht hatte, dann sagte Dennis: „Ich weiß, dass du es nicht magst, aber ich erwarte, dass du wenigstens einen Bissen davon probierst, mehr nicht. Du gehst aber nach dem Essen auch nicht in die Küche und plünderst den Kühlschrank." (Ich versichere Ihnen, dass es einem Durchschnittskind nicht schadet, mal eine Mahlzeit auszulassen und dann zur nächsten Mahlzeit ziemlichen Hunger zu haben.)

Wir waren ja eine ziemlich große Familie, und Dennis hat manchmal gesagt: „Eure Mutter betreibt hier keinen Schnellimbiss für sechs anspruchsvolle Kunden." Wir haben unseren Kindern unter anderem dadurch Respekt und Dankbarkeit beigebracht, dass sie das für sie (manchmal wirklich mühevoll) zubereitete Essen zumindest probieren mussten.

Unsere Kinder wachsen in einer Welt auf, in der sie immer auch Einschränkungen erleben werden. Sie können nicht erwarten, immer ihren Willen zu bekommen. Als Eltern tun wir ihnen keinen Gefallen, wenn wir zulassen, dass sie sich für den Mittelpunkt des Universums halten, denn Gott hat uns ja die Verantwortung dafür gegeben, sie zu lehren, seine Diener zu sein.

Wenn ihnen das Essen mal nicht schmeckt (nachdem sie probiert haben) und sie keine Alternative angeboten bekommen, kann eine so übersprungene Mahlzeit durchaus eine Möglichkeit sein, ihnen Dankbarkeit zu vermitteln für das, was sie bekommen. Wenn wir zulassen, dass sie eine negative und nörgelnde Grundeinstellung entwickeln, dann müssen sie vielleicht ihr Leben lang teuer dafür bezahlen.

Gesprächsimpuls

Nörgeln und meckern Sie viel? Wie sieht es bei Ihren Kindern aus? Sprechen Sie darüber, wie Sie mit diesem Problem umgehen wollen, wenn es das nächste Mal auftaucht.

Gebet

Bitten Sie Gott, Ihnen und Ihren Kindern zu helfen, echte Dankbarkeit und Zufriedenheit zu lernen.

27. Mai

Fasten

Nein, ein Fasten, wie ich es haben will, sieht anders aus! Löst die Fesseln der Gefangenen, nehmt das drückende Joch von ihrem Hals, gebt den Misshandelten die Freiheit und macht jeder Unterdrückung ein Ende! Jesaja 58,6

Vor etlichen Jahren habe ich mich eine Zeit lang intensiv mit dem Zustand der Familie in den USA auseinandergesetzt und mit der Frage, was ich nach dem Willen Gottes auf diesem Gebiet tun sollte. Ich hatte den Eindruck, dass Gott von mir wollte, dass ich für dieses Anliegen faste. Ich ging zu meinem Arzt, um mich zu vergewissern, dass mein körperlicher Zustand ein vierzigtägiges Fasten (währenddessen ich nur Obst- und Gemüsesäfte zu mir nehmen würde) überstehen würde, ohne nachhaltig Schaden zu nehmen. Er gab mir grünes Licht, und ich fing an zu fasten. Ich kann gar nicht richtig beschreiben, was ich in dieser Zeit mit ihm erlebt und wie ich ihn erfahren habe.

Wenn man übers Fasten spricht, löst das bisweilen Unbehagen aus, und es gibt auch Stimmen, die behaupten, man solle gar nicht darüber reden, weil das ein Zeichen von geistlichem Hochmut sei. Weil aber so wenig darüber geredet wird, ist das Fasten die am meisten missverstandene geistliche Übung überhaupt.

Fasten ist geistlich gesund, weil wir dabei aufhören müssen, unsere endlosen fleischlichen Gelüste zu befriedigen. Eine der wichtigsten Lektionen, die ich während dieser Fastenzeit gelernt habe, war die Erkenntnis, wie egoistisch ich bin und wie sehr sich mein Leben um meine eigenen Bedürfnisse dreht. Mir wurde ganz neu bewusst, wie sehr ich Gott brauche.

Der Zeitgeist in unserer Gesellschaft fördert unsere materialistische Ichbezogenheit, die gegen alles rebelliert, was auch nur entfernt nach Opfer riecht. Wir leben oft in erster Linie, um unsere Wünsche und Gelüste zu befriedigen, und umgeben uns gern mit Luxus und Komfort. Es gibt kaum etwas, das wir uns nicht gönnen. Mir tat es ganz gut, einmal eine Zeit lang meine fleischlichen Bedürfnisse auch längerfristig ein wenig zu drosseln. Und ich tat das nicht zuletzt auch, um Gott die Gelegenheit zu geben, an mir zu wirken und mich wieder ganz nah zu sich zu ziehen. Und das tat Gott auch wirklich.

Hier eine Herausforderung an Sie: Machen Sie doch einmal eine erste Fastenerfahrung, indem Sie von Sonnenaufgang bis Sonnenuntergang fasten, um auf ganz neue Weise Gott zu erleben und im Gebet mit ihm in

Verbindung zu sein. Tauschen Sie sich dann darüber aus, was Sie über Gott und über sich selbst erfahren haben.

Gesprächsimpuls

Welche Art des Fastens könnten Sie in Ihren Alltag integrieren? Was in Ihrem Leben sollten Sie Gott ausliefern?

Gebet

Bitten Sie Gott, Ihnen ganz neue, mutige Wege zu zeigen, seine Gegenwart zu suchen.

28. Mai

Auf Gottes Stimme achten

Heute, wenn ihr seine Stimme hört, verhärtet eure Herzen nicht.
Hebräer 3,7

In der Regel ist es in Ordnung, wenn unsere Kinder uns fragen, wieso wir als Eltern bestimmte Entscheidungen treffen. Manchmal müssen sie sich allerdings auch damit zufriedengeben, wenn wir sagen: „Ich weiß nicht genau, warum, aber so ist unsere Entscheidung."

Tom Elliff, Pastor, Autor und langjähriger Freund, hat mir folgende Geschichte erzählt: Eines Freitagabends sollte seine Tochter von einer Veranstaltung in der Schule mit dem Bus nach Hause kommen. Es schneite heftig, als sie von der Schule aus zu Hause anrief, um Bescheid zu sagen, dass sie noch mit ihrem Freund etwas essen gehen und danach dann nach Hause kommen würde.

„Tut mir leid, Beth, aber das geht heute nicht", sagte ihr Vater daraufhin.

„Und warum nicht?"

„Das weiß ich auch nicht so genau, aber ich hole dich gleich ab."

Natürlich war die Stimmung ein wenig unterkühlt, als er an der Schule ankam, um dort seine Tochter einzusammeln. Sie verstand es einfach nicht. Hatte sie etwas falsch gemacht? „Nein, ich hatte einfach ein ungutes Gefühl und möchte deshalb, dass du heute Abend zu Hause bist."

Als sie zu Hause zur Tür hereinkamen, klingelte gerade das Telefon. Seine Tochter nahm den Hörer ab und wurde plötzlich kreidebleich. Sie hörte noch kurz zu, legte dann zitternd den Hörer wieder auf und starrte sprachlos ihren Vater an.

„Gut, dass ich auf dich und dein Gefühl als Vater gehört habe“, sagte sie. Als ihr Freund nämlich vom Schulparkplatz gefahren war, hatte jemand eine Kugel ins Seitenfenster auf der Beifahrerseite gefeuert. „Er ist im Krankenhaus, aber es geht ihm gut“, sagte sie. „Aber wenn ich auf dem Beifahrersitz neben ihm gesessen hätte, wäre ich jetzt tot.“

Wenn wir innere Vorbehalte haben oder einfach nur ein „komisches Gefühl“, dann sind das oft auch Zeichen von Gott, durch die er uns zeigen will, dass etwas nicht stimmt. Lernen Sie, auf solche Signale zu achten, und zögern Sie nicht, darauf zu reagieren.

Ihre Entschlossenheit, sich auch gegen die Meinung und den Widerstand Ihres Teenagers durchzusetzen, könnte vielleicht lebensrettend sein.

Gesprächsimpuls

Sprechen Sie darüber, was Sie tun, wenn Ihre Kinder sich widersetzen. Wie können Sie sich in solchen Situationen gegenseitig den Rücken stärken?

Gebet

Bitten Sie Gott darum, Sie geistlich empfänglich zu machen für seine Warnungen und seine Führung.

29. Mai

Auf Messers Schneide

Flieht aus Babylonien, ..., rettet euer Leben! Jeremia 51,6

Vor Jahrhunderten führte eine beliebte Königin einmal Bewerbungsgespräche mit Männern, die sich um eine Anstellung als königliche Sänftenträger für lange Reisen beworben hatten. Eine ihrer Fragen an die Bewerber lautete: „Wenn du mich auf einem Bergpfad tragen müsstest, wie nahe würdest du dann an den Rand des Abgrunds gehen?“

Einige Männer antworteten: „Majestät, ich bin so stark, ich könnte bis auf einen Fuß an den Abgrund gehen.“ Andere prahlten: „Ich bin nicht nur ungewöhnlich stark, sondern habe auch ein perfektes Gleichgewichtsgefühl. Ich könnte sogar bis auf zwanzig Zentimeter an den Abgrund herangehen.“

Andere dagegen meinten: „Majestät, ich würde niemals auch nur in die Nähe eines Abgrunds gehen, denn ich würde niemals Euer kostbares Leben in Gefahr bringen!“

Wer hat wohl den Job bekommen?

Wir leben in einer Kultur, in der es scheinbar mehr Klippen als Lichtungen gibt. Einen Großteil des Tages verbringen wir an Orten, von denen aus wir in Fußwegdistanz zu allen möglichen Gefahren sind. Sexuelle Versuchungen, Geldgier, fragwürdige Unterhaltung, Affären, alle möglichen Süchte und moralische Kompromisse.

Anstatt so viel Abstand wie möglich zu solchen offensichtlichen Bedrohungen für unsere Familie zu halten, lassen wir uns oft verlocken, noch näher heranzugehen, um sie besser sehen zu können. Wir kosten ein ganz klein wenig zu viel von dem, was die Welt uns zu bieten hat.

Mein Freund Josh McDowell sagt: „Ich würde lieber oben auf dem Berg ein Geländer anbringen, als unten im Tal eine Rettungsstation einzurichten." Da gebe ich ihm recht. Und ich würde sogar noch einen Schritt weiter gehen. Ich würde nicht ausprobieren, ob dieses Geländer mich wirklich hält. Geländer sind nämlich nicht dazu gedacht, dass man dagegendrückt, sondern sie sind die Aufforderung, nicht weiterzugehen.

Gesprächsimpuls

Wenn Sie einmal Ihr eigenes Leben betrachten, welche „Abgründe" sind es da, die Sie neugierig machen? Bei welchen fällt es Ihnen besonders schwer, Abstand zu halten?

Gebet

Bitten Sie Gott um Hilfe, geistliche Gefahren nicht nur zu *erkennen*, sondern auch vor ihnen zu fliehen.

30. Mai

Treue Liebe

Nehmt also Gott zum Vorbild! Ihr seid doch seine geliebten Kinder! Euer ganzes Leben soll von der Liebe bestimmt sein. Epheser 5,1–2

Genau wie viele andere Paare auch haben Barbara und ich unsere Ehe mit dem feierlichen Versprechen begonnen, einander zu lieben. Damals haben wir allerdings noch gar nicht richtig verstanden, worum es bei echter Liebe eigentlich geht. Nach über dreißig Jahren Ehe wissen wir jetzt, dass unsere Liebe sehr viel mehr ist als ein Gefühl – nämlich eine lebenslange verbindliche Gemeinschaft.

Ich denke nur ungern daran, wie unreif unsere Liebe am Anfang unserer Ehe noch war, und ich bin froh, dass wir unsere Beziehung nicht aufgegeben haben, als die Anfangsverliebtheit doch ein wenig nachließ. Wir hätten dann nämlich nicht den Lohn bekommen, der gleich um die Ecke auf uns wartete. Wir hätten die Früchte verpasst, die durch das jahrelange Aufbauen gemeinsamer Erinnerungen entstehen – das Aufwachsen der Kinder, die Bewältigung von Problemen und Herausforderungen, der Spaß, den wir hatten, wenn wir als Ehepaar einmal ein kinderfreies Wochenende genießen durften, und die gemeinsame Arbeit an der Umsetzung einer gemeinsamen Vision für Familien.

Dabei fällt mir eine großartige Geschichte über eine Liebe ein, in der der Ehebund gehalten wurde. Ein älterer Mann besuchte seine Frau treu jeden Tag im Pflegeheim. Sie hatte Alzheimer, und an manchen Tagen war sie richtig garstig zu ihm. Trotzdem sagte er jeden Tag zu ihr: „Ich liebe dich."

Eines Tages rief ihn eine Pflegerin in ihr Büro. „Alle Pflegerinnen hier sind sehr beeindruckt von Ihnen", sagte sie. „Wir wünschten uns Männer wie Sie, und Ihre Frau weiß weder, wer Sie sind, noch, ob Sie kommen oder nicht. Sie könnten doch auch andere Dinge tun, wir kümmern uns schon um Ihre Frau. Sie brauchen wirklich nicht jeden Tag zu kommen."

Da fing der alte Mann an zu weinen. Er sah die Pflegerin an und sagte: „Ich verstehe, was Sie sagen wollen, und ich weiß auch, dass meine Frau mich nicht erkennt. Aber ich weiß, wer sie ist. Sie ist meine Frau, und vor fast fünfzig Jahren haben wir einander versprochen, uns zu lieben. In Gesundheit und Krankheit – und füreinander da zu sein, und daran werde ich mich auch halten."

Das ist Familie und das ist Liebe.

Gesprächsimpuls

Inwiefern ist Ihre Liebe heute reifer als am Anfang Ihrer Ehe?

Gebet

Bitten Sie Gott, Ihr Verständnis von Liebe weiterzuentwickeln und Ihnen dann bei der Umsetzung zu helfen.

31. Mai

Was Gott tut, das ist wohlgetan

Schlimme Zeiten hast du mich sehen lassen,
doch immer wieder schenkst du mir das Leben. Psalm 71,20

Ich bin sicher, Sie bekommen ganz ähnliche Anrufe und E-Mails wie wir – Berichte über Freunde und Familienmitglieder, die gerade Schweres durchmachen. Das kann eine bevorstehende Operation sein oder der Verlust des Arbeitsplatzes, und gelegentlich ist auch etwas noch Schwerwiegenderes dabei – zum Beispiel, dass ein Verwandter Krebs hat oder dass sich das Kind eines Freundes das Leben genommen hat.

Wenn ich solche Nachrichten auf meinem Computer oder dem Anrufbeantworter habe und nicht weiß, was ich sagen oder wie ich beten soll, muss ich an eine Situation denken, die ich mit Barbara in der Grafschaft Cornwall an der Südwestküste Englands erlebt habe. Wir waren an einer kleinen Kirche auf einem windigen Hügel vorbeigekommen; ein Teil des vorderen Rasens war als Friedhof abgetrennt, auf dem viele alte, verwitterte Grabsteine standen, manche davon jahrhundertealt.

Auf einem der Grabsteine standen die Namen einer ganzen Familie. Den Daten nach war die Mutter drei Wochen nach der Geburt ihres Kindes gestorben. Der Name des Kindes, John, tauchte ebenfalls auf – er war nicht einmal ein Jahr alt geworden. Am Ende folgte noch der Name des Vaters, aus dessen Sterbedatum hervorging, dass er nur etwas über ein Jahr länger als sein Sohn gelebt hatte.

Neben den drei Namen war in kaum noch lesbaren Buchstaben ein einfacher Ausblick formuliert: *„Herr, wir verstehen deine Absichten nicht, aber alles, was du tust, ist wohlgetan."*

Eine kleine Familie lag hier begraben, die nicht lange gelebt hatte, die aber anscheinend auf diese besonders widrigen und harten Umstände mit einem unverwüstlichen Glauben an Gott reagiert hatte. Diese Menschen hatten darauf vertraut, dass Gott weiß, was er tut. Und wenn meine Freunde oder meine Familie heute mit Problemen konfrontiert werden, dann erzähle ich ihnen oft von dem kleinen Friedhof in Cornwall, wo Gott mich daran erinnert hat, dass „alles wohlgetan" ist, weil Gott gut ist.

Gesprächsimpuls

Mit Blick auf welche konkreten Umstände in Ihrem Leben brauchen Sie unbedingt diese Erinnerung: „Was Gott tut, das ist wohlgetan"?

Gebet

Bitten Sie Gott um die Gnade, Prüfungen mit einem Glauben daran durchzustehen, der auch noch lange danach Wirkung zeigt und Spuren hinterlässt. Können Sie beten: „Herr, wir verstehen deine Absichten nicht, doch alles, was du tust, ist wohlgetan"?

1. Juni

Diamanten sind Kohle plus Druck

Ich war ... in Mühe und Arbeit, in viel Wachen, in Hunger und Durst, in viel Fasten ... und außer all dem noch das, was täglich auf mich einstürmt, und die Sorge für alle Gemeinden.
2. Korinther 11,27–28

Stehen Sie manchmal unter Druck? Mir geht es jedenfalls so. Ich möchte Ihnen einen Einblick in einen kleinen Abschnitt unseres Lebens geben anhand von Tagebuchaufzeichnungen darüber:

Der Installateur hat mir gerade mitgeteilt, dass unser Haus wegen einer defekten Gasleitung jeden Moment in die Luft fliegen könnte. Über der Dusche kommt die Tapete von der Wand. Auf dem Weg zur Arbeit standen sämtliche Ampeln auf Rot und ich kam zu spät. Im Büro angekommen, informierte mich ein Mitarbeiter über zwei dringende Angelegenheiten, die sofort entschieden werden mussten. Ein dicker Stapel unbeantworteter Post musste erledigt werden. So viel Druck!

Barbara ruft an. Ich soll entscheiden, wie unser Parkett lackiert werden soll. Sie fragt: „Wann soll der Mann anfangen, und soll er auch gleich die Kinderzimmer mitversiegeln?"

Und als ob das alles noch nicht reichen würde: Ich war gerade acht Wochen beruflich unterwegs, und in vierundzwanzig Stunden brechen wir als Familie zu einem Feriencamp auf, bei dem ich als Referent eingeplant bin.

An diesem Tag fängt Barbara an zu niesen und Ashley und Samuel schließen sich ihr an. Um Mitternacht hat die halbe Familie Asthmaanfälle. In nicht einmal acht Stunden soll es losgehen ins Feriencamp. Wir fragen im Gebet, ob wir absagen sollen.

Am nächsten Morgen muss noch der Rasen gemäht werden, die Kinder sind noch krank und Rebecca schreit nach ihrem Frühstück. Als wir gerade aufbrechen wollen, klingelt das Telefon. Wir lassen es klingeln, weil wir nicht unseren Flug verpassen wollen. Die Kinder betteln: „Können wir nicht noch kurz anhalten und was Süßes kaufen, Papa?" Insgeheim denke ich: „Ist das wirklich alles nötig – Feriencamp, Parkettböden und Kuchen?"

Der Apostel Paulus ließ zu, dass Gott den Druck in seinem Leben nutzte, um ihn stärker zu machen. Auf diese Weise wird aus Kohlenstoff ein Diamant.

Bleibt die Frage: Lassen wir uns durch solche Drucksituationen von Gott umformen?

Gesprächsimpuls

Tauschen Sie sich darüber aus, wie Sie mit Druck umgehen und wie Sie sich gegenseitig in Drucksituationen helfen können.

Gebet

Nehmen Sie sich die Zeit, ganz still zu werden und den Frieden Gottes zu erspüren. Beten Sie darum, dass Sie durch seine Kraft aus Stress mehr Lebenskraft entwickeln.

2. Juni

Worte, die Mut machen

Und lasst uns aufeinander achthaben
und uns anreizen zur Liebe und zu guten Werken. Hebräer 10,24

Ich habe einmal vor ein paar Hundert Singles einen Vortrag gehalten und ihnen dabei die Frage gestellt: „Wer von Ihnen hat als Kind gesagt bekommen, dass er/sie etwas ganz Besonderes ist?"

Etwa zehn, fünfzehn Zuhörer meldeten sich. Die anderen erinnerten sich eher an kritische als an ermutigende Worte.

Wann haben Sie sich das letzte Mal überlegt, wie Sie Ihre Angehörigen ermutigen können? Wenn Sie sich wünschen, dass Ihr Partner nach dem Willen Gottes lebt und auch Ihre Kinder Gott lieb haben und tun, was er will, dann sollten Sie es sich zur Gewohnheit machen, jedem Familienmitglied jeden Tag ein paar freundliche, aufbauende Worte zu sagen.

Wir erleben ja alle hin und wieder, dass unser Selbstwertgefühl gegen null geht. Kann man eigentlich zu viel loben? Haben Sie schon jemals das Gefühl gehabt, zu sehr wertgeschätzt zu werden?

Ich habe eine Aufgabe für Sie: Überlegen Sie sich einmal für jedes Familienmitglied, welche fünf guten Eigenschaften es hat, und schreiben Sie die gleich hier auf. Wenn nötig, nehmen Sie noch ein zusätzliches Blatt Papier dazu.

1.	1.	1.
2.	2.	2.
3.	3.	3.
4.	4.	4.
5.	5.	5.

Jetzt nehmen Sie sich vor, das jeweilige Familienmitglied für die aufgezählten Eigenschaften zu loben und es darin zu bestätigen, und dann warten Sie einfach einmal ab, was passiert ...

Gesprächsimpuls

Teilen Sie einander mit, wo Sie sich mehr Ermutigung vom anderen wünschen würden.

Gebet

Beten Sie darum, dass Gott Ihre Ermutigung einsetzen kann, um bei Ihren Angehörigen ihre guten Eigenschaften zu verstärken.

3. Juni

Gesellschaft für gegenseitige Bewunderung

von Barbara Rainey

Wie wohl tut ein Wort zur rechten Zeit. Sprüche 15,23

Als wir frisch verheiratet waren, haben Dennis und ich uns oft spontan Komplimente gemacht. Es war fast so etwas wie ein Spiel für uns, immer mehr gute Eigenschaften am Partner zu entdecken. Wir nannten dieses Projekt „Gesellschaft für gegenseitige Bewunderung".

Mit einem Haus voller Kinder änderte sich unsere Situation zwar, aber die Gesellschaft hat immer noch ihre „Sitzungen". Beim Abendessen werden manchmal Fragen gestellt wie z. B.: „Was findest du an Papa am besten?"

Dann antworten die Kinder der Reihe nach z. B.: „Er geht mit mir angeln", „Er bastelt mit mir", oder Rebecca sagte einmal, als sie ungefähr fünf war: „Er nascht heimlich mit mir Schokolade." Solche Aussagen können einen richtig aufbauen.

William James hat einmal gesagt: „Wenn es ein schönes Gefühl war, anderen eine Freude zu machen, dann haben wir den Wunsch nach mehr davon."

Man kann also seinen Partner dazu motivieren, sich von seiner besten Seite zu zeigen, wenn man ihn großzügig und ehrlich lobt. Auch für ganz alltägliche Dinge, wie das Reparieren von Dingen in Haus und Garten, oder Dinge, die für den anderen besonders mühsam sind.

Ganz besonders wichtig ist es auch, den Partner im Hinblick auf seine

Persönlichkeit zu loben. Säen Sie gute Saat in seinem/ihrem Leben. Das kann beispielsweise mit Aussagen wie den folgenden gehen:

„Ich mag an dir, dass du ..."

„Es gefällt mir, wie du ..."

„Danke für ..."

Geringschätzung wertet ab, aber das Ausdrücken von Wertschätzung erhöht der Wert des anderen und steigert sein Selbstwertgefühl, und das ist gut für alle.

Gesprächsimpuls

Tauschen Sie sich darüber aus, an welchen Stellen Sie Lob brauchen und wo Sie sich manchmal abgewertet fühlen. Versuchen Sie, so offen wie möglich zu sein.

Gebet

Bitten Sie Gott um die Entschlossenheit, Ihre Beziehung durch gegenseitiges Lob aufzubauen.

4. Juni

Ihr werdet Ruhe finden

Kommt her zu mir alle, die ihr mühselig und beladen seid; ich will euch erquicken. Matthäus 11,28

Wenn ich in einem Wort benennen sollte, durch was sich das Leben am Ende des zwanzigsten Jahrhunderts auszeichnet, dann würde ich das Wort „Druck" nennen. Jeder stellt Ansprüche an unsere Zeit und Kraft.

Mein Zahnarzt sagt, ich soll jeden Tag Zahnseide benutzen. Mein Arzt will wissen, wie viel ich wiege, was ich esse und ob ich genug Sport treibe. Mein Steuerberater will, dass ich die Unterlagen besser vorsortiere.

Meine Kollegen erwarten, dass ich Probleme löse, Briefe beantworte, auf Anrufe reagiere und Entscheidungen treffe. Ich muss Reisen planen, Reden vorbereiten und Artikel schreiben. Ich soll Termine einhalten und dabei gute Laune behalten, kurz, ich soll alles schneller, besser, billiger und immer mit der richtigen Einstellung machen.

Meine Frau Barbara möchte, dass ich mehr Zeit für sie habe und dass ich mich mehr in Haus und Garten betätige.

Ich soll mit den Kindern spielen, ihnen ein Vorbild sein und mich um ihre Schulangelegenheiten kümmern. Außerdem soll ich helfen, sie aufs Erwachsensein vorzubereiten.

Für meine Gemeinde soll ich möglichst immer da sein, soll mitarbeiten und mich engagieren. Außerdem wird der Wunsch an mich herangetragen, mich in der Kommunalpolitik zu engagieren und eine Bürgerinitiative zu unterstützen. Auch politisch soll ich natürlich immer auf dem Laufenden sein.

Und dann ist da ja auch noch Gott. Er gleicht den gesamten Druck durch seinen eigenen aus – er fordert mich auf, ihn zu lieben, ihm zu gehorchen, ihm treu zu bleiben und ihm meine Zeit zu widmen.

Aber Augenblick mal – Gottes Joch ist ja sanft und die Last leicht. Wenn ich ihm meine ganze Geschäftigkeit überlassen kann, dann finde ich Ruhe für meine Seele.

Gesprächsimpuls

Tauschen Sie sich darüber aus, an welchen Stellen Sie sich überfordert und überlastet fühlen.

Gebet

Bitten Sie Gott, dass er Ihnen zeigt, wie Sie nach seinem Plan leben und Ruhe finden können.

5. Juni

Die Gefühle einer Frau (Teil 1)

Desgleichen, ihr Männer, wohnt vernünftig
mit ihnen (euren Frauen) zusammen.
1. Petrus 3,7

Manchmal ist es zum Verrücktwerden, ein Mann zu sein. Wenn Barbara mit einem Problem zu mir kommt, schaltet mein Verstand automatisch in den Reparatur-Modus. Ich will ihre Probleme lösen und der Sache richtig auf den Grund gehen! Meiner Frau ist es aber meist wichtiger zu wissen, dass ich ihr einfach zuhöre und mich ihr Problem interessiert.

Einmal kam Barbara zu mir, weil wir beide so viele Termine hatten, dass wir beide nicht in dem Maße zu Hause sein konnten, wie sie es eigentlich für erforderlich hielt. Sie war so beschäftigt damit, die Kinder zu Terminen zu fahren, in der Gemeinde Aufgaben zu erfüllen und mit ihrem Amt als Elternsprecherin in der Schule, dass der Haushalt zu kurz kam.

Wie ich darauf reagiert habe? Erst einmal habe ich ihren Kummer als persönlichen Vorwurf gegen mich interpretiert und sagte deshalb: „Gut, ich helfe dir im Haushalt, so gut ich kann." Dabei hatte sie mir gar keinen Vorwurf machen wollen, sondern sie wollte mir nur ihren Kummer mitteilen.

Und dann fiel mir – typisch Mann eben – auch sofort eine Lösung ein. Ich versprach ihr, noch am selben Abend eine Familienputzkolonne zusammenzustellen und mit deren Hilfe einmal durchs Haus zu gehen. Wiederum war mir dabei ihr eigentliches Anliegen entgangen – nämlich dass sie mir ihre Gefühle mitteilen wollte. Es dauerte eine ganze Weile, bis ich merkte, dass es ihr um meine Aufmerksamkeit und mein Verständnis ging.

Ich ging also in mich und bat Barbara um Entschuldigung dafür, dass ich all ihre Hinweise missverstanden oder überhört hatte, und auf diese Weise kam ich ihr endlich mit dem Verständnis und Mitgefühl entgegen, das sie sich eigentlich gewünscht hatte.

Wenn ich Ihnen einen Rat geben darf, dann folgenden: Wenn Ihre Frau mit einem Problem zu Ihnen kommt, dann wiederholen Sie das, was sie gesagt hat, noch einmal mit Ihren eigenen Worten und fragen Sie nach, ob sie das so gemeint hat.

Ob ihr es glaubt oder nicht, liebe Männer, oft braucht eine Frau gar nicht mehr als einen verständnisvollen Mann. Bremsen wir uns also ein bisschen in unserem Drang, alles sofort wieder „in Ordnung bringen" zu wollen.

Gesprächsimpuls

Vereinbaren Sie, einmal eine Zeit lang das, was Sie sich vom anderen wünschen, nicht nur zu „signalisieren", sondern in Worte zu fassen und zu sagen.

Gebet

Bitten Sie Gott um Einfühlungsvermögen füreinander.

6. Juni

Die Gefühle einer Frau (Teil 2)

Ihr Männer, liebt eure Frauen,
wie auch Christus die Gemeinde geliebt hat
und hat sich selbst für sie dahingegeben. Epheser 5,25

Wie sagt doch Erma Bombeck so treffend: „Die Ehe ist die letzte Chance, die uns das Leben bietet, um erwachsen zu werden." Und genau das haben viele Männer nötig, mit denen ihre Frauen in den unterschiedlichen Lebensphasen zu tun bekommen.

Wir sollen diese Gefühle verstehen lernen und sie nicht abwerten.

Wenn ich Barbara wirklich helfen will, mit ihren Gefühlen umzugehen, muss ich meine eigenen Vorstellungen und Denkweisen erst einmal beiseitelassen und mich einfach ihr zuwenden. Es ist unmöglich, gleichzeitig in Verteidigungshaltung zu sein und sich dem anderen zuzuwenden.

Ich weiß auch nicht immer gleich, was ich tun soll, wenn Barbara ihren Gefühlen so ausgeliefert ist. Und sehr oft beziehe ich das auf mich, nehme es persönlich und empfinde es als Vorwurf. Ich muss mich immer wieder neu entscheiden, mich selbst zurückzunehmen – „dahinzugeben" –, um ihr zu helfen.

Als Nächstes musste ich lernen, ihr oft genug zu sagen, dass ich sie liebe. Am Anfang unserer Ehe fand ich es schwer auszuhalten, wie wenig sie sich meiner Liebe sicher war. Das Vertrauen darauf ist dann erst nach und nach entstanden. Dadurch, dass man vor den Traualtar tritt, entsteht ja nicht automatisch eine vertrauensvolle Beziehung. Liebe und Vertrauen müssen ständig wieder bestätigt werden.

Und als Drittes habe ich gelernt, ihrer Persönlichkeit Raum zu lassen, damit sie die Erfahrung machen konnte, wie Gott ganz konkret an ihr wirken wollte. Als ihr Mann ist es meine Pflicht, ihre Gefühle zu respektieren und nicht etwa zu sagen: „Das darfst du aber nicht empfinden." Ich muss ihr die Freiheit lassen, all ihre Gefühle auszudrücken. Die richtige Reaktion wäre also: „Ich freue mich, dass du mir das sagst, weil mich interessiert, wie du dich fühlst."

Und schließlich können Sie Ihrer Frau immer wieder Mut machen, Gott zu vertrauen, indem Sie gemeinsam mit ihr beten. Lesen Sie z. B. einmal Psalm 31, Vers 2. Da steht: „Herr, auf dich traue ich, lass mich nimmermehr zuschanden werden, errette mich durch deine Gerechtigkeit!" Bin ich bei Gott, brauche ich nichts zu fürchten.

Gesprächsimpuls

Tauschen Sie sich darüber aus, wie Sie einander Ihre Gefühle so mitteilen können, dass der andere es versteht.

Gebet

Bitten Sie Gott um mehr Verständnis für die Gefühle Ihres Partners und um die Fähigkeit, sich in ihn hineinzufühlen.

7. Juni

Es ist nie zu spät ...

... und achtet darauf, dass nicht jemand an der Gnade Gottes Mangel leide. Hebräer 12,15

Pat Summerall ist ein Mann in seinem vierten Lebensviertel. Das erste Lebensviertel verbrachte er bei seiner Großmutter, weil er in eine kaputte Ehe hineingeboren wurde und seine Eltern ihn verließen, als er noch ein Baby war. Sein zweites Lebensviertel war bestimmt von seinen sportlichen Erfolgen. Zunächst als Ausnahmetalent im Football an der Universität von Arkansas und danach dann als NFL-Star bei den New York Giants.

Das dritte Viertel bestand aus einer wechselhaften Mischung aus Erfolg und Misserfolg. Beruflich war er sehr erfolgreich als Moderator beim wichtigsten Sportsender – jahrelang war er quasi als Günther Netzer des amerikanischen Footballs zusammen mit dem amerkanischen Delling – John Madden – Komoderator bei großen Football-Veranstaltungen.

Privat dagegen ging es unaufhaltsam bergab: Seine Alkoholsucht zersetzte seine Familie, zerstörte seine Ehe und gefährdete seine Freundschaften.

Pats drittes Lebensviertel endete mit einem als Überraschung für ihn geplanten Treffen mit vierzehn Freunden, darunter viele Prominente aus dem Profisportbereich. Jeder der vierzehn Anwesenden las dabei einen Brief vor mit einem Appell an Pat, sich helfen zu lassen. Alle endeten mit dem Satz: „Bitte lass dir helfen!“

Zunächst war er einfach nur wütend über all das, was er da über sich selbst anhören musste, aber die Konfrontation mit sich selbst, die zudem auch noch völlig überraschend kam, bewirkte dann, dass er auf den Appell seiner Freunde hörte.

Er machte eine Therapie in einer Suchtklinik ... und lernte in dieser

Zeit Jesus Christus kennen. Sechsundsechzig war er, als er sich in einer Gemeinde in Texas taufen ließ, und seitdem lebt er für Jesus.

Und jetzt ist Pat Summerall also im vierten Lebensviertel. Er hat angefangen und ist dabei, seine Beziehungen innerhalb der Familie aufzuarbeiten und in Ordnung zu bringen, und dabei verfolgt und propagiert er den lebenswichtigen Grundsatz: „Es ist nie zu spät."

Was auch immer Sie angerichtet haben in Ihrem Leben, wie weit Sie auch immer abgedriftet sind, es gibt immer Hoffnung und es gibt immer eine Chance. In Christus ist immer mehr zu gewinnen, als man unterwegs verloren hat.

Gesprächsimpuls

Wie gehen Sie mit Erfolg um? Und wie mit Versagen und Scheitern? Hat es in Ihrem Leben schon einmal einen Moment gegeben, in dem Sie sich gefragt haben, ob es zu spät ist?

Gebet

Wenn Ihnen Ihre Sünde bewusster wird, dann beten Sie nicht nur um tiefere Buße und echte Umkehr, sondern auch um eine umfassendere Sicht davon, was Gott tun kann.

8. Juni

Überglücklich

Du hast mein Klagelied in einen Freudentanz verwandelt,
mir statt des Trauerkleids ein Festgewand gegeben.
Psalm 30,11

Bob Russell, langjähriger Pastor der *Southeast Christian Church* in Louisville, Kentucky, hat seine Zuhörer einmal durch folgende Predigt zum Nachdenken gebracht:

Wenn ich Sie heute Abend bitten würde, auf einer Skala von 1 bis 10 anzugeben, wie glücklich Sie sind, wie würden Sie dann antworten? Wenn Sie etwas anderes als 9 oder 10 angäben, hätten Sie dafür wahrscheinlich eine Erklärung: „Na ja, es gibt eben zurzeit Umstände in meinem Leben, die nicht gerade optimal sind."

Ich wette mit Ihnen, dass ich es schaffe, dafür zu sorgen, dass Sie innerhalb von vierundzwanzig Stunden zu einem überglücklichen Men-

schen werden, ohne dass sich auch nur das Geringste an Ihrer aktuellen Lebenssituation ändert.

Diese vierundzwanzig Stunden wären allerdings ziemlich brutal.

Ich würde Ihren Anwalt bitten Sie anzurufen und Ihnen mitzuteilen, dass Sie verklagt worden sind und wahrscheinlich alles verlieren. Danach würde Ihr Arzt anrufen und Ihnen mitteilen, dass er bei der letzten Vorsorgeuntersuchung eine unheilbare Krankheit bei Ihnen festgestellt hat und Ihnen nur noch ein halbes Jahr bleibt. Dann würde ich noch einen Freund anrufen lassen, zu dem Sie Vertrauen haben, und ihn ausrichten lassen, dass die drei Menschen, die Ihnen im Leben am meisten bedeuten, bei einem Verkehrsunfall ums Leben gekommen sind. Und als Letztes würde ich einen Theologen, dem Sie bisher voll vertraut haben, einen Artikel veröffentlichen lassen, in dem er erklärt, dass die Bibel unzuverlässig sei und er deshalb nicht mehr an Jesus Christus glaubt.

Vierundzwanzig Stunden nach Erhalt dieser Nachrichten würde ich Ihnen dann sagen: „Nichts von alledem ist wahr. Sie haben immer noch Ihr Geld, Ihre Lieben sind am Leben, Sie sind gesund, und Sie können weiter Ihre Hoffnung auf Jesus Christus setzen und in Ihrer Gemeinde bleiben."

Wahrscheinlich würden Sie mich gern k.o. schlagen, aber gleichzeitig wären Sie auch überglücklich, ohne dass sich an Ihren ursprünglichen Lebensumständen auch nur das Geringste geändert hätte.

Glücklich sein ist vor allem eine Sache der Perspektive, oder? Wie auch immer Ihre Lebensumstände aussehen mögen, Gott kann Sie überglücklich machen ... solange Sie auf ihn schauen.

Gesprächsimpuls

Welche Umstände machen Sie eher besorgt und ängstlich als überglücklich?

Gebet

Beten Sie um eine noch intensivere Abhängigkeit von Gott, um mehr Zufriedenheit mit dem, was er Ihnen schenkt, und um noch tieferes Mitgefühl mit Menschen, die leiden.

9. Juni

Nackt und bloß

von Barbara Rainey

Wandelt würdig der Berufung, mit der ihr berufen worden seid, mit aller Demut und Sanftmut, mit Langmut, einander in Liebe ertragend!
Epheser 4,2

An einem Wochenende machten unsere beiden Familienfotografinnen – das sind unsere Schwiegertochter Stephanie und unsere älteste Tochter Ashley – Aufnahmen von Ashleys kleinen Söhnen. Auf meinem Lieblingsfoto ist der damals anderthalbjährige James so zu sehen, wie Gott ihn geschaffen hat. Durch den dunklen Hintergrund kommen seine zarte, helle, weiche Babyhaut und sein unverbrauchter kleiner Körper besonders gut zur Geltung. James ist auf dem Foto auf allen vieren zu sehen, eine spielerische Haltung, die noch dadurch unterstrichen wird, dass er seitlich in die Kamera strahlt. Dieses Foto ist ein echter Schatz für mich, und ich werde bestimmt noch lange viel Freude daran haben.

Als Fotografinnen hatten Stephanie und Ashley eine Wahl gehabt, wie sie den Kleinen präsentieren wollten. Sie hätten ihn auch in eine Matschpfütze im Garten setzen und ihn so lange ärgern können, bis er angefangen hätte zu schreien. Vielleicht wäre das sogar einfacher gewesen, als auf eine so bezaubernde Pose zu warten. Und er wäre dann für immer so auf dem Bild gewesen.

Sie hatten sich aber dafür entschieden, ihn von seiner besten Seite abzulichten, und weil er beim Fotografieren nackt gewesen war, hatten sie außerdem darauf geachtet, ihn so zu fotografieren, dass sein Geschlechtsteil nicht zu sehen war, damit ihm dieses Bild in ein paar Jahren nicht schrecklich peinlich zu sein brauchte.

So wie der kleine James auf dem Foto sind auch wir in der Ehe nackt und bloß voreinander. Niemand kennt die Sünden des anderen, das, wofür er sich schämt, und seine Fehler besser als der jeweils andere Partner. Aber Gott hat die Ehe als Schutzraum gedacht, als Ort, an dem wir Sicherheit und Beistand finden statt Verurteilung und Kritik.

Beide Beteiligten bringen ja ihre Fehler und Macken mit in die Ehe, zu denen ja im Laufe der Ehe leider auch noch neue hinzukommen.

Die Ehe sollte der Ort sein, an dem zwei unvollkommene Menschen Annahme und immer wieder auch Vergebung finden ... und auch den Mut zur Veränderung und Weiterentwicklung.

Gesprächsimpuls

Tauschen Sie sich darüber aus, was Ihnen an Ihrem Partner/Ihrer Partnerin am besten gefällt – und tun Sie Buße dafür, wenn Sie bisher überkritisch gewesen sind.

Gebet

Beten Sie dafür, dass Sie einander als Ehepartner bereitwillig vergeben können und dadurch die Voraussetzung und ein Umfeld schaffen, in dem Veränderung nach Gottes Vorstellungen stattfinden kann.

10. Juni

Finden und behalten

Und was Gott zusammengefügt hat,
das sollen Menschen nicht scheiden. Markus 10,9

Es gibt Untersuchungen, aus denen hervorgeht, dass etwa zwei Drittel aller Ehen aufgrund eher geringfügiger Konflikte geschieden werden. Das heißt, sie enden nicht durch einen schweren Schlag wie beispielsweise Untreue oder körperliche Gewalt, sondern es haben sich im Laufe der Zeit so viele Meinungsverschiedenheiten und Unstimmigkeiten angehäuft, dass die Betroffenen keinen anderen Ausweg aus dem Stress und Kummer mehr sehen können, als eine Scheidung.

Wenn Sie Menschen kennen, denen es gerade so geht, dann bitten Sie sie inständig, um ihre Ehe zu kämpfen. Sagen Sie ihnen, dass sie nicht einfach aufgeben dürfen, ohne es noch mal eine Runde lang zu versuchen und ohne dann noch einmal kurz innezuhalten und vielleicht festzustellen, dass die beste Ehe für sie die Ehe ist, die sie bereits haben.

Ich habe kürzlich von einem Hörer einer unserer Radiosendungen eine E-Mail bekommen. Dem Mann war durch ein Interview in einer Sendung klar geworden, dass er viel falsch gemacht hatte. Er war geschieden und drauf und dran wieder zu heiraten, und er wusste jetzt nicht, was er tun sollte.

Irgendwie ließ mich die E-Mail nicht los, und ich las sie deshalb immer wieder. Schließlich rief ich den Mann an und fragte ihn: „Gibt es eine Chance, sich mit Ihrer Exfrau zu versöhnen, bevor Sie wieder heiraten? Sehen Sie, Sie heiraten ja wieder einen Menschen, der nicht perfekt ist, auch wenn Sie die eine Frau gegen eine andere tauschen. Und diesmal bringen Sie zusätzlich noch die Last einer Scheidung mit in die Beziehung.“

Ein Statistiker hat mir einmal gesagt, dass wenn ein Ehepaar auch nur

20 Prozent seiner Ehe als zufriedenstellend bezeichnen kann, eine Wahrscheinlichkeit von über 90 Prozent besteht, dass sich die Ehe innerhalb der nächsten zwei Jahre verbessert – allerdings nur, *wenn* sich beide Partner bemühen, *wenn* beide um die Ehe kämpfen und *wenn* keiner vorschnell das Handtuch wirft.

Gesprächsimpuls

Kennen Sie ein Ehepaar, das scheinbar kurz davor ist, aufzugeben? Sprechen Sie darüber, wie Sie helfen können.

Gebet

Beten Sie intensiv für Ehen, von denen Sie wissen, dass sie am seidenen Faden hängen.

11. Juni

Eine Frage des Gewissens

Denn es ist besser, wenn es Gottes Wille ist, dass ihr um guter Taten willen leidet als um böser Taten willen. 1. Petrus 3,17

Barbara war mit einer Handarbeit beschäftigt und ich las Zeitung. Es war ein ganz normaler Abend an einem ganz normalen Wochentag in Amerika – jedenfalls bis zu dem Augenblick, als unser Sohn Benjamin, der damals in der achten Klasse war, von seinem Buch aufblickte, das er für die Schule lesen sollte, und sagte: „Papa, ich glaube, das hier ist nichts für mich. Ich glaube, ich sollte das lieber nicht lesen."

„Wie meinst du das, mein Junge?", fragte ich nach.

„Also – also da wird in allen Einzelheiten beschrieben, wie ein Mann und eine Frau Sex haben!" Er wurde ein bisschen rot und schaute nervös zu seiner Mutter hinüber, die sich vor Schreck fast mit der Nadel in den Finger gestochen hätte.

„Zeig mir mal das Buch", sagte ich. Ich überflog ein paar Seiten und wusste sofort, was er meinte. Er hatte den Nagel auf den Kopf getroffen. Das Buch war wirklich extrem anschaulich in der Schilderung einer Liebesgeschichte.

Am Ende konnten wir ihm helfen, eine andere Hausaufgabe zu bekommen. Der Lehrer hatte zwar zunächst gedroht, ihm eine Sechs zu geben, wenn er die Hausaufgabe nicht machte, aber am Ende einigten wir uns und konnten mit dem Ergebnis auch alle gut leben.

Am meisten freuten wir uns jedoch darüber, dass unser Sohn mit seinen vierzehn Jahren ein so gutes Gespür dafür hatte, was gut für ihn war und was ihm schadete – und dass er den Mut hatte, für das einzustehen, was er als richtig erkannt hatte.

Ich kann Ihnen versichern, dass Geschichten wie diese nur passieren, wenn Eltern sich einsetzen. Wenn sie sensibel sind für Momente, in denen ihre Kinder offen sind für das, was sie weitergeben wollen, wenn sie mit ihren Kindern reden, sie ihnen Vorbild sind, sie für sie beten und mit ihnen in der Bibel lesen und wenn sie den Mut haben, wirklich zu erziehen.

Wenn man es richtig macht, bedeutet Erziehungsarbeit für die Eltern oft, den Kindern auf die Nerven zu gehen und ihnen nicht ihren Willen zu lassen. Aber diese frühen Jahre der Charakterbildung sind so entscheidend. Das ist die Zeit, in der es noch Ihre Aufgabe ist, das Gewissen Ihres Kindes zu sein – indem Sie ihm deutlich machen, worauf es ankommt, was richtig und falsch ist und wie wichtig und wertvoll es ist, sich gegen das Böse zu stellen.

Gesprächsimpuls

Haben Sie das Gewissen Ihrer Kinder schon einmal in Aktion erlebt?

Gebet

Bitten Sie Gott darum, dass das Gewissen Ihrer Kinder offen bleibt für seine Stimme.

12. Juni

Es mangelte nichts

Und doch hat er sich auch ihnen schon immer zu erkennen gegeben: Er ist es doch, der euch Wohltaten erweist! Er gibt euch den Regen und lässt die Ernte reifen! Er gibt euch zu essen und macht euch froh und glücklich! Apostelgeschichte 14,17

Geldsorgen. Wenn es bei Ihnen so ist wie bei den meisten Ehepaaren, dann haben Sie schon so manche hitzige Debatte über Geld geführt. In manchen Ehen hält der eine Partner das Geld so fest, dass er ganz weiße Fingerknöchel hat, und dem anderen zerrinnt es zwischen den Fingern.

Meine Frau hat mir kürzlich einmal gesagt, am Anfang unserer Ehe hätte sie immer das Gefühl gehabt, mich bei jeder einzelnen Ausgabe erst fragen zu müssen. Und ich erinnere mich, dass ich als frischgebackener Ehemann keine Ahnung hatte, wie sie zu dem stand, was ich als *unser* Geld empfand. Unsere Einstellung zu Geld war grundverschieden.

Uns wurde klar, dass wir herausfinden mussten, was Gott zum Thema Geld zu sagen hat, und uns dann danach zu richten, wenn wir unsere Differenzen in Bezug auf Geld und Finanzen bereinigen und zu einem gemeinsamen Geldverständnis gelangen wollten.

Wir haben im Laufe der Zeit gelernt, dass unsere Einstellung zum Geld auf der Überzeugung und der Sicherheit beruhen muss, dass Gott uns mit allem versorgt, was wir brauchen. Als die Jünger eines Tages von einer Reise zurückkehrten, stellte ihnen Jesus die Frage, ob es ihnen an etwas gefehlt hätte (siehe Lukas 22,35). Ihre Antwort lautete: „Nein, nichts." Sie vertrauten Jesus und bekamen alles, was sie brauchten.

Dieses geistliche Prinzip ist auch heute noch gültig. Während unserer gesamten Ehe haben Barbara und ich uns darauf verlassen, dass er uns durch Menschen versorgt, die zu ihm gehören. Konkret heißt das: Wir bekommen ein bestimmtes Grundgehalt, wenn (und nur wenn) diejenigen, die uns finanziell unterstützen, jeden Monat genügend Geld geben, dass dieser Grundbetrag zusammenkommt. Es ist jeden Monat wieder wie Weihnachten, wenn wir wieder erleben, dass Gott für alles gesorgt hat. (Nebenbei bemerkt nehmen wir auch keine Autorenhonorare für unsere Bücher und verlangen auch als Referenten bei FamilyLife-Veranstaltungen kein Honorar.)

Wir haben in all den Jahren Gottes Versorgung auf hunderterlei Weise erlebt. Jeder Scheck, den wir bekommen, wandert von der Hand in den ... nein, von seiner Hand in unseren Mund! Auch jetzt noch berührt es uns zutiefst, wenn wir erleben, dass er unsere Situation kennt, dass er weiß, wo wir gerade sind, und dass er machtvoll handelt, um unsere echten Bedürfnisse zu erfüllen. Das alles stärkt unseren Glauben.

Gesprächsimpuls

Nennen Sie ein paar Beispiele dafür, wie Gott für Sie als Ehepaar sorgt.

Gebet

Danken Sie Gott für seine Fürsorge. Bitten Sie ihn, dass Sie ihn sowohl in Zeiten des Überflusses als auch in Zeiten des Mangels als Versorger anerkennen.

13. Juni

Jonglage

Doch dann dachte ich über alles nach, was ich getan und erreicht hatte, und kam zu dem Ergebnis: Alles ist vergeblich und Jagd nach Wind.
Prediger 2,11

Es gibt Phasen, in denen uns unsere Arbeit mehr abverlangt als sonst. So haben Buchhaltungsangestellte besonders viel zu tun, wenn Monats- und Jahresabschlüsse anstehen oder Verkäuferinnen im Einzelhandel, wenn das Weihnachtsgeschäft läuft. Wo auch immer Sie tätig sind, jede Arbeit hat ihren eigenen Rhythmus, und es gibt auch immer Spitzenzeiten, in denen viel zu tun ist.

Nun sind aber in unserer erfolgsorientierten Gesellschaft von heute solche saisonalen Spitzen nicht mehr die Ausnahme, sondern der Normalfall. Wir lassen zu, dass sich das Tempo verselbstständigt und wir deshalb jetzt Monat für Monat, jahrein, jahraus mit Vollgas arbeiten müssen. Zu Hause, in der Familie, in unserer Ehe und in unserer Beziehung zu unseren Kindern machen sich Auflösungserscheinungen bemerkbar, zu denen es offenbar auch von jetzt auf gleich kommen kann.

Dabei muss ich an eine Rede von Covon Brian Dyson denken, die er einmal anlässlich einer Hochschulabschlussfeier gehalten hat. Dyson war im Laufe seines Berufslebens in unterschiedlichen Positionen im oberen Management bei Coca-Cola tätig, und in seiner Rede sagte er zu den Collegeabsolventen der *Georgia Tech University*: „Stellen Sie sich das Leben wie ein Spiel vor, bei dem Sie mit fünf Bällen jonglieren: Arbeit, Familie, Gesundheit, Freunde und geistlicher Bereich. Sie halten alle fünf Bälle immer in der Luft.

Sie werden schnell merken, dass die Arbeit ein Gummiball ist. Wenn Sie ihn fallen lassen, prallt er vom Boden ab und springt wieder hoch. Die übrigen vier Bälle dagegen bestehen aus Glas. Wenn Sie einen davon fallen lassen, ist er unwiderruflich angeschlagen, gezeichnet, beschädigt, hat diverse Macken oder zerbricht sogar ganz. Der Ball wird jedenfalls nie wieder so sein, wie er einmal war."

Vielleicht bekommen Sie kein kräftiges Schulterklopfen, wenn Sie zu Hause bleiben, um das Geschirr zu spülen, Streit zu schlichten oder mit einem Kind für einen Test zu üben. Vielleicht empfinden Sie dabei nicht so viel Bestätigung wie beim Erreichen eines beruflichen Zieles oder beim Lob von Kollegen. Aber Sie werden der lebende Beweis dafür sein, dass man *erst* seine Familie gewinnen muss, wenn man sonst etwas gewinnen will, das von Wert ist.

Ehen und Familien prallen nicht vom Boden wieder ab, sondern sie werden zerschmettert. Manchmal über Generationen.

Gesprächsimpuls

In welcher Zeit haben Sie beruflich immer besonders viel zu tun? Gibt es Anzeichen dafür, wenn Ihre Arbeit überhandnimmt und das Gleichgewicht nicht mehr stimmt? Wie können Sie einander im Umgang mit solchen Phasen helfen, in denen Sie stärker gefordert sind als sonst?

Gebet

Bitten Sie Gott um die Fähigkeit, gut zu jonglieren ... und zu wissen, welche Bälle herunterfallen können, ohne dass größerer Schaden entsteht.

14. Juni

Es ist nie zu spät

Der soll das Herz der Väter bekehren zu den Söhnen und das Herz der Söhne zu ihren Vätern ... Maleachi 4,6

Ich finde es immer unendlich traurig, wenn ich von Vätern höre, die zu beschäftigt sind mit allem Möglichen oder mit sich selbst, um sich intensiv um ihre Kinder zu kümmern. Diese Art der Vernachlässigung hinterlässt bei Kindern oft Verletzungen, die kaum jemals ganz heilen, und passiert das trotzdem, dann ist das mit Sicherheit Gottes Werk.

Ein Hörer unseres Rundfunkprogramms hat mir kürzlich eine solche Geschichte geschrieben, die mich tief berührt hat. Er berichtete davon, wie er zum ersten Mal in seinem Leben einen ganzen Tag – und zwar von morgens bis abends – mit seinem Vater verbrachte. Da war er schon 21 Jahre alt und endlich vor dem Gesetz alt genug, um mit seinem Vater in die Bar zu gehen, in der der Vater so viel Zeit verbrachte.

Das war ein Anfang, und obwohl sein Vater sich dafür entschuldigte, dass er „nicht genug für ihn da gewesen“ war, hörte der junge Mann nie die Worte, nach denen sich jedes Kind so sehnt: „Ich hab dich lieb“ und „Ich bin stolz auf dich“.

Der Vater starb, als sein Sohn 25 Jahre alt war, und der Verlust des Vaters führte den jungen Mann ebenfalls in die Alkoholsucht. Jahrelang hatte der junge Mann schwer zu kämpfen mit dem Leben und den Folgen seiner Sucht. Irgendwann war er dann aber trocken und hatte eine lebensverändernde Begegnung mit Jesus Christus.

Eines Tages hörte er dann eine Radiosendung von *Familylife Today*, in der es um den Schmerz von Verletzungen aus der Kindheit ging und die heilende Kraft der Vergebung. „Zum ersten Mal“, schrieb er, „konnte ich den Schmerz meines Vaters nachempfinden, und ich hatte großes Mitgefühl mit ihm.“ Er fing an, mit seinem Vater zu reden, als ob sie zusammen in einem Raum wären, und bei jedem Satz flossen wieder Tränen. Langsam stellte sich Erleichterung ein, und die ganze aufgestaute Wut und der Schmerz schmolzen dahin.

Er war heil und er war frei.

Eine solche Heilung kann jahrelang dauern, so wie bei diesem Mann. Aber hören Sie niemals auf, daran zu glauben, dass Gott Sie innerlich heilen kann, egal, wie tief die Verletzungen sind und wie groß Ihre Angst davor ist, dadurch alte Wunden wieder aufzureißen.

Gesprächsimpuls

Wodurch wird immer noch verhindert, dass Sie den Menschen – Familie oder andere Menschen –, die Ihnen tiefe Verletzungen zugefügt haben, nicht vergeben können?

Gebet

Bitten Sie Gott, Sie fähig zu machen und Ihnen die Kraft zu geben, keine Schuldkonten anzulegen, sondern zu vergeben.

15. Juni

Trennwände

Christus ist es, der uns allen den Frieden gebracht und Juden und Nichtjuden zu einem einzigen Volk verbunden hat. Er hat die Mauer eingerissen, die die beiden trennte. Epheser 2,14

Simon und Chana Taub aus Brooklyn lösten nach zwanzig Jahren Ehe ihren gemeinsamen Haushalt auf, ließen sich scheiden und gingen getrennte Wege – gewissermaßen.

Er zog ins Wohnzimmer im Erdgeschoss und sie in die dritte Etage, wo die Schlafzimmer gewesen waren. Um sicherzugehen, dass sie sich nicht in der zweiten Etage trafen – zu diesem Bereich des Hauses hatten nämlich beide teilweise Zugang –, ordnete ein Richter an, dass im Treppenhaus eine Trennwand zu errichten sei, damit sie sich dort nicht unabsichtlich über den Weg liefen.

Ich habe selbst die Fotos davon im Internet gesehen. Mitten durch das schöne alte Haus mit dem reich verzierten Treppenhaus geht eine weiße Wand aus Fermazellplatten. Das ist ein krasses Sinnbild für die starren Mauern, die in viel zu vielen Häusern landauf, landab errichtet werden. Mauern der Isolation, des Schweigens, und der ungelösten Probleme. Wände, die unglaublich dick geworden sind mit der Zeit und aus Missverständnissen, Ungeduld, Ärger und Spott bestehen.

Aber genau wie Jesus damals gekommen ist, um die Trennung zwischen Juden und Nichtjuden zu beenden, so kommt er heute in unsere Häuser und Ehen und bietet uns das Handwekszeug an, das wir brauchen, um die Wände wieder einzureißen, die so leicht und schnell zwischen uns entstehen. Er bietet uns das Werkzeug der Vergebung an, das Werkzeug der Gnade und das der Umkehr.

Vielleicht erfordert es noch jede Menge Gehämmer und Abrissarbeiten und auch eine große Portion *Selbstlosigkeit*, um diese Wände einzureißen – aber gehen Sie weiter durch Ihr Haus, bis Sie all diese Trennwände gefunden und niedergerissen haben.

Hoffentlich reißen auch Simon und Chana ihre Trennwand wieder ein und treffen sich irgendwo in der Mitte. Eine Ehe mit Mauern ist nicht das, was Gott eigentlich will.

Gesprächsimpuls

Welche Mauern lassen Sie in Ihrem Haus zu? Wo haben Sie sie errichtet? In der Küche? Im Wohnzimmer? Im Schlafzimmer? Welche ersten Schritte können Sie tun, um die Mauern einzureißen?

Gebet

Bitten Sie Gott, dass Sie jede Mauer bemerken, bevor sie mit Groll und Bitterkeit verfugt wird. Beten Sie darum, dass Sie zu einer Einheit zusammenwachsen.

16. Juni

Transparenz

Die beiden waren nackt, aber sie schämten sich nicht voreinander.
1. Mose 2,25

Nackt" sein können, ohne sich zu „schämen." Aus diesem Grund heiraten wir – nicht nur, um Sex zu haben, sondern auch, um mit einem

Menschen emotional sehr nah zusammen zu sein. Wir wünschen uns jemanden, mit dem wir ganz offen sein können, jemanden, der uns auch dann akzeptiert, wenn wir so sind, wie wir nun mal sind.

Aber obwohl sich unsere Seele danach sehnt, verbergen viele Paare – besonders sehr junge Paare – dieses Bedürfnis hinter dem rein sexuellen Zusammensein. Es fällt ihnen leichter, miteinander zu schlafen, als sich einander *geistlich* zu öffnen, weil da immer die Gefahr von Heuchelei und Peinlichkeit besteht. Sex kann einfacher sein, als sich einander *gefühlsmäßig* zu öffnen und den anderen an seinen Ängsten, Sorgen, Träumen und tiefsten Gefühlen teilhaben zu lassen.

Daher kann es sein, dass in einer Ehe kaum Offenheit und Transparenz herrscht, obwohl man sich sexuell sehr nah ist ... und das schwächt eine Partnerschaft unterschwellig.

Dabei fällt mir ein alleinstehender Mann ein, der eines Abends in einem Restaurant an Barbaras und meinen Tisch kam, um uns für das zu danken, was wir in einem Referat bei einem Singleabend in seiner Gemeinde gesagt hatten. Ihm war dadurch noch einmal ganz neu deutlich geworden, warum es so wichtig ist, in einer gerade beginnenden Partnerschaft erst einmal den Sex beiseitezulassen, weil nur dann der Mann und die Frau die Chance haben, ihre Beziehung wirklich weiterzuentwickeln. Es hilft ihnen dabei, die echte und ehrliche Arbeit zu tun, die es nun mal bedeutet, sich wirklich kennenzulernen, statt sich mit dem zufriedenzugeben, was sowieso ganz natürlich und ohne zu denken passiert.

Doch aufgepasst – das Gleiche kann auch in der Ehe passieren. Sex kann zum Ersatz für echte Beziehung werden – auch bei Ehepartnern! Wir können *zusammen* sein, ohne füreinander transparent zu sein.

Natürlich kann man so eine Transparenz füreinander nicht von einem Tag auf den anderen erreichen. Das ist ein Prozess – und zwar ein lebenslanger Prozess, im Laufe dessen man sich immer wohler dabei fühlt, ehrlich zueinander zu sein, ohne Angst zu haben, deshalb abgelehnt oder gar abgewiesen zu werden. Durch diesen Prozess wird die Ehe zu einem immer größeren Segen.

Verliebt zu sein ist gut. Aber es kann nichts Besseres geben, als verliebt und außerdem völlig transparent füreinander zu sein.

Gesprächsimpuls

Welches sind für Sie die größten Hindernisse zu echter Transparenz? Sprechen Sie über Ihre größten Ängste, Ihre mutigste Handlung oder Ihren größten Zweifel.

Gebet

Beten Sie um eine Liebe, die sich immer mehr dahin entwickelt, sich dem anderen zu öffnen und niemals ablehnend oder zurückweisend zu sein.

17. Juni

Ein Funke genügt ...

Allem bin ich gewachsen durch den, der mich stark macht.
Philipper 4,13

Für einen Feuerwehrmann ist eines der schlimmsten Wörter der deutschen Sprache das Wort „Feuerwalze". Dazu kommt es beispielsweise, wenn ein eigentlich relativ berechenbarer, weil noch kleiner Waldbrand plötzlich völlig außer Kontrolle gerät und sich mit rasender Geschwindigkeit durch Gras, Unterholz und Bäume frisst, und alles tötet, was sich ihm in den Weg stellt.

Ich finde, der Begriff „Feuerwalze" ist eine gute Beschreibung für das, was in den letzten zehn Jahren im Zentrum der amerikanischen Gesellschaft passiert ist. Eine Feuerwalze ist dabei, einen unschätzbar wertvollen Teil unserer Gesellschaft zu verschlingen – die Familie.

In einer Rede vor 700 College-Studenten auf einer *Campus für Christus*-Konferenz in Dallas, Texas, habe ich einmal die Frage gestellt, wer von den Zuhörern von Scheidung betroffen sei (entweder in der unmittelbaren oder der erweiterten Verwandtschaft). Es meldeten sich a*chtzig Prozent* der Zuhörer.

Anschließend kam ein junger Mann auf mich zu, der mit mir über die Scheidung seiner Eltern sprechen wollte. Sein Vater war früher ein leitender evangelikaler Pastor gewesen. „Mein Vater war mein Held", sagte er. „Er hat mir alles beigebracht, was ich weiß. Und jetzt ist er weg. Ich bin der Einzige in meiner Familie, der noch mit Gott lebt."

Es gibt heutzutage viel zu viele Christen, die eine solche Art von Ohnmacht empfinden.

Wenn Sie versucht sind, die Hoffnung und den Mut zu verlieren, dann denken Sie daran, dass Sie etwas ändern können! Unser heutiger Tagesvers sagt, dass Gott Ihnen die Kraft geben kann, der Hitze standzuhalten.

Wenn ein Feuerwehrmann von einem solchen Feuer eingeschlossen wird, dann bleibt oft als letzter Ausweg nur, ein Gegenfeuer zu entzünden, durch das um ihn herum alles Brennbare bereits verbrannt ist und das große Feuer keine Nahrung mehr hat, wenn es ihn erreicht. Wenn Sie sich durch die Feuer des Zeitgeistes und der heutigen Kultur bedroht fühlen, dann ist es Zeit, *selbst ein Feuer zu entzünden*. Das kann geschehen, indem Sie wieder zu GottesWort zurückkehren und Ihren Alltag im Gehorsam vor Jesus Christus leben.

Gesprächsimpuls

Welche Themen der heutigen Zeitgeist-Feuerwalze machen Sie mut- und hoffnungslos? Überlegen Sie, wie Sie ein Gegenfeuer in Gang setzen können, durch das Ihre Familie geschützt wird.

Gebet

Bitten Sie Gott um den Mut, in Ihrer Familie und Ihrem Lebensumfeld in der kommenden Woche etwas zu verändern.

18. Juni

Eltern brauchen Mut (Teil 1)

Harre auf den Herrn! Sei mutig, und dein Herz sei stark, und harre auf den Herrn. Psalm 27,14

Wenn ich mit anderen Männern oder auch einer Gruppe von Ehepaaren auswärts essen bin, bringe ich gern mit einem meiner Lieblingsstartern ein Gespräch in Gang. Es ist eine Frage, und sie lautet: „Was ist das Mutigste, das Sie je in Ihrem Leben getan haben?"

Die meisten Menschen denken bei Mut an Heldentaten wie beispielsweise die auf geographisch und historisch fernen Schlachtfeldern. Ich glaube allerdings, dass man Mut in sehr hoher Dosierung braucht, wenn man heutzutage Kinder nach biblischem Maßstab erziehen will.

Es ist Mut erforderlich, wenn Eltern Folgendes tun wollen:

- für die Söhne und Töchter Normen, Regeln und Grenzen im Umgang mit dem anderen Geschlecht setzen, die dem Willen und Maßstab Gottes entsprechen
- weiterzugeben und auch durch eigenes Vorbild zu vermitteln, wie Gottes Sicht von Geschlechtsidentität ist, und dabei bewusst auch Tendenzen des Zeitgeistes entgegenzusteuern, durch die Gottes Schöpfungsabsicht verzerrt wird

- sich in das Leben ihrer Kinder „einzumischen“, wenn sie das Gefühl haben, dass irgendetwas nicht stimmt
- sich nicht den Werten anderer christlicher Eltern anzupassen, wenn es um Fragen geht, wie, wann Kinder abends zu Hause sein müssen, wie angemessene Kleidung aussieht, welche Filme akzeptabel sind und welche nicht, wie man angemessen mit Sprache und auch mit Medien wie Handy und Computer – und besonders dem Internet – umgeht

Es erfordert viel Mut von Eltern, wenn sie ihren Kindern vermitteln wollen, wie Gott sich den Umgang mit Sexualität vorstellt.

Es erfordert Mut, mit dem Teenagersohn über Pornografie im Internet zu sprechen und ihm aufzuzeigen, welche zerstörerischen Folgen Pornografiekonsum hat. Und als Väter müssen wir ihnen in dieser Hinsicht auch selbst Vorbilder sein.

Es erfordert Mut, dem eigenen Sohn zu sagen, wieso es wichtig ist, die Grenzen einzuhalten, wenn er mit einem Mädchen zusammen ist, dass es wichtig ist, beim Kennenlernen die richtige Reihenfolge einzuhalten. Und man braucht Mut, nicht zuletzt auch den Mut, sich richtig unbeliebt zu machen, wenn man dem jungen Mann, der mit der Tochter ausgehen will, dasselbe sagt wie vorher dem Sohn.

Natürlich ist es viel einfacher, gar nichts zu tun, aber genau so werden Schlachten verloren.

Gesprächsimpuls

Was ist das Mutigste, das Sie je getan haben?

Gebet

Bitten Sie Gott um Mut für den Kampf um die Seelen Ihrer Kinder.

19. Juni

Eltern brauchen Mut (Teil 2)

Seid mutig und entschlossen! Habt keine Angst! Erschreckt nicht vor ihnen! Der Herr, euer Gott, wird selbst mit euch ziehen. Er wird euch gewiss nicht im Stich lassen. 5. Mose 31,6

Es erfordert Mut, heutzutage seine Kinder nach biblischem Maßstab zu erziehen, besonders wenn der Zeitgeist unsere Bestrebungen, unsere Kinder mutig zu schützen, nicht unbedingt unterstützt.

Was sollen Eltern also tun?

Erstens: *Beschließen Sie, keine Eltern zu sein, die den Weg des geringsten Widerstandes gehen und gar nichts tun.* Die eigenen Kinder zu lieben, heißt immer auch Fehler zu machen. Vielleicht gehen Sie mit einigen Ihrer Regeln zu weit, aber wenn Ihr Kind sich in Ihrer Beziehung sicher und geliebt fühlt, dann würde ich Sie eher dazu herausfordern, den Maßstab höher als zu niedrig zu setzen.

Zweitens: *Beten Sie*. Es hat einmal jemand gesagt: „Mut ist Angst, die betet." Eltern müssen um den Mut beten, sich etwas zu trauen. Das haben Barbara und ich auch getan – und zwar ständig, denn wir brauchten Gottes Weisheit und Kraft.

Drittens: *Einigen Sie sich als Ehepartner auf Grenzen, die Sie für Ihre Familie setzen wollen. Und seien Sie dabei ruhig mutig.* Stellen Sie klare Regeln für folgende Bereiche auf:

- Filme
- Internet- und Telefonbenutzung
- Dates (wenn ja, dann: wann, wie und mit wem?)
- Umgang mit der Beziehung zum anderen Geschlecht (z. B.: Wie weit darf Ihr Kind vor der Ehe gehen?)
- Zapfenstreich: Wann müssen Ihre Kinder zu Hause sein?
- Kleidung

Erinnern Sie sich noch an die Frage, die ich gestern gestellt habe? So mutig Sie in Ihrem Leben bisher auch gewesen sein mögen, das *Allermutigste* könnte sein, zu beschließen, am Leben Ihrer Kinder beteiligt zu sein und Einfluss darauf zu nehmen. Eltern zu sein, erfordert immer wieder heldenhaftes Handeln, nämlich Ihre Pflicht zu tun.

Im Kampf gegen das Böse braucht unsere Generation Männer und Frauen, die sich grundlegenden Entscheidungen stellen können, ohne mit der Wimper zu zucken. Diese relativ unspektakuläre Art von Mut ist es, die christliche Familien von anderen abhebt und die Standhaftigkeit, mit der Mütter und Väter im geistlichen Kampf für ihre Familien stehen.

Gesprächsimpuls

Welche biblischen Maßstäbe erfordern im Augenblick am meisten Mut von Ihnen?

Gebet

Bitten Sie Gott um den Mut, konkrete Schritte zu tun, um diese Maßstäbe aufrechtzuerhalten.

20. Juni

Ein Freund, ein guter Freund, das ist das Beste ...

Der Nachbar nebenan kann dir besser helfen als der Bruder in der Ferne. Sprüche 27,10

Es hat noch nie so viele Möglichkeiten gegeben, mit Menschen in Kontakt zu kommen – Post, E-Mail, Telefon, Fax, SMS, MSN und sogar Internet-Video. Aber kürzlich im *American Sociological Review* veröffentlichte Forschungsergebnisse zeigen, dass die Anzahl der Menschen, die nach eigenen Angaben *niemanden* haben, dem sie wichtige persönliche Dinge anvertrauen können, seit 1985 von 10 Prozent auf 25 Prozent der Bevölkerung gestiegen ist.

Wahre Freundschaft – was ist nur damit passiert?

Natürlich gibt es immer noch Leute, die von sich behaupten, jede Menge Freunde zu haben. Ein College-Student hat einmal gesagt: „Wenn man sich das Online-Profil einiger Leute ansieht, stellt man fest, dass sie ungefähr eintausend Freunde haben. Tatsache ist jedoch, dass sie nicht einmal die Hälfte von ihnen persönlich *kennen*."

Aber ist denn in unserer Hightechkultur, in der es nur noch wenig Berührung gibt, echte Freundschaft überhaupt noch nötig? Konkret: Wenn man erst einmal verheiratet ist und sich als Ehepaar niedergelassen hat, besteht dann überhaupt noch die Notwendigkeit, Freundschaften aufrechtzuerhalten?

Ich hoffe, dass Ihr bester Freund/Ihre beste Freundin die Person ist, mit der zusammen Sie diese Andacht halten, denn so sollte es eigentlich sein. Aber Ehemänner und Ehefrauen brauchen auch mindestens einen gleichgeschlechtlichen Freund bzw. Freundin, der/die auch Christ ist. Außerdem ist es wichtig, auch wenigstens ein Ehepaar zu haben, mit dem Sie sich austauschen können – gemeinsame Freunde, mit denen Sie Gemeinschaft haben und vor denen Sie auch offen und ehrlich von Ihrem Verhalten Rechenschaft ablegen können.

Barbara und ich haben ein paar echte Freunde, die wir oft ansprechen, wenn wir Rat, Hilfe oder auch eine ausgleichende Stimme brauchen. Mit ihnen besprechen wir so ziemlich alles – Erziehungsfragen, Finanzen, Dinge, die uns Mühe machen, Umgang mit Druck und Anforderungen des Alltags und die unterschiedlichen Lebensphasen.

Wenn man sich unsere heutige Kultur der Hightechkommunikation ansieht, dann besteht doch eines der größten Bedürfnisse darin, mit ein paar echten Freunden in Verbindung zu sein – mit Gleichgesinnten, die Jesus Christus nachfolgen, uns nicht nach dem Mund reden und ehrlich zu uns sind – Freunde, die in schweren Zeiten, ohne zu zögern, mit uns weinen würden oder uns trösten und ermutigen (und manchmal vielleicht sogar korrigieren).

Gesprächsimpuls

Wer sind Ihre engsten Freunde? Was sollten Sie ganz konkret zur Pflege dieser Freundschaften tun?

Gebet

Wenn Sie als Ehepaar Freunde an Ihrer Seite brauchen, bitten Sie Gott, Sie und ein anderes Ehepaar zusammenzubringen. Haben Sie dabei Geduld und erwarten Sie einfach, dass er auch in dieser Hinsicht für Sie sorgt.

21. Juni

Furchtloser Widerstand

Habt Salz in euch selbst, und haltet Frieden untereinander!
Markus 9,50

Ich erinnere mich noch gut daran, wie ich 1995 von dem Mord an drei Kindern in Little Rock erfuhr, die bei sich zu Hause umgebracht worden waren. Riley Noel fuhr an jenem Abend zusammen mit drei Komplizen auf die Auffahrt von Mary Hussians Haus. Alle vier waren vollgepumpt mit Drogen. Sie waren sich ganz sicher, dass entweder Mary oder eines ihrer Kinder kürzlich in eine Schießerei verwickelt gewesen waren, bei der Noels Bruder ums Leben gekommen war.

Riley Noel befahl den drei Kindern – sie waren 10, 12 und 17 Jahre alt – sich auf den Wohnzimmerfußboden zu legen, wo er sie dann mit einer Waffe regelrecht hinrichtete. Die Mutter der Kinder konnte nach einem Handgemenge entkommen. Kurz nach diesem tragischen Vorfall sagte sie auf einer Pressekonferenz folgende Worte, bei denen alle Anwesenden eine Gänsehaut bekamen: „Ich stehe hier und habe das Blut meiner Kinder noch unter meinen Fingernägeln. Meine Kinder waren alles, was ich hatte. Ich appelliere an die Jugend von heute – sorgt dafür, dass nie wieder eine Frau in ihrem Bett liegen und weinen muss, wie ich das heute Nacht tun werde."

Leider können Barbara und ich dieses Buch nicht schnell genug schreiben, um auch die neuesten Nachrichten über einen ähnlichen Vorfall in einer anderen Großstadt zu berücksichtigen oder sogar einen, der ganz entlegen auf dem Lande stattgefunden hat und bei dem noch mehr Jugendliche erschossen worden sind. Aber was auch immer gerade in den Zeitungen berichtet wird, während Sie das hier lesen, ich möchte Sie dringend dazu auffordern, Schluss zu machen mit Angst und Apathie.

Ich fordere Sie eindringlich auf zu beten, so wie es etwa 600 Personen in einem Gebetsgottesdienst kurz nach dem Tod der Kinder in Little Rock taten. Bei dieser Gelegenheit haben wir unsere Mitschuld bekannt und uns verpflichtet, aktiv zu werden und etwas zu unternehmen.

Ich fordere Sie eindringlich dazu auf, sich gegen jede Form von Unmoral zu stellen, wenn Sie sie bei sich zu Hause oder auch sonst wo erleben.

Ich fordere Sie eindringlich auf, sich nicht dafür zu schämen, andere dazu aufzufordern, vor Gott Rechenschaft über ihr Tun und Lassen abzulegen und Verantwortung für ihr Handeln zu übernehmen – von Regierungsmitgliedern über Pastoren bis hin zu den Menschen, mit denen Sie zusammenarbeiten.

Und ich fordere Sie eindringlich dazu auf, auch von sich selbst Rechtschaffenheit zu verlangen – denn gesellschaftliche Veränderung fängt immer bei einem Menschen, einer Familie, einem Mann oder einer Frau, einem Jungen oder Mädchen an, die bereit sind, etwas zu verändern.

Gesprächsimpuls

Seien Sie konkret: Was könnten Sie, Ihre Gemeinde oder Ihr Wohnviertel tun, um unser Land wieder auf den Weg der Rechtschaffenheit zu bringen?

Gebet

Beten Sie um Schutz für Ihre Kinder, Mut für unser Volk und die Gnade unseres Gottes.

22. Juni

Träume träumen

Solange wir also noch Zeit haben, wollen wir allen Menschen Gutes tun, besonders denen, die mit uns durch den Glauben verbunden sind.
Galater 6,10

Ich glaube, eines der Dinge, die in der Gemeinschaft der Christen am dringendsten nötig sind, sind einzelne Christinnen und Christen, die einen Traum haben, wie sie ihre Gaben einsetzen können, um Jesus im Leben von Menschen groß zu machen.

Ich möchte Ihnen von einer Familie berichten, die etwas verändert. Ein kleines christliches Werk, das von einer Familie getragen wird, namens *Standing with Hope* versorgt unterschenkelamputierte Menschen mit Prothesen, und zwar nicht nur in den Vereinigten Staaten, sondern auch in Ghana.

Der Vorgang, bei dem eine Prothese mit „Haut" versehen wird, damit sie möglichst echt aussieht, ist sehr teuer, oft viel zu teuer für eine missionarische Arbeit, die so vielen Menschen wie möglich dazu verhelfen möchte, wieder gehen zu können. Aber der 15-jährige Sohn der Familie, Grayson Rosenberger, hatte da die zündende Idee. Beim Nachdenken darüber, was er als Beitrag zu einem landesweiten Wettbewerb für Naturwissenschaften einsenden sollte, stieß er auf die ausrangierten Unterschenkelprothesen seiner Mutter und fand heraus, dass die Prothese sehr echt wirkte, wenn man sie mit einem Material umwickelte, das fast in jedem Haushalt zu finden ist.

Seine kostengünstige Lösung war – Luftpolsterfolie!

Gesamtkosten für eine Prothese: etwa ein Dollar.

Die Folie sieht zwar nicht wie Haut aus, aber mit einer passenden Hose oder Strumpfhose kann man dafür sorgen, dass sie ziemlich echt wirkt. Und für in absoluter Armut lebende Erwachsene und Kinder in Afrika, die oft gehänselt oder aus der Gemeinschaft ausgeschlossen werden, wenn sie primitive Prothesen tragen, ist diese Prothesenart eine Alternative, durch die sie ganz neues Selbstvertrauen bekommen.

Luftpolsterfolie. Wer hätte das gedacht?

Könnte es sein, dass auch Sie die Chance, im Leben von Menschen etwas zu verändern, direkt vor Ihrer Nase haben, und zwar genau da, wo Sie gerade sind? Könnte es sein, dass Gott auch Ihnen eine so simple Idee schenken will, dass Sie sich fragen, wieso Sie darauf nicht schon längst gekommen sind – wenn Sie sich nur die Zeit nehmen würden und die Ruhe, Gott zu fragen, auf welche Weise Sie ihm dienen könnten?

Überlegen Sie doch mal. Luftpolsterfolie.

Gesprächsimpuls

Jeder Mensch und jedes Ehepaar hat eine Aufgabe von Gott, einen Dienst. Worin besteht Ihr Auftrag? Wenn Sie ihn nicht klar formulieren können, überlegen Sie, wann Sie darüber gemeinsam nachdenken und beten können.

Gebet

Sagen Sie Gott, dass Sie ihm zur Verfügung stehen, und bitten Sie ihn, Ihnen zu zeigen, wie Sie ihm am besten dienen können.

23. Juni

Große Brüder – große Schwestern

Bin ich vielleicht der Hüter meines Bruders? 1. Mose 4,9

Vor Kurzem waren wir mit vier anderen Ehepaaren zusammen essen. Im Laufe des Abends erzählte eine der Anwesenden von ihren Problemen mit ihrer Schwester, die 45 Jahre alt ist und allem Anschein nach hypochondrische Züge hat. Durch ihre Offenheit ermutigt, berichtete ein anderer Freund über seinen Bruder, der in einer unguten Abhängigkeit zu seiner 90-jährigen Mutter lebt, und so ging es immer weiter. Alle Anwesenden hatten ihre ganz eigene Geschichte über Probleme mit erwachsenen Geschwistern.

Auf dem Heimweg kam mir plötzlich ein Gedanke: *Das Problem mit Familien besteht ja eigentlich darin, dass wir alle aus einer kommen!* Familien können ja tatsächlich manchmal ziemlich turbulent sein, sich jeder Berechenbarkeit entziehen und regelmäßig hochexplosiv sein – also irgendwie auch so wie damals bei Kain und Abel in 1. Mose 4.

Vielleicht haben ja auch Sie sich von Geschwistern entfremdet. Vielleicht haben Sie sich schon seit Monaten oder gar Jahren nicht mehr gesehen oder miteinander geredet. Vielleicht haben Sie einen Bruder oder eine Schwester, der/die immer noch nicht sein/ihr Leben im Griff hat und nach wie vor Ihre Eltern ausnutzt. Vielleicht kommt Ihr Bruder/Ihre Schwester immer noch nicht mit dem Leben zurecht, obwohl er/sie Hilfe bekommt, weil er/sie keine Arbeit findet oder immer wieder mit dem Gesetz in Konflikt gerät.

Ich glaube, es gibt drei kluge Grundsätze im Umgang mit solchen Situationen:

1. *Machen Sie sich klar, dass Sie nicht allein sind.* Schwierigkeiten mit Geschwistern waren schon in der allerersten Familie ein Problem – soweit ich mich erinnere, das begann mit dem Konflikt zwischen Kain und Abel – und das wird auch weiterhin so sein. Solche Probleme sind leider eher der Normalfall als die Ausnahme.
2. *Hören Sie auf zu versuchen, sie zu verändern.* Wenn Sie dazu neigen,

eine Art ständige Notrufnummer zu sein, dann geben Sie diesen Posten auf. Vertrauen Sie auf einen großen Gott und überlassen Sie diese Aufgabe ihm. Er versteht sich am besten darauf.

3. *Vergeben Sie ihnen*. Hüten Sie sich vor Groll. Hören Sie auf, sie bestrafen zu wollen. Schenken Sie ihnen die Gnade und Barmherzigkeit, die Sie selbst von Gott erfahren haben, und entscheiden Sie sich bewusst dafür, sie zu lieben, auch wenn das möglicherweise aus sicherem Abstand geschehen muss.

Gesprächsimpuls

Anstatt über die Probleme mit Ihren erwachsenen Geschwistern (oder Ihren Eltern) zu reden, nehmen Sie sich Zeit, darüber zu sprechen, wie Sie diese drei Grundsätze in Ihrer Situation anwenden können.

Gebet

Beten Sie für sie. Hören Sie nie auf, für sie zu beten. *Wirklich* zu beten.

24. Juni

Weitersagen!

Ich sage dir, was du tun sollst, und zeige dir den richtigen Weg. Ich lasse dich nicht aus den Augen. Psalm 32,8

Woher weiß man eigentlich, ob die so schön geistlich klingenden Worte aus dem Mund Ihrer Kinder ein Beweis für einen echten Glauben sind?

Tatsache ist, dass man es eigentlich gar nicht weiß, bis sie ein gewisses Alter erreicht haben; denn Kinder sind in der Regel clever genug, um zu wissen, was Mama und Papa gern hören möchten. Meistens lässt sich erst im Teenageralter feststellen, wie es um den Glauben unserer Kinder bestellt ist, oder sogar noch später, wenn sie schon auf eigenen Füßen stehen.

Der Glaube unserer Kinder wurde zum ersten Mal richtig auf die Probe gestellt, als sie in der Mittelstufe waren. Sie kamen mit Fragen nach Hause wie „Was steht in der Bibel über Evolution?“ oder „Was sagt Gott über Homosexualität?“. Wir hatten viele lebhafte Gesprächsimpulse beim Abendessen, bei denen ich oft die Rolle des *advocatus diaboli* übernahm, um ihnen dabei zu helfen, ihre Überzeugungen wirklich bis zu Ende zu denken und Argumente dafür zu finden. Das war dann auch der Zeitpunkt, von dem an sie selbstständig in der Bibel nach der Wahrheit und nach Argumenten für diese Wahrheit suchten.

Ich kann nur immer wieder betonen, wie wichtig diese Art von Training ist. Je nachdem, wessen Statistik man mehr Glauben schenkt, liegt der Anteil junger Erwachsener, die den Glauben ihrer Eltern aufgeben, bei 50 bis 80 Prozent. Wir haben es hier also mit einem ernst zu nehmenden Problem zu tun.

Wenn wir vermeiden wollen, dass es unserem Land so ergeht, wie vielen anderen, in denen das Christentum bis zur Bedeutungslosigkeit geschwunden ist, dann müssen wir damit in unserer Familie anfangen. Ihre Kinder fahren nur für eine begrenzte Zeit bei Ihnen per Anhalter mit, was den Glauben angeht. Sie müssen ständig vorausschauen und an den Tag denken, an dem Sie sie loslassen und ihren eigenen Glaubensweg gehen lassen müssen.

Ich wünsche mir, dass wir Kinder großziehen, die Einfluss nehmen im einundzwanzigsten Jahrhundert – nicht durch Glaubensregeln, die sie blind von ihren Eltern übernommen haben, sondern durch biblische Vorstellungen, die zu Überzeugungen geschliffen worden sind.

Gesprächsimpuls

Welche Kernaussagen und Überzeugungen der Bibel möchten Sie an Ihre Kinder weitergeben? Sprechen Sie darüber, wie Sie Ihre Kinder in dieser Hinsicht noch besser ausbilden können.

Gebet

Bitten Sie Gott um die nötige Leidenschaft, Ihre Kinder mit biblischen Inhalten vertraut zu machen, und darum, dass Sie sich keine Sorgen darüber machen, kein Top-Theologe zu sein, sondern einfach das weiterzugeben, was Sie über Gott gelernt und mit ihm erlebt haben.

25. Juni

Geldsegen

Gebt, und es wird euch gegeben werden: ein gutes, gedrücktes und gerütteltes und überlaufendes Maß wird man in euren Schoß geben.
Lukas 6,38

Unsere Kinder beobachten und kennen uns besser als wir sie. Sie wissen – und ich meine *wirklich wissen* – mehr über das, was in unserer Ehe vor sich geht, als wir glauben.

Das traf auf jeden Fall auf das Ehepaar zu, das vom Bruder und der Schwägerin der Ehefrau zu einem unserer Wochenend-Eheseminare eingeladen worden war. Das Paar hatte eine ziemlich harte Zeit hinter sich. Da war zunächst der ganz normale Pubertätswahnsinn mit vier Teenager-Töchtern, die eine Tochter stand kurz vorm Examen und die andere sollte demnächst heiraten, und gekrönt wurde das Ganze durch den Umstand, dass vorübergehend eine Freundin bei ihnen wohnte, die ebenfalls noch zwei Töchter hatte. Dieses Ehepaar hatte also eine kleine Erfrischung dringend nötig.

Aber obwohl der Bruder und die Schwägerin den Flug bezahlen wollten, konnte das Ehepaar sich die Kosten für das Hotel, Verpflegung und die Seminargebühren einfach nicht leisten. Enttäuscht sagten sie: „So gerne wir daran teilnehmen würden, wir haben einfach nicht das Geld dafür."

Als sie an diesem Abend nach Hause kamen, bot sich ihnen in ihrem Schlafzimmer ein unglaublicher Anblick. Da waren vierhundert Eindollarnoten im ganzen Zimmer verstreut, manche waren sogar an die Wand gepinnt worden – sowie eine Karte, auf der stand: „Wir lieben Euch, Mama und Papa. Wir wünschen Euch eine tolle Zeit!" Ihre beiden jüngsten Töchter (10 und 13 Jahre alt), die mitbekommen hatten, was los war, hatten jeden Cent zusammengekratzt, den sie gespart hatten, um ihren Eltern dieses einzigartige Wochenende zu ermöglichen.

Vergessen wir nie, dass unsere Kinder wie kleine Radareinheiten funktionieren, die an die beiden wichtigsten Menschen in ihrem Leben angeschlossen sind. Sie *wissen*, wie es uns geht. Deshalb ist es so wichtig, regelmäßig etwas für Ihre Ehe zu tun und gemeinsam Auszeiten zu nehmen.

Gesprächsimpuls

Wann haben Sie sich das letzte Mal die Zeit genommen, zu zweit wegzufahren und Ihre Ehe zu pflegen? Planen Sie zwei Wochenenden im Jahr nur zur „Ehepflege" ein.

Gebet

Bitten Sie Gott um Sensibilität dafür, dass Ihre Kinder Kraft und Stabilität aus Ihrer Beziehung als Ehepartner beziehen.

26. Juni

Ein steiniger Weg

von Barbara Rainey

Wir wissen aber, dass denen, die Gott lieben, alle Dinge zum Besten dienen, denen, die nach seinem Ratschluss berufen sind. Römer 8,28

Viele Ehepaare erleben in ihrer Ehe Phasen enttäuschter Liebe. Für unseren Sohn Samuel und seine Frau Stephanie begann eine dieser Phasen bereits am Tag nach ihrer Hochzeit.

Die Hochzeit der beiden gehört mit zu den schönsten Erinnerungen meines Lebens. Sie hätte es mit jeder Märchenhochzeit aufnehmen können – mit dem lang ersehnten Kuss nach dem Aufstecken der Ringe in der Kirche, dem *Star Wars*-Soundtrack beim Ausmarsch aus der Kirche und einer Fahrt in einer weißen Pferdekutsche rund um das historische Franklin, Tennessee, und das alles auch noch bei strahlendem Sonnenschein.

Doch dann folgte das, was sie als „Höllenflitterwochen" bezeichnen – sie verpassten ihren Flug, einer der beiden verlor seinen Führerschein, in ihrer romantischen Flitterwochenunterkunft fiel die Heizung aus – um nur ein paar der Pleiten und Pannen zu nennen. Im Laufe der darauf folgenden Monate gerieten sie immer wieder aneinander wegen der unterschiedlichen Erwartungen, die sie an ihr Leben als Ehepaar, an ihre Rollen in der Ehe und an alles mögliche andere hatten. Obwohl die meisten dieser Krisenherde auf Irrtümern und Missverständnissen beruhten, sorgten sie für viel Kummer und Trauer und Verletztheit. Auf jeden Fall war diese Phase so ganz und gar anders, als es die Fahrt in der weißen Hochzeitskutsche gewesen war.

Ich erzähle Ihnen diese Geschichte, um Sie daran zu erinnern, dass in der Ehe jederzeit solche enttäuschte Liebe vorkommen kann, selbst nach größter Verliebtheit und außergewöhnlicher Einigkeit und Nähe. Solche Phasen fordern ein Maß an harter Arbeit, wie man es vielleicht niemals vermutet hätte. Erst dann wird einem klar, dass man die Liebe, die man sich wünscht, nicht selbst machen kann; sie erfordert nämlich ein Verständnis und ein Mitgefühl, das nur von Gott selbst kommen kann, sowie mutige Hingabe und Engagement vonseiten beider Ehepartner.

Wenn die Liebe Sie enttäuscht, und das passiert uns allen, dann geben Sie nicht auf. Gott lässt solche Phasen zu, damit wir wieder klar sehen, was uns wirklich wichtig ist, und damit wir begreifen, dass wir nur in der Abhängigkeit von ihm wirklich lieben können. Enttäuschte Liebe kann von Gott in tiefere Liebe verwandelt werden, die ich als *wertschätzende, hingebungsvolle* Liebe bezeichnen möchte. Und diese Art von Liebe ist viel besser als die Liebe aus dem Märchen.

Gesprächsimpuls

Sind Sie in der Lage, offen über Ihre Phasen der Enttäuschung zu sprechen? Überlegen Sie gemeinsam, wie Sie die Last der Enttäuschung gemeinsam tragen können.

Gebet

Beten Sie um echte Hingabe, damit Sie in den unvermeidlichen harten Zeiten enttäuschter Liebe durchhalten können.

27. Juni

Ich bin da

Ich habe sonst niemand, der so zuverlässig ist und sich so selbstlos wie er um euch kümmern wird. Philipper 2,20

Der bekannte Autor Gary Thomas, der so hervorragende Bücher geschrieben hat wie *Der Heilige Hafen. Wie uns die Ehe näher zu Gott bringt*, erzählt die Geschichte von zwei amerikanischen Soldaten, die sich während der Vorbereitungen für ihren Einsatz im Ersten Weltkrieg rasch miteinander anfreundeten. Sie kannten sich noch nicht lange, aber die gemeinsamen Erlebnisse an der Front und ihre Träume von einem Leben nach dem Krieg schweißten die beiden zusammen.

Eines Tages krochen die beiden Freunde mit dem Rest ihrer Einheit aus ihrem Schützengraben, um die deutschen Streitkräfte anzugreifen. Nach einem heftigen Gefecht wurde der Befehl zum Rückzug gegeben, doch nur einer der beiden Freunde kehrte zum Schützengraben zurück. Der andere war vom feindlichen Gewehrfeuer getroffen worden und lag etwa 50 Meter weit weg und damit außer Reichweite.

Gegen den Befehl des befehlshabenden Offiziers kroch der Freund noch einmal aus dem Graben, um seinen Kameraden zu suchen. Mühsam über den morastigen Boden robbend und immer wieder feindlichen Kugeln ausweichend, bahnte er sich seinen Weg durch das mit Leichen übersäte Terrain, bis er schließlich den Freund fand. Er war kaum noch bei Bewusstsein, und den beiden Freunden blieben nur noch wenige gemeinsame Augenblicke, bevor er starb.

Als der überlebende Freund mit dem Leichnam seines Freundes in den

Schützengraben seiner Einheit zurückkehrte, bekam der befehlshabende Offizier einen Wutanfall, weil der Soldat seinen Befehl so offensichtlich ignoriert hatte. „Und – hat es sich etwa gelohnt, dafür Ihr Leben aufs Spiel zu setzen?“

„Unbedingt, Sir. Als ich meinen Freund auf den Rücken gedreht habe, hat er mich angesehen und gesagt: ‚Ich wusste, dass du kommen würdest.‘“

Zu einer solchen Loyalität sind wir alle in unseren Beziehungen aufgerufen – und zwar ganz besonders bei uns zu Hause und in der Familie. Ihr Ehepartner sollte ohne den Hauch eines Zweifels sicher sein können, dass Sie da sind, wenn er Sie braucht. Ihre Kinder müssen wissen, dass sie auf Sie zählen können, nicht nur in Notsituationen, sondern auch im ganz normalen Alltag. Können sie sich darauf verlassen, dass Sie da sind, wenn sie Sie brauchen?

Gesprächsimpuls

Wie kann in Ihrer Ehe und Familie diese Art von Liebe ganz praktisch zum Ausdruck kommen?

Gebet

Bitten Sie Gott, dass Sie sensibel bleiben füreinander und dass Sie spüren, wenn Sie gebraucht werden.

28. Juni

Zu schwere Lasten

Seid aber untereinander freundlich und herzlich
und vergebt einer dem andern,
wie Gott euch vergeben hat in Christus. Epheser 4,32

Jemand hat einmal gesagt: „Je länger man Groll mit sich herumschleppt, desto schwerer wird er.“ Wenn wir uns weigern, einem Menschen, der uns Unrecht getan hat, zu vergeben, dann lastet das wie ein Gewicht auf unserer Seele.

Entschließen wir uns dagegen zu vergeben, laden wir eine Riesenlast ab, und uns wird leicht ums Herz.

Was kann man dagegen tun, wenn man dazu neigt, mit Groll durchs Leben zu gehen und mit der Weigerung zu vergeben?

Zum einen sollte man klären, wozu man eigentlich berufen ist. Ist es unsere Aufgabe, über andere zu urteilen? Jesus hat gesagt: „Richtet nicht, damit ihr nicht gerichtet werdet“ (Matthäus 7,1). Wer über andere urteilt, auf den fällt das Urteil zurück.

Das Richten ist Gottes Sache.

Da Gott die Gesetze gemacht hat, ist er auch der einzig gerechte Richter. Wer anderen Unrecht tut, handelt dadurch mindestens genauso sehr gegen Gott wie gegen Menschen. Geben wir doch diese Verantwortung ab, die ganz allein Gott zusteht.

Wenn wir also das Richteramt an den abgeben, dem es zukommt, dann sind wir auch nicht mehr fürs Bestrafen zuständig. Wir werden zwar vielleicht nach dem Vergeben nicht sofort alles vergessen, aber zumindest hegen wir auch keinen Groll mehr, der den Wunsch nach Bestrafung mit sich bringt.

Gesprächsimpuls

Sprechen Sie konkret über Menschen oder Situationen, bei denen Sie „grollgefährdet“ sind. Sind Sie bereit, hier das Richteramt an den abzugeben, dem es zusteht?

Gebet

Beten Sie darum, dass die Gnade und Vergebung Gottes, die Sie selbst in Ihrem Leben erfahren haben, sich auf Ihre Einstellung anderen gegenüber auswirkt.

29. Juni

Beten und zuhören

Darum höre jetzt meine Bitte; Herr, achte auf meinen Hilferuf!
Psalm 86,6

Ich war kürzlich dabei, als eine Frau darüber berichtete, wie sich durch Gebet die Beziehung zu ihrem Mann erheblich verbessert hatte. „Wenn wir gemeinsam beten“, sagte sie, „dann kommunizieren wir mit Gott, aber gleichzeitig auch miteinander, und wir haben beide Anteil an unserer gemeinsamen Liebe zum Herrn.“

Ich hoffe, dass dies in Ihren Ohren nicht respektlos oder aufdringlich klingt, und ich hoffe auch, dass Sie es nicht als bedrohlich empfinden oder peinlich, dass beim gemeinsamen Beten Folgendes passiert: Ihr Ehepartner hört Ihnen zu und bekommt besseren Zugang und tieferes Verständnis für das, was in Ihrem Inneren vorgeht.

Tatsache ist, dass, wenn Sie einander beim Beten aktiv zuhören, Sie sich auf einer ganz tiefen, intensiven und einer ganz besonders ehrlichen Ebene in den anderen einfühlen können. Das Gebet wird eine noch wichtigere Erfahrung, wenn Sie genau darauf achten, welche Lasten Ihr Partner immer wieder vor Gott bringt, und wenn Sie für diese Dinge dann auch gleich gemeinsam beten können.

Das kann natürlich nur geschehen, wenn beide bereit sind, ganz offen auszusprechen, was sie auf dem Herzen haben – das heißt, wenn das Beten keine Routineangelegenheit ist, die mit ihrem ganz normalen Alltag gar nichts zu tun hat, sondern ehrliche innere Kommunikation mit dem himmlischen Vater. Nur dann können Sie gemeinsam vor den allmächtigen Gott treten – und zwar demütig und zuversichtlich – und den Herrn bitten, Ihre Frau zu ermutigen, wenn sie sich in ihrer Rolle als Mutter als Versagerin fühlt, oder Ihrem Mann Weisheit zu schenken, wenn es ihm große Mühe macht, sich auf seine Rolle als Familienoberhaupt einzulassen.

Aus eigener Erfahrung können Barbara und ich Ihnen versichern, dass Ihre gemeinsamen Gebetszeiten sehr bereichert und noch effektiver werden, wenn Sie offen voreinander sind und einander gut zuhören.

Gesprächsimpuls

Tauschen Sie sich darüber aus, inwiefern das gemeinsame Gebet Ihre Beziehung bereichert. Teilen Sie einander mit, für welche Anliegen des heutigen Tages Sie das Gebet Ihres Ehepartners brauchen könnten.

Gebet

Beten Sie heute für die Bedürfnisse Ihres Partners. Treten Sie mit dem Verständnis für ihn ein, das sich dadurch entwickelt hat, dass Sie sich inzwischen schon so gut kennen.

---

30. Juni

Kinder und Musik

von Barbara Rainey

Übrigens, Brüder, alles, was wahr, alles, was liebenswert ist ... das erwägt. Philipper 4,8

Eines der heikelsten Probleme in der Kindererziehung – besonders wenn sie größer werden – ist ihr Umgang mit Musik. Viele Kinder fangen schon in der Grundschule an, sich für Musik zu begeistern, und Musik kann einen sehr starken Einfluss auf ihr Leben bekommen.

Welche Art von Musik sollen Sie Ihren Kindern erlauben? Der Apostel Paulus gibt uns einen großartigen Filter für den Umgang mit Medien in Philipper 4,8: „Übrigens, Brüder, alles, was wahr, alles, was ehrbar, alles, was gerecht, alles, was rein, alles, was liebenswert, alles, was wohllautend ist, wenn es irgendeine Tugend und wenn es irgendein Lob gibt, das erwägt."

Eltern sollten dieses Thema geschickt und mit viel Weisheit angehen. Wenn die Kinder nämlich älter werden, ist es von entscheidender Bedeutung, dass wir in der Lage sind, ihren Musikgeschmack zu verstehen und wie sich Musik auf ihre Gefühle auswirkt.

Es ist wichtig, über dieses Thema mit ihnen im Gespräch zu bleiben. Als eine unserer Töchter 16 Jahre alt war, hörte sie oft einen Radiosender, der die Top-40-Popsongs spielte. Manchmal hörte ich zu und war schockiert über die anzüglichen, manchmal fast pornografischen und auch sexistischen Texte vieler Titel. Ich fragte sie: „Weißt du eigentlich, was die da singen?"

„Ich schalte immer aus, wenn es unanständig wird", antwortete sie.

„Aber dann hast du es doch schon so lange und so oft gehört, dass du weißt, wann diese Stellen kommen, und dann ist das doch schon in deinem Kopf!"

Wir haben immer wieder über das Frauenbild in solchen Texten gesprochen, die Verbindung von Sex und Gewalt, die dort oft zum Ausdruck kommt, und auch über die abwertende Darstellung von Ehe, verbindlicher Liebe und Treue. Unsere Tochter hat dann immer seltener solche Musik gehört und irgendwann gar nicht mehr. Ich habe ihr diese Musik nie verboten, sondern sie mit gezielten Fragen zum Nachdenken gebracht – über ihre Überzeugungen und darüber, wie solche Musik sich auf ihr Denken, ihre Entscheidungen und damit auf ihr gesamtes Leben auswirkt.

Vergessen Sie nie: Sie sind von Gott als Eltern eingesetzt – gehen Sie mit dieser Aufgabe klug um.

Gesprächsimpuls

Verschaffen Sie sich einen Überblick über die Musik, die Ihre Kinder hören. Was halten Sie von dieser Musik? Wie wollen Sie im Umgang mit dem Thema vorgehen?

Gebet

Bitten Sie Gott um Weisheit dabei, Grenzen zu setzen und Ihren Kindern dabei zu helfen, im Umgang mit Medien gesunde Überzeugungen zu entwickeln.

1. Juli

Erinnerungen

Für alle Zukunft sollten diese Tage die Erinnerung an das Geschehene wachhalten; jede jüdische Familie sollte sie begehen ... Esther 9,28

Durch gemeinsame Erinnerungen wird jede Familie etwas ganz Einzigartiges. Durch sie bekommt unsere Familie ihre ganz eigene Prägung. Jemand hat das einmal so ausgedrückt: „Gott schenkt uns Erinnerungen, damit wir uns im Januar an Rosen erfreuen können."

Aber Erinnerungen zu schaffen, ist auch eine Kunst. Barbara und ich haben dazu im Laufe der Zeit folgende Erkenntnisse gesammelt:

Erinnerungen sind dann am besten, wenn man sie gemeinsam mit Menschen hat, die man liebt. Sicher, man kann auch mit Kollegen oder Freunden aus der Gemeinde gemeinsame Erinnerungen schaffen, aber achten Sie darauf, dass Sie Ihre kostbarste Zeit nicht hauptsächlich außerhalb der Familie und mit anderen Leuten verbringen. Ihre Ehe und Familie sind wie gemacht für die Produktion und Ernte von Erinnerungen. Säen Sie viele Erinnerungen, und sorgen Sie dafür, dass sie tief genug gepflanzt sind.

Erinnerungen zu schaffen, kostet Zeit. Unsere schönsten Erinnerungen entstehen in der Regel dann, wenn wir viel Zeit miteinander verbringen. Erwarten Sie nicht, dass man sie husch, husch und en masse produzieren kann.

Erinnerungen bestehen aus unterschiedlichsten Abenteuern. Seien Sie kreativ. Tun Sie einmal etwas Außergewöhnliches. Wenn Sie die Möglichkeit haben, dann reisen Sie gemeinsam. Besonders geeignet sind da Kurzeinsätze in der Mission.

Erinnerungen können geplant, aber auch völlig überraschend entstehen. Da gibt es zum einen Familientraditionen und -rituale, wie beispielsweise das alljährliche gemeinsame Christbaumschlagen im Wald. Aber achten Sie auch auf zufällig sich bietende Gelegenheiten für Erinnerungen. Eine unserer ganz besonderen Familienerinnerungen ist die an einen Winterabend, als der Strom ausfiel und wir das Abendessen über dem Kaminfeuer kochen mussten. Bewahren Sie sich Ihre Fähigkeit zur Spontaneität.

Erinnerungen müssen zelebriert werden. Eine Erinnerung ist keine Erinnerung, wenn man nicht darüber spricht, sich Fotos ansieht, darüber lacht oder weint. „Weißt du noch, damals ...?" kann ein guter Einstieg in ein Gespräch über Erinnerungen sein. Eine unserer Lieblingsfragen beim Aufgreifen dieses Themas als Ehepaar oder Familie lautet: „Wenn du nur eine einzige von all deinen Erinnerungen an die gemeinsamen Jahre behalten dürftest, welche würdest du dir dann aussuchen?“

Also packen Sie es an. Machen Sie sich auf den Weg, und sorgen Sie dafür, dass Ihre Familie durch gemeinsame Erinnerungen ihre ganz eigene und einzigartige Prägung erhält.

Gesprächsimpuls

Welche der Familientraditionen, die Sie zurzeit praktizieren, ist Ihnen besonders wichtig? Wenn Sie aus allen bisher miteinander verbrachten Jahren nur eine einzige Erinnerung behalten könnten, welche wäre das?

Gebet

Bitten Sie Gott, Ihnen dabei zu helfen, einzigartige Erinnerungen in Ihrer Familie zu schaffen und aufrechtzuhalten.

2. Juli

Kleine Fluchten

Jesus sagte zu ihnen: „Kommt jetzt mit, ihr allein! Wir suchen einen ruhigen Platz, damit ihr euch ausruhen könnt.“ Markus 6,31

Jede Familie braucht die Vorfreude auf gut geplante Ferien, das gemeinsame Erleben dieser Zeit und später die Erinnerungen daran. Doch in der heutigen Zeit mit ihrer „Zeit-ist-Geld-Mentalität“ wird der Familienurlaub immer mehr zu einem Phänomen der Vergangenheit.

Eine kürzlich durchgeführte Umfrage in den Vereinigten Staaten hat ergeben, dass 43 Prozent der befragten Erwachsenen keinen Sommerurlaub planen. Und für viele, die in den Urlaub fahren, ist der Urlaub alles andere als die dringend notwendige Entspannung und das „Abschalten“ vom Alltag. Seit 1995 ist die Anzahl der Urlauber, die Arbeit mit in den Urlaub nehmen in Form von Handys und Laptops, fast um das Doppelte gestiegen. Etwa die Hälfte der Gesamtbevölkerung handhabt das so.

Als Ehepaare und Familien müssen wir uns diesem Trend widersetzen. So wie die Romantik in einer Ehe durch kleine gemeinsame „Auszeiten“ aufrechterhalten wird, beruht auch die Intensität der Beziehung zu unseren Kindern unter anderem auf gemeinsamen Erinnerungen.

Und Urlaub eignet sich zu diesem Zweck ganz hervorragend. *Wirklicher* Urlaub. Eines der Dinge, die meine Eltern wirklich richtig gemacht haben, war, dass sie für viele Erinnerungen gesorgt haben: bei meiner

Großmutter selbst Eis zu machen, Angelausflüge, Verwandtenbesuche und Feste. Wir haben keine schicken, weiten Reisen gemacht, aber meine Eltern haben dafür gesorgt, dass ich einen riesigen Vorrat an Erinnerungen sammeln konnte, von denen ich noch heute als Ehemann und Vater zehre. Und genauso haben wir es mit unseren Kindern natürlich auch gemacht.

Stecken Sie sich für das kommende Jahr einmal folgendes Ziel: *Man soll unserer Familie eher vorwerfen können zu viel als zu wenig Spaß zu haben*. Um das zu erreichen, müssen Sie allerdings Zeit in Ihrem Terminkalender freischaufeln – und zwar *ganz bewusst*! Erinnerungen entstehen nicht aus Versehen, sondern sie werden von Eheleuten und Eltern geschaffen, die ganz bewusst darauf achten, viel zusammen zu sein.

Gesprächsimpuls

Denken Sie einmal an Ihre Kindheitserinnerungen. Was machte die Reisen und Ausflüge wirklich toll? Besprechen Sie, was Sie als Ehepaar oder Familie auf Ihrer nächsten gemeinsamen kleinen Flucht machen wollen.

Gebet

Bitten Sie Gott um Weisheit und Entschlossenheit, dem ständigen Arbeitsdruck zu widerstehen, um wirklich als Familie einmal rauszukommen.

3. Juli

Erinnerungsschätze

von Barbara Rainey

Er hat die Namen aller, die ihn ernst nehmen und ehren, in ein Buch schreiben lassen, damit sie vor ihm in Erinnerung bleiben.
Maleachi 3,16

In der Grundschulzeit habe ich unsere Kinder noch selbst zu Hause unterrichtet. In dieser Zeit habe ich sie ein Tagebuch schreiben lassen, weil sie dadurch gut Schreiben üben konnten. Das setzten sie auch in den Ferien fort, ohne dass ich es ihnen gesagt hätte. Für sie war das Tagebuchschreiben zu einer Selbstverständlichkeit geworden. Ich machte im Urlaub immer Fotos, und die Kinder klebten dann später die Abzüge in ihr „Reisetagebuch" ein.

Manchmal wollten die Kinder auch nicht Tagebuch schreiben, aber ich habe dann trotzdem darauf bestanden. Für die Kleineren übernahm ich noch das Schreiben. Ich fragte sie: „Was habt ihr denn heute erlebt?“, und dann schrieb ich auf, was sie mir erzählten. Sie malten dann zusätzlich Bilder über oder unter den Texten oder an den Rand.

Diese Urlaubstagebücher sind sehr witzig, aber es sind auch ernste Erinnerungen darin zu finden. In Benjamins Tagebuch gibt es beispielsweise einen Eintrag, den er 1984 auf einer Reise nach Colorado geschrieben hat. Es ist eine Zeichnung von einer Ölpumpe zu sehen. Daneben steht in seiner Handschrift: „Wir haben 200 Ölpumpen gesehen.“ Und unmittelbar danach genauso sachlich: „Samuel hat Jesus in sein Herz gelassen, 6 Jahre alt.“ Wie wunderbar, dass dieser Augenblick festgehalten worden ist, im Zusammenhang, in dem es dazu kam, mit der Zeitangabe und dann auch noch schriftlich.

Ich weiß ja nicht so genau, ob unseren Kindern das Tagebuchschreiben damals wirklich gefallen hat, aber ich weiß definitiv, dass sie heute sehr froh sind, diese Tagebücher zu haben. Ich habe so oft beobachtet, dass sie ihre Tagebücher aus dem Regal geholt und darin geblättert und gelesen, sich ihre Zeichnungen und die Fotos angesehen haben. Viele Einzelheiten dieser Erlebnisse wären unwiederbringlich verloren und vergessen, wenn sie nicht auf diese Weise gesammelt worden wären.

Ich möchte Sie dazu ermutigen, die Rolle des Familienhistorikers und Konservators zu übernehmen. Das erfordert zwar ein wenig Mühe und Planung, aber ich verspreche Ihnen, dass es sich lohnt. Ihre Familie wird froh sein, jemanden in ihrer Mitte zu haben, der/die Erinnerungen für sie einfängt.

Gesprächsimpuls

Wer von Ihnen beiden erklärt sich für die Verwaltung von Erinnerungen zuständig? Wie wollen Sie diese Erinnerungen sammeln?

Gebet

Nehmen Sie sich etwas Zeit, um sich an das zu erinnern, was Gott in Ihrer Ehe und Familie getan hat, und danken Sie ihm dafür.

4. Juli

Tischgespräche

Sie steht schon auf, wenn es noch dunkel ist, bereitet die Mahlzeiten vor und weist den Mägden die Arbeit zu. Sprüche 31,15

Von siebzehn Kindern war R. V. Brown das sechzehnte. Er wusste nicht, weshalb seine Mutter immer mit gesenktem Kopf in der Ecke stand, wenn er mit seinen Geschwistern zum Abendessen an den Tisch kam. Als er älter wurde, begriff er, dass sie dafür betete, dass die Bohnen und das Brot für alle ausreichten.

Von all seinen Kindheitserinnerungen war die an das gemeinsame Abendessen die schönste. Alle waren dann um den Tisch versammelt. Man unterhielt sich, man hörte zu, man lachte und genoss den Lärm der Familiengemeinschaft.

Er erinnert sich noch genau daran, wie die älteren Geschwister erzählten, welche Arbeiten sie am Tag getan hatten. Die jüngeren berichteten, was sie in der Schule erlebt hatten. Wieder jemand erzählte vielleicht von seinen Erlebnissen bei der Army. Und bevor die Mahlzeit zu Ende ging, lehnte sich dann der Vater, der weder lesen noch schreiben konnte, auf seinem Stuhl zurück und erzählte mit seiner leisen, aber fesselnden Stimme von sich und dem, was ihn innerlich bewegte. Das waren kleine Weisheiten, kurze Gedanken darüber, wie man mit seinen Mitmenschen umgehen soll, echte Perlen waren das, wie zum Beispiel, dass man immer sein Bestes geben soll, dass man mit kleinen Problemen am besten umgeht, indem man einfach Geduld und Verständnis hat, und dass man nie jemandem wehtun soll.

Ich finde ganz schrecklich, was das rasante Lebenstempo heutzutage in Bezug auf solche Erinnerungen anrichtet. Wie viele Kinder werden sich wohl später als Erwachsene hauptsächlich daran erinnern, wie viel es ihnen bedeutet hat, auf dem Rücksitz eines Autos zwischen Fußballtraining und Jugendgruppe schnell einen Hamburger herunterzuschlingen? Indem wir so oft im Gehen, Fahren oder eben in Bewegung essen, vermitteln wir einer ganzen Generation, dass Aktivitäten wichtiger sind als Beziehungen.

Geben Sie Ihren Kindern etwas, an das sie sich immer erinnern werden: Geben Sie Ihnen gemeinsame Mahlzeiten.

Gesprächsimpuls

Seien Sie einmal ehrlich in Bezug auf die Essgewohnheiten in Ihrer Familie: Sind sie so, wie Sie es sich vorstellen und wünschen? Nennen Sie einen Punkt, den Sie verändern könnten.

Gebet

Bitten Sie Gott, Ihnen zu helfen, das Zusammensein als Familie über alle möglichen Aktivitäten zu stellen.

5. Juli

Allmächtiger Schöpfer

Weil Gott die Welt geschaffen hat, können die Menschen sein unsichtbares Wesen, seine ewige Macht und göttliche Majestät mit ihrem Verstand an seinen Schöpfungswerken wahrnehmen.
Römer 1,20

Mein Sohn Benjamin und ich haben vor Kurzem auf einem wunderschönen Golfplatz in Beaver Creek, Colorado Golf gespielt. Er hat dabei sogar einen Hole in one geschafft.

Als wir dort seinen Schlag gebührend gefeiert hatten, blieben wir noch ein bisschen am Abschlag stehen, um die Schönheit dieses Ortes zu bewundern.

Allein dieses eine Loch, das zehnte, ist von der Anlage und der umgebenden Landschaft her einfach umwerfend – ein echtes Meisterwerk der Golfarchitektur. Doch als ich dann weiter nach oben blickte und die Gebirgsausläufer rund um die Anlage betrachtete, kam mir der Golfplatz auf einmal ein bisschen kleiner und gar nicht mehr so spektakulär vor.

Von dort schweifte mein Blick dann weiter zu der weit sichtbaren Gebirgskette, die sich bis nach Vail zieht. Schneebedeckte Pracht, Erhabenheit und schroffe Gebirgsschönheit, so weit das Auge reichte. Wenn ich in einem Flugzeug gesessen hätte und über den Wolken unterwegs gewesen wäre, hätte ich den gesamten Westen der USA sehen können – das Tetons-Gebirge, die Sierra Nevada, die Westküste und dahinter dann der windgepeitschte Pazifik – unendlich und geheimnisvoll –, überspannt von einem blauen Baldachin bei Tag und einem funkelnden Sternenhimmel bei Nacht.

Wenn ich die Erde umrunden könnte, würde ich sehen, wie winzig klein unser Planet angesichts der Ausdehnung unseres Sonnensystems ist – einer von unzähligen anderen in der Milchstraße –, das ja selbst auch wiederum nur eine von einer Milliarde anderer Galaxien in Gottes unergründlichem Universum voller Wunder ist.

Aus dieser Perspektive gesehen, verliert das zehnte Loch auf dem Beaver-Creek-Golfplatz ziemlich viel von seinem Glanz. Denn wir dienen einem Gott, dessen Genialität unvergleichlich ist, dessen Macht und Kraft und Wissen in ihrer Größe absolut überwältigend sind.

Der allmächtig Gott, der eine Milliarde Galaxien ins Weltall geschleudert hat, interessiert sich für Sie. Er weiß alles über Sie und liebt Sie trotzdem. Und möchte, dass Sie ihm Ihre Probleme anvertrauen und ihn von Herzen anbeten.

Gesprächsimpuls

Denken Sie darüber nach, ob Ihre derzeitigen Sorgen im Vergleich mit dem allmächtigen Gott nicht an Größe und Bedeutung verlieren.

Gebet

Bitten Sie heute um nichts anderes als die Gelegenheit, Gott für das, was er ist, zu ehren, zu loben und anzubeten.

6. Juli

Gnade für Versager

Die Gnade des Herrn Jesus sei mit euch! 1. Korinther 16,23

Viel zu oft hören wir von Personen, die in der Öffentlichkeit stehen, oder auch prominenten Predigern, die aus irgendwelchen Gründen in die Schlagzeilen geraten und dann mit Boulevardpresse-Methoden tagelang von den Medien vorgeführt und bloßgestellt werden, mit allen pikanten Details.

Wie sollen christliche Eltern mit solchen Berichten umgehen?

Ich stelle diese Frage, weil ich befürchte, dass die Art, wie wir am Esstisch über solche Dinge reden, langfristigere Auswirkungen auf unsere Kinder hat, als wir meinen. Wenn wir uns lang und breit darüber auslassen, was diese Personen getan haben, wenn wir sie gnadenlos aburteilen, ihnen Schimpfnamen geben oder sie verächtlich machen, was sagt das dann wohl unseren Töchtern und Söhnen im Teenageralter darüber, was sie zu erwarten haben, wenn sie jemals zu uns kommen und uns irgendeine geheime Sünde bekennen müssen?

Ob es uns gefällt oder nicht, auch unsere Kinder haben mit Wünschen und Sehnsüchten zu kämpfen, die nicht Gottes Willen entsprechen. Sie wachsen in einer Welt auf, in der Promiskuität, Drogen, Alkohol, Pornografie, Maßlosigkeit und Dutzende andere Süchte und Verführungen zum Alltag gehören. Selbst wenn sie nie all diesen Versuchungen nachgeben, bewirken ihre menschlichen Schwächen in ihrem Alltag genau die gleichen Schwierigkeiten wie in unserem.

Wenn unsere Kinder nun die Erfahrung machen, dass wir auf menschliche Schuld dermaßen hart und gnadenlos reagieren, wie werden sie dann umgehen, wenn sie künftig irgendwann einmal selbst aus den beschriebenen Gründen tief im Schlamassel sitzen? „Vor meinen Eltern kann ich niemals reinen Tisch machen und alles auspacken. Ich könnte ihnen niemals offen sagen, womit ich mich herumquäle."

Unsere Kinder sollten wissen, dass wir ihnen zwar nicht die Folgen eines moralischen Fehlverhaltens ersparen werden, aber gleichzeitig sollten sie auch wissen, dass sie bei uns immer mit Gnade und Barmherzigkeit rechnen können, egal, wie tief sie gefallen sind. Sie sollen sich bei uns immer sicher und geborgen fühlen können. Sie sollen wissen, dass sie nie so tief fallen können, dass sie unsere Liebe verlieren – was auch geschieht, wir werden immer da sein, ihnen entgegengehen und sie zu Hause willkommen heißen.

Gesprächsimpuls

Nehmen Sie ein Beispiel aus den jüngsten Nachrichten als Aufhänger für ein Gespräch über menschliches Fehlverhalten und Gottes heilende Gnade. Sprechen Sie mit Ihren Kindern über Wahrheit, Konsequenzen und Gottes Vergebung.

Gebet

Beten Sie darum, als Familie ein sicherer Hafen der Vergebung, Gnade und Hoffnung für die zu sein, die versagt und Fehler gemacht haben.

7. Juli

Mit Tinte geschrieben

Ich werde für alle Zeiten zu dem Bund stehen, den ich mit euch geschlossen habe. Richter 2,1

Es war im Sommer 1997. Ich saß am Computer und schrieb einen Artikel, betete dabei immer wieder und fragte mich: *Wie können wir in Amerika die Familien wieder aufbauen?* Über diese Frage brütete ich nicht nur, weil das zu meinem Job gehört, sondern weil ich mich mein gesamtes Leben als Erwachsener auf diese Berufung und dieses Unterfangen konzentriert hatte. Noch wichtiger und der konkrete Anlass war allerdings, dass unsere älteste Tochter in ein paar Tagen heiraten würde und ich mich jetzt fragte: *Was könnte ich sagen oder tun, um Ashley und Michael zu helfen, eine dauerhafte und stabile Ehe aufzubauen*?

Und da erinnerte Gott mich an das biblische Prinzip des *Bundes*. Viele Gelehrte glauben, dass zur Zeit des Alten Testaments ein Bund zwischen zwei Menschen beschlossen und besiegelt wurde, indem ein Tier in zwei Hälften zerteilt wurde. Die beiden Hälften wurden dann getrennt einander gegenüber auf den Boden gelegt, und die beteiligten Personen oder Parteien gingen dann zwischen den blutigen Hälften hindurch und sagten dabei: „Möge Gott mir das Gleiche widerfahren lassen, wenn ich mein Bündnis mit dir breche“ (siehe 1. Mose 15). Na ja, ich dachte dann, dass so etwas vielleicht auf dem Kirchenfußboden doch zu viel Schmutz macht, aber ich wollte das Prinzip des „Bundes“ in der Trauzeremonie gern irgendwie veranschaulichen.

Also brachte ich eine Niederschrift des Ehegelöbnisses zu einem Kalligrafen, der es auf einem Blatt aus reinem Baumwollpapier niederschrieb. Unmittelbar nachdem Ashley und Michael ihr Gelöbnis während der Trauzeremonie gesprochen hatten, unterschrieben sie dieses Ehebündnis. Dann fragte der Pastor, ob jemand aus der Gemeinde nach vorne kommen und ebenfalls unterschreiben wollte, als Zeuge für den soeben geschlossenen Bund. Rasch bildete sich eine Schlange von Freunden und Angehörigen, die versprachen, ihnen dabei zu helfen, diesen Bund zu halten.

Heute hängt das besagte Ehebundversprechen bei Ashley und Michael zu Hause über dem Kamin, als Erinnerung an das, was sie sich damals bei der Trauung versprochen haben, genau wie Sie und ich. Ich wünsche Ihnen, dass Sie sich immer an diesen Bund halten.

Gesprächsimpuls

Denken Sie darüber nach, was Sie Besonderes tun könnten – auch jetzt noch –, um sich an die Ernsthaftigkeit Ihres Ehebundes zu erinnern.

Gebet

Erneuern Sie heute Ihr Ehegelöbnis vor Gott.

8. Juli

Ich gebe auf!

Durchforsche mich, Gott, sieh mir ins Herz, prüfe meine Wünsche und Gedanken! Psalm 139,23

Im Juli 1995 waren wir in Fort Collins, Colorado, auf der Mitarbeiterkonferenz von Campus für Christus. Über 3000 Mitarbeiter und ehrenamtliche Helfer hatten ähnlich lange Anreisewege hinter sich und freuten sich jetzt auf mitreißende Anbetung, Erneuerung und Gemeinschaft.

Aber dann bekamen wir noch viel mehr als das.

Am vierten Tag der Konferenz hielt Nancy Leigh DeMoss (mittlerweile Autorin und Rundfunkmoderatorin, damals eine einfache Referentin für *Life Action Ministries*) eine Andacht, die ein Feuer entfachte. Sie sprach darüber, wie dringend notwendig es sei, unseren Stolz abzulegen und demütig zu werden durch echten geistlichen Zerbruch. Nach dieser Andacht inszenierte Gott drei Tage, in denen alle Teilnehmer in sich gingen, Schuld bekannten und Reinigung erfuhren.

Im Programm angekündigte Versammlungen wurden gestrichen, Referenten, auch prominente Namen, die quer durch die Staaten gereist waren, hielten ihre Vorträge und Referate nicht, und stattdessen strömten Männer und Frauen nach vorn aufs Podium und schütteten ihr Herz aus, indem sie Schuld bekannten, Buße taten und Versöhnung praktizierten.

Mitarbeiter riefen Väter, Mütter, Geschwister oder Freunde an, um sie um Vergebung zu bitten für die jahrelange Bitterkeit, die sie ihnen gegenüber gehegt hatten. Verzweifelte Eltern baten um Gebet für Söhne und Töchter, die auf die schiefe Bahn geraten waren. Ich erinnere mich, dass ich zusammen mit einem Freund weinte, der Ehebruch bekannte. Mehr als hundert Personen standen um ihn herum und beteten um Heilung für ihn und seine Familie.

Niemand von uns verspürte den Wunsch, andere zu verurteilen, denn uns war klar, dass wir alle Sünder waren. Und die Auswirkungen dieses einen Ereignisses sind noch heute in unseren Familien spürbar.

Nun möchte ich Ihnen eine sehr persönliche Frage stellen: Gibt es etwas in Ihrem Leben, Ihrer Ehe oder Familie, das Sie vor Gott und vielleicht voreinander bekennen müssen? Ihre Antwort auf diese Frage könnte die wichtigste des gesamten Buches sein.

Überlegen Sie und dann beten Sie

Nehmen Sie sich getrennt voneinander Zeit, um Gott im Gebet zu fragen, ob es etwas gibt, was Sie ihm und möglicherweise Ihrem Partner bekennen sollten. Wenn nötig, fertigen Sie eine Liste an und bringen Sie diese Liste vor Gott. Sagen Sie ihm, dass Sie bereit sind, ihm zuzuhören, was auch immer er Ihnen zu sagen hat – und dass Sie tun wollen, was er Ihnen klarmacht.

Besprechen Sie gegebenenfalls Ihre Liste mit Ihrem Partner.

9. Juli

Stille Annahme

von Barbara Rainey

Herr, was ich brauche, du teilst es mir zu; du hältst mein Los in der Hand. Psalm 16,5

Kaum ein Jahr nach der Hochzeit meiner Eltern beschlossen die Eltern meiner Mutter, sich scheiden zu lassen. Meine Mutter fuhr damals nach Chicago und verbrachte eine ganze Woche damit, an ihre Eltern zu appellieren, ihre Beziehung wieder in Ordnung zu bringen, aber ohne Erfolg. Als sie zurückkam, war sie seelisch erschöpft und brauchte mehr denn je eine herzliche, positive Beziehung zu ihrer Schwiegermutter, die ganz in der Nähe lebte. Doch aus Gründen, die wir wohl nie erfahren werden, wurde sie von der Mutter meines Vaters nie richtig aufgenommen.

Nun könnten Sie natürlich meinen, dass ich als Kind mit einer Mutter aufgewachsen bin, die durch den Verlust der elterlichen Liebe und Unterstützung verbittert war. Sie könnten meinen, dass meine Beziehung zu meinen Großeltern eher distanziert und von Misstrauen gekennzeichnet war. Doch genau das Gegenteil war der Fall. Und das war so, weil meine Kindheit von einer Mutter behütet wurde, die still die Umstände akzeptierte, die Gott für ihr Leben vorgesehen hatte, und die sich weigerte, ihren eigenen Schmerz an die nächste Generation weiterzugeben.

Meine Mutter hätte bei meinen Brüdern und mir durchaus Bitterkeit gegen die Großeltern beider Seiten schüren und schlecht über sie reden können wegen all des Schmerzes, für den ihr Versagen bei ihr gesorgt hatte. Sie hätte meinen Vater kritisieren und ihn zum Sündenbock für die Haltung seiner Mutter ihr gegenüber machen können.

Aber das alles tat sie nicht. Sie sagte nie auch nur ein negatives Wort über diese wichtigen Menschen in ihrem Leben, und dadurch wuchsen wir im Vertrauen auf die Liebe unserer Eltern auf, fühlten uns geborgen in ihrer Liebe zueinander und konnten auch die Beziehungen zur erweiterten Familie genießen.

Jeder von uns bringt sein eigenes Gepäck mit in die Ehe. Aber wir dürfen es nicht unseren Kindern aufbürden. Wir können den Teufelskreis in unserer Generation durchbrechen, indem wir uns weigern, bitter zu werden, und indem wir positiv über unsere Familie sprechen.

Gesprächsimpuls

Wenn Sie sich durch Klagen über Ihre Familie schuldig gemacht haben, dann ist es an der Zeit, dies zu bekennen und um Vergebung zu bitten. Entscheiden Sie sich dafür, Ihren Schmerz mit Gottes Hilfe zu bewältigen. Sprechen Sie darüber, wie Sie einander helfen können, mit dem Schmerz umzugehen.

Gebet

Bitten Sie Gott um Gnade und geistliche Reife, Ihre Kinder davor zu bewahren, mit einem Schmerz zu leben, den sie nicht verursacht haben.

10. Juli

Ein ganz normaler Mann

Weil ich aber mit Christus am Kreuz gestorben bin, lebe in Wirklichkeit nicht mehr ich, sondern Christus lebt in mir. Galater 2,19–20

Mike Wallace von der Sendung *60 Minutes* hat einmal ein Interview gemacht mit Yehiel Dinur, einem Überlebenden des Holocaust und Zeugen bei den Nürnberger Prozessen. Während des Interviews wurde ein kurzer Filmausschnitt aus dem Jahre 1961 eingespielt, in dem zu sehen ist, wie Dinur den Gerichtssaal in Israel betritt, in dem Adolf Eichmann unter Anklage steht. Eichmann war eine der Schlüsselfiguren des Holocaust und konnte sich jahrelang versteckt halten, bevor er schließlich gefunden und den Gerichten überstellt wurde.

Als Dinur Eichmann nach 18 Jahren wiedersah – zuletzt hatte er den zu den führenden Köpfen Nazideutschlands gehörenden Eichmann im Todeslager Auschwitz gesehen –, blieb er abrupt stehen. Er fing unkontrolliert an zu schluchzen und brach zusammen.

War er von Hass, Angst oder unerträglichen Erinnerungen überwältigt worden? Später sagte er, dass es nichts von alldem gewesen sei, sondern ihn habe in diesem Augenblick die Erkenntnis überwältigt, dass Eichmann gar nicht der gottgleiche Armeeoffizier war, der so viele Menschen in einen grausamen Tod geschickt hatte.

Adolf Eichmann war ein ganz gewöhnlicher Mann.

Wallace formulierte das treffend mit der Frage: „Wie ist es möglich, dass ein Mann so handelt wie Eichmann? War er ein Monster? Ein Psychopath? Oder war er vielleicht etwas noch viel Erschreckenderes – nämlich ganz normal?"

Und Dinur antwortete: „Eichmann steckt in jedem von uns." Die harte Wahrheit über uns selbst ist schwer zu schlucken. Wenn wir nicht durch die Angst vor den Folgen oder aus Sorge um unseren guten Ruf oder den heilenden Strom der Gnade Gottes daran gehindert werden, sind wir zu allem fähig.

Möge Gott uns vor der Illusion bewahren, dass wir aus uns selbst heraus rechtschaffen sein können. Möge uns ganz klar sein, dass alles Gute in uns nichts anderes ist als die Güte Gottes, die durchscheint ... des einen, der seinen Sohn hergab, damit wir leben. Der allein die Rechtschaffenheit Gottes ist – des Einen, der seinen Sohn gegeben hat, um uns Leben zu schenken und uns vor uns selbst zu retten.

Gesprächsimpuls

Was für Indizien gibt es bei Ihnen dafür, dass wir alle sündig und egoistisch geboren werden und mehr als alles andere Jesus Christus brauchen?

Gebet

Bitten Sie Gott, Ihnen ganz neu deutlich zu machen, dass er Sie gerettet hat und was das bedeutet. Danken Sie ihm für die Erlösung, nicht nur von der Hölle, sondern auch von der Versklavung an den Egoismus und die Sünde.

11. Juli

Die Teenagerjahre „ruinieren"

Jeden Gedanken, der sich gegen Gott auflehnt, nehme ich gefangen und unterstelle ihn dem Befehl von Christus. 2. Korinther 10,5

Es macht mir immer wieder Mut, wenn jemand zu mir sagt: „Durch Ihre Arbeit helfen Sie uns sehr, unsere Kinder zu erziehen und als Familie intakt zu bleiben." Aber vor langer Zeit hatte ich einmal ein Erlebnis ... also ich hatte diese Aussage jedenfalls so noch nie gehört.

Vor ein paar Jahren besuchten wir einmal unsere Tochter Rebecca, die damals in Atlanta lebte, und während unseres Besuches wollte sie uns ein paar treue Hörer unserer Rundfunksendung vorstellen. Als wir beim Haus der Familie ankamen, war die Mutter gerade dabei, im Garten zu arbeiten. Ihr Sohn kam um die Hausecke gerannt, und der junge Mann sah so aus, als ob er demnächst auf die Militärakademie gehen würde. Ein schlauer junger Mann.

„Sie sind also Dennis Rainey“, sagte er.

„Ja, der bin ich.“

„Ach, dann sind Sie das also, der mir meine Teenagerzeit völlig ruiniert hat“, sagte er und gab mir die Hand. Ein schlitzohriges Grinsen machte sich in seinem Gesicht breit, bevor er noch hinzufügte: „Wenn ich Ihren Namen noch einmal in diesem Haus höre, dann könnte es sein, dass ich mich übergeben muss.“

Nachdem wir uns ein paar Minuten unterhalten hatten, wurde klar, dass seine Bemerkung als Kompliment gedacht gewesen war. Seine Eltern hatten ihn im Glauben an Jesus Christus erzogen, mit entsprechenden Werten und Grenzen, und dadurch ein paar seiner typischen Teenagerpläne durchkreuzt – seine Jugend „ruiniert“.

Als wir später wieder auf dem Heimweg waren, musste ich selbst lächeln. Ich bin immer wieder begeistert, wenn ich von Eltern höre, die eine ansteckende Liebe für Jesus und die Bibel haben und das an ihre Kinder weitergeben. Eines der wichtigsten Ziele christlicher Familien besteht darin, die nächste Generation mit einem genauen Wissen über Gott auszurüsten, mit guten Fertigkeiten, den Alltag zu leben und zu bewältigen, und mit dem Auftrag, die nächste Generation mit der guten Nachricht von Jesus Christus zu erreichen. Und genau das hatten diese Eltern getan. Wenn ich ihnen dabei geholfen habe, indem ich die Jugend eines jungen Mannes ruiniert habe, dann übernehme ich dafür doch gern die Verantwortung!

Gesprächsimpuls

Sprechen Sie über die Grundlagen des christlichen Glaubens und wie Sie diese Ihren Kindern – oder, wenn Sie selbst keine Kinder haben, anderen – vermitteln können.

Gebet

Bitten Sie Gott um Weisheit bei der Erfüllung Ihrer Aufgabe als Eltern und/oder als Ehepaar.

12. Juli

Ein Leck im Luftballon

Ich will aber, dass ihr weise seid zum Guten, doch einfältig zum Bösen.
Römer 16,19

Vor einiger Zeit habe ich unsere damals vierzehnjährige Tochter Rebecca zu einer Übernachtungsparty gefahren, auf der sie sich mit ein paar Freundinnen treffen wollte. Ihre Freundinnen kamen aber zu spät, und als wir so auf dem Parkplatz im Auto saßen, inszenierte Gott einen dieser wunderbaren Augenblicke, in denen wir unseren Teenagern noch etwas mit auf den Weg geben können.

Wir sprachen darüber, wie man mit dem anderen Geschlecht umgeht, wenn man langsam älter wird – darüber, wie weit sie körperlich mit einem Jungen gehen würde. Auf der Konsole zwischen uns lag eine Wasserbombe, die von einer Wasserschlacht vor ein paar Tagen bei uns zu Hause übrig geblieben war. Ich nahm sie in die Hand und hatte plötzlich eine Idee.

„Stell dir mal vor, dieser Ballon wäre mit deiner sexuellen Unberührtheit und Unschuld gefüllt, und das wäre alles, was du hättest. Wie viel davon würdest du hergeben, bevor du verheiratet bist?"

„Gar nichts", sagte sie. „Ich möchte ja, dass mein Mann alles bekommt."

Dann übersetzte ich diese Aussage in Teenagersprache: „Nehmen wir einmal an, ein junger Mann kommt vorbei und möchte nur einen kleinen Kuss von dir – es ist dein erster Kuss –, ist ja nur ein kleines bisschen von deiner Unschuld." Ich hielt den Ballon hoch und tat so, als würde ich mit einer Nadel hineinstechen. „Dann kommt ein anderer Junge, und *der* will schon ein kleines bisschen mehr. Später verliebst du dich dann und denkst, es ist okay, wenn ich noch mehr gebe."

Ich schwieg und sah ihr tief in die Augen. „Wie viel von deiner Unberührtheit und Reinheit bleibt dann noch für den Mann übrig, den du einmal heiraten wirst?"

„Es wäre alles weg", antwortete sie. „Nach und nach verschwunden."

Und jetzt habe ich eine Frage an Sie als Eltern: Wenn Sie sich einmal anschauen, wie die gegenwärtige Kultur und der Zeitgeist unsere Kinder verführen, in welche Richtung sollen Sie dann Ihre Kinder lehren und unterweisen? Wenn nicht Sie einen hohen Maßstab ansetzen, wer soll es denn dann tun?

Gesprächsimpuls

Wie wollen Sie als Eltern Ihren Kindern auf diesem Gebiet helfen? Sprechen Sie über zwei Überzeugungen, die Sie gern an Ihre Kinder weitergeben möchten.

Gebet

Bitten Sie Gott um die Weisheit zu merken, wann Gott Ihnen eine Gelegenheit schenkt, Ihren Kindern etwas Wichtiges zu vermitteln.

13. Juli

Gruppendruck

Sich vor Menschen fürchten bringt Gefahr;
auf den Herrn vertrauen bringt Sicherheit. Sprüche 29,25

Früher dachte ich immer, dass der Begriff des Gruppendrucks nur in Erziehungsbüchern oder aber in bestimmten Situationen im Teenageralter auftaucht. Ich dachte, Gruppendruck sei etwas, aus dem man irgendwann herauswächst. Aber ich erinnere mich noch ganz genau, wie ich einmal bei einem Treffen christlicher Leiter war und gebeten wurde, zu einer bestimmten Frage Stellung zu beziehen. Der Mann, der neben mir saß – ein sehr guter Freund –, vertrat mit großer Vehemenz seine Überzeugung, die sich sehr stark von meiner unterschied. Während der folgenden Gespräche beschloss ich, meine Meinung lieber für mich zu behalten.

Schließlich wurden wir aufgefordert aufzustehen, wenn wir mit Ja stimmten. Mein Freund stand sofort auf, und zwar nicht als Einziger. Es standen etliche Anwesende auf, um sein Votum zu unterstützen.

Ich erinnere mich noch genau an meine innere Zerrissenheit damals. *Ich bin zwar gegen diese Sache*, dachte ich, *aber wie soll ich sitzen bleiben, wenn einer meiner besten Freunde aufsteht – ja wenn es sogar so scheint, als würden außer mir alle aufstehen?*

Ich tat also das, was alle Jugendlichen zu tun versucht sind: Ich knickte ein und stand auf. Und von diesem Blickwinkel aus konnte ich zwei Personen sehen, die sitzen geblieben waren und gegen den Strom schwammen. Nur zwei. Ich erinnere mich noch genau an sie, weil sie so mutig waren und zu ihrer Überzeugung standen.

Gruppendruck gibt es wirklich, und zwar nicht nur auf Schulfluren und Pausenhöfen, sondern auch beim Mittagessen in der Kantine mit Kollegen, bei Leuten zu Hause, die wohlhabend sind, bei Gesprächen mit Erwachsenen, vor denen man nicht zugeben will, wer man wirklich ist oder was man wirklich glaubt. Die Angst, anders oder nicht annehmbar zu sein, verlässt einen auch als Erwachsener nicht. Sie ist zwar anders gekleidet als damals, hat aber immer noch dasselbe Skelett.

Was ich an jenem Tag gebraucht hätte, ist Integrität. Ich hätte die Charakterstärke benötigt, für das zu stimmen, was ich für richtig hielt.

Gesprächsimpuls

Seien Sie ehrlich: Wo neigen Sie dazu, sich dem Gruppendruck zu beugen? Gibt es heute etwas, bei dem Sie nicht mit dem Strom schwimmen sollten?

Gebet

Beten Sie, wie Sie es möglicherweise auch schon als Teenager getan haben – dass Gott Ihnen Überzeugungen schenkt, damit Sie sicher und auf festem Grund stehen.

---

14. Juli

Frauenfreundschaften

von Barbara Rainey

Zuletzt, liebe Brüder, freut euch, lasst euch zurechtbringen, lasst euch mahnen, habt einerlei Sinn. 2. Korinther 13,11

In meiner Beziehung zu Dennis bin ich mir immer sicher gewesen, dass er mich, meine Rolle und meine inneren Konflikte versteht. Wir haben unzählige Stunden im Gespräch über dieses Buch verbracht. Er hat mir in so vielen schwierigen Situationen zur Seite gestanden. Er war den Kindern „Ersatzmutter", wenn ich unterwegs war, und weiß deshalb viel übers Muttersein.

Die Gemeinsamkeit geht aber nur bis zu einem gewissen Punkt. Nur eine Frau und Mutter kann nachvollziehen, wie es ist, ein Kind zur Welt zu bringen, oder wie es ist, ständig funktionieren zu müssen als Mutter, Hausfrau und Ehefrau. Über diese Themen kann ich nur mit einer Frau beten. Es sind andere Mütter, die mir durch ihr Verständnis den Alltag erleichtern.

Ich persönlich brauche intensive Freundschaften mit zwei, drei Frauen. Wenn wir miteinander telefonieren, uns treffen oder einander schreiben, bekomme ich Bestätigung. Danach fühle ich mich gut, und Dennis ist entlastet, weil er nicht allein mit der ganzen Flut meiner Bedürfnisse konfrontiert ist.

Ich möchte Sie als Mann bitten, Ihrer Frau Mut zu machen, sich wenigstens eine oder zwei Frauen zu suchen. Solche Freundschaften sollen Sie als Hauptquelle ihrer Ermutigung nicht verdrängen, aber sie können dazu beitragen, dass Ihre Frau in ihrem Selbstverständnis bestätigt und gestärkt wird.

Und noch ein Tipp: Geben Sie Ihrer Frau hin und wieder ein freies Wochenende mit ihrer Freundin. Sie werden sich wundern, wie erfrischt sie am Sonntagabend wieder bei Ihnen zu Hause ankommt. Solche Freiräume sind unverzichtbar, besonders wenn kleine Kinder in der Familie sind oder Ihre Frau auch berufstätig ist. Da bleibt wenig Zeit für Freundschaften.

Dennis und ich versichern Ihnen, dass Freundschaften Ihrer Frau mit anderen Frauen keine Bedrohung für Sie darstellen. Geben Sie ihr Zeit und Unterstützung bei der Pflege solcher Freundschaften. Es lohnt sich.

Gesprächsimpuls

Wie erleben Sie die Frauenfreundschaften Ihrer Frau? Wie erleben Sie als Frau Ihre Frauenfreundschaften? Tauschen Sie sich darüber aus.

Gebet

Beten Sie darum, dass Gott Ihrer Frau wenigstens eine „Seelenverwandte“ schenkt, die sich mit ihren Lebensumständen identifizieren kann.

15. Juli

Gute Freunde

Ein Freund liebt zu jeder Zeit, und als Bruder für die Not wird er geboren. Sprüche 17,17

H. Clark Bentall war früher Chef des Bentall-Konzerns, einer Baufirma mit Sitz in Vancouver, Kanada. Fünf Bürotürme in der City dort tragen seinen Namen. Er war einer der Köpfe in der Bau- und Immobilienbranche.

Später dann, nach einer 50-jährigen Berufslaufbahn im Konzern, kam es zu Unstimmigkeiten mit seinen Brüdern, die ihn daraufhin aushebelten und zwar erst aus dem Tagesgeschäft und irgendwann dann auch aus der Firma. Kurz darauf starb seine Frau siebenundfünfzigjährig an Krebs, und er selbst bekam Alzheimer.

Da war er nun also – Anfang achtzig, ohne Arbeit und ohne Frau – und seine Fähigkeit, zu begreifen, was um ihn herum vorging, verflüchtigte sich zusehends. Ein Mann, der einmal alles gehabt hatte, hatte jetzt gar nichts mehr.

Clark Bentall hatte jedoch in den Jahren, bevor der Nebel von Alzheimer ihn einhüllte, viel in echte Freundschaften investiert, und jetzt, als er so bedürftig wurde, kamen jeden Dienstag- und Donnerstagmorgen ein paar seiner besten Freunde zum Frühstücken zu ihm, einfach um zu reden und Danke zu sagen ... für alles. Im Laufe der Zeit konnte Bentall immer weniger zu dem anregenden Gespräch und dem Austauschen gemeinsamer Erinnerungen beitragen, aber die Freunde kamen weiter regelmäßig zu ihm, und zwar über vier Jahre lang.

In so eine Lage können auch Sie eines Tages kommen. Allein und abhängig vom Pflichtgefühl von Angehörigen und dem Wohlwollen von Nachbarn und Freunden. Werden Sie dann genügend in das Leben anderer Menschen investiert haben, dass diese den Wunsch haben, Sie zu besuchen, Zeit mit Ihnen zu verbringen, auch wenn es mit Ihnen nicht mehr so viel Spaß macht wie früher einmal?

Jetzt ist die Zeit, sich zu investieren, und zwar nicht nur, um selbst in der Zukunft davon zu profitieren, sondern um das Leben anderer positiv zu verändern.

Gesprächsimpuls

Sprechen Sie über Ihre Freundschaften. Zählen Sie Ihre besten Freunde auf. Tauschen Sie sich darüber aus, wie Sie einander dabei helfen könnten, Freundschaften aufzubauen.

Gebet

Danken Sie Gott für gleich gesinnte Freunde. Und wenn Sie nicht viele haben, bitten Sie ihn, Ihr Leben mit ein paar mehr davon zu segnen.

16. Juli

Immer dabei

von Barbara Rainey

Wenn zwei von euch auf der Erde gemeinsam um irgendetwas bitten, wird es ihnen von meinem Vater im Himmel gegeben werden.
Matthäus 18,19

Romantik ist sicher nicht die Grundlage der Ehe, aber sie sorgt dafür, dass eine Beziehung herzlich, geborgen und sicher ist, und sie ist manchmal die beste Art, unserem Partner zu vermitteln: „Ich liebe dich wirklich." Wenn Romantik jedoch in unserer Beziehung zum Zug kommen und Raum bekommen soll, dann müssen die Ehepaare sich darin einig sein und innerlich verpflichten, dass Gott an erster Stelle steht. Und dazu wiederum gehört, als Ehepaar zusammen zu beten.

Unsere Hochzeit am 2. September 1972 war geprägt von all dem, was eine Hochzeit ausmacht – Familie, Freunde, Feiern, Wünsche und, ja, auch Romantik. Nach der Feier und Verabschiedung der Gäste fuhren wir zu dem historischen Warwick Hotel in Houston, wo wir unsere Hochzeitsnacht verbringen wollten.

Dennis hatte jedes Detail geplant. Nach dem Einchecken meinte er, ich könne doch ein bisschen schlafen, während er losging und Blumen besorgte. Ein schickes Essen, dann Tanzen und eine stille, elegante Fahrt mit dem Aufzug, von dem aus man einen Blick über die ganze Stadt hatte, sorgten dafür, dass es ein wirklich zauberhafter, romantischer Abend war. Als wir dann wieder in unserem Zimmer ankamen, knieten wir erst vor dem Bett nieder und baten Gott um seinen Segen auch für diesen Teil unserer Ehe, bevor wir dann eins wurden.

Seitdem haben wir viel dafür getan, uns die Romantik in unserer Ehe zu erhalten: wir sind Sonntagabends gemeinsam ausgegangen, haben gemeinsame Autotouren unternommen, gemeinsame Dinner zu zweit in unserem Schlafzimmer veranstaltet, wenn alle Kinder im Bett waren, oder haben auch immer wieder einmal ein kinderfreies Wochenende ganz für uns irgendwo außerhalb genossen.

Aber egal, ob wir in den Rocky Mountains im Zelt oder in einem edlen Hotel in New York City waren, im Gebet haben wir Gott immer in unsere Beziehung eingeladen, auch in den romantischen Teil davon. Es gibt fast nichts Schöneres, als einander im gemeinsamen Gebet im Arm zu halten. Vielleicht gibt es auf der ganzen Welt kein größeres Gefühl der Sicherheit.

Gesprächsimpuls

Beschließen Sie, dieses Wochenende etwas Romantisches zu unternehmen. Und achten Sie darauf, dass Gott zu allem, was dazugehört, eingeladen ist.

Gebet

Danken Sie Gott dafür, dass Romantik keine eigene kleine Welt ist, die nicht zu der Beziehung zu Gott gehört. Danken Sie ihm dafür, dass er seinen Kindern Leben in Fülle gibt.

17. Juli

Das Medien-Monster (Teil 1)

Mehr als alles, was man sonst bewahrt, behüte dein Herz!
Denn in ihm entspringt die Quelle des Lebens. Sprüche 4,23

Was würden Sie sagen, wenn ich behauptete, dass tagtäglich ein Heer von Konkurrenten Schlange steht, um in Ihr Haus, Ihren Arbeitsplatz, Ihr Auto und sogar Ihr Telefon einzudringen und Sie und Ihren Ehepartner zu verführen?

Das ist tatsächlich so. Tagtäglich locken nämlich verschiedenste Stimmen und Bilder Sie und Ihren Ehepartner voneinander weg: Das sind Fernsehen, Internet, E-Mails, Blogs, Chatrooms, Rundfunk, Zeitschriften, Tageszeitungen, Musik, Filme, Bücher und Videospiele. Die Medien konkurrieren mit Ihnen um die Aufmerksamkeit und Zuneigung Ihres Partners!

Medien nehmen Ihnen Zeit für die Beziehung zu Ihrem Partner. Schreiben Sie einmal auf, wie viele Stunden Sie schon allein jedes Wochenende vor dem Fernseher verbringen. Und dann überlegen Sie doch mal, was Sie in dieser Zeit alles gemeinsam hätten unternehmen können.

Die Medien verzerren Ihre Wahrnehmung von der Realität, indem sie unrealistische Erwartungen an den Partner schaffen. Im Allgemeinen präsentieren die Medien ein verzerrtes Bild von Beziehungen. Wie oft sieht man zum Beispiel in einem Film oder einer Fernsehsendung einen Mann und eine Frau, die sich ineinander verlieben, heiraten und ein Leben lang zusammenbleiben? Viel häufiger ist es doch so, dass uns zwei Menschen gezeigt werden, die sich ineinander verlieben und ohne irgendwelche moralischen Bedenken sofort miteinander ins Bett gehen. Wenn man ständig solche Bilder konsumiert, büßt da der Ehepartner auf die Dauer nicht Attraktivität ein? Es ist schwierig, mit Fantasien zu konkurrieren.

Die Medien erleichtern emotionalen Ehebruch durch Pornografie und Internetaffären. Zwar sind die Vorteile des Internets nicht von der Hand zu weisen, doch der Preis, den man dafür zahlt, und die Risiken, die es birgt, sind nicht immer auf den ersten Blick zu erkennen. Pornografie ist nur einen Knopfdruck auf dem Computer und sogar schon dem Telefon entfernt. Und genauso schlimm ist es, wenn Leute Chatrooms im Internet nutzen, um Fremde zu treffen und intime, meist sexualisierte Gespräche zu führen.

Angesichts all dieser Versuchungen, die vor unserem Leben Schlange stehen, ist es da nicht an der Zeit, einmal eine Inventur Ihres Medienkonsums vorzunehmen?

Gesprächsimpuls

Welche Medien sind die größte Bedrohung für Ihre Ehe? Und für Ihre Familie?

Gebet

Bitten Sie Gott um Einigkeit als Ehepaar, wie Sie solche Konkurrenten aus Ihrer Ehe heraushalten können.

18. Juli

Das Medien-Monster (Teil 2)

Alles, was wahr, alles, was ehrbar, alles, was rein, ... alles, was liebenswert ist, ... das erwägt. Philipper 4,8

Gestern habe ich darüber geschrieben, wie das Medien-Monster Ihrer Ehe schaden kann. Heute möchte ich Ihnen ein paar Vorschläge machen, wie man die Medien beherrschen kann, statt sich von ihren Botschaften manipulieren zu lassen.

Sie müssen wissen, was Sie glauben. Wie wollen Sie in den Medien Wahrheit von Lüge unterscheiden können, wenn Sie die biblische Wahrheit über verschiedenste Themen gar nicht kennen? Dass ich weiß, was in der Bibel darüber steht, mein Herz zu behüten, hat mich schon so manches Mal veranlasst und mir die Kraft gegeben, eine Fernsehsendung oder einen Film im Fernsehen auszuschalten.

Seien Sie offensiv – nicht passiv – im Umgang mit den Medien. Ein Medien-Monster sickert durch Augen, Ohren in Ihren Kopf, Ihr Herz und in Ihre Familie ein, wenn Sie es zulassen. Sie selbst bestimmen die Regeln!

Passen Sie auf Ihre Seele auf. Wenn Sie sich mithilfe von Medien Fantasieliebhaber schaffen, dann stehen Sie schon an der Schwelle zum Ehebruch.

Verlassen Sie sich bei Filmen nicht auf Filmkritiken oder Altersempfehlungen. Informieren Sie sich lieber bei Freunden, die ähnliche Werte vertreten wie Sie und ein christlich geprägtes Weltbild haben.

Kontrollieren Sie den Internet-Zugang. Wählen Sie einen Anbieter, der ungeeignetes Material herausfiltert, oder installieren Sie selbst solche Filter. Wählen Sie den Standort Ihres Computers so, dass er für alle einsehbar ist, beispielsweise das Wohnzimmer, einen geräumigen Flur oder die Küche. Sprechen Sie mit Ihren Kindern über die Gefahren des Internets, und helfen Sie ihnen, die Art der Nutzung und auch die Zeit, die sie online sind, zu überwachen. Auch hier gibt es Software, die Eltern dabei hilft, den Internetkonsum von Kindern zu kontrollieren.

Denken Sie doch einmal darüber nach, auch selbst Ihren Medienkonsum zu reduzieren oder vielleicht sogar einmal eine Weile völlig darauf zu verzichten. Haben Sie schon einmal versucht, einen ganzen Tag oder eine Woche lang nicht fernzusehen? Was könnte in Ihrer Ehe passieren, wenn Sie das täten? Sie verpassen viele positive Aktivitäten, wenn Sie nur ungern oder nie den Aus-Knopf drücken.

Gesprächsimpuls

Sprechen Sie darüber, was Sie in Bezug auf Ihren persönlichen Medienkonsum und auch in Bezug auf den Medienumgang der Familie verändern sollten. Beteiligen Sie Ihre Kinder an dem Gesprächsimpuls und schreiben Sie ihre Ideen auf. Setzen Sie eine davon um.

Gebet

Bitten Sie Gott, Sie als Ehepaar sensibler dafür zu machen, wie sich die Medien auf Ihre Ehe und Familie auswirken. Bitten Sie um den Mut, das zu tun, was nötig ist.

19. Juli

Die fehlende Zutat

So müssen auch die Männer ihre Frauen lieben wie ihren eigenen Körper. Denn ein Mann, der seine Frau liebt, liebt sich selbst.
Epheser 5,28

Welches Problem hat wohl dieses Ehepaar?

Die ersten Jahre unserer Ehe waren gut, aber die zärtlichen Worte, kleine zugeflüsterte Geheimnisse wurden immer weniger und aus uns wurde ein Ehepaar wie alle anderen. Aber mein Mann wollte trotzdem alle Vorteile der Ehe genießen. Ich empfand seine Berührungen zunehmend als unangenehm, weil ich den Eindruck hatte, dass er nicht mich, sondern nur meinen Körper liebte. Ich erinnere mich noch, wie ich einmal angefangen habe zu weinen, nachdem wir miteinander geschlafen hatten, weil ich mich so billig und benutzt fühlte. Und er war natürlich wütend, weil er wusste, dass Ehe so eigentlich nicht sein sollte.

Pattsituation. Sexuelle Sackgasse. Aber geht es hier nur um Missverständnisse, unerfüllte Erwartungen, mangelnde Sensibilität und Egoismus?

Lesen Sie weiter:

Ich stelle fest, dass mein sexuelles Interesse und mein Wunsch nach körperlicher Intimität schwinden. Aber immer noch wäre ich gern so bis über beide Ohren in meinen Mann verliebt, wie ich es einmal war. Es wäre so schön, wenn er mein Herz berühren würde. Das Traurige ist, dass es keine wirklich spirituelle Verbindung zwischen uns gibt.

Aha, da haben wir es also. Unter all den Problemen an der Oberfläche, unter all den Momenten des Unbehagens und des wortlosen Frusts ist bei uns allen ein tiefes spirituelles Bedürfnis vorhanden. Es gibt viel zu viele Ehemänner, die keine Ahnung haben, *dass ihre Frau sich am allermeisten von ihnen wünscht und am allerdringendsten von ihnen braucht, dass er sich um ihre Seele kümmert* – dass Sie als Mann jeden Tag den Wunsch haben, ihre Bedürfnisse vor den Vater zu bringen und mit ihr vereint zu sein in der gemeinsamen Abhängigkeit von Gott.

Wenn Sie Ihren Platz als geistliches Haupt der Familie einnehmen, dann schaffen Sie dadurch ein Umfeld, in dem Bitterkeit keine Chance hat, wo aber Beziehung und Romantik gedeihen können.

Gesprächsimpuls

Sprechen Sie darüber, wie Sie Ihre Frau wirklich geistlich leiten können. Wie sieht das für sie aus? Nehmen Sie ihre Hand und beten Sie für ein oder zwei Dinge, die sie braucht.

Gebet

Beten Sie um den Mut, als Mann die Rolle des geistlichen Hauptes einzunehmen, auch wenn Sie es nicht perfekt können. Beten Sie als Frau um Ermutigung für Ihren Mann in seiner Funktion als geistliches Haupt der Familie.

---

20. Juli

Versuchung

von Barbara Rainey

Du hast doch deinen eigenen Brunnen, deine Quelle, die klares Wasser sprudelt. Trink aus dieser Quelle. Sprüche 5,15

Finden Sie es auch interessant, dass die Warnungen in Bezug auf sexuelle Versuchungen im Buch der Sprüche an Männer gerichtet sind? So wird zum Beispiel in Kapitel 7 beschrieben, wie eine listige Hure versucht, einen törichten jungen Mann zu verführen, der sich zu nah an ihr Haus herangewagt hat.

Obwohl auch Frauen sicher nicht immun gegen Versuchungen auf diesem Gebiet sind, finde ich es doch bemerkenswert, dass die Bibel als Beispiele für Sünde auf diesem Gebiet fast ausschließlich Männer nennt:

- Juda, der mit seiner Schwiegertochter schläft, in dem Glauben, sie sei eine Prostituierte (siehe 1. Mose 38)
- David und Batseba (siehe 2. Samuel 11)
- Samson und Delila (siehe Richter 16)

Ehefrauen muss klar sein, dass Männer eine hervorragende Zielscheibe für sexuelle Versuchungen sind. Die Sünde bekommt bei Männern gerade dann schnell ihren Fuß in die Tür, wenn ihre sexuellen Bedürfnisse zu Hause unbefriedigt bleiben. In der Welt eines Mannes gibt es viele Stimmen, die ihn in Versuchung führen, seine Bedürfnisse auf ungute und nicht richtige Weise zu befriedigen, indem er unterschiedlichste Angebote auf dem Gebiet der Entspannung und Unterhaltung als Ventil benutzt.

Falsche Freuden locken an jeder Straßenecke, an jedem Zeitschriftenkiosk und sind erreichbar durch jedes Modem.

Weil Gottes Sicht vom Sex in der Ehe von den meisten Menschen so missverstanden wird, ist auch die Gefahr groß, dass Männer und Frauen hier aneinender vorbeireden und -leben. Eine Frau kann die sexuellen Bedürfnisse ihres Mannes fälschlich als Schwäche auslegen und schlimmstenfalls sogar als Egoismus. Und manchmal ist das Timing des Mannes vielleicht auch alles andere als optimal.

Aber als Frauen haben wir eine einzigartige und machtvolle Chance in der Ehe – nicht nur, unseren Männern auf diesem für ihr Mannsein so wichtigen Gebiet Bestätigung zu geben, sondern auch, ihnen zu helfen, rein zu bleiben. Es gefällt Gott, wenn eine Frau weiß, dass sie in Bezug auf ihren Mann diese Macht hat.

Wenn wir noch einmal das Gesamtbild der Ziele Gottes und seine guten Absichten anschauen, dann hilft das dabei, die vorübergehenden Herausforderungen der Ehe in die richtige Perspektive zu rücken.

Gesprächsimpuls

Es ist nicht ungeistlich, über Ihre sexuellen Bedürfnisse zu reden. Seien Sie offen miteinander und bereit, sich Ihre Bedürfnisse gegenseitig mitzuteilen und zu befriedigen.

Gebet

Danken Sie Gott, dass er Sie so geschaffen hat, wie Sie sind – als perfektes Gegenüber füreinander.

21. Juli

Großzügig

Die haben alle nur etwas von ihrem Überfluss abgegeben. Sie aber hat alles hergegeben, was sie selbst dringend zum Leben gebraucht hätte.
Lukas 21,4

Heute möchte ich Ihnen die Geschichte eines wirklich großzügigen Gebers erzählen. Ron Blue, ein Finanzexperte und gläubiger Christ, ging regelmäßig mit seinem ältesten Sohn in einem Fast-Food-Restaurant frühstücken. Jede Woche, immer in demselben Restaurant. Jedes Mal wurden sie von derselben lateinamerikanischen Frau am Tresen mit einem herzlichen Lächeln begrüßt.

Das ging Wochen so und Monate und Jahre, bis Ron eines Tages – getrieben von einem flüchtigen Gedanken reiner Großzügigkeit – beschloss, etwas im Fast-Food-Ambiente sehr Unübliches zu tun. Er beschloss, der Frau ein Trinkgeld zu geben. Zwanzig Dollar schienen angemessen großzügig, aber als er in sein Portemonnaie griff, spürte er, wie Gottes Geist ihn aufforderte, mehr zu geben. Er nahm fünf Zwanzigdollarscheine, faltete sie und fragte die Bedienung, ob sie das Geld annähme. Sie tat es.

Aber das ist noch gar nicht die eigentlich tolle Geschichte, die ich erzählen wollte.

Die Frau war alleinerziehende Mutter von fünf Kindern. Sie war nach Amerika immigriert, damit ihre Familie eine Chance auf ein besseres Leben bekam. Jetzt arbeitete sie als Bedienung im Fast-Food-Restaurant, um zu Hause das Nötigste auf den Tisch zu bringen. Als Ron ihr das Geld gab, wusste sie sofort, was sie damit tun würde. Ihr Auto brauchte unbedingt neue Reifen, und sie schätzte, dass die hundert Dollar dafür genau reichen würden.

Als sie jedoch an diesem Abend nach Hause kam, erzählte eines ihrer älteren Kinder, dass in der Nähe ein Wohnhaus völlig niedergebrannt war, und ein paar ihrer Freunde hätten dabei fast alles verloren. Ein paar Wochen später erzählte die Frau Ron: „Ich wusste, dass es eine bessere Verwendung für die hundert Dollar gab. Wir haben sie einer Familie geschenkt, die alles verloren hatte."

Was sollten wir alle geben für eine solche Großzügigkeit!

Gesprächsimpuls

Wie würden Sie gern geben? Haben Sie in dieser Hinsicht ein Ziel?

Gebet

Bitten Sie Gott um Gelegenheiten, großzügig zu geben. Und geben Sie so, als gehöre das, was Sie geben, gar nicht Ihnen, denn das tut es auch nicht.

22. Juli

Verwendung für unser Gerümpel

Wenn ich leide, so geschieht es, damit ihr Mut bekommt und zur Rettung gelangt. 2. Korinther 1,6

Was haben Sie, wovon andere profitieren könnten? Diese Frage stellen Sie sich vielleicht jedes Mal, wenn Sie Ihren Dachboden oder

Ihre Garage durchforsten. Ihnen wird bewusst, wie viel Sie sammeln und horten, auch wenn Sie die Sachen gar nicht mehr brauchen. Oft ist der Kram, den Sie in der Tiefe Ihrer Schränke und Schubladen finden, nicht einmal mehr gut genug zum Spenden. Es ist nur noch Müll, den Sie besser entsorgen sollten.

Wenn es jedoch um das Gerümpel und den Müll in unserem persönlichen Leben geht – um Fehler, die wir gemacht haben, Fehleinschätzungen, Verletzungen, die wir einander zufügen –, dann hat Gott damit vielleicht doch noch etwas vor und kann sogar etwas daraus machen. Ich mache schon seit Jahren Ehepaaren immer wieder Mut, sich als Mentoren zur Verfügung zu stellen. Oft haben solche Paare Vorbehalte oder kommen mit Ausreden. Viele meinen, dass sie dazu nicht geeignet sind. Sie glauben, sie haben nichts, was sie jüngeren Erwachsenen weitergeben können. Sie sind der Meinung, ihre Bibelkenntnisse reichten nicht aus.

Viele von ihnen werden schlicht und einfach von ihren eigenen Fehlern verfolgt – ihrem eigenen Gerümpel. Ihnen ist nicht klar, dass gerade ihre Fehler das wichtigste Instrument sein können, um jüngeren Paaren zu vermitteln, wie man eine Ehe und Familie nach Gottes Gedanken gestalten kann.

Jeder müht sich mit Ehe- und Familienproblemen ab. Jeder. Aus dem Grund gehört zum Grundlehrbuch für die Ehearbeit mit anderen Paaren auch das Lehrbuch gelebter Erfahrungen. Schwäche und Enttäuschung gehören mit zu den besten Quellen, um anderen lebendige Botschaften zu übermitteln. Sie bieten sowohl den Inhalt als auch den Zusammenhang unseres Unterrichts.

Und wenn irgendjemand es brauchen kann, ist es kein Müll mehr. Zum Wegwerfen ist es erst dann, wenn wir Angst haben zuzugeben, dass wir es immer noch haben, wenn wir nicht bereit sind, Gott unseren Abfall benutzen zu lassen, um sich zu verherrlichen.

Gesprächsimpuls

Sprechen Sie ehrlich über einige Fehler, die Sie gemacht haben. Haben Sie schon einmal erlebt, dass sich daraus etwas Gutes entwickelt hat?

Gebet

Bitten Sie Gott, Ihnen so viel Mitgefühl für ein anderes Ehepaar zu schenken, dass Sie nichts mehr daran hindern kann, ihnen zu helfen.

23. Juli

Sanfter und freundlicher

Was ist euch lieber? Soll ich mit dem Stock zu euch kommen oder mit Liebe und Nachsicht? 1. Korinther 4,21

Ellie Kay ist mit einem Piloten der Air Force verheiratet und Autorin des Buches *Heroes at Home: Help and Hope for America's Military Families* (Helden zu Hause: Hilfe und Hoffnung für amerikanische Soldatenfamilien). In dem Buch berichtet sie, was manchmal passiert, wenn ihr Mann Bob von einem Militäreinsatz wieder nach Hause kommt. Nachdem er monatelang als Flieger im Kampfeinsatz war und noch den militärischen Befehlston gewohnt ist, kann er sich oft nicht so schnell umstellen und behält ebendiesen Tonfall auch zu Hause bei. Für diesen Fall hat sich Ellie einen kleinen Code überlegt, um ihn wieder in ihren ganz normalen zivilen Familienalltag zurückzuholen. Dann sagt sie: „S und F."

Sanfter und freundlicher.

Das ist dann das Zeichen für ihren Mann, der wahrscheinlich gar nicht merkt, wie hart seine Worte klingen, seinen Ton zu ändern und die militärische Zackigkeit seinen Untergebenen vorzubehalten.

Wir wissen natürlich alle, dass man kein Soldat in Uniform sein muss, um zu Hause einen militärischen Befehlston an den Tag zu legen. Man kann einen Anzug, Freizeitklamotten oder einen Blaumann tragen und seine Frau so behandeln, als wäre sie nur ein Punkt auf der Checkliste, eine Angestellte, deren Effizienz zu beurteilen ist. Dasselbe ist auch umgekehrt möglich, wenn Frauen außer Haus berufstätig sind.

Genau wie Bob ist uns dann oft gar nicht bewusst, wie wir uns aufführen. Innerlich sind wir noch immer am Arbeitsplatz, obwohl wir schon zu Hause auf dem Sofa sitzen. Wenn unsere Frau uns auf so ein Verhalten aufmerksam macht, hören wir dann hin? Reagieren wir darauf?

Mein Vorschlag für eine solche Situation lautet: Suchen Sie sich einen markanten Punkt auf Ihrem Heimweg aus, irgendetwas, das ins Auge fällt, um sich selbst daran zu erinnern, dass es jetzt Zeit ist, die Krawatte zu lockern und sich innerlich auf die Begegnung mit Ihrer Frau einzustellen. Lassen Sie die Arbeit jetzt an dieser Stelle los, um sie am nächsten Tag an der Stelle wieder aufzunehmen. Und dann kommen Sie zu Hause an mit der Bereitschaft und der festen Absicht, liebevoll zu sein und zuzuhören und sich einzulassen und nicht Druck auszuüben.

Seien Sie sanfter und freundlicher.

Gesprächsimpuls

Wie oft bringen Sie Ihre Arbeit mit nach Hause, mit all dem Druck und auch dem Umgangston aus dem Job? Wie macht sich das bemerkbar? Sprechen Sie darüber, wie Sie einander daran erinnern können, sanfter und freundlicher zu sein.

Gebet

Anstatt sich dagegen zu sträuben, dass Ihr Partner Sie auf eine negative Haltung anspricht, danken Sie Gott dafür, dass er Ihnen jemanden zur Seite gestellt hat, der Ihnen dabei hilft, Jesus ähnlicher zu werden.

24. Juli

Inseln der Klarheit

Ach, wenn ich mir nicht sicher wäre, das Gute des Herrn zu schauen im Land der Lebendigen ... Psalm 27,13

Barbara und ich erleben immer wieder, wie gut es uns tut, wenn wir uns Zeit zu zweit als Ehepaar „freischaufeln“. Schon ganz am Anfang unserer Ehe haben wir uns dazu verpflichtet, das konsequent zu praktizieren. Sogar mit sechs Kindern und allen damit verbundenen Aktivitäten haben wir uns daran gehalten, und wir haben beide davon profitiert.

Für uns sind diese Zeiten immer wieder Inseln der Klarheit – „gestohlene“ Augenblicke, in denen wir bewusst die Hektik, die Ablenkungen und den Lärm des Alltags ausschalten, um gemeinsam über Gott nachzudenken und gemeinsam auf ihn zu hören. Ich möchte Ihnen drei Tipps geben, wie Sie ungestörte Augenblicke finden können, um mitten im Familientrubel wieder zu mehr Klarheit zu gelangen.

Tun Sie es täglich. Allein die Tatsache, dass Sie dieses Andachtsbuch lesen, zeigt ja, dass Sie begriffen haben, wie wichtig es ist, wenigstens ein paar Minuten pro Tag zu investieren, um gemeinsam vor Gott zu kommen.

Tun Sie es wöchentlich. Seit Jahren erzähle ich Ehepaaren, dass der Sonntagabend für Barbara und mich reserviert ist. Dann essen wir zusammen in unserem netten kleinen Lieblingsrestaurant und besprechen das, was anliegt, Fragen, Probleme und Pläne. Wir erleben oft, wie Gott uns Antworten gibt, wenn wir über die Schulprobleme der Kinder, Disziplinprobleme, größere Anschaffungen und andere Themen unserer Ehe und Familie sprechen.

Tun Sie es zweimal im Jahr. Es muss nichts besonders Schickes sein, aber wir stellen fest, dass gemeinsame Kurzurlaube ohne Kinder dazu beitragen, den Kopf frei und unser Leben als Paar wieder in den Blick zu bekommen. Viele Ehepaare nutzen unsere Eheseminar-Wochenenden, um frischen Wind in ihre Beziehung zu bringen und den Alltagsmief ein bisschen auszuschütteln.

Die Ehe hat manchmal Ähnlichkeit mit der Situation von siamesischen Zwillingen – da sind zwei Menschen, die an der Hüfte zusammengewachsen sind, aber beide kämpfen darum zu bestimmen, in welche Richtung sie gehen. Inseln der Klarheit sind gute Orte für Sie beide, nicht nur, um Friedensverträge zu unterzeichnen, sondern auch, um den Kurs Ihres gemeinsamen Weges zu bestimmen und hin und wieder romantische Feuer zu entzünden.

Gesprächsimpuls

Sprechen Sie über Ihren Lieblingskurzurlaub zu zweit. Warum war es Ihr liebster? Planen Sie den nächsten.

Gebet

Bitten Sie Gott, Ihnen dabei zu helfen, immer wieder gemeinsame Zeiten als Ehepaar zu finden, um in diesen Zeiten gemeinsam auf seinen Willen zu hören und einfach zu zweit allein zu sein.

25. Juli

Im Wort verwurzelt?

Ich bin der wahre Weinstock, und mein Vater ist der Weinbauer.
Johannes 15,1

Vielleicht finden Sie es schockierend, wenn ich behaupte, dass sich meiner Überzeugung nach die meisten christlichen Ehen an weltlichen Maßstäben orientieren, mit ein paar wenigen christlichen Elementen darin. Viele Ehepaare kennen bestimmte Bibelverse, aber nur wenige legen das Wort Gottes als Maßstab für ihr Leben an.

Hier eine Testfrage: Könnten Sie mit einer Gruppe von Ehepaaren eine mehrstündige Bibelarbeit halten darüber, was die Bibel über Ehe und Familie sagt – von der Kindererziehung bis hin zu Gottes Plan und seine Ziele für die Ehe? Es gibt wahrscheinlich nur wenige „ganz normale" Christen, die es dabei mehr als auf ein paar Minuten und ein paar Bibelstellen bringen.

Doch die Tatsache, dass Sie gerade in diesem Buch lesen, ist ja ein Beweis dafür, dass Sie mehr über Gottes Wort erfahren und es auf Ihr Leben anwenden möchten. Wenn Sie Ihre Ehe so gestalten wollen, wie Gott es sich eigentlich gedacht hat, dann sollten Sie sich intensiv mit seinem Wort befassen und Gottes Wahrheit zur „Quelle" Ihres gemeinsamen Lebens machen.

Jesus hat das Bild vom Weinstock und den Reben benutzt und hat gesagt: „Bleibt mit mir vereint, dann werde auch ich mit euch vereint bleiben. Nur wenn ihr mit mir vereint bleibt, könnt ihr Frucht bringen, genauso wie eine Rebe nur Frucht bringen kann, wenn sie am Weinstock bleibt" (Johannes 15,4). Der Begriff „mit mir vereint bleiben" bedeutet hier, an Jesus als Lebensquelle angeschlossen zu sein, so wie die Reben ihr Leben vom Weinstock beziehen. Es bedeutet, Jesus Christus und sein Wort zur Quelle Ihrer Überzeugungen, Entscheidungen und des Auftrags Ihres Lebens zu machen. So wie die Reben sich vom Weinstock ernähren, so können auch wir nur dann geistlich wachsen, wenn wir fest mit Christus verbunden sind und unser Leben aus der Quelle aller Wahrheit beziehen.

Gesprächsimpuls

Sprechen Sie ehrlich über Ihre Werte, Überzeugungen und Ihren Auftrag. Wie sehr werden Sie geprägt, indem Sie in Jesus und seinem Wort bleiben? Wie können Sie einander helfen, noch mehr im Wort Gottes zu wohnen und zu Hause zu sein?

Gebet

Beten Sie füreinander um geistliches Wachstum als Ehepaar durch die feste Verbindung mit Jesus Christus.

26. Juli

Der Heilige Geist

Betrinkt euch nicht; denn zu viel Wein verführt zu einem liederlichen Lebenswandel. Lasst euch lieber vom Geist Gottes erfüllen!
Epheser 5,18

Als kleiner Junge habe ich mir den Heiligen Geist als ein Wesen wie *Casper, der nette Geist*, vorgestellt, der wie Rauch durch die Wände glitt. Und in noch einem Punkt lag ich falsch: Ich habe den Heiligen Geist damals immer als ein „Etwas“ betrachtet – als ob es sich um eine unpersönliche Maschine oder einen Alien handelt. Aber der Heilige Geist, auf den Jesus Bezug nimmt, ist ein lebendiges, aktives, personales Wesen mit dem Auftrag, Jesus Christus zu verherrlichen und außerdem unser Berater, Anwalt, Verteidiger, Lenker, Ermutiger und Leiter zu sein.

Wenn Sie an der Art Leben interessiert sind, das Jesus uns zugesagt hat, und wenn Sie sich eine Ehe wünschen, in der Sie beide geistlich wachsen – dann ist ein klares Verständnis des Heiligen Geistes von entscheidender Bedeutung. „Vom Geist erfüllt zu sein“ ist nicht etwa ein vager Vorschlag, sondern eine klare Anweisung der Bibel. Was Paulus da in dem Tagesvers von heute an die Epheser schreibt, bedeutet, dass wir in unserem Denken und Handeln ebenso vom Heiligen Geist bestimmt werden sollen, wie das Denken und Handeln eines betrunkenen Menschen vom Alkohol bestimmt wird.

Wenn wir uns zum Beispiel übereinander ärgern, dann bedeutet „mit dem Heiligen Geist erfüllt sein“, dass wir in der Lage sind, unsere Gereiztheit und Ungeduld zu beherrschen. Der Heilige Geist bewahrt uns davor, Dinge zu sagen, die wir später bereuen. Er bekämpft den Egoismus in uns, unterstellt unser Herz seiner Vollmacht und macht uns fähig, unseren Willen dem Willen Gottes unterzuordnen.

Natürlich lassen wir ihn nicht immer gewinnen, sondern viel zu oft geben wir ihm zu wenig Raum in uns. Aber jedes Mal, wenn wir uns seiner Kontrolle unterstellen, lässt er in uns die Eigenschaften reifen, die ihm gefallen und für unseren Ehepartner zum Segen werden. „Was unsere selbstsüchtige Natur will, führt zum Tod. Was der Geist Gottes will, führt zum Leben, zu Heil und Frieden“ (Römer 8,6).

Gesprächsimpuls

Was haben Sie über den Heiligen Geist erfahren? Wie viel von dem, was Sie im Laufe der Zeit über ihn erfahren haben, war ungenau?

Gebet

Bitten Sie Gott darum, dass er Sie immer wieder innerlich reinigt und dem Heiligen Geist reichlich Raum gibt.

27. Juli

Sei nicht verletzend

Wenn sie dagegen verheiratet ist, sorgt sie sich um die Dinge der Welt, nämlich wie sie ihrem Mann gefällt. 1. Korinther 7,34

Was passiert normalerweise, wenn Sie und Ihr Partner in Streit geraten? Wenn Sie so sind wie die meisten Ehepaare – jedenfalls gemäß der Forschungsergebnisse von Dr. John Gottman, emeritierter Professor an der *University of Washington* –, dann schimpft und zetert die Frau sechs Mal so viel wie der Mann und regt sich auf und macht viel Wirbel und Aufhebens von der Sache, während eine Wahrscheinlichkeit von 85 Prozent besteht, dass der Mann dichtmacht und nichts mehr an sich heranlässt.

Aber Emerson Eggerich hat unseren Radiohörern kürzlich erklärt, dass nicht nur die Menge dessen, was sie sagt, den Mann ins Schweigen und in die Ablehnung drängt, sondern auch die Art, *wie* die Frau redet.

Liebe Frauen, mir ist klar, dass, wenn Sie das lesen, dadurch lediglich Ihre Überzeugung bestätigt wird, dass Männer nur überempfindlich sind und der Wahrheit nicht ins Gesicht sehen wollen. Aber Emerson, der inzwischen seit über zwanzig Jahren als Paartherapeut tätig ist, macht folgenden Vorschlag: „Wenn Sie sich mit Ihrem Mann gestritten haben, dann gehen Sie ins Bad, schließen Sie die Tür hinter sich ab und sagen genau das, was Sie gerade Ihrem Mann gesagt haben, auch in demselben Tonfall noch einmal vor dem Spiegel. Beobachten Sie genau, wie Sie dabei aussehen. Gibt es irgendeinen Mann im Leben Ihres Mannes, der so mit ihm spricht? Gibt es überhaupt eine Person, die so mit ihm spricht?"

In der Regel können Sie schon dadurch verhindern, dass er dichtmacht, indem Sie einfach ein bisschen leiser reden, ein bisschen freundlicher gucken und darauf achten, dass Sie nicht mit dem Finger auf ihn zeigen. Ja, eigentlich können Sie den ganzen Tag mit ihm sprechen – auch mit viel leidenschaftlichem Gefühl –, wenn Sie es vermeiden, ihn zu beschimpfen, abzuweisen und seine Männlichkeit infrage zu stellen.

Es ist typisch für Männer, dass sie gut mit negativen Inhalten zurechtkommen, denn das ist ihr täglich Brot. Aber Männer haben Schwierigkeiten damit, wenn das mit voll aufgedrehter Lautstärke und Verachtung in der Stimme passiert. Der mangelnde Respekt sorgt dafür, dass die Botschaft nicht gehört wird.

Wenn das Ziel Verständigung ist, dann ist der Schlüssel zum Herzen Ihres Mannes Respekt, auch wenn Sie glauben, er hätte ihn nicht verdient.

Gesprächsimpuls

Kennen Sie dieses Verhaltensmuster auch aus Ihrer Ehe? Wann greifen Sie Ihren Partner verbal an? Was bringt Sie dazu, dichtzumachen?

Gebet

Bitten Sie Gott, Ihnen ein besseres Verständnis für respektvolle Kommunikation zu schenken.

28. Juli

Ich habe nur nachgedacht

Im Heiligtum schaue ich nach dir aus, um deine Macht und Herrlichkeit zu sehen. Psalm 63,2

Wo ist Ihr Platz zum Nachdenken? Vielleicht ist das ein bestimmter Sessel in einer ruhigen Ecke Ihres Hauses. Vielleicht ist es die Stille bei Sonnenaufgang auf der Veranda vor dem Haus oder nach der Abenddämmerung, wenn die Stille nur vom Zirpen der Grillen unterbrochen wird. Vielleicht ist es ein nahe gelegener Fluss oder eine schöne Strecke zum Spazierengehen oder Joggen. Vielleicht ist es eine Werkstatt oder ein gemütliches Café.

Aber vielleicht auch nirgendwo, weil Sie gar keinen Platz haben, wo Sie in Ruhe nachdenken können.

Wenn ich von der Arbeit nach Hause komme oder wenn Barbara von ihren vielen Besorgungen wiederkommt, fassen wir uns nach dem Abendessen an den Händen, stehlen uns aus dem Haus und gehen spazieren (mit sechs Kindern muss man sich manchmal „hinausstehlen". Wir haben das damals, als die Kinder noch klein waren, oft gemacht, und sie wussten immer, wo wir zu finden waren!).

Dann schlendern wir zwischen den Beeten in unserem Garten umher und sehen uns an, was gerade blüht. Der Garten ist nicht sehr gepflegt – ständig muss eigentlich irgendwo gejätet, gemäht oder sonst irgendwie Hand angelegt werden. Ein Problem mit unserem Ort zum Nachdenken ist deshalb, dass wir dort oft darüber nachdenken, was alles zu tun ist und wie wir es schaffen sollen, einen gepflegten Garten zu bekommen.

Doch was viel wichtiger ist: Diese Gartenzeiten sind unsere Momente, in denen wir uns ganz von den Bedürfnissen anderer Personen abschotten. Sie wissen schon – Telefon, E-Mails und all die anderen Unterbrechungen. Wir können uns austauschen über das, worüber wir nachgedacht haben. Wir können uns gemeinsam über eine schöne Erinnerung freuen. Manchmal bleiben wir auch stehen und beten, oder wir gehen einfach so nebeneinander her und freuen uns darüber, dass wir wieder zusammen sind.

Warum verdorren so viele Ehen unter dem Druck des Alltags? Ein wichtiger Grund dafür ist das Fehlen regelmäßiger Momente und Plätze, wo die Partner bewusst still werden, beten, sich einander mitteilen und wieder klarer sehen. Es liegt wohl daran, dass wir ständig beschäftigt sind, planen und unterwegs sind, aber nie innehalten ... und zuhören ... und wieder auftanken ... und nachdenken. Gemeinsam.

Gesprächsimpuls

Wenn Sie keinen „Platz zum Nachdenken“ haben, wo könnten Sie ihn einrichten? Wie könnten Sie es zu einer guten Angewohnheit machen, dorthin zu gehen?

Gebet

Bitten Sie Gott, Ihnen zu zeigen, wie gut es tut, vor ihm still zu werden.

29. Juli

Ich schütze dich

Ich sage dir noch einmal: Sei mutig und entschlossen! Hab keine Angst und lass dich durch nichts erschrecken; denn ich, der Herr, dein Gott, bin bei dir, wohin du auch gehst! Josua 1,9

Als unsere Tochter Rebecca in ihrem ersten Jahr auf der Highschool war, kam sie eines Tages mit einer ungewöhnlich unglücklichen Miene nach Hause. Irgendein Junge hatte eine hässliche Bemerkung über ihre Figur gemacht (oder besser gesagt, über das Fehlen einer solchen).

„Wie heißt denn der Junge?“, fragte ich, und sie nannte mir seinen Namen. „Hast du seine Telefonnummer?“, fügte ich hinzu. „Das klingt ja ganz so, als sollten wir mal einen kleinen Plausch von Mann zu Mann halten.“

Der Vater des Jungen war am Apparat, also sagte ich ihm, ich wolle gern seinen Sohn sprechen. Ich erklärte, er habe einige abfällige Bemerkungen über meine Tochter gemacht, und ich wollte ihm sagen, dass solche Bemerkungen absolut unpassend seien.

„Okay, hier ist er.“ (Ich konnte mir genau den Blick des jungen Mannes vorstellen, als er den Hörer nahm.) „Ja, hallo?", sagte er mit der typisch monoton-gelangweilten Teenagerstimme.

„Hallo, hier ist Mr Rainey, Rebeccas Vater. Sie ist heute von der Schule nach Hause gekommen und hat erzählt, dass du abfällige Bemerkungen über ihr Aussehen gemacht hast, und ich wollte dir nur sagen, dass ich dagegen etwas habe. So geht man nicht mit einer jungen Dame um, und ich möchte, dass du ihre Würde achtest und deshalb aufhörst, Bemerkungen über ihr Äußeres zu machen. Verstanden?"

Das war's schon. Es dauerte gar nicht lange. Ich erinnere mich, dass es schon ein bisschen Mut erforderte, wirklich dort anzurufen, aber ich erinnere mich noch wie heute, wie Rebecca dastand und strahlte. Und obwohl ich gern glauben würde, dass mein Anruf eine Ansage für den jungen Mann war, weiß ich, dass es eigentlich eine Ansage für meine Tochter war.

Sie konnte daran sehen, wie ein Mann eine Frau beschützen sollte und wie ein Vater seine kleine Tochter beschützen soll.

Wie sollen sie das denn erfahren, wenn sie nicht mitbekommen, dass wir es wirklich tun?

Gesprächsimpuls

Finden Sie, dass ich mich richtig verhalten habe? Nennen Sie Situationen, in denen Sie als Eltern eingreifen, stark sein und Ihre Kinder schützen müssen.

Gebet

Bitten Sie Gott um Weisheit und Aufmerksamkeit für das, was im Leben und im Innern Ihrer Kinder vor sich geht.

30. Juli

Glaube ohne Wurzeln

Und ich sollte schweigen zu all diesem Unrecht?
Hältst du mich etwa für deinesgleichen? Psalm 50,21

Ein christlicher Leiter erzählte mir kürzlich von einem Kurzflug mit einer kleinen Pendlermaschine in der Nähe von Nashville. Kurz nachdem er seinen Platz in der kleinen Maschine eingenommen hatte, war über den Bordlautsprecher die Stimme des Kopiloten zu hören: „Wenn gleich der Pilot ins Cockpit steigt, dann applaudieren Sie ihm bitte kräftig, denn er hat gerade erfahren, dass seine Verlobte Zwillinge erwartet.“ Als der Pilot erschien, setzte stürmischer Applaus ein. Mein Freund saß da und dachte nur: *Ich glaube es einfach nicht. Wir applaudieren für etwas Unmoralisches.*

Und das geschieht in einem Land, in dem zuverlässigen Untersuchungen zufolge beinahe 85 Prozent der Befragten angeben, irgendeine Form religiöser Überzeugung zu haben, und 90 Prozent glauben, dass es einen Gott gibt. Aber es ist auch ein Land, in dem eine große Mehrheit ihren Glauben nach ihrem persönlichen Gutdünken gestaltet, ohne die Notwendigkeit zu sehen, sich einer Autorität zu unterstellen oder Rechenschaft über das eigene Verhalten ablegen zu müssen. Im Wesentlichen bedeutet das: Jeder tut, was in seinen Augen richtig ist (siehe Richter 17,6).

Wir sind eine Nation geworden, die aus sehr kleinen Menschen besteht, die Gott spielen.

Eine Folge dieser Entwicklung ist, dass viele Menschen den Glauben wie eine Art Hobby betreiben – als eine Art spirituelles Buffet, von dem sie sich nehmen, was ihnen schmeckt, und zwar dann, wann es ihnen gefällt. Ein kleines bisschen Wahrheit hier, ein bisschen Wahrheit dort, aber niemals zu viel Wahrheit. Jemand sagte: „Gott schuf den Menschen nach seinem Bilde, und dann revanchierte der Mensch sich, indem er dasselbe tat.“

Es ist für uns Christen an der Zeit, vor der eigenen Tür zu kehren. Wir müssen die biblischen Wahrheiten nicht nur zum Maßstab unseres Glaubens, sondern auch unseres *Verhaltens* machen, und zwar sowohl für uns persönlich als auch in unserer Familie. Und dann müssen wir sogar noch einen Schritt weiter gehen und die Menschen um uns herum mit der guten Nachricht von Jesus Christus bekannt machen und diejenigen, die ihn schon kennen, dazu ermuntern, seine Leben spendende Botschaft zu verinnerlichen, umzusetzen und zu verkünden.

Die Zukunft unserer Familien und des ganzen Landes hängt davon ab.

Gesprächsimpuls

Versuchen Sie, einen praktischen Schritt zu überlegen, den Sie tun könnten, um in Ihrem Umfeld eine Atmosphäre zu schaffen, die offen ist für die Botschaft von Jesus Christus. Worin könnte Ihre geistliche Berufung bestehen?

Gebet

Demütigen Sie sich vor Gott und bitten Sie ihn um geistliche Erneuerung Ihrer Familie und unseres Landes.

31. Juli

Gebet rund um die Welt

Das Erste und Wichtigste, wozu ich die Gemeinde aufrufe, ist das Gebet, und zwar für alle Menschen. Bringt Bitten und Fürbitten und Dank für sie alle vor Gott! 1. Timotheus 2,1

Im November 1970, auf dem Höhepunkt des Vietnam-Konfliktes, starteten zwei College-Studenten eine Kampagne, um das öffentliche Bewusstsein für im Krieg vermisste und in Gefangenschaft geratene Soldaten zu schärfen. Sie ließen billige Metallarmbänder herstellen, die jeweils den Namen eines Soldaten und das Datum seiner Gefangennahme trugen. Diese Armbänder wurden im ganzen Land verteilt, um die Menschen an das Schicksal dieser Soldaten zu erinnern.

Sharon Denney, Angestellte an einem College und zuständig für die Beratung von Studienplatzbewerbern, ist heute um die vierzig. Sie erinnert sich, wie sie Anfang der Siebzigerjahre für 2,50 Dollar ein solches Armband erstand. Auf dem Armband, das sie bekam, war der Name von Oberleutnant Ralph Galati eingraviert, dessen Maschine in Nordvietnam abgeschossen worden war. Galati durchlitt ein Jahr voller Folter und Entbehrungen, unter anderem über zwei Monate Einzelhaft.

Doch zu Hause in Amerika, in ihrer Heimatstadt Morrow, im Bundesstaat Georgia, betete die junge Sharon Denney für Galati. Sie betete für seine Sicherheit und Freilassung oder Befreiung.

Jahre später stieß Sharon beim Aufräumen von Sachen in ihrem Elternhaus auf jenes Armband. Sie recherchierte im Internet und erfuhr nicht nur, dass Galati im März 1973 freigelassen worden war, sondern konnte sogar seine Telefonnummer ausfindig machen. Als es ihr dann auch noch gelang, Kontakt mit Galati aufzunehmen, erzählte ihr der ehemalige Kriegsgefangene, dass sie eine von über hundert Personen sei, die sich im Laufe der Jahre bei ihm gemeldet hätten – Männer und Frauen, Jungen und Mädchen, die sein Armband getragen, an sein Leiden gedacht und für ihn gebetet hätten. Sie hatten für „ihren“ gefangenen Soldaten gebetet und gebetet und gebetet.

Das Gebet kennt keine zeitliche oder räumliche Begrenzung, auch keine Einschränkungen durch Alter oder Entfernung. Das Gebet ist schlicht und einfach unsere Verbindung zum Herzen Gottes und zum Leben der Menschen rund um die ganze Welt. Unterschätzen Sie niemals, was Gebet kurz- oder langfristig bewirken kann. Geben Sie nicht auf. Beten Sie weiter.

Gesprächsimpuls

Warum beten wir als Einzelne und als Ehepaar nicht mehr? Für wen haben Sie vergessen zu beten?

Gebet

Bringen Sie abwechselnd Ihr Gebet für Menschen vor Gott, die zurzeit Schweres durchmachen.

1. August

Garten- und Kinderpflege

von Barbara Rainey

Wir wollen nicht müde werden zu tun, was gut und recht ist. Denn wenn die Zeit da ist, werden wir auch die Ernte einbringen; wir dürfen nur nicht aufgeben. Galater 6,9

Ich liebe gepflegte Gärten. Ich mag es einfach, wenn alles sauber und aufgeräumt und ordentlich ist, wenn die Erde geharkt und die Beete gejätet sind. Ich weiß aber auch nur zu gut, dass ich dafür jeden Samstagmorgen wieder schwer arbeiten muss, und zwar Frühling, Sommer und Herbst. Kaum habe ich mich einmal ein, zwei Wochen nicht so recht um den Garten gekümmert, ist alles Unkraut wieder da.

Mit der Erziehung ist es ganz ähnlich. Gerade wenn man meint, ein Gebiet gemeistert zu haben, wacht man am nächsten Morgen auf und wird mit einem ganz neuen Problem konfrontiert. Wir vergessen so leicht, dass Erziehung ein Prozess ist, und zwar ein sehr, sehr langer Prozess.

Manchmal legt man sich abends schlafen, erfreut sich an den kleinen Siegen, die man errungen hat, und ist mit sich und seiner Welt im Reinen. Aber schon bald taucht ein neues Problem auf. Wenn die Säuglingsprobleme überstanden sind, kommen die Kleinkindprobleme. Aus Kleinkindproblemen werden Schulkindprobleme – das ungemachte Bett, die Hausaufgaben, Kinder, die nicht kommen, wenn man sie zum Essen ruft. Danach geht es weiter mit den Herausforderungen der Pubertät – das Auf und Ab der Gefühle, die Wut, die Wörter, die sie in der Schule (und in der Gemeinde!) aufschnappen.

Vergessen Sie nicht, *dass Charakterbildung das wichtigste Ziel in der Erziehung ist.* Das Herz eines Kindes durch das Bild Gottes zu prägen, erfordert Zeit und immer wieder neue Bemühungen, und oft müssen immer wieder dieselben Dinge bearbeitet werden, um dafür zu sorgen, dass aus schlechtem Verhalten nicht schlechte Gewohnheiten werden.

Ich möchte Ihnen heute Mut machen, nicht aufzugeben. Verlieren Sie nicht den Mut. Die Bibel verspricht denjenigen, die durchhalten – an langen Tagen mit langen Kämpfen, die manchmal selbst beim Zubettgehen noch nicht zu Ende sind –, eine große Belohnung. Ich versichere Ihnen, dass all das Jäten sich auszahlen wird!

Gesprächsimpuls

Nennen Sie die wichtigsten Probleme bei der Erziehung Ihrer Kinder. Sprechen Sie über ein gerade anstehendes Problem.

Gebet

Danken Sie Gott für die Weisheit, die Kraft und die Fähigkeiten, die er Ihnen Tag für Tag schenkt, und seien Sie ganz sicher, dass er uns alles zur Verfügung stellt, was wir brauchen, und dass wir uns auf seine Verheißungen verlassen können. Beten Sie in der Zeit, in der Sie Kinder erziehen, ständig füreinander.

2. August

Das Innere des Baseballs

Siehe, du hast Lust an der Wahrheit im Innern. Psalm 51,6

Im Eifer von Erziehungsmaßnahmen an unseren Kindern verlieren wir ja manchmal leicht aus dem Blick, weshalb wir sie überhaupt zurechtweisen oder manchmal sogar auch bestrafen. Es geht ja nicht nur darum, ihnen beizubringen, ihre Kleider vom Boden aufzusammeln, zu essen, was auf den Tisch kommt, oder ihre Geschwister nicht zu schlagen. Letztlich geht es doch bei unseren Erziehungsmaßnahmen in erster Linie darum, ihren Charakter zu formen, damit sie lernen, wie sie auf die Herausforderungen reagieren, vor die das Leben sie stellt.

Der Kern eines Baseballs besteht aus hartem Gummi. Stellen Sie sich vor, er wäre aus Marshmellow. Was würde passieren, wenn so ein Ball ein paar Mal hart vom Schlagholz getroffen würde? Richtig, er würde platzen und eine richtige Schweinerei verursachen.

Auf das Innere kommt es an, auf den Charakter, den Sie bei Ihrem Kind bilden. Wenn sie ihr Leben selbst meistern müssen, mit allen Fragen oder Entscheidungen des Lebens selbst konfrontiert sind, dann wird es ihr Charakter sein, der dafür sorgt, dass sie bestehen können.

Barbara und ich definieren Charakter als „Ver-antwort-ung-sgefühl" – in dem Wort ist ja das Wort antworten enthalten –, es geht also um unsere Fähigkeit, Entscheidungen zu treffen als Antwort auf Autorität und die Lebensumstände. Von dem Augenblick an, in dem das Kind der Wiege entwachsen ist, geht es ja bei der Arbeit von uns Eltern um nichts anderes, als aus Lebenssituationen Lernsituationen zu machen und dafür zu sorgen, dass ihr „Ver-antwort-ung-sgefühl" sich täglich weiterentwickelt, ihnen zu vermitteln, wie sie auf Sie, andere, das Leben und Gott antworten bzw. reagieren.

Sie werden in der kommendem Zeit sicher reichlich Gelegenheit haben, auf das Verhalten Ihrer Kinder entweder überzureagieren oder aber an die Wurzeln ihrer Entwicklung zu gehen – sich entweder mit Äußerlichkeiten aufzuhalten oder aber ihre Herzen zu schulen. Vergessen Sie nicht – es geht hier um charakterliche Entwicklung. Denken Sie daran: Nur wer innerlich stark wird – was besonders dadurch geschieht, dass der Charakter durch die verbindliche Orientierung am Wort gestärkt wird –, ist in der Lage, die Herausforderungen zu bewältigen, mit denen er im Leben konfrontiert wird.

Gesprächsimpuls

Eine der größten Herausforderungen für Eltern ist die Charakterbildung ihrer Kinder inmitten des Trubels und der Geschäftigkeit des Familienalltags, in dem eine Vielzahl verschiedener Bedürfnisse vorhanden ist. Sprechen Sie darüber, wie Sie natürliche Gelegenheiten nutzen können, um Ihren Kindern zu vermitteln, wie sie darauf „antworten" sollen.

Gebet

Bitten Sie Gott um die Fähigkeit zu erkennen, welche Probleme angegangen werden müssen und welche Probleme Sie loslassen sollten.

3. August

Mogeln

Die Worte mancher Leute sind wie Messerstiche;
die Worte weiser Menschen bringen Heilung. Sprüche 12,18

Stu Weber, Pastor einer Kirche in Portland, Oregon, und Autor u. a. des Bestsellers *Tender Warrior: God's Intention for a Man* (Zärtlicher Krieger – Gottes Plan mit dem Mann), erinnert sich an einen Abend vor vielen Jahren, als er als Siebenjähriger mit seinen Großeltern Parcheesi spielte (das ist ein Brettspiel, das fast völlig in Vergessenheit geraten ist).

An dem besagten Abend nun wollte Stu auf gar keinen Fall gegen seine Großmutter verlieren, aber als er merkte, dass es für seine Großmutter sehr gut aussah, betrachtete er das Spiel, suchte nach Möglichkeiten und kam schließlich nur auf eine, die ihm noch irgendwie würde zum Sieg verhelfen können.

Mogeln.

Nun hat ja nicht jeder ein Pokergesicht, um das auch so durchzuziehen. Stu gehörte jedenfalls nicht dazu. Und nicht jeder hat Eltern oder Großeltern, die mutig genug sind, den Charakter ernst zu nehmen – so ernst, dass sie jede sich bietende Möglichkeit beim Schopfe packen, um zur Bildung desselben beizutragen.

Stu erinnert sich noch, wie sein Großvater – der genau sah, was vor sich ging – ihn über seine Brillengläser hinweg ansah und sagte: „Junge, du bist ein Weber, und die Webers lügen, mogeln und stehlen nicht." Sein Großvater war ein weiser Mann, der seinen Enkel nicht nur dazu aufforderte, sich an das zu halten, was in der Bibel steht, sondern er wollte Stu auch klarmachen, dass er zu einer Familie von Menschen mit Charakter gehörte.

In seinem späteren Leben – als Soldat, als Vater, als Pastor – wurde Stu noch oft mit Situationen konfrontiert, in denen er sich durch Mogeln einen Vorteil hätte verschaffen können. Aber die Worte seines Großvaters klangen immer noch in ihm nach: „Junge, du bist ein Weber, und die Webers lügen, mogeln und stehlen nicht."

Das Vermächtnis einer Familie hat großen Einfluss. Ihre Kinder (oder Enkel) brauchen solche Worte von Ihnen, an die sie sich erinnern können.

Gesprächsimpuls

Denken Sie an eine Gelegenheit, bei der Sie kürzlich Ihren Kindern vermitteln konnten, was es bedeutet, Charakter zu haben. Wie ist Ihnen das gelungen?

Gebet

Beten Sie darum, dass das, was Sie Ihren Kindern oder Enkeln vermitteln, oder die Stellen, an denen Sie ihnen Bestätigung geben, ihnen noch lange in Erinnerung bleiben.

4. August

Lügen

Herr, wer darf in deinem Zelt weilen? Wer darf wohnen auf deinem heiligen Berg? Der rechtschaffen wandelt und Gerechtigkeit übt und Wahrheit redet in seinem Herzen. Psalm 15,1–2

Im Umgang mit unseren kleineren Kindern vergessen wir manchmal, wogegen wir vorgehen müssen: gegen Täuschung, die ein natürlicher Teil des kindlichen Wesens ist.

Es ist interessant, dass es bei den sieben Dingen, die Gott verabscheut (siehe Sprüche 6,16–19), bei zweien um Täuschung geht: „eine lügnerische Zunge“ (Vers 17) und „einen Zeugen, der nicht die Wahrheit sagt“ (Vers 19). Täuschung kann man in zwei große Bereiche aufteilen:

1. *Lügen.* Jedes unserer Kinder hat uns angelogen. Manche haben uns sogar in Bezug aufs Lügen angelogen. Wenn Kinder versucht sind, die Wahrheit falsch darzustellen, müssen wir sie korrigieren. Egal, wie sehr sie sich wehren und protestieren, sie müssen so gelenkt werden, dass sie ihre Lüge eingestehen, und ihre Lüge muss immer auch eine spürbare negative Konsequenz für sie haben.
2. *Gewohnheitslügen.* Hier wird ständig die Wahrheit verzerrt und zurechtgebogen und manipuliert, sodass Eltern irgendwann mutlos werden und nur noch erschöpft sind. Mit dem süßesten Gesicht werden da Unwahrheiten serviert, dass sich die Balken biegen. Eine Möglichkeit, ein solches Kind zu erreichen, besteht darin, ihm von eigenen Erfahrungen mit Unaufrichtigkeit zu erzählen, besonders über die immer negativen Folgen. Machen Sie Ihrem Kind klar, dass jedermann zu dieser Sünde fähig ist – auch Sie selbst –, aber dass man nicht vor den schlimmen Folgen davonlaufen kann, die man dadurch immer anrichtet. Es ist wichtig, dass ein Kind die Konsequenzen seiner Lügen und Unaufrichtigkeit allein ausbaden muss. Sie dürfen ihm diese Folgen auf gar keinen Fall ersparen, weil Sie es verschonen wollen.

Täuschung ist eine natürliche Reaktion, die schon sehr früh im Leben einsetzt. Rechnen Sie auch bei Ihren Kindern damit. Machen Sie ihnen klar, was darüber in der Bibel steht, klären Sie sie über die schlimmen Folgen auf und auch darüber, mit wem sie es dabei letztlich zu tun haben.

Gesprächsimpuls

Wann haben Sie sich durch Täuschung, Unaufrichtigkeit oder Lügen schon einmal die Finger verbrannt? Wie wollen Sie damit umgehen, wenn Sie Ihre Kinder beim Lügen ertappen?

Gebet

Beten Sie, dass Sie Ihren Kindern in Sachen Ehrlichkeit ein Vorbild sind.

5. August

Das Spiel ist aus

Alles aber, was bloßgestellt wird, das wird durchs Licht offenbar.
Epheser 5,13

Als unser Sohn Samuel ungefähr vierzehn Jahre alt war, war er ein erstklassiger Tennisspieler, bis man eine seltene Nervenerkrankung bei ihm feststellte. Hin und wieder hatte er Wutanfälle, die in erster Linie gegen sich selbst gerichtet waren. Ich habe ihn immer wieder gewarnt und ihm gesagt, er müsse sich damit auseinandersetzen. Und obwohl er in regelmäßigen Abständen testete, wie weit er gehen konnte, bekam er sich immer wieder in den Griff, bevor wir drastischere Maßnahmen ergreifen mussten.

Bis zu einem Tennisturnier. Samuel hatte einen komfortablen Vorsprung vor seinem Gegner, aber dann bekam er ein paar ziemlich einfache Bälle nicht, die er eigentlich hätte erreichen können. Schon bald begann er, mit seinem Schläger in die Luft zu schlagen.

Ich versuchte Blickkontakt herzustellen und ihn streng anzusehen.

Kurz darauf schlug er vor Wut absichtlich einen Ball in den Absperrungszaun.

Ich stand auf.

Und als Nächstes schlug er wütend mit seinem Schläger gegen den besagten Zaun.

Und das war's. Ich ging auf den Platz und erklärte: „Das Spiel ist aus. Mein Sohn hat wegen Unsportlichkeit verloren."

Das war wirklich ein schwieriger Moment. Man hätte eine Stecknadel fallen hören können. Samuels absolut geschockten Gesichtsausdruck werde ich wohl nie vergessen. Aber das spielte keine Rolle. Es war Zeit für Charakterbildung! Und trotz der wütenden Blicke von Samuel und den Zuschauern war ich fest entschlossen, hier einen Punkt zu setzen. Und Sie können mir glauben, dass ich das auch getan habe!

Es wird ganz sicher Zeiten geben – vielleicht erleben Sie sie ja schon –, da müssen unsere Kinder einfach in Verblüffung versetzt werden durch den Preis, den sie für ein bestimmtes Fehlverhalten zahlen müssen. Sie müssen wissen, dass das Spiel, das sie spielen, nicht das eigentliche Ziel ist, sondern eine Möglichkeit zur Charakterbildung. Das Spiel zu gewinnen, aber im Leben zu verlieren kann nicht das Ziel sein.

Gesprächsimpuls

Was ist wichtig: das Spiel oder das Leben? Welches Fehlverhalten Ihrer Kinder könnte Sie dazu veranlassen, in aller Öffentlichkeit eine Korrektur vorzunehmen?

Gebet

Bitten Sie Gott um den Mut, das zu tun, was nötig ist, um zur Charakterbildung Ihrer Kinder beizutragen.

6. August

Mundwächter

Wer redlich ist, dessen Mund ist eine Quelle des Lebens.
Sprüche 10,11

Es ist nicht oft vorgekommen. Ich kann mich nur an ein paar ganz wenige Situationen erinnern, in denen ich es gehört habe, aber ich versichere Ihnen, dass die seltenen Momente, in denen mein Vater ein Schimpfwort losließ, einen tiefen Eindruck auf mich machten. Ich war geschockt und überrascht.

Er war ein Mann, der nicht viele Worte machte, und schon gar nicht Schimpfworte oder Respektlosigkeiten. Ich glaube nicht, dass ich ihn öfter als zehn Mal habe fluchen hören – in meinem ganzen Leben wohlgemerkt. Und in den gesamten 46 Ehejahren mit meiner Mutter hat er sie – jedenfalls soweit ich mich erinnern kann – nicht ein einziges Mal angefahren oder ist ihr gegenüber laut geworden.

Ich garantiere Ihnen, Ihre Kinder beobachten Sie, und sie hören Ihnen zu.

Wenn Sie die Hoffnung haben, die ungezügelten Zungen in Ihrer Familie in den Griff zu bekommen, dann müssen Sie bei sich selbst anfangen und auf Ihre eigenen Worte achten. Die Art, wie Sie als Ehepartner miteinander und mit Ihren Kindern reden, setzt den Maßstab. Wenn Sie respektvoll miteinander reden und umgehen, dann können Sie logischerweise von Ihren Kindern dasselbe erwarten.

Welche Grenzen setzen Sie in dieser Hinsicht in Ihrer Familie? Fluchen ist natürlich eindeutig falsch, aber wie ist es mit Slangwörtern, die manchmal grenzwertig sind? Was ist mit anderen Giften, die durch den Mund und die Zunge versprüht werden, Dinge wie Klatsch und Tratsch hinter dem Rücken von Leuten oder Kritiksucht?

Bekommen Ihre Kinder mit, dass Sie negativ über Nachbarn oder Arbeitskollegen reden? Welche Kommentare von Ihnen hören sie über Ihren Chef, den Pastor oder verantwortliche Politiker? Was sagen Sie, wenn Ihnen jemand beim Autofahren die Vorfahrt nimmt oder Müll in Ihren Vorgarten wirft? Halten Sie sich an Gottes Gebot, Ihre Eltern zu ehren, oder stöhnen Sie darüber, was für eine Last die Alten Ihnen sind?

Vergessen Sie nicht, dass gegenseitiger Respekt die Grundlage für intakte Beziehungen ist. Die Art und Weise, wie wir als Eheleute miteinander umgehen, ist für unsere Kinder das beste Vorbild, an dem sie lernen sollen, wie man seine Zunge positiv einsetzen kann.

Gesprächsimpuls

Wie würden Ihre Kinder Ihren Wortschatz und die Art und Weise, wie Sie miteinander reden, beschreiben?

Gebet

Beten Sie, dass das, was Sie denken und sagen, Gott gefällt.

7. August

Den Himmel im Blick

Freuen dürfen sich alle, die im Herzen rein sind –
sie werden Gott sehen. Matthäus 5,8

Als Junge habe ich mir den Himmel immer total langweilig vorgestellt. Es gab so vieles, was ich hier auf der Erde noch erleben wollte – Reisen und Abenteuer. Der Gedanke, eine Ewigkeit nur herumzusitzen und Harfe zu spielen, reizte mich absolut nicht.

Damals hatte ich noch eine ziemlich kindliche Vorstellung vom Himmel. In den letzten Jahren beende ich Briefe und E-Mails immer häufiger so:

Gott ist gut.
Das Leben ist eine Herausforderung.
Der Himmel wird mit der Zeit immer ein bisschen attraktiver.
Dennis

Beim Bibellesen ist mir klar geworden, dass der Himmel weitaus besser ist als alles, was diese Welt zu bieten hat. Ich glaube, das Leben ist ein langer

Prozess, im Laufe dessen uns Gott von dieser Welt und ihren Freuden entwöhnt und uns zeigt, dass das, wonach wir uns wirklich sehnen, hier auf dieser Erde nicht zu finden ist.

Sehnen Sie sich nach dem Himmel? An Tagen, an denen Sie sich nach dem Himmel sehnen, liegt es dann daran, dass Sie erschöpft sind und sich darauf freuen, im Himmel endlich ausruhen zu können? Oder liegt es daran, dass Sie ausgelaugt sind von den Lasten Ihres Lebens und sich danach sehnen, frei zu sein? Oder liegt es daran, dass Sie kein Glück mehr empfinden und sich nach einem Ort sehnen, wo Frieden und Freude herrschen?

Ich glaube, es ist nichts falsch daran, sich nach einem echten Heiligtum zu sehnen, nach einem Zuhause im Himmel, wo alle Tränen abgewischt werden, wo „es keinen Tod mehr gibt und keine Traurigkeit, keine Klage und keine Quälerei mehr“ (Offenbarung 21,4). Doch die wahre Freude des Himmels ist nicht einfach die Befreiung vom Schmerz. Die wahre Freude besteht darin, unseren Herrn und Heiland, Jesus Christus, von Angesicht zu Angesicht zu sehen. Martin Lloyd-Jones hat folgende Frage gestellt: „In der Gegenwart Gottes zu sein, ihn zu betrachten, immer wieder ... Ist das der Himmel für uns? Ist es das, was wir uns mehr als alles andere wünschen?“

Wenn Sie sich nach dem Himmel sehnen, dann sehnen Sie sich nach IHM.

Gesprächsimpuls

Wie sehr sehnen Sie sich nach dem Himmel? Oder sehnen Sie sich nach etwas anderem? Woran liegt es, dass Sie sich nicht nach dem Himmel sehnen?

Gebet

Beten Sie dafür, Jesus heute besser zu erkennen, und hängen Sie Ihr Herz an die „himmlischen Dinge“ statt an diese Welt.

8. August

Hausordnung

Eine Familie muss zerfallen, wenn ihre Glieder miteinander im Streit liegen. Markus 3,25

Mia war seit zwanzig Jahren verheiratet und hatte vier Kinder im Teenageralter, als sie uns Folgendes schrieb:

Mein Mann und ich haben ein Haus gekauft, das ich wirklich absolut hasse – ein dreißig Jahre altes Blockhaus, das fast zusammenbricht. Wir wohnen jetzt seit drei Jahren darin, und mit jedem neuen Tag hasse ich es mehr. Mein Mann arbeitet, so lange wir jetzt hier wohnen, tagein, tagaus an dem Haus.

Und das „Projekt" zehrte auch an ihren Finanzen:

Wir hatten zwar das Geld, um das Haus zu kaufen, aber dann keines mehr für die Renovierung.

Ihr Brief endete folgendermaßen:

Ich habe zu meinem Mann ganz offen gesagt, dass ich ihm gegenüber verbittert bin, weil uns dieses Haus so viel genommen hat. Ich würde es gern verkaufen, aber mein Mann würde eher mich gehen lassen, als das Haus zu verkaufen.

Und worin besteht hier das eigentliche Problem? Es gibt mehrere, aber das Hauptproblem besteht darin, dass dieser Mann und seine Frau nicht dieselben Werte vertreten. Sie sprechen offenbar nicht über die Wünsche und Prioritäten in ihrem Leben. Worauf es dem einen ankommt, ist dem anderen völlig egal. Wahrscheinlich haben sie sich nie zusammengesetzt, um ihre Grundüberzeugungen in Bezug auf Geld, Familie, Glauben und andere wichtige Themen zu definieren.

Bevor Ihnen so etwas passiert oder Sie vielleicht schon mehr oder weniger in einer vergleichbaren Situation stecken, sehen Sie sich gegenseitig in die Augen und versprechen Sie sich etwas. Sie werden das, was wirklich wichtig ist, wo es wirklich um etwas geht – und zwar für Sie beide –, immer gemeinsam entscheiden. Und Sie gehen die Zukunft gemeinsam auf der Grundlage Ihrer gemeinsamen Werte an, wobei Sie im Laufe des Prozesses die Vorlieben des anderen respektieren.

Gesprächsimpuls

Machen Sie eine Liste der zehn Dinge, die für Sie am wichtigsten sind. Dann vergleichen Sie Ihre Listen. Wenn Sie damit fertig sind, arbeiten Sie die fünf wichtigsten Grundwerte für Ihre Familie heraus.

Gebet

Bitten Sie Gott um Einigkeit in Ihrer Ehe und dass Sie innerlich wissen, was Sie einsetzen können (und vielleicht auch müssen), um dieses Einssein aufrechtzuerhalten.

9. August

Fünfzig Jahre Treue

Denn stark wie der Tod ist die Liebe. Hohelied 8,6

Nur zehn Monate nach ihrer Hochzeit wurde an einem ansonsten ruhigen Sonntagmorgen im Juli der Wagen des jungen Ehepaares auf dem Weg zur Kirche von einem Krankenwagen gerammt, der über eine Kreuzung raste. Der Fahrer des Wagens, R. L. Alford, erlitt nur leichte Verletzungen, aber seine Frau Hilda wurde aus dem Wagen geschleudert und erlitt eine schwere Kopfverletzung, die nicht nur zu einer Querschnittslähmung führte, sondern Hilda war auch blind und konnte nicht mehr sprechen.

Das war vor fünfzig Jahren. Fünfzig Jahre, in denen die Kommunikation mit seiner Frau aus nicht viel mehr als Kopfnicken besteht. Fünfzig Jahre Rollstuhlschieben oder (wie er es bevorzugt) sie tragen. Fünfzig Jahre Bettpfannen leeren und die Frau waschen. Seit einigen Jahren hat er auch gelernt, sie über eine Magensonde mit Nahrung zu versorgen, und einen Katheder legen kann er auch.

Ganz nebenbei hat R. L.'s Art der ehelichen Loyalität unerwartete Aufmerksamkeit erregt („unverdient", wie er sagt). Als ein langjähriger Freund der Familie Mitte der Achtzigerjahre eine Sternfahrt organisierte, um Spenden für ein neues, behindertengerechtes Haus für die Alfords zu sammeln, bekam er Hilfe von so prominenten Persönlichkeiten wie dem Gouverneur von Florida, Bob Martinez, der nicht nur einen nagelneuen Kühlschrank für das Haus stiftete, sondern auch einen ganzen Tag auf der Baustelle half. Präsident Ronald Reagan schickte einen Scheck über 500 $ und später noch einen weiteren über 1000 $.

„Als R. L. vor dem Traualtar gesagt hat: ‚In guten wie in schlechten Tagen'", sagte ein Nachbar, „da hat er das mit tiefer Überzeugung getan. Medizinisch gesehen ist es ein Wunder, dass Hilda immer noch lebt. Und es liegt auch nicht an der Kunst der Ärzte, dass sie lebt, sondern weil R. L. ihr sein Leben geschenkt hat."

Im September 2006 haben die Alfords ihre goldene Hochzeit gefeiert. Rückblickend sagt R. L.: „Natürlich war es nicht immer leicht. Aber es hat sich gelohnt."

Fünfzig Jahre Treue. Mögen unsere Versprechungen füreinander so dauerhaft sein.

Gesprächsimpuls

Sprechen Sie darüber, was Sie füreinander tun würden, falls das Unvorstellbare eintreten sollte. Versprechen Sie, füreinander da zu sein, was auch kommen mag.

Gebet

Bitten Sie Gott um viele weitere gemeinsame Jahre und versprechen Sie treu zu bleiben, was immer diese Jahre bringen werden.

10. August

Wenn sie noch jung sind ...

Wodurch hält ein Jüngling seinen Pfad rein?
Indem er sich bewahrt nach deinem Wort. Psalm 119,9

Seit vielen Jahren arbeitet George Barna als Leiter eines Meinungsforschungsinstituts, das kirchliche und gesellschaftlich-kulturelle Trends in Amerika untersucht. Als er einmal in unserer Rundfunksendung zu Gast war, stellte ich ihm eine Frage, die ich ihm schon lange hatte stellen wollen: „Welche Statistik hat Sie in all den Jahren am meisten verblüfft?"

Und er ist ein Mann, der wirklich nicht leicht zu verblüffen ist, denn obwohl er dafür bekannt ist, auch sehr beunruhigende gesellschaftliche Phänomene aufzudecken, ist er von Untersuchungsergebnissen nur selten wirklich überrascht.

Eine Untersuchung hat das allerdings geschafft. Er führte eine landesweite repräsentative Umfrage unter Dreizehnjährigen durch und verglich die Ergebnisse mit denen einer gleichen Befragung von Erwachsenen aller Altersgruppen. In Bezug auf zwölf geistliche Kernsichtweisen *konnte er keinen Unterschied zwischen den beiden Gruppen erkennen*. Anders ausgedrückt: Was jemand mit dreizehn Jahren glaubt, wird er aller Wahrscheinlichkeit nach für den Rest seines Lebens glauben.

Für mich war das eine wichtige Lektion: Wir brauchen nicht zu warten, bis unsere Kinder Teenager sind, um von ihnen erwarten zu können, dass sie biblische Grundwahrheiten verstehen, wie beispielsweise die Erlösung durch Gnade statt durch Werke oder dass wir von Natur aus Sünder sind und deshalb folglich auf Vergebung angewiesen: „Ein Kind, das wissentlich sündigt, kann zum rettenden Glauben finden."

Dwight Moody sprach zu einer Gruppe von Kindern in Schottland und stellte die Frage: „Was ist Sünde?" Eines der Kinder antwortete: „Sünde ist die Übertretung der Gebote Gottes" – genau nach dem Katechismus. Erstaunt erwiderte Moody: „Kinder, ihr könnt Gott danken, dass ihr in Schottland aufwachst" – wo sie von früher Kindheit an systematisch mit der Bibel vertraut gemacht wurden.

Ich bete, dass unsere Kinder Gott einmal dafür danken werden, dass sie bei uns aufgewachsen sind, wo sie gelernt haben, was in der Bibel steht und wie man leben soll.

Gesprächsimpuls

Versuchen Sie acht bis zehn grundlegende christliche Wahrheiten aufzuzählen, die Sie Ihren Kindern vermitteln sollten.

Gebet

Bitten Sie Gott, Ihren Glauben und Ihre Überzeugungen zu festigen und Ihnen zu zeigen, wie Sie sie Ihrer Familie und anderen im Alltag vermitteln können.

11. August

Tanz auf dem Vulkan

In solchem Vertrauen befolgte Noah die Anweisungen Gottes, obwohl von der angekündigten Katastrophe noch nichts zu sehen war. Er gehorchte Gott und baute die Arche, in der er mit seiner ganzen Familie gerettet wurde. Hebräer 11,7

Er hieß Harry Truman. Nein, nicht der ehemalige US-Präsident Harry Truman. Nein, dieser Harry Truman lebte in einer rustikalen Holzhütte in der Nähe des unberührten *Spirit Lake* in den kühlen Wäldern von Washington. Anfang der Achtzigerjahre kamen Geologen und Regierungsbeauftragte zu ihm nach Hause, um ihm mitzuteilen, dass er sein Zuhause verlassen müsse, denn in einem nahe gelegenen Vulkan brodele es und Harrys Leben sei in Gefahr.

Ich erinnere mich noch, wie er eines Abends in den Nachrichten erklärte, all die belesenen Leute hätten doch keine Ahnung. Noch eindrücklicher ist meine Erinnerung an einen Hubschrauberflug über den grau gesprenkelten Resten von *Mount St. Helena*, an dem ich ein Jahr später teilnahm. Irgendwo tief unter mir, begraben unter dicken Schichten geschmolzener Asche, lagen die Gebeine von Harry Truman – und das staubige, leere Loch, das früher der *Spirit Lake* gewesen war.

Ich muss oft an Harry Truman denken, wenn ich Ehen und Familien sehe, die am Rande der Zerstörung entlangtaumeln, während der Mann oder die Frau oder beide alle Warnsignale ignorieren, und die ganze Zeit nimmt der Druck zu. Der alarmierte Ehepartner versucht, die Aufmerksamkeit des anderen zu bekommen. Besorgte Mitmenschen tun alles Menschenmögliche, um einzugreifen und sie zu beraten, der Vulkan ist kurz vor dem Ausbruch, aber die Eheleute sind so töricht, die Sache aussitzen zu wollen, und tun gar nichts. Falls Sie sich in einer solchen Situation befinden, machen Sie sich klar, dass es nichts nützt, sich die drohende Zerstörung wegzuwünschen. Gebet, Beratung, Korrektur und Umkehr sind nötig.

Denken Sie an Harry Truman und bleiben Sie nicht einfach sitzen. Suchen Sie sich Hilfe.

Gesprächsimpuls

Benennen Sie alle Stellen bei sich zu Hause, an denen Sie Druck erkennen. Sprechen Sie den dringendsten Punkt davon an und überlegen Sie, was zu tun ist.

Gebet

Beten Sie: „Vater, gib uns einen klaren Blick für die Realität und den Mut, uns mit dem Druck auseinanderzusetzen, der unsere Ehe, Familie und das, was wir weiterzugeben haben, bedroht.“

12. August

Von Paar zu Paar

Was ich dir vor vielen Zeugen als die Lehre unseres Glaubens übergeben habe, das gib in derselben Weise an zuverlässige Menschen weiter, die imstande sind, es anderen zu vermitteln. 2. Timotheus 2,2

Der christliche Glaube wird anscheinend immer mehr zu einem Zuschauersport. Wie beim Fußball, wo 22 Spieler auf dem Spielfeld zugange sind, die dringend Erholung bräuchten, während auf den Sofas vor den Bildschirmen Tausende von Zuschauern sitzen, die dringend Bewegung bräuchten.

In den vergangenen zehn Jahren sind Barbara und ich in den Genuss *geistlichen Trainings* gekommen, indem wir Mentoren für eine kleine Anzahl jüngerer Einzelpersonen und Ehepaare waren bzw. sind. Wir geben dabei Dinge, die wir selbst gelernt und erfahren haben, an die nächste Generation weiter.

Wenn Sie ein in die Jahre gekommenes, erfahrenes, glücklich verheiratetes Ehepaar sind – nicht perfekt, nicht fehlerlos, aber *relativ* glücklich und zufrieden mit Ihrer Beziehung –, dann erfüllen Sie alle Voraussetzungen, um Mentoren für Ehepaare zu werden. Sie brauchen dafür nicht irgendeinen Schein oder müssen extra Kurse belegen, sondern Sie müssen nur gelebt, ein paar Mal versagt haben und gescheitert sein, aber auch ein paar Lektionen kapiert und verinnerlicht haben.

Es ist ganz einfach – Sie brauchen nur zu beten, Gott möge Ihnen ein bestimmtes Ehepaar zeigen, das gerade seinen gemeinsamen Lebensweg beginnt. Laden Sie die jungen Eheleute zum Abendessen ein und sagen Sie ihnen, dass Sie sie gern kennenlernen würden. Und von da an überlassen Sie dann einfach alles Gott. Treffen Sie sich einmal im Monat, und sprechen Sie mit den beiden über die wichtigsten geistlichen Lektionen, die Sie in Ihrer Ehe gelernt haben.

Eine ganze Generation junger Ehepaare hat Hunger nach einer solchen Begleitung. Wir leben in einer Hightechgesellschaft, in der man sich immer weniger nahekommt und deshalb auch nicht so genau weiß, wie Beziehungen funktionieren. Wo könnte man besser lernen, Beziehungen zu führen, als in einer lockeren, unterstützenden, persönlichen Beziehung von Ehepaar zu Ehepaar, in der Menschen ganz bewusst in das Leben anderer investieren?

Ich glaube, das ist heutzutage eine der größten Chancen, eine jüngere Generation zu erreichen und ihr das Coaching zu geben, das sie braucht, um anzutreten.

Gesprächsimpuls

Überlegen Sie sich eine Sache, die Sie auf dem Gebiet der Kommunikation, Konfliktlösung, dem Umgang mit Geld und der Sexualität gelernt haben. Glauben Sie, dass Sie jetzt so weit sind, Mentoren für ein jüngeres Ehepaar zu sein? Machen Sie eine Liste von den jüngeren Ehepaaren, die Sie kennen, und beten Sie, Gott möge Ihnen zeigen, welches davon Sie einmal einladen sollten.

Gebet

Bitten Sie Gott um die Fähigkeit und den Mut, Ihre Erfahrungen mit ein oder zwei anderen Ehepaaren zu teilen und in ihr Leben zu investieren.

13. August

Tyrann TV

Alles ist mir erlaubt, aber es soll mich nichts gefangen nehmen.
1. Korinther 6,12

Für mich ist eine der traurigsten Szenen einer Ehe folgende: Ein Mann und eine Frau ziehen sich nach dem Abendessen in unterschiedliche Zimmer des Hauses zurück. Sie schaut sich *ihre* Fernsehsendung an und er seine. Vielleicht ist das aber auch nur unerheblich schlimmer, als Abend für Abend im selben Raum zu sitzen und den Fernseher laufen zu lassen, sodass er alles übertönt, worüber die Eheleute miteinander reden könnten.

Ja, das Fernsehen hat tatsächlich die Macht, eine Beziehung völlig zu okkupieren.

Dabei muss ich an einen Witz denken. Er handelt von einer Frau, die ihre Einkäufe in einem Kaufhaus zur Kasse bringt. Als die Kassiererin fragt, ob sie bar, mit Scheck oder Kreditkarte zahlen möchte, fängt die Frau an, in ihrer Handtasche nach ihrem Portemonnaie zu kramen, wobei sie hektisch ein paar Nicht-Portemonnaie-Dinge auf den Kassentresen legt. Die Kassiererin kann gar nicht anders, als zu bemerken, dass darunter auch eine Fernbedienung für den Fernseher ist. Scherzhaft fragt sie die Frau, ob sie die Fernbedienung immer dabeihätte.

„Nein", antwortete die Frau. „Aber mein Mann wollte heute nicht mit mir shoppen gehen, und ich fand, dass ich ihn so am besten bestrafen kann."

Es geschieht ganz leicht, dass Ihr Leben vom Fernsehen beherrscht wird. Sogar das Abendessen kann davon völlig bestimmt sein. Vielleicht stellen Sie ja fest, dass fertiges Essen vom Fast-Food-Anbieter, Fertig- oder Mikrowellengerichte bei Ihnen schon ganz normal sind, damit Sie problemlos bei den Abendnachrichten, Ihren Lieblingsserien oder einem Krimi vor dem Fernseher essen können. Und ohne es zu merken, fangen Sie an, sich gegenseitig aus Ihrem Leben auszuschließen, während Sie Stunde um Stunde Ihres Lebens der Scheinwelt des Fernsehens widmen.

Gesprächsimpuls

Sprechen Sie über Ihre Fernsehgewohnheiten. Ist es für Sie fast schon ein Reflex, den Fernseher einzuschalten, wenn Sie zu Hause sind? Hat das Fernsehen Sie im Griff?

Gebet

Beten Sie, dass nichts – auch nicht annehmbare Dinge – zwischen Sie und Ihren Partner und dessen Liebe und Aufmerksamkeit kommt.

14. August

Fernsehfreie Zeit

Ich will mit lauterem Herzen wandeln in meinem Hause.
Ich will keine heillosen Dinge ins Auge fassen. Psalm 101,2–3

Wir Amerikaner haben vor Kurzem einen kulturellen Meilenstein gesetzt, auf den wir uns schon jahrelang zubewegt haben: In unseren Haushalten gibt es inzwischen mehr Fernsehgeräte als Bewohner.

Nielsen Media Research hat herausgefunden, dass inzwischen ungefähr die Hälfte von uns Amerikanern drei oder mehr Fernsehgeräte besitzen, und eine beträchtliche Anzahl der Amerikaner kann sogar mehr als sieben oder acht Geräte ihr Eigen nennen. Und ob Sie es glauben oder nicht, 25 Prozent der Zweijährigen haben bereits einen eigenen Fernseher in ihrem Zimmer.

Vor ein paar Jahren habe ich das Buch *TV: The Great Escape* (Fernsehen: Die große Flucht) von Bob DeMoss gelesen, und nach der Lektüre kam mir ein wirklich verwegener Gedanke: *Wie wäre es, wenn wir Familien dazu aufrufen würden, jedes Jahr einen ganzen Monat lang gar nicht fernzusehen? Wie wäre es, wenn wir den Monat August zum fernsehfreien Monat des Jahres ernennen würden*? Wir machen das bei uns jetzt schon seit Jahren so und bezeichnen es als unsere „Fernseh-Fastenzeit".

Wir nähern uns also mit Riesenschritten dem Ende des Sommers. Irgendwie sind wir schon alle ein bisschen ferienmüde. Wahrscheinlich ist der Urlaub gekommen und gegangen. In einigen Bundesstaaten geht die Schule schon in ein paar Tagen wieder los.

Na, wie wäre es? Sind Sie und Ihre Familie bereit für eine Fernseh-Fastenzeit? Das heißt allerdings, dass Sie auch keine Natur- oder Dokumentarfilme ansehen können.

Stellen Sie sich vor, wie viele Kalorien Sie verbrennen oder welche Nachbarn Sie kennenlernen könnten, wenn Sie abends gemeinsam spazieren gingen. Stellen Sie sich die Gespräche vor, die Sie in einem stillen Haus führen könnten. Stellen Sie sich vor, wie viel Garten- oder Hausarbeit Sie in dieser Zeit erledigen könnten – Dinge, für die Sie sonst nie Zeit haben. Ich gebe Ihnen diese Zeit, jetzt und hier, jeden Abend, und zwar 31 Tage lang!

Das ist natürlich nur ein Vorschlag! Aber viele Leute, die zunächst ganz blass wurden, als sie von einer fernsehfreien Zeit hörten, haben mir später geschrieben, was für ein Geschenk diese Zeit für ihre Familien geworden sei.

Versuchen Sie es. Vielleicht gefällt es Ihnen ja.

Gesprächsimpuls

Nennen Sie einige Dinge, die Sie und Ihre Familie tun könnten, wenn der Fernseher einen Monat lang aus bliebe.

Gebet

Wenn dieser Vorschlag Sie anspricht, dann bitten Sie Gott um den Mut und die Selbstbeherrschung, es wirklich durchzuhalten.

15. August

Sauber bleiben

Ihr seid schon rein geworden durch das Wort,
das ich euch verkündet habe. Johannes 15,3

Wenn wir Referenten unserer Ehe-Wochenenden uns in der Eingangshalle oder im Aufzug oder sonst irgendwo am Tagungsort begegnen, dann stellen wir uns oft gegenseitig die Frage: „Bist du sauber?" Wir wollen uns dadurch zu persönlicher Heiligung aufrufen, weil wir nicht möchten, dass jemand, der unseren Herrn und unsere Arbeit repräsentiert, vor den Seminarteilnehmern spricht, ohne zuvor innerlich Klarschiff gemacht und alles vor Gott gebracht zu haben, was trennend zwischen ihm und dem Herrn steht.

„Bist du sauber?" Das ist eine gute Frage, finden Sie nicht? Es gibt nur wenige Menschen, denen so viel Neugier gefällt – so viel Interesse an etwas so Persönlichem, etwas, worauf wir vielleicht nicht mit Ja antworten können.

Ich erinnere mich noch, wie ich auf einer Konferenz einmal einen Freund traf, einen ziemlich bekannten christlichen Leiter. Ich gab ihm zur Begrüßung die Hand, sah ihm in die Augen und überraschte ihn dann mit der Frage: „Bist du sauber?" Er antwortete: „Na ja, äh, ja, ich bin sauber." Aber er war nicht sauber, das merkte ich genau.

Ein paar Tage später tippte mir dieser Mann auf die Schulter und sagte: „Dennis, ich würde gern kurz mit dir reden." Wir setzten uns irgendwo in eine Ecke des Raums, und er sagte: „Ich habe dich angelogen. Ich bin nicht sauber. Ich habe ein Problem mit Pornografie, und das hat dazu geführt, dass ich als Ehemann und Vater so richtig versagt habe. Ich bin nicht der, für den ich gehalten werde."

Ich fand es großartig, wie er mit solcher Ehrlichkeit und mit Buße auf das Wirken des Heiligen Geistes reagierte. Wir sprachen lange, beteten miteinander und verabredeten ein paar konkrete Schritte, von denen wir wussten, dass sie ihm helfen würden.

Ein paar Jahre später trafen wir uns wieder, und diesmal brauchte ich ihm die Frage gar nicht erst zu stellen. Seine ganze Haltung und Ausstrahlung waren Antwort genug. Er war sauber und entsprechend sicher. Er hatte den Absprung aus der demoralisierenden Falle vorgetäuschter sexueller Erfüllung geschafft.

Wie sieht es bei Ihnen aus? Sind Sie sauber?

Gesprächsimpuls

Wem könnten Sie diese Frage stellen?

Gebet

Bitten Sie Gott um ein Leben, das so sauber ist, dass Sie den Wunsch haben, den Segen des Gehorsams an andere weiterzugeben.

16. August

Lasten abnehmen

Jeder von uns lebe so, dass er seinem Nächsten gefalle zum Guten und zur Erbauung. Römer 15,2

Ich werde nie eine besonders stressige Phase in unserem Familienleben vergessen, in der mein Terminkalender so zum Bersten voll war, dass ich das Gefühl hatte, nicht einmal genug Zeit zu haben, irgendwo im Haus eine Glühbirne zu wechseln. Der Druck, alles zu schaffen, besetzte so ziemlich jeden Augenblick der Woche, den ich wach war, und unser Haus fing an darunter zu leiden.

Ganz besonders die Garage.

Ich weiß nicht, wie oft ich sie betrat und wünschte, nur einen freien Samstag mit der Hälfte meiner funktionierenden Hirnzellen zur Verfügung zu haben, um dort auszumisten und aufzuräumen. Die gesamte Familie benutzte die Garage wie eine Giftmüllkippe. Die Kinder hatten dort einfach Sachen hereingeschleppt und rechts und links deponiert, und es waren sogar Sachen aus dem Sperrmüll der Nachbarn dabei. (Aber damit fange ich lieber nicht an. Sie wollen es sicher auch gar nicht wissen.)

Aber als ich dann in dieser Phase eines Nachmittags nach Hause kam und auf die Einfahrt vor der Garage fuhr, stand das Garagentor weit offen, *und alles war sauber und aufgeräumt.*

Ich vergewisserte mich sicherheitshalber noch einmal, ob ich auch wirklich bei der richtigen Hausnummer abgebogen war, aber tatsächlich, es war unser Haus, und es waren unsere Sachen. Barbara hatte gewusst, wie sehr mich diese unerledigte Angelegenheit belastete, und so hatte sie ihre Truppen in Marsch gesetzt, „für Papa eine gute Tat“ zu tun.

Ach, das fühlte sich wirklich herrlich an. Nicht nur, dass ich wieder eine Garage hatte, in die – mit etwas Mühe zwar, aber immerhin – auch das Auto wieder mit hineinpasste; nicht nur, dass ich endlich wusste, wo ein paar meiner schon seit Langem vermissten Werkzeuge waren. Das Wundervollste war, dass ich eine Frau hatte, die wusste, was mir zusetzte, und die die Sache selbst in die Hand nahm, um mir die Last abzunehmen.

In der Ehe geht es darum, jemanden zu haben, dem man Freude machen kann und der einem ebenfalls eine Freude macht. Es bedeutet, zu wissen, dass jemand da ist, der sich wirklich kümmert, wenn man einen schlechten Tag gehabt hat.

Hat Ihr Ehepartner eine „Garage“, bei der Sie anpacken könnten?

Gesprächsimpuls

Gibt es eine besondere Last oder Sorge, die Sie Ihrem Ehepartner abnehmen könnten?

Gebet

Bitten Sie Gott um die Sensibilität, die Bedürfnisse Ihres Partners zu erkennen und Ihnen Möglichkeiten zu zeigen, diese Bedürfnisse zu erfüllen.

Passive Väter, wütende Kinder

Und ihr Väter, reizt eure Kinder nicht zum Zorn, sondern zieht sie auf in der Zucht und Ermahnung des Herrn! Epheser 6,4

Lesen Sie den Vers oben noch einmal – er enthält ein negatives und zwei positive Gebote. Unserer Erfahrung nach funktionieren die drei Gebote zusammen. Wenn man das negative Gebot befolgt, ist man in der Lage, auch die beiden anderen zu befolgen.

Wir haben ein paar Dinge aufgelistet, durch die Väter ihre Kinder zornig machen können. Es gibt noch viel mehr, aber im Folgenden nennen wir die fünf unserer Meinung nach wichtigsten:

- Wenn er sich seinen Kindern gegenüber wie ein Diktator verhält und nur ständig seine Autorität herauskehrt, ohne dass in der Beziehung auch Liebe, Zuneigung und gemeinsamer Spaß vorhanden sind.
- Wenn er ständig nur kritisiert und seine Kinder durch seinen strengen Ton und tadelnde Worte kleinmacht und herunterzieht.
- Wenn er sich passiv verhält und sich nicht um seine Kinder kümmert.
- Wenn er keine klaren Erwartungen in Bezug auf Grenzen und Regeln formuliert.
- Wenn er keine Beziehung zu den einzelnen Kindern entwickelt und ihnen gegenüber entweder abweisend ist oder sich entzieht.

Vätern muss klar sein, dass sie bei ihren Kindern entweder Wut auslösen oder aber sie zu innerer Größe anleiten können. Es ist interessant, dass die Bibel Vätern zwei praktische Möglichkeiten aufzeigt, wie sich Kinder zu den Männern und Frauen entwickeln können, als die Gott sie gedacht hat: durch Disziplin und Unterweisung.

Wenn einem Vater so viel an seinen Kindern liegt, dass er in ihre Welt eintritt und eine Beziehung zu ihnen entwickelt, und wenn er, sofern es nötig ist, auch erzieherische Maßnahmen ergreift, dann ist das ein Ausdruck seiner Liebe zu den Kindern. Als wir eine Zeit lang gleichzeitig vier Teenager im Haus hatten, stützte sich Barbara häufig auf mich, wenn es darum ging, erzieherische Maßnahmen zu ergreifen. Und ich weiß aus eigener Erfahrung, dass es das Einfachste ist, gar nichts zu tun, wenn man nach einem anstrengenden Arbeitstag erschöpft nach Hause kommt.

Dasselbe gilt auch fürs Unterweisen. Wir Väter müssen den Fernseher oder Computer abschalten und uns aus unserem gemütlichen Sessel erheben, um uns um die Erziehung unserer Kinder zu kümmern und ihnen Orientierung zu geben.

Stehen Sie auf und seien Sie ein Mann!

Gesprächsimpuls

Bewerten Sie auf einer Skala zwischen 1–10, wie Sie mit Ihren Kindern in Bezug auf die drei in dem heutigen Vers genannten Punkte umgehen.

Gebet

Bitten Sie Gott um seine Weisheit in der Erziehung Ihrer Kinder.

18. August

Friedensgespräche

Seid freundlich und hilfsbereit zueinander und vergebt euch gegenseitig, was ihr einander angetan habt, so wie Gott euch durch Christus vergeben hat. Epheser 4,32

Als Tara Barthel und Judy Dabler begannen, gemeinsam ihr Buch *Peacemaking Women* (Frieden stiftende Frauen) zu schreiben, gab es nur ein Problem: Sie hatten kaum begonnen, da sprachen sie schon nicht mehr miteinander.

Judy war Taras erste Wahl als Koautorin für ein Buch über Konfliktlösung gewesen. Sowohl durch ihre Fachkenntnis auf dem Gebiet der Konfliktlösung als auch durch ihre Erfahrung als Christin war sie eigentlich die ideale Partnerin für ein solches Projekt.

Tara war mit ihrem ersten Kind schwanger, als sie mit dem Schreiben begann, und sie wollte das Projekt unbedingt vor der Geburt des Babys abschließen. Aber genau in dieser Phase wurde Judys Leben von heute auf morgen völlig umgekrempelt, weil mehrere Probleme gleichzeitig auftauchten, durch die sie bei der Arbeit aufgehalten wurde, unter anderem gesundheitliche Probleme, der Klinikaufenthalt ihres Mannes nach einem Unfall beim Rasenmähen, die Hüftoperation ihrer Mutter, der Kampf ihres Schwiegervaters gegen den Lungenkrebs sowie der Verlust zweier Mitarbeiter ihres Seelsorgedienstes und eine ungewöhnlich hohe Belastung durch Seelsorgefälle.

Nun ist es aber ganz und gar nicht Judys Art, sich herauszureden oder Entschuldigungen vorzubringen. Und obwohl Tara dafür sicherlich Verständnis gehabt hätte, wenn sie gewusst hätte, mit welchen Problemen

Judy sich gerade herumschlug, konnte sie in diesem Augenblick nichts anderes sehen als eine Kollegin, die sich nicht an Absprachen hielt.

Zu diesem Zeitpunkt beschränkte sich die gesamte Kommunikation zwischen den beiden auf E-Mails – eine Art der Kommunikation, die unpersönlich mit Tasten funktioniert anstatt durch Stimme, Tonfall und Persönlichkeit. Jedes Mal, wenn der Name der anderen im Posteingang erschien, drehte sich der Empfängerin der Magen um.

Das lief irgendwie nicht so gut. Gar nicht gut. Zwei Profis im Friedenschließen in einer ausweglosen Situation. Und beide brauchten dringend Frieden.

Es wird Sie sicher freuen zu hören, dass die beiden schließlich die Aussagen ihres Buches selbst anwendeten. Die Verletzungen kamen ans Licht, gegenseitiges Verständnis setzte sein, es wurde um Vergebung gebeten, die auch gewährt wurde. Und das Buch bekam ein zusätzliches Kapitel über hautnahe, persönliche Konflikte.

Die Geschichte der beiden enthält eine Lehre. Wenn Sie von Menschen enttäuscht werden, dann haben Sie Geduld! Unter der Oberfläche passiert vermutlich mehr, als Ihnen bewusst ist.

Gesprächsimpuls

Sprechen Sie über eine Beziehung, der Sie aus dem Weg gehen, weil die betreffende Person nicht Ihre Erwartungen erfüllt. Denken Sie an die Worte des Apostels Paulus in Epheser 4,32 und Römer 12,18 und sprechen Sie darüber, was Sie tun sollten.

Gebet

Beten Sie um Aufrichtigkeit, Verständnis, Vergebung und Frieden für die Beziehungen, die Sie als schwierig empfinden.

19. August

Familienandacht

Wir wollen es unseren Kindern nicht verschweigen. Auch die kommende Generation soll hören von der Macht des Herrn, von seinen Wundern, von allen Taten, für die wir ihn preisen. Psalm 78,4

Fünf erwachsene Geschwister kamen zur goldenen Hochzeit ihrer Eltern zusammen. Als der Augenblick gekommen war, sich bei den Eltern für das zu bedanken, was sie aus der Kindheit behalten und mit ins

Leben genommen hatten, standen sie einer nach dem anderen auf und dankten – ohne sich vorher abgesprochen zu haben – ihrem Vater dafür, dass er seine Verantwortung als geistliches Haupt der Familie wahrgenommen hatte.

Einer der Brüder sagte: „Mit zu meinen ersten Erinnerungen gehört dein Gesicht – du hattest Tränen in den Augen –, wenn du uns sonntagsabends aus John Bunyans ‚Pilgerreise' vorgelesen hast. So weit ich dann später auch selbst vom Glauben abgekommen bin, ich habe nie ernsthaft infrage gestellt, dass der christliche Glaube wahr ist. Das hatte ich ja bei dir gesehen."

Vielleicht haben Sie ja Schuldgefühle, wenn das Thema Familienandacht auf den Tisch kommt. Das verstehe ich gut. Es gibt nur wenige Dinge, die scheinbar schwieriger durchzuhalten und einfacher beiseitezuschieben sind. Wenn man aber einmal bedenkt, welche Auswirkungen Verbindlichkeit an dieser Stelle haben kann – und zwar auf das gesamte weitere Leben Ihrer Familie –, was könnte dann wichtiger sein?

Diese Andachten müssen nicht haarklein geplant und vorbereitet sein. Nehmen Sie sich fünf oder zehn Minuten Zeit, um vor der Schule mit Ihren Kindern eine Andacht zu lesen. Planen Sie einen Abend pro Woche ein, an dem Sie alle zu Hause sind, um gemeinsam in der Bibel zu lesen, zu singen (oder andere fröhliche Geräusche zu machen) und außerdem richtig Spaß miteinander zu haben. Halten Sie nach Gelegenheiten Ausschau, um „Sandkasten-Theologie" anzuwenden, indem Sie Alltagserlebnisse Ihrer Kinder nutzen, um ihnen daran geistliche Zusammenhänge deutlich zu machen.

Vergessen Sie nie: Als Eltern besteht Ihre wichtigste Aufgabe darin, Ihre Kinder mit Gott, seinem Sohn Jesus Christus und seinem Wort bekannt zu machen. Es ist vielleicht schwierig, hier einen Anfang zu finden, und vielleicht ist es auch schwierig, dabeizubleiben, aber es kann großen Einfluss darauf haben, was aus Ihren Kindern wird.

Gesprächsimpuls

Sprechen Sie darüber, was Sie tun können, um sich gegenseitig zu unterstützen, damit die Familienandacht in Ihren Alltag integriert wird und auch bleibt.

Gebet

Beten Sie darum, dass die Prioritäten in Ihrem Leben deutlich werden, dass Sie erkennen, wo Sie Zeit vertun, und darum, dass das Wort Gottes uns wieder innerlich packt.

20. August

Marschbefehl

Denn wir kämpfen nicht gegen Menschen.
Wir kämpfen gegen unsichtbare Mächte und Gewalten,
gegen die bösen Geister, die diese finstere Welt beherrschen.
Epheser 6,12

Ob Sie es merken oder nicht, Sie stehen tagtäglich in einem geistlichen Kampf. Unsere Gesellschaft ist von einem Zeitgeist bestimmt, der unserem Glauben zunehmend feindlich gegenübersteht. Der Teufel und diejenigen, die seine zügellosen Pläne fördern, stürmen unermüdlich auf unsere Gedanken und Gefühle ein. Da kann man es sich nicht leisten, auch nur einen Augenblick lang unachtsam zu sein.

Hier ein paar Vorschläge, um in dem Kampf zu überleben und sich dabei sogar noch weiterzuentwickeln.

1. *Kämpfen Sie nicht allein gegen den Feind.* In Epheser 6,10 heißt es: „Werdet stark durch die Verbindung mit dem Herrn! Lasst euch stärken von seiner Kraft!" Mit welchen Versuchungen Sie derzeit auch zu kämpfen haben, nur *seine* Kraft – nicht die Ihre – kann Ihnen hindurchhelfen. Unterstellen Sie sich Tag für Tag aufs Neue Ihrem Herrn.
2. *Nutzen Sie jeden Teil Ihrer geistlichen Waffenrüstung.* Wie es in Epheser 6,13 heißt, müssen Sie „zu den Waffen Gottes greifen", um den Angriffen des Feindes zu widerstehen. Sie brauchen nicht nur den Gürtel der Wahrheit, sondern auch den Panzer der Gerechtigkeit, die Schuhe der Bereitschaft zur Verkündigung des Evangeliums, den Schild des Glaubens, den Helm des Heils und das Schwert des Geistes – Gottes Wort (Verse 14–17). Gehen Sie nicht ohne diese Waffen in den Kampf.
3. *Seien Sie offensiv.* Es reicht nicht, in der Defensive zu bleiben. Auch wenn es so aussieht, als ob die Menschen ohne Christus zufrieden und glücklich sind – die Wahrheit ist, dass sie Gottes Vergebung brauchen.
4. *Vergeuden Sie keine Zeit.* Sie und ich kämpfen um die Seelen künftiger Generationen. Schalten Sie den Fernseher aus. Legen Sie die Sportseite der Zeitung aus der Hand. Ziehen Sie das Internetkabel heraus. Die Folgen Ihres Lebenswandels haben zu große Auswirkungen auf die Ewigkeit, um Zeit mit Dingen zu vertun, die sowieso gleich wieder vergessen sind.

Vergessen Sie nie, dass Ihre Ehe auf einem geistlichen Schlachtfeld stattfindet, nicht auf einer romantischen Veranda. Helfen Sie sich gegenseitig,

Ihre Kampfbasis aufrechtzuerhalten. Wenn Sie das tun, werden Sie kein Kriegsopfer sein.

Gesprächsimpuls

Nennen Sie zwei oder drei Bereiche, in denen das ständige Zerren der Welt in letzter Zeit Ihre geistliche Aufmerksamkeit getrübt hat. Sprechen Sie darüber, was zu tun ist.

Gebet

Bitten Sie um Kraft, wenn Sie schwach sind, um Wachsamkeit, wenn Sie müde sind, und um neue Erfahrungen mit Gott, die Ihr Vertrauen stärken.

21. August

Bist du meine Mutter?

Wenn auch Vater und Mutter mich verstoßen,
du, Herr, nimmst mich auf. Psalm 27,10

Viele von uns haben das Buch von P. D. Eastman *Are You My Mother?* (Bist du meine Mutter?) gelesen. Aber nur wenige wachsen auf und müssen diese Frage immer wieder stellen und sind zunehmend überzeugt davon, dass niemand es ist ... oder niemand es sein will.

Mattie ist so jemand. Sie wurde von einer drogensüchtigen, minderjährigen, unverheirateten Frau geboren und fiel praktisch aus dem Nest, als das Auto ihrer Mutter von der Polizei angehalten wurde und man Drogen darin fand. Mattie, die damals noch ein Baby war, und ihre Schwester wurden der Fürsorge des Staates unterstellt und in einer Pflegefamilie untergebracht. Als die letzte Pflegefamilie beschloss, dass sie Mattie und ihre Schwester nicht mehr haben wollte, kam Mattie – die inzwischen acht oder neun Jahre alt war – zu dem Schluss, dass die Mutter, nach der sie sich sehnte, nirgends zu finden sei.

Doch dann trat Jennifer in ihr Leben. Ihre turbulente Familie bestand bereits aus zwei Söhnen und einer Tochter, und sie hätte bestimmt auch ignorieren können, dass Gottes Stimme sie und ihren Mann immer wieder anstupste, ein Kind zu adoptieren. Das Leben war auch ohne ein weiteres, vielleicht schwieriges Familienmitglied mit schwerem seelischen Gepäck schon kompliziert genug.

Doch irgendwo gab es ein kleines Mädchen, das dabei war, innerlich zu verhärten gegen eine Frage, die es leid war zu stellen – bist du meine Mutter? –, weil es doch nur immer wieder ein Nein zu hören bekam.

Matties Leben ist jetzt sicherer und stabiler, mit Camping im Sommer und einer großen Familie, die ihr und ihrer Schwester das gibt, was keine von ihnen zuvor hatte: Liebe und Unterstützung. „Ich danke Gott jeden Tag dafür, dass ich adoptiert wurde", sagt Mattie, „weil ich jetzt weiß, wer meine Mutter ist."

Gesprächsimpuls

Was könnten Sie und Ihre Gemeinde tun, um Waisenkindern zu helfen?

Gebet

Beten Sie für elternlose Kinder in Not ... und um Männer und Frauen, die ihnen zu Hilfe kommen.

22. August

Leeres Nest

von Barbara Rainey

Jetzt, wo ich alt geworden bin, vertreibe mich nicht aus deiner Nähe! Die Kräfte schwinden mir, verlass mich nicht. Psalm 71,9

Es war nicht leicht für mich, als unsere jüngste Tochter Laura aus dem Haus ging, um zu studieren. Es gibt uns Müttern das Gefühl, wichtig zu sein, wenn unsere Kinder ganz von uns abhängig sind, und macht ein gutes Stück von unserer Identität aus. Unser Muttersein definiert praktisch, wer wir sind. Wenn uns das nun genommen wird, wenn die Kinder aus dem Haus gehen, dann wird uns damit auch ein beträchtliches Stück von unserer Bedeutung, unserem Selbstwertgefühl und unserem Sinn genommen.

Als Laura aus dem Haus ging, hatte ich das Gefühl, gefeuert worden zu sein und jetzt ohne Job dazustehen. Wegrationalisiert. Wer war ich jetzt? Welchem Zweck diente ich noch?

Obwohl wir schon im Voraus häufig und intensiv über diese Veränderung gesprochen hatten, spürte ich, dass ich meinen Mann brauchte, um mit dieser neuen Lebensphase zurechtzukommen. Auch für ihn war die Veränderung krass, aber nicht so drastisch wie für mich.

Ich habe bei vielen Frauen erlebt, dass sie alles Mögliche angefangen haben, nur um immer beschäftigt zu sein. Aber wenn Sie Ihren Mann bitten, Ihnen zuzuhören und Sie durch diesen Prozess zu lotsen und mit Ihnen zusammen diesen neuen Lebensabschnitt anzugehen, dann bekommt man dadurch auch als Paar die Chance, sich ganz bewusst der Zukunft zu stellen. Diesen seltsamen und unbekannten Weg gemeinsam zu gehen, kann Ihnen in Ihrer Ehe eine ganz neue Ebene des Einsseins eröffnen.

Für mich war es in dieser Phase wichtig, viel mit Dennis zu reden. An manchen Tagen wachte ich morgens mit dem aufregenden Gefühl meiner neuen Freiheit auf, an anderen Tagen dagegen empfand ich überwiegend Trauer über den Verlust. Es war ziemlich unberechenbar. Nur wenige unserer Gespräche endeten mit klaren Anweisungen.

Doch nur wenn wir uns als Eheleute gemeinsam durch diese Phase hindurcharbeiten, kann Gottes Plan für jeden Einzelnen von uns auch zu seinem Plan für *uns beide* werden. Gott hat auch nach den Jahren der Kindererziehung Pläne mit Ihnen, und das kann ausgesprochen spannend sein!

Gesprächsimpuls

Wie stellen Sie sich Ihr Leben vor, wenn alle Ihre Kinder aus dem Haus sind? Wie könnten Sie sich praktisch darauf vorbereiten?

Gebet

Bitten Sie Gott um Gnade und Geduld, in den verschiedenen Phasen Ihrer Ehe füreinander da zu sein.

23. August

Bereit für die Prime Time?

Auch jetzt, wo ich alt und grau geworden bin, verlass mich nicht, mein Gott! Kindern und Enkeln will ich erzählen, wie mächtig du bist und wie gewaltig deine Taten sind. Psalm 71,18

Alle Eltern müssen irgendwie die Zeit überstehen, in der die Kinder aus dem Haus gehen und sie selbst im leeren Nest zurückbleiben. Viele Ehepaare freuen sich darauf absolut nicht. Ich möchte Sie einfach einmal vor die Herausforderung stellen, das leere Nest als kurze Übergangsphase zu betrachten – als Chance, einmal tief durchzuatmen und ernsthaft darüber nachzudenken, wie die nächsten fruchtbringenden Jahre Ihres Lebens aussehen sollen.

Ich nenne die darauf folgende Phase auch gern „Prime Time" – die Phase jenseits des leeren Nestes, wenn man den Schritt macht von der Kindererziehung auf neue Ziele zu, die ebenso wertvoll sind. Es ist ein Prozess des Hörens – auf Gott und aufeinander –, um eine Richtung zu finden und die Prioritäten festzulegen, von denen der Rest Ihres Lebens bestimmt werden soll.

Im Idealfall sollten diese Prioritäten mit zwei biblischen Geboten im Einklang sein.

1. *Mit dem Liebesgebot.* Vielleicht haben Sie schon einmal folgenden Satz aus dem *Westminster Katechismus* gehört: „Das höchste Ziel des Menschen besteht darin, Gott zu ehren und sich in Ewigkeit an ihm zu erfreuen." Sie tun das, wenn Sie sich an das Liebesgebot Christi halten: „Liebe den Herrn, deinen Gott, von ganzem Herzen, mit ganzem Willen und mit deinem ganzen Verstand! ... Liebe deinen Mitmenschen wie dich selbst!" (Matthäus 22,36–39).
2. *Mit dem Missionsbefehl.* Das ist der größte Auftrag und die umfassendste Aufgabe, die den Menschen jemals erteilt wurde: „Darum geht nun zu allen Völkern der Welt und macht die Menschen zu meinen Jüngern" (Matthäus 28,19). Jesus sagt, dass es in unserem Leben darum geht, verlorenen Menschen die gute Nachricht von der Erlösung und Versöhnung zu bringen und gleichzeitig eine neue Generation von Gläubigen darauf vorzubereiten, dasselbe zu tun (siehe Vers 20).

Wenn Ihre „Prime Time" nicht diese Prioritäten enthält, dann werden Sie in dieser Lebensphase viel verpassen.

Gesprächsimpuls

Egal, ob das leere Nest schon recht bald auf Sie zukommt oder ob es bis dahin noch dauert, nennen Sie ein oder zwei geplante Aktivitäten, die diesen beiden biblischen Zielen entsprechen und die Sie gemeinsam beginnen könnten.

Gebet

Bitten Sie Gott um den Mut, Phasen der Veränderung hoffnungsvoll und zielorientiert anzugehen. Bitten Sie ihn dabei um Führung und vertrauen Sie ihm, dass er Ihnen seinen Willen auf seine Weise und zu seiner Zeit offenbaren wird.

24. August

Willkommen im Klub

von Barbara Rainey

Macht also einander Mut und helft euch gegenseitig weiter, wie ihr es ja schon tut. 1. Thessalonicher 5,11

Kurz nachdem unser jüngstes Kind das Haus verlassen hatte, wurde ich von einer jungen Frau, die ihr erstes Baby erwartete, zu einer Baby-Party eingeladen, bei der Geschenke für das künftige Neugeborene mitgebracht wurden. Ich hatte schon oft an solchen Partys teilgenommen und dachte, dass es auch diesmal so sein würde wie immer.

Doch als ich dann mit den vielen Frauen im Wohnzimmer saß, deren Gespräche sich um Babysitter, Babywäsche, nächtliche Ruhestörung durch Babys und Kinderkrankheiten drehten, wurde mir plötzlich zum ersten Mal in meinem Leben bewusst, dass ich nicht mehr dazugehörte.

Es war ein sehr seltsames Gefühl und zudem eines, das mich völlig unerwartet traf. Ich saß da und dachte nur: *Ich will hier raus*. Nur noch eine weitere Frau auf der Party war in meinem Alter, aber die schaute leider nur kurz herein, gab ihr Geschenk ab und verschwand wieder.

In dem Augenblick musste ich daran denken, was mir einmal eine Frau gesagt hatte, die mir bezüglich des „leeren Nestes" etwa zehn Jahre voraushatte. Sie fand es ganz wichtig, dass wir als betroffene Frauen miteinander reden, dass wir uns möglichst oft treffen, um uns auszutauschen und gegenseitig daran zu erinnern, dass wir mit unseren Gefühlen nicht allein sind. In diesem Augenblick auf der Baby-Party wurde mir erst klar, wie recht sie hatte.

Vielleicht ist Ihr wichtigstes Problem zurzeit nicht die Frage, wie Sie mit dem leeren Nest fertig werden sollen. Vielleicht stecken Sie gerade bis über beide Ohren in Kinderfragen, -problemen, -stress und -frust. Aber egal, in welchem Lebensabschnitt Sie gerade sind, schotten Sie Ihre Gefühle nicht ab. Suchen Sie sich eine Mutterveteranin, mit der Sie sich austauschen können. Dann können Sie sich gegenseitig anfeuern.

Gesprächsimpuls

Welcher Rat bezüglich Ihrer derzeitigen Lebenssituation hat Ihnen am meisten geholfen? Mit welchen Frauen könnten Sie sich treffen, um jetzt und für die Zukunft gegenseitige Unterstützung zu finden?

Gebet

Ich möchte die Männer auffordern, für ihre Frauen zu beten, und die Frauen, Gott um Weisheit zu bitten, damit sie erkennen, wann sie Hilfe und ein aufmerksames Ohr brauchen. Sie sollten beide um Demut beten, damit sie ehrlich den Verlust eingestehen und ihren Schmerz miteinander teilen können.

25. August

Intensivgebet

Man bete jederzeit für ihn und wünsche ihm alle Tage Segen!
Psalm 72,15

Wenn es eines gibt, was Barbara und ich in all den Jahren gelernt haben, in denen wir unsere Kinder großgezogen haben, dann, wie unverzichtbar Gebet ist. Es ist unersetzlich und Leben spendend. Deshalb haben wir uns auch immer mit den persönlichen Angelegenheiten unserer Kinder an Gott gewandt. Wir raten Ihnen dringend, das ebenfalls zu tun und dabei auf Folgendes zu achten:

Beten Sie offensiv. Beten Sie für die Bezugspersonen Ihrer Kinder – dass sie wenigstens einen guten christlichen Freund/eine Freundin haben, auf den/die sie zählen können. Bitten Sie Gott täglich, Ihre Kinder vor Menschen zu bewahren, die einen negativen Einfluss auf sie haben könnten. Überlegen Sie auch, Gott darum zu bitten, Ihre Kinder möglichst oft dabei zu erwischen, dass sie etwas Gutes, Richtiges tun, damit Sie sie dann loben und ermutigen können, gute Entscheidungen zu treffen.

Beten Sie defensiv. Von Zeit zu Zeit hatten wir den Eindruck, dass ein Kind uns belog, waren aber nicht ganz sicher. In solchen Situationen haben wir Gott gebeten, uns dabei zu helfen, das betreffende Kind bei etwas Falschem zu erwischen. Gott erkennt allem Anschein nach Eltern an, die so beten!

Beten Sie intensiv. Eine der am meisten missverstandenen geistlichen Übungen ist das Beten mit Fasten (der zeitlich begrenzte Verzicht auf Essen oder etwas anderes, das Sie gern haben). Aus der Bibel geht hervor, dass Gott davon ausgeht, dass wir fasten und beten (siehe Matthäus 6,16–18). Er verspricht, uns dafür zu segnen, wenn wir es mit reinem Herzen und aus reinen Beweggründen tun. Wir kennen ein Ehepaar, das jeden Montag von Sonnenaufgang bis Sonnenuntergang fastete und für seinen schwierigen Teenager betete.

Immer, wenn Gott dafür sorgt, dass wir an unsere Kinder denken, ist es der perfekte Augenblick, um ihre Probleme namentlich vor ihn zu bringen. Jakobus 5,16 sagt uns: „Das inständige Gebet eines Menschen, der so lebt, wie Gott es verlangt, kann viel bewirken."

Gott freut sich über Gebete von „hilflosen Eltern".

Gesprächsimpuls

Was brauchen Ihre Kinder am nötigsten?

Gebet

Konzentrieren Sie sich heute in Ihrer Gebetszeit auf jedes einzelne Ihrer Kinder. Wenn Sie keine Kinder haben, beten Sie für eine Nichte oder einen Neffen.

26. August

Eine perfekte Kulisse (Teil 1)

von Barbara Rainey

Ihr Männer müsst euch entsprechend verhalten.
Seid rücksichtsvoll zu euren Frauen! 1. Petrus 3,7

Unser sechstes Ehejahr war sehr schwierig. Wir hatten finanzielle Probleme, Dennis musste mit dem Tod seines Vaters fertig werden und ich hatte ernsthafte gesundheitliche Probleme, gefolgt von einer ungeplanten Schwangerschaft.

In jenem Sommer luden uns unsere Freunde Jim und Ann Arkins zu einer viertägigen Fahrt nach Mazatlan in Mexiko ein. Sie hatten mitbekommen, wie wir uns abkämpften, und sie hatten bemerkt, wie erschöpft wir waren. Ihr Vorschlag passte anscheinend genau zu dem, was uns unser Arzt empfohlen hatte.

Nach einem wundervollen Abendessen mit unseren Freunden gingen wir am Abend des ersten Urlaubstages auf unser Zimmer zurück. Eine sanfte Brise wehte und der Mond schaute in der Ferne hinter finsteren Gewitterwolken hervor. Während wir auf der kleinen Veranda saßen und die letzten schwindenden Farben des fernen Sonnenuntergangs betrachteten, erklang Musik aus einer Hütte in der Nähe.

Die Kulisse war fast perfekt, aber die beiden Personen waren es nicht. Und wir sollten schon sehr bald herausfinden, wie unterschiedlich unsere Bedürfnisse waren.

Dennis fing an, ein paar Kerzen anzuzünden. Er ging von etwas aus, das ihm absolut logisch erschien. Es waren keine Kinder da, die uns unterbrechen konnten ... das Zimmer war warm und still ... es war der perfekte Moment, um miteinander zu schlafen.

Auch ich ging von bestimmten Vermutungen aus. Wir hatten zwar einen entspannenden Tag verbracht, aber wir hatten nur wenig Zeit gehabt, zu zweit miteinander zu reden. Durch meine gesundheitlichen Probleme und meine Schwangerschaft war ich eher ängstlich, zurückhaltend, verwirrt und in mich gekehrt. Ich wusste weder so recht, was ich fühlte, noch, wie ich es ausdrücken sollte.

In dieser perfekten Nacht an diesem perfekten Ort war das, was ich brauchte, leider etwas völlig anderes als das, was mein Mann brauchte. Ich hatte gar nichts dagegen, später mit ihm zu schlafen, aber zuerst hatte ich das Bedürfnis, mit ihm über meine Gefühle zu reden und Sicherheit und Geborgenheit bei ihm zu finden.

Wie wir mit diesen unterschiedlichen Erwartungen umgegangen sind?

Lesen Sie morgen weiter!

Gesprächsimpuls

Kennen Sie diese Situation? Was tun Sie, wenn einer von Ihnen „in der Stimmung ist“ und der andere nicht?

Gebet

Bitten Sie Gott um Weisheit und Einfühlungsvermögen, damit Sie wissen, wie Sie auf die Bedürfnisse Ihres Partners in Bezug auf Sex und Intimität eingehen können.

27. August

Die perfekte Kulisse (Teil 2)

von Barbara Rainey

Nur mir gehört mein Liebster und ich gehöre ihm! Hohelied 2,16

Was haben wir nun in dieser für die Liebe fast perfekten Nacht in Mazatlan mit unseren unterschiedlichen Bedürfnissen gemacht?

Wir haben uns gestritten!

Natürlich nicht sofort. Erst versuchte Dennis noch mit mir zu reden. Er versuchte mich zu lieben. Ich wollte reden, aber ich wusste nicht, was ich sagen sollte. Ich wusste, dass er mit mir schlafen wollte und dass er mich brauchte, aber ich konnte in diesem Moment einfach nicht darauf eingehen.

Ich fühlte mich schuldig – ich hasste mich dafür, dass ich so kompliziert war. Dennis war frustriert, weil er mich nicht so sehr lieben konnte, dass ich darüber meine Ängste vergaß.

Irgendwann wurde die Anspannung dann so groß, dass Dennis nach einer Tube Handcreme griff, die neben dem Bett stand, und sie quer durch das Zimmer warf. Doch statt die Wand zu treffen, zertrümmerte die Tube einen Teil der Fensterscheibe!

Es wurde ganz still im Raum. Ich fing an zu weinen. Ich liebte meinen Mann ja und wollte ihm ganz bestimmt nicht wehtun.

Dann sagte Dennis etwas, womit ich niemals gerechnet hätte. Etwas, das zu einem Meilenstein in unserer Ehe wurde. Er nahm zärtlich mein Gesicht in seine Hände und sagte von ganzem Herzen: „Barbara, du sollst wissen, dass ich dich liebe. Ich werde dich für den Rest meines Lebens lieben, auch wenn wir nie wieder miteinander schlafen sollten."

Dann küsste er mich auf die Stirn und umarmte mich einfach, ohne weitere Forderungen zu stellen – weder direkt noch indirekt. Irgendwann schliefen wir dann so umarmt ein. Es hätte kein kostbareres Geschenk für uns geben können.

Jener Abend in Mazatlan war ein entscheidender Punkt in unserer Ehe. Wir haben gelernt, dass *Verzicht die Sprache der Romantik* ist, Selbstsucht dagegen die Sprache der Isolation und Abwehr. Hingebungsvolle Liebe regt zum Opfer, zum Verzicht an, und Verzicht wiederum führt dazu, dass hingebungsvolle Liebe ein seltenes Juwel ist, das man in Ehren halten soll.

P.S.: Die ernsthafte Liebeserklärung meines Mannes bewirkte dann, dass ich am nächsten Tag mehr denn je körperlich mit ihm zusammen sein wollte!

Gesprächsimpuls

Versprechen Sie sich jetzt noch einmal ewige Liebe.

Gebet

Bitten Sie Gott um Hilfe, Ihre selbstsüchtigen Wünsche aufzugeben und Ihnen Möglichkeiten zu zeigen, dem anderen zu dienen.

28. August

Was um alles in der Welt ...?

Ich weiß keinen Ausweg mehr. Wie lange noch, Herr? Psalm 6,4

Gestern hat Barbara ja von ein paar Ereignissen während einer schwierigen Phase unserer Ehe erzählt. Auf dem Höhepunkt dieser Krise wurde unser einjähriger Sohn Benjamin mit dem Rettungswagen ins Krankenhaus eingeliefert, wir wurden bei unserem Hauskauf um eine beträchtliche Summe Geld betrogen, und nachdem ich vorübergehend wieder nach Missouri zurückkehrte, um dort die Propangas-Firma meines verstorbenen Vaters zu leiten, bekam ich selbst gesundheitliche Probleme.

Ich erinnere mich, wie ich auf dem Bett lag, in dem mein Vater ein paar Monate zuvor gestorben war, und spürte, wie mein Herz in beängstigender Geschwindigkeit raste. Es war eine Panikattacke, die nur für mein Ego gefährlich war.

Zwei Tage später befand ich mich um 2 Uhr morgens auf einem Tankwagen, um Propangas zu pumpen, und fror dabei bei den herrschenden Minustemperaturen erbärmlich. Noch nie in meinem Leben war ich so durcheinander gewesen.

Es war stockfinster, abgesehen von ein paar funkelnden Sternen am Himmel, in einer brutal kalten Nacht. Und da stand ich also, völlig durcheinander, und hatte keine Ahnung, was eigentlich mit meinem Leben los war. Völlig erschöpft von der Anstrengung und absolut erledigt, streckte ich meine Faust nach oben, sah zum Himmel hinauf und schrie: „Was um alles in der Welt machst du da eigentlich, Gott?“

Manchmal scheint das wirklich eine berechtigte Frage zu sein, oder? Waren Sie auch schon mal so durcheinander und haben Gott laut angeschrien? Sind Sie vielleicht gerade jetzt in einer Situation, in der Sie nur noch schreien können: „Was um alles in der Welt machst du da eigentlich, Gott“?

Solche Zeiten sind nicht geeignet für irgendwelche vorgefertigten Trostpflasterantworten. Aber ab und zu ist es ganz gut, in eine Situation zu geraten, in der man gezwungen ist, die ganze Last der Abhängigkeit auf die Schultern des Einen zu laden, der stark genug ist, einen zu tragen. Wenn wir zu Gott rufen, dann finden wir rechtzeitig heraus, wie gut er wirklich ist.

Er ist da, und er kümmert sich.

Gesprächsimpuls

Wenn Sie nicht selbst betroffen sind, denken Sie an jemanden, der gerade eine besonders schwere Zeit durchmacht. Überlegen Sie, wie Sie diese Person ermutigen können.

Gebet

Danken Sie Gott dafür, dass er da ist, unser Schreien hört und sich immer um uns kümmert.

29. August

Feinfühlige Liebe

Ihr sollt einander lieben! Genauso wie ich euch geliebt habe, sollt ihr einander lieben! Johannes 13,34

Danny Akin, Rektor eines theologischen Seminars, der so verwegen war, ein Buch über sexuelle Intimität zu schreiben, erzählt diese wahre, bewegende Geschichte:

Eine Frau erkrankte an Brustkrebs, und der Krebs war so weit fortgeschritten, dass die Ärzte radikal amputieren mussten. Wie bei den meisten Frauen war es auch bei ihr so, dass ihr Selbstwertgefühl grundlegend und zutiefst erschüttert war, als sie aus der Narkose aufwachte. Sie musste nicht nur mit dem Verlust ihrer Brust fertig werden, sondern im Spiegel sah sie, wie glanzlos ihr Haar und wie geschwollen ihr Gesicht war durch die Einnahme von Antibiotika. Eines Tages während ihres Klinikaufenthaltes brach sie in Tränen aus, als ihr Mann das Zimmer betrat. „Sieh doch nur, wie ich aussehe!“, schluchzte sie.

Er verließ daraufhin sofort das Zimmer und kam bald darauf mit einem Tablett voller Shampoos, Cremes und Lotionen zurück. Er nahm sie in die Arme, trug sie zum Waschbecken und setzte sie sich auf seinen Schoß. Dann wusch er ihr das Haar, trocknete es ab und föhnte es. Als Nächstes schminkte er sie, so gut er konnte – mit Puder, Lippenstift und Wimperntusche.

Sie sah sich in demselben Spiegel an, der zuvor die heftige Reaktion bei ihr ausgelöst hatte, und erkannte sich wieder. Sie war wieder da, und zwar einzig und allein, weil ihr Mann sie durch diese entscheidenden Augenblicke hindurchliebte, in denen ihre Welt zu zerbrechen drohte.

Heute sagt diese Frau, obwohl sie selbst dieses Erleben des Brustkrebses als Tiefpunkt ihres Lebens bezeichnet, dass zu den Lieblingsaugenblicken in ihrer gesamten Ehe diese kostbaren Augenblicke in dem Krankenhauszimmer gehören – als ihr Mann sie auf eine Weise geliebt hatte, die jede Frau verstanden hätte.

„Ihr Männer ... seid rücksichtsvoll zu euren Frauen!" (1. Petrus 3,7).

Gesprächsimpuls

Sprechen Sie über eine Situation, in der die Liebe Ihres Mannes/Ihrer Frau Bände für Sie gesprochen hat.

Gebet

Bitten Sie Gott darum, dass Sie sensibel dafür bleiben, welche Art von „Liebessprache" Ihr Partner gerade braucht.

30. August

Fehlt was?

Mehr noch: Wir rühmen uns sogar der Leiden ... Römer 5,3

Gary Smalley hat mir einmal von einer Begebenheit in einer Gemeinde in Kansas City erzählt, wo er ein Wochenendseminar leitete. Nach der Abschlussversammlung wollte er seine Tasche nehmen und gehen, aber die Tasche war weg.

Wissen Sie, wie es sich anfühlt, wenn so etwas passiert? Nach hektischem Suchen und Kramen und Wühlen und noch mal Suchen und dann Überprüfen, ob man sie nicht doch an irgendeiner anderen Stelle abgestellt hat, empfindet man eine intensive, nagende Reue und Wut. „Warum habe ich nicht ...? Wo war ich nur mit meinen Gedanken?"

Das Video einer Überwachungskamera zeigte dann einen hochgewachsenen Jungen mit geringeltem T-Shirt, der mit Garys Tasche den Saal verließ, aber niemand kannte den Jungen. Es bestand also keinerlei Hoffnung, die Tasche wiederzufinden.

In Garys Tasche befanden sich sein Laptop mit allen Unterlagen für seine Vorträge und auch alle bereits ausgedruckten Arbeitsblätter sowie Unterlagen für sein nächstes Seminar, die Gary während des Fluges lesen wollte – und alles war weg. Außerdem waren auch noch ein Rubinring und eine passende Halskette verschwunden, die Gary seiner Frau unterwegs zum vierzigsten Hochzeitstag gekauft hatte.

Gary merkte, wie ihm vor Wut richtig übel wurde. Aber dann kam der Heilige Geist zum Zug. Gary begann zu überlegen: *Moment mal, in der Bibel steht doch klipp und klar, dass wir uns über Anfechtungen freuen sollen, weil sie Ausharren bewirken (Römer 5,3). Der Herr fordert mich auf, mich meiner Schwachheit zu rühmen – auch der Schwachheit, einen kleinen Moment lang nicht aufgepasst zu haben –, damit Gottes Kraft in mir mächtig ist (2. Korinther 12,9).*

Zwar nicht sofort, aber doch noch vor Ende des Tages, hatte Gary seinen inneren Frieden wiedergefunden ... durch die belebende Kraft der Wahrheit Gottes.

Die Bibel hat wirklich die Kraft, unsere Gedanken auf das Herz Gottes abzustimmen und uns zu zeigen, wie wir handeln, reagieren und leben sollen – auch in den stressigen und ärgerlichen Augenblicken des Lebens.

Gesprächsimpuls

Welcher der oben genannten Bibelverse spricht Sie in Bezug auf Ihre derzeitige Lebenssituation am intensivsten an?

Gebet

Bitten Sie den Heiligen Geist, Sie an Gottes Wort zu erinnern, wenn Sie es am meisten brauchen.

31. August

Eine alte Flamme auslöschen

Die Liebe kennt keine Angst. Wahre Liebe vertreibt die Angst.
1. Johannes 4,18

Hat es vor Ihrer Hochzeit schon jemand anders gegeben? Wenn ja, dann sollten Sie sich klarmachen, dass es nicht unnormal ist, wenn Ihr Mann/Ihre Frau wegen einer alten Flamme verunsichert ist. Auch wenn diese Flamme schon seit vielen Jahren erloschen ist.

Barbara und ich haben neulich einmal das Haus ein wenig entrümpelt und aufgeräumt, und dabei stießen wir auf eine Schachtel mit Fotos, die wir kurz nach unserer Hochzeit zum letzten Mal geöffnet hatten. Es waren lauter einzelne Fotos darin, hauptsächlich aus unserer Collegezeit. Auf einem großen Teil der Fotos war ich mit Mädchen zu sehen, mit denen ich damals ausgegangen war.

Ich sagte zu Barbara: „Komm, lass uns die Fotos wegwerfen." Ich wollte diese Schnappschüsse nicht noch an unsere Kinder vererben, sodass sie sie dann durchsehen mussten.

Diese Bilder waren absolut nicht fragwürdig oder gar unanständig. Ich wollte Barbara und meinen Kindern dadurch einfach zeigen, dass es nur eine Frau in meinem Leben gibt. Sie ist die Wichtigste in meinem Leben. Und ich will auch keinerlei Versuchung im Haus haben, doch noch mal zurückzublicken und darüber zu fantasieren, was gewesen wäre, wenn ...

Haben Sie in letzter Zeit mal etwas von einer alten Flamme gehört oder sie sogar gesehen? Waren Sie schon mal in Versuchung, im Internet nach ihm/ihr zu suchen? Haben Sie noch eine Schachtel mit alten Briefen oder Erinnerungen aus einer lange zurückliegenden Beziehung? In der Ehe ist nur Platz für zwei.

Das Beste, was man mit einer alten Flamme machen kann, die plötzlich wieder auftaucht, ist ... sie auszulöschen. Und wenn Ihr Partner zur Eifersucht neigt, dann besteht die beste Möglichkeit, die Angst im Sinne des heutigen Verses auszutreiben, darin, ihr auch das kleinste bisschen Sauerstoff zu entziehen, bis Ihr Partner oder Ihre Partnerin sich in Ihrer Liebe völlig sicher und geborgen fühlt. Bewahren Sie nichts auf, das Ängste schüren oder die Flammen einer vorehelichen Beziehung wieder entfachen könnte.

Gesprächsimpuls

Machen Sie sich Sorgen darüber, dass Ihre Frau/Ihr Mann möglicherweise immer noch etwas für eine alte Flamme übrighat? Und wie gehen Sie mit *Ihrer* alten Flamme um? Seien Sie ehrlich miteinander.

Gebet

Gott, der uns eifersüchtig liebt, weiß, wie er uns helfen kann, das alte wirklich hinter uns zu lassen. Bitten Sie ihn um Hilfe, damit Sie beide Ihre Beziehung vor alten oder neuen Flammen schützen können.

1. September

Wie man alles noch schlimmer machen kann

Der Eigenbrötler tut nur, was ihm in seinen Kram passt; heftig wehrt er sich gegen jede bessere Einsicht. Sprüche 18,1

Ich hatte einen sehr anstrengenden Tag hinter mir, der vollgestopft gewesen war mit den tausend „letzten" Dingen, die immer noch kurz vor der Abreise zu einem Kongress anfallen. Am nächsten Morgen sollte ich abreisen und kam jetzt am Abend nach Hause zu einer ziemlich erschöpften Frau, die ebenfalls einen harten Tag hinter sich hatte – einen *sehr* harten Tag mit den Kindern. Sie hatte das dringende Bedürfnis zu reden, aber ich war immer noch beschäftigt.

Ich erinnere mich noch, wie ich den Telefonhörer zur Hand nahm, um einen letzten wichtigen Anruf zu erledigen, als Barbara sagte: „Bitte, telefoniere jetzt nicht. Wenn du es trotzdem tust, gehe ich nach oben."

Aber es ging nicht anders. Dieser letzte Anruf musste unbedingt noch erledigt werden. Also telefonierte ich. Und das war der erste einer Reihe von Fehlern, die noch folgen sollten. In dem Augenblick, als ich das Gespräch beendet und den Hörer aufgelegt hatte, rief meine Mutter an und wir plauderten ungefähr zwanzig Minuten miteinander. Weil ich inzwischen schon leichte Schuldgefühle bekam, fing ich an die Küche aufzuräumen und schaltete dabei den Fernseher ein, um ein wenig Unterhaltung dabei zu haben. Als ich mit dem Aufräumen fertig war, begann ich mich immer mehr für das zu interessieren, was da im Fernsehen lief.

Als Barbara schließlich herunterkam, um zu sehen, ob ich jetzt Zeit für sie hatte, traf sie mich im Sessel vor dem Fernseher an.

Kalt erwischt.

Es wird Sie sicher nicht weiter wundern, dass die Temperatur bei uns zu Hause an diesem Abend den Gefrierpunkt deutlich unterschritt. Wir gerieten aneinander, und als wir, immer noch streitend, im Schlafzimmer ankamen, schlug Barbara wütend mit einem Kissen nach mir. Ich drehte den Kopf zu Wand und versuchte einzuschlafen. Ich hatte Wut im Bauch und überlegte, wie ich es ihr heimzahlen könnte (erzählen Sie mir bloß nicht, dass es Ihnen nicht auch schon so ergangen ist). Es war richtig übel.

Ich glaube, dabei werde ich es jetzt erst einmal belassen und den Rest der Geschichte lieber morgen erzählen. Bis dahin möchte ich, dass Sie erkennen, wie eine Fehleinschätzung weitere nach sich zog. Jeder Versuch, eine Konfrontation zu vermeiden, machte letztlich alles nur noch schlimmer und sorgte dafür, dass die endgültige Konfrontation richtig schlimm wurde. Wenn Sie merken, dass Sie sich falsch verhalten, dann hören Sie doch lieber *sofort* damit auf und bringen Sie die Dinge in Ordnung, statt noch Öl ins Feuer zu schütten.

Gesprächsimpuls

Wie geraten Sie mit Ihrem Partner aneinander?

Gebet

Bitten Sie um Selbstbeherrschung, die ja zu den Früchten des Geistes gehört. Bitten Sie Gott, diese Frucht in Ihrem Leben wachsen zu lassen.

2. September

Sie können es doch besser

Versöhnt euch wieder und lasst die Sonne nicht über eurem Zorn untergehen. Epheser 4,26

Häufig platzt Gott – in seiner Gnade, die sich in dem betreffenden Moment allerdings eher wie ein Schlag in die Magengrube anfühlt – in unser Selbstmitleid hinein und verdirbt uns den ganzen Spaß am Schmollen und Herummaulen. Und genau das passierte mir auch in der Nacht, von der ich gestern erzählt habe.

Ich lag im Bett, bedauerte mich selbst und war richtig wütend auf Barbara, als Gott begann, mir meinen Egoismus zu zeigen. Er erinnerte mich daran, dass ich am nächsten Tag vor einem großen Kongresspublikum unter anderem genau darüber sprechen würde, wie man sich in Situationen wie dieser verhalten sollte.

Ach ja ... meine Güte, das hätte ich ja fast vergessen.

Und mit dieser kleinen Offenbarung von Realität und Ehrlichkeit ging meiner gesamten Argumentation von vorher auf der Stelle die Luft aus. Ich drehte mich jetzt zwar nicht sofort zu Barbara um, um die Sache zu klären, aber ich versprach mir selbst, das am nächsten Morgen als Erstes zu tun. Ich würde mich entschuldigen. Sie hatte recht. Es war meine Schuld. Ganz und gar meine Schuld.

Am nächsten Morgen beim Frühstück war die Stimmung immer noch angespannt, aber ich sah Barbara in die Augen und gab zu, wie egoistisch ich gewesen war und dass ich auf die ersten Signale ihres bedrückten und überforderten Zustandes hätte reagieren müssen. „Das war sehr unsensibel von mir. Ich habe es wirklich vermasselt. Tut mir leid."

„Also", sagte sie daraufhin, „mir tut es auch leid. Ich habe mich ziemlich kindisch benommen, als ich mit diesem Kissen nach dir geschlagen habe, aber als ich dich dort vor dem Fernseher sitzen sah, wo ich dich doch so sehr gebraucht hätte ... das war der Tropfen, der das Fass zum Überlaufen gebracht hat."

Wir redeten noch eine Weile, aber als ich dann aufbrechen musste, um meinen Flug nicht zu verpassen, ging es uns beiden schon viel besser. Obwohl uns vom Gefühl her gar nicht so recht danach war, vergaben wir einander trotzdem – in einem reinen Willensakt.

Versöhnung. Sie ist besser als die beste Kreditkarte – gehen Sie nie ohne sie aus dem Haus.

Gesprächsimpuls

Gibt es noch ungelöste Probleme oder Unstimmigkeiten zwischen Ihnen? Jetzt ist der richtige Zeitpunkt, diese Dinge zu klären.

Gebet

Bitten Sie Gott, die Sonne als tägliche Mahnung zu nutzen, Unstimmigkeiten zu klären. Lassen Sie niemals die Sonne untergehen, ohne miteinander versöhnt zu sein.

3. September

Unterschwellige Kriegsführung

Vergeltet Böses nicht mit Bösem, und gebt Beleidigungen nicht wieder zurück! Im Gegenteil, segnet eure Beleidiger, denn Gott hat euch dazu berufen, seinen Segen zu empfangen. 1. Petrus 3,9

Manche Ehepaare können anscheinend gar nicht mehr anders miteinander umgehen als in Form von Sticheleien, Retourkutschen und Abwertungen. Manchmal kann eine solche tiefe innere Bitterkeit auch wortlos und stillschweigend zum Ausdruck kommen, wenn der eine oder der andere Ehepartner innerlich schäumt und dann passiv Vergeltung übt. Es gibt mehr als eine Art, es dem Partner heimzuzahlen.

Das erinnert mich an eine – angeblich wahre – Geschichte über ein paar Soldaten im Koreakrieg, die nicht auf dem Truppenstützpunkt in der Kaserne wohnten. Sie heuerten einen einheimischen Hausangestellten an, der ihnen den Haushalt führte, und irgendwie machte es ihnen Spaß, ihm Streiche zu spielen – einfach so, aus purer Gemeinheit.

Eines Morgens beispielsweise stand der Hausangestellte auf, schlüpfte in seine Schuhe und stürzte vornüber, weil seine Schuhe am Boden festgenagelt waren, oder die Soldaten hatten ihm eines Abends, als er ins Bett gehen wollte, Rasiercreme unters Kopfkissen geschmiert. Doch was die Soldaten auch anstellten, der Mann blieb scheinbar ruhig und gelassen. „Das ist schon in Ordnung", sagte er immer.

Irgendwann wurde den Soldaten dann aber klar, dass sie den Mann schlecht behandelt hatten, und sie entschuldigten sich bei ihm. „Es tut uns leid. Wir hören ab jetzt mit diesen Dummheiten auf."

„Keine angenagelten Schuhe mehr?" Nein.

„Keine Rasiercreme unter dem Kissen?" Nein.

Der Mann lächelte zaghaft und sagte dann: „Okay. Dann ich auch nicht mehr in Suppe spucken."

Es gibt in der Ehe so viele Möglichkeiten, dem anderen in die Suppe zu spucken. Erstaunlich, wie viele Möglichkeiten mir da spontan einfallen, es dem anderen heimzuzahlen. In der Bibel steht, dass es normal ist, in Versuchung zu geraten. Aber es ist definitiv falsch, dem Ehepartner in die Suppe zu spucken! Versuchen Sie im Sinne von 1. Petrus 3,9 zu segnen, statt zu beleidigen.

Gesprächsimpuls

Mal ganz ehrlich: Wann und wie setzen Sie einander auf diese Weise zu? Welche kleinen Tricks wenden Sie an, um sich zu rächen? Wie können Sie lernen, „stattdessen zu segnen"?

Gebet

Bitten Sie den Heiligen Geist um Hilfe, Ihren Partner nicht zu verletzen und ihn auch im Eifer des Gefechts zu segnen.

4. September

Weggabelung

Vor dem Sturz will das Herz des Mannes hoch hinaus, aber der Ehre geht Demut voraus. Sprüche 18,12

Vor Jahren habe ich einmal ein öffentliches Interview mit Bill und Vonette Bright, den Gründern von *Campus für Christus,* geführt. Unter anderem habe ich sie damals gefragt: „Gab es in Ihrer Ehe auch einmal eine echte, tiefe Krise? Eine echte Weggabelung, von der aus es auch in die Katastrophe hätte führen können?"

Bill traten Tränen in die Augen. Er senkte den Kopf und nickte stumm. Mit Scham und Kummer in der Stimme begann er von einer Unstimmigkeit zu berichten, von der ihre Ehe eine Zeit lang richtig bedroht gewesen war.

Es hatte damit begonnen, dass Bill wichtige Entscheidungen im Zusammenhang mit seiner Arbeit getroffen hatte, ohne vorher mit Vonette darüber zu sprechen, obwohl auch sie von diesen Entscheidungen unmittelbar mitbetroffen war. Als sie eines Tages über eines dieser Probleme sprachen, sagte Bill: „Die Entscheidung ist doch längst gefallen, und jetzt ist es zu spät, unsere Pläne noch zu ändern."

Und plötzlich entlud sich all der Groll, der sich bei Vonette angestaut hatte. „Okay, Bill Bright, dann gehe ich eben! Ich bin nicht bereit, mit einem Mann zusammenzuleben, bei dem ich nichts zu sagen habe." Sie scheuchte die Kinder in den Wagen, stieg auch selbst ein, sackte dann aber in sich zusammen. Wohin sollte sie denn fahren?

In diesem Augenblick machte ihr kleiner Sohn Zac eine Bemerkung, die Vonette tief ins Herz schnitt. „Mama, jetzt sehe ich, wie du wirklich bist." Während sie von den Worten noch tief getroffen war und um Fassung rang, kam Bill durch die Haustür nach draußen gestürmt, stellte sich dem Wagen in den Weg und bat sie inständig: „Bitte, Vonette, geh nicht."

Er bat sie um Verzeihung und sie ihn ebenfalls. Danach untermauerte Bill seine Bitte um Verzeihung noch, indem er die Entscheidung, die zu dem Streit geführt hatte, rückgängig machte. Später schrieb Vonette dazu: „Ich bin damals geblieben, weil Bill den ersten Schritt zur Versöhnung und zur Lösung unseres Problems gemacht hat. Er hat gezeigt, dass er wirklich ein Mann Gottes ist, indem er seinen Fehler zugab, wodurch ich wiederum den Mut bekam, auch meine erbärmliche innere Haltung einzugestehen."

Die Ehe der Brights gedieh und blühte über fünfzig Jahre lang, bis zu Bills Tod im Jahr 2003. Die beiden haben nie aufgegeben, und das sollten auch Sie nicht tun.

Gesprächsimpuls

Haben Sie je vor einer solchen Weggabelung gestanden? Welche Grundsatzentscheidungen haben Ihre Ehe gestärkt?

Gebet

Bitten Sie Gott um eine demütige innere Haltung, damit Sie immer den ersten Schritt zur Versöhnung tun können.

5. September

Bringen Sie sie dazu ...

Ihr belehrt also andere – aber euch selbst belehrt ihr nicht.
Römer 2,21

Ich werde nie die E-Mail eines Ehemannes vergessen, der mir Punkt für Punkt auflistete, was er sich vom Besuch unseres Eheseminars versprach, für das er und seine Frau sich angemeldet hatten. Es passt gar nicht alles auf eine Seite, aber damit Sie eine Vorstellung bekommen, hier ein Auszug:

Ich wünsche mir, dass Sie meine Frau dazu bringen ...
- ... keine schlechten Fernsehsendungen mehr anzusehen,
- ... in der Bibel zu lesen,
- ... christliche Musik zu hören,
- ... mich in meinen Wohltätigkeitsaktivitäten zu unterstützen,
- ... zu erkennen, dass sie eine Sünderin ist,
- ... mit dem Biertrinken aufzuhören,
- ... nicht mehr das Geld der Familie zu verschwenden,
- ... zu erkennen, dass sie ein schlechtes Vorbild ist.

Nachdem ich diese E-Mail gelesen hatte, hätte ich am liebsten gesagt: „Hören Sie, ich habe eine viel bessere Idee. Wie wäre es, wenn Sie eine Liste aufstellen mit Punkten, die bei Ihnen anders werden müssen, statt eine lange Aufzählung von Punkten zu schicken, die sich bei Ihrer Frau ändern müssen? Wie wäre es, wenn Sie einmal alles aufzählen, was Sie an ihr schätzen? Oder wenn Sie einmal die drei Dinge aufzählen, die Ihre Frau am dringendsten von Ihnen braucht, möglichst gleich zusammen mit einem Termin, bis zu dem Sie ihr diese Dinge erfüllen wollen?"

Ich weiß, dass das hier ein extremes Beispiel ist, und es ist ja auch leicht, auf jemanden wie diesen Mann mit dem Finger zu zeigen, aber beantworten Sie sich doch einmal ganz ehrlich folgende Frage: *Glaube ich auch, dass unsere Eheprobleme gelöst wären, wenn sich mein Partner ändern würde?*

Gesprächsimpuls

Versprechen Sie einander, mindestens eine der drei oben von mir erwähnten Positiv-Listen anzufertigen, und tauschen Sie sich dann über diese Listen aus.

Gebet

Bitten Sie Gott, Sie davor zu bewahren, den anderen anzuklagen und mit dem Finger auf ihn zu zeigen. Bitten Sie ihn, Sie zu warnen, wenn Sie in ein solches Verhalten hineinrutschen.

6. September

Kleidung sagt etwas aus

Alle, die das voller Zuversicht von ihm erwarten, halten sich von allem Unrecht fern, so wie Christus es getan hat. 1. Johannes 3,3

Als Barbara und ich einmal in einem Fast-Food-Restaurant etwas aßen, kamen ein paar Studenten des nahe gelegenen Colleges herein, die T-Shirts mit ekelhaft vulgären Aufschriften und Aufdrucken trugen, alle mit sexuell gefärbten Untertönen.

Vielleicht lag es daran, dass sich das nicht in unserer Heimatstadt, sondern auswärts abspielte – vielleicht auch daran, dass ich einen Cheeseburger aß, obwohl ich mich besser an Salat hätte halten sollen –, ich hatte jedenfalls das dringende Bedürfnis, mit diesen jungen Burschen ein paar Worte von Mann zu Mann zu wechseln. Barbara und ich sprachen also kurz darüber, und dann sagte ich zu ihr: „Setz dich schon mal in den Wagen und lass den Motor an, nur für den Fall, dass ich mich schnell aus dem Staub machen muss."

Dann ging ich zu den Studenten hinüber, lächelte sie an und sagte: „Hört mal, ich weiß nicht, was eure Mütter denken würden, wenn sie jetzt hier hereinkämen und euch so sähen, aber meine Frau hat gerade noch hier gesessen und hat gesehen, was auf euren T-Shirts steht, und sie fand es ziemlich vulgär, abstoßend und beleidigend."

Sie ließen einer nach dem anderen langsam ihre Hamburger sinken, aber ich lächelte sie einfach weiter an und fuhr fort: „Eines Tages werdet ihr Väter sein wie ich, und eure Söhne werden vielleicht solche T-Shirts tragen wollen, und ich hoffe, dass ihr ihnen dann beibringt, was es heißt, ein Mann zu sein und respektvoll mit dem anderen Geschlecht umzugehen."

Ich will gar nicht behaupten, dass mein Vorgehen in diesem Fall immer ratsam ist, aber machen Sie Ihren Kindern auf jeden Fall klar, dass ihr Kleidungsstil auch ihre Persönlichkeit widerspiegelt. Sagen Sie ihnen: „Du gehörst zu dieser Familie, und du bist ein Kind Gottes."

Es heißt, dass das Böse am besten dadurch siegt, dass die guten Leute gar nichts tun. Ich kann mich sicher nicht mit jedem Problem befassen, aber ich bin fest entschlossen, mich mit den Problemen zu befassen, die Gott mir direkt vor die Füße stellt. Und wie sieht es bei Ihnen aus?

Gesprächsimpuls

Sind Sie damit einverstanden, wie Ihre Kinder sich kleiden? Gibt es Bereiche, über die Sie reden sollten?

Gebet

Danken Sie Gott für das Vorrecht, das Gewissen Ihrer Kinder mitprägen zu dürfen. Danken Sie ihm für die Verantwortung, die Sie und Ihre Kinder haben, Gott mit Ihrem Leben zu ehren.

7. September

Warum sich mit weniger zufriedengeben?

Alles, was ihr tut und was ihr sagt, soll zu erkennen geben, dass ihr Jesus, dem Herrn, gehört. Kolosser 3,17

John Flanagan befand sich während des Vietnamkrieges auf einem Routineflug der Luftwaffe. Er sollte überprüfen, ob die Meldung, dass ganz in der Nähe 300 feindliche Soldaten gesichtet worden seien, richtig ist. Als er im Tiefflug das angegebene Gebiet überflog, konnte er nichts Verdächtiges feststellen, und es wies auch nichts auf die Anwesenheit von Vietkong hin.

Kurz bevor er wieder auf Höhe ging, um zur Basis zurückzufliegen, blitzte die Erinnerung an seinen ehemaligen Englischlehrer an der Highschool auf. Pater John Mulroy hatte zu den Lehrern gehört, die keine halben Sachen leiden konnten. Seine Schüler – unter ihnen auch John Flanagan – gaben entweder ihr Bestes oder mussten eben mit den Folgen leben, die es hatte, nur so gerade über die Runden zu kommen.

Aufgrund dieser Erinnerung beschloss John, das angegebene Gebiet noch einmal zu überfliegen und sorgfältig abzusuchen, und dieses Mal entdeckte er eine Ansammlung von Vietkong. Und nicht nur das: Er bemerkte auch ein Kommando von amerikanischen Kampfhubschraubern, die sich den Vietkong näherten, um auf sie zu feuern.

Doch irgendetwas stimmte da nicht. Er flog noch tiefer, bis er fast die Baumwipfel berührte und selbst in die Gefahrenzone geriet, und stellte dabei fest, dass die Soldaten dort unten keineswegs Vietkong waren, sondern verbündete südvietnamesische Truppen. Unter Einsatz seines Lebens wendete er den drohenden Kampf ab und sorgte dafür, dass der Irrtum nicht zu einem Blutbad führte.

Dafür, dass John Flanagan durch eine Extraanstrengung eine Katastrophe verhinderte, bekam er einen Orden und die Bewunderung seiner Kameraden. Doch ein Teil der Anerkennung hätte eigentlich einem entschlossenen Lehrer gebührt, der seine Schüler dazu erzog, sich nicht mit dem Zweitbesten zufriedenzugeben.

Motivieren Sie sich selbst und Ihre Kinder dazu, Ihr Bestes zu geben?

Gesprächsimpuls

Sprechen Sie über eine Person, die Ihnen beigebracht hat, immer Ihr Bestes zu geben und nie aufzugeben, bevor eine Aufgabe zu Ende gebracht ist. Vor welche Herausforderungen wollen Sie Ihre Kinder stellen?

Gebet

Bitten Sie Gott um einen langen Atem, damit Sie selbst Ihr Bestes geben und darin Vorbild sein können – in dem Bewusstsein, dass Sie letztlich Gott gefallen wollen.

8. September

Glaube auf dem Prüfstand

Für die Verlorengehenden ist es ein tödlicher Duft, an dem sie sterben.
Für die, die gerettet werden, ist es ein Duft, der sie zum Leben führt.
Wer ist einer solchen Aufgabe gewachsen? 2. Korinther 2,16

Wohl jeder von uns kennt Selbstzweifel. Nach außen mögen wir vielleicht so wirken, als hätten wir alles im Griff, aber wir selbst wissen ganz genau, dass das nicht stimmt. Deshalb tut es auch so weh, wenn wir von anderen mit unserer eigenen Unsicherheit konfrontiert werden – ganz besonders, wenn sie mit unserem Wunsch zu tun hat, Jesus wirklich kompromisslos nachzufolgen.

Genau das ist einem Freund von mir passiert, der Gottes Ruf in den vollzeitlichen Dienst verspürte. Als er seiner Mutter davon erzählte, sagte die: „Es hat eine Zeit gegeben, da war ich unglaublich stolz auf dich. Es ist wirklich eine Schande, dass du jetzt sechs Jahre Studium und zwei Hochschulabschlüsse zum Fenster hinauswerfen willst."

Die Einschätzung seiner Tante war kein bisschen freundlicher: Sie schrieb ihm: „Du glaubst wahrscheinlich, dass du etwas besonders Edles vorhast, aber glaub mir, lieber Neffe, das ist keineswegs der Fall. Du bist dabei, nur ein weiterer Blutsauger am Hals der Gesellschaft zu werden, der die schwer erarbeiteten Mittel der Bürger dieses Landes aufzehrt. Wenn du mein Sohn wärest, würde ich dich zum Psychiater schicken, denn nur ein krankes Hirn kann so viel Gutes, wie du es bekommen hast, einfach wegwerfen."

Wie soll man auf solche Aussagen reagieren? Auch wirklich hingegebene Nachfolger Jesu wissen, wie schwierig es sein kann, die unhörbare Stimme eines unsichtbaren Gottes zu erkennen. Wenn also andere Menschen eine Entscheidung herabsetzen, die man aufgrund der eigenen Beziehung zu Gott getroffen hat, wem soll man dann glauben?

Es ist ganz normal, dass man manchmal unsicher ist, besonders wenn es um ganz konkrete Details seines Willens geht. Wir brauchen Menschen in unserem Leben, die für Ausgewogenheit sorgen und denen gegenüber wir Rechenschaft ablegen. Doch vor allem müssen wir ein Vertrauen auf Gott entwickeln, das uns auch dann trägt, wenn andere Zweifel an uns haben. Lassen Sie Gottes Freude an Ihnen die Quelle Ihres Vertrauens in ihn sein.

Gesprächsimpuls

Ist es Ihnen schon passiert, dass andere eine Entscheidung hinterfragt haben, die Sie im Gehorsam gegenüber Jesus getroffen haben? Führt Gott Sie möglicherweise heute in eine Richtung, der Sie gehorchen sollen?

Gebet

Bitten Sie Gott um den Glauben, den Mut und das Durchhaltevermögen, ihm absolut zu vertrauen.

9. September

Verwaschene Überzeugungen

Du aber bleibe bei dem, was du gelernt und worauf du dein Vertrauen gesetzt hast. Du weißt, wer deine Lehrer waren. 2. Timotheus 3,14

Ich fürchte, dass viel zu viele Christen gar nicht wissen, was sie eigentlich glauben. Wie ein Korken, der auf dem Ozean schwimmt und von den Wellen hin- und herbewegt wird, hüpfen sie von Meinung zu Meinung. Sie lassen sich mehr von dem Buch beeinflussen, das sie gerade gelesen haben, als von dem, was sie in jahrelangem Bibelstudium gelernt haben. Wir sind fast süchtig nach Aktivität und halten selten lange genug inne, um zu entscheiden, was uns eigentlich wirklich wichtig ist, sind zu beschäftigt, um zu entscheiden, wofür es sich tatsächlich zu leben und zu sterben lohnt.

Die Folge ist, dass unser Leben oft auf verwaschenen Überzeugungen beruht. Solche verwaschenen Überzeugungen enthalten gerade genug Wahrheit, um noch so eben gerade als Überzeugungen durchzugehen, weil sie so ähnlich klingen wie echte Überzeugungen. Aber sie sind zu schwach, um uns selbst oder unser Handeln zu inspirieren. Sie sind zu theoretisch, um uns dahin gehend zu beeinflussen, dass wir auch Entscheidungen treffen können, die uns auch Opfer abverlangen könnten.

Verwaschene Überzeugungen bewirken, dass wir kneifen, wenn wir unseren Kindern im Teenageralter immer mal wieder Paroli bieten müssen. Sie taugen nicht dazu, eine Ehe auch dann aufrechtzuerhalten, wenn die Romantik sich verflüchtigt. Sie sorgen dafür, dass wir schweigen, wenn es um Themen wie beispielsweise die Ehe zwischen Homosexuellen geht. Beinah-Überzeugungen geben nicht den Mut, ein Verhalten zu ändern oder gegen den Strom zu schwimmen und im Widerstand gegen die Masse stark zu bleiben.

Verwaschene Überzeugungen führen zu einer neuen Art des Christseins, die sich wie eine Seuche in Familien und Gemeinden ausbreitet. Es ist ein Glaube, der wenig Würze, wenig Licht und wenig Wirkung hat. Wenn verwaschene Überzeugungen unsere einzige Motivationsquelle sind, dann werden in kniffeligen Fragen keine klaren Standpunkte mehr bezogen, werden in kontroversen Gesprächsimpulsen mehr und absolute Wahrheiten zur Disposition gestellt. Ohne Grundüberzeugungen, die uns Orientierung bieten, können wir keine festen Positionen einnehmen, die wir aber brauchen, um glaubhaft und charakterstark zu leben.

Ich rufe Sie auf, auf der Grundlage biblischer Überzeugungen zu leben. Das hier ist ein Aufruf, sich intensiv mit der Bibel zu befassen. Es ist ein Weckruf, der Sie herausfordert herauszufinden und zu sagen: *Was glaube ich?*

Was wir heute dringend brauchen, sind Gläubige, die Jesus nachfolgen und für ihn und seine Wahrheit einstehen.

Gesprächsimpuls

Wenn Sie vor Gericht stünden, weil Sie Christ sind, gäbe es dann genug Beweismaterial, um Sie zu überführen?

Gebet

Bitten Sie Gott, Ihnen den Mut zu schenken, für das einzustehen, was Sie als wahr und richtig erkannt haben.

10. September

Nicht drängeln bitte

Die Liebe ist geduldig. 1. Korinther 13,4

Ich gebe es ja zu: Wenn ich irgendwohin muss, dann bin ich gern pünktlich. Pünktlichkeit ist für mich ganz wichtig. Ich bin da zwar nicht zwanghaft, aber ich finde, Pünktlichkeit sagt viel über einen Menschen aus und auch darüber, welche Bedeutung man einem Ereignis oder einer Person, mit der man verabredet ist, beimisst. So bin ich nun mal.

Barbara ist da allerdings ganz anders, und bei einigen wenigen Gelegenheiten im Laufe unserer vielen Ehejahre wurde mein guter Charakter, den ich durch meine Pünktlichkeit zur Schau zu stellen glaubte, gründlich ruiniert durch meine Ungeduld und meine ärgerlichen Worte, wenn Barbara und die Kinder sich nicht genau an meinen Zeitplan hielten.

Cookie (das ist mein Kosename für Barbara) ist in ihrem tiefsten Inneren eine Künstlerin. Gott hat sie wunderbar und reich mit Kreativität beschenkt, und deshalb haben Zahlen in ihrem Denken und Fühlen keinen rechten Platz. Mit der Folge, dass Pünktlichkeit für sie eine echte Herausforderung ist. Eine Viertelstunde plus/minus zählt für sie noch als pünktlich und juckt sie auch nicht weiter.

Ich muss grinsen, wenn ich an einen der großartigsten Momente denke, die ich mit meinem Schwiegervater Bob erlebt habe. Bob war Ingenieur, und eines Tages sagte er zu mir: „Dennis, all die Jahre bist du zu unseren Familienzusammenkünften zu spät gekommen. Ich habe immer gedacht, dass es deine Schuld wäre, aber wenn ich jetzt darüber nachdenke, wird mir klar, dass ich mich geirrt habe. Es war nicht deine Schuld, sondern die meiner eigenen Tochter!" Ich lächelte. Es gibt doch Gerechtigkeit!

Aber wissen Sie, was *nicht* richtig ist? Für mich ist Pünktlichkeit manchmal wichtiger als Menschen. Ich verliere manchmal aus dem Blick, dass menschliche Beziehungen viel kostbarer sind als irgendwelche menschlichen Erwartungen in Sachen Ordnung und Struktur. Und auch wenn Pünktlichkeit für mich wichtig ist, ist sie nicht wichtiger als meine Frau und meine Kinder.

Lieber ein bisschen zu spät kommen, dafür aber immer noch verliebt sein.

Gesprächsimpuls

Haben Sie beide unterschiedliche Auffassungen von Pünktlichkeit? Hat das Auswirkungen auf Ihre Ehe? Wie können Sie einander helfen, möglichst pünktlich zu sein?

Gebet

Bitten Sie Gott um Geduld.

11. September

11. September 2001

Doch Segen soll über alle kommen, die allein auf mich, den Herrn, ihr Vertrauen setzen! Jeremia 17,7

Am 11. September 2001 hatte ich frei. Ich war gerade ein paar Kilometer gejoggt, als Barbara mich auf dem Highway in der Nähe unseres Hauses antraf. Sie sah sehr besorgt aus und dann platzte es aus ihr heraus: „Wir sind angegriffen worden."

Nachdem ich im Fernsehen mehr über die Terroranschläge erfahren hatte, duschte ich und eilte in mein Büro, wo ich mich mit den christlichen Leitern unseres Werkes traf. Wir beteten und sprachen darüber, wie wir Christen helfen könnten, mit ihrer Angst und Unsicherheit umzugehen.

Viele der Überlegungen, die ich in den Tagen nach dem 11. September aufgeschrieben habe, sind auch in anderen Zeiten großer Unsicherheit aktuell:

1. *Wir sollen Gott und nicht Menschen vertrauen* (siehe Jeremia 17,5–8). Gott und seine Pläne werden nicht durch die Taten von Menschen umgeworfen. Er ist ein Fels in der Brandung, ein Anker im Sturm.
2. *Wir sollen für die Ewigkeit und für das Reich Gottes leben* (siehe Matthäus 25,14–30). Die Dinge dieser Welt scheinen in Krisenzeiten eher nebensächlich. Finden Sie heraus, was Gott mit Ihrem Leben vorhat. Wie kann er Sie einsetzen, um andere mit der Sache Jesu zu erreichen, sie zu gewinnen und anderen zu dienen?
3. *Wir sollen mutig die Frohe Botschaft verkünden* (siehe 2. Korinther

5,20). Die Menschen, die uns begegnen, sind vielleicht nur einen Hauch von der Entscheidung für Jesus entfernt.

4. *Wir sollen die biblischen Werte für die Familie jetzt und nicht nur in Krisenzeiten beherzigen.*
5. *Wir sollen jetzt anderen Mut machen, heute für Jesus zu leben und damit nicht bis morgen warten* (siehe Hebräer 3,13).

Eines meiner Lieblingslieder in den Tagen nach dem 11. September war „Ein' feste Burg ist unser Gott" von Martin Luther:

Ein' feste Burg ist unser Gott, ein' gute Wehr und Waffen;
Er hilft uns frei aus aller Not, die uns jetzt hat betroffen.
Der alte böse Feind, mit Ernst er es jetzt meint,
groß' Macht und viel List, sein' grausam' Rüstung ist,
auf Erd' ist nicht seinsgleichen.

An diese Worte können wir uns erinnern, wenn wir Mut brauchen, um in diesen unruhigen Zeiten zu bestehen.

Gesprächsimpuls

Woran erinnern Sie sich vom 11. September 2001? Wie hat es sich auf Ihren Glauben ausgewirkt?

Gebet

Beten Sie, gemeinsam mit Ihrer Familie Gott zu „Ihrer festen Burg" zu machen.

12. September

Bereit und in der Lage

Du kannst das Pferd anspannen für den Tag der Schlacht;
aber der Sieg kommt vom Herrn. Sprüche 21,31

Am Morgen des 11. September 2001 sah David Karnes in seinem Büro in Connecticut im Fernsehen die furchtbaren Ereignisse in New York City. Der ehemalige Offizier der Marines, der inzwischen als Buchhalter tätig war, empfand mehr als Schmerz und Mitleid. Er verspürte den Ruf, dort aktiv tätig zu werden und zu helfen.

Er verließ sein Büro, ließ sich beim Friseur einen militärischen Haarschnitt verpassen, fuhr nach Hause, um seine alte Tarnausrüstung und sein Abseilgerät zu holen, fuhr noch in seiner Gemeinde vorbei, um mit seinem Pastor zu beten, und machte sich dann auf den Weg nach Manhattan.

Trotz zahlreicher Straßensperren konnte er sich dank seines militärischen Auftretens einen Weg bis *Ground Zero* bahnen. Dort half er zusammen mit einem anderen freiwilligen Helfer, die letzten beiden Überlebenden aus den rauchenden Trümmern des World Trade Center zu bergen.

Von David Karnes können wir eine Menge lernen über den Umgang mit Krisen, mit denen wir alle irgendwann einmal im Leben konfrontiert sind.

Erstens: *Er war bereit.* Als er reagieren musste, wusste er genau, wo die Sachen waren, die er brauchte.

Zweitens: *Er war demütig*. Trotz seiner Kämpfermentalität bestand seine erste Reaktion darin, zu beten und um Gottes Leitung und Kraft zu bitten.

Drittens: *Er handelte*. Er gab alles, warf sich mit Mut und Überzeugung in den Kampf und riskierte dabei sogar sein Leben.

Sind Sie geistlich vorbereitet auf das, was möglicherweise auf Sie zukommt? Sind Sie bereit zu handeln, wenn es so weit ist? Ich glaube, dass wir heute dringend Männer und Frauen brauchen, die bereit sind, sich in lebenswichtigen Fragen zu engagieren, anstatt passiv zu bleiben.

Gesprächsimpuls

Wenn Sie heute über den 11. September 2001 nachdenken, dann überlegen Sie doch einmal gemeinsam, wie Sie auch heute und in Ihrer unmittelbaren Umgebung helfen können. Sprechen Sie über Ihre Bereitschaft, sich im Leben anderer Menschen zu engagieren.

Gebet

Bitten Sie Gott, unser Land und unsere Welt vor solchen Gräueltaten wie der vom 11. September 2001 zu bewahren. Beten Sie, dass Gott Sie als Ehepaar einsetzt, um das Leben anderer Menschen zu berühren.

13. September

Richtig oder falsch

Gott hat für alles eine Zeit vorherbestimmt, zu der er es tut; und alles, was er tut, ist vollkommen. Prediger 3,11

Als Sie mit Ihrem Ehepartner den Ehebund schlossen, da haben Sie damit nicht nur versprochen, verheiratet zu bleiben. Es war keine Art Prüfung, die man bestehen oder eben nicht bestehen kann, sondern es war das heilige Versprechen, füreinander zu sorgen – die Bedürfnisse des anderen zu erfüllen und ihn in seinem Sosein ganz anzunehmen –, sich gegenseitig als persönliche Versorgung Ihrer Bedürfnisse durch Gott zu verstehen.

Aber es ist ja so, dass man das Ehegelöbnis spricht, lange bevor man den Partner wirklich kennt – bevor man jahrelang gemeinsam ein Bad benutzt, denselben Geschirrspüler und auch sonst so gut wie alles. Erst mit der Zeit wird man sich all der kleinen, ärgerlichen Dinge bewusst, die einem so richtig unter die Haut oder auf die Nerven gehen können.

Manche Ehemänner und Ehefrauen kommen an diesem Punkt zu dem Schluss: „Ich habe wohl die falsche Person geheiratet." Dieser Gedanke ist gar nicht ungewöhnlich, aber er ist gefährlich.

Wenn Ihnen dieser Gedanke jemals gekommen ist, möchte ich Sie bitten, einmal sorgfältig über folgenden zeitlosen Rat von Motivationsredner und Autor Zig Ziglar nachzudenken: „Ich kann nicht beurteilen, ob Sie die falsche Person geheiratet haben, aber eines weiß ich: Wenn Sie die falsche Person so behandeln, als wäre es die richtige, dann könnten Sie letztlich doch die richtige Person geheiratet haben. Es ist viel wichtiger, die richtige Person zu *sein*, als die richtige Person zu *heiraten*."

Jeder von uns kommt doch in der Ehe ab und zu an einen Punkt, an dem unsere Ziele und Meinungen kollidieren, manchmal sogar sehr heftig. Wir können nicht ein Leben lang zusammen sein, ohne auch Wegstrecken voller Schlaglöcher und mit Steilhängen zu erleben. Aber was würde wohl passieren, wenn wir beschlössen, anzunehmen, statt abzulehnen, dankbar statt gehässig zu sein und zu ermutigen, statt zu kritisieren?

Ich verspreche Ihnen, Mr und Mrs Right sind genau die Personen auf Ihren Hochzeitsfotos, auch wenn es Ihnen in letzter Zeit kein bisschen so vorgekommen ist.

Gesprächsimpuls

Inwiefern hat sich Ihre Sichtweise von Ihrem Partner geändert, seit Sie verheiratet sind? Erneuern Sie noch einmal Ihr Versprechen, sich wirklich ganz und gar und ohne Hintertürchen aufeinander einzulassen.

Gebet

Bitten Sie Gott, Ihnen ein zufriedenes Herz zu schenken und die Bereitschaft, sich ganz und gar auf den Partner einzulassen – nicht nur, um gemeinsam zu leben, sondern um einander wirklich zu lieben.

14. September

Geschwisterstreit

Ich sage das, damit euch niemand durch Überredungskünste hinters Licht führt. Kolosser 2,4

Jede Familie mit mehr als einem Kind kennt Geschwisterrivalität. Auch wenn sie sich nicht immer in sichtbaren Kämpfen oder lauten „Mama!"-Rufen ausdrückt, sie ist garantiert da! Geschwister rangeln und raufen, um ihre Position zu verteidigen oder zu verbessern; sie beobachten mit Argusaugen, wer vielleicht mehr bekommt und wer weniger.

Wenn ich früher nach der Arbeit nach Hause kam, waren unsere Kinder oft in Streitereien verwickelt. Der eine hatte sich vom anderen etwas genommen, ohne zu fragen ... ein anderer hatte den Filzschreiber ohne Kappe liegen gelassen, sodass er ausgetrocknet war ... ein anderer wiederum hatte sich heimlich aus dem Staub gemacht, statt den anderen bei einer Arbeit zu helfen. Streit unter Geschwistern – eine nie endende Geschichte.

Wir haben uns manchmal gefragt, ob unsere Kinder sich wohl jemals verstehen würden oder ob sie sich auch als Erwachsene vielleicht immer noch so spinnefeind sein würden, wie es jetzt manchmal den Anschein hatte.

Ich möchte Ihnen Mut machen: Auch wenn Sie völlig erschöpft und entnervt sind und sich den ständigen Rangeleien um Aufmerksamkeit und Zuwendung nicht gewachsen fühlen – raffen Sie sich auf und versuchen Sie, die Streithähne wieder miteinander zu versöhnen.

Ich glaube, dass Geschwisterrivalität unter anderem zu dem Zweck existiert, dass unsere Kinder auf lebenslange Beziehungen in Ehe und Familie vorbereitet und trainiert werden. Wenn unsere Kinder lernen, Differenzen beizulegen, sich zu einigen, Fehler zuzugeben und einander zu vergeben, dann lernen sie damit Methoden der Konfliktbewältigung, die für ihr ganzes späteres Leben unglaublich wichtig sind.

Heute gehört es mit zu den schönsten Dingen in unserem Leben, unsere erwachsenen Kinder im Umgang miteinander zu erleben. Dieselben Menschen, die sich unter unserem Dach so oft gezankt haben, stehen einander jetzt in Krisensituationen bei. Es lohnt sich absolut, Zeit zu investieren, um Ihre Kinder in Sachen Beziehung und Umgang miteinander zu trainieren, auch wenn man manchmal den Eindruck hat, absolut keine Ergebnisse zu sehen. Glauben Sie mir: Sie kapieren genau, worum es geht, auch wenn man es ihnen nicht anmerkt!

Gesprächsimpuls

Wie nutzen Sie Streit zwischen Ihren Kindern, um Ihnen Methoden der Konfliktlösung beizubringen? Was könnten Sie anders machen?

Gebet

Beten Sie um Durchhaltevermögen. Sie werden es brauchen.

15. September

Lebensinhalt

Verlass dich nicht auf deinen Verstand, sondern setze dein Vertrauen ungeteilt auf den Herrn! Denk an ihn bei allem, was du tust; er wird dir den richtigen Weg zeigen. Sprüche 3,5–6

Ein paar Tage nach dem 11. September 2001 trafen meine Tochter und ich uns mit einem Geschäftsmann und dessen Tochter morgens, um gemeinsam in der Bibel zu lesen. Mit der Aussicht auf ein leckeres Frühstück mit Donuts und allem Drum und Dran mit Papa waren unsere Kinder fast immer zu einer Bibelarbeit zu motivieren.

Wir lasen damals gerade im Buch der Sprüche, und an dem besagten Tag beschäftigten wir uns mit dem Abschnitt, aus dem unser Tagesvers stammt. Wahrscheinlich können Sie sich vorstellen, dass diese Worte so kurz nach den Anschlägen auf das World Trade Center besonderen Zündstoff boten. Wir sprachen darüber, was es bedeutet, unser Vertrauen „ungeteilt" auf Gott zu setzen und bei „allem, was wir tun" an ihn zu denken. Im Laufe des Gespräches las mein Freund eine interessante Frage aus seinem Bibelkommentar vor: „Ist Jesus Christus derjenige, den wir im Film unseres Lebens bewerten, oder ist er selbst der Inhalt?"

Zeiten von Verlust und Krisen in unserem Leben beantworten diese Frage auf ihre ganz eigene Art. Wenn wir bisher eigentlich alles selbst geregelt haben und nur ab und zu eher halbherzig zum Ausdruck bringen, dass wir in unserem Leben ganz und gar auf ihn angewiesen sind, dann sind wir auf Leid wahrscheinlich nicht besonders gut vorbereitet. Wenn wir es uns dagegen zur Gewohnheit machen, Gott jeden Tag wieder neu als unsere Quelle und unseren Erhalter anzuerkennen, dann haben wir auch in einem Notfall die Freiheit, uns ganz an ihn zu hängen und uns auf ihn zu verlassen.

„Trachtet zuerst nach dem Reich Gottes", hat Jesus seinen Jüngern gesagt, „und alles andere wird euch zufallen" (Matthäus 6,33) – Frieden inmitten banger Momente, Mut inmitten von Angst und Zufriedenheit und Freude auch in großem Mangel. Das sind wundervolle Belohnungen für diejenigen, für die Jesus ihr Lebensinhalt ist.

Gesprächsimpuls

Wie würden Sie den Inhalt Ihres Lebens beschreiben? Was hindert Sie daran, Jesus Christus zum Inhalt Ihres Lebens zu machen?

Gebet

Danken Sie Gott, dass er Ihnen nachgeht und mit Liebe, Gnade und Vergebung auf Ihr häufiges Versagen antwortet.

16. September

Gottes Bauprogramm

Wer diese meine Worte hört und sich nach ihnen richtet, wird am Ende dastehen wie ein kluger Mann, der sein Haus auf felsigen Grund baute.
Matthäus 7,24

Dies ist eine wahre Geschichte. In den Siebzigerjahren des neunzehnten Jahrhunderts begannen die Bürger von Swan Quarter, North Carolina, nach einem Grundstück für den Bau einer neuen Methodistenkirche zu suchen. Sie entschieden sich schließlich für ein schönes, leicht erhöht gelegenes Stück Land, auf dem das Gebäude auch vor möglichen Überflutungen der Küste vermutlich geschützt sein würde, aber der Eigentümer hatte andere, lukrativere Pläne mit seinem Grundstück und lehnte ihr Angebot ab.

Die Kirche wurde also auf einem anderen Grundstück erbaut und am

16. September 1876 eingeweiht. In den darauffolgenden Tagen tobte genau in dieser Gegend ein gewaltiger Sturm, der beträchtlichen Schaden anrichtete. Unter anderem wurde die gerade erst eingeweihte Methodistenkirche durch die gewaltige Brandung des Atlantiks von ihrer Pfahlkonstruktion gehoben und als ganzes, intaktes Gebäude von den Wellen zunächst nordwärts, dann aber aus völlig unerklärlichem Grund Richtung Osten getragen und landete schließlich auf *genau dem Grundstück, das die Gemeinde ursprünglich hatte erwerben wollen*. Der Legende nach unterschrieb der Grundstückseigentümer daraufhin mit zitternden Händen eine Schenkungsurkunde für das Grundstück, die er den Gemeindeältesten überreichte.

Ja, Gott hat alles unter Kontrolle. Seit 1968 versuche ich, meinen Weg mit Gott zu gehen, und ich habe es in all den Jahren mehr als einmal erlebt, dass ich nicht den Hauch einer Ahnung hatte, was er gerade vorhatte. Aber ich bin ja auch nicht Gott, sondern er. Es gibt immer wieder Dinge, die ich nicht verstehe: Wenn Ehepaare sich ein Kind wünschen, aber keines bekommen, oder den Verlust eines Kindes, eine chronische oder tödliche Krankheit, den Tod eines jungen Vaters oder einer jungen Mutter und noch tausend andere Katastrophen, die rein menschlich gesehen völlig sinnlos scheinen.

Aus der Bibel weiß ich jedoch, dass Gott mit jedem Menschen und mit allem, was uns widerfährt, ein einzigartiges Ziel verfolgt. Ich bin zu folgender Schlussfolgerung gelangt: Entweder er ist der souveräne, allmächtige Gott, der alles völlig unter Kontrolle hat – oder aber er hat absolut gar nichts unter Kontrolle (was ich aber ganz und gar nicht glaube).

Er hat uns geschaffen, damit wir ihm vertrauen, und zwar völlig ungeachtet der äußeren Umstände, und dieser Gedanke spiegelt sich auch im Namen jener Methodistenkirche wider, die Gott auf so stabilen Grund gesetzt hat:

Providence United Methodist Church – das bedeutet Vereinigte Methodistenkirche *„Göttliche Vorsehung“*.

Gesprächsimpuls

Durch welche Probleme wird Ihr Vertrauen auf Gott oder das eines Mitgliedes Ihrer Familie derzeit auf die Probe gestellt? Welche Alternativen haben Sie?

Gebet

Bekennen Sie Gott Ihre Zweifel, und sagen Sie ihm, dass Sie ihm vertrauen wollen – auch wenn Sie nicht verstehen, was er tut.

17. September

Jede einzelne Familie zählt

Das geknickte Schilfrohr zerbricht er nicht, den glimmenden Docht löscht er nicht aus. So handelt er, bis er meiner Rechtsordnung zum Sieg verholfen hat. Matthäus 12,20

Generalmajor a. D. Robert Dees gehörte zu einer rauen Truppe Ehemaliger der 101. Luftlandeeinheit – den „schreienden Adlern" –, die den fünfzigsten Jahrestag Operation „Market Garden" feierten. Das war eine Operation im Zweiten Weltkrieg, bei der er zu den Helden gehört hatte, weil er zusammen mit seinen Kameraden mit Fallschirmen gelandet war und dadurch den Erfolg der ganzen Aktion vorbereitet hatte.

Nach Darstellung fast aller historischen Berichte war diese Operation im Jahre 1944 eigentlich ein taktischer Fehler, aber gleichzeitig auch Teil einer großen Bewegung, die letztlich zum Sieg der Alliierten führte ... und für einige Menschen lebenswichtig war. Zwar landeten die Soldaten damals nicht wie geplant hinter den deutschen Linien, sondern mitten im Kampfgebiet (wie in dem berühmten Kinostreifen *Die Brücke von Arnheim* gezeigt wird), doch diese fehlgeplante Landung bedeutete für einige Menschen dennoch Hoffnung und Zukunft.

Und genau das erfuhr General Dees an jenem Septembertag 1994.

Eine ältere Holländerin erzählte ihm nämlich an diesem Jubiläumstag unter Tränen folgende packende Geschichte, die von einem Dolmetscher übersetzt wurde:

Im September 1944 richteten die Deutschen in Eindhoven jeden Tag fünf Familienväter hin, um die Bevölkerung gefügig zu machen und die Widerstandsbewegung zu schwächen. An dem Tag, als der Vater der besagten Frau erschossen werden sollte, waren die amerikanischen Truppen mit ihren Fallschirmen gelandet und hatten ihm dadurch das Leben gerettet. Die Frau war damals noch gar nicht geboren, verdankte also ihr Leben der Militäroperation „Market Garden".

Diese Geschichte erinnert mich daran, dass jede einzelne Familie für den Kampf um die Institution Familie wichtig ist. Unsere kleinen, mutigen Entscheidungen – für die Wahrheit einzustehen, als Ehepartner füreinander da zu sein und die Kinder zur Ehre Gottes zu erziehen – werden zum Sieg führen. Geben Sie nicht auf. So wie bei jenem holländischen Mädchen und ihrem Vater geht es um die nächste Generation.

Gesprächsimpuls

Auch wenn Ihre Bemühungen um Ihre Ehe und Familie in letzter Zeit scheinbar nicht viel gebracht haben, gibt es nicht doch kleine Erfolge, die Sie mit Gottes Hilfe erzielt haben?

Gebet

Bitten Sie Gott, Ihnen im Kampf für die Familie Kraft und Hoffnung zu schenken. Beten Sie um den Mut, Ihre Familie vor den negativen Einflüssen unserer Gesellschaft und Kultur zu schützen.

18. September

Ehe-Inseln

von Barbara Rainey

Dann macht mich vollends glücklich und habt alle dieselbe Gesinnung, dieselbe Liebe und Eintracht! Verfolgt alle dasselbe Ziel! Philipper 2,2

Als Mütter haben wir viel mit ebenso spannenden wie appetitlichen Dingen wie Erbrochenem, vollen Windeln und Fröschen und Echsen zu tun, die im Haus entlaufen sind. Wie kann man das eigentlich mit dem Wunsch in Einklang bringen, eine attraktive, erotische und interessante Ehefrau zu sein?

Ein Schlüssel dazu besteht darin, sich daran zu erinnern, *dass Ihre Kinder auf Ihrer Prioritätenliste erst an dritter Stelle stehen*. Sie dürfen nicht wichtiger sein als Ihr Mann, und schon gar nicht wichtiger als Ihr himmlischer Vater.

Eine kluge Frau hat mir vor ein paar Jahren einmal gesagt: „Ein Kind nimmt deine gesamte Zeit in Anspruch, zwei Kinder nehmen deine gesamte Zeit in Anspruch, und drei Kinder tun das ebenfalls. Egal, wie viele Kinder man hat, sie nehmen immer unsere gesamte Zeit in Anspruch." Und sie hat recht ... jedenfalls, wenn man es zulässt. Es liegt ganz bei uns, zumindest einen Teil unserer Kraft, Zeit und Aufmerksamkeit für unseren Ehemann zu reservieren.

Wenn wir unserem Mann Zeit und Aufmerksamkeit schenken, dann fangen unsere Kinder an zu begreifen, dass ihre Bedürfnisse und Wünsche nicht immer sofort befriedigt werden müssen und auch nicht immer an erster Stelle stehen. Sie lernen Geduld, wenn sie warten müssen, bis wir unsere Aufgaben, unser Gespräch ... oder unseren Kuss beendet haben! Eine intakte Ehe gibt unseren Kindern Sicherheit. Wenn wir sie hin und wieder (natürlich gut beaufsichtigt und versorgt) allein lassen, um ein Wochenende oder einen Abend zu zweit zu verbringen, lernen sie Selbstständigkeit und Verantwortlichkeit. Sie brauchen hin und wieder genauso sehr eine Pause von uns wie wir von ihnen.

Ja, unsere Kinder halten uns schon auf Trab, aber wenn wir unserem Ehemann die Priorität vor den Kindern geben, sind wir auf dem besten Weg, ein Gleichgewicht herzustellen zwischen unserer Rolle als Ehefrau und der als Mutter.

Gesprächsimpuls

Vielleicht klingt das Gesagte für Sie befreiend – vielleicht aber auch egoistisch und lieblos. Sprechen Sie darüber, wie Sie sich fühlen, wenn Sie die Zeit mit Ihren Kindern einschränken, um mehr gemeinsame Zeit als Paar zu haben. Besprechen Sie, wann Sie einmal pro Woche einen Abend zu zweit verbringen könnten.

Gebet

Bitten Sie Gott um Weisheit, Zeit zu reservieren, um in Ihre Ehe zu investieren.

19. September

In Menschen investieren

Weist die zurecht, die ein ungeregeltes Leben führen. Ermutigt die Ängstlichen. Helft den Schwachen und habt Geduld mit allen.
1. Thessalonicher 5,14

Welche Menschen bedeuten Ihnen in Ihrem Leben am meisten? Wer hat am meisten Einfluss auf Sie gehabt? Waren es Ihre Eltern? Ein Trainer, ein Lehrer oder jemand aus der Gemeinde? Ganz bestimmt haben all diese Personen Sie motiviert, an sich zu arbeiten, sich positiv zu verändern. Ich erinnere mich an Menschen, denen meine charakterliche Entwicklung am Herzen lag und die mich inspiriert haben, ein solides Maß an Heiligung, Hingabe und Sorgfalt anzustreben.

Gemeinsam war diesen Leuten, dass Sie mich dazu motiviert haben, ein Leben zu führen, das Gott gefällt.

Und es gibt auch Menschen, die sich besonders hervorgetan und einen besonderen Einfluss ausgeübt haben. Ich denke da zum Beispiel an den berühmten Wissenschaftler und Erfinder George Washington Carver, der einmal die von ihm sogenannten „acht Kardinaltugenden“ niedergeschrieben hat:

1. Sei äußerlich und innerlich sauber.
2. Blicke weder zu den Reichen auf noch auf die Armen herab.
3. Wenn es sein muss, verliere, ohne zu jammern.
4. Gewinne, ohne zu prahlen.
5. Sei stets rücksichtsvoll Frauen, Kindern und älteren Menschen gegenüber.
6. Sei zu mutig, um zu lügen.
7. Sei zu großzügig, um zu betrügen.
8. Nimm deinen Teil von der Welt und lass den anderen den ihren.

Das sind tugendhafte Worte. Selbst mit einem zeitlichen Abstand von fast 100 Jahren berühren sie uns innerlich tief und berufen uns zu Höherem, als es unserem egoistischen Wesen von Natur aus recht ist.

Ich möchte Ihnen heute Mut machen, sehr sorgfältig zu prüfen, wovon Sie sich inspirieren lassen. Sorgen Sie dafür, dass Sie bei den Menschen, die Einfluss auf Sie haben, sicher sein können, dass sie Sie auf dem Weg der Rechtschaffenheit führen. Und ich möchte Ihnen auch Mut machen, selbst Einfluss auszuüben – ein Mensch zu sein, der den Mut aufbringt, anders zu sein und andere zur Nachfolge Christi zu motivieren. Denn Christus ist der Einzige, der *wirklich* vollkommene Tugend verkörpert.

Gesprächsimpuls

Sprechen Sie über Ihre wichtigsten Vorbilder und die Menschen, von denen Sie am meisten geprägt und beeinflusst worden sind. Wodurch haben diese Menschen Sie inspiriert?

Gebet

Beten Sie, dass nur solche Personen Einfluss auf Sie bekommen, die Gottes Maßstäbe nicht nur lehren, sondern auch selbst danach leben.

20. September

Alte Nachrichten

von Barbara Rainey

Doch im Grunde gibt es überhaupt nichts Neues unter der Sonne. Was gewesen ist, das wird wieder sein; was getan wurde, das wird wieder getan. Prediger 1,9

Nach einer dreiwöchigen Südafrikareise kamen wir wieder in die Vereinigten Staaten zurück. Natürlich waren wir froh, wieder zu Hause zu sein, aber dennoch ist die Rückkehr nach einer solchen Reise auch immer eine zwiespältige Angelegenheit. Auslandsreisen bringen es mit sich, dass sich der Nebel des eigenen nationalistisch geprägten Weltbildes ein bisschen lichtet. Amerika ist ein wundervolles Land, und wir sind so dankbar für die Freiheit und den Wohlstand, den wir hier genießen dürfen, aber jede Rückkehr von einer Auslandsreise bietet erneut die Chance, unseren Lebensstil hier mit ganz neuer Klarheit zu betrachten.

Nachdem wir auf dem JFK-Flughafen in New York gelandet waren und den Zoll passiert hatten, setzten wir uns in ein Café im Flughafenterminal, tranken einen Kaffee und schauten uns dort auf dem Fernsehbildschirm die Nachrichten an. Während unserer Reise hatten wir so gut wie keine Nachrichten verfolgt, abgesehen von ein paar Überschriften auf den Titelseiten südafrikanischer Zeitungen, und so waren wir jetzt gespannt, was wir alles verpasst hatten.

Das unablässige Geplapper der allgegenwärtigen Fernsehprogramme erfüllte die Luft – ein Geräusch, das wir jetzt sehr schnell als störend empfanden, nachdem wir ihm drei Wochen lang nicht ausgesetzt gewesen waren. Wir sahen etwa eine halbe Stunde lang fern und stellten fest, dass wir im Grunde in den drei Wochen ohne Medien und Nachrichten nichts verpasst hatten, denn wir erfuhren nichts wirklich Neues oder Bedeutsames. Das meiste dessen, was uns da als Informationen präsentiert wurde, war belanglos und trivial.

Unsere Schlussfolgerung: Stille löst bei uns Amerikanern rasch Unbehagen aus. Offenbar sind wir regelrecht süchtig nach Gefasel über Prominente und nach per Handykameras übermitteltem, willkürlichem Klatsch und Tratsch. Was für eine Zeitverschwendung!

Es gibt tatsächlich nichts Neues unter der Sonne, das gilt besonders für die Nachrichtensender.

Gesprächsimpuls

Überlegen Sie noch einmal, welche Sendungen Sie sich letzte Woche im Fernsehen angeschaut haben: War irgendetwas dabei, *das für Sie unverzichtbar gewesen wäre?* Schätzen Sie, wie viel Zeit Sie damit zugebracht haben. Sollten Sie Ihre Fernsehgewohnheiten vielleicht ändern? Und wenn ja, wie?

Gebet

Bitten Sie Gott darum, dass Sie wirklich erkennen, wie kostbar Ihre Zeit ist. Bitten Sie ihn um Weisheit, damit Sie nicht zulassen, dass das Fernsehen Ihnen die Zeit für die wichtigsten Menschen in Ihrem Leben raubt.

21. September

Lasten tragen

Seid rücksichtsvoll zu euren Frauen! Bedenkt, dass sie der schwächere Teil sind. 1. Petrus 3,7

Jedes Jahr im Herbst findet in Maine ein Ereignis statt, das in den übrigen USA weitgehend unbemerkt bleibt. Es handelt sich um die nordamerikanische Meisterschaft im „Ehefrauentragen“. Die teilnehmenden Ehemänner müssen ihre Frau in einem Hindernisrennen über einen hügeligen, 250 Meter langen Parcours tragen, zu dem unter anderem auch ein sechs Meter breiter Wassergraben und zwei hölzerne Hürden gehören. Wie die Männer ihre Frauen tragen, bleibt ihnen überlassen: huckepack, über die Schulter geworfen oder in der beliebten „estländischen“ Haltung, bei der die Frau mit dem Kopf nach unten auf dem Rücken getragen wird, wobei sie mit den Beinen den Hals des Mannes umklammert und ihre Arme seine Taille umfassen. Die einzige zwingende Regel besagt, dass die Frau während des Rennens nicht den Boden berühren darf.

Manchmal sind ehemalige Olympia-Teilnehmer mit am Start, während andere, ganz normale Teilnehmer einfach nur scharf auf den ersten Preis sind – das Gewicht der Frau in Bier aufgewogen, ihr Gewicht mit fünf multipliziert in bar und ein Tausend-Dollar-Gutschein für eine Reise zur Weltmeisterschaft im „Ehefrauentragen“ nach Finnland (das ist kein Scherz!).

Zugegeben, die Veranstaltung ist schon etwas rustikal und für viele auch gewöhnungsbedürftig, aber es ist absolut nicht überholt, dass eine Frau tatsächlich von Zeit zu Zeit von ihrem Mann getragen werden möchte – sie sehnt sich danach, in schwierigen Zeiten seine Kraft zu spüren, mit ihm zu beten und sich an seine starke Schulter anzulehnen.

Ich habe Barbara im Laufe der Jahre sicher mehr als einmal „fallen" gelassen, aber ich habe sie auch durch schwere Krankheiten, die schrecklich anstrengende rebellische Zeit eines unserer pubertierenden Kinder und Dutzende Erziehungsprobleme hindurchgetragen, die einer Mutter so zusetzen können. Wir bestreiten unseren ganz eigenen Lauf, und es ist mir eine Ehre, sie zu tragen.

An die Ehemänner möchte ich appellieren: Seien Sie für Ihre Frau da! Hören Sie ihr zu. Kümmern Sie sich um sie – und wenn nötig, tragen Sie sie auch.

Und an die Ehefrauen appelliere ich: Versuchen Sie nicht, alles allein zu schaffen. Lehnen Sie sich an Ihren Mann an. Lassen Sie sich von ihm helfen. Gott wird ihm die Kraft geben, die er dafür braucht. Es ist wichtig, dass wir füreinander da sind.

Gesprächsimpuls

Tragen Sie Ihre Ehefrau? In welchem Lebensbereich könnten Sie ihr ihre Lasten noch besser abnehmen?

Gebet

Bitten Sie Gott, Ihnen zu zeigen, wie Sie auf gute Weise voneinander abhängig sein können.

22. September

Unseren Mann lieben

von Barbara Rainey

Kluge Frauen bauen Haus und Familie auf,
aber unverständige reißen alles nieder. Sprüche 14,1

Ich gebe jungen Frauen kurz vor der Hochzeit häufig drei Ratschläge, und weil diese Ratschläge im Laufe jeder Ehe auch wichtig bleiben und weil sie biblisch sind und durch Erfahrungen bestätigt, möchte ich diese Ratschläge heute auch an Sie weitergeben – egal, in welcher Phase Ihrer Ehe Sie gerade sind.

1. *Glauben Sie an Ihren Mann.* Dennis sagt, dass genau dies das wichtigste Geschenk ist, das ich ihm mache. Sie kennen Ihren Mann besser als

irgendjemand sonst. Um seine Fehler und Schwächen zu wissen und trotzdem an die Fähigkeiten zu glauben, die Gott ihm als Mann und Haupt Ihrer Familie geschenkt hat, wirkt sich stärker auf seine geistliche Entwicklung aus, als Sie sich vorstellen können.

2. *Sprechen Sie Ihren Mann liebevoll auf Fehler oder Schwächen an.* Viele Frauen glauben irrtümlich, dass sie sich an die biblische Anweisung der Unterordnung halten, wenn sie die Fehler und Schwächen ihres Mannes einfach übergehen. Aber Unterordnung bedeutet nicht, dass wir den Mund halten sollen, sondern dass wir unseren Mann auf kluge und liebevolle Weise ansprechen und ihn freundlich und respektvoll behandeln sollen. Sagen Sie zu Ihrem Mann: „Ich würde gern etwas mit dir besprechen. Bist du einverstanden?" Auf diese Weise seine Erlaubnis einzuholen, wenn Sie ein schwieriges Thema ansprechen möchten, kann das Gespräch sehr erleichtern. Ihr Mann fühlt sich dann weniger bedroht und verunsichert.
3. *Streben Sie Intimität mit ihm an, und zwar auf jeder Ebene.* Für die meisten Männer ist besonders körperliche Nähe in der Ehe wichtig. Ich erlebe es jedenfalls so, dass sie von zentraler Bedeutung dafür ist, dass mein Mann sich männlich fühlt. Gott hat ihn so geschaffen, und das ist gut so. Statt uns hier zu verweigern, sollten wir lernen, diesen Aspekt der Ehe wertzuschätzen und dankbar dafür zu sein als Teil von Gottes Plan. Und seien Sie ebenfalls bereit, zu lernen und sich weiterzuentwickeln, indem Sie die Frau werden, als die Gott Sie gedacht und die er für Ihren Mann vorgesehen hat. Das ist sicher nicht immer leicht, aber mit Gott ist nichts unmöglich.

Gesprächsimpuls

Beantworten Sie beide folgende Frage: Welcher dieser drei Ratschläge ist für Ihre Ehe zurzeit am wichtigsten? Was können Sie als Ehefrau tun, um in diesem Bereich Ihre Liebe zu Ihrem Mann deutlich werden zu lassen?

Gebet

Danken Sie Gott für Ihren Ehemann. Danken Sie Gott für Ihre Ehefrau. Halten Sie einander an den Händen, und danken Sie Gott für konkrete Dinge, die Ihren Partner betreffen.

23. September

Ein paar gute Männer

... aber ein echter Freund hält fester zu dir als ein Bruder.
Sprüche 18,24

Tim Kimmel und seine Frau Darcy sind bei unseren Eheseminaren häufig Gastreferenten. Tim hat folgende Geschichte erzählt: Darcy und er waren irgendwann um seinen vierzigsten Geburtstag herum essen gegangen. Während sie auf das Essen warteten, begann er ein Bild auf die Papiertischdecke zu kritzeln, das einen Sarg darstellen sollte.

Er drehte das Bild so, dass seine Frau es richtig herum sehen konnte, und fragte: „Darcy, wie viele Leute braucht man, um so ein Ding zu tragen?"

„Ich weiß es nicht genau", sagte sie. „Sechs, vielleicht acht."

„Wenn ich heute Abend sterben würde", fuhr er fort, „wen würdest du dann anrufen und bitten, meinen Sarg zu tragen?" Sie nannte ein, zwei Namen und dann die Namen seiner Brüder.

„Nein, meine Brüder zählen nicht", wandte er ein. „Von ihnen würde man das ja sowieso erwarten. Aber wer würde wohl kommen, ohne dass er sich verpflichtet fühlen würde – welche Personen würden wohl alles stehen und liegen lassen, um meinen Sarg zu tragen, wenn du sie anriefest?" Leider fielen ihr spontan nicht genügend Namen ein, und da wurde Tim klar, dass er zu wenig echte Freunde hatte, um sich zu Grabe tragen zu lassen.

Das setzte ihm sehr zu, und er erkannte, dass er sich, genau wie viele andere Männer, nicht genügend darum gekümmert hatte, Freundschaften zu schließen und zu pflegen. Und das setzte ihm ebenfalls zu.

Seit jenem Abend verbringt Tim mehr Zeit mit Freunden. Er entscheidet sich dafür, in Beziehungen zu investieren, statt seine Stunden mit trivialen, vergänglichen Dingen zu füllen.

Wir alle haben hier die Wahl – es gibt unzählige Dinge, für die wir die uns verbleibende Zeit und Kraft einsetzen können. Möchten Sie die Zeit nutzen, um intensivere Beziehungen aufzubauen oder um immer mehr um sich selbst zu kreisen?

Gesprächsimpuls

Wer würden wahrscheinlich Ihre sechs bis acht Sargträger sein?

Gebet

Bitten Sie Gott, Ihnen zu zeigen, wie kostbar Beziehungen zu anderen Menschen sind ... und wie viel Illusion vieles andere.

24. September

Hassliebe

von Barbara Rainey

Ständig schmiedest du unheilvolle Pläne, messerscharf ist deine Zunge, du Betrüger! Psalm 52,4

Ich war schon seit ungefähr sechs Jahren Mutter, als ich zum ersten Mal deutliche Wut empfand, und als der Erziehungsstress zunahm und unsere Kinder langsam in die Pubertät kamen, geriet ich immer häufiger und auch heftiger in Wut. Meine Reaktionen wurden zunehmend unangemessen und wurden wirklich zum Problem.

An einem Thanksgiving-Wochenende gerieten mein dreizehnjähriger Sohn und ich in einen heftigen Streit über ... ach, irgendetwas. Ich weiß noch nicht einmal mehr, worum es ging. Ich erinnere mich nur noch, dass ich meinen Sohn nicht mehr unter Kontrolle hatte, mich selbst allerdings auch nicht. Jahrelang hatte ich meine Wut damit gerechtfertigt, dass ich jeden Tag so müde und erschöpft war. Nun merkte ich zum ersten Mal, dass meine Wut mich übermannte und größer geworden war als ich. Ich konnte mein Verhalten nicht länger rechtfertigen.

Ein großer Teil der Lösung des Problems war Dennis. Wir sprachen über das Problem und einigten uns darauf, dass ich einen Therapeuten aufsuchte. Eines Tages im Sommer machte Gott mich innerlich aufmerksam auf Psalm 52. Als ich den vierten Vers las, kamen mir die Tränen.

Plötzlich wusste ich, dass ich in all den Jahren, in denen ich gegen meinen Hang zur Wut gekämpft hatte, nur eines daran verabscheut hatte: dass ich keine Kontrolle darüber hatte. Doch in diesen paar Augenblicken der Schulderkenntnis wurde mir klar, dass ich meine Wut einfach nur deshalb verabscheuen sollte, weil sie Sünde war. Vorher hatte ich nur verabscheut, was ich mit der Wut tat, doch nun verabscheute ich die Wut für das, *was sie war* – Sünde.

Vielleicht rechtfertigen auch Sie irgendein ungutes Verhalten, weil Sie glauben, es stehe Ihnen zu. Vielleicht stellen Sie bei näherem Hinsehen sogar fest, dass Sie die Macht und Kontrolle genießen, die damit verbunden sind – so jedenfalls ging es mir.

Wenn Sie sich in alldem wiedererkennen, wäre es dann nicht an der Zeit, es als Sünde zu bekennen und es zu bearbeiten?

Gesprächsimpuls

Inwiefern lieben Sie Ihre Sünden, selbst diejenigen, unter denen Sie selbst am meisten leiden?

Gebet

Bitten Sie Gott um den Mut, den Dingen ins Auge zu sehen, die Sie ändern müssen.

25. September

Zuhören

Jeder soll stets bereit sein zu hören, aber sich Zeit lassen, bevor er redet, und noch mehr, bevor er zornig wird. Jakobus 1,19

Eines Tages stieß ich beim Zeitunglesen auf einen Auszug aus dem Buch *The Mistress' Survival Manual* (Überlebenshandbuch für Geliebte), das von der Gründerin der *Mistresses Anonymous* (Anonyme Geliebte) geschrieben wurde. Ich habe das Buch selbst nie gelesen, sondern nur den besagten Artikel darüber, aber ein Zitat aus dem Buchauszug hat mich besonders betroffen gemacht, weil es eine große Not in den Ehen von heute anspricht. Die Autorin, die ihr gesamtes Erwachsenenleben die Geliebte verschiedener Männer gewesen ist, also in ehebrecherischen Beziehungen gelebt hat, sagt: „Viele Leute glauben, dass eine Geliebte eine wunderschöne junge Frau ist, die aufreizende Dessous trägt und sich auf Seidenlaken räkelt, aber die Wahrscheinlichkeit ist viel größer, dass sie einfach nur eine extrem gute Zuhörerin ist."

Wie viele Affären beginnen wohl damit, dass eine verletzte Person sich einer anderen Person außerhalb der Ehe zuwendet, um all ihre Enttäuschung darüber irgendjemandem mitzuteilen, der/die bereit ist zuzuhören und sich mit den Problemen des anderen wirklich zu beschäftigen? Neulich bekamen wir von einer Frau aus der Gemeinde einen Brief, in dem es um ein Gespräch mit einem alleinstehenden Mann in der Gemeinde ging. Sie hatten über eine junge Frau gesprochen, für die sich dieser Mann interessierte. Als die Rede auf ihre eigene Ehe kam, wusste diese Frau, dass sie dem Mann nicht sagen konnte, wie unglücklich sie selbst war. Doch schon bald verbrachten sie immer mehr Zeit miteinander, unterhielten sich am Telefon und wünschten sich zusammen zu sein, auch wenn sie getrennt waren.

„Jedes Mal, wenn ich jemanden kennenlerne, der sich Zeit nimmt, mir zuzuhören", sagt sie, „fühle ich mich zu diesem Menschen hingezogen. Vielleicht schaffe ich es ja bei dieser Freundschaft, rechtzeitig auszusteigen, aber wie wird es beim nächsten Mal sein? Bitte beten Sie für mich."

Eines der größten Geschenke, die wir einander machen können, ist das Versprechen, einander zuzuhören – uns von all der Ablenkung und Geschäftigkeit loszureißen, um einfach nur zuzuhören. Zuzuhören und zu verstehen. Ich versichere Ihnen: Ihr Partner braucht Sie als „extrem guten Zuhörer".

Gesprächsimpuls

Tauschen Sie sich ehrlich darüber aus, wie Sie das Zuhören (oder auch Nicht-Zuhören) des anderen erleben. Überlegen Sie gemeinsam, wie Sie dem anderen noch besser zuhören können.

Gebet

Bitten Sie um die Fähigkeit, zuzuhören und wirklich aufzunehmen, was Ihr Ehepartner sagt.

26. September

Immer noch die große Liebe

Vor allem lasst nicht nach in der Liebe zueinander! Denn die Liebe macht viele Sünden wieder gut. 1. Petrus 4,8

Vor einigen Jahren las ich eine Geschichte über Babe Ruth, den legendären Baseballspieler. Am Ende seiner einzigartigen Karriere brachte Babe offensichtlich zu viele Pfunde auf die Waage. Bei einem seiner letzten Spiele verpatzte er mehrere Flugbälle und machte dabei keine besonders gute Figur. Viele Fans, die früher seine großartigen Leistungen bewundert hatten, waren nun schnell mit Pfiffen und Buhrufen bei der Hand und verspotteten den Mann, der doppelt so viele Homeruns erzielt hatte wie irgendjemand sonst in der gesamten Baseballgeschichte.

Doch als der Tumult und die hämischen Bemerkungen immer lauter wurden, kletterte ein kleiner Junge über die Absperrung aufs Spielfeld. Weinend rannte er auf Babe zu und umschlang die Beine des schwächelnden Sportlers. Babe Ruth nahm den Jungen auf den Arm und drückte ihn ganz fest. Dann stellte er ihn wieder auf den Boden und tätschelte ihm den Kopf. Hand in Hand gingen sie über den Platz, während aus den Buhrufen der Zuschauer Jubelstürme wurden. Im gesamten Stadion blieb kein Auge trocken.

Natürlich hatten die Zuschauer recht mit ihrer Einschätzung, dass Babe seine besten Zeiten als Sportler hinter sich hatte, aber ein kleiner Junge hatte sich an das erinnert, was dieser Mann war ... und bedeckte seine Fehler mit Liebe.

Das Ganze erinnert mich an die Ehe – an zwei Menschen, die einander sagen: „Ich weiß, dass du mich manchmal enttäuschst (genau wie ich dich enttäusche), aber ich will dich trotzdem in den Arm nehmen und dir sagen: Ich liebe dich. Ich will auf jeden Fall mit dir weitergehen."

Ich glaube, dass die Engel im Himmel in Jubel ausbrechen, wenn sie das hören, denn so sieht es aus, wenn die Liebe Gottes im Leben zweier unvollkommener Menschen Frucht trägt.

Gesprächsimpuls

Wie stehen Sie beide zurzeit zueinander? Stehen Sie Seite an Seite inmitten der Probleme des Lebens? Vielleicht sollten Sie einander einmal wieder in die Augen sehen und sich anlächeln.

Gebet

Danken Sie Gott für seine Liebe, die schon so viele unserer Sünden bedeckt hat.

27. September

Faule Äpfel

Macht euch nichts vor! „Schlechter Umgang verdirbt gute Sitten."
1. Korinther 15,33

Eine meiner liebsten Demonstrationen, die ich in meiner Zeit als Sonntagsschullehrer oft Sechstklässlern vorgeführt habe, ist der „Faule-Äpfel-Versuch". Am Anfang des Sonntagsschuljahres brachte ich jeweils ein paar Äpfel mit – einen schönen, rotbäckigen, den ich einen „guten Apfel" nannte, und zwei andere, die zwar auch schön aussahen, aber wenigstens an einer Stelle eine kleine Druckstelle hatten.

„Diese beiden Äpfel mit den Druckstellen stehen für Kumpels in der Schule, mit denen ihr eigentlich nicht ‚abhängen' solltet", erklärte ich.

„Sie haben eine dunkle Seite – einen gefährdeten Bereich in ihrem Leben. Dieser gute Apfel steht für dich, einen netten, christlichen Teenager, der allerdings nicht versteht, wieso Äpfel mit Stellen ein Problem sein sollen. ‚Das sind doch meine Kumpel', sagt der gute Apfel.

Diese drei Äpfel verbringen also von jetzt an ein paar Monate lang ziemlich viel Zeit miteinander. Wir werden sie uns am Ende des Jahres ansehen und dann sehen, was in der Zwischenzeit passiert ist." Danach steckte ich die Äpfel dann zusammen in eine Plastiktüte und legte sie in den Schrank.

Einige Sonntagsschüler wurden in den folgenden Monaten neugierig, was wohl aus den kleinen „Kumpels" geworden sein mochte, aber erst am Ende des Jahres holte ich die Tüte wieder hervor. Dabei las ich den Vers vor, den wir heute als Tagesvers haben – über schlechten Umgang und seine Auswirkungen auf gute Sitten.

Das Experiment klappte immer. Neun Monate in derselben Plastiktüte mit den angestoßenen Äpfeln hatten immer ihre Spuren bei dem intakten Apfel hinterlassen. Alle drei Äpfel hatten ihre Farbe und Form verloren, und es war eigentlich nichts anderes übrig als ein ekeliger Apfelmatsch.

Die Freunde, mit denen unsere Kinder zusammen sind, beeinflussen sie unweigerlich, und zwar zum Guten wie zum Schlechten. Deshalb müssen Eltern „Obstprüfer" sein. Sie müssen ihren Kindern dabei helfen, faule Äpfel zu erkennen, und sie müssen sie dazu ermutigen, Freundschaften mit guten Äpfeln aufzubauen.

Gesprächsimpuls

Haben Ihre Kinder Freunde, die einen schlechten Einfluss auf sie haben? Überlegen Sie gemeinsam, wie Sie vorgehen können, um sie von den falschen Leuten abzubringen und sie dazu zu motivieren, Zeit mit „guten Äpfeln" zu verbringen.

Gebet

Bitten Sie Gott um Weisheit, Probleme rechtzeitig zu erkennen, und um den Mut, entsprechend zu handeln.

28. September

Mama-Alarm

Meine Kinder, ich leide noch einmal Geburtswehen um euch, bis Christus in eurer Mitte Gestalt angenommen hat! Galater 4,19

Sharons fünfzehnjährige Tochter Kristin wollte eigentlich mit Freundinnen zusammen ins Kino, aber dann schickte sie ihrer Mutter eine SMS mit der Nachricht, es gäbe nichts Gutes im Kino und sie würden zu Dory nach Hause gehen.

„Dory? Wer ist Dory?“, fragte Sharon.

„Sie ist in meinem Biologiekurs, Mama“, antwortete Kristin per SMS. „Es wird bestimmt toll.“

Aber irgendetwas auf Sharons Mutter-Radar sagte ihr, dass es *ganz und gar nicht toll* war, denn sie vermutete, dass Dorys Eltern gar nicht zu Hause waren. Sie musste Kristin finden – egal, was ihre Tochter dazu sagen würde. Doch Kristin ging weder an ihr Handy, noch reagierte sie auf SMS, und Sharon hatte keine Ahnung, wo Dory wohnte. Mithilfe der Rufnummernüberprüfung und einem Internet-Stadtplan gelang es ihr schließlich, Dorys Adresse herauszufinden.

Sharon musste zweimal klingeln, als sie ankam. Ein älterer Junge mit einer Bierdose in der Hand schaute aus einem Fenster und rief: „Oh nein, da ist irgendeine Mutter!“ Sie klingelte erneut und schließlich öffnete ihr jemand die Tür. „Würden Sie bitte Kristin Hersh sagen, dass ihre Mutter da ist und auf sie wartet?“

Eine Minute später tauchte Kristin auf, mit kreidebleichem Gesicht. Sharon machte sich innerlich bereits auf eine lange Auseinandersetzung auf dem Nachhauseweg gefasst, aber als sie zum Auto gingen, sagte Kristin: „Mama, woher wusstest du, dass ich dich brauche?“

Wie sich herausstellte, waren ein paar Jungen von einer anderen Schule zu der Party gestoßen und immer aggressiver geworden, und eine Prügelei hatte unmittelbar bevorgestanden.

Auch wenn Ihre Kinder Ihre Bemühungen um Fürsorge und Schutz ablehnen, brauchen sie Sie – mehr denn je. Wenn sie auf stur schalten, versuchen Sie immer wieder, sie zu erreichen. Wenn sie sich wenig liebenswert benehmen, lieben Sie sie weiter.

Lassen Sie nicht zu, dass Ihre Kinder Sie aus ihrem Leben verdrängen. Geben Sie nicht nach und kapitulieren Sie nicht angesichts ihrer Jugendkultur. Seien Sie für Ihre Kinder da.

Gesprächsimpuls

Haben Sie als Teenager Ihre Eltern aus Ihrem Leben gedrängt? Besprechen Sie, wie Sie dieses Problem mit Ihren Teenagern bewältigen können.

Gebet

Bitten Sie Gott um Hilfe und um Ausrüstung mit einem feinen geistlichen Radar, um zu erkennen, was im Leben Ihrer Kinder gerade vor sich geht. Beten Sie um den Mut und die Weisheit, Ihre Erkenntnisse gut zu nutzen.

29. September

Erfolgsgeheimnis

Der Herr hat dich wissen lassen, Mensch, was gut ist und was er von dir erwartet: Halte dich an das Recht, sei menschlich zu deinen Mitmenschen und lebe in steter Verbindung mit deinem Gott!
Micha 6,8

Ein Freund schickte mir eine E-Mail von Ruth McGinnis, einer Autorin und Musikerin aus Nashville, bei der kurz zuvor Eierstockkrebs festgestellt worden war. Mitten in dieser schweren Prüfung begann Gott den Begriff „Erfolg" in ihrem Leben neu zu definieren:

Diese unerwartete Wendung in meinem so sorgfältig geplanten Leben hat mich zu einer ganz wichtigen Erkenntnis geführt: Der Wert meiner Arbeit – der Bücher, die ich geschrieben habe, der Musikaufnahmen, der Reden und Aufführungen über so viele Jahre – hat nichts mit kommerziellem Erfolg zu tun. Bisher habe ich immer gedacht, „erfolgreich zu sein" müsste sich darin bemerkbar machen, dass man einen messbaren Einfluss auf den Markt hätte, indem man es beispielsweise in die Bestsellerliste der New York Times schafft. Die Folge dieser Fehleinschätzung bestand darin, dass ich irgendwie nie richtig das Gefühl hatte, angekommen zu sein, das Gefühl hatte, es fehle noch etwas, obwohl ich als Künstlerin auf mehreren Gebieten sehr erfolgreich war und bin – mein Leben kam mir immer irgendwie unvollständig vor.

Durch meine Krebserkrankung hat sich das ein für alle Mal verändert. Die Karten, Briefe, Geschenke, Anrufe und E-Mails, die ich von Bekannten und auch von Leuten erhalten habe, die ich gar nicht persönlich kenne, haben mir deutlich gemacht, dass die Auswirkung meiner Arbeit und der Wert meiner Existenz an sich viel größer sind, als ich es mir je vorgestellt hätte.

Und ich bin überzeugt, dass das für jeden Menschen gilt. Wir neigen alle dazu, uns selbst viel zu hart zu beurteilen und bei uns selbst einen viel höheren Maßstab anzulegen als bei anderen. Wir schätzen das, was wir selbst zu geben haben, viel zu gering ein und vergessen, die Geschenke, die Schönheit und die Bemühungen anderer anzuerkennen.

Nie wieder werde ich Erfolg, Erfüllung und Zufriedenheit so definieren wie früher. Der Krebs hat mir die Augen geöffnet – ich habe eine andere Sicht des Lebens erlangt und muss alles ganz neu überdenken. Das ist ein unerwartetes Geschenk.

Unser Leben wird nicht am Geld, an der Macht oder Ihrem Bekanntheitsgrad gemessen, sondern einzig und allein daran, wie weit wir es zulassen, dass Gott das Leben anderer durch uns berührt.

Gesprächsimpuls

Wie würden Sie „Erfolg" für Ihr Leben definieren? Sprechen Sie über die neu gewonnenen Erkenntnisse von Ruth McGinnis.

Gebet

Beten Sie darum, dass Sie mit der Berufung Gottes für Ihr Leben zufrieden sind.

30. September

Hinter verschlossenen Türen

Ihre Brüste sollen dich immer berauschen, in ihren Armen kannst du dich selbst vergessen! Sprüche 5,19

Eines Abends kam einer unserer Teenager in unser Schlafzimmer und sagte: „Wisst ihr, irgendwie nervt es mich, dass ihr jeden Abend um zehn oder halb elf eure Schlafzimmertür zumacht. Ich habe dann das Gefühl, dass ihr uns aus eurem Leben aussperrt."

Wir erklärten ihm, dass wir das mit Absicht so handhaben. Wenn wir unter uns sind, haben wir die Möglichkeit, miteinander zu reden und uns immer besser kennenzulernen. Natürlich erklärten wir nicht, *wie* wir uns noch besser „kennenlernen", aber Barbara und ich sind der Meinung, dass wir die Zeit und Raum für Intimität brauchen – nicht nur für geistliche und seelische Intimität, sondern auch für die körperliche.

Es ist Gottes Wunsch und Wille, dass wir ein Fleisch werden und uns zueinander hingezogen fühlen. Zwischen Adam und Eva gab es mehr als einen warmen Händedruck, als sie sich im Garten Eden kennenlernten und ihr gemeinsames Leben begannen. Sie schliefen miteinander, und Gott segnete diese Vereinigung. Natürlich geht es in der Ehe nicht nur um Sex, aber er ist doch ein grundlegender Aspekt darin, der nicht ständig dem Stress des Lebens oder den nicht enden wollenden Bedürfnissen unserer Kinder zum Opfer fallen darf.

Gott befürwortet sexuelle Lust in der Ehe. Der oben stehende Vers stammt nicht aus dem Playboy, sondern aus dem Buch der Sprüche – genau aus dem Buch, in dem all die wohlbekannten Wahrheiten über Gottesfurcht, Nächstenliebe und den sorgfältigen Umgang mit Geld zu finden sind. Gott hat sogar ein ganzes Buch der Bibel – das Hohelied – inspiriert, in dem es fast ausschließlich um die körperliche Liebe und Lust in der Ehe geht.

Sosehr unsere Sexualität in unserer Kultur und Gesellschaft auch verzerrt werden mag und sosehr wir auch durch die Erwartungen unserer Kinder und unseres Umfeldes unter Druck geraten – wir sollten unsere sexuelle Beziehung genießen und ihr einen zentralen Platz geben. So hat Gott es vorgesehen.

Gesprächsimpuls

Tauschen Sie sich darüber aus, was Sie angesichts der Bedürfnisse Ihrer Kinder tun müssen, um diesen wichtigen Bereich Ihrer Ehe zu schützen.

Gebet

Bitten Sie Gott um Weisheit, zu erkennen, wie Sie Ihre gegenseitigen Bedürfnisse in diesem Bereich erfüllen können.

1. Oktober

Entsäuerung

Darum zieht nun wie eine neue Bekleidung alles an, was den neuen Menschen ausmacht: herzliches Erbarmen, Freundlichkeit, Bescheidenheit, Milde, Geduld. Ertragt einander! Seid nicht nachtragend, wenn euch jemand Unrecht getan hat, sondern vergebt einander, so wie der Herr euch vergeben hat. Kolosser 3,12–13

Vor ein paar Jahren gab es in meinem Leben einen Menschen, der mich verletzt und mir Unrecht getan hatte. Jedes Mal, wenn der Name dieses Menschen fiel, zog sich mein Magen nicht schmerzhaft, aber doch deutlich spürbar zusammen.

Ich dachte, das läge daran, dass der betreffende Mensch eigentlich nie richtig zugegeben hatte, wie sehr er mich verletzt hatte, dabei bestand das eigentliche Problem darin, *dass ich diesem Menschen nicht vergeben hatte*. Egal, was diese Person getan oder unterlassen hatte, Gott erwartete von mir, dass ich ihr vergab.

Vergebung ist nicht an Bedingungen geknüpft. Sie ist ein Gebot Gottes – „So wie der Herr euch vergeben hat". Das bedeutet, dass man aufhört, Schuld zuzuschreiben, und dass man außerdem aufhört, das verletzende Verhalten des anderen als Trumpf zu benutzen, den man in Auseinandersetzungen immer wieder ausspielt, um zu gewinnen.

Vielleicht ist Ihnen rein gefühlsmäßig kein bisschen danach zu vergeben, aber es ist wichtig, dass Sie rein willentlich den Schritt tun und diesen geistlichen Auftrag Gottes erfüllen. Einem Freund, dem Ehepartner oder wem auch immer zu vergeben, bedeutet, auf das Recht zu verzichten, diese Person zu bestrafen.

Bei manchen Kränkungen kann es durchaus sein, dass sie schmerzlich bleiben und dass dieser Schmerz darüber auch nie ganz und gar weggeht. Aber wenn man sagt: „Ich kann dir nicht vergeben", sagt man im Grunde auch: „Ich entscheide mich dafür, dir nicht zu vergeben. Ich bin so tief verletzt, dass ich den Schritt zur Vergebung einfach nicht schaffe."

In manchen Fällen ist es vielleicht gut, mit einem Seelsorger oder Therapeuten diesen Schmerz zu bearbeiten. Aber wenn Sie möchten, dass dieses Ziehen in der Magengegend aufhört, dann bleibt Ihnen nichts anderes übrig, als Gott zu gehorchen und zu vergeben.

Die Ehe ist nach Gottes Plan die Verbindung zweier Menschen, die einander und auch anderen vergeben, weil ihnen ebenfalls vergeben wurde.

Gesprächsimpuls

Jetzt ist der richtige Zeitpunkt, diesen Grundsatz in die Tat umzusetzen. Was es auch ist oder war, sehen Sie Ihrem Ehepartner in die Augen und sagen Sie ihm/ihr: „Ich vergebe dir."

Gebet

Unser Herr weiß, dass es nicht immer leicht ist zu vergeben. Er erinnert sich an das Kreuz. Stützen Sie sich heute auf ihn und lassen Sie sich von ihm helfen, Vergebung zu praktizieren. Öffnen Sie beim Beten Ihre Hand als Zeichen dafür, dass Sie auf Vergeltung verzichten. Nehmen Sie dann die Hand Ihrer Frau/Ihres Mannes in die Ihre als Zeichen, dass Sie vergeben haben.

2. Oktober

Vergebung

Wenn ihr den andern vergebt, was sie euch angetan haben, dann wird euer Vater im Himmel euch auch vergeben. Matthäus 6,14

Ich muss oft daran danken, was C. S. Lewis einmal gesagt hat: „Jeder findet so lange, dass Vergebung eine wundervolle Sache ist, bis er selbst etwas vergeben muss." Wie wahr! Erst, wenn Vergebung persönlich wird und uns etwas kostet, erkennen wir, was sie tatsächlich bedeutet und welches Gewicht sie hat.

Vielleicht hat ja unser Problem mit dem Vergeben vor allem damit zu tun, dass wir nicht verstehen, was Vergebung eigentlich ist ... und was sie nicht ist. Vergebung bedeutet *nicht,*

- zu entschuldigen, was jemand uns angetan hat,
- zu vergessen, was vorgefallen ist,
- zu leugnen oder unsere Gefühle wegzudrücken,
- sich jedes Mal sofort wieder zu versöhnen.

Vergebung bedeutet:

- *Die Person, die uns etwas angetan hat, anzunehmen*. Christus hat uns Vergebung vorgelebt, indem er vergab und dann diejenigen, die ihm am meisten Unrecht getan und ihn verletzt hatten, wieder annahm.
- *„Offensiv" vorzugehen*. Als Jesus am Kreuz sagte: „Vater, vergib ihnen, denn sie wissen nicht, was sie tun" (Lukas 23,34), da vergab er den Leuten bereits, bevor sie überhaupt um Vergebung gebeten hatten.

- *Auf das Recht auf Vergeltung zu verzichten.* Das Wesen von Vergebung, besonders in der Ehe, besteht darin, auf unser Recht zur Bestrafung und der Wiederherstellung von Gerechtigkeit zu verzichten. Vergebung wird dort deutlich, wo der Betroffene aufhört, Wiedergutmachung für Kränkungen und verletzten Stolz einzufordern.

Als Barbara und ich vor einigen Abenden miteinander beteten, wandte ich mich zu ihr und sagte: „Schatz, bevor wir beten, muss ich dich für etwas um Vergebung bitten.“ Nach einem kurzen Gespräch sagte Barbara: „Ich vergebe dir.“ In solchen Augenblicken merken wir, dass unsere Ehe das ist, was Gott im Sinn hatte – eine Beziehung, in der Vergebung auch für die kleinste Kränkung praktiziert wird. Die Bereitschaft zu vergeben ist eine der wichtigsten Eigenschaften, die wir regelrecht trainieren müssen, wenn wir uns eine erfüllte Ehe wünschen.

Gesprächsimpuls

Sprechen Sie über die Definition von Vergebung ... das Recht, auf Vergeltung zu verzichten. Gibt es etwas, für das Sie um Vergebung bitten sollten?

Gebet

Bitten Sie Gott, Ihnen beiden zu zeigen, wie Sie sich aktiv um Vergebung bemühen und sie angemessen schnell gewähren können.

3. Oktober

Eine unmögliche Möglichkeit

Ertragt einander! Seid nicht nachtragend, wenn euch jemand Unrecht getan hat, sondern vergebt einander, so wie der Herr euch vergeben hat.
Kolosser 3,13

Haben Sie schon einmal erlebt, dass Ihnen jemand etwas angetan hat, von dem Sie glaubten, dass Sie es niemals vergeben könnten?

Dann sind Sie nicht der einzige Mensch, dem es so geht. Ron Luce, Vorsitzender von *Teen Mania Ministries*, hat eine Geschichte, mit der sich viele Menschen identifizieren können.

Ron kam aus einer Familie, in der es Gewalt und Misshandlungen gab. Als Teenager kam er dann zum Glauben an Jesus Christus. Schon kurz nach seiner Bekehrung machte Gott ihm klar, dass er seiner Mutter all das

Schlimme, was sie ihm mit Worten und Taten angetan hatte und worunter er so sehr gelitten hatte, vergeben musste. Sie hatte ihm ins Gesicht geschlagen, Zigaretten auf seinem Rücken ausgedrückt, und als er dreizehn war, hatte sie zu ihm gesagt: „Tu mir doch einfach den Gefallen und bring dich um."

Anfangs hatte Ron nur mit typisch menschlicher Fassungslosigkeit auf die Aufforderung Gottes zur Vergebung reagiert. Wie um alles in der Welt sollte er seiner Mutter das vergeben? Sie hatte keine Vergebung verdient. Doch Gott ließ nicht locker, und schließlich kam Ron zu dem Schluss, dass er seiner Mutter vergeben musste.

Also begann er, kleine Kärtchen mit Bibelversen mit sich herumzutragen – Verse über Vergebung, über die er nachdenken und die er auswendig lernen konnte. Er begann intensiv dafür zu beten, dass Gott ihn doch fähig machen möge, auf sein Recht, sie zu bestrafen, zu verzichten. Es war nicht leicht, und es ging auch nicht von heute auf morgen, doch er erinnert sich, dass er eines Tages – inzwischen ging er in die Abschlussklasse der Highschool – beten konnte: „Herr, bitte berühre meine Mutter und gehe ihr nach, denn ich liebe sie."

Was hatte er gerade gesagt? „Ich liebe sie"? Das konnte doch nicht wahr sein. Nie zuvor hatte er diese drei Worte ausgesprochen. „Aber ich liebe sie wirklich. Ich liebe meine Mutter wirklich. Und du bist derjenige, der das bewirkt hat, Herr. Nur du kannst das getan haben."

Wir können vergeben, weil Gott uns vergeben hat. Er zeigt uns den besseren Weg, den Weg der Befreiung von Bitterkeit und dem Wunsch zu bestrafen.

Das tut Jesus durch uns. Und er kann es auch durch Sie tun.

Gesprächsimpuls

Gibt es schlimme Dinge, die Ihnen angetan worden sind, und Sie sind es leid, allein damit fertig werden zu müssen? Überlassen Sie doch diese Dinge Jesus. Machen Sie eine Liste, und bitten Sie ihn, Sie fähig zu machen zu vergeben.

Gebet

Bitten Sie Gott, an Ihnen zu tun, was nötig ist, um Sie zur Vergebung zu befreien.

4. Oktober

Vergebung um einen Preis

Vor allem lasst nicht nach in der Liebe zueinander! Denn die Liebe macht viele Sünden wieder gut. 1. Petrus 4,8

Ich habe absolut keine Ahnung, wodurch die ganze Sache ausgelöst wurde noch was daraus geworden ist, aber es war eigentlich unmöglich, die ganzseitige Anzeige zu übersehen, die eines Morgens in der Tageszeitung von Jacksonville abgedruckt war. Darin hieß es: „Bitte, glaube doch, was ich dir in meinem Brief geschrieben habe. Mir bleibt nur die Hoffnung, dass du mir die Chance gibst, dir zu zeigen, wie sehr ich dich liebe. Ohne dich ist das Leben sinnlos und leer."

Es war eine ganzseitige, 17.000 Dollar teure Anzeige mit der inständigen Bitte um Vergebung.

Nach Angaben des Verfassers dieser Anzeige hatte ihn seine Frau zwei Wochen zuvor nach 17 Jahren Ehe verlassen. Sie lebte vorübergehend bei ihren Eltern in einem bewachten Wohnkomplex, zu dem er keinen Zutritt bekam, und sie hatte ihre Handynummer geändert, damit er sie nicht mehr erreichen konnte. Von Verwandten erfuhr er dann, dass sie die Anzeige tatsächlich gelesen hätte und weinend aus dem Zimmer gelaufen sei.

Ich bete, dass die beiden ihre Probleme lösen konnten. Ich möchte noch einmal betonen, dass ich die konkrete Situation dieser beiden Menschen nicht kenne, aber für alle Ehen gilt, dass es dort, im Unterschied zu anderen zwischenmenschlichen Beziehungen, um zwei Menschen geht, die eins geworden sind. Der Schmerz einer Trennung, auch wenn sie nur vorübergehend ist, tut so weh, als würde ein Körperteil abgetrennt. Wir können nicht mehr klar denken und haben keinen Spaß mehr am Leben.

Deshalb muss Ihre Ehe ein Ort sein, wo regelmäßig um Gnade und Vergebung gebeten und beides auch gewährt wird. Niemand ist in der Lage, immer alle Erwartungen des Partners zu erfüllen. Nur in der Kraft der Gnade und Vergebung kann man auch Phasen der Enttäuschung über sich selbst und übereinander überstehen, sie überwinden und einander dann wieder ganz nahkommen.

Und vielleicht kann man sich dadurch sogar 17.000 Dollar und viel Kummer ersparen.

Gesprächsimpuls

Gibt es etwas, das heute zwischen Ihnen steht? Etwas, für das Sie um Vergebung bitten müssen ... oder wofür Sie einander vergeben müssen ... genau jetzt? Tun Sie es!

Gebet

Danken Sie Gott für seine vollständige Vergebung und für die Fähigkeit, diese Vergebung auch aufeinander anzuwenden.

5. Oktober

Eine gute Frage

... fragte Jesus sie und sagte: Was haltet ihr von dem Christus?
Matthäus 22,42

Haben Sie schon einmal einen Brief an jemanden geschrieben, der drauf und dran war, eine schlechte Entscheidung zu treffen, und der eine große Portion „Zureden" brauchte? In einer solchen Situation ist es gar nicht so einfach, nicht zu fromm zu klingen oder anzufangen zu predigen, selbst wenn man bemüht ist, die Dinge so liebevoll und überzeugend wie möglich darzustellen.

Ich kenne einen Mann, der vor gar nicht langer Zeit den Drang verspürte, einen solchen Brief zu schreiben. Ein Geschäftsfreund war im Begriff, seine Frau und Familie zu verlassen, und mein Freund wollte dem Mann gegenüber darlegen, wie sich das Ganze aus Gottes Sicht darstellte. Doch statt in seinem Brief klar und eindeutig seine Befürchtungen zu benennen und den anderen zu ermahnen, stellte er ihm eine Reihe von Fragen, die sich alle auf die Zukunft bezogen. Er fragte Dinge wie: „Wie soll dein Leben am Ende einmal aussehen?", oder: „Wie wird wohl der Nachruf aussehen, den deine Kinder über dich verfassen?"

Fragen, keine Antworten.

Wenn Sie das Gefühl haben, als Zeuge für Jesus relativ wirkungslos zu sein, könnte das dann vielleicht auch daran liegen, dass Sie glauben, alles wissen zu müssen? Es ist sicher nicht umsonst so, dass der größte Zeuge Jesu – nämlich Jesus Christus selbst – auf Fragen von Menschen so oft mit einer Gegenfrage geantwortet hat.

Was glauben Sie, wer Jesus Christus ist?

Wenn Jesus nicht die Strafe für Ihre Sünden bezahlt, wer wird es dann tun?

Wenn Sie jetzt sterben würden, und Gott würde Sie fragen, mit welchem Recht Sie in den Himmel kommen und die Ewigkeit mit Gott verbringen wollen, was würden Sie ihm darauf antworten?

Wenn Sie Ihren Nachbarn und anderen Menschen in Ihrem Lebensumfeld Fragen stellen, dann können Sie dadurch echte Gespräche in Gang bringen. Denken Sie nicht, Sie müssten allein das Reden übernehmen und alles erklären können. Die Türen, die Sie öffnen, wenn Sie andere dazu bringen, mit Gott zu ringen – statt mit Ihnen zu streiten –, sind in der Regel die Türen, die so weit offen stehen, dass die Menschen hindurchgehen können.

Gesprächsimpuls

Denken Sie über ein paar Fragen nach, die Sie ganz natürlich im Gespräch mit anderen stellen könnten, um andere dazu zu bringen, über ihre Beziehung zu Gott nachzudenken.

Gebet

Bitten Sie Gott, Ihnen sein Herz und seine Sicht für die „verlorenen Schafe“ zu schenken.

6. Oktober

Kinder sind ein Gottesgeschenk

Wohl dem, der seinen Köcher mit ihnen gefüllt hat! Psalm 127,5

Wir haben unsere sechs Kinder weitgehend gleich erzogen. Sie haben im selben Haus gewohnt, das gleiche Essen gegessen und dieselben Bazillen verstreut. Trotzdem bin ich überzeugt, dass, auch wenn wir noch sechs Kinder mehr großgezogen hätten, sie genauso unterschiedlich wären wie die sechs, die bei uns groß geworden sind.

Kinder sind das einzigartigste und kreativste Geschenk Gottes, und jedes einzelne muss entsprechend angenommen werden – als ein einzigartiges Geschenk Gottes an uns.

Zum Teil bedeutet ein solches Geschenk, dass wir in jemanden verwandelt werden, der/die wir ohne es niemals geworden wären. Es ist auch ein Geschenk geistlichen Wachstums und geistlicher Entdeckungen, die wir Tag für Tag erleben, wenn wir das Leben mit den Augen unserer Kinder ganz neu betrachten.

So wäre ich beispielsweise niemals mit vier Töchtern Kleider kaufen gegangen, wenn Gott mir nicht vier Töchter geschenkt hätte. Ich hätte nie Schulaufführungen, Projektwochenpräsentationen oder Kunstausstellungen in der Schule besucht und nie schätzen gelernt, wie viel Kreativität und harte Arbeit hinter solchen Veranstaltungen stecken. Wenn ich nicht sechs lebendige Gründe gehabt hätte, über mein unmittelbares Umfeld und meine Lebensgewohnheiten hinauszuwachsen, hätte ich so viel von dem verpasst, was Gott mir zeigen und beibringen wollte.

Vielleicht empfinden Sie Ihre Kinder momentan nicht in erster Linie als Geschenk Gottes. Vielleicht würden Sie sogar – mal ganz ehrlich jetzt – zugeben, dass Sie sich überhaupt nicht für die Dinge interessieren, mit denen Ihre Kinder beschäftigt sind. Vielleicht fällt es Ihnen schwer, die Unterstützung und Begeisterung aufzubringen, die von Ihnen erwartet wird.

Wie wäre es, wenn Sie ganz bewusst beschließen, jedes Kind als Gottes Geschenk an Sie zu betrachten? Machen Sie sich klar, dass Gott Ihre Kinder auch einsetzt, um an Ihnen zu arbeiten.

Gesprächsimpuls

Ist eines Ihrer Kinder ganz anders als Sie, und es fällt Ihnen schwer, dieses Kind so zu akzeptieren, wie es ist? Wie locken Ihre Kinder Sie aus Ihrer Wohlfühlzone? Sprechen Sie darüber, inwiefern Sie und Ihre Frau wachsen müssen.

Gebet

Bitten Sie Gott um ein Herz, das immer für die einzigartigen Geschenke Gottes, Ihre Kinder, offen ist. Danken Sie ihm für jedes Ihrer Kinder.

7. Oktober

Gott, nicht das Böse, suchen

Sucht das Gute und nicht das Böse, damit ihr lebt! Amos 5,14

In den nächsten sieben Tagen möchte ich mit Ihnen die von mir sogenannten „sieben nicht verhandelbaren Grundsätze christlichen Lebens“ betrachten – biblische Maßstäbe, die wahr sind, weil *Gott* wahrhaftig ist.

Manche dieser nicht verhandelbaren Grundsätze sind uns bekannt. Wenn wir ein Auto kaufen, besorgen wir uns ja auch eine Bedienungsanleitung, die uns über die sachgerechte Bedienung und Wartung des Wagens informiert. Wenn wir uns an diese Anweisung halten, haben wir höchstwahrscheinlich lange Freude an unserem Fahrzeug. Wenn wir das

Auto allerdings nicht sachgemäß behandeln, können erhebliche Probleme auftreten – wahrscheinlich dann, wenn wir am wenigsten damit rechnen und es uns am wenigsten leisten können.

Dasselbe gilt für unser Leben. Je nachdem, wie wir mit den nicht verhandelbaren Grundsätzen Gottes umgehen, können sie uns entweder schützen oder aber zerstören.

Also ... alles startklar?

Grundsatz Nummer eins: Suche Gott und nicht die Sünde!

Eines der großen Kirchenlieder, deren tiefe Wahrheit mich immer wieder berührt, ist der bekannte Choral *Come, Thou Fount of Every Blessing* – (Komm, du Quelle allen Segens, Anm. d. Übers.). Darin kommen unter anderem die Worte vor: „Ich neige dazu, in die Irre zu gehen – Herr, ich spüre es. Ich neige dazu, mich von dem Gott, den ich liebe, abzuwenden."

Das sind sehr ehrliche Worte, die mich immer wieder bewegen. Geht es Ihnen auch so? Auch wenn wir uns echt und ernsthaft selbst verleugnen und die Nähe Jesu erleben, wissen wir in unserem tiefsten Innern, dass dies nie ohne Kampf geschieht. Wir „neigen dazu, in die Irre zu gehen". Oh, Herr, wie sehr wir das spüren.

Aus diesem Grund sagt uns Gott in seinem Wort: „Sucht das Gute und nicht das Böse, damit ihr lebt!" Er ist es, der Leben schenkt. Und obwohl unsere Füße aus Ton sind, weiß unsere Seele, dass es nur an einem Ort Leben gibt – in Jesus, in Gott, dadurch, dass wir neugeboren, und dadurch, dass wir durch unsere Wiedergeburt gerecht geworden sind.

Suche nach Gott und nicht die Sünde – so wirst du leben!

Gesprächsimpuls

Sprechen Sie darüber, inwiefern Sie in der Vergangenheit „in die Irre gegangen" sind. Geben Sie ein Beispiel dafür, dass wir eher dazu neigen, das Böse zu suchen, als Gott.

Gebet

Beten Sie füreinander, dass Sie Gott von ganzem Herzen suchen. Bitten Sie Gott, Ihnen dabei zu helfen, schnell wieder umzukehren, wenn Sie oder Ihre Kinder im Begriff stehen, „in die Irre zu gehen".

8. Oktober

Gottes- statt Menschenfurcht

Die Furcht des Herrn gereicht zum Leben; und gesättigt verbringt man die Nacht, wird nicht heimgesucht vom Bösen. Sprüche 19,23

Es gibt wohl kaum etwas Schöneres, als nach einem langen, anstrengenden Arbeitstag ins Bett zu fallen und in einen tiefen, traumlosen Acht-Stunden-Schlaf zu sinken. Kaum jemand genießt dieses regelmäßige Ausruhen so sehr wie Menschen, die gelernt haben, Gott zu ehren und mit seiner Gegenwart in ihrem Leben zu rechnen. Die Bibel weist wiederholt darauf hin, dass uns die Gottesfurcht vom Bösen und von der Menschenfurcht befreit.

Grundsatz Nummer zwei: Fürchte Gott und nicht die Menschen

Gott zu fürchten, heißt ihn zu ehren. Wir blicken zu ihm auf und leben unter seinem wachsamen Blick. Er ist ganz sicher der Gott der Liebe, aber er ist auch der Allmächtige, „der da war und der da ist und der da kommt"! Er ist ein gerechter Richter, den wir fürchten sollten. Wir müssen vor ihm Rechenschaft ablegen für unser Leben und unsere Entscheidungen.

Fürchten Sie Menschen mehr als Gott? Machen Sie sich darüber Gedanken, was andere Leute von Ihnen denken? Leben Sie Ihr Leben mit Blick auf die Erde oder den Himmel? Nur Gottesfurcht kann uns von Menschenfurcht befreien.

A.W. Tozer hat einmal gesagt: „Was wir über Gott denken, ist das Wichtigste, was wir überhaupt denken." Gott zu kennen – ihn wirklich zu kennen, zu wissen, wer er ist – richtet unser gesamtes Leben richtig aus. Er ist der letztgültige Maßstab, weil er die Kontrolle hat über alles. Wenn wir Gott als Schöpfer, Erhalter, Erlöser, Richter, verzehrendes Feuer, allmächtigen König und Allwissenden betrachten, dann fangen wir an, seine Anwesenheit in unserem Leben zu praktizieren.

Er ist Gott. Er ist heilig. Und genauso innig, wie wir ihn lieben sollen, so heftig sollen wir ihn auch fürchten. Das steht ihm zu. Und wir haben es nötig, ihn zu fürchten.

Gesprächsimpuls

Wen fürchten Sie mehr: die Menschen oder Gott? Tauschen Sie sich über Ihr Gottesbild aus. Inwiefern beeinflusst Ihr Gottesbild Ihren Alltag?

Gebet

Bitten Sie Gott, Sie Gottesfurcht zu lehren.

9. Oktober

Nicht die Welt, sondern Gott lieben

Liebt nicht die Welt noch was in der Welt ist! Wenn jemand die Welt liebt, ist die Liebe des Vaters nicht in ihm. 1. Johannes 2,15

Ich brauche Ihnen ja wohl nicht extra zu sagen, wie sehr die Welt um Ihre Zustimmung wetteifert. Sie winkt uns mit all ihren Verlockungen: Die Welt will, dass Sie ein besseres Auto, ein größeres Haus, schickere Kleidung, ein moderneres Handy und den allerneuesten Computer haben. Und fast täglich bekommen Sie per Post eine neue Kreditkarte angeboten, mit der Sie das alles kaufen können.

Aber vielleicht ist Ihnen gar nicht klar, dass die Welt Sie nicht nur mit Geld und Besitz lockt, um Ihre Zuneigung zu gewinnen und zu verhindern, dass Sie sich an eines der eindeutigsten Gebote der Bibel halten.

Grundsatz Nummer drei: Nicht die Welt, sondern Gott lieben

Was lieben Sie auf dieser Welt? Wie wäre es mit einer Art inneren Inventur der Dinge, die Ihre Zuneigung bekommen? Wie bei einer Inventur in einem großen Kaufhaus sollten Sie die Gänge Ihres Inneren erforschen und darauf achten, womit die Regale gefüllt sind. Wie nutzen Sie Ihre Zeit? Woran denken Sie und worüber reden Sie?

Vielleicht stoßen Sie dabei auf ein paar „Ladenhüter", die Sie endlich aus Ihrem Inneren rausschmeißen sollten. Vielleicht haben Sie im Laufe der Zeit Gewohnheiten entwickelt – und wenn Sie ganz ehrlich sind, müssen Sie zugeben, dass Sie diese Gewohnheiten mehr lieben als Gott. Dinge wie Hobbys oder Fernsehen – oder sogar Süchte wie Essen, Alkohol, Drogen oder Pornografie.

Vielleicht stellen Sie bei einer solchen Bestandsaufnahme fest, dass es sogar etwas gibt, das Sie richtig beherrscht und mit der Liebe Gottes in Ihrem Leben konkurriert.

Vielleicht ist es Zeit, einige Sachen „auszumisten" und sie zu ersetzen durch neuen Gehorsam gegenüber Gottes Geboten.

Erinnern Sie sich an die Worte Jesu: „Liebe den Herrn, deinen Gott, von ganzem Herzen, mit ganzem Willen und mit deinem ganzen Verstand! Dies ist das größte und wichtigste Gebot" (Matthäus 22,37)?

Lieben Sie Gott, lieben Sie die Kinder Gottes, seinen Auftrag und seinen Willen. Wenn Sie erfüllt sind von der Liebe zu Gott, dann ist gar kein Platz mehr für die Liebe zur Welt.

Gesprächsimpuls

Überlegen Sie, ob Sie nicht gemeinsam eine solche innere Bestandsaufnahme machen wollen. Welche Dinge konkurrieren heute um Ihre Zuneigung?

Gebet

Bringen Sie gemeinsam vor Gott Ihre Liebe, Ihren Dank und Ihre Anbetung zum Ausdruck, und bitten Sie ihn, Ihre erste Liebe zu sein.

10. Oktober

Gott glauben und nicht dem Lügner

Wenn er die Lüge redet, so redet er aus seinem Eigenen, denn er ist ein Lügner und der Vater derselben. Johannes 8,44

Ein Geschäftsmann aus Long Island brachte in den Dreißigerjahren ein teures Messingbarometer mit nach Hause. Als er das Instrument aus der Schachtel nahm und es aufhängen wollte, stand der Zeiger auf „Orkan".

Ärgerlich klopfte er mit dem Finger gegen die Glasscheibe des Barometers, aber der Zeiger rührte sich nicht. Der Mann schüttelte das Barometer und knallte es dann auf den Tisch, aber der Zeiger blieb stehen, wo er war. Das Ding war ganz offensichtlich defekt. Am nächsten Morgen schrieb er dem Hersteller des Gerätes einen geharnischten Beschwerdebrief, den er auf dem Weg zu seiner Arbeitsstelle in Manhattan einwarf.

Aber an diesem Tag tobte tatsächlich ein Orkan über Long Island, und als der Mann abends nach Hause kam, war sein Haus völlig zerstört.

Es gibt also absolute Wahrheit und es gibt Täuschung.

Grundsatz Nummer vier: Gott glauben und nicht dem Betrüger

Das ganze Leben dreht sich um die Frage, wem wir glauben, es ist ein ständiger Kampf zwischen dem Glauben an die Wahrheit und dem Hereinfallen auf Lügen. Und weil wir eben innerlich so sind wie der Mann in der Geschichte – wir neigen dazu, die Wahrheit anzuzweifeln und Täuschungen zu glauben –, müssen wir uns ganz bewusst anstrengen, Gottes Wahrheit als absolut und nicht verhandelbar anzuerkennen. Wenn wir uns nicht täglich mit der Wahrheit der Bibel beschäftigen, sind wir eine leichte Beute für unseren ständigen Widersacher, den Teufel, der sowohl „Engel des Lichts" (2. Korinther 11,14) als auch der „Vater der Lüge" ist.

Also selbst wenn man in der Bibel auf etwas stößt, das einem nicht gefällt, ist es immer die richtige Entscheidung, trotzdem Gott zu glauben. Es ist besser, die Wahrheit zu wissen, dass ein Sturm aufzieht, statt sich fälschlich in Sicherheit zu wiegen.

Gesprächsimpuls

Welchen Täuschungen sind Sie in der Vergangenheit erlegen? Inwiefern hat Ihnen das geschadet? Was sollen Sie Gott heute Ihrer Meinung nach glauben?

Gebet

Beten Sie um tägliches, bewusstes Unterscheidungsvermögen.

11. Oktober

Nicht unseren Wünschen, sondern Gott gehorchen

Alle, die an einem Wettkampf teilnehmen wollen,
nehmen harte Einschränkungen auf sich. 1. Korinther 9,25

Die Entscheidungen, die wir heute oder morgen treffen, sind nicht auf heute oder morgen beschränkt. Vielleicht ist nur ein ganz kleiner Gehorsamsschritt nötig, um später einen großen geistlichen Durchbruch zu erzielen.

Grundsatz Nummer fünf: Nicht unseren Wünschen, sondern Gott gehorchen

C.S. Lewis hat einmal geschrieben: „Sowohl das Gute als auch das Böse nehmen bei Interesse zu. Deshalb sind die kleinen Entscheidungen, die Sie und ich tagtäglich treffen, von so unendlicher Bedeutung. Die kleinste gute Tat heute ist die Eroberung eines strategisch wichtigen Ansatzpunktes, von dem aus wir Monate später Siege erringen, die wir uns niemals hätten träumen lassen."

Was für eine unglaubliche These!

Doch wie bei all den Grundsätzen, mit denen wir uns in diesen sieben Tagen befassen, gilt auch das Umgekehrte. Selbst das geringste Nachgeben in Bezug auf irgendwelche Gelüste oder Gefühle, wie beispielsweise Wut oder Neid, kann zum Verlust wichtigen inneren Terrains führen, das sich dann der Feind sichern und es nutzen kann, um uns von dort aus anzugreifen. Jeder Fehltritt von uns bewirkt, dass er den Fuß in die Tür bekommt und seine Gegenangriffe gegen uns, unsere Ehe und unsere Familie starten kann – und wenn das nicht sofort geschieht, dann eben zu einem späteren Zeitpunkt, von dem er weiß, dass er den größtmöglichen Schaden anrichten kann.

Es ist also unglaublich wichtig, jeden Tag aufs Neue all unsere Leidenschaften Jesus zu unterstellen, uns selbst die vorübergehenden Freuden der Sünde zu versagen und dadurch Boden gutzumachen, der nur durch konsequenten Gehorsam gewonnen werden kann. Es erfordert viel Mut, den Begierden des Fleisches zu widerstehen.

Jemand hat einmal gesagt: „Die Tür der Möglichkeiten schwingt an den kleinen Scharnieren des Gehorsams." Gott möchte solche „Türen" für uns öffnen. Die Frage an uns lautet: Werden wir gehorsam sein?

Gesprächsimpuls

Bekennen Sie die sündigen menschlichen Wünsche, die in Ihrem Leben nach Erfüllung verlangen. Was können Sie heute tun, um diesen Wünschen und Begierden morgen den Boden zu entziehen?

Gebet

Beten Sie um täglichen Sieg, der zu lebenslanger geistlicher Entwicklung führt.

12. Oktober

Nicht uns selbst, sondern Gott dienen

Dann hörte ich, wie der Herr sagte: „Wen soll ich senden?
Wer ist bereit, unser Bote zu sein?"
Ich antwortete: „Ich bin bereit, sende mich!" Jesaja 6,8

In dieser Beziehung kann es nur einen Herrn geben, sonst funktioniert es nicht. Jede andere Kombination von Mitspielern bei diesem Spiel führt zu Verwirrung, Ablenkung und Ungehorsam.

Grundsatz Nummer sechs: Nicht sich selbst, sondern Gott dienen

Die Bibel fordert uns auf, „Sklaven" oder „Knechte" Jesu Christi zu sein (siehe Epheser 6,6; Apostelgeschichte 16,17; 2. Korinther 4,5). Wir alle dienen einem Herrn. Wenn dieser Herr die Sünde ist, dann dienen wir dem Bösen. Ist dieser Herr unser Ich, dann sind wir Diener unseres Stolzes. Jesus Christus gibt uns die Kraft, uns von diesen Herren zu befreien und in ihm, unserem wahren Herrn, Leben zu finden.

Barbara und ich haben schon öfter von einem Dokument erzählt, das wir in unserem ersten Ehejahr 1972 verfasst und unterzeichnet haben. Damals feierten wir unser erstes gemeinsames Weihnachtsfest und beschlossen, zuerst Gott das von uns sogenannte „Eigentumsrecht auf unser Leben" zu schenken, bevor wir uns dann gegenseitig beschenkten.

Wir setzten uns also hin und verfassten ein Dokument, in dem wir all unsere Rechte, unsere Besitztümer und Träume Gott überschrieben. Wir gaben uns Gott so vollständig hin, wie wir es zu diesem Zeitpunkt konnten. Wir wurden Diener Jesu Christi. Ich kann Ihnen gar nicht sagen, wie befreiend diese Entscheidung war.

Fast zwanzig Jahre später haben wir den Umschlag mit unserer „Übereignungsurkunde" noch einmal geöffnet. Ich musste lachen, als ich las, was wir Gott damals übergeben hatten. Was da aufgezählt war, konnte kaum als Verlust bezeichnet werden angesichts all dessen, was er uns als seinen „Dienern" geschenkt hat. Ich kann mir nicht vorstellen, wie unser Leben verlaufen wäre, wenn wir uns für einen geringeren Herrn entschieden hätten.

Nicht sich selbst, sondern Gott dienen. Wenn er Herr ist, dann haben wir den besten Herrn der Welt.

Gesprächsimpuls

Wie würden Sie es finden, ein „Eigentumsrecht auf Ihr Leben" an Gott abzutreten? Was müssten Sie aufgeben? Was würden Sie gewinnen?

Gebet

Bitten Sie Gott, Ihnen die Bereitschaft zu schenken, seine „Diener" zu sein.

13. Oktober

Nicht unser Wohlbefinden, sondern Gott verehren

Siehe, er wird mich töten, ich will auf ihn warten ... Hiob 13,15

Wenn ich zur Kirche gehe, gefällt es mir immer ganz besonders, Gott durch meinen Gesang zu ehren. Ich empfinde es als unglaublich befriedigend, mit geschlossenen Augen und ohne Ablenkung durch andere für ihn zu singen und ihn dadurch zu preisen. Ich finde es wunderbar, wenn der Heilige Geist durch Gottes Wort spricht, meine Haltung verändert und an mein Inneres appelliert, über Gottes Güte und Gnade nachzudenken und ihn dafür anzubeten. Ich liebe all das, wodurch Anbetungsgottesdienste so erfüllend werden – den Chor, die Taufe, das Abendmahl.

Wenn wir jedoch echte Anbetung lernen wollen, dann müssen wir das tun, wenn die Mikrofone abgeschaltet und die Sänger nach Hause gegangen sind, wenn es still geworden ist im Raum, unser Herz nicht von Gefühlen überwältigt ist und wir nicht innerlich aufgetankt sind mit den Gefühlen, die zusammen mit der Musik anschwellen. Wir müssen lernen, inmitten des Trubels und Lärms unseres Alltags anzubeten ... und sogar mitten im Leiden.

Grundsatz Nummer sieben: Nicht das Wohlbefinden, sondern Gott verehren

Vielleicht erleben Sie gerade etwas sehr Schmerzliches. Vielleicht ist das auch schon eine ganze Weile so. Vielleicht suchen Sie nach Trost, finden aber keinen. Vielleicht tut Ihnen innerlich alles weh und Sie fühlen sich unendlich leer. Beeinträchtigt der Verlust Ihres inneren Friedens und Ihrer inneren Ruhe Ihre Anbetung? Führt der Verlust Ihres inneren Friedens dazu, dass Sie nicht mehr dankbar sein können?

Vielleicht ist das Wichtigste, was Sie jetzt tun können, gleichzeitig auch das, was Ihnen gerade jetzt am meisten widerstrebt und Ihnen am unnatürlichsten vorkommt, nämlich Gott zu danken, ihn zu preisen und anzubeten – wie auch immer Ihre Lebensumstände zurzeit aussehen mögen.

Echte Anbetung erkennt an, dass es bei der Wahrheit um Gott geht. In der Anbetung werden wir daran erinnert, wer er ist und wer wir nicht sind. Er allein ist Gott. Er hat alles unter Kontrolle. Er ist der Gerechte, Leidenschaftliche. Er weiß alles, und er weiß auch, in welchem Zustand wir sind.

Anbetung, die allein Gott zum Mittelpunkt hat, tröstet uns, weil sie uns an die Wahrheit über das Leben erinnert. Sie gibt Hoffnung.

Wenn das Leben am unbehaglichsten scheint, dann beten Sie Gott an.

Gesprächsimpuls

Sprechen Sie darüber, wie Sie Gott am besten anbeten und ehren können. Wie könnten Sie einander motivieren, täglich echte Anbetung zu praktizieren?

Gebet

Bitten Sie Gott, Sie echte Anbetung zu lehren, wenn die Lebensumstände schwierig sind.

14. Oktober

Mit der Liste zur Hand

Trachtet aber zuerst nach dem Reich Gottes und nach seiner Gerechtigkeit! Und dies alles wird euch hinzugefügt werden.
Matthäus 6,33

Ich möchte noch einen weiteren Tag dazu nutzen, die sieben „nicht verhandelbaren Grundsätze des Glaubens“ zusammenzufassen, weil viel deutlicher wird, worum es dabei geht, wenn man sie alle auf einen Blick sieht.

1. *Gott*, nicht das Böse, *suchen,*
2. *Gottes*- statt Menschenfurcht
3. Nicht die Welt, sondern *Gott lieben*
4. *Gott glauben*, nicht dem Lügner
5. Nicht unseren Wünschen, sondern *Gott gehorchen*
6. Nicht uns selbst, sondern *Gott dienen*
7. Nicht unser Wohlbefinden, sondern *Gott verehren*

Mit dem Kopf wissen wir natürlich, dass wir Gott an die erste und uns selbst an die letzte Stelle setzen sollen. Nicht so genau wissen wir dagegen, wie wir dieses Kopfwissen in unserem real existierenden Leben umsetzen sollen – zum Beispiel bei einer Mitarbeiterbesprechung in der Firma oder an einem ganz normalen Donnerstagnachmittag oder bei einer Begegnung mit einem Kind.

Genau darum geht es jedoch bei diesen sieben Punkten. Wenn jede Begegnung in unserem Leben mit einem Blick auf Gott beginnt – so, wie es die sieben Grundsätze sagen –, dann bekommt unser Leben immer mehr Ähnlichkeit mit den Überzeugungen, die wir nach außen bekennen.

Ich würde Ihnen empfehlen, sich diese sieben Grundsätze auszudrucken, Sie in der Brief- oder Handtasche immer bei sich zu haben und dann einmal zu schauen, wie oft sie zur Anwendung kommen bei Ihren ganz normalen Alltagsentscheidungen. Sie werden dadurch nicht nur daran erinnert, wie nötig Sie es haben, Gott an die erste Stelle zu setzen, sondern auch zu lernen, wie das geht.

Gesprächsimpuls

Suchen Sie sich einen der Grundsätze heraus, und besprechen Sie, was sich in Ihrer derzeitigen Lebenssituation dadurch verändern könnte.

Gebet

Beten Sie abwechselnd für diese sieben Punkte. Beten Sie für Ihren Mann/Ihre Frau.

15. Oktober

Allein im Dunkeln?

Herr! Hast du mich für immer vergessen? Wie lange willst du dich noch verbergen? Psalm 13,1

Manche Leute sind der Meinung, die Begriffe „Christ" und „Depression" dürften nie in ein und demselben Satz vorkommen. Sie glauben, dass jemand, „dessen Stärke die Freude am Herrn ist"(siehe Nehemia 8,10), eigentlich nicht unglücklich sein dürfte.

Man fragt sich allerdings, ob das bei William Cowper so war, dem bekannten Choraldichter (*God Moves in a Mysterious Way* oder *There is a Fountain Filled with Blood, Drawn from Emmanuels Veins*). Eine schwere Depression zwang ihn, schon als junger Mann seine Karriere als Jurist aufzugeben. Wenn Cowper nicht die geduldige seelsorgerliche Hilfe von John Newton (Verfasser von *Amazing Grace*) gehabt hätte, wer weiß, wohin ihn seine Depression geführt hätte?

Der berühmte Prediger Charles Spurgeon hatte heftig mit Depressionen zu kämpfen, ganz besonders nach einem falschen Feueralarm in seiner voll besetzten Kirche, durch den eine Panik ausgelöst wurde, bei der mehrere Menschen umkamen. Er sagte oft, er höre „seine eigenen Ketten rasseln", wenn er predige, wobei er seine Gefühle mit einem Wagen verglich, der im Schlamm feststeckte.

Es ist bekannt, dass König David in den Psalmen häufig seine Schwermut herausschrie. Paulus, der in einem seiner Briefe geschrieben hat: „Gott, der die Niedergeschlagenen ermutigt, gab mir durch die Ankunft von Titus neuen Mut" (2. Korinther 7,6), hat ganz sicher Zeiten der Dunkelheit und Verzweiflung erlebt. Biblische Persönlichkeiten wie Mose, Hiob und Elia gingen durch unglaubliche Täler des Zweifels und der Angst.

Wenn einer von Ihnen heute die schwere Last einer Depression zu tragen hat, sich immer wieder – nicht immer erfolgreich – abmüht, sich daraus zu befreien, dann machen Sie sich klar, dass Sie mit Ihrem Problem nicht allein sind. Gott weiß um Ihr Leiden. Ihre dunklen Umstände sind nicht stärker als seine Macht, zu heilen, wiederherzustellen und zu befreien.

Wenn Sie Gott um Linderung bitten, dann lassen Sie sich auch durch die Gegenwart Ihres Partners trösten.

Gesprächsimpuls

Welchem Zweck könnten Depressionen möglicherweise dienen? Warum litten einige der größten Diener Gottes darunter?

Gebet

Trösten Sie einander, indem Sie füreinander beten und die Lasten des jeweils anderen vor Gott bringen. Er sorgt für Sie beide.

---

16. Oktober

Konstruktive Reue

Das alles aber kommt von Gott. Obwohl ich sein Feind war, hat er sich durch Christus mit mir ausgesöhnt und mir den Auftrag gegeben, seine Versöhnungsbotschaft zu verbreiten. 2. Korinther 5,18

Ken Sande, der eine wundervolle Gruppe mit dem Namen *Peacemaker Ministries* (Friedensstifter) leitet, hat mir einmal von einer Frau erzählt, die gerade herausgefunden hatte, dass der Mann, mit dem sie seit zwanzig Jahren verheiratet war, sie betrogen hatte. Sie hatte also allen Grund, sich scheiden zu lassen, und eine Scheidung wollte sie auch unbedingt.

Der Seelsorger jedoch, den das Ehepaar zur Beratung aufgesucht hatte, riet ihr, sich noch Zeit zu nehmen, um zu überlegen, ob es der beste Schritt sei, ihr Recht auf Scheidung in Anspruch zu nehmen. Die Frau – die allem Anschein nach in der Situation die Unschuldige war – kochte immer noch vor Zorn. Der Mann – der ja allem Anschein nach der Böse war – machte vollständig dicht.

Eine Pattsituation.

Doch als die Frau für die nächste Sitzung bei dem Seelsorger ihre „Hausaufgaben“ machte, spürte sie durch das Wirken des Heiligen Geistes unglaublich tiefe Reue, und sie fühlte sich für die bestehende Situation mitverantwortlich. Die nächste Sitzung hatte kaum begonnen, da brach es auch schon unter Schluchzen und Zittern aus ihr heraus: „Es ist meine Schuld! Es ist alles meine Schuld! Ich habe mich schon vor Jahren immer mehr von ihm zurückgezogen. Ich bin selbst schuld, dass er fremdgegangen ist.“

In dem Augenblick fing auch ihr sonst eher stoischer Mann an zu weinen und sagte: „Nein! Es war meine Schuld! Was auch immer du falsch gemacht hast, das ist keine Entschuldigung für das, was ich getan habe. Du darfst dir dafür nicht die Schuld geben!“ Und in diesem Augenblick untröstlichen Kummers fügte Gott eine zerbrochene Ehe wieder zusammen – durch die Kraft des Bekennens.

Ich hoffe, dass Sie heute keinen Konflikt haben, der auch nur annähernd so schwerwiegend ist und so viel Schmerz und Schaden anrichtet. Aber was auch immer es sein mag, nehmen wir einmal an, Sie sind die Partei, der Unrecht getan wurde, das heißt, wenn Sie beide Seiten auf die Waagschale legen würden, wäre Ihre Schuldlast geringer als die Ihres Partners. Was würde sich an der Dynamik Ihres Konfliktes ändern, wenn Sie Gott bitten würden, Ihnen zu zeigen, inwiefern Ihre Verhaltensweisen, Einstellungen und Reaktionen für diesen Konflikt mitverantwortlich sind? Was würde Ihr Ehepartner tun, wenn Sie den ersten Schritt zur Versöhnung machten?

Gesprächsimpuls

Welche Probleme in Ihrer Beziehung müssen unbedingt angesprochen werden? Was davon müssen Sie zugeben und bekennen?

Gebet

Bitten Sie Gott, Ihre Beziehung neu mit seinem Frieden zu segnen.

17. Oktober

Voll daneben

Darum achtet genau auf eure Lebensweise! Lebt nicht wie Unwissende, sondern wie Menschen, die wissen, worauf es ankommt. Epheser 5,15

Ich wundere mich oft darüber, dass nicht viel mehr Menschen verletzt werden, wenn bei einem Baseballspiel Bälle ins Aus geschlagen werden und in die Zuschauerränge fliegen. Man müsste eigentlich meinen, dass bei jedem Spiel etwas passiert, besonders bei solchen Bällen, die ungebremst durch einen ganzen Zuschauerblock sausen. Und selbst wenn es einmal passiert, dass so ein Ball einen blauen Fleck oder eine Beule hinterlässt, kann man kaum den Schläger dafür verantwortlich machen, oder? Er tut ja schließlich nicht absichtlich jemandem weh. So etwas passiert eben in einem ganz normalen Spiel, oder?

Aber das ist wahrscheinlich etwas ganz anderes als das, was Jay Gibbons von den Baltimore Orioles kürzlich erlebt hat, als er einen Ball direkt über die Feldabgrenzung schlug. Er traf nämlich nicht einen Neunjährigen, der mit Kappe und Baseballhandschuh im Fanblock saß, oder einen Hot-Dog-Verkäufer oder eine Gruppe von Fans auf der Zuschauertribüne.

Nein, sein Ausball traf seine eigene Frau mit voller Wucht in die Rippen.

Natürlich hatte er das nicht gewollt. Es war ein Unfall.

Bei dieser Geschichte muss ich an all die kleinen ironischen Bemerkungen denken, die uns dem Ehepartner gegenüber manchmal so herausrutschen.

Oder an die kleinen Unfreundlichkeiten, die wir loslassen. Oder das unwirsche Brummen, das wir von uns geben, wenn wir finden, dass der Zeitschriftenartikel, den wir gerade lesen, viel interessanter und wichtiger ist als das, was unsere Frau sagt.

Ein verschlagener Ball kann genauso wehtun wie ein direkter Schlag. Eine gar nicht so schwerwiegende Herabsetzung oder eine Beschuldigung – besonders wenn man solche Dinge anstaut und schwären lässt, ohne sie anzusprechen – kann in jeder Beziehung Schaden anrichten. Deshalb müssen wir auf der Hut sein vor solchen eher geringfügigen flapsigen Übergriffen. Halten Sie hin und wieder inne, und überlegen Sie, ob Ihre Worte Ihren Partner, eines Ihrer Kinder oder einen Freund kränken.

Unbedachte Worte, eine Fehleinschätzung, verschlagene Bälle und Worte und Äußerungen – egal, ob beabsichtigt oder nicht –, sie sind nun mal daneben. Aber ob beabsichtigt oder nicht, sie können mit voller Wucht treffen und die Menschen verletzen, die wir am meisten lieben.

Gesprächsimpuls

Wie gehen Sie mit den kleinen „Fehlbällen“ um, die Ihnen von Zeit zu Zeit in Ihrer Beziehung um die Ohren fliegen?

Gebet

Bitten Sie Gott, dass Sie es sofort merken, wenn Sie Ihren Partner gekränkt haben.

18. Oktober

Ein neues Erbe

Sprich die Weisungen aus meinem Gesetzbuch ständig vor dich hin und denke Tag und Nacht darüber nach, damit dein ganzes Tun an meinen Geboten ausgerichtet ist. Dann wirst du Erfolg haben und wirst alles, was du beginnst, glücklich vollenden. Josua 1,8

Als ein Volk sind wir heute vielleicht gesünder als früher, aber nicht glücklicher. Wir sind vollgestopft mit Wissen, aber völlig ausgedörrt nach Weisheit. Materiell sind wir reich, aber seelisch verarmen wir zusehends. Je älter ich werde, desto bewusster wird mir, dass unser Land eine innere, geistliche Erneuerung braucht.

Das wird nirgends so deutlich wie am Zustand der Familie. Die biblischen Werte, auf denen eine ganze Nation aufgebaut wurde – Werte, die früher von Generation zu Generation als nationaler Schatz weitergegeben wurden –, werden heute infrage gestellt oder gleich ganz aufgegeben. Die Folgen sind unverkennbar – nie zuvor gab es einen derartigen Niedergang in den Familien:

Nie zuvor sind so viele Kinder in zerrütteten Familien aufgewachsen.

Nie zuvor wurde Ehe so definiert, dass auch zwei Menschen gleichen Geschlechts sie schließen konnten.

Nie zuvor ist der Ehebund von einer Generation junger Menschen so abgewertet worden.

Nie zuvor wurden Eltern dermaßen verspottet und lächerlich gemacht, wenn sie versucht haben, ihre Kinder nach biblischen Maßstäben zu erziehen.

Nie zuvor haben so viele Christen gelacht, die Schultern gezuckt oder sind völlig untätig geblieben angesichts von Ehebruch, Scheidung und Sünde.

Nie zuvor wurden materielle Dinge so eindeutig über Beziehungen gestellt.

Nie zuvor haben Familien so dringend *ein neues Vermächtnis* gebraucht wie heute.

Das zentrale Problem unseres Landes ist nicht die Kriminalität, auch nicht die soziale Absicherung, das Gesundheitswesen, die Bildung, die Politik, die Wirtschaft, die Medien oder die Umwelt. *Worum es heute wirklich geht, ist der geistliche und moralische Zustand des Einzelnen, der Männer und Frauen, Ehemänner und Ehefrauen, Mütter und Väter und Familien.*

Nationen können sich nur in dem Maße verändern, in dem sich die einzelnen Menschen darin verändern. Echte Hoffnung für einen echten inneren Wandel bei den Menschen kann nur auf der lebensverändernden Kraft Jesu Christi gründen. Er kann Leben erneuern und Familien wiederherstellen.

Gesprächsimpuls

Wie wirkt sich die allgemeine Verschlechterung der Familiensituation in Ihrer Familie und auch in Ihrer Verwandtschaft aus?

Gebet

Beten Sie, dass eine Veränderung in unserem Land mit einer Veränderung in Ihrem ganz persönlichen Leben und in Ihrer Familie beginnen möge.

19. Oktober

Den Lauf vollenden

Ich habe den guten Kampf gekämpft. Ich bin am Ziel des Wettlaufs, zu dem ich angetreten bin. Ich habe den Glauben bewahrt und unversehrt weitergegeben. 2. Timotheus 4,7

Bill Bright, der Gründer von Campus für Christus, wurde am 19. Juli 2003 von seinem himmlischen Vater heimgerufen. Abgesehen von meinen Eltern hat kein Mensch mehr Einfluss auf mein Leben gehabt als er. Ich kann gar nicht ermessen auf wievielerlei Weise er mich beeinflusst und geprägt hat.

Kurz vor seinem Tod habe ich ihm einen persönlichen Brief geschrieben – ein sehr unzulänglicher Versuch zum Ausdruck zu bringen, wie viel er mir bedeutete. Ich habe ihm in dem Brief unter anderem für Folgendes gedankt:

- dass er mir vorgelebt hat, was es heißt, ein Knecht Christi zu sein,
- dass er mich ständig daran erinnert hat, dass unser Gott nicht klein ist,
- dass er einen wunderbaren Humor hatte und immer echt war,
- dass er nie ans Aufgeben gedacht hat – *nie,*
- dass er mir die Freiheit gelassen hat, anderer Meinung zu sein,
- dass er auch harte Entscheidungen getroffen hat,
- dass er mir gesagt hat, dass Gott einem Menschen jeden Geldbetrag gibt, wenn er nicht daran klebt,

- dass er sich von Gott hat einsetzen lassen, eine Organisation zu gründen, der sich so viele Menschen anschließen konnten und dadurch viele Völker zur Verherrlichung Gottes erreicht werden konnten,
- dass er seiner Frau Vonette mehr als 53 Jahre lang treu verbunden war – ja, dafür, dass er seinen Lauf gut vollendet hat.

In seinen letzten Lebensjahren litt er an Lungenfibrose und hatte dadurch ständig Schmerzen. Doch erstaunlicherweise waren gerade diese letzten Jahre seine produktivsten. „Es ist doch eine ‚Win-win-Situation‘ für mich“, sagte er. „Wenn ich weiterlebe, werde ich Gott weiter dienen. Wenn ich sterbe, werde ich bei ihm im Himmel sein.“

Über dreißig Jahre lang Bill Bright zu kennen und mit ihm zusammenzuarbeiten, hat einen besseren Menschen aus mir gemacht. Wir brauchen mehr Freunde und Mentoren, die so leben und glauben wie er!

Gesprächsimpuls

Welche dieser neun Wesenszüge eines Christen wünschen Sie sich am dringendsten, um dadurch Vorbild zu sein?

Gebet

Bitten Sie Gott, Sie ihm ähnlicher zu machen, damit die Menschen bei Ihnen als Erstes Ihre Treue sehen – und Ihren treuen Herrn.

20. Oktober

Unterstützung für Pastoren

Wenn irgendwo jemand schwach ist, bin ich es mit ihm. Und wenn jemand an Gott irre wird, brennt es mich wie Feuer. 2. Korinther 11,29

In einer berühmten Szene des Filmklassikers *Vom Winde verweht* versucht Scarlett O'Hara einen Arzt für ihre Schwägerin Melanie zu finden, die in den Wehen liegt. Während sie sich auf ihrer verzweifelten Suche von einer Bahre zur nächsten schlängelt, auf der blutende, sterbende Soldaten liegen, schwenkt die Kamera zurück auf eine grauenvolle Szene – einen großen Platz, auf dem unzählige verzweifelte, verwundete Soldaten in der prallen Sonne liegen.

Schließlich findet Scarlett ihren Freund Doktor Mead, der völlig erschöpft ist angesichts der nicht enden wollenden Not und Hoffnungslosigkeit.

„Sind Sie verrückt?“, herrscht er Scarlett an. „Ich kann diese Männer nicht wegen eines Babys alleinlassen. Sie sterben … Sehen Sie sie an, sie verbluten vor meinen Augen. Ich habe kein Chloroform, kein Verbandsmaterial, nichts! Nicht einmal Medikamente, um ihre Schmerzen zu lindern.“

Diese Szene erinnert mich an den Tag, als mein Freund und ehemaliger Pastor Dr. Robert Lewis die bestürzende Aussage machte, dass die Hauptamtlichen in der Gemeinde mehr Zeit damit verbrächten, Scheidungen zu verhindern, Menschen beizustehen, die gerade eine Scheidung durchmachen, und sich um Menschen zu kümmern, die gerade eine Scheidung hinter sich hätten, als für alle anderen geistlichen Bedürfnisse und Nöte zusammen. Die Folgen dieses „Krieges“ waren in der ganzen Gemeinde spürbar – Ehebruch, Misstrauen, finanzielle Nöte und Bitterkeit. Doch was sollten die hauptamtlichen Mitarbeiter angesichts so vieler dieser Fälle tun?

Der Oktober ist der *Pastor's Appreciation Month* (Monat der Wertschätzung für Pastoren). Vielleicht sind Ihnen die Lehrbuchdefinitionen mancher Krisen, mit denen Menschen fertig werden müssen, nicht bekannt. Was Sie aber tun können, ist, einzuschreiten und Ihrem Pastor zu helfen, ihm die Lasten zu erleichtern, die er trägt, und die gleiche „brennende Sorge“ zu zeigen, wie es der Apostel Paulus in unserem Tagesvers beschreibt.

Statt von unseren Pastoren zu fordern, noch mehr zu tun, sollten wir ihnen zur Seite stehen und selbst aktiv werden. Und dabei brauchen wir uns auch keine Gedanken darüber machen, dass wir uns vielleicht die Hände ein wenig schmutzig machen könnten.

Gesprächsimpuls

Kennen Sie in Ihrem Umfeld ein Ehepaar, das zurzeit in Schwierigkeiten ist? Wie könnten Sie dort helfen?

Gebet

Beten Sie für Ihren Pastor, und bitten Sie Gott, Ihnen die Menschen zu zeigen, denen Sie nach seinem Plan dienen können.

21. Oktober

Er kennt uns mit Namen

Sogar die Vögel dürfen bei dir wohnen; die Schwalben bauen ihr Nest bei deinen Altären und ziehen dort ihre Jungen auf, Herr, du Herrscher der Welt, mein König und mein Gott! Psalm 84,4

Vor Kurzem habe ich die Geschichte eines Ehepaares gehört, das nach zehn Jahren Ehe immer noch keine Kinder bekommen hatte. Wer selbst schon diese schmerzliche Erfahrung gemacht hat oder gerade macht, kann sicher nachfühlen, wie enttäuscht dieses Ehepaar war und wie stark sie diese Lücke in ihrem Leben empfanden.

An Tagen, an denen sie es sich erlaubten, überhaupt daran zu denken, überlegten sie, wie sie ihr Kind nennen würden, wenn sie denn jemals eines bekämen. Auf einen Jungennamen konnten sie sich immer schnell einigen, aber ihr Favorit bei den Mädchennamen war und blieb unterschiedlich. Die Frau mochte den Namen Autumn, aber ihr Mann wollte ein Mädchen lieber Amanda nennen.

Doch es kam kein Kind. Weder ein Junge noch ein Mädchen. Also nahmen sie Plan B in Angriff und beschlossen, ein Geschwisterpaar zu adoptieren.

Sie können sich vorstellen, wie sehr sie für dieses Vorhaben beteten. Sie beteten, Gott möge seinen vollkommenen Willen geschehen lassen und sie offen machen für genau die richtigen Kinder aus genau der richtigen Situation. Eines Tages rief dann die Adoptionsvermittlung an und teilte dem Ehepaar mit, dass zwei Schwestern im Alter von drei und fünf Jahren von ihrer Mutter zur Adoption freigegeben worden seien. Die Frau sei zwar selbst nicht gläubig, wünsche sich aber Christen als Adoptiveltern für ihre Töchter, und so sei der Name des besagten Ehepaares ganz oben auf die Liste gesetzt worden.

Als die beiden den Sozialarbeiter baten, ihnen mehr über die Mädchen zu erzählen, sagte er: „Sie sind beide blond und haben grüne Augen. Die Fünfjährige heißt Autumn und die Dreijährige Amanda."

Es ist immer wieder zum Staunen, wenn Gott ein gebrochenes Herz heilt und manchmal sogar ein ganz klein wenig den Vorhang öffnet, um uns ohne den Hauch eines Zweifels zu zeigen, dass er unsere Gebete hört und weiß, wie es in uns aussieht. Wenn Sie um eine ganz ähnliche Gebetserhörung bitten, dann seien Sie gewiss, dass Gott Sie nie aus dem Blick verliert, dass er weiß, wo Sie sind ... dass er Sie beim Namen kennt.

Gesprächsimpuls

Ganz ehrlich: Wie steht es zurzeit um Ihren Glauben? Sind Sie mutlos? Ängstlich? Ermutigt?

Gebet

Auch wenn Sie den Eindruck haben, dass es nichts bewirkt ... beten Sie weiter. Beten Sie weiter.

22. Oktober

Nicht in die Falle gehen

Bewahre mich vor der Falle, die man mir heimlich gestellt hat; du bist doch mein Beschützer! Psalm 31,5

Versuchen Sie sich einmal folgende Szene vorzustellen: Ein fünfzehnjähriger Junge beginnt vor 50.000 Zuschauern mit verbundenen Augen und barfuß über eine Bühne zu gehen. Vor ihm befinden sich Tierfallen aus Stahl. Jede ist beschriftet mit Worten wie „Gruppenzwang", „Drogen und Alkohol", „sexuelle Unmoral", „Rebellion" und „Pornografie" – lauter „Fallen", in die Teenager leicht geraten können.

Direkt neben mir, am anderen Ende der Bühne, steht Tom, der Vater des Jungen, der jeden Schritt seines Sohnes vorausahnt. Nachdem der Junge zwei zögerliche Schritte gemacht hat, steht er bei seinem dritten Schritt direkt vor der größten Falle auf der Bühne – einer Bärenfalle, die so stark ist, dass sie sein Bein zertrümmern könnte (es waren drei erwachsene Männer nötig, um die Falle zu spannen).

Bevor sein Sohn zum nächsten Schritt ansetzen kann, ruft Tom durchs Mikrofon: „Trent, bleib stehen. Geh nicht weiter." Er geht um die Fallen herum und stellt sich dann zwischen seinen Sohn und die Bärenfalle. Nachdem er seinem Sohn ein paar Anweisungen zugeflüstert hat, dreht er seinem Jungen den Rücken zu, woraufhin Trent seine Hände auf die Schultern des Vaters legt. So miteinander verbunden, beginnen die beiden gemeinsam durch das Fallenfeld zu manövrieren.

Als die beiden schließlich bei mir ankommen und wir dem Jungen die Augenbinde abnehmen, umarmen sich Vater und Sohn. Der Beifall für die beiden schwillt zu einer stehenden Ovation im ganzen Stadion an. Ich rufe durch die Lautsprecheranlage: „Männer, genau dazu hat Gott uns Väter berufen – wir sollen da sein und unsere Kinder sicher durch das Minenfeld der Pubertät führen."

Für Tom und Trent war das Ganze eine Demonstration auf der Bühne. Doch für Sie und Ihre Teenager sind die Fallen der Pubertät sehr echt und real und tückisch. Lassen Sie nicht zu, dass Ihre Kinder diesen Weg auf eigene Faust gehen. Nehmen Sie sie bei der Hand, achten Sie auf ihre Schritte und gehen Sie den Weg gemeinsam. Lassen Sie sich von Gott hindurchleiten.

Gesprächsimpuls

Was wissen Sie nicht über die Fallen in der Welt Ihres Teenagers? Versuchen Sie, es herauszufinden.

Gebet

Bitten Sie Gott um ständigen Schutz für Ihre Kinder und um ständige Wachsamkeit als Eltern.

23. Oktober

Glückliche Eltern

Nichts macht mich glücklicher, als zu hören, dass meine Kinder der Wahrheit gemäß leben. 3. Johannes 4

Die gestrige Geschichte von der Veranstaltung im Stadion geht noch weiter. Nach der Demonstration mit den unterschiedlichen Tierfallen strömte eine große Gruppe von Söhnen, deren Väter im Publikum saßen, ins Stadion, nachdem sie zuvor an einem anderen Veranstaltungsort einen anderen Vortrag gehört hatten. Man hätte in dem Stadion eine Stecknadel fallen gehört, denn ich hatte das Publikum vorher gebeten, ganz still zu sein. Und dann standen all die Väter nach und nach auf und schauten – mit der Baseballmütze in der Hand – zu, wie die nächste Generation als energiegeladene, vielversprechende Teenager einmarschierte.

Als alle Jungen im Stadion angekommen waren, sagte ich an die Väter gewandt: „Diese jungen Männer sind eure Söhne, die künftigen Leiter der Familien der Zukunft. Lasst sie hören, was ihr von ihnen haltet!" Ich werde nie vergessen, welch ohrenbetäubendes Gebrüll auf der Stelle einsetzte: Es wurde geklatscht, getrampelt und geschrien. Mehrere Minuten lang setzte sich der begeisterte Jubel über die Söhne durch das ganze Stadion fort. Und vielen der Väter kamen ganz unverhohlen Tränen des Stolzes auf die Söhne.

Schade, dass das Großziehen von Kindern nicht immer so beglückend und erhebend ist wie in jenen Augenblicken in dem Stadion. In der Regel ist das Elternsein ja eher eine einsame Angelegenheit, die mit vielen Herausforderungen und vergleichsweise wenig Jubel und Anerkennung verbunden ist. Es ist harte, langwierige Arbeit ohne Erfolgsgarantie.

Aber es gibt auch jede Menge Lohn dafür. Nichts ist vergleichbar mit der Freude, zu erleben, wie die eigenen Kinder in der Wahrheit leben, sie bei uns zu haben und dadurch auch in den Genuss ihrer Kreativität, Spontaneität und Lebensfreude zu kommen. Und nichts ist so beglückend wie Kinder, die mutig ihren Weg gehen und den Fallen und Versuchungen unserer Gesellschaft und Kultur aus dem Weg gehen und dabei ihrer eigenen Generation von Jesus Christus erzählen.

Vielleicht sollten Sie Ihrem Teenager für eine Entscheidung, die er/sie in letzter Zeit getroffen hat, einmal richtig applaudieren.

Glauben Sie mir: Unsere Kinder *brauchen* unseren Beifall!

Gesprächsimpuls

Wo haben Sie es in letzter Zeit versäumt, Ihren Kindern zu applaudieren? Holen Sie es nach!

Gebet

Danken Sie Gott für die Freuden des Elternseins!

24. Oktober

Fünfzehn Möglichkeiten, Ihrem Mann zu gefallen

von Barbara Rainey

Jeder von uns lebe so, dass er seinem Nächsten gefalle zum Guten und zur Erbauung. Römer 15,2

Welche Person steht Ihnen am nächsten? Ihr Ehemann. Und wie können Sie Ihren Mann aufbauen und sein Selbstwertgefühl verbessern, wie es in unserem Tagesvers gesagt wird? Indem Sie herausfinden, was ihm gefällt – und es dann auch tun. Hier ein paar Anregungen dazu:

1. Schreiben Sie ihm einen Brief, den Sie an seinen Arbeitsplatz schicken, oder stecken Sie einen Zettel mit ein paar liebevollen Worten in seine Aktentasche oder seine Brotdose.
2. Kochen Sie ihm sein Lieblingsessen.
3. Planen Sie einen Abend, an dem nur Sie zwei zusammen ausgehen.

4. Tragen Sie das Kleid, das ihm am besten an Ihnen gefällt, und die Frisur, die er am liebsten mag.
5. Kaufen Sie ihm irgendeine „unnötige“ Kleinigkeit, die er sich selbst nicht kaufen würde.
6. Schenken Sie ihm ein schön gerahmtes Foto von Ihnen oder von Ihnen mit den Kindern für sein Büro.
7. Überraschen Sie ihn mit einem Kurztrip, auf dem Sie gemeinsam etwas unternehmen, was ihm Spaß macht.
8. Bringen Sie die Kinder früh ins Bett und bereiten Sie ein romantisches Candle-Light-Dinner vor.
9. Tun Sie etwas, was ihm ganz besonders gut gefallen hat, als Sie gerade frisch verliebt waren.
10. Beten Sie und lesen Sie gemeinsam in der Bibel – täglich.
11. Gehen Sie gemeinsam spazieren.
12. Benutzen Sie die Garage nicht als Abstellraum oder sogar Schuttabladeplatz.
13. Begrüßen Sie Ihren Mann liebevoll und herzlich, wenn er von der Arbeit kommt.
14. Lassen Sie ihm Zeit, sich erst einmal zu sammeln und anzukommen, bevor Sie ihn mit Ihren Anliegen bestürmen.
15. Zeigen Sie ihm in der Sprache, *die er versteht*, dass er der wichtigste Mensch in Ihrem Leben ist.

Manchmal hat eine kleine Geste große Wirkung. Probieren Sie auch mal etwas Neues aus, damit Ihre Ehe nicht im Alltagstrott untergeht.

Gesprächsimpuls

Sagen Sie Ihrer Frau, was Ihnen neulich besonders gut an ihr gefallen hat. Warum ist das für Sie so schön?

Gebet

Bitten Sie Gott um Hilfe, die Bedürfnisse Ihres Mannes im Blick zu behalten und ein Gefühl dafür zu bekommen, was ihn aufbaut und ermutigt.

25. Oktober

Fünfzehn Möglichkeiten, Ihrer Frau zu gefallen

Schön bist du, zauberhaft schön, meine Freundin, und deine Augen sind lieblich wie Tauben! Hohelied 1,15

Gestern hat ja Barbara den Ehefrauen einige Vorschläge gemacht, was sie tun können, um ihrem Mann noch mehr oder wieder besser zu gefallen. Heute möchte ich Ihnen die andere Seite vorstellen – was halten Sie von folgenden Ideen, um Ihrer Frau zu gefallen:

1. Umarmen und küssen Sie Ihre Frau jeden Morgen, bevor Sie aus dem Haus gehen.
2. Gehen Sie zur gleichen Zeit ins Bett wie sie.
3. Wenn sie sich im Spiegel betrachtet, sagen Sie ihr: „Du bist so schön."
4. Verbannen Sie den Fernseher aus dem Schlafzimmer.
5. Rufen Sie sie tagsüber gelegentlich an oder schreiben Sie ihr eine E-Mail, um zu sehen, wie es ihr geht.
6. Machen Sie am Sonntagmorgen das Frühstück.
7. Tanken Sie ihr Auto voll und reinigen Sie die Fußmatten und die Scheiben.
8. Schreiben Sie ihr einen kurzen Liebesbrief, in dem Sie ihr schriftlich geben, was Ihnen in letzter Zeit besonders an ihr gefallen hat.
9. Seien Sie ein Gentleman: Halten Sie ihr die Wagentür auf. Bieten Sie ihr den Arm.
10. Schließen Sie den Toilettendeckel.
11. Wenn Sie mitbekommen, wie sie eine schwierige Situation gut meistert, dann machen Sie ihr ein Kompliment dafür.
12. Wenn Sie mit anderen zusammen sind, sprechen Sie lobend über Ihre Frau. Zeigen Sie, dass Sie stolz auf sie sind.
13. Helfen Sie ihr, die Kinder ins Bett zu bringen.
14. Räumen Sie Ihre schmutzige Wäsche in den Wäschekorb.
15. Beten Sie mit ihr. Täglich!

Vielleicht klingt das für Sie nach einer Menge Arbeit, und vielleicht sind Sie auch so gar nicht der Typ für solche Dinge. Tun Sie es trotzdem! Übung macht den Meister! Ich verspreche Ihnen: Ihre Frau wird Sie dafür lieben.

Gesprächsimpuls

Was hat Ihnen in letzter Zeit besonders an Ihrem Mann gefallen? Warum hat es Ihnen so viel bedeutet?

Gebet

Bitten Sie Gott um Kreativität und Einfühlungsvermögen, wenn Sie Ihre Zuneigung und Aufmerksamkeit ganz auf Ihre Frau richten.

26. Oktober

Volle Kraft voraus

Lass den Herrn über dein Tun entscheiden, dann werden sich deine Pläne erfüllen! Sprüche 16,3

Als der junge William Borden – künftiger Erbe eines Vermögens, das sein Vater mit einem Molkereibetrieb gemacht hatte – vor über hundert Jahren seinen Highschoolabschluss machte, bekam er von seinem Vater drei Geschenke: genügend Geld für eine Weltreise, einen Diener als Begleitung und eine funkelnagelneue Bibel. Im Alter von erst sechzehn Jahren reiste William durch Afrika, Asien und den Nahen Osten und lernte eine Vielfalt von Kulturen und Menschen kennen.

Doch das menschliche Leid, auf das er überall traf, in Verbindung mit der Lektüre seiner Bibel führte dazu, dass er Gottes Ruf verspürte. Also beschloss er, sich auf die Arbeit in der Mission vorzubereiten, und schrieb hinten in seine Bibel die beiden Worte: „Ohne Vorbehalte".

Nach seiner Rückkehr von der Weltreise schrieb er sich an der *Yale University* ein, wo er bei Studenten, Lehrenden und Einwohnern von New Haven bekannt wurde für seine geistliche Hingabe und seine Arbeit unter den Armen und Notleidenden.

Obwohl er nach seinem Universitätsabschluss von der Wall Street und vom Unternehmen der Familie umworben wurde, blieb er bei seinem Entschluss, Gott als Missionar zu dienen. In dieser Zeit schrieb er zwei weitere Worte in seine Bibel: „Kein Zurück".

Auf dem Weg zu seiner Missionsstation in China erkrankte William in Ägypten an einer Meningitis, an der er innerhalb nur eines Monats starb. Er war erst 25 Jahre alt. Als sein Vater Wochen später die Sachen seines Sohnes durchsah, stieß er dabei auch auf die Bibel, die er seinem Sohn zum Schulabschluss geschenkt hatte. Die Liste der von William eingetragenen Worte war noch um zwei weitere erweitert worden: „Keine Reue".

Ohne Vorbehalte. Kein Zurück. Keine Reue. Diese sechs Worte sollten uns motivieren, Christus entschlossen nachzufolgen. Wir sollen zielgerichtet in unserer Ehe und Familie leben und uns von ganzem Herzen für die Menschen einsetzen, die Gott uns anvertraut hat, damit wir sie lieben und leiten. Immer nach vorn, immer treu und ohne zurückzuweichen.

Gesprächsimpuls

Welche Bereiche Ihres Lebens und Ihrer Ehe schreien geradezu danach, dass darin diese Worte in Taten umgesetzt werden?

Gebet

Beten Sie darum, entschlossene Nachfolger Christi zu sein, die nichts zurückhalten, nicht zurückweichen und nicht mit Bedauern zurückblicken.

27. Oktober

Nicht wegschauen

Denn jede Schrift, die von Gottes Geist eingegeben wurde,
ist nützlich für die Unterweisung im Glauben,
für die Zurechtweisung und Besserung der Irrenden,
für die Erziehung zu einem Leben, das Gott gefällt. 2. Timotheus 3,16

General Norman Schwarzkopf, Befehlshaber der Militäroperationen Wüstenschild und Wüstensturm Anfang der Neunzigerjahre im Golfkrieg, praktizierte im Hinblick auf Autorität folgenden Grundsatz: *Ein Anführer lässt keinen Fehler durchgehen*.

Ich finde, damit sagt er etwas sehr Richtiges, und zwar nicht nur über die Führung im militärischen Bereich, sondern auch über Kindererziehung. Barbara und ich sprechen oft darüber, wie viel einfacher es doch wäre, die Unzulänglichkeiten unserer Kinder einfach zu übergehen. Von Natur aus würden wir nämlich lieber die Unannehmlichkeiten vermeiden, zu denen es meist unweigerlich kommt, wenn wir sie mit ihrem eigenen Fehlverhalten und schlechten Haltungen konfrontieren und sie darin korrigieren.

Manche Eltern praktizieren eine zu nachgiebige Liebe, weil sie glauben, dass ihre Kinder sich bei einer weitgehend schmerzfreien Erziehung, in der es nur Lob und Zugeständnisse gibt, besonders gut entwickeln. Doch der Begriff Zurechtweisung, den Paulus in unserem Tagesvers verwendet, lässt darauf schließen, dass auch Schmerz dazugehört. „Zurechtweisung" bedeutet, einen Fehler aufzuzeigen und die betreffende Person dahin zu bringen, ihren Fehler einzugestehen. Ein solcher Vorgang ist so gut wie immer schmerzlich.

Der Schriftsteller James Litter hat einmal gesagt: „Ein Gedanke, der eingehämmert wird, ist besser als drei, die an der Oberfläche bleiben." Genau das ist unsere Aufgabe als Eltern: Wir sollen die grundlegenden Probleme unserer Kinder aufdecken und zusammen mit ihnen lösen, wenn uns am Herzen liegt, dass sie wirklich erwachsen werden. Wir müssen ihnen bestimmte Lektionen vermitteln, solange sie noch jung sind, damit sie nicht dieselben Lektionen später als Erwachsene auf sehr viel schmerzlichere Weise lernen müssen.

Die Gesellschaft heute ist von Hektik und Erschöpfung geprägt. Man hat so viel zu tun, dass es schwerfällt, das Tempo zu drosseln und sich ganz um etwas zu kümmern, das bei unserem Kind Aufmerksamkeit braucht und korrigiert werden muss. Doch als Eltern haben wir nun mal die Verantwortung, unseren Kindern dann und wann solche schmerzlichen Lektionen zu erteilen, auch dann, wenn es uns als Eltern mindestens genauso wehtut wie dem betreffenden Kind.

Gesprächsimpuls

Natürlich können Sie Ihre Kinder nicht für alles zurechtweisen. Aber seien Sie ehrlich: Gibt es korrekturbedürftige Punkte bei Ihren Kindern, die Sie bewusst übergehen? Sprechen Sie darüber.

Gebet

Bitten Sie Gott, Ihnen zu zeigen, wo sich Befürchtungen, Bequemlichkeit oder Gleichgültigkeit in Ihren Erziehungsstil eingeschlichen haben. Bitten Sie Gott um Kraft.

28. Oktober

Abwarten lohnt sich

Wenn wir aber auf etwas hoffen, das wir noch nicht sehen können, dann heißt das, dass wir beharrlich danach Ausschau halten.
Römer 8,25

Kurz nach meinem Examen an der Universität von Arkansas bat mich eine Freundin um einen Rat. Sie war mit einem jungen Mann zusammen, der zufällig mein bester Freund war. Sie wollte ihn gern heiraten, aber er war sich noch nicht sicher, ob sie wirklich die Richtige war.

Auch ich hatte meine Zweifel, ob die beiden wirklich heiraten sollten, und deshalb erzählte ich ihr ein Gleichnis, das ich kurz zuvor gehört hatte. Es ging darin um einen Jungen, der im Vorgarten spielte, als sein Onkel zu einem Besuch vorbeikam. Die beiden unterhielten sich eine Weile, und dann stellte der Mann seinem fünfjährigen Neffen eine philosophische Frage: „Würdest du lieber heute ein 10-Cent-Stück von mir geschenkt bekommen oder lieber eine Woche warten und dann einen Dollar bekommen?"

Der Junge dachte nach. Für einen Dollar würde er sich den Gummiball kaufen können, den er im Laden an der Ecke gesehen hatte, aber ein 10-Cent-Stück sofort würde bedeuten, dass er sich eine Tüte Kartoffelchips leisten könnte, und er hatte gerade richtigen Hunger. Also entschied er sich für das 10-Cent-Stück, kaufte sich die Kartoffelchips und lief glücklich nach Hause.

Eine Woche später kam sein Freund mit einem nagelneuen Gummiball an seinem Haus vorbei. Da musste der Junge an das Angebot seines Onkels denken. Die Kartoffelchips waren schon fast vergessen, genau wie das 10-Cent-Stück, das ihm vor einer Woche so verlockend vorgekommen war. Hätte er doch nur auf den Dollar gewartet, um sich später den Gummiball zu kaufen.

Dieses Gleichnis enthält viel Wahrheit. Wir sind manchmal so geblendet vom Glanz dessen, was wir unbedingt jetzt sofort haben müssen, dass wir nicht abwarten und Gott vertrauen können, der zu einem späteren Zeitpunkt etwas viel Besseres für uns vorgesehen hat.

Ich muss das wissen, denn nur ein Jahr später beschloss jene Freundin, jemand anderen zu heiraten – den besten Freund meines besten Freundes.

Mich.

Und obwohl es seitdem jede Menge Inflation gegeben hat, sagt Barbara, sie habe ihren Dollar bekommen!

Gesprächsimpuls

Könnte die Parabel von dem „10-Cent-Stück sofort oder einem Dollar später" für eine Entscheidung relevant sein, die für Sie gerade zurzeit ansteht? Eine Entscheidung, bei der Sie darauf vertrauen müssen, dass Gott weiß, was er tut?

Gebet

Bitten Sie Gott um Weisheit und Unterscheidungsvermögen, um neue Situationen richtig einzuschätzen.

29. Oktober

Wirklich für sie da sein

von Barbara Rainey

Herr, du hast mich erforscht und erkannt ... Mit allen meinen Wegen bist du vertraut. Psalm 139,1.3 (ELB)

Im Laufe unserer Jahre als Eltern waren Dennis und ich wohl bei Hunderten von Veranstaltungen dabei, an denen unsere Kinder aktiv beteiligt waren. Fußballspiele, Cheerleader-Events, Volleyballspiele, Turnwettkämpfe, evangelistische Einsätze und Musik- und Theateraufführungen. Manchmal schienen all die Veranstaltungen richtig zu verschwimmen. Eine Falle haben wir aber bei unserem Engagement für die Kinder und ihre Aktivitäten sorgfältig gemieden: zu glauben, dass wir automatisch am Leben unserer Kinder Anteil nehmen und daran beteiligt sind, wenn wir an solchen Veranstaltungen teilnehmen und sie begleiten.

In Wirklichkeit bedeutet nämlich Anteilnahme viel mehr. Es bedeutet, sich in den Kopf und vor allem das Herz unserer Kinder einzufühlen. Es heißt herauszufinden, was sie denken und fühlen. Es bedeutet, mit in die Turbulenzen hineinzugehen, die durch unsichere oder schwankende Gefühle entstehen.

Manchmal kann das durchaus beängstigend und unbequem sein, und deshalb schrecken auch so viele Eltern davor zurück, sich wirklich mit Herz und Seele auf ihre Kinder einzulassen, und ziehen sich auf sichereres Terrain zurück.

Die ernüchternde Wahrheit ist, dass man sich im selben Haus oder in derselben Sporthalle aufhalten kann, ohne auch nur den Hauch einer Ahnung zu haben, was im Leben unserer Kinder wirklich vor sich geht. Und dabei kann es ganz einfach sein, mit ihnen in Kontakt zu treten – zum Beispiel, indem man sich abends noch ans Bett seines Kindes setzt und ein paar Fragen stellt. Oder indem man zusammen in die Stadt fährt, um ein Eis oder einen Hamburger zu essen. Oder indem man sich am Sonntagnachmittag mit seinem Kind auf die Veranda setzt, um über die Pläne für die kommende Woche zu sprechen oder zu fragen, ob er oder sie über etwas reden möchte – indem man seinem Kind signalisiert, dass man da ist, sich interessiert und zuhört.

Wenn Sie diese Art von Herzensverbindung zu Ihren Kindern suchen, dann machen Sie es doch so wie Gott. Wäre es nicht wundervoll, wenn unsere Kinder eines Tages sagen könnten: „Meine Eltern haben mich *erforscht und erkannt*. Sie wissen nicht nur, *wann ich sitze und stehe*, sondern sie *verstehen meine Gedanken* und *sind vertraut mit allen meinen Wegen* – sie wissen, wer ich bin und wie ich bin"?

So sind wirklich engagierte Eltern. Sie schauen nicht nur zu, wie ihr Kind einen Purzelbaum schlägt, sondern wissen, wie es sich dabei fühlt.

Gesprächsimpuls

Stellen Sie sich folgende Frage: „Gehen und tun wir nur, oder leben und hören wir zu?"

Gebet

Bitten Sie Gott, Ihnen zu zeigen, wie Sie nicht nur zuschauen, sondern tatsächlich für Ihre Kinder da sein können.

30. Oktober

Zeig dich, Herr

Ach, Herr, mein Gott ... Nichts ist dir unmöglich! Jeremia 32,17

Wie oft haben Sie schon zu Gott gebetet, dass er sich doch „zeigen" möge – seinen Willen, seine Macht und seine Gegenwart deutlich und unmissverständlich zu demonstrieren. Vielleicht sagen manche Leute: „Ach, das ist doch nur so'n christliches Gerede. Es rechnet doch niemand allen Ernstes damit, dass Gott sich zeigt oder etwas tut." Nun, es ist nicht nur Gerede, ob Gott das wirklich tun kann. Wir wollen den Vers von heute einmal im Zusammenhang anschauen:

Ach, Herr, mein Gott, durch deine gewaltige Kraft und Macht hast du Himmel und Erde geschaffen. Nichts ist dir unmöglich. Du erweist den Menschen Liebe und Treue über tausend Generationen hin, doch wenn sie Schuld auf sich geladen haben, bestrafst du auch ihre Kinder dafür. Du großer, starker Gott – der Herr, der Herrscher der Welt ist dein Name: Groß sind deine Pläne und machtvoll deine Taten. Du achtest genau auf das, was die Menschen treiben, und gibst jedem, was er aufgrund seiner Taten verdient hat. (Jeremia 32,17–19)

Dieser Abschnitt macht sehr deutlich, dass Gott in die verzweifeltsten Situationen unseres Lebens hineinbrechen und sie in Trophäen seiner Gnade verwandeln kann. Er kann in das Leben unserer Freunde und unserer Angehörigen eingreifen – auch in das Leben solcher, die nichts mehr mit ihm zu tun haben wollen – und ihr Leben völlig auf den Kopf stellen.

Manchmal werden wir müde im Gebet, oder wir werden ungeduldig, wenn unsere Gebete nicht sofort erhört werden. Wir neigen dann dazu, nach einer Weile aufzugeben. Wir sollten Gottes Schweigen jedoch nie als Untätigkeit auslegen. Er ist am Werk und wartet auf den richtigen Zeitpunkt, um sich zu zeigen und über jeden Zweifel erhaben deutlich zu machen, dass er derjenige ist, der alles verändern kann (siehe Jesaja 64,3).

Geben Sie nicht auf, beten Sie weiter!

Gesprächsimpuls

In welchen Bereichen Ihres Lebens muss Gott eingreifen? Gibt es in Ihrer Familie jemanden, der darauf wartet, dass „Gott sich zeigt"?

Gebet

Bitten Sie Gott, sich in Ihrem Leben und im Leben der Menschen, für die Sie beten, zu offenbaren. Bitten Sie ihn, seine Gegenwart in Ihrem Leben deutlich zu machen.

31. Oktober

Einfaches Gebet

Gott thront hoch über dem Erdkreis, sodass die Menschen für ihn so klein wie Heuschrecken sind. Wie ein Tuch hat er den Himmel ausgespannt, wie ein Zeltdach, unter dem die Menschen wohnen.
Jesaja 40,22

Fragen Sie bei beliebig vielen Zusammenkünften von Christen, worüber die Leute gern mehr wissen möchten, und mit an Sicherheit grenzender Wahrscheinlichkeit wird unter den Top-Zehn-Antworten das Gebet sein. Ich kann das gut verstehen, aber vielleicht übersehen wir auch auf der Suche nach den tiefsten Geheimnissen geistlichen Gelingens leicht die Einfachheit und Schönheit des Gebets. Vielleicht vergessen wir bei unserer Suche nach Antworten, dass das Gebet in seiner einfachsten Form ehrfürchtiges Gespräch mit Gott ist.

Einer meiner Lieblingsplätze auf dem kleinen Waldgrundstück, das wir besitzen, ist ein Picknicktisch, der direkt an einer Feuerstelle steht. Ich sitze oft dort, nicht auf der Bank, sondern auf dem Tisch. Ich schaue in den Himmel und betrachte die Baumwipfel und die Hügel in der Ferne. Schon nachdem ich zwei Minuten so dasitze, die Handflächen nach oben geöffnet, merke ich, wie ich an Gott denke – an seine Größe und die Schönheit seiner Schöpfung. Von meinem Picknicktisch aus ist leicht zu erkennen: „Am Anfang schuf Gott Himmel und Erde" (1. Mose 1,1). Wir gehören ihm. Uns gibt es nur ... weil es ihn gibt.

So einfach ist das, oder? Jedenfalls aus der Perspektive meines Picknicktisches.

Vielleicht liegt unser Problem ja darin, dass wir oft nur Bürgersteige und Wolkenkratzer sehen, Einkaufszentren und Neubauten, Bürowände und Berufsverkehr. Mitten in einem lauten, hektischen Leben nehmen wir die Rot- und Orangetöne eines Sonnenaufgangs gar nicht mehr wahr. Unser Gebetsleben übernimmt das Staccato unseres Nonstop-Lebensstils und geht nicht mehr viel tiefer als ein Plausch in der Kaffeepause.

Was wäre, wenn Sie wüssten, dass, um Ihr Gespräch mit Gott wieder in Gang zu bringen, gar nicht mehr nötig ist, als eine seiner wogenden Wolken dabei zu betrachten, wie sie so völlig mühelos über die Skyline einer Großstadt schwebt ... und sich daran zu erinnern, wer sie gemacht hat ... und wer Sie geschaffen hat ... und wer Ihre Ehe und Familie sicher in seinen liebenden, fürsorglichen Armen hält?

Gesprächsimpuls

Machen Sie es sich mit dem Beten schwerer als nötig? Was kann Ihnen am besten helfen, sich an Gottes Gegenwart zu erinnern?

Gebet

Beten Sie einfach, aber tief gehend. Ja, man kann tatsächlich beides zugleich tun!

1. November

Kindlicher Glaube

Darum, wenn jemand sich selbst erniedrigen wird wie dieses Kind, der ist der Größte im Reich der Himmel. Matthäus 18,4 (ELB)

Erste Leukämiesymptome traten bei Thomas Epting auf, als er zwei Jahre alt war. Als er vier war, bestand kein Zweifel mehr, dass er unter der Krankheit litt, und nachdem die Krankheit abgeebbt war, dann aber wieder auftrat, als er sieben war, begriff seine Familie, dass Thomas' Kindheit nicht normal verlaufen würde ... jedenfalls nicht so, wie „normal" im Allgemeinen definiert wird. Sie hatten recht. Aber nicht nur wegen der Komplikationen und der Chemotherapie.

Wie normal ist es, dass sich ein kleiner Junge nie über Spritzen und Krankenhausaufenthalte beklagt – nicht ein einziges Mal? Wie normal ist es, dass ein Kind bei der Ankündigung, dass eine weitere Therapie nötig ist, sagt: „Ich möchte nur, dass Gott durch all das verherrlicht wird, und ich will ihm nicht peinlich sein"?

Thomas war tatsächlich ein bemerkenswertes Kind.

Ein paar Jahre lang wurde Thomas' Leiden durch Gottes Gnade gelindert. Es waren keine Krebszellen mehr nachweisbar. Er nutzte diese Zeit, um jedes verfügbare Buch von A.W. Tozer zu lesen. Er schrieb tiefgründige christliche Gedichte. Er schaffte die Qualifikation fürs College mit 13 Jahren und übertraf dabei die Noten seiner Eltern.

Aber mit fünfzehn gab es schlechte Nachrichten für ihn. Es wurden fünf bösartige, inoperable Gehirntumore bei ihm festgestellt. Dieser Rückschlag bewirkte, dass seine Eltern richtig zusammenbrachen.

Aber seine Mutter Amy erinnert sich noch genau an einen Tag, ungefähr einen Monat vor seinem Tod, da fragte sie Thomas, was sie für ihn beten solle. Er sah sie mit glänzenden Augen an und sagte: „Mama, du denkst zu viel! Gott hat seinen Sohn gesandt, dass er für mich stirbt! Selbst wenn er sonst absolut nichts für mich getan hätte, würde das doch reichen, um ihn mein Leben lang zu loben und zu preisen. Konzentrier dich doch darauf, Mama, und hör auf dir Sorgen wegen der Tumore zu machen!"

Ich hätte gern die Art von Thomas Epting, „normal" zu sein. Gerade heute könnte ich eine große Portion davon vertragen. Sie nicht?

Gesprächsimpuls

Versuchen Sie, Thomas' Weisheit auf eines Ihrer aktuellen Probleme anzuwenden.

Gebet

Beten Sie wie Thomas: „Herr, du hast Jesus gesandt, um für meine Sünden zu sterben, und das ist genug für mich, um dich mein Leben lang zu preisen."

2. November

Gott hat alles im Griff

... in der Nacht will ich ihm singen voller Dank; zu Gott will ich beten, der mir das Leben gibt. Psalm 42,8

Barbara und ich haben uns große Mühe gegeben, unseren Kindern Wissen über Gott und sein Wort zu vermitteln. Wir haben mit ihnen gemeinsam in der Bibel gelesen, wir haben mit ihnen gebetet, wir haben über wichtige Lebensfragen diskutiert und versucht, sie aus biblischer Sicht zu betrachten und nach biblischen Maßstäben zu lösen. Aber die schönsten Augenblicke waren für uns immer die, wenn wir miterleben durften, wie Gott selbst sie ansprach.

Eine Geschichte ist dabei besonders eindrücklich. Unser Sohn Samuel hatte als Teenager eine seltene neurologische Krankheit, durch die er schnell seine sportlichen Fähigkeiten verlor. Jungen, die er früher in Turnieren auf Staatsebene mühelos geschlagen hatte, besiegten jetzt ihn und lachten über sein Scheitern.

Ein anderes Mal versuchte er, auf meinem Computer mehr Speicherplatz zu schaffen, und löschte dabei die gesamte Festplatte. Dabei gingen eine Menge von Sachen, die ich geschrieben hatte, unwiderruflich verloren. Er fühlte sich deshalb ganz schrecklich. Kurz darauf hatte sein Wagen einen Motorbrand ... und zwar nicht nur ein-, sondern dreimal. Es folgte eine Katastrophe nach der anderen, sodass ich schon gar nicht mehr wusste, wie ich ihm noch Mut machen sollte. Alles, was ich sagte, klang angesichts dieser Probleme total hohl.

Doch eines Tages, als er den Müll nach draußen brachte, flog aus einer leeren Blechdose ein kleines, zerknittertes Stück Papier, auf dem stand der Text des Lobpreissongs *God is in Control* (Gott hat alles im Griff) von Twila Paris.

Und genau diese Zusage hatte er gebraucht.

Als er mir von diesem Erlebnis erzählte, berührte es mich als Vater wirklich tief. Ich wusste, dass Gott Samuel ansprach und ihn aufforderte, ihm zu vertrauen und mit ihm in Beziehung zu treten.

Ja, Gott hat wirklich alles im Griff.

Gesprächsimpuls

Wie vermitteln Sie Ihren Kindern, dass sie an Gott glauben und ihm vertrauen können?

Gebet

Beten Sie, dass Ihre Kinder Jesus immer besser kennenlernen und ihm als ihrem persönlichen Herrn vertrauen.

3. November

Gemeinsam durch dick und dünn

Wenn wir einen starken Glauben haben, ist es unsere Pflicht, die anderen in ihren Schwächen mitzutragen, anstatt selbstgefällig nur an uns zu denken. Römer 15,1

Das Leben in einer gefallenen Welt kann hart sein. Aber Kummer und Leid werden noch schlimmer, wenn sie dazu führen, dass wir uns gegeneinanderstellen, statt bei Problemen zusammenzuhalten. Hier ein paar Vorschläge, wie man das beim Bewältigen der Bodenwellen und Umwege des Lebens vermeiden kann:

Geben Sie Ihrem Ehepartner die Zeit und die Freiheit, anders mit Problemen umzugehen als Sie selbst. Kämpfen Sie gegen den Drang an, die Gefühle des anderen zu übergehen oder ungeduldig zu werden. Manche neigen dazu, ganz schnell einfach wieder zur Tagesordnung überzugehen, andere dagegen brauchen mehr Zeit zum Bewältigen von Schwierigkeiten. Geben Sie Ihrem Partner die Freiheit, anders zu sein als Sie.

Machen Sie sich klar, dass in Zeiten intensiver Herausforderungen die Gefahr besteht, sich voneinander zurückzuziehen. Mit der Folge, dass Sie am Ende glauben, Ihr Ehepartner verstünde Sie nicht oder nähme die ganze Situation nicht ernst genug, was wiederum Ihren Wunsch nach Rückzug verstärkt.

Versuchen Sie, sich in Krisenzeiten ganz auf Gottes Sicht des Leidens einzulassen. Suchen Sie in der Bibel Gottes Rat und Beistand. Verse wie „Dankt Gott in jeder Lebenslage!" (1. Thessalonicher 5,18) können Ihnen in schweren Zeiten Mut machen und Sie daran erinnern, dass Gott gut ist und alles im Griff hat.

Denken Sie daran, dass Ihr Ehepartner niemals Ihr Feind ist. Mein Freund Dan Allender hat das einmal so formuliert: Ihr Ehepartner ist Ihr „intimer Verbündeter" – ein Gefährte, der gemeinsam mit Ihnen Lasten trägt.

Wenn das Leiden andauert und die Last zu groß wird, suchen Sie Hilfe von außen. Wenn Sie das Gefühl haben, als Ehepaar in ein tiefes Loch zu fallen, dann warten Sie nicht, bis alle vier Räder im Schlamm stecken, bevor Sie Hilfe suchen. Suchen Sie biblisch fundierten Rat bei einem reiferen Ehepaar, bei Ihrem Pastor oder bei einem Therapeuten.

Gesprächsimpuls

Tauschen Sie sich darüber aus, wie Sie jeweils mit Stress, Problemen und Herausforderungen umgehen – und warum gerade so. Wie können Sie dem anderen besser begreiflich machen, wie und warum Sie auf eine ganz bestimmte Weise mit Schwierigkeiten umgehen?

Gebet

Beten Sie bezüglich eines konkreten Problems füreinander. Sagen Sie Gott, dass Sie darauf vertrauen, dass er Sie leiten, stärken und hindurchführen wird – gemeinsam.

4. November

Blick zurück ins Tal

Und muss ich auch durchs finstere Tal – ich fürchte kein Unheil!
Du, Herr, bist ja bei mir. Psalm 23,4

Ich kenne einen Mann, dessen Sohn sein Leben lang unter einer schweren Krankheit gelitten hat. Die ganze Familie war um die intensive Dauerpflege des Jungen herum organisiert. Nächte, in denen durchgeschlafen werden konnte, gab es praktisch nicht und auch keine Reise und keinen Urlaub, in dem er oder seine Frau einmal richtig entspannen konnten, denn es bestand immer die Möglichkeit eines Anrufs mit schlechten Nachrichten über einen weiteren Krankenhausaufenthalt.

Als ich den Mann einmal fragte, wie diese Odyssee eigentlich für seine Frau und ihn sei, antwortete er: „Wenn man ein Problem dieser Größenordnung gemeinsam trägt und lebt, dann entsteht dabei eine innige Vertrautheit zum Partner, die unglaublich tief und wunderschön wird. Gott hat uns einiges gelehrt – so tiefes Vertrauen zu ihm, ihn wirklich so tief zu kennen und mit ihm zu leben –, dass ich es um nichts auf der Welt gegen ein leichteres und entspannteres Leben würde tauschen wollen."

Können Sie sich das vorstellen? Dieser Mann müsste sich doch eigentlich um sein Leben betrogen fühlen und unglaublich wütend sein. Aber er lächelt, weil er zurückblicken und sehen kann, wohin Gott ihn und seine Frau geführt hat.

Es passiert leicht, dass Ehepaare so deprimierte Gespräche führen wie: „Das Leben ist furchtbar ... Gott hat uns vergessen ... unser Glaube funktioniert anscheinend nicht mehr.“ Deshalb versuchen Barbara und ich, regelmäßig Rückblick zu halten auf all die ernsthaften Schwierigkeiten und Prüfungen, die wir im Laufe unserer Ehe gemeinsam durchlebt haben, um wieder eine neue Sicht zu bekommen. Aus diesem Blickwinkel heraus kann man nämlich Fortschritte erkennen, kann man sehen, was Gott getan hat, erkennt man die Vertrautheit, die er zwischen uns hat wachsen lassen, das Vertrauen, den Glauben, die geistliche Kraft.

Warum nicht ab und zu mal rechts heranfahren und einen Blick zurück ins Tal werfen? Schauen Sie, wie weit Sie schon gekommen sind! Und freuen Sie sich darüber, dass Sie einander unterwegs haben.

Gesprächsimpuls

An welchen Schwierigkeiten sind Sie am meisten gewachsen? Inwiefern sind Sie dadurch stärker geworden?

Gebet

Danken Sie Gott dafür, dass er Krisen – die Täler, in die wir uns niemals freiwillig begeben würden – benutzt, damit wir daran wachsen können, auch wenn es manchmal so aussieht, als ob sie uns vernichten.

---

5. November

Von Mann zu Mann

Im Weg der Weisheit unterweise ich dich, lasse dich gehen auf geraden Bahnen. Sprüche 4,11

Als unsere Söhne Benjamin und Samuel ihren Highschoolabschluss geschafft hatten, habe ich sie jeweils mit dem ungewöhnlichsten Frühstück verwöhnt, das sie jemals gehabt hatten.

Es war eine einfache Mahlzeit im Tagungsraum eines Hotels vor Ort. Außerdem anwesend waren ein paar Männer, die Barbara und mir helfen wollten, unseren Söhnen noch den einen oder anderen biblischen Rat mit auf den Weg ans College zu geben – von Mann zu Mann sozusagen.

Jeder der Anwesenden erzählte, was er selbst sich als Rat gewünscht hätte, bevor er ans College ging. Sie sprachen offen über die Herausforderungen und Versuchungen, mit denen unsere Söhne konfrontiert werden würden, und ermahnten sie, sich geistlich, intellektuell und auch moralisch weiterzuentwickeln.

Bei Samuels Frühstück erzählte mein Freund und Mitarbeiter Bob Lepine, dass er zu Beginn seines Studiums das feste Ziel gehabt hätte, gute Noten zu erreichen. Samuel riet er aber, sich besonders darauf zu konzentrieren, sich charakterlich weiterzuentwickeln und weiser zu werden. Er sagte: „Nach dem College achten die Menschen darauf, wie man lebt und welchen Ruf man in der Gemeinschaft hat. Abschlussnoten sind dann eigentlich gar kein Thema mehr, sondern es geht darum, was Gott uns in unserem Leben beibringen will."

Auch Bill Bright, der Gründer und Leiter von *Campus für Christus*, war an jenem Tag dabei, und er sagte: „Mehr als alles andere möchte ich dir empfehlen, die Heilige Schrift in den Mittelpunkt deines Lebens zu stellen und dich darin auszukennen. Ich lese täglich darin, weil sie das von Gott inspirierte Wort ist. Sie ist lebendig."

Heute, zehn Jahre später, macht es mir Mut und bestätigt mich, wenn ich sehe, dass meine Söhne beide den Rat dieser frommen Männer beherzigt haben. Im dritten Johannesbrief, Vers 4 heißt es: „Nichts macht mich glücklicher, als zu hören, dass meine Kinder der Wahrheit gemäß leben." Aus dieser väterlichen Perspektive macht es mich glücklich zu sehen, was für prachtvolle Männer meine Söhne geworden sind.

Gesprächsimpuls

Haben Sie Freunde, die Ihren Kindern auf diese Weise etwas mit auf den Weg geben könnten und ihnen dadurch Mut machen, Jesus nachzufolgen?

Gebet

Bitten Sie Gott um eine Handvoll Erwachsener, die sich in das Leben Ihrer Kinder investieren.

6. November

Warum nicht sofort?

Jetzt ist die Zeit der Gnade! Jetzt ist der Tag der Rettung!
2. Korinther 6,2

Der Evangelist R. V. Brown ist ein Hüne, der in seinen vier Jahren am College erfolgreich Football spielte und in dieser Zeit auch Christ wurde. Er war unglaublich begeistert vom Evangelium und gab diese Begeisterung an andere Studenten weiter. Aber eines Nachts wachte dieser Mann mit dem muskelbepackten Körper eines Leistungssportlers und dem Herzen eines Evangelisten auf, und die Sorge um den Zustand der Seele seines Vaters ließ ihm keine Ruhe mehr.

Willie „Fish“ Brown war immer ein Vorbild an Treue und Opferbereitschaft gewesen. Als Sohn eines Sklaven hatte er seine Familie vor der Bitterkeit abgeschirmt, von der so viele Menschen seiner Rasse aufgrund der ständigen Diskriminierung ihres Lebens beherrscht waren. Er – der keine Bildung genossen hatte und weder lesen noch schreiben konnte – hatte es vielmehr geschafft, seinen siebzehn Kindern die Eigenschaften harter Arbeit, Großzügigkeit, einer tiefen Liebe zu seiner Frau und den Kindern und Freundlichkeit und Güte den Mitmenschen gegenüber vorzuleben und dadurch weiterzugeben.

Trotzdem wusste R.V. nicht mit Sicherheit, ob sein Vater eigentlich Christ war. Bei seinem nächsten Besuch zu Hause setzte er sich also mit seinem Vater, der damals schon über 100 Jahre alt war, zusammen und fragte ihn, ob er sicher sei, dass er nach seinem Tod in den Himmel käme, woraufhin Willie antwortete, dass er da ganz und gar nicht sicher sei.

Also schlug R.V. seine Bibel auf und erklärte seinem Vater, was ein Mann tun muss, um gerettet zu werden. Er kniete sich mit seinem betagten Vater zusammen nieder, führte ihn an den Fuß des Kreuzes und öffnete ihm den Weg zum Thronsaal des Himmels.

Das ist gar nicht so einfach. Bei Eltern, Großeltern, Brüdern, Schwestern, Tanten, Onkeln, Cousins und Cousinen ist es oft am schwersten, über geistliche Dinge zu sprechen oder zu fragen, ob der andere sein Leben schon Jesus anvertraut hat. Doch die Gefahr einer peinlichen Situation ist gar nichts im Vergleich zu ihrem ewigen Schicksal. Versuchen Sie ins Gespräch zu kommen, und zwar niemals – niemals!!! – von oben herab, als einer, der's schon hat, sondern als einer, dem dieser spezielle Mensch besonders am Herzen liegt. Gott möchte Sie in seiner Gnade vielleicht gebrauchen, um zu einem hundert Jahre alten Herzen durchzudringen!

Gesprächsimpuls

Gibt es in Ihrer Familie oder Verwandtschaft Personen, die noch nicht zu Jesus gehören?

Gebet

Bitten Sie Gott, Ihnen eine Gelegenheit für einen möglichst unverfänglichen Gesprächsbeginn zu schenken. Rechnen Sie dann damit, dass Gott die Tür für ein Gespräch öffnet, und verlassen Sie sich dann darauf, dass Gott Ihnen von da an weiterhilft.

7. November

Versteckspielen

Ich möchte, dass sie alle Mut bekommen und in Liebe zusammenhalten ... Kolosser 2,2

Eines der Lieblingsspiele unserer Kinder war immer Versteckspielen, aber unser Spiel ging so, dass nicht eine Person alle anderen suchen musste, sondern einer versteckte sich und alle anderen mussten ihn finden. Vor Beginn des Spiels schalteten wir alle Lichter im Haus aus.

Wenn man die Person gefunden hatte, schlüpfte man leise zu ihr ins Versteck und blieb dort, um sich ebenfalls suchen zu lassen. Das Spiel ging so lange, bis nur noch ein Mitspieler übrig war, der alle anderen in einem völlig dunklen und stillen Haus suchen musste.

Es war nicht leicht, der Letzte zu sein, der das Versteck noch nicht gefunden hatte. Es wurde rasch immer leiser im Haus, und es war nur noch das Geräusch der eigenen Schritte zu hören sowie das eigene Rufen „Mäuschen, sag mal Piep“. Meistens war es dann so, dass das Gekicher und Geraschel von sieben in der Badewanne oder unter dem Tisch versteckten Gestalten dem Suchenden den Weg wiesen, und wenn dieser Letzte schließlich zur Gruppe der anderen stieß, herrschte immer eine Art Erleichterung. Es war fast wie bei einem Familientreffen, mit Gelächter, Umarmungen und fröhlichem Austausch der Highlights.

Dieses Spiel veranschaulicht sehr schön, wie Ehe und Familie sein sollten. Statt mitanzusehen und zuzulassen, dass sich ein Familienmitglied absondert, sollten wir einander nachgehen, uns zusammentun und uns wieder ganz neu gegenseitig versichern, dass wir am Leben der anderen teilhaben. Niemand muss es allein schaffen, jedenfalls nicht bei uns zu Hause.

Ich ernenne Sie also heute zum „Sucher“. Ich stelle Sie vor die Herausforderung, sich verbindlich dazu zu verpflichten, nach Zeichen Ausschau zu halten, dass jemand in Ihrer Familie sich absondert und isoliert ist, egal, ob es sich dabei um Ihren Ehepartner oder um eines Ihrer Kinder handelt. Natürlich brauchen wir alle hin und wieder unseren persönlichen Freiraum – um zu beten oder nachzudenken oder einfach unsere Ruhe zu haben, aber achten Sie immer auch auf Anzeichen von Distanz, die sich in die Beziehungen einschleichen können.

Sorgen Sie dafür, dass es nicht zu lange zu still bleibt. Schleichen Sie los, schauen Sie hinter die Vorhänge und suchen Sie einander und Gott – gemeinsam.

Gesprächsimpuls

Gibt es bei Ihnen zu Hause Anzeichen für Verstecken oder Isolation? Sprechen Sie darüber, wie Sie einander nachgehen können.

Gebet

Bitten Sie Gott, Ihnen zu zeigen, wenn Ihr Partner oder eines Ihrer Kind sich zurückzieht, und wie Sie damit umgehen sollen.

8. November

Versöhnung

Überhaupt sollt ihr einander eure Verfehlungen bekennen und füreinander beten, damit ihr geheilt werdet. Jakobus 5,16

Jedes Mal, wenn Ehepaare an einem unserer Ehe-Wochenenden teilnehmen, tut Gott etwas Besonderes ... und fast immer gibt es im Nachhinein Geschichten wie die folgende:

Ich hatte seit fast drei Jahren eine außereheliche Online-Affäre mit jemandem, den ich noch vom College kannte. Mein Mann wusste nichts davon, aber eines Abends sagte ich ihm schließlich, dass ich ihn nicht mehr liebe und fertig mit ihm sei. Die Affäre erwähnte ich allerdings nicht. Innerlich war ich wie betäubt, fühlte mich unglaublich einsam und wollte nur noch weg. Wir begannen in unserer Gemeinde eine Eheberatung, aber obwohl ich zu den Sitzungen ging, lebte ich trotzdem eine Lüge.

Eines Tages kam mein Mann nach Hause und teilte mir aufgeregt mit, er habe die Teilnahme an einem Ehe-Wochenende gewonnen. Ich wollte eigentlich nicht dorthin, denn dann hätte ich ja so getan, als wollte ich wirklich an unserer Ehe arbeiten. Im Laufe des Wochenendes spürte ich dann aber, wie ich innerlich immer weicher wurde und immer mehr empfand für meine Ehe und für den Mann, den Gott mir geschenkt hatte.

Es dauerte noch sechs Monate, bis auf den Tisch kam, dass ich ihn die ganze Zeit betrogen hatte und ich meine Schuld bekennen konnte. Ich fühlte mich befreit von einer schlimmen Bindung und endlich bereit, meinen Mann so zu lieben, wie Gott es vorgesehen hat. Jetzt sind wir dabei, die Verletzung durch meine Affäre und all die anderen Probleme aufzuarbeiten, die uns an diesen Tiefpunkt unserer Ehe gebracht haben. Wir sind auf dem Wege der Besserung. Ich glaube, dass das Ehe-Wochenende im letzten Winter der Wendepunkt für unsere Ehe war.

Ich möchte Ihnen herzlich danken für all die Arbeit und die Liebe, die Sie in krisengeschüttelte Ehen investieren. Im November werden wir wieder an so einem Wochenende teilnehmen, und diesmal freue ich mich schon darauf.

Und wir freuen uns auch.

Gesprächsimpuls

Wann haben Sie zum letzten Mal ein Wochenende allein mit Ihrem Ehepartner verbracht? Nehmen Sie Ihren Terminkalender zur Hand und reservieren Sie sich ein Wochenende zu zweit. Vielleicht ist es Zeit für eine Generalüberholung!

Gebet

Bringen Sie ungeklärte Beziehungsprobleme vor Gott und lassen Sie ihn Versöhnung bewirken.

9. November

Das Comeback des Jahres

Gott hat sich über mich erbarmt und mir diesen Dienst übertragen. Darum verliere ich nicht den Mut. 2. Korinther 4,1

Wenn wir versagt haben, verlieren wir oft den Mut und geben auf. Deshalb mag ich Geschichten wie die folgende so sehr:

Jahrelang war Bob Brenly der erste Fänger bei den *San Francisco Giants,* doch durch eine Änderung in der Mannschaftsaufstellung in letzter Minute spielte er am 9. November 1986 an der dritten Base. Alles lief wie geschmiert ... bis zum vierten Inning.

Da unterliefen ihm nämlich nicht ein, nicht zwei, nicht drei, sondern rekordverdächtige *vier Fehler* in einem Inning – zwei davon sogar im selben Spiel. Beinahe hätte er noch einen fünften Fehler gemacht. „Ich habe einen Ball nicht gefangen, der von meinem Handschuh abgeprallt und ins linke Feld gegangen ist", erklärte Brenly. „Wenn sie das nicht als gültigen Schlag gewertet hätten, hätte ich einen einsamen Fehler-Rekord aufgestellt."

Die Zuschauer pfiffen ihn aus und seine Trainer und Mannschaftskameraden sahen ihn gar nicht an, aber sein Manager ließ ihn weiterspielen. Und das war eine gute Entscheidung.

Als Bob beim nächsten Inning schlug, traf er und erzielte ganz allein einen Homerun, und dann folgte ein spektakulärer Spielzug nach dem anderen, bis er schließlich seine Mannschaft zum Sieg führte. Später sagte sein Manager: „Dieser Mann hätte es verdient, allein aufgrund dieses einen Spieles zum Comeback-Spieler des Jahres gewählt zu werden.“

Wenn Sie versuchen – zu Hause, am Arbeitsplatz oder in der Nachfolge Jesu – Außergewöhnliches zu erreichen, dann lassen Sie sich nicht durch ein paar Rückschläge unterkriegen. Und wenn Ihr Partner Fehler macht – dann machen Sie's wie der Manager und glauben Sie weiter an ihn/sie.

Gesprächsimpuls

Sprechen Sie über Fehler und Misserfolge, die Sie in letzter Zeit erlebt haben. Wie könnten Sie einander ermutigen, weiterzumachen?

Gebet

Danken Sie Gott für seinen Heiligen Geist, der uns tröstet, ermutigt und uns die Kraft gibt, im Glauben weiterzugehen. Beten Sie um das Durchhaltevermögen, trotz aller Rückschläge am Ball zu bleiben.

---

10. November

Gesprächseinstiege

... dann hilf ihnen, dass sie ihre Reise so fortsetzen können, wie es Gottes würdig ist, in dessen Dienst sie stehen. 3. Johannes 6

Neben ihrem Umgang mit ihrer Kultur, den Medien und Gleichaltrigen sind Ihre Teenager auch hunderttausend Botschaften und Aussagen über Sex ausgesetzt. Wie viele davon kommen von Ihnen?

Diese Frage hat Sharon Hersh kürzlich in einer unserer *FamilyLife Today*-Radiosendungen gestellt, und es ist eine berechtigte Frage. In den von Teenagern bevorzugten Medien wird praktisch pausenlos über Sex gesprochen, und es ist fast unmöglich, sich dem zu entziehen. Auch auf Pausenhöfen, in Internet-Chatrooms, E-Mails und am Telefon geht es ständig darum. Und obwohl die junge Generation viel ungezwungener über dieses Thema redet als je eine Generation zuvor, fällt es Eltern immer noch schwer, darüber zu sprechen.

Aber wir tun besser daran, das Thema anzusprechen – denn 99 Prozent dessen, was unsere Kinder in der Flut der Botschaften über Sex hören, ist falsch!

Ich versichere Ihnen, dass das meiste von dem, was wir auf diesem Gebiet als Eltern falsch gemacht haben, nicht damit zu tun hatte, dass wir zu engagiert waren, sondern damit, dass wir fälschlich von der gefährlichen Annahme ausgingen, die Werte und Überzeugungen unserer Kinder wären schon gefestigt genug. Ein weiterer Irrtum, dem wir in diesem Zusammenhang unterlagen, bestand in der Annahme, dass Gleichaltrige aus anderen christlichen Familien ebenfalls christliche Werte vertraten und praktizierten, was aber oft nicht der Fall war!

Durch einen Brief von einer jungen Frau, die als Teenager schwanger geworden war, reifte in uns – und ich hoffe auch bei Ihnen – ein Entschluss.

Nachdem sie ihre Geschichte erzählt hatte, schrieb sie: „Eltern, redet mit euren Kindern. Lasst sie ruhig wütend werden. Mir wäre es lieber, meine Kinder würden zu mir sagen: *Ich hasse dich und deine Regeln,* als irgendwann später: *Warum hast du mich nicht davor gewarnt, dass ich Probleme bekommen könnte?"*

Bitte, lehnen Sie sich nicht zurück und lassen Sie Ihre Kinder nicht mit all den Fallen auf dem Gebiet der Sexualität allein klarkommen. Sie brauchen Sie dabei, Ihren Rat und Ihre Erfahrung. Sie müssen die Wahrheit von *Ihnen* hören – nicht nur einmal, sondern immer wieder.

Gesprächsimpuls

Was wissen Sie über die Haltung Ihrer Kinder zum Thema Sexualität? Wie können Sie sie in Erfahrung bringen?

Gebet

Bitten Sie Gott, seine schützende Hand über die Sexualität Ihrer Kinder zu halten, und bitten Sie ihn um den Mut, Ihre Hemmungen zu überwinden und über dieses Thema zu sprechen.

11. November

Angstfrei leben

Furcht ist nicht in der Liebe, sondern die vollkommene Liebe treibt die Furcht aus. Johannes 4,17–18

Manchmal wird einem erst im Laufe der Ehe klar, wie lange es dauert, bis eine Atmosphäre geschaffen ist, in der man dem anderen gegenüber völlig offen sein kann. Der heutige Bibelvers ist in Barbaras Ehering eingraviert: „Furcht ist nicht in der Liebe, sondern die vollkommene Liebe treibt die Furcht aus."

Ich arbeite daran, dass Barbara aus dieser Aussage Sicherheit gewinnt. Ich bin beispielsweise vom Typ her extrovertierter als Barbara. Wenn wir mit anderen Menschen zusammen sind, beispielsweise auf einer Party, dann versuche ich oft, ein Gespräch in Gang zu bringen, allerdings oft ohne der eher zurückhaltenden Barbara überhaupt eine Chance zu geben, sich ebenfalls einzubringen.

Zu Beginn unserer Ehe endeten solche Partys oft damit, dass wir nach Hause fuhren und ich im Auto zu ihr sagte: „Jetzt waren wir stundenlang auf dieser Party, Liebling, und du hast den ganzen Abend kaum etwas gesagt!" Woraufhin sie dann oft sagte: „Du hast mir ja auch nicht die Chance dazu gegeben."

Nachdem wir uns unterwegs dann ein paar Minuten lang angeschwiegen hatten, entschuldigte ich mich meistens für mein Verhalten. Fragte ich sie dann später, was sie von bestimmten Leuten auf der Party halte, teilte sie mir ihre meist sehr genauen Beobachtungen mit, denn sie ist eine ausgesprochen gute Menschenkennerin.

Ich habe irgendwann gemerkt, dass mein Verhalten Barbara einschüchtert und sie daran hindert, sich offen zu äußern, und das ist ja auch eine Form von Furcht.

Obwohl wir schon seit 1972 verheiratet sind, sind wir also immer noch dabei zu lernen, wie wir einander so lieben können, dass sich keine Furcht einschleichen kann.

Gesprächsimpuls

Gibt es Bereiche in Ihrer Beziehung, in der die Liebe die Furcht noch nicht ausgetrieben hat?

Gebet

Beten Sie, dass Ihr Vertrauen zueinander zunimmt und Sie sich beieinander immer sicherer fühlen.

12. November

Medien

Richtet eure Gedanken auf das, was ... als rechtschaffen, ehrbar und gerecht gilt, was rein, liebenswert und ansprechend ist, auf alles, was Tugend heißt und Lob verdient. Philipper 4,8

Vor einiger Zeit arbeitete ich an einem Wochentag zu Hause und schaltete durch die Fernsehprogramme, um irgendwo einen Wetterbericht zu finden, und geriet dabei in eine vormittägliche Talkshow über irgendein schmieriges Thema.

Ich war ziemlich geschockt und konnte kaum glauben, was ich da sah und hörte.

Ich ließ daraufhin meine Arbeit liegen und rief den Chef des Lokalsenders an, von dem die Sendung ausgestrahlt wurde. Ich gab mir große Mühe, freundlich zu bleiben und den Mann nicht zu heftig verbal zu attackieren. Er hörte mir dann auch ein paar Minuten lang zu, konnte mir allerdings nicht zufriedenstellend begründen, wieso er so fragwürdige Inhalte sendete. Also schrieb ich nach meinem Telefonat noch einen Beschwerdebrief und appellierte an sein Verantwortungsgefühl als Geschäftsführer, Vater und Mann, der moralisch für das geradestehen muss, was er seinen Zuschauern zumutet. Hier ein Auszug seiner Antwort:

Viele der Sendungen, die wir im Fernsehen ausstrahlen, entsprechen auch nicht dem Geschmack meiner Familie, und wir sehen uns vieles davon auch nicht an, genau wie Sie. Aber was ich um jeden Preis vermeiden möchte, ist Zensur in irgendeiner Form, und die Quotenabfrage durch Nielsen ist der Indikator dafür, was die meisten Zuschauer sehen wollen und was nicht.

So schwach (und vorhersehbar) diese Antwort auch war, fürchte ich, dass viele von uns kein bisschen anders argumentieren und handeln. Vielleicht sind wir nicht einverstanden mit den Sendungen oder Filmen, die unsere Teenager sehen, oder mit der Musik, die sie hören – aber wir wollen auch nicht zu viel Aufhebens davon machen oder als zu streng oder gar kleinkariert gelten. Wir sind nicht sicher, ob wir unseren elterlichen Einfluss nicht für Wichtigeres aufheben sollten.

Doch das, was unsere Kinder im Fernsehen oder am Computerbildschirm sehen, prägt sie und trägt zu ihrer Wahrnehmung davon bei, was „normal" ist, und täuscht sie genau darin. Sie als Eltern und nicht die Quotenabfragen wissen, was gut und richtig für Ihre Kinder ist.

Gesprächsimpuls

Sprechen Sie über die Fernsehgewohnheiten in Ihrer Familie. Gibt es da etwas, was Ihnen Sorge bereitet?

Gebet

Bitten Sie Gott im Wissen um Ihre Verantwortung als Eltern um den Mut und die Mittel, angemessen mit diesem Problem umzugehen.

13. November

Zuversicht

Es macht mir Mut, Herr, wenn ich daran denke, wie du in alter Zeit für Recht gesorgt hast. Psalm 119,52

Wir leben in einer Welt, in der ständig Aufruhr, Chaos, Terror, Diktatur und Krieg herrschen.

Aber das wird nicht immer so bleiben. Es wird der Tag kommen, an dem es keine Furcht mehr geben wird, weil uns nichts mehr schaden kann. Das hat Gott versprochen, und zwar durch einen „Vorposten" im Alten Testament, den wir eher selten aufsuchen – im Buch Micha, Kapitel 4, Verse 1 bis 5:

Es kommt eine Zeit, da wird der Berg, auf dem der Tempel des Herrn steht, unerschütterlich fest stehen und alle anderen Berge überragen. Die Völker strömen zu ihm hin. Überall werden die Leute sagen: „Kommt, wir gehen auf den Berg des Herrn, zu dem Haus, in dem der Gott Jakobs wohnt! Er soll uns lehren, was recht ist; was er sagt, wollen wir tun!" Denn vom Zionsberg in Jerusalem wird der Herr sein Wort ausgehen lassen. Er weist mächtige Völker zurecht und schlichtet ihren Streit, bis hin in die fernsten Länder. Dann schmieden sie aus ihren Schwertern Pflugscharen und aus ihren Speerspitzen Winzermesser. Kein Volk wird mehr das andere angreifen und niemand lernt mehr das Kriegshandwerk. Jeder wird in Frieden bei seinen Feigenbäumen und Weinstöcken wohnen, niemand braucht sich mehr zu fürchten. Der Herr, der Herrscher der Welt, hat es gesagt. Jetzt allerdings lebt noch jedes Volk im Vertrauen auf seinen eigenen Gott und nach dessen Weisungen. Wir aber vom Volk Israel gehen unseren Weg im Vertrauen auf den Herrn, unseren Gott; ihm und seinen Weisungen folgen wir. Und so bleibt es in alle Zukunft.

Besser lässt es sich nicht ausdrücken.

Sind Sie bereit?

Gesprächsimpuls

Welche Ängste bedrücken Sie und Ihre Familie am meisten? Inwiefern ist dieser Bibeltext darauf eine Antwort?

Gebet

Beten Sie um tieferes Gottvertrauen, ein tieferes Bewusstsein für die bevorstehende Ewigkeit und mehr Geduld für das Leben bis dahin.

14. November

Partystress

Den Hochmut der Frechen zerbreche ich ... Jesaja 13,11

Eine junge Mutter wollte den sechsten Geburtstag ihrer kleinen Tochter unter ein besonderes Motto stellen und entscheid sich für das Thema Ballett. Sie fuhr deshalb durch die ganze Stadt, um kleine Ballerinas für die Geburtstagstorte zu finden, die sie nach langer Suche schließlich auch fand und dann mit viel Mühe und Aufwand auf der prächtigen, mehrstöckigen Torte drapierte.

Es gab nur ein Problem: Die kleinen Gäste wollten gar nichts davon essen. Sie wollten lieber spielen.

Diese Geschichte stammt aus einer Sammlung von „Fehlschlagsgeschichten“, die eine Elterngruppe in Minnesota gesammelt hat, um etwas gegen den völlig außer Kontrolle geratenen „Kindergeburtstagswahnsinn“ zu tun.

Hier ein paar weitere Kostproben: Ein kleines Mädchen, das ein Jahr alt wurde, brauchte über zwei Stunden, um seine Geschenke auszupacken (die meiste Zeit schlief sie dabei).

Siebenjährige, die mit einer Stretchlimousine zur Party abgeholt werden. Ein sechsjähriger Geburtstagsgast, der am Ende der Party nur einen flüchtigen Blick in seine Geschenketüte zum Mitnehmen warf und fragte: „Wollt ihr mich veräppeln?“

Also ich bin der Letzte, der etwas gegen Spaß und die Schaffung schöner Erinnerungen hat. Die Raineys haben immer Wert auf Feste und Familientraditionen gelegt. Wir lieben es, aus bestimmten Anlässen unvergessliche Augenblicke zu machen. Aber ich kann diese Elterninitiative zu ihrem Projekt, das Konkurrenzdenken, den Stress und die Angeberei im Zusammenhang mit Kindergeburtstagspartys zu bekämpfen, nur beglückwünschen. Es gibt Dinge, denen scheinbar jedes Maß verloren gegangen ist.

Die Elterninitiative macht beispielsweise den Vorschlag, keine Geschenktüten für die kleinen Gäste mehr vorzubereiten (eine Mutter sagt zu Recht: „Brauchen die Kinder wirklich noch einen Farbstift, noch eine Trillerpfeife, noch einen Luftballon?"). Sie schlägt außerdem vor, die Kinder ohne Eltern einzuladen und sie einfach draußen spielen zu lassen, statt alles haarklein zu planen und durchzuorganisieren.

Fröhlichsein besteht doch darin, mit Familie und Freunden zusammen zu sein und nicht ständig unter Druck zu stehen, seinen Garten in einen Fünf-Sterne-Vergnügungspark verwandeln zu müssen.

Wie denken Sie darüber?

Gesprächsimpuls

Gibt es noch andere Bereiche, in denen Sie das Gefühl haben, mit anderen Familien zu konkurrieren?

Gebet

Bitten Sie Gott um die Fähigkeit, die kleinen Freuden zu genießen.

15. November

Hundefutter für den Ehemann

Haltet in derselben Gesinnung zusammen und habt Mitgefühl füreinander! Liebt euch gegenseitig als Brüder und Schwestern! Seid gütig und zuvorkommend zueinander! 1. Petrus 3,8

Dies ist kein Scherz. Echte Personen. Echte Kämpfe. Echte Realität. Brett kam eines Abends von der Arbeit nach Hause, probierte einen Bissen von dem Essen, das seine Frau Tina gekocht hatte, und sagte dann: „Das schmeckt ja wie Hundefutter."

„Okay", blaffte Tina zurück, „es zwingt dich ja niemand, es zu essen."

Am nächsten Abend probierte Brett wieder ein paar Bissen von dem Essen und erstickte fast dran.

„Was um alles in der Welt ist das?", fragte er.

Darauf seine Frau: „Gestern hast du gesagt, mein Essen würde wie Hundefutter schmecken, also habe ich beschlossen, heute keine Zeit damit zu verschwenden, dir etwas Besonderes zu kochen, und gleich Hundefutter genommen."

Man sollte meinen, dass für diese Ehe nicht mehr viel Hoffnung bestand. Brett und Tina waren eigentlich ein typisches Ehepaar von heute, das sich durchs Leben kämpft, ohne jeden Plan, was eigentlich nötig ist, damit eine Ehe gelingen kann.

Sie beschlossen, an einem Ehe-Wochenende teilzunehmen, weil sie es von jemandem geschenkt bekommen hatten. Was hatten sie schon zu verlieren?

Im Laufe dieses Wochenendes übergab Brett sein Leben Jesus Christus, aber bei Tina lief es anders. Sie war mit vielem, was sie da hörte, nicht einverstanden.

Am letzten Morgen des Seminars rannte sie aus der Veranstaltung und verlangte, sofort aufzubrechen und nach Hause zu fahren. Also fuhr Brett Tina nach Hause und kam allein zum Seminar zurück.

In den darauffolgenden Monaten begann Brett seiner Frau zu zeigen, dass er sich veränderte. Er praktizierte etliches von dem, was er auf dem Wochenende gelernt hatte, und begann Tina durch echte Liebe zu gewinnen. Sie wurde innerlich immer weicher und nahm schließlich ebenfalls Jesus Christus als ihren Herrn und Heiland an.

Ein Jahr nach diesem Ehe-Wochenende besuchten beide zusammen noch einmal eine solche Veranstaltung, diesmal kamen sie Hand in Hand. Sie hatten zwar immer noch ihre liebe Mühe mit manchen Problemen, aber sie hatten jetzt eine Beziehung zu dem Gott, der die Ehe erfunden hat.

Brett lernt, Tina Wertschätzung entgegenzubringen. Und ihren Kochkünsten.

Gesprächsimpuls

Wenn Gott eine solche Ehe verändern kann, was könnte er dann in Ihrer Ehe bewirken?

Gebet

Bitten Sie Gott, Ihnen die Kraft zu schenken, in echter Harmonie miteinander zu leben, im Sinne von 1. Petrus 3,8–9.

16. November

Offene Arme

Der Frau, die keine Kinder haben konnte, verschafft er ein sicheres Zuhause und macht sie zu einer glücklichen Mutter. Psalm 113,9

Vor Kurzem erzählte mir ein junger Mann namens Ryan folgende sehr persönliche Geschichte:

Nach der Geburt meiner Schwester konnte meine Mutter keine Kinder mehr bekommen; während der Schwangerschaft waren Probleme aufgetreten, durch die eine weitere Schwangerschaft unmöglich war. Deshalb beschlossen meine Eltern, um ein Wunder zu beten. Ein Jahr lang knieten sie Abend für Abend neben ihrem Bett nieder und beteten, doch nichts geschah. Aus einem Jahr wurden zwei, dann drei und schließlich vier. Vier Jahre Gebet, vier Jahre Schmerz, doch nichts geschah.

Zur gleichen Zeit gab es an der Highschool ein Pärchen, das eine Weile zusammen war, sich aber dann trennte, weil das Mädchen sich nicht vorstellen konnte, den Jungen irgendwann einmal zu heiraten. Kurz darauf erfuhr das Mädchen jedoch, dass es von ihrem ehemaligen Freund schwanger war. Sie wusste nicht, was sie tun sollte, und traute sich nicht, ihre Eltern einzuweihen, weil sie Angst hatte, sie würden sich aufregen und enttäuscht sein von ihr.

Schließlich hielt sie es nicht mehr aus und erzählte ihren Eltern eines Abends von der Schwangerschaft. Auch die Eltern waren ratlos. Sie hatten bereits vier Kinder und ein weiteres war im Grunde undenkbar ... Schließlich nahmen sie professionellen Rat in Anspruch, suchten nach einer Lösung und versuchten herauszufinden, was das Beste für alle war.

Aber Gott brachte meine Eltern, die keine Kinder mehr bekommen konnten, und dieses ungeplante Baby einer Schülerin zusammen. Am 31. August 1970 holten mich meine Eltern Jim und Shirley von einer Adoptionsstelle nach Hause.

So bin ich ein Dobson geworden.

Das kann Gebet bewirken und der Zusammenhalt einer Familie.

Gesprächsimpuls

Wie denken Sie über ungewollte Schwangerschaft und Adoption? Tauschen Sie sich darüber aus.

Gebet

Bitten Sie Gott, Menschen, die ungewollt kinderlos sind, zu trösten und ihnen Wege zu zeigen, mit dieser Situation umzugehen.

17. November

Ein mutiger Entschluss

Darum steh auf! Du musst das in Ordnung bringen.
Sei mutig und handle! Wir stehen hinter dir! Esra 10,4

Gestern hat Jim und Shirley Dobsons Adoptivsohn Ryan seine Geschichte erzählt. An solchen Geschichten wird deutlich, wie liebevoll und souverän Gott handelt – wie er zwei notvolle Situationen zu einem heiligen Zweck miteinander in Verbindung bringt, zu seiner Ehre.

Wir dürfen nicht vergessen, dass die Entscheidung eines jungen, verängstigten, alleinstehenden Mädchens, eine ungewollte Schwangerschaft nicht abzubrechen, sondern trotz aller Widrigkeiten das Kind auszutragen, wirklich mutig ist. Unverheiratet schwanger zu sein ist zwar leider nicht mehr so ungewöhnlich wie früher, aber einfach ist es auch nicht. Ein Kind auszutragen, statt es abzutreiben, auch mit der Scham fertig zu werden, mit der ein sehr junges Mädchen bei ungewollter Schwangerschaft zu kämpfen hat, wenn die Schwangerschaft sichtbar wird, fordert einer so jungen Frau viel ab.

Ryan sagt in Bezug auf das, was seine leibliche Mutter erlebt haben muss: „Wenn ich mit Adoptivkindern spreche, die so wie ich von ihrer leiblichen Mutter weggegeben worden sind, die darüber verbittert sind und Groll gegen die Mutter haben, dann sage ich immer: ‚Ihr wisst gar nicht, was es heißt, eine Schwangerschaft durchzuhalten. Ich habe selbst erlebt, wie schwer es für meine Frau war, mit der ständigen Müdigkeit und alledem. Wenn ich mir vorstelle, dass ein siebzehnjähriges Mädchen das für mich durchgemacht hat, um dann auf die Freuden der Mutterschaft zu verzichten und mir die Möglichkeit zu geben, unter günstigeren Bedingungen aufzuwachsen ...‘“

Ja, Ryan, das ist in der Tat erstaunlich.

Vielleicht erleben Sie gerade eine ungeplante Schwangerschaft in Ihrem Umfeld mit – in Ihrer Nachbarschaft, Ihrer Gemeinde oder sogar in Ihrer Verwandtschaft. Ich hoffe, dass Sie dann diejenigen sind, von der die werdende Mutter ermutigt und in ihrer Entscheidung unterstützt wird, ihr Kind zur Welt zu bringen.

Gesprächsimpuls

Wie reagieren Sie normalerweise, wenn Sie ein sehr junges, unverheiratetes, schwangeres Mädchen sehen? Sprechen Sie darüber, wie die christliche Gemeinschaft unter solchen Bedingungen zum Schutz ungeborenen Lebens beitragen kann.

Gebet

Beten Sie, dass wir als Christen bereit sind, solche, die einen Fehler gemacht haben, aufzunehmen, heilende Liebe anzubieten und den mutigen Entschluss für das Leben zu unterstützen.

18. November

Anerkennende Worte

von Barbara Rainey

Die Worte weiser Lehrer wirken wie der spitze Stock, mit dem der Bauer seine Ochsen antreibt. Sprichwörter gleichen eingeschlagenen Nägeln: Sie bleiben fest sitzen. Prediger 12,11

Wenn es in Ihrer Ehe kriselt, fällt es Ihnen wahrscheinlich schwer, einander zu loben und positiv übereinander zu sprechen. Dabei brauchen wir gerade dann Lob am allermeisten. Deshalb möchte ich Sie eindringlich auffordern, dann Ihren Ehepartner zu loben, auch wenn Sie sich bewusst dafür entscheiden müssen und Ihnen vielleicht nicht besonders nach Loben zumute ist, denn solche positiven Botschaften haben Macht und wirken sich positiv aus.

In unserem Tagesvers beschreibt der Verfasser (möglicherweise Salomo) sehr anschaulich, welche Eigenschaften gute Worte haben. Wenn wir uns bewusst dafür entscheiden, unseren Partner zu ermutigen und zu loben, dann können unsere Worte ihn in die richtige Richtung lenken. Und achten Sie auf das Ergebnis: Solche Worte sind wie „eingeschlagene Nägel“, die ein Bauwerk stabilisieren.

Durch Gottes Einwirken kann das, was wir sagen, wie ein Nagel wirken, durch den das Selbstwertgefühl unseres Partners stabilisiert wird. Wenn Sie kluge und ehrliche Worte sagen, dann kann dadurch sein/ihr Leben, Ihre Beziehung und Ihre derzeitige Situation als Paar wieder eine Perspektive bekommen. Dadurch wird es wirklich möglich, Lösungen für Ihr Problem zu finden.

Nun fragen Sie vielleicht: „Aber was ist, wenn meinem Partner mein

Lob zu Kopf steigt und er/sie überheblich wird?" Es gibt einen Unterschied zwischen echtem Lob und Schmeichelei. Letzteres fördert die Eitelkeit des anderen, während Lob und Anerkennung sich auf den Charakter und das Verhalten einer Person beziehen und Wirkung darauf haben. Wenn wir die Entscheidungen unseres Partners aufrichtig wertschätzen und loben, dann tragen wir dazu bei, seinen Charakter nach dem Maßstab Gottes zu prägen.

Paulus ermahnt uns: „... sagt zueinander die Wahrheit" (Epheser 4,25). Das Schlüsselwort in diesem Vers ist „Wahrheit", der einzige echte Maßstab, einer anderen Person echte Wertschätzung entgegenzubringen. Wahrheit bewirkt Sicherheit, Bestätigung und Wertgefühl. In den Stürmen des Lebens wird sie uns zum Kompass, der uns die richtige Richtung weist.

Also loben Sie Ihren Partner in allen Situationen, und gehen Sie dabei klug vor, um das zu bewirken, was im Augenblick nötig ist. Seien Sie ehrlich, um dazu beizutragen, Charakter zu bilden. Ihre Bestätigung kann dazu beitragen, das wieder aufzubauen, was durch das Leben beschädigt worden ist.

Gesprächsimpuls

Wodurch wird in Ihrer Beziehung verhindert, dass Sie sich gegenseitig Lob aussprechen können? Machen Sie sich einmal gegenseitig drei echte Komplimente.

Gebet

Bitten Sie Gott um die Bereitschaft, den anderen aufzubauen, statt ihn zu kritisieren.

19. November

Sexuelle Normen

Ich möchte aber, dass ihr mit Klugheit das Gute wählt
und mit Entschiedenheit euch vom Bösen abwendet. Römer 16,19

Haben Sie schon einmal eine Welle lähmender Angst erlebt, die Angst, sich wie ein Heuchler zu fühlen, weil Sie von Ihrem Kind verlangen, einem Maßstab zu entsprechen, an den Sie sich selbst als Jugendlicher nicht gehalten haben?

Viele Eltern haben genau dieses Gefühl, wenn sie mit ihren Kindern über Sexualität sprechen. Ich glaube, diese Angst ist eine der Methoden des Teufels, Eltern mundtot zu machen. Aber lassen Sie nicht zu, dass Ihre eigenen Fehler Sie daran hindern, Ihre Kinder aufzufordern, sich nach Gottes Maßstab zu richten, gerade auf diesem Gebiet.

Schließlich hat ja auch jeder von uns schon mal gelogen, oder? Trotzdem bringen wir unseren Kindern bei, dass sie die Wahrheit sagen müssen. Wenn wir mit unseren pubertierenden Kindern darüber sprechen, wie Gott sich unsere Sexualität vorstellt, dann lassen Sie sich nicht aus Angst vor peinlichen Fragen zum Schweigen nötigen.

Die meisten Kinder fragen ihre Eltern gar nicht, ob sie schon vor der Hochzeit Sex gehabt haben. Und selbst wenn sie es doch tun – und selbst wenn Sie keinen Sex hatten –, könnten Sie darauf antworten: „Das ist eine gute Frage, und irgendwann, wenn du erwachsen bist, werde ich dir darauf auch ausführlicher antworten. Aber zurzeit brauchst du das noch nicht zu wissen." Wenn Ihr Kind sich mit dieser Antwort nicht zufriedengibt und weiter nachbohrt, könnten Sie vielleicht zugeben: „Ja, ich habe da einige Fehler gemacht, die ich bereue", aber gehen Sie dabei nicht ins Detail!

Kinder brauchen Vorbilder, ganz besonders bei ihren Eltern. Es ist besser, wenn sie bestimmte Dinge nicht wissen, für die sie einfach noch zu jung sind. Später, wenn Ihr Kind erwachsen ist, können Sie entscheiden, wie viel Sie ihm sagen wollen. Doch bis dahin sollten Sie vermeiden, durch allzu anschauliche Auskünfte über Ihre eigene Vergangenheit Ihr Kind zu verunsichern oder zu belasten.

Bleiben Sie beim Thema, und vermitteln Sie dem Kind, dass nach Gottes Maßstab Sex vor der Ehe den Menschen nicht guttut und sich negativ auf ihre Beziehungen auswirkt. Ihre Kinder sollten von Ihnen hören, was Gott sich von ihnen wünscht.

Gesprächsimpuls

Wie können Sie Ihre Kinder dazu motivieren, sich an den biblischen Maßstab zu halten? Wie wollen Sie mit Ihren Kindern darüber sprechen, was Sie in der Vergangenheit falsch gemacht haben?

Gebet

Beten Sie um den Mut, Ihren Kindern biblische Maßstäbe zu vermitteln, auch wenn es unbequem und vielleicht sogar peinlich für Sie ist.

20. November

Fürbitte

Von euch hört man überall,
dass ihr euch im Gehorsam Gott unterstellt habt. Römer 16,19

Es gibt noch eine weitere Geschichte aus dem Leben von Thomas Epting, dem kranken Jungen, von dem ich am 1. November berichtet habe. Es ist ebenfalls eine Geschichte, die uns zum Nachdenken bringen kann. Die Geschichte beginnt mit einem Stoß Gebetskarten, den Thomas' Eltern drucken ließen und an ihrem Wohnort verteilten. Daraufhin bot ein völlig Fremder an, kostenlos 50.000 solcher Gebetskarten zu produzieren. Auf jeder Karte war ein Foto von Thomas und darunter eine Beschreibung seiner Krankheit und wie er damit umging, indem er einfach Gott lobte und durchhielt.

Kurz vor Thomas' Tod fragte sich seine Mutter Amy, warum Gott trotz der vielen Gebetskarten und all der Menschen, die für ihn beteten, keine Heilung schenkte, worauf Thomas antwortete: „Mama, Gott benutzt diese Gebetskarten, aber nicht so, wie du es gerne hättest."

An diese Worte musste Amy eines Tages kurz nach Thomas' Tod denken, als das Telefon klingelte und eine fremde Frau ihr erzählte, sie säße gerade in der Kanzlei ihres Scheidungsanwalts und habe eine der Gebetskarten auf einem Tisch im Wartezimmer liegen sehen. Sie hatte nicht glauben können, was sie da las – ein junger Teenager, der ums Überleben kämpfte, aber einen größeren Glauben bewies als die meisten Menschen, die noch das ganze Leben vor sich haben.

Die besagte Frau hatte an jenem Tag nicht mit den Scheidungspapieren, sondern mit einem neuen Entschluss die Anwaltskanzlei verlassen: Sie wollte ihre Ehe retten. Gott hatte den Glauben eines todkranken Kindes dazu benutzt, eine zerrüttete Ehe zu heilen – derselbe Gott, der uns in seinem Wort verspricht, dass ihm nichts unmöglich ist.

Besonders wenn wir beten.

Gesprächsimpuls

Kennen Sie jemanden, der Thomas' Geschichte hören sollte? Welches sind heute Ihre wichtigsten persönlichen Gebetsanliegen?

Gebet

Hören Sie nie auf zu beten. Erst in der Ewigkeit werden wir erfahren, was unsere Gebete bewirkt haben.

Dank auf hoher See

von Barbara Rainey

Andere wieder fuhren übers Meer und trieben Handel an vielen Küsten. Sie erlebten voll Staunen, was der Herr kann und wie er die Elemente beherrscht. Psalm 107,23–24

Es gibt ein Lied, das mich in Erntedank-Stimmung versetzt, obwohl es eigentlich kein Erntedank-Lied ist. Es ist die offizielle Hymne der *US-Navy* (amerikanische Marine). Ich bin zwar nicht damit aufgewachsen (denn mein Vater war beim Heer und nicht bei der Marine), aber es gehört für mich zu jenen Liedern, die mich an Gottes Schutz in Zeiten großer Sorgen und Bedrängnisse erinnern.

Vielleicht haben Sie den Film *Der Sturm* gesehen – am Ende des Films ist dieses Lied zu hören. Es stammt aus der Mitte des 18. Jahrhunderts, als William Whiting diesen Text schrieb, um einen Studenten zu ermutigen, der mit dem Schiff von Großbritannien nach Amerika reiste und unter lähmender Angst litt, sein Schiff könnte untergehen.

Ewiger Vater, der du die Macht hast, zu retten,
dessen Arme die rastlosen Wellen bändigen
und der dem mächtigen, tiefen Meer gebietet,
in seinen Grenzen zu bleiben;
O höre uns, wenn wir zu dir rufen,
die, die auf See in Gefahr sind!

Ein paar Jahre später hörte offenbar ein amerikanischer Matrose dieses Lied, als er in England diente, und nahm es mit in den Chor der amerikanischen Marineakademie, wo es noch heute immer zum Abschluss des Sonntagsgottesdienstes gesungen wird.

Ich bin sicher, dieses sich dem Ende zuneigende Jahr hat auch für Sie „Stürme" und „hohe Wellen" mit sich gebracht in Form von gesundheitlichen Problemen, Unsicherheit des Arbeitsplatzes, finanziellen Schwierigkeiten oder Spannungen in der Familie, Stress und ständigem Druck. Wie beim Sturm auf hoher See gibt es Dinge, die mächtiger sind als wir. Doch wir müssen uns klarmachen, dass nichts und niemand mehr Macht hat als der Eine, der unseren Weg kennt und uns beschützt – der Eine, dem das Meer gehorcht – der Eine, den wir in dieser Jahreszeit des Erntedankfestes preisen.

Gesprächsimpuls

Durch welche Stürme hat Gott Sie hindurchgeleitet oder leitet Sie gerade zurzeit?

Gebet

Danken Sie Gott für seine große Macht, auch inmitten der Stürme des Lebens.

22. November

Danken

von Barbara Rainey

Herr, es macht Freude, dir zu danken, dich, den Höchsten, mit Liedern zu preisen ... Psalm 92,2

In Psalm 92 lesen wir: „Herr, es macht Freude, dir zu danken, ... frühmorgens schon deine Güte zu rühmen und nachts noch deine Treue zu verkünden." Man kann mit wenig Aufwand diese Zeit des Erntedankfestes zu einer besonderen Zeit für die Familie machen und diese Zeit nutzen, um Gott bewusst für alles zu danken, was er in Ihrem Leben getan hat.

Wir haben es in unserer Familie jahrelang so gehalten, dass jeder von uns fünf Dinge aufschrieb, für die er oder sie dankbar war. Auf unseren Tellern befanden sich immer fünf Maiskörner als Erinnerung an die Tagesration der Pilgerväter während einem der ersten schwierigen Winter. Vor dem Essen ließen wir fünfmal einen Korb herumgehen, und jeder von uns legte jeweils ein Korn hinein und teilte uns eine Sache mit, für die er oder sie dankbar war.

Hier ein paar Kostproben aus einem Jahr:

- „Ich bin dankbar, dass ich eine Familie habe."
- „Ich bin dankbar, dass Ashley vom College nach Hause kommen konnte, um mit uns Erntedank zu feiern."
- „Ich bin dankbar dafür, dass Gott in meinem Leben ist."
- „Ich bin dankbar für meinen Gebetskreis in der Schule, den ich leite."
- „Ich bin dankbar für meine Schwestern und alles, was sie mir über Beziehungen beigebracht haben."
- „Ich bin dankbar für meinen großen Bruder."

Dennis und ich waren so glücklich, dass unsere Kinder vor allem *füreinander* dankbar waren! Nach so vielen Jahren Geschwisterstreitigkeiten fingen sie endlich an, sich gegenseitig ihre Zuneigung zu zeigen, von der wir hofften, dass sie ein Leben lang anhalten würde.

In dem besagten Jahr waren wir auch sehr beeindruckt von einer Sache, für die Samuel dankte: „Ich bin dankbar für meinen Muskelschwund." Er hatte in diesem Jahr erfahren, dass er an dieser Krankheit litt, und wir hatten einige sehr schwierige Monate hinter uns. Gott dafür zu danken, war ein großer Glaubensschritt und hat uns gezeigt, dass unsere Kinder dabei waren, den echten Geist des Erntedanks zu erlangen – ein Herz voller Dankbarkeit für *alles*.

Gesprächsimpuls

Wie hat Gott in diesem Jahr in Ihrem Leben gewirkt?

Gebet

Danken Sie Gott für seine Liebe, seine Fürsorge und sein Wirken in Ihrem Leben.

23. November

Jeden Tag Erntedank

von Barbara Rainey

Dank ist die Opfergabe, an der ich Freude habe. Psalm 50,23

Haben Sie sich je darüber gewundert, dass Gott das Volk Israel vierzig Jahre lang durch die Wüste irren ließ, nur weil sie ständig murrten und klagten? Meine Kinder mussten ab und zu eine halbe Stunde in ihrem Zimmer verbringen, weil sie nur nörgelten, aber vierzig Jahre? Das ist wirklich eine sehr harte Strafe!

Eines wird durch diese biblische Geschichte jedenfalls ganz klar: *Gott mag es nicht, wenn wir murren und undankbar sind.* Und auch wir sollten Murren nicht tolerieren – weder bei uns selbst noch bei unseren Kindern.

Am Erntedankfest sind wir natürlich alle gern bereit, dankbar zu sein und das auch zum Ausdruck zu bringen, aber wie sieht es an den übrigen Tagen des Jahres damit aus, wenn die Feststimmung längst verflogen ist und ganz normaler Alltag herrscht?

Mir gefällt es, mit welcher Zufriedenheit damals die Pilgerväter das Leben angingen. Sie ließen nicht zu, dass ihre Gefühle oder die Umstände bestimmen, ob sie dankbar waren und Gott dankten. Sie glaubten daran, dass Gott alles unter Kontrolle hat – das nannten sie „Vorsehung“. Der logische Schluss aus dieser Überzeugung besagte, dass alles, was ihnen widerfuhr, „von Gott zugelassen wurde, um ihnen zum Guten zu dienen“. Sie beschlossen zu glauben – und zwar zu Recht –, dass sie einem heiligen, treuen Gott absolut vertrauen konnten, trotz vieler Widrigkeiten. Es gab trotzdem immer noch vieles, wofür sie danken konnten.

Eine innere Dankbarkeit ist eine wichtige Voraussetzung dafür, dass sich unser Glauben weiterentwickeln kann. John Piper drückt das in seinem Buch *A Godward Life* (Ein auf Gott ausgerichtetes Leben) so aus: „Wenn wir nicht glauben, dass wir in Bezug auf alles, was wir haben oder erhoffen, zutiefst von Gott abhängig sind, dann trocknet die Quelle der Dankbarkeit und des Glaubens selbst aus.“

Treffen Sie heute ganz bewusst die Entscheidung, nicht auf sich selbst und die Umstände zu schauen, sondern auf Gott, und erkennen Sie dankbar an, wer Gott ist und was er tut. Lassen Sie sich nicht zum Murren hinreißen, sondern lassen Sie sich auf die tiefe Freude der Dankbarkeit *in allen Dingen* ein.

Ein dankbares Herz gefällt Gott.

Gesprächsimpuls

Wie würde sich Ihre Familiensituation verändern, wenn Sie sich bewusst für eine dankbare Grundhaltung entscheiden würden?

Gebet

„Auf, mein Herz, preise den Herrn! Alles in mir soll den heiligen Gott rühmen!“ (Psalm 103,1).

24. November

Auf Zehenspitzen gehen?

Sein Vater hatte ihn immer sehr nachsichtig behandelt und ihn nie wegen irgendetwas zur Rede gestellt. 1. Könige 1,6

Vielleicht war er zu beschäftigt. Vielleicht hatte er das Gefühl, wegen seiner eigenen sündigen Vergangenheit nicht das Recht zu haben, auf Moral zu pochen. Aus welchem Grund auch immer, in dem Vers steht, dass David es versäumt hatte, seinen Sohn Adonijah zu einem Mann zu erziehen. Statt ihn zu korrigieren, hatte er ihn verwöhnt. Und das hatte für beide einen hohen Preis.

Barbara und ich haben mit unseren sechs Kindern viele Lektionen gelernt. Im Folgenden möchte ich Ihnen ein paar Punkte nennen, die Ihnen auf dem Weg helfen können:

1. *Stellen Sie Fragen*. Fragen Sie Ihre Kinder, mit wem sie telefoniert haben. Bringen Sie in Erfahrung, mit wem sie befreundet sind. Wenn Sie Teenager haben, lassen Sie sich erzählen, mit wem sie ausgehen und mit wem sie ihre Freizeit verbringen. Haben Sie keine Scheu, sich zu erkundigen.
2. *Sorgen Sie dafür, dass Ihre Kinder sich nicht abkapseln*. Wenn Kinder älter werden, fordern Sie mehr Freiraum für sich, was innerhalb von Grenzen auch in Ordnung ist. Doch wenn Sie nicht gegensteuern, kann es sein, dass Ihre Kinder Sie immer mehr aus ihrem Leben verdrängen. Dabei brauchen sie nicht Distanz, sondern eine Beziehung mit klugen Beratern – ihren Eltern.
3. *Glauben Sie an Ihre Kinder*. Die Teenagerjahre sind meist geprägt von Selbstzweifeln und Unsicherheit, und die soziale Hackordnung in den Schulen kann brutal sein. Sagen Sie Ihren Kinder so oft wie möglich, dass Sie an sie glauben und ihnen vertrauen.
4. *Setzen Sie Grenzen*. Bestimmen Sie, wohin Ihre Kinder gehen dürfen, wann sie zu Hause sein müssen, welche Filme sie sehen dürfen und wie sie sich anziehen sollen. Gott hat Ihnen aufgetragen, Grenzen zu ziehen – und auch zu prüfen, ob diese Grenzen eingehalten werden.
5. *Sprechen Sie Sünde an*. Kinder brauchen Eltern, die sie vom Bösen abhalten und sie genug lieben, um sie sorgfältig zu beobachten und konsequent zu korrigieren.

David verlor damals seinen Sohn, weil er es versäumt hatte, ihm die Konsequenzen seines Handelns aufzuzeigen. Lassen Sie nicht zu, dass so etwas auch in Ihrer Familie passiert.

Gesprächsimpuls

Welchen der fünf Punkte würden Sie in Ihrer Familie als stark, welchen als schwach bewerten? Sprechen Sie darüber, wie Sie als Ehepaar besser zusammenarbeiten könnten.

Gebet

Beten Sie um den Mut, auf das Leben Ihrer Kinder Einfluss zu nehmen, auch wenn sie sich zurückziehen. Beten Sie um die Bereitschaft und Entschlossenheit, sie zu korrigieren, auch wenn sie scheinbar nicht auf Sie hören.

25. November

Feuerproben

Und doch: Obwohl er Gottes Sohn war, hat er zunächst durch das, was er durchmachen musste, Gehorsam gelernt. Hebräer 5,8

Wir neigen oft dazu, uns auf die Probleme unseres Lebens zu konzentrieren und nicht zu erkennen, was Gott durch diese Probleme möglicherweise bezweckt. Folgender Text über historische Persönlichkeiten von Ted Engstrom, dem ehemaligen Leiter von *Jugend für Christus* und *World Vision,* kann uns Mut machen:

Machen Sie einen Mann zum Krüppel, und Sie haben einen Sir Walter Scott. Sperren Sie ihn ins Gefängnis, und Sie haben einen John Bunyan. Vergraben Sie ihn im Schnee von Valley Forge, und Sie haben einen George Washington. Lassen Sie ihn in äußerster Armut aufwachsen, und Sie haben einen Abraham Lincoln.

Strecken Sie ihn nieder mit Kinderlähmung, und Sie haben Franklin Delano Roosevelt. Lassen Sie ihn bei einem Brand in der Schule so starke Verletzungen davontragen, dass die Ärzte erklären, er werde nie wieder laufen können, und Sie haben Glenn Cunningham, der 1934 einen Weltrekord aufstellte, als er eine Meile in vier Minuten und sechs Sekunden zurücklegte.

Bezeichnen Sie ihn als zurückgebliebenen Jungen, der nur langsam lernt, und schreiben Sie ihn als nicht erziehbar ab, und Sie haben Albert Einstein. Lassen Sie ihn oder sie als schwarzes Kind in eine von Rassendiskriminierung geprägte Gesellschaft hineingeboren werden, und Sie haben Booker T. Washington, Harriet Tubman, Marian Anderson, George Washington Carver und Martin Luther King.

Wir könnten noch viel mehr Persönlichkeiten aufzählen. Corrie ten Boom, Dietrich Bonhoeffer und Alexander Solschenizyn, für die das Konzentrationslager beziehungsweise Gefängnis zum Klassenzimmer wurde. Oder Joni Eareckson Tada, deren Rollstuhl das Podium für einen beeindruckenden Dienst wurde. Ich könnte noch andere Namen nennen, unbekannte Namen, genau wie es wahrscheinlich in Ihrem Umfeld auch Namen gibt, die hier aufgezählt werden könnten. Jeder Einzelne von ihnen ist ein Beweis für diese Aussage von Charles Spurgeon: „Der Herr rekrutiert seine besten Soldaten im Hochgebirge der Bedrängnis."

Kann es sein, dass Gott Sie gerade jetzt, mitten in Ihrer derzeitigen Prüfung, kampftauglicher denn je macht?

Gesprächsimpuls

Inwiefern benutzt Gott Prüfungen und Schwierigkeiten, um Sie stärker, klüger und für seinen Dienst brauchbarer zu machen? Lassen Sie vielleicht zu, dass die Schwierigkeiten Sie verhärten und bitter machen?

Gebet

Bitten Sie Gott, Ihnen zu zeigen, wo er Sie durch Krisen und Konflikte „einsatzfähiger" machen möchte.

26. November

Verliebt sein

Komm doch und küss mich!
Deine Liebe berauscht mich mehr noch als Wein. Hohelied 1,2

Als Barbara und ich an unserem Buch *Rekindling the Romance* (Beleben der Romantik) arbeiteten, tippte ich in die Internetsuchmaschine Google den Begriff „Romantik" ein. Raten Sie mal, wie viele der Top-Ten-Webseiten für Ehepaare bestimmt waren? Eine einzige!

Da fragt man sich doch, ob Romantik nach der Hochzeit kein Thema mehr ist. Die Schauspielerin Minnie Pearl hat das einmal so formuliert: „Wenn man heiratet, ist es so, als würde man in eine Wanne mit heißem Wasser steigen. Wenn man sich daran gewöhnt hat, ist es gar nicht mehr so heiß."

Aber glauben Sie mir – so muss es nicht sein! Natürlich gibt es jede Menge Hindernisse für Romantik in der Ehe – vor allem der hektische Alltag fordert da seinen Preis –, aber Sie haben doch geheiratet, um immer inniger und vertrauter miteinander verbunden zu sein.

Barbara und ich haben selbst den Druck erlebt, der dadurch entstand, dass unsere Terminkalender immer voller wurden und wir Kinder bekamen. Mit sechs Kindern, die ständig etwas brauchten und versorgt werden mussten, kamen wir zu der Erkenntnis, dass wir regelmäßig Auszeiten einplanen müssen, wenn wir Zeit zu zweit verbringen wollen. Ich bin davon überzeugt, dass, wenn wir nicht solche intensiven Zeiten zu zweit konsequent eingeplant hätten, unsere Ehe irgendwann zu einer Art Lebensgemeinschaft geworden wäre, in der zwei hochbeschäftigte Menschen jeweils *ihr* Leben lebten. Mit anderen Worten: zwei Einzelpersonen, die eigentlich nicht wirklich etwas miteinander zu tun haben.

Als unsere Kinder noch klein waren, haben wir dann entweder einen

Babysitter engagiert, oder wir haben einen romantischen Abend zu Hause arrangiert, nachdem die Kinder im Bett waren. Manchmal haben wir für eine richtige Restaurant-Atmosphäre gesorgt, mit Kerzenlicht und einem köstlichen Essen, das wir gemeinsam zubereitet hatten. Wenn wir uns dann an den Tisch setzten, konzentrierten wir uns ganz aufeinander.

Lassen Sie nicht zu, dass die Romantik sich langsam, aber sicher aus Ihrer Ehe verflüchtigt. Romantik hat nichts mit der Anzahl der Ehejahre zu tun, sondern mit innerer Frische und dem tiefen Wunsch, ungeachtet der Anforderungen des Lebens verliebt und voneinander fasziniert zu bleiben.

Gesprächsimpuls

Was können Sie konkret tun, um einen gemeinsamen Abend pro Woche außer Haus zu verbringen?

Gebet

Bitten Sie Gott um Kreativität und Hartnäckigkeit dabei, die Flamme zwischen Ihnen immer wieder zu entfachen.

27. November

Raus aus dem Trott!

Komm, lass uns hinausgehen, mein Liebster, die Nacht zwischen Blumen verbringen ... Dort schenke ich dir meine Liebe!
Hohelied 7,11–12

Ich weiß nicht, was Sie mit dem Begriff „Routine" verbinden – unsere Routine zu Hause, solange die Kinder noch da waren, sah folgendermaßen aus: Vor Sonnenaufgang aufstehen, miteinander ein paar Worte wechseln, ein kurzes Frühstück oder eine Tasse Kaffee, einen Kuss auf die Wange zum Abschied. Ich fahre die Kinder zur Schule und dann anschließend selbst ins Büro, während Barbara zu Hause bleibt und ihrer Arbeit nachgeht, die sich endlos um die Familie und die Kinder dreht: Schule, Wäsche, Hausarbeit, Einkäufe, Ärzte und Konfliktlösungen. Während sie sich mit diesen Dingen beschäftigt, jongliere ich den ganzen Tag über mit Finanzen, Meetings und Problemlösungen.

Gegen 18 Uhr kreuzen sich unsere Wege wieder – zu dem Zeitpunkt haben wir bereits etwa 90 Prozent unserer Energie verbraucht. Wir schauen uns kurz die Nachrichten an, essen zu Abend, sehen unsere Post durch, erledigen ein bisschen Papierkram, machen den Abwasch und helfen den Kindern bei den Hausaufgaben. Barbara versucht noch ein bisschen zu lesen, bevor sie vom Schlaf übermannt wird.

Das ist unser Alltagsablauf – Routine eben.

Was dabei zu kurz kommt, ist die Fantasie. Ich will ja gar nicht behaupten, dass der ganz normale Alltag immer mit spannenden Abenteuern gespickt sein kann, aber eines versichere ich Ihnen (falls Sie es noch nicht selbst gemerkt haben): Alltagsroutine kann ganz schnell zum Trott werden, aus dem man nicht mehr herauskommt, es sei denn, man unternimmt ganz bewusst eine Anstrengung dazu. Ich versichere Ihnen, dass Ihr „Trott" im Ehewörterbuch niemals auf derselben Seite stehen wird wie „Romantik".

Als die Fernsehserie *Desperate Housewives* in unserem Land Kult wurde, erschien in der Zeitschrift *Newsweek* ein Leitartikel über dieses Phänomen. Eine der Frauen, die dazu interviewt wurde, sagte: „Können Sie sich noch an die Zeit erinnern, als er Sie mit einem Kuss geküsst hat, der tausend weitere Küsse entfachte?"

Ist *dafür* noch Platz in Ihrem Alltag?

Gesprächsimpuls

Sind Sie bereit, die Routine zu durchbrechen? Wie würden Sie das anstellen, wenn Sie könnten? (Und Sie können es, glauben Sie mir!)

Gebet

Bitten Sie den Schöpfer um eine Kostprobe seiner Kreativität, um Ihre Routine zu durchbrechen.

28. November

Den Bund halten

Ein Seil aus drei Schnüren reißt nicht so schnell. Prediger 4,12

Die Gesellschaft von heute leidet sehr unter einer heftigen Ichbezogenheit, die sich inzwischen auch schon auf den Ehebund ausgeweitet hat. Menschen mit einer solchen inneren Haltung sagen beispielsweise: „Wenn die Ehe mir nützt und ich dadurch bekomme, was ich will, bin ich dabei. Wenn die Ehe mich aber nicht mehr glücklich macht, wenn es mir zu mühsam und anstrengend wird, wenn irgendetwas Unerwartetes passiert und zusätzlichen Druck erzeugt, dann mache ich mich lieber aus dem Staub." Dann gehen die einen wirklich, andere bleiben zwar körperlich anwesend, verlassen den Partner aber emotional und entziehen sich völlig.

Wer sich allerdings so verhält, hat die drei grundlegenden Wahrheiten hinsichtlich der gegenseitigen Verbindlichkeit vergessen:

1. *Die Ehe ist ein Bund zwischen drei Personen, nicht zweien.* An unserem Hochzeitstag bin ich einen Bund mit Barbara und mit Gott eingegangen. Unsere Ehe ist kein Vertrag, sondern ein heiliges „Seil aus drei Schnüren", das nicht so schnell reißt.
2. *Das Ehegelöbnis verlangt, dass wir einander vergeben.* Keine Ehe ist ein reiner Spaziergang. Es wird unerfüllte Erwartungen, unkluge Entscheidungen, Zeit- und Finanzprobleme und anderen Druck geben, durch den unsere Beziehung belastet wird, und zwar so stark, dass wir manchmal glauben, sie zerbricht. Wenn es aber zu solchen Verletzungen und Enttäuschungen kommt, dann verlangt unser Ehegelöbnis, dass wir einander vergeben, und zwar nicht als eine Option, für die wir uns entscheiden können – oder auch nicht –, sondern Vergebung ist das Leben, der Atem unserer Ehe.
3. *Das Ehegelöbnis ist dauerhaft.* Wenn der Druck permanent und erbarmungslos wird, wenn die Stimmen des Zeitgeistes uns dazu auffordern, uns nur noch um uns selbst zu kümmern und lieber zu gehen, dann ruft unser Ehegelöbnis laut und vernehmlich: „TU ES NICHT!" (Oder, wie meine Kinder sagen würden: „Stell dich dem Problem!")

Wenn man aus seiner Ehe aussteigt, dann bringt das vielleicht vorübergehend eine gewisse Erleichterung, aber eine zerbrochene Ehe und Familie sorgen für jede Menge neuen Druck, und zwar ein Leben lang. Es erfordert Mut, das zu tun, was man als richtig erkannt hat. Dem Ehepartner treu zu bleiben und auch bei ihm zu bleiben, wird zu einem lebendigen Zeugnis der Treue Gottes und der Kraft Ihres Ehebundes.

Gesprächsimpuls

Denken Sie an Ehen in Ihrer Verwandtschaft und Ihrem Bekanntenkreis, die kaputtgegangen sind. In welchem Maße hat auch Egoismus zum Scheitern dieser Beziehungen geführt?

Gebet

Beten Sie darum, stets so zu lieben, wie Gott liebt, so zu vergeben, wie er vergibt, und so auszuharren wie er.

29. November

Stolz, verlorene Söhne und heilige Narben

Wir alle sind in vieler Hinsicht fehlerhafte Menschen. Jakobus 3,2

Wenn ein Vater und eine Mutter anfangen, Kinder großzuziehen, dann fangen sie oft mit dem Gedanken an: *Wir machen das bestimmt besser als alle anderen.* Trotz unserer Unerfahrenheit sind wir davon überzeugt, dass viel Gebet, Bibelkenntnis, Familienandachten, Gesprächsimpulse über aktuelle Themen und Gottesdienstbesuche garantiert dazu führen, dass unsere Kinder so werden, wie wir es uns wünschen und vorstellen. Wenn man das Richtige hineingibt, wird natürlich auch das Richtige herauskommen.

Für eine solche innere Haltung gibt es einen Begriff: „geistlicher Hochmut". Ich kenne mich damit aus, denn Barbara und ich haben genauso gedacht, als wir unseren Weg als Eltern begannen.

Aber eines haben wir sehr schnell über unsere Kinder gelernt: Wenn man eine Garantie will, dann sollte man lieber ein Elektrogerät, einen Satz neue Reifen oder eine Armbanduhr kaufen – weil es nämlich für Kinder *keine* Garantie gibt. Eltern zu sein beinhaltet wahrscheinlich das größte Risiko, das wir in unserem ganzen Leben eingehen können.

Fragen Sie mal jemanden, der zu Hause einen verlorenen Sohn gehabt hat. Fragen Sie uns. Wir wissen Bescheid.

Aber wir können Ihnen auch noch etwas sagen: Gott ist souverän. Er ist mehr als fähig, das Leben Ihres Kindes umzukrempeln. Wenn Sie Ihre Kinder ihre eigenen Entscheidungen treffen lassen, dann haben Sie vielleicht Angst, dass deren Fehlentscheidungen Narben hinterlassen, die nie mehr weggehen. Ja, Sünde hat immer Folgen. Aber mein Freund Dan Jarrell hat einmal gesagt: „Gott hat große Freude daran, solche Wunden in heilige Narben zu verwandeln, die seinen Zwecken dienen."

Schließlich hat Gott, der perfekte Vater, selbst ein paar Kinder gehabt, die im Garten Eden keine besonders gute Figur machten. Danach hat er noch viele Kinder mehr gehabt, die ebenfalls eine Menge Schlamassel produziert haben. Also verlieren Sie nicht den Mut. Gott kann Wunden heilen und sie zu „heiligen Narben" machen, durch die Gottes Gnade, Barmherzigkeit und Ziele verkündet werden.

Gesprächsimpuls

Kennen Sie einen „verlorenen Sohn", den Gott für seine Zwecke gerettet hat? Was lernen Sie aus der Geschichte dieser Person für sich?

Gebet

Beten Sie für die „verlorenen Söhne", die Sie kennen, dass Gott sie zu seiner Zeit wiederherstellt. Beten Sie auch für Ihre Kinder, dass sie lernen, Gott zu vertrauen, ohne vorher den Weg des „verlorenen Sohns" gehen zu müssen.

30. November

Sexuelle Täuschung

Weil ihr Gottes heiliges Volk seid, schickt es sich nicht, dass bei euch von Unzucht und Ausschweifung ... auch nur gesprochen wird.
Epheser 5,3

Wenn Stacey fetthaltiges Essen vermeidet, gilt sie als gesundheitsbewusst. Wenn sie auf Alkohol verzichtet, bezeichnet man sie als verantwortungsbewusst und in der Lage, sich zu kontrollieren. Für all diese Verhaltensweisen wird sie gelobt und unterstützt, weil sie längerfristig denkt, sich nicht dem Gruppendruck beugt und nicht nur auf die sofortige Befriedigung ihrer Bedürfnisse aus ist.

Doch wenn sie sich bewusst dafür entscheidet, mit dem Sex bis zur Ehe zu warten, dann wird sie dafür nicht gelobt, sondern bekommt einfach den Stempel „sexuell nicht aktiv".

Diese verblüffend ehrlichen Worte stammen von der Autorin des Buches *Unprotected: A Campus Pychiatrist Reveals How Political Correctness in Her Profession Endangers Every Student* (Ungeschützt: Eine Hochschulpsychiaterin legt offen, wie politische Korrektheit in ihrem Beruf den einzelnen Studenten gefährdet). Dieses Buch wurde von einer Hochschulärztin anonym verfasst und bringt die Wahrheit sehr ungeschminkt auf den Punkt. Die Autorin stellt ganz einfach die Frage, warum von Medizinern so viel Wind gemacht wird um die Sicherheit von Radfahrern, die möglichen Schäden durch Sonnenstudios und die Bedeutung sportlicher Aktivität, gleichzeitig aber so wenig Interesse daran besteht, vor einem Verhalten zu warnen, durch das für die Betroffenen das Risiko, an Depressionen zu erkranken oder selbstmordgefährdet zu werden, um das *Dreifache* ansteigt. Erst wenn sexuelle Aktivität zu einer Geschlechtskrankheit oder ungewollter Schwangerschaft führt, werden die Gesundheitsabteilungen der Universitäten aktiv, und zwar meist, indem sie im ersten Fall Antibiotika verordnen und im zweiten zur Abtreibung raten.

Es ist haarsträubend und absurd. Doch ehrliche Berichte wie der besagte sind hilfreich, wenn es darum geht, uns klarzumachen, dass unsere Welt auf dem Gebiet der Sexualität einer gigantischen Täuschung erlegen ist. Der Satan erringt einen Sieg nach dem anderen, indem er eine Kultur geschaffen hat, in der es in Bezug auf sexuelle Reinheit so gut wie keine Regeln mehr gibt. Der Wert von Ehe und der Familie wird dadurch immer mehr herabgesetzt, eine ganze Generation stumpft dadurch immer mehr ab und richtet ihre gesamte Aufmerksamkeit nur noch auf die eigene Person, das eigene Wohlbefinden ... und weg von Gott und seinem Plan, wie wir Menschen leben sollen und können.

Es ist allerhöchste Zeit, dass Eltern hier wieder aktiv werden und ihren Kindern helfen, an dieser Stelle Klarheit zu bekommen und sich nicht in Gefahr zu bringen. Es steht zu viel auf dem Spiel, als dass wir untätig daneben stehen und schweigen dürfen. Mithilfe von Gebet und der Gnade und Führung Gottes können wir diesen Kampf noch gewinnen.

Gesprächsimpuls

Bei der Sexualerziehung geht es mehr darum, wie wir mit uns und anderen umgehen, als um die reine menschliche Fortpflanzung. Wie wollen Sie Ihren Kindern Selbstkontrolle beibringen und ihnen vermitteln, dass es sich lohnt, sich an Gottes Gebote zu halten?

Gebet

Lassen Sie Gottes Wort tief in das Herz Ihrer Kinder eindringen und beten Sie intensiv um Schutz für sie.

1. Dezember

Still werden

Aber Jesus zog sich zurück und hielt sich in einsamen Gegenden auf, um zu beten. Lukas 5,16

Wussten Sie, dass es Kulturen gibt, in denen es kein Wort für „Minute“ oder „Stunde“ gibt? Es gibt dort einfach nicht das Bedürfnis, die Zeit in so kurzen Einheiten zu messen. Man versucht dort auch nicht, jede Sekunde des Tages optimal auszunutzen, und es käme niemandem in den Sinn, jede einzelne Sekunde „sinnvoll“ zu nutzen.

Hört sich das für Sie zu sehr nach „Dritter Welt“ an? Ist es nicht klar, dass in Kulturen, in denen die Menschen ihre eigene Nahrung produzieren und selten aus ihrem Dorf herauskommen, der Zeitbegriff keine Rolle spielt?

Ich will gar nicht vorschlagen, dass wir jetzt alle aufs Land ziehen und uns von Ackerbau und Viehzucht ernähren, aber ich möchte Ihnen Mut machen, einmal darüber nachzudenken, welche Vorteile es mit sich bringt, das Leben ein bisschen zu „entschleunigen“ und einen besinnlicheren, kontemplativeren Lebensstil zu praktizieren. Wenn wir uns Zeit für schöpferische Stille nehmen, können wir Gott am Werk sehen und fangen an, das Leben mit seinem ganzen Reichtum neu zu entdecken. Wenn wir uns Zeit und Raum nehmen, um zu Klarheit zu gelangen, eine Sicht zu bekommen und Entscheidungen abzuwägen, dann entdecken wir auch wieder mehr zum Genießen und Wertschätzen.

Wenn ich über diese beiden unterschiedlichen Lebensansätze nachdenke – den gehetzten und den ruhenden –, dann drängt sich mir die Frage auf, wie Jesus wohl gelebt hat. War er hektisch oder ruhig? Hat er alle zwei Minuten die Zeit nach der Sonnenuhr geprüft, in der Hoffnung, er könnte bei der Anreise in die nächste Stadt Zeit sparen? Oder war er in der Lage, anzuhalten und auf die Bedürfnisse um ihn herum einzugehen?

Jesus stand stärker unter Druck, als man sich auch nur vorstellen kann. Seine Jünger bombardierten ihn ständig mit Fragen. Die Pharisäer wollten ihn tot sehen und die große Masse wollte ihn zum König. Viele bestürmten ihn, weil sie von ihm geheilt werden wollten.

Und trotzdem gelang es ihm, die Stille zu suchen, zu beten, sich wieder stärken zu lassen. Er suchte die Gegenwart seines Vaters und genoss ihn in den stillen Augenblicken seines Lebens.

Gesprächsimpuls

Wie könnten Sie mehr Zeit zum Ruhen finden? Wie nutzen Sie den Sonntag, den Tag der Ruhe, als Ehepaar?

Gebet

Bitten Sie Gott, Ihnen dabei zu helfen, sechs Monate lang zu versuchen, bewusst innerlich stiller zu werden. Lassen Sie sich von ihm zeigen, worauf Sie verzichten könnten, um mehr Zeit für ihn zu haben.

2. Dezember

Nein sagen

von Barbara Rainey

Wenn jemand von euch ein Haus bauen will, setzt er sich doch auch zuerst hin und überschlägt die Kosten. Lukas 14,28

Einer der Gründe für den Stress in unserem Leben besteht darin, dass wir nicht Dinge lassen, die nicht unbedingt nötig sind – nicht weil sie reine Zeitverschwendung wären, sondern einfach, weil sie uns von den Hauptzielen für unsere Ehe und Familie ablenken.

Ich erinnere mich da beispielsweise an eine Situation in der Schule unserer Kinder. In einem Gespräch mit anderen Müttern über Planung für das nächste Schuljahr sagte die Frau, die das Gespräch leitete: „Wir brauchen noch ein paar Ersatzlehrer, die aushelfen können, wenn reguläre Lehrkräfte ausfallen."

Normalerweise hätte ich mich schnell bereit erklärt, denn es gehört zu einer meiner leichtesten Übungen, mehr Aufgaben zu übernehmen, als ich bewältigen kann! Doch an dem besagten Tag meldete ich mich nicht.

Dabei kam mir so ziemlich jeder denkbare gute Grund in den Kopf, diese Aufgabe zu übernehmen: (1) Ich würde dem Lehrer helfen; (2) ich würde die anderen Schüler der Klasse kennenlernen; (3) ich würde die Schule unterstützen und bekäme mehr Informationen, was dort so läuft.

Aber ich wusste zu diesem Zeitpunkt auch, dass mein Terminkalender eigentlich schon viel zu voll war. Die Frau neben mir, die sich als Erste gemeldet hatte, sah mich an und sagte lachend: „Ich kann immer noch nicht Nein sagen."

Wir merken oft diesen inneren Drang, uns für Dinge zu engagieren, die sinnvoll und lohnend erscheinen und uns Anerkennung von außen versprechen. Aber wenn Leute Dennis und mich fragen, wie wir das alles machen – besonders in den Jahren, als wir noch sechs quirlige Kinder im Haus hatten –, dann antworten wir: *„Indem wir eben nicht alles machen."*

„Nein" ist eines der befreiendsten Wörter, die wir benutzen können.

Gesprächsimpuls

Wie oft sagen Sie Nein? Überlegen Sie, wie Sie einander schützen können, indem Sie miteinander sprechen, bevor Sie auf eine Anfrage reagieren. Es ist nicht leicht, einander Rechenschaft für Entscheidungen abzulegen, aber es stärkt die innige Verbindung zwischen den Partnern.

Gebet

Bitten Sie Gott um Klarheit bei Entscheidungen – und um den Mut, zu wissen, wann Sie Ja und wann Nein sagen sollen.

3. Dezember

An vier Orten gleichzeitig

Denn alles, was geschieht, hat seine von Gott bestimmte Zeit.
Prediger 8,6

Wenn man von Cortez in Colorado Richtung Südosten genau 60 Kilometer den Highway 160 entlangfährt und dann rechts abbiegt in die *Four Corners Monument Road,* dann kommt man nach etwa einem Kilometer zu dem einzigen Ort in Amerika, wo man sich gleichzeitig in vier Bundesstaaten befindet, und zwar in Arizona, Colorado, New Mexico und Utah. Diese Stelle befindet sich mitten in der Wüste, und es gibt dort nichts als Staub und Steine.

Trotzdem fahren jeden Tag etwa 2000 Menschen dorthin, um *Four Corners* zu besichtigen, und sie stehen Schlange, nur um ein Foto von sich machen zu lassen, auf dem sie sich gleichzeitig in vier US-Bundesstaaten befinden.

Wenn wir ganz ehrlich sind, ist das auch ein Bild für die Art, wie viele Menschen heute leben. Wir werden ständig in entgegengesetzte Richtung gezerrt. Unser hektischer, gehetzter Lebensstil hat eine Art, uns schwindelig zu machen, sodass wir wie betäubt sind und geradezu süchtig nach vollen Terminkalendern, damit wir auch ja wissen, was wir als Nächstes zu tun haben.

Da bleibt kaum Zeit für ernsthafte geistliche Reflexion. Kaum Zeit für etwas anderes als schnell gefällte Urteile und Wertungen. Wenig Zeit, um uns als Ehepartner unsere Träume mitzuteilen. Wenig Bewusstsein dafür, woher wir kommen und wohin wir unterwegs sind.

Aber was noch schlimmer ist: Wenn wir in der Zeitplanung für unsere Familie keine Zeit mehr reservieren für sinnvolle Kommunikation, neue Ideen und geistliche Erkenntnisse, dann lösen wir dadurch bei unseren Kindern eine regelrechte Sucht nach Aktivitäten, ständiger Bewegung, konstantem Geräuschpegel und endlosen Sinnesreizen aus.

Ich möchte Ihnen dringend ans Herz legen, anzuhalten und die Geschwindigkeitsbegrenzung auf Ihrer Lebensstraße zu kontrollieren. Stellen Sie sich ein Leben vor, das diesen Namen auch verdient ... die Art von Leben, die Sie bei *Four Corners* niemals finden werden.

Gesprächsimpuls

An welchen Stellen können Sie sich selbst Grenzen setzen, um Ihr Leben in den kommenden sechs Monaten handhabbarer zu machen? Fangen Sie an, indem Sie eine Sache benennen, zu der Sie Nein sagen sollten.

Gebet

Bitten Sie Gott, Ihnen die Hartnäckigkeit und die Weisheit zu geben, in Ihrem Leben und Ihrer Familie mehr Freiräume zu gewinnen.

4. Dezember

Auf und davon

Vom Ende der Erde schreie ich zu dir,
weil mir die Kräfte schwinden. Psalm 61,2

Schon als Kind hatte Larry Walters einen Traum. Es war kein ungewöhnlicher Traum für einen kleinen Jungen mit einer regen Fantasie, aber ein wenig ungewöhnlich war es doch, dass er diesen Traum mit 33 Jahren immer noch hatte.

Dieser Traum ging eines Morgens in Erfüllung, als er einen Klappstuhl aus Aluminium an 45 Wetterballons festband, die er am Abend zuvor aufgeblasen hatte. Sechs Freunde hielten ihn mithilfe von Sicherheitsleinen am Boden fest, während er einen Fallschirm anlegte und sich auf einen Flug vorbereitete, von dem er hoffte, dass er möglichst kurz sein möge.

Nur er, sein Gartenstuhl und der klare, blaue Himmel. Das war sein Traum.

Als seine Freunde dann die Sicherheitsleinen lösten, passierte es dann aber: Die Hauptleine, die seinen Stuhl am Boden hielt, riss und Larry und sein Stuhl schwebten in 4800 Metern Höhe über dem Meeresspiegel. Der Tower des internationalen Flughafens von Los Angeles bekam Funksprüche von Flugzeugpiloten, die berichteten, sie hätten einen fliegenden Gartenstuhl gesichtet.

Haben Sie sich schon einmal so ähnlich gefühlt? Im einen Moment sind Sie noch guter Dinge und ziemlich sicher, dass Sie mit Ihren unterschiedlichen Aufgaben und Verantwortlichkeiten und Problemen gut fertig werden, aber plötzlich kommt es ohne jede Vorwarnung zu überraschenden Unterbrechungen und zeitlichen Turbulenzen. Ihr zerstückelter Zeitplan lässt Sie die Bodenhaftung verlieren, was bei Ihnen enorm viel Stress oder sogar Verzweiflung auslöst.

Larrys Geschichte hatte ein Happy End. Er nahm seine Luftpistole und zerschoss mehrere Wetterballons, in der Hoffnung, dadurch seinen außer Kontrolle geratenen Stuhl wieder Richtung Boden lenken zu können. Als er sich dem Boden näherte, verfingen sich die Ballonleinen dann in einer Stromleitung, und er baumelte am Ende etwa 1,50 Meter über dem Boden.

Vielleicht kann uns Larrys Vorgehen in seiner höchsten Not ja als Vorbild dienen – so wie er einige der Ballons zerschoss, sollten wir vielleicht überlegen, welche Aktivitäten wir fallen lassen könnten, um wieder aus den Höhen des Stresses herunterzukommen. Wo müssen wir Nein sagen?

Gesprächsimpuls

Befinden Sie sich gerade in einer solchen Stresssituation? Was könnten Sie auch kurzfristig aus Ihrem übervollen Programm streichen? Und was langfristig?

Gebet

Bitten Sie Gott um Weisheit, sich nicht bewusst in unnötigen Stress zu stürzen. Oder beten Sie um die Weisheit und den Mut, einen Ausweg aus dem Stress zu finden.

Ausgewogenes Denken

von Barbara Rainey

Was früher war, wird dir gering erscheinen, wenn du am Ende Gottes Segen siehst. Hiob 8,7

Viele Mütter – besonders wenn sie noch kleine Kinder haben – fragen mich: „Wie schaffst du es, noch genügend Zeit für deine Kinder zu haben, wo es doch auch noch so viel anderes zu tun gibt?" Ich denke, die Antwort liegt in dem Begriff „Balance".

Viele Mütter wissen nicht so recht, was mit Balance eigentlich gemeint ist, und deshalb verwende ich immer gern das Bild vom Fahrradfahren, um das zu veranschaulichen. Die einzige Möglichkeit, ein Fahrrad perfekt im Gleichgewicht zu halten, besteht darin, nicht zu fahren, sondern mit beiden Füßen auf dem Boden zu stehen. Wenn man Fahrrad fährt, bewegt man sich ständig nach links und rechts, nach vorne und nach hinten, und es arbeiten Dutzende von Muskeln zusammen, um die Balance zu halten und nicht hinzufallen. Manchmal muss man sogar plötzliche Ausweichmanöver durchführen.

Mit dem Elternsein ist es ganz ähnlich.

Ich denke, Mütter (und Väter) sollten ein bisschen entspannter an die ganze Sache herangehen, sich von all dem Druck frei machen, der auf ihnen lastet, und erkennen, dass echte Balance nur zu erreichen ist, wenn man die Fahrt als Ganzes im Blick behält. Entscheidend ist die Gesamtheit, die Endsumme dessen, was man im Laufe der Jahre getan hat – die Entscheidungen in wirklich wichtigen Fragen sorgen für Balance im Alltag.

So kann es ja zum Beispiel sein, dass Ihr Haushalt eine ganze Woche lang in katastrophalem Zustand ist, weil Sie erst am Wochenende wieder Zeit haben, Ordnung zu schaffen. Die ganze Woche machen Sie sich jetzt selbst Vorhaltungen, weil das Haus in diesem Zustand ist. Versuchen Sie doch stattdessen einmal, die Dinge aus einer umfassenderen Perspektive zu betrachten – haben Sie etwas Wichtiges für Ihre Familie oder in Ihrer Familie erreicht, indem Sie Ihre Zeit anders als für den Haushalt genutzt haben? Wägen Sie die wichtigen Entscheidungen für Menschen gegen die alltäglicheren Entscheidungen in Bezug auf Kleinigkeiten ab, und Sie werden merken, dass Sie tatsächlich eine allgemeine Balance erreicht haben.

Gesprächsimpuls

Wann fühlen Sie sich besonders aus dem Gleichgewicht gebracht? Welche Entscheidungen könnten mehr Ausgewogenheit in Ihr Leben bringen? Wie könnten Sie einander täglich und wöchentlich dabei helfen?

Gebet

Bitten Sie Gott um seine Sicht der wirklich wichtigen Dinge, denn das führt immer zu Ausgewogenheit.

6. Dezember

Vorfreude

Mein Geliebter erhebt seine Stimme und spricht zu mir: „Mach dich auf, meine Freundin, meine Schöne, und komm!“ Hohelied 2,10

Wir wissen alle, wie leicht sich die Langeweile in eine Ehe einschleicht. Das kann schon bald nach den Flitterwochen anfangen. Die Leidenschaft, Liebe und Hingabe füreinander können immer mehr verblassen, bis man schließlich völlig isoliert voneinander ist. Langeweile und Isolation sind in heutigen Ehen weit verbreitet.

Eine Möglichkeit, die Romantik wiederzubeleben, ist die Kunst der Vorfreude. Lesen Sie einmal eine Seite aus dem Hohen Lied Salomos und nehmen Sie sich dann Zeit, darüber nachzudenken, was bei Ihrem Mann/ Ihrer Frau Leidenschaft auslöst und ihn/sie dazu bringt, Ihre Liebe zu erwidern. Es geht darum, Ihre Beziehung wieder neu und überraschend zu machen.

Ein Beispiel dafür, das mir sehr viel bedeutet, war das Jahr, in dem Barbara mir in den beiden Wochen vor Weihnachten jeweils ganz besondere Geschenke machte. Die Geschenke hatten etwas mit dem bekannten Lied *Twelve Days of Christmas* zu tun. Sie gab mir diese Geschenke nicht am Tag, sondern nachts, und diese Geschenke brachten Zärtlichkeit und Bestätigung für mich zum Ausdruck und vermittelten mir ihre Liebe auf eine Weise, wie nur sie als meine Frau es konnte.

Nie zuvor oder danach habe ich mich jeden Abend so sehr darauf gefreut, ins Bett zu gehen.

Aber auch wir Männer müssen uns Gedanken darüber machen, wie wir unserer Frau unsere Liebe zeigen können – wie wir aus dem Trott ausbrechen, sie überraschen und ihr eine Freude machen können. Es muss nicht teuer oder aufwendig sein. Seien Sie ganz Sie selbst und versuchen

Sie, vorauszudenken, sich in sie als Frau einzufühlen und Vorfreude bei ihr zu wecken.

Gesprächsimpuls

Was hindert Sie daran, Freude und Energie in Ihre Beziehung einzubringen? Sprechen Sie darüber, wie wichtig es ist, Vorfreude bei Ihrem Partner zu wecken, und wie Sie das gemeinsam erreichen können.

Gebet

Bitten Sie Gott, Ihre Ehe vor Langeweile und Freudlosigkeit zu bewahren. Bitten Sie ihn um Energie und Spontaneität, die er uns gerne gibt.

7. Dezember

Worte zum Leben

Was du gesagt hast, präge ich mir ein, weil ich vor dir nicht schuldig werden will. Psalm 119,11

Auf den ersten Blick kommt Ihnen folgende Geschichte vielleicht vor wie viele andere, in denen es um die Macht der Versuchung geht, insbesondere die der sexuellen Versuchung. Doch in Wirklichkeit ist es eine Geschichte über die Macht Gottes ... insbesondere die Kraft seines Wortes.

Der bekannte Pastor und Bibellehrer Charles Swindoll erinnerte sich daran, wie er vor Jahren einmal eine einsame Nacht in Kanada verbrachte. Er war schon seit über einer Woche nicht mehr zu Hause gewesen, und er war erschöpft. Nachdem er allein zu Abend gegessen hatte, machte er sich in seinem Hotel auf den Weg zum Aufzug, um zurück auf sein Zimmer zu gehen. Mit ihm zusammen bestiegen noch zwei junge Frauen den Fahrstuhl. Er drückte auf den Knopf zur sechsten Etage und fragte: „Welche Etage, meine Damen?" Sie antworteten aufreizend: „Die sechste ist uns recht. Haben Sie heute Abend schon etwas vor?"

Chuck hat später einmal beschrieben, was er in diesem Augenblick empfand: „Wir waren ganz allein in diesem Fahrstuhl. In Kanada. Ehrlich gesagt, fühlte ich mich geschmeichelt, denn normalerweise werde ich nicht mit Robert Redford verwechselt. Die beiden jungen Frauen waren verfügbar und ich war einsam. Ich musste eine wichtige Entscheidung treffen. Der Köder war ausgeworfen."

Doch in diesem Augenblick, in dem ihm das Herz bis zum Halse schlug, ging ihm etwas durch den Sinn, was ihn überraschte. Seine Frau und seine vier Kinder? Sein Ruf? Das Risiko, gesehen zu werden? Nein, das alles war es nicht.

Was ihm zuerst in den Sinn kam, waren die Worte aus Galater 6,7: „Jeder Mensch wird ernten, was er gesät hat." Und dann Epheser 6,11: „Legt die Waffen an, die Gott euch gibt, dann können euch die Schliche des Teufels nichts anhaben." Und Römer 6,11: „Genauso müsst ihr von euch selbst denken: Ihr seid tot für die Sünde, aber weil ihr mit Jesus Christus verbunden seid, lebt ihr für Gott."

Chuck erinnert sich: „Es waren Worte aus der Bibel, die ich auswendig kannte, die mir jetzt genau im richtigen Moment zur Hilfe kamen."

Man kann nie wissen, wann die Versuchung kommt. Wenn man das Wort Gottes kennt, ist man vorbereitet.

Gesprächsimpuls

Welchen Stellenwert hat die Bibel in Ihrem Alltag? Wie könnten Sie ihr noch mehr Platz einräumen? Welchen Vers könnten Sie sich heute einprägen?

Gebet

Beten Sie füreinander, um bei Versuchungen stark zu bleiben.

8. Dezember

Das liebe Geld

Sie sollen Gutes tun, freigebig sein und ihren Reichtum gerne mit anderen teilen. 1. Timotheus 6,18

Stellen Sie sich vor, Sie wären in der Lage, jedem Ihrer Kinder eine Million Euro zu vererben – würden Sie es tun?

Ich vermute, dass die meisten von uns spontan mit Ja antworten würden. Schließlich sagt die Bibel: „Ein guter Mensch kann seinen Besitz auf Kinder und Enkel vererben" (Sprüche 13,22). Aber unsere Kinder zu segnen, bedeutet mehr, als ihnen eine Menge Geld zu hinterlassen. Viel zu viele Erwachsene, die unverhofft eine Menge Geld erben, verhalten sich wie Lotterie-Gewinner. Sie sind nicht in der Lage, mit dem Druck und den Versuchungen, die mit einer großen Geldsumme einhergehen, umzugehen.

Es ist wichtig, dafür zu sorgen, dass wir unseren Kindern eine biblische Einstellung zum Geld vermitteln. Folgendes sollten wir ihnen mit auf den Weg geben:

1. *Alles, was wir besitzen, gehört Gott.* Es gibt Christen, die ihre Kinder lehren, dem Herrn zehn Prozent ihrer Einkünfte zu geben und die restlichen 90 Prozent nach ihrem Gutdünken zu verbrauchen. Unsere Kinder müssen lernen, dass der Umgang mit Geld das EKG unseres Herzens ist – ein Protokoll unserer Wertigkeiten.
2. *Jeder Nachfolger Christi hat das Vorrecht und die Verantwortung, zu geben.* Es gibt verschiedene Möglichkeiten, unsere Kinder zum Geben anzuhalten. Mein Vater setzte sich am Abendbrottisch mit uns zusammen, um seine Spende für die Kollekte im Sonntagsgottesdienst vorzubereiten. Er hat nie mit mir über das Geben gesprochen, sondern hat es mir vorgelebt. Unsere Kinder müssen sehen, dass wir Geld beiseitelegen, das wir für Gottes Reich und für bedürftige Menschen verwenden. Wenn wir sie an diesen Entscheidungen teilhaben lassen, lernen sie, wie gut es sich anfühlt, zu geben.

Unseren Kindern ein Erbe zu hinterlassen bedeutet viel mehr, als ihnen nur Geld zur Verfügung zu stellen. Wir sollten ihnen beibringen, wie Gott zum Geld steht und wie sie in der Verantwortung vor ihm damit umgehen können.

Gesprächsimpuls

Inwiefern spiegelt Ihr Scheckheft Ihre wahren Werte wider, die Sie an Ihre Kinder weitergeben? Gelingt es Ihnen, weiterzuvermitteln, wie Gott zum Geld, zum Geben und zum Reichtum steht?

Gebet

Bitten Sie Gott, Ihnen die Haltung eines Verwalters zu schenken, der das ihm/ihr von Gott Anvertraute nicht als Eigentum betrachtet.

9. Dezember

Dienstbereitschaft

Da setzte Jesus sich hin, rief die zwölf zu sich und sagte zu ihnen: „Wer der Erste sein will, der muss der Letzte von allen werden und allen anderen dienen!“ Markus 9,35

Das Dienen liegt den Raineys nicht gerade im Blut. Schon eher der Egoismus.

Als unsere Kinder noch klein waren, haben wir ihnen immer wieder bestimmte Aufgaben übertragen, damit sie das gegenseitige Dienen lernen. Dazu gehörte zum Beispiel das Tischdecken, das Einräumen der Spülmaschine, das Hinaustragen des Mülls und das Wischen des Bodens.

Natürlich ging das nicht immer widerstandslos ab. Manche Arbeiten wurden gar nicht, nur halb oder schlecht erledigt. Manches wurde schlecht gelaunt getan, und es kam auch immer wieder vor, dass Kinder beim Erledigen ihrer Aufgabe plötzlich verschwanden. Einmal verschwanden sogar alle sechs gleichzeitig! Wir hatten häufig das Gefühl, auf diesem Gebiet total zu versagen.

Ich erinnere mich noch an eine bestimmte Situation, in der ich unseren Kindern unbedingt vermitteln wollte, wie wichtig es ist, anderen zu dienen. Ich setzte sie alle auf die Veranda, füllte eine große Schüssel mit warmem Wasser, band mir ein Handtuch um und kniete nieder, um ihnen die Füße zu waschen. Einer nach dem anderen bekamen sie die Füße gewaschen, wobei ich ihnen erklärte, wie der Gott des Universums, der Retter der Welt, das Gleiche mit seinen Jüngern getan hatte. Barbara und ich wollten, dass unsere Kinder die Worte Jesu wirklich begriffen, indem sie am eigenen Leib fühlen konnten, was sie bedeuteten: „Wer der Erste sein will, der muss der Letzte von allen werden und allen anderen dienen."

Es scheint eine vergessene Kunst zu sein, in den Familien das Dienen zu lehren. Wenn Sie diese Kunst in Ihrer Familie wiederbeleben wollen, sollten Sie Situationen schaffen, in denen Teamwork und Solidarität gefragt sind: gemeinsames Putzen, Aufgabenteilung im Haushalt, gegenseitiges Helfen beim Aufräumen der Zimmer oder bei der Gartenarbeit.

Sorgen Sie auch dafür, dass bestimmte Spiele oder Freizeitbeschäftigungen nur gemeinsam durchgeführt werden können. Zwar können dadurch zusätzliche Konflikte entstehen, aber es kann auch dazu beitragen, die Festung des „Ich zuerst" und der Selbstsucht in Ihrer Familie zu erobern.

Gesprächsimpuls

Wie könnten Sie die Bedeutung des Dienens in Ihrer Familie vermitteln?

Gebet

Beten Sie, dass Sie beide ein Vorbild für Dienen im Sinne Jesu sind.

Selbstzweifel

Mit Stolz erzählen wir in den Gemeinden Gottes von eurer Standhaftigkeit und Treue ... 2. Thessalonicher 1,4

Wenn die Pubertät ein bestimmendes Merkmal hat, dann sind es Selbstzweifel.

Barbara und ich haben die Pubertät von sechs Teenagern hautnah im eigenen Haus miterlebt, und es gab Phasen, da pubertierten vier unserer Kinder gleichzeitig – das war nicht leicht. Und es war immer wieder sehr offensichtlich, dass der Ursprung von bestimmten Verhaltensweisen – und vieler Worte, die aus ihrem Mund kamen – ihre Selbstzweifel waren.

So schwierig sie auch immer wieder sein mochten, so wichtig war es, ihnen fest in die Augen zu sehen und zu sagen: „Ich hab dich lieb. Ich glaube an dich. Ich bin so froh, dass du mein Kind bist."

Nichts besänftigt unsere Kinder innerlich so sehr wie die Liebe ihrer Eltern, die ihre Selbstzweifel mildert.

In unserer *FamilyLife Today*-Radiosendung haben wir einmal ein Interview mit Josh Weidmann gesendet, der eine leidenschaftliche Stimme der Teenager und College-Studenten geworden ist. Er erzählte in dem Interview, wie er einmal bei einer Jugendfreizeit die biblische Geschichte von Esther erzählt hatte. Als er beschrieb, wie schön die Königin war, hatte er gesagt: „An dieser Stelle muss ich mal kurz innehalten. Ich möchte euch – jedem einzelnen Mädchen hier im Raum – sagen, wie schön ihr seid. Ihr seid Gottes Schöpfung."

In dem Augenblick, als er das gesagt hätte, so beschrieb er, hätte er das lauteste „Luftschnappen" gehört, das ihm jemals in seinem Leben zu Ohren gekommen sei. Und warum war das so? Weil so wenige dieser Mädchen das glauben konnten. So wenige hatten zu Hause die Bestätigung bekommen, kostbar und geliebt zu sein, und zwar einfach um ihrer selbst willen.

Selbst als meine Söhne schon größer waren als ich, habe ich sie hin und wieder noch in den Arm genommen und ihnen gesagt, dass ich sie lieb habe. Ich habe dabei nie das Gefühl gehabt, dass ich es ihnen zu oft sage. Als aus meinen Töchtern schöne junge Frauen geworden waren und ich nicht so genau wusste, wie nah ich ihnen noch kommen sollte, habe ich sie oft einfach gedrückt und ihnen gesagt, wie hübsch sie sind.

Egal, wie groß und erwachsen sie sind, hören Sie nicht auf, Ihren Kindern gegenüber zum Ausdruck zu bringen, wie viel Ihnen an ihnen liegt und dass Sie an sie glauben. Sie brauchen es.

Gesprächsimpuls

Bewerten Sie sich gegenseitig: Wie gut können Sie Ihren Kindern vermitteln, dass Sie sie lieb haben?

Gebet

Beten Sie darum, dass Ihre Kinder niemals nach Ihrer Anerkennung und Liebe hungern müssen.

11. Dezember

Ruhestand und göttlicher Wille

David selbst hatte nur eine Aufgabe an seiner eigenen Generation zu erfüllen. Dann ist er nach Gottes Willen gestorben, wurde neben seinen Vorfahren beigesetzt und fiel der Verwesung anheim.
Apostelgeschichte 13,36

Als John Piper, seit vielen Jahren Autor und Pastor, einmal in einer Ausgabe des Reader's Digest blätterte, stieß er auf die Geschichte eines Ehepaars mittleren Alters, das genügend Geld hatte, um frühzeitig in den Ruhestand zu gehen und sich in Florida niederzulassen. „Wie toll muss es sein, einfach nichts zu tun und zu entspannen oder einfach Muscheln zu sammeln."

John fragte sich, ob so etwas das Fazit des Erdenlebens eines Christen sein dürfe, und sagt dazu: „Am Ende meines Lebens werde ich hoffentlich vor allem damit beschäftigt sein, mich auf die Begegnung mit dem vorzubereiten, der Richter über Himmel und Erde ist, und Rechenschaft über meinen kleinen Hauch von Leben abzulegen. Und ich bin mir ziemlich sicher, dass Er mich nicht fragen wird, ob er mal meine Muschelsammlung sehen kann."

Um Missverständnissen vorzubeugen, es ist absolut nichts gegen Freizeit und Entspannung einzuwenden, und auch am Muschelnsammeln ist nichts Verwerfliches. Gott hat das alles geschaffen, damit wir es genießen und uns daran freuen können. Doch wenn der Traum Ihres Lebens darin besteht, in den Ruhestand zu gehen, dann fragen Sie sich doch einmal ganz ernsthaft, ob es Sie wirklich zufriedenstellen wird, Ihr Golf-Handicap zu verbessern, Ihr Erspartes zu verbrauchen und um die Welt zu reisen. Oder verfolgen Sie vielleicht auch noch Ziele, die über Ihr eigenes Leben hinausgehen?

Wenn ich mir den Tagesvers von heute anschaue, dann wird mir klar, dass ich nach der Rente mit meinem Leben die Ziele Gottes für die kommende Generation erfüllen möchte. Ich wünsche mir, dass für Barbara und mich auch dann noch der Sinn unseres Lebens darin besteht, seinen Willen zu tun.

Ist es Ihnen ein ganz besonderes Herzensanliegen, Beziehungen zu bauen und Ihre Gaben, Fähigkeiten und Erfahrungen auch in Ihrem letzten Lebensabschnitt noch einzubringen? Oder werden Sie lediglich ein Schatten dessen sein, was Sie hätten sein können?

Gesprächsimpuls

Wenn Sie über Ihren Ruhestand nachdenken, wie stellen Sie ihn sich dann vor? Stimmt Ihre Vorstellung vom Ruhestand mit dem überein, wozu Gott Sie einsetzen will? Wo ist Gott heute am Werk? Wie könnte er Sie als Ehepaar gebrauchen?

Gebet

Bitten Sie Gott, Ihnen den Wunsch tief ins Herz zu legen, Ihr Leben lang nur seinen Willen zu tun. Beten Sie unerschrocken dafür, dass Sie nicht glücklich werden, wenn Sie etwas anderes tun.

12. Dezember

Gottes Handschrift

Beugt euch also unter Gottes starke Hand, damit er euch erhöhen kann, wenn die Zeit gekommen ist. Alle eure Sorgen werft auf ihn, denn er sorgt für euch. 1. Petrus 5,6–7

Mein Vater wurde auch „Hook" genannt, denn er war Linkshänder und ein ausgezeichneter Pitcher beim Baseball, weil er einen ganz gemein angeschnittenen Wurf beherrschte. Hook hatte außerdem eine ganz besondere Handschrift. Seine Unterschrift war eine Augenweide, absolut unverkennbar.

Auch Gott hat eine unverwechselbare Handschrift. Er wirkt in unserem Leben, um unser Leben herum und durch unser Leben. Aber ich glaube, dass er manchmal ganz besondere Dinge macht, um unsere Aufmerksamkeit zu bekommen. Mein Freund Joe Stowell, der ehemalige Leiter des *Moody Bible Institute*, bezeichnet solche besonderen Ereignisse und Vorkommnisse als „Handschrift Gottes".

Barbara und ich haben häufig Gottes Handschrift erlebt, normalerweise dann, wenn wir vor ganz besonderen Herausforderungen standen und unser Glaube auf dem Prüfstand war. Eine solche Situation gab es beispielsweise, kurz nachdem wir 1976 geholfen hatten, *FamilyLife* zu gründen und aufzubauen. In unserer Organisation ist es so, dass die Mitarbeiter aus Spenden bezahlt werden, die von einem Freundeskreis aufgebracht werden. Das heißt, wenn keine Spenden eingehen, bekommen wir kein Geld. Zu dem besagten Zeitpunkt standen wir vor zahlreichen Herausforderungen – wir hatten drei kleine Kinder, ich hatte unglaublich viel zu tun und kam abends oft erst spät von der Arbeit und ich war verletzt wegen einer Entscheidung, die mein Chef getroffen hatte. Barbara und ich hätten am liebsten aufgegeben.

Doch als wir darüber beteten, mussten wir an einen Brief denken, den wir ein paar Wochen zuvor bekommen hatten. Er hatte nur eine kurze Notiz und einen Scheck über 5000 Dollar zu unserem persönlichen Gebrauch enthalten und kam von einem Ehepaar, das wie nur flüchtig kennengelernt hatten. Durch diesen Scheck sprach Gott zu uns: *Ich habe euch das Geld geschickt, damit ihr nicht aufgebt.* Das war die „Handschrift Gottes“.

Barbara und ich hätten beinahe ein wundervolles, Gottes Größe angemessenes Abenteuer verpasst – das Vorrecht, Gott wirken zu sehen durch das *Familylife*-Team, mitzuerleben, wie er Millionen von Menschen auf der ganzen Welt anrührt.

Bei welchen Herausforderungen des heutigen Tages brauchen Sie dringend Gottes Handschrift?

Gesprächsimpuls

Wie haben Sie Gottes Fürsorge erlebt, nachdem Sie alle Ihre Sorgen auf ihn geworfen haben? Worin müssen Sie ihm heute besonders vertrauen?

Gebet

Werfen Sie Ihre Sorgen, Zweifel und Mühen auf ihn. Danken Sie ihm dafür, dass er für Sie sorgt.

13. Dezember

Heiliger Schrecken

Jesus sagte zu ihnen: „Kommt, folgt mir! Ich mache euch zu Menschenfischern.“ Matthäus 4,19

Haben Sie ein sehr willensstarkes Kind? Wenn Sie ihm ins Gesicht sehen und sich fragen, was wohl aus ihm wird, was stellen Sie sich dann vor?

Vielleicht hat es wegen des Verhaltens dieses Kindes ja schon so viele Anrufe vom Schuldirektor gegeben, dass Ihre Nummer in seinem Kurzwahlverzeichnis ganz oben steht. Vielleicht mussten Sie zu Hause ja schon so viele Regeln aufstellen und auch durchsetzen, dass Sie davon Rückenschmerzen bekommen haben.

Vielleicht können Sie sich ja hineinfühlen in eine der Kapitelüberschriften von Kendra Smileys Buch *Aaron's Way: Prison or Presidency* (Aarons Weg: Gefängnis oder Präsidentschaft?): „Welchen Weg werden sie gehen?“ Kendra und ihr Mann John können sich in die Verzweiflung hineinversetzen, die man im Zusammenleben mit einem willensstarken Kind oft erlebt. Aber die beiden werden Ihnen auch sagen, dass sie immer gewusst haben, dass Gott mit ihrem Sohn Aaron etwas Besonderes vorhatte. Sie beteten gezielt dafür, dass dieser Junge, der sie als Kind so an ihre Grenzen gebracht hatte, gute, von Selbstbeherrschung bestimmte Entscheidungen nach dem Willen Gottes treffen möge, wenn er das Highschoolalter erreicht hätte. So wie Jesus, der einen Blick auf ein paar übel riechende Fischer warf und in ihnen „Menschenfischer“ sah, sahen John und Kendra sich Aarons Verhalten an, das sie manchmal zum Wahnsinn trieb, und beschlossen, in ihm einen unerschrockenen jungen Leiter zu sehen – einen noch in der Entwicklung steckenden echten Mann.

In seinem letzten Highschooljahr durfte Aarons Organisation christlicher Sportler in der Schülerzeitung keine Werbung für sich machen, also nahm er seinen starken Willen, rief bei einer von Christen betriebenen Anwaltskanzlei an, um auf legalem Wege Druck auf die Vorgehensweise der Schule auszuüben. Sie kämpften – und sie gewannen. Und Kendra und John wussten, dass ihre Mühe nicht umsonst gewesen war.

Es gibt Hoffnung, liebe Eltern. Halten Sie durch. Führen Sie Ihre Aufgabe als Eltern gewissenhaft durch, indem Sie für Ihr Kind beten, und wundern Sie sich dann nicht, wenn aus Ihrem dickköpfigen Kind, das Ihnen so viel Kopfschmerzen bereitet hat, ein Streiter für Jesus wird, der Ihr Herz zum Schmelzen bringt!

Gesprächsimpuls

Welche Vision haben Sie für Ihre Kinder? Was können Sie tun und wie beten, damit die negativen Seiten ihrer Persönlichkeit in Stärken verwandelt werden, wie Gott sie sich wünscht?

Gebet

Gott weiß, was er tut – sowohl bei Ihrem Kind als auch bei Ihnen. Halten Sie durch und vertrauen Sie weiter.

14. Dezember

Auf der Hut

Wenn ein Hausherr im Voraus wüsste, zu welcher Nachtstunde der Dieb kommt, würde er aufbleiben und den Einbruch verhindern.
Matthäus 24,43

Wie der Vers oben ganz richtig sagt, würden wir sicher unsere Vorkehrungen treffen, wenn wir wüssten, dass ein Einbrecher sich unser Haus ausgeguckt hätte. Wir würden die Türen doppelt verriegeln, unsere Wertgegenstände irgendwo außer Haus deponieren und die Polizei informieren, die den Einbrecher dann bereits mit offenen Armen empfangen würde. Wir würden dem Einbrecher absolut keine Chance geben.

Wenn es jedoch darum geht, dem Feind unserer Seele den Zugang zu unserem Herzen zu versperren, dann sind wir längst nicht so wachsam. Wir unternehmen längst nicht so viel, um unser Inneres zu schützen. Wir überprüfen nicht sämtliche Fenster und Türen – die Stellen, an denen der Feind am einfachsten in unser Leben eindringen kann. Dazu gehören:

- *Isolation* – Wenn wir allein sind, sollten wir besonders auf der Hut sein. Versuchungen sind besonders verlockend, wenn niemand zusieht. Die Verlockungen, einfach faul herumzuhängen und im Fernsehen oder Internet Pornografie zu konsumieren, sind besonders stark, wenn man allein ist oder von zu Hause fort.
- *Schlechte Gesellschaft* – Wenn der Feind Sie nicht allein zu Hause zu fassen kriegt, dann versucht er es vielleicht durch den Einfluss von Menschen, die er bereits im Griff hat – durch Kollegen, alte Freunde oder auch Nachbarn.
- *Erschöpfung* – Wenn man besonders unter Druck steht oder gerade viel

Stress hat, ist man viel anfälliger dafür, es mit den eigenen Maßstäben nicht so genau zu nehmen und hier Zugeständnisse zu machen.

- *Stolz und Arroganz* – Wenn alles glattgeht und gut läuft, hat man vielleicht nicht so häufig das Bedürfnis zu beten, als wenn es Probleme gibt. Man hat das Gefühl, auch ohne Gott ganz gut zurechtzukommen. Aber genau in solchen Momenten sind wir besonders angreifbar.

Wir müssen ständig auf der Hut sein und beten. Nachlässigkeit kann da verhängnisvolle Folgen haben. Selbst der Teufel hat es schwer, ein solches Alarmsystem zu überlisten.

Gesprächsimpuls

Wie könnten Sie einander helfen, Situationen zu vermeiden, in denen Sie für die Angriffe des Feindes anfällig wären?

Gebet

Nehmen Sie sich vor, morgen früh nach dem Aufwachen als Erstes zu beten. Gehen Sie dann im Laufe des Tages bei jedem noch so kleinen „Angriff“ ins Gebet.

15. Dezember

Sprachhygiene

Lasst ja kein giftiges Wort über eure Lippen kommen!
Seht lieber zu, dass ihr für die anderen, wo es nötig ist,
ein gutes Wort habt, das weiterhilft und denen wohltut,
die es hören. Epheser 4,29

Vor fünfzig Jahren hatten Zensoren noch das Recht, derbe Ausdrücke aus Büchern zu streichen, bevor sie veröffentlicht wurden. So kam es zum Beispiel, dass aus dem Manuskript des Buches *From Here to Eternity* (Von hier bis in die Ewigkeit) von James Jones, in dem mehr als 250 unanständige Begriffe vorkamen, 208 in der gebundenen Ausgabe gestrichen wurden. Als das Werk dann in einer Taschenbuchausgabe erschien, wurde auch noch der Rest gestrichen. Man wollte einfach nicht, dass das breite Lesepublikum solche unanständige Sprache zu lesen bekäme.

Da hat sich ja einiges geändert, oder?

In manchen Kinofilmen, die erst ab 18 zugelassen sind, kommen etwa 200 Flüche vor – das sind ungefähr zwei pro Minute. Und wir wissen ja auch alle, wie „normal“ inzwischen das Fluchen auch in ganz normalen Fernsehsendungen ist. Wir haben es jeden Tag mit mehr Sprachverschmutzung zu tun – sogar an Orten wie der Kanzel in der Kirche oder auf der Bank des Fußballteams der Gemeinde. Vulgäre Sprache von der Kanzel – wer hätte das gedacht?

Ich glaube, es ist höchste Zeit, sich dagegen zu wehren, und zwar als Erstes, indem wir bei uns selbst wieder verstärkt auf „Sprachhygiene“ achten. Es gibt gute Gründe dafür:

1. *Vulgäre Sprache senkt den moralischen Maßstab in unserer Familie.* Jesus sagt: „Denn wovon das Herz voll ist, davon redet der Mund“ (Matthäus 12,34). Wenn wir fluchen, lässt das also Rückschlüsse auf unseren inneren Zustand zu. Es zeigt, dass unser Herz unzufrieden und verschmutzt ist durch Müllsprache.
2. *Vulgäre Sprache wertet Beziehungen ab.* Sie raubt der Gesellschaft Höflichkeit und Anstand. Wenn man gelegentlich flucht, ist das einfach unhöflich und grob. Wenn man absichtlich diese Sprache benutzt, ist das abwertend und gemein. Manche Schimpfwörter setzen sogar herab, was Gott geschaffen hat – etwa das körperliche Zusammensein von Mann und Frau.
3. *Vulgäre Sprache gibt unseren Kindern genau das falsche Signal.* Sie schließen daraus, dass gemäßigtes Fluchen akzeptabel ist. Doch als Christen sollte sich unsere innere Verwandlung – unser Wunsch, Christus ähnlicher zu werden – auch auf unsere Sprache erstrecken.

Gesprächsimpuls

Sprechen Sie über Ihre Ausdrucksweise. Wie sollen Ihre Worte in Erinnerung bleiben? Wie sieht es bei Ihnen mit dem Fluchen aus?

Gebet

Bitten Sie Gott, Ihre schlechten Gewohnheiten zu durchbrechen. Bitten Sie um ein reines Herz, das auch in einer klaren und sauberen Sprache zum Ausdruck kommt.

16. Dezember

Nur zu deinem Besten

Gehorcht euren Gemeindeleitern und folgt ihren Anweisungen. Ihre Aufgabe ist es, über euch zu wachen. Hebräer 13,17

Jede Familie hat ihre eigenen Erwartungen, die aus einer Kombination von Grundüberzeugungen und Erziehung bestehen. Manche dieser Erwartungen sind vielleicht ganz sinnlose Rituale, aber viele sind auch gute Praktiken und Vorlieben, von denen wir wollen, dass sie unser Familienleben mitbestimmen.

Ein Beispiel aus unserer Familie war der Wunsch, sonntags in der Kirche zusammenzusitzen. Es gibt keine biblische Begründung dafür, aber ich mochte im Gottesdienst immer gern meine Familie um mich haben. Ich mochte während des Gottesdienstes immer gern eine Geste oder ein Lächeln austauschen oder einem von ihnen zuzwinkern. Ich fand es schön, einem von ihnen den Arm um die Schultern zu legen oder jemanden von ihnen bei der Anbetung ein bisschen fester an mich zu drücken. Egal, wie alt sie waren und wie oft sie uns baten, sie doch bitte bei ihren Freunden sitzen zu lassen, an dieser Stelle blieben Barbara und ich hart. Kirche heißt – wir sitzen zusammen.

Ich bin froh, dass wir das so gehandhabt haben. Eines Tages sprach ich mit Katy, einem jungen Mädchen, das sich daran erinnerte, wie sie in der neunten Klasse angefangen hatte, immer mehr Zeit mit Freunden zu verbringen. Jeden Freitag und Samstag und auch Sonntagmorgen in der Kirche.

„Aber nach ein paar Jahren", so erzählte sie, „habe ich mir dann die anderen Kids angeschaut, die immer bei ihren Eltern saßen, und habe gedacht: *Ich habe was verpasst*. Ich wünschte, ich hätte früher erkannt, wie kostbar diese Zeit mit meinen Eltern war, statt mich von ihnen zu entfernen, weil ich es durfte. Jetzt sitze ich im Gottesdienst wieder neben meinen Eltern, und ich kann gar nicht mehr verstehen, dass ich es vorher nicht gewollt habe."

Ist es falsch, im Gottesdienst nicht neben Ihren Kindern zu sitzen? Nein, absolut nicht. Wenn es Ihnen aber wichtig ist, dann setzen Sie sich durch. Erklären Sie Ihren Kindern, dass Sie noch früh genug selbstständig werden. Vielleicht werden sie es Ihnen eines Tages danken.

Gesprächsimpuls

Welche Familienregeln oder Familientraditionen sind Ihnen wichtig? Wie können Sie für deren Anwendung sorgen?

Gebet

Bitten Sie Gott um die nötige Kraft, Ihre Kinder zu lieben und zu lenken.

17. Dezember

Versöhnung

Warum kümmerst du dich um den Splitter im Auge deines Bruders oder deiner Schwester und bemerkst nicht den Balken in deinem eigenen?
Matthäus 7,3

Ich bin sicher, dass Sie als Ehepaar schon einmal (oder mehrmals!) eine Meinungsverschiedenheit hatten, die zu einer Pattsituation führte. Eigentlich war es ihnen völlig egal, ob Sie zu einer Lösung kamen. Sie wollten die Angelegenheit einfach vom Tisch haben, weil Sie das Streiten leid waren.

Vielleicht hat alles mit einem Streit über Geld angefangen oder aber es ging um die angeheiratete Familie, oder es ging um unterschiedliche Meinungen in einer Erziehungsfrage. Jedenfalls ist aus dem Konflikt mehr geworden, er hat sich verselbstständigt, und jetzt können Sie sich kaum noch im selben Zimmer aufhalten.

Sind Sie eigentlich bereit, selbst den ersten Schritt zur Versöhnung zu machen? Sind Sie bereit, nicht länger darauf zu beharren, dass Sie und nur Sie allein im Recht sind? Und auf einer noch tiefer reichenden Ebene: Sind Sie bereit, das, worum es bei der Ehe eigentlich geht, wieder zurückzugewinnen – die überragende Schönheit, die es hat, Gottes Liebe auf dieser Welt widerzuspiegeln?

Wahrscheinlich denken Sie jetzt: *Wenn ich so verletzt bin, dann ist mir die Verherrlichung Gottes ziemlich egal. Ich will einfach nur abrechnen.*

Lassen Sie sich nicht von Ihren Gefühlen beherrschen. Machen Sie es stattdessen wie Jesus: Holen Sie den Balken aus Ihrem Auge. Egal, was Ihr Partner getan hat, egal, wie unangebracht er sich Ihrer Meinung nach verhalten hat, der Schlüssel zu einer echten Lösung besteht darin, Ihren eigenen Balken zu entfernen. Übernehmen Sie die volle Verantwortung für Ihren Anteil an dem Konflikt und stellen Sie den Wert Ihres Partners und Ihre Beziehung über Ihren Stolz und Ihr Bedürfnis, recht zu behalten.

Gott möchte mehr für Sie als nur einen toleranten Umgang miteinander. Er möchte, dass Sie ihn ehren, indem Sie einander ehren, lieben und respektieren.

Entfernen Sie den Balken und streben Sie nach etwas Höherem.

Gesprächsimpuls

Befindet sich gerade ein Balken in Ihrem Auge? Gibt es einen Streit, den Sie beenden sollten, indem Sie einander sagen: „Es ist meine Schuld. Es tut mir leid"?

Gebet

Bitten Sie den allmächtigen Gott, Ihnen dabei zu helfen, Ihren Stolz beiseitezulassen und Ihre Ehe darüberzustellen, sodass sie Gottes Liebe widerspiegeln kann.

18. Dezember

Folgenreiche Begegnung

Alle, die ihn hörten, waren außer sich und sagten: „Ist das nicht der, der in Jerusalem alle verfolgt hat, die sich zu Jesus bekannt haben?"
Apostelgeschichte 9,21

Julie konnte gar nicht sagen, wie viele Stunden sie schon damit verbracht hatte, Gott zu bitten, doch bitte ihrem Mann seine Liebe zu zeigen. Doch Gene war kein typischer Nichtgläubiger mit der Devise „Leben und leben lassen", sondern er war ein richtig harter Knochen: Er war stur, hart und äußerlich extrem beherrscht. Nichts konnte diese harte Schale durchdringen, nicht einmal seine Leukämie-Erkrankung. Er überstand die Krise ohne erkennbare Risse in der Schale.

Dann erkrankte er an Prostatakrebs. Wenn er sich dadurch innerlich etwas mehr geöffnet hatte, dann war das kaum erkennbar.

Doch aus irgendeinem Grund war Gene – zwar grummelnd, aber immerhin – bereit, zusammen mit Julie an einem Ehe-Wochenende von *FamilyLife* teilzunehmen, das in Julies Gemeinde stattfinden sollte. Nicht wegen dem ganzen „Glaubenskram", wie er sagte, der interessiere ihn nicht, und sicher auch nicht wegen der billigen Snacks und Erfrischungen, die es dort gab. Vielleicht ging er nur mit, weil es die einzige Entschuldigung war, den tropfenden Wasserhahn in der Küche nicht zu reparieren. Wer weiß?

Bei den ersten Referaten und Gruppenveranstaltungen schäumte er noch innerlich und wetterte dagegen. Er konnte einfach nicht glauben, dass es tatsächlich Leute gab, die an einen Teufel glaubten, der im Leben von Menschen Chaos anrichtet. *Was für eine praktische Entschuldigung für eigene Schwächen*, dachte er.

Doch in einer der letzten Sitzungen des Seminars, in der der Referent über die tiefe Kluft zwischen Gott und den Menschen sprach, drang die Wahrheit völlig unerwartet in Genes Herz vor. Bis heute ist er völlig verblüfft darüber, was in dem Augenblick passierte.

Während sich Julie ganz auf das konzentrierte, was sie da hörte, tippte Gene ihr auf die Schulter und zeigte auf drei Worte, die er in sein Notizbuch geschrieben hatte: ICH HAB'S KAPIERT. Das waren die drei schönsten Worte, die Julie je gelesen hatte.

Sie schlichen sich hinaus in einen Nebenraum und fielen einander in die Arme. Er schluchzte. Sie schluchzte. Er bat um Vergebung. Sie schluchzte noch mehr. Und Gott hatte in seiner Gnade bewiesen, dass niemand für das Evangelium unerreichbar ist. Nicht einmal ein Ehemann, der von alldem nichts wissen wollte.

Gesprächsimpuls

Kennen Sie ein Ehepaar, bei dem nur einer der beiden Christ ist? Wie könnten Sie den ungläubigen Partner mit der Frohen Botschaft erreichen?

Gebet

Beten Sie für Ehen, in denen eine Beziehung zu Jesus Christus ein Stolperstein ist. Bitten Sie Gott, den ungläubigen Partner zu erreichen.

19. Dezember

Am besten sofort

von Barbara Rainey

Mein Sohn, wenn du klug und besonnen wirst, machst du mir Freude.
Sprüche 23,15

Als Dennis und ich anfingen, die Sonntagsschulklasse der Sechstklässler in unserer Gemeinde zu unterrichten, beschlossen wir, ihnen „Schwarzbrot" statt „Kuchen" als geistliche Nahrung anzubieten, und zu unserer großen Überraschung stellten wir schon bald fest, wie hungrig diese Kids waren.

Wir fragten sie: „Wenn ihr euren Eltern eine Frage stellen könntet, die ich ihnen an eurer Stelle stellen würde, und ich euch dann auch später ihre Antwort mitteilen würde, was würdet ihr dann fragen?" Unter den Antworten waren zu unserem großen Erstaunen folgende:

- „Wenn ich unverheiratet schwanger würde, wie würdet ihr darauf reagieren?“
- „Hattet ihr Sex vor der Ehe, und wenn ja, mit wem?“
- „Wie alt muss ich sein, um jemanden küssen zu dürfen?“

Nachdem wir erlebten, dass auf unsere Frage jedes Jahr wieder dieselben Antworten kamen, gelangten wir zu dem Schluss, dass hinter der Fassade dieser niedlichen Jungen und Mädchen ziemlich viel im Gang war. Sie mögen zwar noch nicht den großen Über- oder Durchblick haben, aber ihr Körper und auch ihr Denken verändern sich in dieser Phase sehr schnell. Das Leben ist in vollem Gange, und sie fangen jetzt an, richtungsweisende Entscheidungen zu treffen.

Einige Eltern fanden, dass es noch zu früh sei, mit Sechstklässlern über solche Themen zu reden, aber unsere „Versuche“ im Labor der Sonntagsschulkasse der Sechstklässler – sowie jahrelange „Feldstudien“ im Hause Rainey – haben ergeben, dass es sich bei diesen Fragen um „Hier-und-jetzt-Themen“ handelt. In einer Zeit, in der schon Grundschulkinder im Fernsehen moralisch höchst fragwürdige Inhalte schauen, ist es nicht weiter verwunderlich, dass sie über Themen wie Freundschaften, Sex, Pornografie, Alkohol und Drogen nachdenken, reden und Entscheidungen treffen.

Viele Grundsatzentscheidungen im Leben werden im Alter zwischen elf und fünfzehn getroffen. Wir als Eltern müssen unseren jungen Teenagern jetzt dabei helfen, kluge Entscheidungen zu treffen.

Gesprächsimpuls

Haben Sie schon einmal überlegt, mit Ihren 10- bis 12-Jährigen über die wichtigen Themen zu sprechen? Machen Sie eine Liste der Themen, mit denen sie in der Pubertät konfrontiert werden, und fangen Sie jetzt an, darüber zu sprechen. Wie könnten Sie es anpacken?

Gebet

Bitten Sie Gott, Ihnen die echten Nöte und Fragen Ihrer Kinder zu zeigen, egal, wie jung sie noch sind.

20. Dezember

Sein Name ist Wunderbar

... und man nennt seinen Namen: wunderbarer Ratgeber, starker Gott, Vater der Ewigkeit, Fürst des Friedens. Jesaja 9,6

In der Vorweihnachtszeit kommen uns alljährlich wieder bestimmte Bibelverse in den Sinn. An den majestätischen Bezeichnungen für Jesus durch den Propheten Jesaja wird deutlich, dass Jesus alles ist, was wir brauchen. Er ist nicht nur der Grund für ein schönes, besinnliches Fest, sondern sein Name sollte immer wieder von uns genannt werden, wenn uns Gott während der Feiertage mit anderen Menschen in Kontakt bringt.

Wer hat es denn nicht nötig, den wunderbaren Ratgeber zu kennen? Wer hat es nicht nötig, den zu kennen, der Rat geben kann, wenn wir Schwierigkeiten haben? Den Einen, der alle Antworten auf die Probleme in Ehe und Familie hat?

Wer hat es nicht nötig, den starken Gott zu kennen? Sie kennen bestimmt jemanden, der sich gerade mit einem schwierigen Teenager oder mit pflegebedürftigen alten Eltern oder einem kranken Kind oder einer schwierigen beruflichen Situation abmüht. Wann haben Sie diesem Menschen zum letzten Mal gesagt, wie stark Ihr Gott ist? Vielleicht müssen wir uns wieder darauf besinnen, wie mächtig Gott ist, indem wir Jesaja, Kapitel 40 lesen.

Wer hat es nicht nötig, den Vater der Ewigkeit zu kennen? Wer bräuchte nicht die Hoffnung, die daraus entsteht, dass wir wissen – obwohl wir vielleicht auch eine Weile leiden müssen –, wir haben einen Gott, der in der Ewigkeit wohnt, denn das bedeutet, dass das Leben mehr ist als das, was wir um uns herum sehen.

Wer kann auf den Fürst des Friedens verzichten? In einer Welt mit Autobahnrasern, langen Schlangen und kurzen Lunten, mit belasteten Beziehungen und ständig schwärender Unzufriedenheit, wer hätte da nicht Hunger nach einem tieferen und lang anhaltenden Frieden? Wer braucht nicht die Erkenntnis, dass selbst der erstrebenswerteste Besitz und die schönsten Erlebnisse letztlich ein Gefühl der Leere und Unzufriedenheit hinterlassen? Wer braucht nicht einen Frieden, der höher ist als unsere Vernunft? Wer bräuchte nicht mehr vom Friedefürst und seinem Frieden bei sich zu Hause?

Dieses Jahr in der Vorweihnachtszeit möchte ich Sie dazu aufrufen, nach Menschen Ausschau zu halten, denen Sie helfen können, Jesus als den kennenzulernen, der er wirklich ist.

Gesprächsimpuls

Welcher der in unserem Tagesvers genannten Namen ist für Ihre Ehe und Familie besonders wichtig und sollte von Ihnen in dieser Weihnachtszeit besonders gefeiert werden?

Gebet

Beten Sie für mehr Gelegenheiten, die Liebe Jesu mit anderen zu teilen, die während der Weihnachtszeit dafür offener sind als sonst.

21. Dezember

Die Wirkung von Abwesenheit

Und für jedes Vorhaben unter dem Himmel gibt es eine Zeit: ... Zeit fürs Schweigen und Zeit fürs Reden ... Prediger 3,1.7

Der Termin stand seit über einem Jahr in meinem Kalender. Ich sollte vor Theologiestudenten in einem Studentengottesdienst am theologischen Seminar in Dallas einen Vortrag halten. Doch als der Tag näherrückte, lag Barbara mit einer schweren Grippe im Bett, und es sah auch nicht so aus, als ob sich ihr Zustand schnell ändern würde. Aus einer Woche Leiden wurden zwei. Und als schließlich der Augenblick gekommen war, an dem ich eine Entscheidung treffen musste, war natürlich klar, wie diese Entscheidung aussehen würde. Barbara konnte sich nicht selbst versorgen und sie brauchte mich sehr viel dringender als die Seminarstudenten, also sagte ich den Termin ab.

Erstaunlicherweise benutzte Gott mich aber dann doch, um dort etwas zu sagen. Den Beweis dafür erhielt ich ein paar Tage später in Form einer E-Mail, die mir ein Freund schrieb. Er berichtete darin von zwei Leuten, die die Begründung für meine Absage kommentiert hatten mit den Worten: „Obwohl er nicht kommt, hat er ihnen doch etwas beigebracht. Er hat gezeigt, dass die Familie oberste Priorität hat."

Es war das erste Mal, dass ich durch mein Nichterscheinen etwas bewirkt habe. Vielleicht sollte ich mal eine „Abwesenheits-Tournee" starten!

Dieses Erlebnis hat mir ganz neu bewusst gemacht, dass unser Handeln oft deutlicher spricht als unsere Worte. Entscheidend ist, was wir vorleben. Unser Lebensstil wird genauer bewertet, als uns bewusst ist. Und unser Lebensstil wirkt sich immer auf andere aus, vom Ehepartner über Kinder über Kollegen, Freunde in der Gemeinde bis hin zu völlig Fremden.

Unterschätzen Sie nie die Macht Ihrer Anwesenheit – oder, in manchen Fällen, Ihrer Abwesenheit!

Gesprächsimpuls

Denken Sie an Personen, die einen christlichen Lebensstil vermitteln, ohne etwas zu sagen. Welche Eigenschaften dieser Leute würden Sie gern vorleben?

Gebet

Danken Sie Gott dafür, dass er unser Leben so machtvoll einsetzen kann. Danken Sie ihm dafür, dass wir jeden Tag aufs Neue Gelegenheit bekommen, sein Wesen widerzuspiegeln.

22. Dezember

Ich auch

Ich weiß, ich habe Unrecht getan, meine Fehler stehen mir immer vor Augen. Psalm 51,5

Ich erinnere mich an eine Frau, die Barbara und mir eines Abends erzählte, sie hätte die Nase voll. Mit Recht. Der Einsatz ihres Mannes für die Beziehung ging schon seit Jahren gegen null. Jahrelang hatte er ihre Anwesenheit und Unterstützung als Selbstverständlichkeit betrachtet und war schließlich zu weit gegangen. Sie war wütend – richtig wütend. Und sie brauchte einen Ort, wo sie ihrem Zorn Luft machen konnte.

Als ich ihr so zuhörte, musste ich leider erkennen, dass sie in ihrer Schimpftirade gegen ihren Mann auch Fehler beschrieb, die ich selbst in meiner Ehe schon gemacht hatte. Am nächsten Tag schrieb ich Barbara einen kleinen Brief:

Gestern ist mir klar geworden, wie hart ich manchmal zu dir bin. Ich setze dich unter Druck und zeige dir nicht meine Wertschätzung für das, was du alles leistest, und für all das, was du für mich tust. Und ich habe oft kein Verständnis für deine Gefühle.

Als ich dieser Frau zuhörte, die mir erzählte, wie sehr sie es bräuchte, dass ihr Mann sich um sie kümmerte, mit ihr gemeinsam über die Zukunft nachdächte und sie verstände, war es, als würde ich zuschauen, wie das letzte kleine bisschen Licht in ihr erlosch. Und das lag nicht nur an ihrem Zorn. Ihre ganze Haltung drückte pure Erschöpfung und Resignation aus. Da war kein Strahlen mehr, sondern man spürte ihr ab, wie unendlich leid sie ihren Mann war. Der Gedanke, dass ein Mann seiner Frau in die Augen schaut und darin nicht eine Gefährtin, eine Freundin sieht, mit der er *gern* zusammen sein möchte, ist erschreckend.

Aber ich weiß, dass auch ich manchmal egoistisch bin, genau wie dieser Mann. Es war nicht leicht für mich, hier noch einmal extrem deutlich vor Augen geführt zu bekommen, welch emotionale Verwüstung dadurch angerichtet werden kann. Es tut mir leid. Wirklich.

Wann sind Sie das letzte Mal mit Ihren Unzulänglichkeiten und Fehlern konfrontiert worden? Wann haben Sie das letzte Mal gemerkt, dass Sie in der Hektik und unter dem Druck des Alltags den Wert der wesentlichen Dinge vollkommen vergessen haben? Wenn Ihnen das heute klar wird, dann ist es an der Zeit, etwas zu tun. Sagen Sie Ihrem Mann/Ihrer Frau, dass es Ihnen leidtut. Vielleicht können Sie ja die Zeit nehmen und Ihren eigenen Brief schreiben.

Gesprächsimpuls

Was an Ihrem Umgang miteinander bedauern Sie am meisten – besonders in der letzten Zeit? Bekennen Sie es jetzt. Und nehmen Sie die Vergebung Ihres besten Freundes an.

Gebet

Danken Sie dem Heiligen Geist dafür, dass er den Finger auf bestimmte Dinge in Ihrem Leben legt und Ihr Gewissen intakt hält.

23. Dezember

Geschwisterliebe

Siehe, wie gut und wie lieblich ist es, wenn Brüder einträchtig beieinander wohnen. Psalm 133,1

Eine Zeit lang haben unsere Söhne Benjamin und Samuel gleichzeitig an derselben Universität studiert. Als Samuel eines Abends bei uns anrief, um ein bisschen zu reden, wurde er von einer jungen Frau unterbrochen, die ihn bat, ihr den Hörer zu geben. Sie sagte: „Haben Sie schon gehört, was neulich Abend bei dem *Campus für Christus*-Treffen passiert ist?"

„Nein", sagten wir.

„Also", fing sie an, „zuerst ist Benjamin aufgestanden und hat erzählt, dass er ein Jahr mit dem Studium aussetzen will, um als Missionar in Estland zu arbeiten. Als er fertig war, ist Samuel aufgestanden und hat vor allen Anwesenden gesagt, was für einen fantastischen Bruder er hat – wie sehr er ihn liebt und bewundert und wie viel Hilfe er als der Jüngere von ihm bekommen hat, besonders ganz am Anfang seines Studiums. Dann hat Samuel sich neben Benjamin gesetzt, ihm den Arm um die Schulter gelegt und ihn an sich gedrückt. Das war so cool."

In solchen Momenten lehnt man sich einfach nur zurück, atmet tief durch und sagt: „Danke, Herr. Es hat sich doch gelohnt!"

Das waren nämlich dieselben Brüder, die sich zuvor so häufig und schlimm gestritten und so sehr miteinander gerauft hatten, dass wir ihnen oft angedroht hatten, eine Linie durch ihr Zimmer zu ziehen, die von keinem der beiden übertreten werden dürfe. Es gab Momente in ihrem Teenagerleben, in denen Barbara und ich uns ernsthaft fragten, ob sie wohl jemals miteinander auskommen würden.

Vielleicht kennen Sie das ja auch: Kinder, die sich permanent streiten und kabbeln. Ich möchte Ihnen Mut machen: Es gibt Hoffnung. Beten Sie, dass Gott ihre Herzen miteinander verbindet. Gott kann viel mehr tun, als wir es uns vorstellen können.

Gesprächsimpuls

Sprechen Sie darüber, wie die Beziehung zwischen Ihren einzelnen Kindern ist. Schreiben Sie einen Entwicklungsschritt auf, den Sie mit Ihren Kindern trainieren wollen.

Gebet

Beten Sie um Durchhaltevermögen und Weisheit, und tun Sie weiter alles, was in Ihrer Macht steht, Ihre Kinder zu unterweisen.

24. Dezember

Danke, Papa

Jeder soll seine Mutter und seinen Vater ehren. 3. Mose 19,3

Wohl jeder kann sich an eine Zeit erinnern, in der Weihnachten immer näher rückte, man aber fast kein Geld hatte, um Geschenke zu kaufen. Dabei fällt mir der Student ein, der mir geschrieben hatte, wie er, völlig pleite, seinem Vater ein Geschenk für 99 Cent gemacht hatte ... und wie dieses Geschenk in der Weihnachtstradition der Familie unbezahlbar wurde.

Das Geschenk war ein Gedicht, eine Erinnerungsreise, die bis in die Zeit zurückreichte, in der sein Vater und er zusammen im Wald unterwegs gewesen und gemeinsam angeln gegangen waren. Darüber, wie sie sich gegenseitig Geschichten erzählt und miteinander gelacht hatten. Billig gerahmt, machte das Gedicht keineswegs den Eindruck, als handele es sich dabei um ein Geschenk, über das man noch Jahre später reden würde. Doch als sein Vater dann anfing, das Gedicht, das sieben Strophen hatte, vorzulesen, begann er dabei hemmungslos zu schluchzen.

Das allgemeine Beschenken wurde unterbrochen und alle hörten aufmerksam zu. Nach und nach fingen auch andere Familienmitglieder an zu weinen. Alle versammelten sich um den so Beschenkten und wärmten sich als ganze Familie an dem schriftlichen Dankeschön des Nestflüchters, der auf diese Weise seinem Vater sagte: „Vater, ich hab dich so lieb!"

Ich mache schon seit Jahren Menschen immer wieder Mut, so oder auf ähnliche Weise ihren Eltern Danke zu sagen. Nachrufe sind zwar auch oft schön, aber wie oft wünschte man, der geliebte Mensch könnte irgendwie noch hören, was man ihm zu Lebzeiten nie gesagt hat! Wir sollten unseren Eltern gegenüber unsere Dankbarkeit ausdrücken, solange sie noch leben.

Das Geschenk des Studenten, dessen materieller Wert nicht einmal einen Dollar betrug, hing viele Jahre neben dem Sessel seines Vaters, und jedes Mal, wenn Besuch kam, präsentierte er stolz dieses ganz besondere Geschenk seines Sohnes. Darin liegt die Kraft eines schriftlichen Dankeschöns.

Gesprächsimpuls

Wie könnten Sie Ihren Eltern Ihre Dankbarkeit und Anerkennung auf unvergessliche Weise mitteilen?

Gebet

Bitten Sie Gott, Ihnen zu zeigen, was Sie sagen und wie Sie es sagen sollen – so, dass sich Ihre Eltern wirklich geehrt fühlen.

25. Dezember

Weihnachtliches Lob

Groß und einzigartig ist die geheimnisvolle Wahrheit unseres Glaubens: In der Welt erschienen als schwacher Mensch, im Himmel in seiner göttlichen Würde bestätigt – so wurde Christus den Engeln gezeigt und den Völkern der Erde verkündet. 1. Timotheus 3,16

Wenn ich die Weihnachtsgeschichte in den Evangelien nach Matthäus und Lukas lese, dann fällt mir dabei besonders auf, dass die meisten, die die Geburt Jesu nahen sahen, darauf mit Lob und Preis reagierten:

Zacharias sagt: „Gepriesen sei der Herr, der Gott Israels; denn er ist uns zu Hilfe gekommen und hat sein Volk befreit! Einen starken Retter hat er uns gesandt, einen Nachkommen seines Dieners David! So hat er es durch seine heiligen Propheten schon seit Langem angekündigt: Er wollte uns retten vor unseren Feinden, aus der Gewalt all derer, die uns hassen. Er wollte unseren Vorfahren Erbarmen erweisen und die Zusagen seines heiligen Bundes nicht vergessen, den er mit ihnen geschlossen hatte. Schon unserem Ahnvater Abraham hat er mit einem Eid versprochen, uns aus der Macht der Feinde zu befreien, damit wir keine Furcht mehr haben müssen und unser Leben lang ihm dienen können als Menschen, die ganz ihrem Gott gehören und tun, was er von ihnen verlangt" (Lukas 1,68–75).

Maria sagt: „Mein Herz preist den Herrn, alles in mir jubelt vor Freude über Gott, meinen Retter! Ich bin nur seine geringste Dienerin, und doch hat er sich mir zugewandt. Jetzt werden die Menschen mich glücklich preisen in allen kommenden Generationen; denn Gott hat Großes an mir getan, er, der mächtig und heilig ist. Sein Erbarmen hört niemals auf; er schenkt es allen, die ihn ehren, von einer Generation zur andern" (Lukas 1,46–50).

Simeon sagt: „Herr, nun kann ich in Frieden sterben, denn du hast dein Versprechen eingelöst! Mit eigenen Augen habe ich es gesehen: Du hast dein rettendes Werk begonnen, und alle Welt wird es erfahren. Allen Völkern sendest du das Licht, und dein Volk Israel bringst du zu Ehren" (Lukas 2,29–32).

Ich wünsche Ihnen, dass Sie auch so reagieren – mit Lob und Dank und Anbetung Gottes, unseres Königs.

Gesprächsimpuls

Lassen Sie jedes Familienmitglied in eigenen Worten ein Weihnachtslob schreiben und lesen Sie es sich dann gegenseitig vor.

Gebet

Ich wünsche Ihnen, dass Jesus in Ihrem ganz normalen Alltag genauso viel Aufmerksamkeit bekommt wie zu Weihnachten.

26. Dezember

Die Gebrauchsanleitung befolgen

Wer auf seinen Verstand vertraut, der ist ein Tor; wer aber in Weisheit lebt, der wird entkommen. Sprüche 28,26

Vor ein paar Jahren stießen wir bei unseren Weihnachtseinkäufen auf ein Schaukelset zu einem unglaublich günstigen Preis. Unsere Kinder waren absolut begeistert und machten unmissverständlich deutlich, dass sie sich diese Schaukel wünschten. Also beschlossen Barbara und ich, dieses Angebot zu nutzen. Nachdem wir mit den Kindern wieder zu Hause waren, fuhr ich noch einmal allein zurück in das Geschäft, um eine Schaukel zu kaufen. Sie war in einer Kiste – als Bausatz!

Es war schon Heiligabend, als ich endlich dazu kam, mich mit dem „Montageprojekt" zu befassen. Ich bin nicht gerade der geborene Heimwerker, und deshalb brauchte ich mehrere Stunden, um die Schaukel zusammenzubauen. Barbara kam immer wieder zu mir, beruhigte mich, half mir, die Gebrauchsanleitung zu lesen und zu verstehen, und sprach mir die ganze Zeit Mut zu.

Und all die Mühe hatte sich gelohnt. Die Schaukel war der Hit des Weihnachtsfestes.

Die Ehe hat oft Ähnlichkeit mit einem solchen Schaukelset. Viele Menschen heiraten und versuchen dann, alles irgendwie zusammenzubekommen, ohne jemals die schriftliche Anleitung anzuschauen. Oder man liest zwar die Bibel, pickt sich aber nur das heraus, wovon man sich wünscht, dass der Partner es befolgt. Was die Anleitung über *unseren* Part der Verantwortung sagt, übergehen wir geflissentlich.

Eine Ehe ist harte Arbeit. Viele Menschen machen es sich besonders schwer, indem sie nicht berücksichtigen, dass die Ehe eine spirituelle Einrichtung ist, die von Gott dazu gedacht ist, zwei unvollkommene Menschen in Abhängigkeit von ihm und voneinander miteinander zu verbinden. Wenn jeder von uns „in Weisheit lebt" (Sprüche 28,26), dann können wir die Anleitung zum Aufbau und zu der Pflege einer geistlichen Vereinigung nicht übergehen.

Gesprächsimpuls

Beschreiben Sie, wie es ist, außerhalb des Einflusses der Bibel zu leben. Inwiefern profitieren die Ehepartner davon, ihre Ehe nach der Anleitung Gottes aufzubauen?

Gebet

Bitten Sie Gott, in Ihnen ein neues Verlangen nach seinem Wort zu wecken, darin zu lesen, es zu behalten, darüber zu meditieren und es in Ihrer Ehe und Familie umzusetzen.

27. Dezember

Nervenkitzel

Ich entschloss mich, das Leben zu genießen und glücklich zu sein. Aber ich merkte: Auch das ist vergeblich! Prediger 2,1

Vielleicht haben Sie in einem Vergnügungspark schon einmal einen sogenannten *Hot Shot* gesehen, wie mein Freund Scott und ich neulich in Orlando, Florida. Man sitzt in einer offenen Kapsel, die mit Stahlseilen an zwei riesigen, in v-Form angeordneten Masten befestigt ist und mit Hunderten von Sprungfedern, die mit 40 Tonnen Kraft zusammengedrückt werden, am Boden gehalten wird. Rauch quillt darunter hervor wie kurz vor einem Vulkanausbruch. Dann schnellt die Kapsel plötzlich mit etwa 150 Stundenkilometern nach oben.

Und um das Ganze noch ein bisschen lustiger zu machen, werden die Gesichter der Kapselinsassen auf einer Großbildwand gezeigt. Das erste Paar, das wir auf der Leinwand beobachteten, werde ich nie vergessen. Der Mann war das personifizierte Grauen und wünschte sich nur, lebend wieder aus dem Ding herauskommen. Die Frau neben ihm dagegen genoss den Nervenkitzel und schrie und lachte ausgelassen. Sie gehörte zu jener Sorte, die nie Nein sagen, wenn sich ihnen die Chance auf einen kleinen Adrenalinkick bietet.

Sie erinnerte mich an so viele Menschen auf dieser Welt, die geradezu süchtig sind nach Spaß und Nervenkitzel – nach dem Kick. Wenn ihnen das Leben davon nicht genug zu bieten hat, sind sie enttäuscht. Sie sind ständig auf der Suche nach einem neuen, möglichst größeren Kick.

Erkennen Sie sich darin auch wieder? Sehnen Sie sich auch oft nach dem Wochenende oder irgendwelchen aufregenden Zerstreuungen, weil Sie in dem ganz normalen und profanen Alltag keinen Sinn erkennen können? Ich bin davon überzeugt, Gott wünscht sich, dass wir lernen zufrieden zu sein mit dem, was ist, auch mit dem Kleinen, Unscheinbaren, Alltäglichen (siehe 1. Timotheus 6,6).

Um das Leben, das Gott uns geschenkt hat, wirklich genießen zu können, muss man wissen, wie man auch an Tagen glücklich sein kann, die man nicht in Disneyland verbringt.

Gesprächsimpuls

Langweilen Sie sich leicht? Welche Hobbys haben Sie, wofür begeistern Sie sich? Sind Sie immer auf der Suche nach dem nächsten Kick?

Gebet

Danken Sie Jesus Christus für das Geschenk jedes einzelnen Tages, auch wenn viele Tage sich gleichen. Bitten Sie ihn, dass Sie ihn und die Schätze, die in jedem Augenblick unseres Lebens verborgen sind, erkennen können.

28. Dezember

Gottes Güte

Wie kann ich dem Herrn vergelten, was er für mich getan hat?
Psalm 116,12

Wir haben unser erstes Andachtsbuch abgeschlossen mit dem Brief eines Mannes namens Obadiah Holmes, den er Ende des siebzehnten Jahrhunderts an seine neun Kinder geschrieben hat. Nun naht sich auch dieses Andachtsbuch dem Ende, und wir möchten Ihnen einen weiteren Brief von Obadiah vorstellen, in dem er seine Frau liebevoll auffordert, sich daran zu erinnern, dass Gott ihnen ihr ganzes Leben lang treu gewesen ist. Achten Sie einmal darauf, was ihm nach fast fünfzig Ehejahren wichtig war:

Mein Herz hängt an dir, seit wir zusammengekommen sind, und das wird auch über den Tod hinaus so bleiben. Das ist der Grund, weshalb ich dir diese Zeilen schreibe, nämlich um dich an Gottes Güte zu erinnern, die uns jetzt seit fast fünfzig Jahren zusammenhält. Gott hat alles gut gemacht für uns – in der Fülle und im Mangel, in Höhen und Tiefen, in Ehre und Unehre, in Krankheit und Gesundheit; denn er hat uns immer Zufriedenheit und Liebe füreinander geschenkt. Solange wir leben und zusammen sind, haben wir allen Grund, seinen heiligen Namen zu preisen. Und wenn der Tod uns scheidet, dann möge derjenige von uns, der zurückbleibt, Gott bis zum letzten Atemzug loben und preisen.

Vielleicht werde ich vor dir sterben; ich spüre, dass mir nicht mehr viel Zeit beschieden ist und dass ich vielleicht zum Schluss nicht mehr mit dir sprechen kann. Deshalb möchte ich dir einiges schreiben, worüber du nachdenken kannst. Diese Zeilen sollen zu dir sprechen, wenn ich nicht mehr sprechen kann.

Denke darüber nach, wie der Herr dich dein Leben lang, von Geburt an, getragen hat. Er hat für dich gesorgt und dich in vielen Gefahren bewahrt. Er hat dich reichlich mit Nahrung und Kleidung versorgt. Er hat unser Geschäft vergrößert, manchmal zu unserem Erstaunen, und er hat uns lange gesund erhalten. Er hat uns Nachkommen geschenkt und versorgt auch sie mit allem reichlich.

Wie Obadiah in diesem Brief, so sollten auch wir uns immer wieder gegenseitig ermutigen, indem wir uns an Gottes große Taten erinnern und an die geistlichen Meilensteine zurückdenken, die seine große Treue beweisen.

Gesprächsimpuls

An welchen Stellen merken Sie besonders, dass Gott Sie versorgt hat, „manchmal zu unserem Erstaunen"? Versuchen Sie beide jeweils 5 bis 10 Punkte aufzuzählen.

Gebet

Danken Sie Gott für seine anhaltende Fürsorge, Bewahrung und Versorgung.

29. Dezember

Was du wirklich brauchst

Eine Zuflucht ist der Gott der Urzeit, und unter dir sind ewige Arme.
5. Mose 33,27

Denken Sie einmal einen Augenblick lang darüber nach, was Sie Ihrem Ehepartner gern sagen würden, wenn Sie wüssten, dass Sie sterben werden. Welche tröstenden Worte würden Sie finden? Womit würden Sie ihm/ihr Hoffnung machen? Welchen Rat würden Sie geben?

Überlegen Sie. Was würden Sie sagen? Wie würden Sie beten?

Vor über 300 Jahren muss sich Obadiah Holmes mit diesen und ähnlichen Fragen herumgeschlagen haben. Offensichtlich hatte Obadiah sein Lebenshaus auf den Felsen Jesus Christus gebaut. In einem Liebesbrief, den er vor seinem Tod an seine Frau schrieb, erinnert er sie sanft daran, dass sie Jesus Christus vertrauen soll:

Wenn ich nicht mehr da bin, dann betrachte den Herrn als deinen Mann, deinen Vater, deinen Herrn und Retter, der gesagt hat, dass er die Seinen bis zum Ende liebt. Er wird dich nicht versäumen noch verlassen, sondern dich durch alles hindurchtragen, bis er dich in seine Herrlichkeit holt. Deshalb blicke auf zu ihm und verliere nicht den Mut. Sage zu deiner Seele: „Warum bist du unruhig in mir? Hoffe auf Gott und vertraue auf seinen Namen" – und du wirst nicht enttäuscht werden.

Meine geliebte Frau, die ich wie mich selbst liebe, ich befehle dich dem Herrn an, der unser Leben lang ein gnädiger, barmherziger Gott gewesen ist. Zweifle nicht einen Moment lang daran, dass er dir im Leben wie im Tod gnädig sein wird. Er wird dich mit seiner starken Hand durch das Tal der Tränen führen. Ihm befehle ich dich an, wenn du Rat brauchst, Weisheit und Kraft. Mögest du bis zur Wiederkunft unseres Herrn Jesus Christus unbescholten bleiben. Ihm seien die Ehre, die Herrlichkeit und das Lob.

Was würden Sie Ihrem Ehepartner sagen, wenn Sie wüssten, dass Sie sterben müssten?

Gesprächsimpuls

Sprechen Sie über diesen Liebesbrief und was er Ihnen bedeutet. Wie sorgt dieser Ehemann selbst angesichts seines Todes für seine Frau?

Gebet

Werfen Sie heute Ihr Vertrauen auf den Herrn, so wie Sie es Ihr Leben lang getan haben.

30. Dezember

Aufmunterung

Wir bitten unseren Herrn Jesus Christus, euch getrost und mutig zu machen und euch Kraft zu geben zu allem Guten, in Wort und Tat.
2. Thessalonicher 2,16–17

Offensichtlich wusste Obadiah Holmes, der im siebzehnten Jahrhundert gelebt hat, welche Kraft Worte haben. Das wird in den folgenden Worten an seine lebenslange Braut deutlich:

Trauere nicht, wenn ich nicht mehr da bin, sondern freue dich in dem Herrn. Sei niemals furchtsam, sondern wende dich an ihn, der allein fähig ist, deine Bedürfnisse zu stillen und dir in der Not zu Hilfe zu kommen. Lass deine Liebe zu mir in diese Erkenntnis münden: Es ist besser für mich, außerhalb des Leibes und beim Herrn zu sein. Erinnere dich an die Ängste, die du meinetwegen täglich ausgestanden hast, an die Schmerzen und Schwachheiten und Gefahren – nach dem Tod bin ich frei von der Sünde, vom Teufel und von allen Feinden und Zweifeln. Bei der Auferstehung wird dieser schwache, verwesliche Leib unsterblich und herrlich auferstehen.

Meine geliebte Frau, es wird nicht lange dauern, und du wirst mit mir in Frieden ruhen. Freue dich ohne Unterlass in Gott. Sorge dich nicht um die Dinge dieser Welt. Sage nicht: „Was soll ich essen, wie soll ich mich anziehen?" – denn dein Vater weiß, was du brauchst. Er hat dir viel mehr, von alldem geschenkt, als du und ich je erwartet hätten, und weit mehr, als wir es verdient haben. Du wirst noch genug haben und sogar zurücklegen können, wenn Gott in seiner Güte dir dieses erhält. Wenn nicht, so ist er allein dein Genüge.

Amen. Lebe wohl!

Dreihundert Jahre später sind Obadiahs Worte über die Liebe und das Leben noch genauso wahr und wichtig wie damals.

Gesprächsimpuls

Wie gehen Sie zu Hause mit Gottes Wort um? Lesen Sie regelmäßig gemeinsam in der Bibel? Wie könnten Sie die Wahrheiten der Bibel in Ihrer Ehe und Familie zum Mittelpunkt machen?

Gebet

Beten Sie um eine stetig wachsende Liebe und ein immer tieferes Verständnis dessen, was die Bibel sagt, sodass sie wie eine zweite Sprache für Sie wird.

31. Dezember

Mutig ins Ungewisse

Sich vor Menschen fürchten bringt Gefahr; auf den Herrn vertrauen bringt Sicherheit. Sprüche 29,25

Im September 1939 schloss Großbritannien mit Frankreich und anderen aufgeschreckten Ländern eine Allianz und erklärte dem Hitlerdeutschland den Krieg, nachdem es auf seinem Marsch zur Eroberung Europas Polen überfallen hatte. Am Ende des Jahres 1939 war die Angst in England allgegenwärtig. Jeder hatte Angst vor Bomben und einer Invasion der Deutschen.

Als König George VI. vor zwei großen Mikrofonen sitzend seine Weihnachtsansprache an die Nation hielt, trug er seine offizielle Uniform als Flottenadmiral. In einer Zeit, da so viele Teile der Welt einer ungewissen Zukunft entgegensahen, war es sein Ziel, sein Volk zu beruhigen und den Engländern zu versichern, dass sie als Nation gut vorbereitet waren und dass ihr Anliegen gut und berechtigt war.

„Ein neues Jahr steht bevor", sagte der König. „Wir wissen nicht, was es bringen wird. Wenn es Frieden bringt, werden wir dankbar sein. Wenn es Krieg bringt, werden wir unerschrocken bleiben."

Dann beendete er seine Rede mit einigen Zeilen aus einem Gedicht, das seine Frau ihm kurz zuvor vorgelesen hatte. Diese Zeilen können auch uns, für die morgen ein neues Jahr beginnt, Mut machen in einer Zeit, die ebenfalls von Ängsten und Unsicherheit geprägt ist. Die Zeilen stammen aus dem Gedicht *The Gate of the Year* (Das Tor des Jahres), geschrieben 1908 von Minnie Louise Haskins:

Ich sagte zu dem Mann, der neben dem Tor des Jahres stand:
„Gib mir Licht, damit ich sicher ins Unbekannte gehen kann."
Und er antwortete: „Geh in die Dunkelheit und lege deine Hand in die Hand Gottes,
das ist besser als Licht und sicherer als ein bekannter Weg."

Gesprächsimpuls

Welche Herausforderung oder welches Problem, das Ihnen bevorsteht, könnte Sie zur Jahreswende veranlassen, Ihre Hand noch fester in Gottes Hand zu legen?

Gebet

Beten Sie zum Jahresbeginn füreinander, dass Gott Ihnen und Ihrer Familie seine Gunst schenken möge.